Armin Risi

Und plötzlich große Klarheit

Armin Risi

Und plötzlich große Klarheit

Positive Prophezeiungen
für die heutige Wendezeit

Govinda-Verlag

Kontaktadresse des Verlages:
Govinda-Verlag, Postfach 152, 8032 Zürich, Schweiz

Website des Verlages: govinda.ch
Website des Autors: armin-risi.ch

1. Auflage – September 2023

Bildnachweis: S. 459

Lektorat: Melanie Risi-Meier | melanie-meier.de
Layout: Mantrarūpa Ćućuz | mantrarupa.org
Einbandgestaltung: Ronald Zürrer
Coverbild: © Ecleposs / AdobeStock

Gesamtherstellung: Finidr
Printed in Czech Republic

ISBN 978-3-905831-91-7

FSC
www.fsc.org
MIX
Aus verantwortungsvollen Quellen
FSC® C014138

Inhalt

Einleitung

... wenn kein Wunder geschieht

Über 250 Hellseherinnen und Hellseher der letzten eintausend Jahre sprachen über große Kriege, Krisen und Eskalationen in der Zukunft. Heute erkennen wir, dass sich vieles auf die zwei Weltkriege bezog, aber ebenso deutlich ist, dass das Prophezeite über das 20. Jahrhundert hinausgeht. Viele sahen einen weiteren großen Krieg, einige auch ein Eingreifen der Natur und/oder eine dreitägige Finsternis und, als Folge davon, das Ende des Krieges – und der Zivilisation, die solche Irrwege verursacht hat.[1]

Angesichts der aktuellen Entwicklungen kommt man nicht umhin, diese hellseherischen Stimmen sehr ernst zu nehmen. Vieles ist bereits eingetroffen oder ist gerade dabei einzutreffen. Aber werden sich auch die schlimmsten Visionen bewahrheiten?

Der Titel eines Buches, das 2015 veröffentlicht wurde, lautet *Countdown Weltkrieg 3.0: Das Erscheinen der letzten Vorzeichen – Die Prophezeiungen und Visionen der Hellseher erfüllen sich.* Sie erfüllen sich Schlag auf Schlag bis zum bitteren Ende – wenn kein Wunder geschieht. Und deshalb richte ich meinen Fokus auf das „Wunder" und nicht auf die negativen Prophezeiungen.

„Wunder" geht wie der englische Begriff *wonder* auf unbekannte Wurzeln der Sprachvergangenheit zurück, aber wir wissen, was die Menschen schon immer damit meinten: das, was nicht mit der normalen Erfahrung erklärbar ist und uns in Erstaunen versetzt, eben weil „es" nicht der normalen Erfahrungswelt entspringt. Wunder sind möglich, weil das Materielle keine isolierte Existenz ist. Es wird von einer höheren (spirituellen) Ganzheit getragen und beseelt, und das größte aller Wunder ist das *Leben an sich.* Wenn die Menschen dieses Wunder verkennen und die Realität ausschließlich auf die Materie beschränken, fallen sie in den fatalen Glauben, alles auf eine materielle Weise erklären und „technisch" erzwingen bzw. imitieren zu können. Die vielen negativen Prophezeiungen zeigen warnend, bis in welche Extreme dies gehen könnte.

Die diesbezüglich bekanntesten Prophezeiungen stammen aus der Bibel, insbesondere aus der Johannes-Offenbarung („Apokalypse"), und beschreiben eine diktatorische Gesellschaft, in der die Menschen „nichts mehr kaufen und verkaufen können außer mit dem Zeichen des Tieres" (Apk 13,17). Einige Gläubige sind der Überzeugung, dass sich diese Prophezeiung erfüllen *müsse*, weil es so in der Bibel steht. Viele sprechen auch von einem Strafgericht Gottes für die „sündigen" und „ungläubigen" Menschen. Eine andere Sichtweise betont die Selbstverantwortung des Menschen vor der Schöpfung – und damit auch vor Gott – und weist darauf hin, dass nichts Zukünftiges absolut festgeschrieben und vorherbestimmt (prädestiniert) ist. Der Mensch bewegt sich im Spannungsbereich von Prädestination und freiem Willen. Gemäß dem geistigen Gesetz von Aktion und Reaktion (Karma) können Reaktionen, die noch nicht eingetroffen sind, verändert werden! Sie verändern sich jedoch nicht von selbst. Karmische Reaktionen („alte" Zeitlinien) verändern sich dann, wenn wir auf der kausalen Ebene – auf der Ebene von Ursache und Wirkung – radikal neue Impulse setzen: Impulse, die das Problem von der Wurzel (lat. *radix*) her angehen und von der Wurzel her heilen.

Damit Impulse tatsächlich in der Wurzel unseres Seins gründen, müssen sie von der höchsten Kausalebene ausgehen, von der *Ebene des Bewusstseins*. Unsere Wünsche, Gedanken, Emotionen und Handlungen sind abhängig von der Ebene des Bewusstseins, was eine altbekannte Tatsache ist: Unser Bewusstsein bestimmt, wie wir denken, was wir wollen, welche Emotionen (und Feindbilder) wir annehmen oder *nicht* annehmen und wie wir handeln. Veränderungen auf der Bewusstseinsebene sind am tiefgehendsten, aber auch am schwierigsten. Wie wir rückblickend sehen, haben nicht einmal zwei Weltkriege und der Abwurf von zwei Atombomben das Bewusstsein der Menschen wirklich verändert. Die Menschen bzw. ihre Regierungen hielten an den „alten" Denkweisen fest und trieben die damit verbundenen Systeme noch weiter in die Extreme … so weit, dass die hellseherisch und prophetisch wahrgenommene apokalyptische Zukunft nun bedrohlich real geworden ist.

Der Begriff *apokálypsis* bedeutet im Griechischen nicht „Katastrophe, Diktatur, Krieg", sondern „Enthüllung" und „Offenbarung". Karma-Veränderungen und die kausal vorangehenden Faktoren (Einsicht, Erkenntnis, Reue, Bekehrung, Wiedergutmachung) können nicht allein aus eigener Anstrengung geschehen, sondern brauchen Hilfe „von oben", d. h. göttliche Hilfe, Gnade und Offenbarung. Das ist die wichtigste Botschaft des Begriffs *apokálypsis.*

Die vielen Probleme, die die Menschheit heute bedrohen, wurden durch einen bestimmten „Geist" – durch eine problematische Denkweise und Mentalität – verursacht. Worin dieses Problematische besteht, ist Thema sowohl der negativen als auch der positiven Prophezeiungen. Das Problem besteht in der Spaltung, denn Spaltung erzeugt immer zwei Hälften: zwei Einseitigkeiten und „halbe" Wahrheiten, die in der Folge zu Konflikten, Machtkämpfen usw. führen. Die Spaltung kann jedoch im Licht einer höheren Ganzheit überwunden werden – und diese höhere Ganzheit trägt und beseelt alles Materielle. Und damit sind wir wieder bei der Perspektive des Wunders.

„Und plötzlich große Klarheit" ist eine Prophezeiung des Nostradamus. Nostradamus als hellsichtiger Bote der Zukunft sah, welche konkreten karmischen Folgen das Handeln der Menschheit nach sich ziehen wird, aber er sagte auch, dass die Kette von negativen Aktionen und Reaktionen durchbrochen werden kann, nämlich dann, wenn die Menschen auf der Ebene der Kausalität (Ursache und Wirkung) neue, befreiende Ursachen setzen. Und er sah, *dass* dies geschehen wird – und *wann.* Für ihn war es noch eine relativ ferne Zukunft: „in fünfhundert Jahren", wie er konkret sagte. Für uns ist es die aktuelle Gegenwart, die Zeit der jetzt laufenden Jahre! Deshalb wählte ich sein Schlüsselwort als Titel dieses Buches: „Und plötzlich große Klarheit".

Spirituelles Erwachen, plötzlicher Wandel: Positive Prophezeiungen beschreiben irdische Entwicklungen im Rahmen von schicksalhaften Zeitalter-Zyklen, und aus der Perspektive dieser Zyklen wird auch in der heutigen Zeit „am Ende alles gut". Die Frage jedoch ist: Müssen zuerst die karmischen Katastrophen und Reaktionen in voller Wucht eintreffen, oder lernen wir als Menschheit die entscheidenden Lektionen? Erkennen wir, insbesondere die Verantwortlichen der Gesellschaft, die Zeichen der Zeit? Können wir das Steuer kurz vor dem Abgrund noch herumreißen?

Erforderlich ist ein Wunder: ein Bewusstseinssprung, ein spirituelles Erwachen. Und das ist nie ein linearer Vorgang. Nur schon das „normale" Erwachen lässt uns täglich einen Bewusstseinssprung erleben. Egal wie lang wir schlafen, das Erwachen geschieht immer

„plötzlich". Ebenso wird das spirituelle Erwachen plötzlich geschehen, und es wird uns auf eine neue Zeitlinie, in eine neue Realität, führen. Prophezeiungen in aller Welt sprechen von einem neuen Zeitalter. Der Unterschied zwischen dem jetzigen und dem nächsten Zeitalter wird hinsichtlich der Bewusstseinsdimensionen weitreichender sein als der metaphorische Unterschied zwischen unserer gewohnt-alltäglichen Existenz im Schlaf- und Tagesbewusstsein. Die positiven Prophezeiungen dienen als Weckrufe und haben die Kraft, die Hypnose (Matrix) der einseitigen Ideologien und Doktrinen zu durchbrechen. Dieser Durchbruch hin in eine neue, zeitlose Ganzheitlichkeit des Lebens ist der Inhalt der positiven Prophezeiungen.

Mit dem Erwachen nach dem Schlaf kommt immer auch die Erinnerung: wer wir sind, woher wir kommen, usw. Woran werden wir uns erinnern, wenn wir in einem *spirituellen* Sinn erwachen?

Kapitel 1

Die Menschheit im Zyklus der Zeiten

Die Menschen der früheren Zeitalter verfügten über einen Reichtum, den wir heute fast nicht mehr kennen: *Zeit* – nicht zu verwechseln mit „Freizeit". Sie lebten im JETZT und hatten die innere Ruhe, den spirituellen Urgrund allen Seins zu ergründen (und damit auch die Multidimensionalität der Welt). Diese Männer und Frauen – unsere Vorfahren! – hatten durch die Kraft ihres Bewusstseins Fähigkeiten, die wir heute als paranormal bezeichnen. Eine dieser Fähigkeiten war das geistige Reisen auf der Zeitlinie. Als unsere prophetischen Vorfahren in die Zukunft blickten, sahen sie im Zyklus der Zeiten einen „dunklen" Zeit-Raum, dunkel deshalb, weil sich die Menschen als Kollektiv von der spirituellen Quelle, vom göttlichen Licht, trennen und nur noch die Materie sehen. Die altindische (vedische) Tradition nennt dieses Zeitalter *Kali-Yuga*, „das Zeitalter der Spaltung", und dieses begann zu einem Zeitpunkt, der für uns bereits über fünftausend Jahre zurückliegt.

Mit „Spaltung" (Sanskrit: *kali*) ist die oben erwähnte Trennung vom spirituellen Urgrund gemeint. Diejenigen, die in diese Trennung fallen, beziehen ihre Energie nicht mehr direkt von der göttlichen Quelle und beginnen deshalb, Energie von anderen Lebewesen zu rauben: von Mutter Erde, von der Tier- und Pflanzenwelt und von anderen Menschen. Diese getrennte und spaltende („diabolische") Mentalität ist der ursprüngliche Grund für die Entstehung von Gewalt, Krieg und Ausbeutung. Heute sehen wir, dass ihre Exponenten die „Wissenschaft" finanzieren und dadurch instrumentalisieren. Wir leben nicht mehr in einem zeitlosen Bewusstsein, sondern in einem System von Lohnarbeit, ständigen finanziellen Verpflichtungen usw. Und wir lernen, richtigen Fortschritt von falschem Fortschritt zu unterscheiden.

Echter Fortschritt führt den Menschen zu sich selbst und zu innerem Frieden. Wissenschaft müsste nicht materialistisch sein. Eine wirklich objektive Wissenschaft wäre ganzheitlich und würde nicht einseitig eine Technik fördern, die auf Raubbau basiert. Unsere Form von Zivilisation ist nicht die einzig mögliche, so wie auch die heute geförderte Form von Technik nicht die einzig mögliche ist.

Die zwei Seiten der Spaltung

Spaltung und die dadurch bewirkte Ego-Mentalität führen zu Einseitigkeiten und halben Wahrheiten: auf der einen Seite fundamentalistische und religiös-dogmatische Doktrinen, auf der anderen Seite materialistische und atheistische Doktrinen. Die Vertreter beider Seiten erheben absolutistische Machtansprüche und wollen alle anderen Ansichten unterdrücken. Dies ist aus der Geschichte der Religionen hinlänglich bekannt. Aber die andere Seite ist genauso problematisch. Der Materialismus bestreitet im Namen von „Wissenschaft" alles Höherdimensionale und Immateriell-Geistige, so auch die Möglichkeit echter Prophetie. Ironischerweise sind diejenigen, die solche Ansichten vertreten, selbst ein Beweis für Prophetie, denn ihr materialistisches Denken wurde prophezeit!

Was für die Menschen der früheren Zeitalter unvorstellbar war, hat sich im Kali-Yuga bewahrheitet. Sie sahen bei ihrem Blick in die Zukunft, dass eine Zeit kommen wird, in der die Menschen sich selbst nur noch über materielle Projektionen und Identifikationen definieren; sie werden sich mit dem physischen Körper identifizieren und meinen, der Tod sei das Ende des Lebens; und sie werden sich selbst als „zweibeinige Tiere" bezeichnen, im Sanskrit *dvi-pāda-paśu* (*dvi:* zwei; *pāda:* Beine, Füße; *paśu:* Tier). Genauso definiert die heutige Wissenschaft den Menschen: als Säugetier der Ordnung Primaten, Unterordnung Trockennasenaffen. Solche Ansichten entstehen, wenn der Mensch sich selbst nicht mehr als geistiges Wesen erkennt und glaubt, es gebe nichts anderes als Materie.[2]

Mit dem Ende des Zeitalters der Spaltung wird die beidseitige Einseitigkeit des Denkens und Handelns überwunden werden. Das heißt: Sowohl die Religionen als auch die Wissenschaften werden eine tiefgreifende Transformation durchlaufen. Die positiven Prophezeiungen sagen, dass genau dies geschehen wird – und wir sind jetzt in der Endphase des Übergangs vom Alten zum Neuen, wobei das Neue zugleich das Älteste, das Zeitlose, ist, das „nur" in neuer Form erscheint.

Warum ist die Zeit zyklisch?

Zeit ist ein Mysterium. Irdisch und kosmisch gesehen, verläuft die Zeit nicht nur linear, sondern auch zyklisch. Aber was ist *Zeit an sich?* Die Menschen, die über viele Generationen (und Reinkarnationen) Zeit hatten, das Leben und die Schöpfung geistig zu erforschen, lernten aus ihren Wissenslinien, dass die Welt sowohl physikalische (grobstoffliche) als auch höherdimensionale (feinstoffliche) Aspekte umfasst. Das war kein theoretisches Kopfwissen, denn sie verifizierten und verinnerlichten das, was sie als Theorie lernten, durch eigene Erfahrungen. So wurde das subjektive Wissen zu einem allgemein bestätigten, „objektiven" Wissen. Dieses wurde von den Völkern der Erde mit eigenen mythischen Bildern zum Ausdruck gebracht, und es kann heute mit einem mytho-logischen Schlüssel in unsere Logik übersetzt werden. Zwei der wichtigsten Erkenntnisse besagen:

- Alles Materielle – der gesamte Kosmos mit allen grobstofflichen und feinstofflichen Welten – existiert auf einer spirituellen Grundlage, und dieser Urgrund ist ewig = zeitlos, raumlos, „jenseits von Raum und Zeit", was bedeutet, dass der spirituelle Urgrund ewig-gegenwärtig ist. Das Leben findet immer im JETZT statt.
- Alles Materielle wird von der spirituellen Ganzheit getragen, die als Energie *allpräsent,* als kosmisches Informationsfeld *immanent* und als spirituelle Welt *transzendent* ist. Der Urgrund ist nicht nur *in* der materiellen Welt präsent, sondern auch *jenseits* der materiellen Welt. Die Ganzheit umfasst mehr als nur die materiellen Universen.

Wenn wir verstehen, wie das Materielle mit dem Spirituellen verbunden ist, wird auch klar, warum die Zeit zyklisch ist. Die Ganzheit (Gott) umfasst sowohl das Unendliche als auch das Ewige. Ich veranschauliche dies oft mit dem Bild von der Linie und der Fläche. Die Linie ist eine unendlich lange Gerade, die auf einer noch „unendlicheren" Fläche existiert und von dieser Fläche getragen wird. Die Linie steht für die Unendlichkeit der materiellen Schöpfung, die Fläche für den spirituellen Urgrund, die spirituelle Welt. Dort, wo die Linie ist, ist auch die Fläche, das heißt, die spirituelle Welt ist in der materiellen Welt immanent präsent, aber als „Fläche" ist sie viel mehr als nur die „Linie".

Die Linie ist unendlich lang, aber nicht unbegrenzt. Sie ist in der Länge unbegrenzt, aber in der „Breite" ist sie auf beide Seiten hin begrenzt. Diese zwei Begrenzungen sind Raum und Zeit. Die Fläche hingegen ist nicht nur unendlich, sondern auch unbegrenzt. Die materielle Schöpfung ist unendlich, aber begrenzt. Der spirituelle Urgrund ist unendlich und unbegrenzt = raumlos und zeitlos = ewig. Das Ewige ist die Quelle des unendlichen Flusses von vergänglichen materiellen Schöpfungen. Weil die materiellen Schöpfungen auf und durch den spirituellen Urgrund existieren, ist in der materiellen Welt jedes Ende ein neuer Anfang. Deshalb ist „Zeit" in ihrer Grundnatur zyklisch: *Im Zyklischen spiegelt sich das Ewige im Unendlichen,* d. h. das Spirituelle im Materiellen. Dies wiederum bedeutet, dass die Materie nur auf Grund des spirituellen Urgrundes Form annimmt. Das Spirituelle wirkt als allpräsentes Feld von In-Formation, weshalb alles Geformte „informiert" und beseelt ist, angefangen mit dem Universum. Die Materie informiert, programmiert und organisiert sich nicht selbst.

Der zyklische Aspekt der Zeit erinnert den Menschen an die Ewigkeit. Was vergeht, ist nicht verloren. Wer stirbt, ist nicht tot. Wir erleben das Zyklische täglich durch unser Einschlafen und Erwachen. Die irdischen Tage und Jahre entstehen durch planetare, die Monate durch lunare Zyklen, und die solaren und galaktischen Zyklen spiegeln sich auf der Erde in großen, weitgehend noch unerforschten Zyklen, insbesondere in den Yuga-Zyklen.

Die Theorien und Ideologien des Materialismus sagen, nur die physikalische Materie sei Realität und es gebe nichts jenseits der Materie. Die Gläubigen des Materialismus wollen deshalb alles Nichtmaterialistische durch reduktionistische Systeme ersetzen. Ein Beispiel hierfür sahen wir nach der Französischen Revolution von 1789. Das Regime entschied 1793, eine 10-Tage-Woche („Dekade") einzuführen: 1 Monat = 30 Tage = 3 Wochen zu je 10 Tagen. Dadurch sollten alle religiösen und metaphysischen Bezüge des Kalenders abgeschafft werden. Der Revolutionskalender, auch „Republikanischer Kalender" genannt, enthielt eine neue Stundeneinteilung, die „Dezimalzeit". Der Tag hatte nun 10 Stunden zu je 100 Minuten, jede Minute zu 100 Sekunden. Die neue Sekunde war deshalb etwas kürzer als die bisherige. Anfang 1806 brach Napoleon dieses ideologische Experiment ab und kehrte zum alten Zeit- und Kalendersystem zurück.

Der Pluto-Zyklus als Beispiel

Das Leben auf der Erde steht unter dem Einfluss irdischer, lunarer und solarer Zyklen. Das bezieht sich nicht nur auf die bekannten physikalischen und astronomischen Gegebenheiten, sondern auch auf die energetischen. Nicht zu unterschätzen sind hierbei die astrologischen Zyklen, denn die Erde steht auch in Beziehung zu den Zyklen der anderen Planeten im Sonnensystem. Die Horoskopdarstellung von Planetenpositionen ist eine Art von kosmischer Uhr. So wie wir auf einem Zifferblatt anhand der Zeiger die irdische Tageszeit ablesen, so wird in der Astrologie das Zifferblatt der Planeten gelesen. Die Zeiger der Uhr erzeugen die Zeit nicht, aber zeigen uns die Zeit an. Ebenso erzeugen die Planeten keine irdischen Ereignisse, aber sie zeigen mit ihrer Position energetische Phasen mit den unterschiedlichen Qualitäten an, und der Mensch kann anhand dieser solaren und planetaren „Uhr" viel über die auf der Erde ablaufenden Zyklen erfahren.

Die inneren Planeten des Sonnensystems markieren schnell laufende Zyklen: Ein Umlauf des Merkur um die Sonne dauert 88 Tage und der der Venus 225 Tage. Je weiter die Planeten von der Sonne entfernt sind, desto länger und nachhaltiger sind die Zyklen. Die astronomischen Umläufe dauern beim Mars knapp zwei Erdenjahre, beim Jupiter rund 12 Jahre, beim Saturn 29 Jahre, beim Uranus 84 Jahre, beim Neptun 165 Jahre und beim Pluto 248 Jahre.

Pluto-Umläufe stellen die größten planetaren Zyklen dar und stehen im Kollektiven für Übergänge und Transformation, für Auflösung und Neuanfang und damit auch für Klarheit, Enthüllung und Rechenschaft. Pluto-Zyklen können als historisch-karmische Zyklen gesehen werden. Die Vollendung eines Pluto-Zyklus signalisiert Veränderungen, die Jahre und Jahrzehnte dauern und positiv oder negativ sein können, je nachdem, auf welches Kollektiv sich der Zyklus bezieht. Ein markantes Beispiel ist das Römische Reich. Die Römische Kaiserzeit begann 27 v. Chr., und ein Pluto-Zyklus später folgte die Zeit der Krise, die 235 n. Chr. begann (sie dauerte bis 284). Nochmals ein Pluto-Zyklus später ging das Römische Reich unter (um 480).

Die erste Pluto-Wiederkehr im Horoskop der USA: Im Jahr 2022 bekam das Thema der Pluto-Zyklen eine besondere Aktualität, weil die USA ihren ersten *Pluto return* verzeichneten. Die USA entstanden mit der Verkündung der Unabhängigkeitserklärung am 4. Juli 1776, weshalb die Amerikaner den 4. Juli seit 1777 als *Independence Day* feiern. Am 4. Juli 1776 stand Pluto auf 27°33' im Zeichen Steinbock, und zwar im zweiten Haus (alle Angaben gemäß „westlicher" Astrologie). Am 22.2.2022 kehrte Pluto erstmals wieder an die Stelle zurück, die er im „Geburtshoroskop" der USA einnahm, und die zwei weiteren Durchläufe fielen ebenfalls noch in das Jahr 2022.* 2022 markierte für die USA also einen Brennpunkt, der direkt mit der Gründung im Jahr 1776 verbunden ist. Veränderungen durch Pluto-Zyklen erstrecken sich immer über mehrere Jahre.

Im Horoskop der USA ergab sich in zeitlicher Verbindung mit der ersten Pluto-Wiederkehr am 22.2.2022 zusätzlich auch noch eine seltene Kombination mit einer Neptun-Halbzeit. Am 18.2.2022 ging der Neptun durch 22° Fische und stand damit exakt dem Punkt „22° Jungfrau" gegenüber, an dem er sich im Geburtshoroskop der USA befindet. Das letzte Mal, dass Neptun durch 22° Jungfrau ging, war Anfang September 1939, genau als der Zweite Weltkrieg ausbrach. Die gleiche Opposition wie 2022 ereignete sich 1859, als sich in den USA der Sezessionskrieg (der Amerikanische Bürgerkrieg) anbahnte, der 1861 ausbrach und bis 1865 dauerte.[3]

Die erste Pluto-Wiederkehr fand am 22.2.22 statt und war verbunden mit einer Neptun-Opposition auf 22°. Der 22.2. ist auch der Geburtstag von George Washington (der 22.2.22 war sein 290. Geburtstag). Die astrologischen Synchronizitäten finden interessanterweise im Zeichen der 22 statt. 22 ist die zweite der drei Meisterzahlen (11, 22, 33). Das hebräische Alphabet hat 22 Buchstaben. Der Stammbaum von Adam über Abraham und Isaak bis Jakob umfasst 22 Generationen (von Adam bis Noah 10 und vom Noah-Sohn Sem bis Jakob 12). Die Apokalypse, das letzte Buch der Bibel, hat 22 Kapitel.

Angesichts dieser Zeichen auf dem astrologischen Zifferblatt der USA (Pluto-Return, Neptun-Opposition, Zahl 22) ist anzunehmen, dass allein schon die energetischen Dynamiken für die USA in der nächsten Zeit große Veränderungen mit sich bringen werden, von anderen Dynamiken ganz zu schweigen.

Betrachten wir kurz, was „Pluto im zweiten Haus" bedeutet. Das zweite Haus hat mit Geld und Besitz und allgemein mit materiellen

---

* Aufgrund seiner Vor- und Rückläufigkeit kehrte Pluto im Jahr 2022 im Horoskop der USA dreimal an seine Gründungsposition 1776 zurück: am 22. Februar, am 11. Juli und am 28. Dezember, also drei Pluto-Returns im selben Jahr!

und geistigen Werten zu tun: Was hält ein Mensch für wichtig und wertvoll? Wie erwirbt er sein Geld, und was macht er damit?

Was bedeutet es nun, wenn *Pluto* im zweiten Haus steht? Im Kreis der zwölf Häuser befindet sich das zweite Haus direkt gegenüber vom achten Haus, dem Haus des Zeichens Skorpion, das von Pluto „regiert" wird.* Im zweiten Haus steht Pluto also in Opposition zum Haus des Zeichens, das er „regiert". Thema des zweiten Hauses ist der eigene Besitz und das eigene Geld. Thema des achten Hauses ist der Bezug zum Besitz und Geld *der anderen*. Viele Reiche haben Pluto im zweiten Haus, so z. B. Bill Gates.[4] Die Position des Pluto im Geburtshoroskop zeigt den Bereich an, in dem man nach Macht und Erfolg strebt, aber sie zeigt auch den Bereich an, wo Transformationen und Lektionen anstehen. Der Pluto-Return der USA könnte also bedeuten, dass der Dollar und allgemein der amerikanische Reichtum einer plutonischen Prüfung unterzogen werden.

Pluto steht im Horoskop der USA im Zeichen Steinbock. Das Zeichen Steinbock hat mit Selbstbehauptung, Macht und Machterhalt zu tun. Wenn Pluto in den Steinbock kommt, werden herrschende Machtstrukturen verändert, das heißt – je nach karmischer und energetischer Situation – geschwächt oder gestärkt. In der Mythologie ist Pluto der Gott der Unterwelt (Totenwelt), er ist der Prüfer und Richter. Wer an der Materie hängt, fühlt sich durch Pluto bedroht. Bei herrschenden Mächten kann „Pluto im Steinbock" bedeuten, dass sie die Staatsgewalt intensivieren, um ihre alte Machtstellung zu verteidigen. Die Dynamik von „Pluto im Steinbock" kann aber auch bedeuten, dass alte Strukturen durchbrochen werden und dass Außenseiter an die Macht kommen oder dass sich neue Ideen durchsetzen. Ein typisches Beispiel hierfür ist die Amerikanische Revolution, die 1765 begann und dazu führte, dass sich die amerikanischen Kolonien 1776 mit ihrer Unabhängigkeitserklärung vom Britischen Reich trennten.

Für herrschende Mächte, die Dunkles zu verbergen haben, bedeutet eine Pluto-Wiederkehr eine Zeit der Rechenschaft und karmischen „Rechnungen". Dies ist besonders tiefgehend und intensiv, wenn die Pluto-Wiederkehr – wie im Horoskop der USA – im Zeichen des Stein-

---

* Zu jedem Tierkreiszeichen gehört ein „Herrscher": die Sonne, der Mond oder einer der neun Planeten. Die Sonne z. B. ist dem Sternzeichen Löwe zugeordnet, der Mond dem Sternzeichen Krebs, die Venus den Sternzeichen Stier und Waage, der Pluto dem Sternzeichen Skorpion und Neptun dem Sternzeichen Fische.

bocks geschieht. Das reaktionäre Festhalten an der alten Macht wird in den jetzt laufenden Jahren aber dadurch erschwert, dass sich Pluto nun in der Phase des Übergangs in den „revolutionären“ Wassermann befindet.*

Pluto betrat am 26.11.2008 das Zeichen Steinbock. Die Phase „Pluto im Steinbock“ begann für die USA also kurz nach den Präsidentschaftswahlen 2008, die Barack Obama gewann. Die Regierungspartei intensivierte die Unterdrückung oppositioneller Stimmen, was zu einer zunehmenden Spaltung und Frontenbildung führte – und als Reaktion darauf zum Sieg von Donald Trump in den Präsidentschaftswahlen 2016. Auf der einen Seite verstärkte sich die Front der Patrioten und Nationalisten („Make America Great Again“), auf der anderen Seite wollen Globalisten und Extremisten die USA offen in den Sozialismus führen. Die Gefahr eines Bürgerkriegs blieb nach den Wahlen von 2020 bestehen und verschärfte sich sogar. Wie bereits erwähnt, wiederholte sich Anfang 2022 die gleiche Neptun-Opposition wie 1859, als sich in den USA der Sezessionskrieg (der Amerikanische Bürgerkrieg) anbahnte. Und 2022 war das Jahr der ersten Pluto-Wiederkehr der USA. Es ist fast schon symptomatisch, dass der US-Präsident dieser auslaufenden Ära ein alter Mann ist, der vor den Augen der Welt zunehmend senil und dement wird (Stand Ende Juli 2023).

Während gewisse Personen in den USA (und weltweit) am liebsten diktatorische Verhältnisse wie in China einführen würden (= negative Umsetzung der Pluto-im-Steinbock-Potentiale), wird durch Inflation und das stetige Ansteigen der Preise die Kluft zwischen Arm und Reich immer größer (= negative Umsetzung der Potentiale von „Pluto im zweiten Haus“). Die Frage ist nun, inwieweit die Menschen es schaffen, die *positiven* Potentiale dieser Konstellationen zu aktivieren: Können sich neue Kräfte, die der echten Demokratie und dem allgemeinen Wohl der Menschen dienen wollen, durchsetzen? Können bestehende Fraktionen sich positiv transformieren? Angesichts der Gefahr durch die verstärkte Umsetzung der negativen Pluto-im-Steinbock-Potentiale bekommt das Positive nun dadurch Unterstützung,

* Gemäß den astrologischen Zyklen ging der Pluto am 23.3.2023 zum ersten Mal in das Zeichen Wassermann. Aufgrund der Rückläufigkeit kehrte er im Juni 2023 in den Steinbock zurück. Vom 21.1.2024 bis zum 1.9.2024 geht er erneut in den Wassermann, kehrt dann nochmals kurz in den Steinbock zurück und bleibt ab dem 19.11.2024 endgültig im Zeichen Wassermann (bis 2044).

dass Pluto das Zeichen Steinbock verlässt und in das Zeichen Wassermann zieht. Auch Neptun im Zeichen Fische kann die positiven Tendenzen unterstützen, denn wenn Neptun in den Fischen ist, befindet er sich in seinem eigenen Zeichen! Neptun in den Fischen weist auf Sensitivität, Einfühlungsvermögen, Nächstenliebe und Großzügigkeit hin. In der negativen Umsetzung kann diese Tendenz aber auch zu Naivität, Täuschung (durch falsche Ideale) und Illusion führen.

Kreise schließen sich, neue öffnen sich

Die Mächte, die im jetzt zu Ende gehenden Pluto-Zyklus der USA für die letzten 250 Jahre geschichtsbestimmend waren, konnten trotz ihrer vielen Kriege und korrupten Machenschaften Siege und Profite davontragen. Die plutonische Energie könnte nun durch karmische Dynamiken grundlegende Veränderungen bewirken.

Gleichzeitig sehen wir, dass 1776 auch eine Zeit war, in der viele Idealisten und Visionäre aktiv wurden. In Deutschland entstand die Bewegung des „Sturm und Drang", die zur „Klassik" und zur „Romantik" führte. Viele dieser idealistischen und visionären Menschen wollten die zunehmend materialistische und einseitig-intellektuelle Formung der Gesellschaft durch ganzheitlich-spirituelle Impulse überwinden. Sie strebten nach einer überkonfessionellen, echten Form von Menschlichkeit und Göttlichkeit auf Erden, denn sie erkannten: Wenn das Menschliche nicht göttlich und das Göttliche nicht menschlich ist, verlieren die Menschen beides. Während 1776 im Zug der Amerikanischen Revolution die Vereinigten Staaten gegründet wurden (mit Sklaverei, Ermordung vieler Ureinwohner und Vertragsbrüchen gegenüber den verbliebenen Ureinwohnern), wurde im selben Jahr, am 1. Mai 1776, in Deutschland die geheime Loge der Illuminaten gegründet.* 1789 brach die Französische Revolution aus, die ebenfalls mit hohen Hoffnungen verbunden war, aber das Vorherige nicht wirklich verbesserte. Im Gegenteil, die Greueltaten der Vorgänger wurden von den „Revolutionären" im Zeitraffer wiederholt und übertroffen.

Die meisten Vorkämpfer und Vorkämpferinnen, die sich in den vergangenen 250 Jahren für eine wahrhaft menschliche Gesellschafts- und

* Aufgrund verschiedener Enthüllungen und Szenarien stand der Begriff „Illuminaten" schon Ende des 18. Jahrhunderts allgemein für politische Unterwanderung und geheimpolitische Manipulation.

Kulturform einsetzten, waren Idealisten und gehörten nicht zur herrschenden Klasse. Sie waren weitgehend erfolglos, was man so interpretieren kann, dass sie die negative Seite des Pluto-Zyklus durchlebten, aber gleichzeitig den Wandel über das morphogenetische Feld vorbereiteten, indem sie diesen Wandel in der persönlichen Vision vorwegnahmen. Dass ein tiefgreifender Wandel bevorsteht, spürten viele Sensitive bereits zu Beginn des jetzt zu Ende gehenden Pluto-Zyklus. Hier zwei repräsentative Beispiele von „damals", ein Mann und eine Frau, die beide ihrer Zeit voraus waren und gerade deshalb scheinbar scheiterten.

Der deutsche Dichter und Visionär Friedrich Hölderlin (1770 - 1843) schrieb bereits als 23-Jähriger:

> „Ich liebe das Geschlecht der kommenden Jahrhunderte. Denn dies ist meine seligste Hoffnung, der Glaube, der mich stark erhält und tätig, unsere Enkel werden besser sein als wir [...]. Wir leben in einer Zeitperiode, wo alles hinarbeitet auf bessere Tage. Diese Keime von Aufklärung, diese stillen Wünsche und Bestrebungen Einzelner zur Bildung des Menschengeschlechts werden sich ausbreiten und verstärken, und herrliche Früchte tragen. [...] Dies ist das heilige Ziel meiner Wünsche und meiner Tätigkeit – dies, daß ich in unserm Zeitalter die Keime wecke, die in einem künftigen reifen werden." (September 1793, Brief an den Bruder)

Angesichts der Terrorherrschaft in Frankreich nach der Revolution von 1789 schrieb er an den befreundeten Arzt Dr. Johann Ebel in Paris (10. Januar 1797):

> „Es ist fast nicht möglich, unverhüllt die schmutzige Wirklichkeit zu sehen, ohne selbst darüber zu erkranken. [...] Ich glaube an eine künftige Revolution der Gesinnungen und Vorstellungsarten, die alles bisherige schamrot machen wird."

Gemäß der damals herrschenden Gesellschaftsform hatten nur Männer die Möglichkeit zu studieren und in der Philosophie, Theologie und Wissenschaft tätig zu werden. Die erste Frau, die versuchte, beruflich und freischaffend ebenfalls diese Bereiche zu betreten, war die Schiller-, Novalis- und Hölderlin-Zeitgenossin *Karoline von Günderrode* (1780 - 1806). Sie war unverheiratet und praktisch mittellos, aber sie studierte in autodidaktischer Bemühung Literatur, Philosophie, Theologie und fremde, d.h. orientalische und asiatische Religionen, von denen sie besonders fasziniert war. Es gelang ihr, zu Lebzeiten zwei kleine Gedichtbände zu veröffentlichen (unter dem Pseudonym *Tian,* um vorerst anonym zu bleiben und nicht als Frau erkannt zu werden). In der Literaturgeschichte gilt die Dichterin und Autodidaktin Karoline von Günderrode heute als eine der zentralen Frauengestalten der frühen Romantik.

1804 schrieb sie zurück- und vorausblickend:

> Dann stürzen ein die engen Schranken,
> Verschlungen wird die alte Welt,
> Doch von dem schöpf'rischen Gedanken
> Wird eine schön're hergestellt . [...]
>
> Das Schicksal hat den Seher sich erkoren,
> Es ließ ihn seine tiefsten Tiefen sehn,
> Von ihm erzeugt, wird neu die Welt geboren,
> Der Tempel Gottes aus dem Schutt erstehn.[5]

Liebessehnsucht, Sehnsucht nach einer besseren Welt, Trauer, Tod und Wiedergeburt waren ihre zentralen Motive. Einer der Archetypen dieser Motive ist der Königssohn Adonis, in der griechischen Mythologie der sterbliche Geliebte der Göttin Aphrodite. 1805 schrieb Karoline von Günderrode ein Gedicht mit der Überschrift *Adonis Totenfeier:*

> Wehe! daß der Gott auf Erden
> Sterblich mußt geboren werden!
> Alles Dasein, alles Leben
> Ist mit ihm dem Tod gegeben.
> Alles wandelt und vergehet,
> Morgen sinkt, was heute stehet;
> Was jetzt schön und herrlich steiget,
> Bald sich hin zum Staube neiget;
> Dauer ist nicht zu erwerben,
> Wandeln ist unsterblich Sterben. [...]
>
> Brecht die dunkle Anemone,
> Sie, die ihre Blätterkrone
> Sinnend still herunter beuget,
> Leise sich zur Tiefe neiget,
> Forschend, ob der Gott auf Erden
> Wieder soll geboren werden![6]

Kali-Yuga: das „Zeitalter des Kali; Zeitalter der Spaltung"; erster Unterzyklus des vierten Yugas, das 3102 v. Chr. begann; dauert rund 5000 Jahre, ist gegenwärtig also in der Endphase. In den Sanskritschriften wird oftmals das gesamte vierte Yuga, das 432 000 Jahre dauert, als „Kali-Yuga" bezeichnet (siehe Anhang 2: „Wie lange dauert das Kali-Yuga? Das gegenwärtige Zeitalter im Licht der vier Yugas"). Im wörtlichen Sinn bezieht sich Kali-Yuga nur auf das jetzt zu Ende gehende „dunkle Zeitalter" und ist identisch mit dem vom Maya-Kalender beschriebenen Zeitraum, der 3114 v. Chr. begann – mit einer Dauer von 13 × 144000 Tagen – und 2012 zu Ende ging, mit einer Übergangszeit von 25 Jahren vor und nach 2012.

Kali: Sanskritausdruck für „Spaltung, Entzweiung, Zwist, Zwietracht" sowohl in Bezug auf die Menschen (= Streit, Kriege, Konflikte) als auch in Bezug auf Realitätswahrnehmung und Psyche (= Lüge, Betrug, Heuchelei, Scheinheiligkeit, Selbsttäuschung, Verblendung). Das Sanskritwort *kali* ist abgeleitet vom Verb *kal,* „verfolgen; angreifen" (Fronten bilden und die Fronten gegeneinander aufhetzen); ist verwandt mit der indogermanischen Wurzel *kel/kol:* „betören; vorspiegeln; betrügen"; siehe lat. *calvire:* „hintergehen; täuschen; betrügen; verleumden; prahlen".

Kali, „das Spaltende", ist auch „das Diabolische". Diabolisch, meistens mit „teuflisch" übersetzt, bedeutet wörtlich „spaltend; trennend; auseinandertreibend", abgeleitet von grch. *dia-,* „entgegengesetzt; auseinander" (wie in: diagonal; diametral entgegengesetzt), und *bállein,* „werfen; schleudern; schießen; senden" (siehe auch: „ballistisch").

Es ist anzunehmen, dass das deutsche Wort „Keil" über indogermanische Zweige ebenfalls mit *kal* verwandt ist. Dazu passen die Redewendungen „einen Keil treiben zwischen (Völker, Gruppen, Generationen, Ehepartner usw.)" und „keilen" (für „prügeln, sich schlagen") und „Keilerei" (für „Schlägerei").

Hinweis: Der Begriff Kali sollte nicht mit dem Namen der Göttin Kālī verwechselt werden (S. 388). Kālī ist eine Form des weiblichen Aspektes von Śiva und stellt die göttliche Urkraft von Kāla („Zeit") dar, die alle materiellen Formen auflöst und umwandelt (siehe Glossar in den Büchern *Gott und die Götter* und *Unsichtbare Welten*).

Die Begriffe „Kali" und „Kali-Yuga"

Kapitel 2

Die Prophezeiungen der Mayas

Die Prophezeiungen der mesoamerikanischen Hochkultur der Mayas sind durch das Datum der Wintersonnenwende 2012 weltbekannt geworden. Skeptiker und Zyniker hatten sich im Vorfeld und erst recht nach dem 21.12.2012 über diese Prophezeiungen lustig gemacht. Aber „2012" ist noch nicht vorbei! Im vorliegenden Kapitel wollen wir betrachten, was es mit diesem Datum und dem damit verbundenen Zyklusübergang auf sich hat.

Die Mayas werden „Hüter der Zeit" genannt, weil sie von ihrer Überlieferung her ein erstaunliches Wissen über die Zeitzyklen besitzen, beruhend auf ihren komplexen Kalendersystemen. Sie betonen dabei aber, dass sie dieses Wissen nicht selbst entwickelten, sondern dass sie es von ihren Vorfahren als Vermächtnis bekamen. Dies zeigt sich auch darin, dass der große Kalenderzyklus, der 2012 endete, um 3100 v. Chr. begann, d. h. in einer Zeit, als das heute bekannte historische Volk der Mayas noch gar nicht existierte.

Die Mayas bestehen aus unterschiedlichen Völkern. Die Sprachforschung unterscheidet rund 60 Maya-Sprachen, die fünf Hauptgruppen zugeordnet werden können und zum Teil sehr verschieden sind. Die Maya-Völker und die anderen mesoamerikanischen Völker verwendeten unterschiedliche Kalendersysteme, die aber alle auf den gleichen Prinzipien beruhten. Das Leben mitsamt der Politik lief regional und höchstens „national" ab, weshalb die Menschen damals keine überregionale oder internationale Kompatibilität des Kalenders und der Zeitrechnung brauchten.

Wissenschaftliche Kritiker der 2012-Prophezeiungen wiesen mit Recht darauf hin, dass die mesoamerikanischen Kulturen nicht die futuristischen Friedenskulturen waren, wie die Prophetinnen und Propheten einer 2012-Weltveränderung meinten. Tatsächlich romantisierten einige die alten Kulturen und vergaßen dabei, dass die Menschheit seit 5000 Jahren in einem Kali-Yuga lebt. Viele Schöpfungsmythen und

Göttergeschichten mit den damit verbundenen Traditionen und Religionen sind Produkte dieser relativ späten Zeit und entstanden aus den herrschenden Macht- und Denkstrukturen heraus. Das zeitlose Wissen ging jedoch nie gänzlich verloren, weil geheime oder getarnte Wissenslinien die Verbindung zur Quelle aufrechterhielten und weil immer auch einzelne Menschen mit diesem Wissen reinkarnierten. All diese Menschen wirkten im Kali-Yuga als das sprichwörtliche „Licht in der Finsternis", so auch in Nord-, Mittel- und Südamerika.

Bei den Azteken und Mayas kam im Lauf der Jahrhunderte eine tyrannische Herrscherklasse an die Macht, die eine gesellschaftliche Dekadenz auslöste, basierend auf Gewalt und Unterdrückung im Namen von „Gott" bzw. „Göttern". In Mittelamerika entstand ein offener Kult von Menschenopfern, was jedoch eine späte Phase dieser Geschichte darstellte. Die Kulturen selbst waren uralt und gingen auf Wurzeln zurück, die heute weitgehend unbekannt sind. Die Monumentalbauten, insbesondere die Pyramiden, zeugen von einer hochstehenden Mathematik und Architektur auf der Grundlage einer kosmisch ausgerichteten heiligen Geometrie. Erst viel später wurden diese Bauwerke für Blutrituale und sonstige Machtdemonstrationen missbraucht. Aber durch alle Epochen hindurch blieben Linien von Eingeweihten bestehen, die das Wissen über die Geheimnisse der Zeitzyklen von Generation zu Generation weitergaben.

Einblick in die Genialität des „alten" Wissens

Für die folgenden Ausführungen ist es nicht erforderlich, die Kalendersysteme der Mayas zu kennen. Der Autor wäre auch nicht in der Lage, detaillierte Erklärungen zu geben. Über die Kalendersysteme der Mayas wurden schon viele akademische, esoterische und visionäre Schriften veröffentlicht.[7]

Die Mayas kannten die genaue Dauer des Sonnenjahres. Sie berechneten die Länge des Sonnenjahres auf 365,2420 Tage, was bis auf die dritte Kommastelle exakt der modernen astronomischen Berechnung von 365,2422 Tagen entspricht.[8]

> Die alten Mayas konnten jedes Datum ihrer Chronologie mit solcher Präzision bestimmen, dass eine Wiederholung erst nach 374 440 Jahren stattfand – eine geistige Großtat für jedes chronologische System alter oder neuzeitlicher Herkunft.[9]

Neben den Kalendern, die nach dem Sonnenjahr und dem Mondjahr ausgerichtet sind, verwendeten die Mayas auch einen rituellen Kalender, genannt Tzolkin („Zählen der Tage"). Er besteht aus 20 Symbolen für Zeitqualitäten und 13 Variationen von Tagesqualitäten. Der Durchlauf aller 20 Symbole durch die 13 Tage mit ihren unterschiedlichen Qualitäten dauert 260 Tage. Dieser Zeitraum von zwanzig 13-Tage-Wellen ist nicht willkürlich gewählt. Er entspricht natürlichen und planetaren Zyklen. So beträgt z. B. die Dauer einer menschlichen Schwangerschaft 260 Tage, gezählt vom Tag an, wenn das befruchtete Ei sich im Uterus eingepflanzt hat, was am fünften Tag nach der Zeugung geschieht. (Wenn wir gefragt werden, wie lange eine Schwangerschaft dauert, sagen wir „neun Monate". Wir sind nicht gewohnt, diese Dauer in Tagen anzugeben.)

Nur schon die zwei heiligen Zahlen des Tzolkin – 20 und 13 – weisen auf eine hohe Symbolik hin. Im Gegensatz dazu wird im westlichen Kulturkreis die Zahl 13 vielerorts als Unglückszahl gesehen: Bei gewissen Zügen folgt auf Wagen 12 Wagen 14, bei gewissen Hotels folgt bei der Etagennummerierung auf Etage 12 Etage 14, usw. Das ist eine erstaunliche Form von modernem Aberglauben! Dabei ist die 13 (12+1) eine Schlüsselzahl: 12 Apostel+Jesus, 12 Ritter der Tafelrunde+König Artus, usw. 13 ist auch die Zahl des lunaren Jahres, denn jedes Jahr hat 13 Vollmonde und 12 Neumonde bzw. 13 Neumonde und 12 Vollmonde. In der 3D-Geometrie umfasst eine „Kugelpackung" von gleich großen Kugeln immer 13 Kugeln (1+12), das heißt, 12 gleich große Kugeln passen genau um eine innere, erste Kugel. In der 2D-Geometrie führt dieses Kugelprinzip zu Kreiskonstruktionen namens „Frucht des Lebens" und „Blume des Lebens".

Unsere moderne Mathematik rechnet mit einem Dezimalsystem, also mit einem Zahlensystem auf der Grundlage der Zahl 10. Die alte mesoamerikanische Mathematik rechnet mit einem Vigesimalsystem oder Zwanzigersystem (von lat. *vicesimus,* „der Zwanzigste"), d. h. mit einem Zahlensystem, das als Grundlage die Zahl 20 verwendet. Der Grund hierfür liegt im esoterischen Wissen um kosmische und irdische Zusammenhänge („wie oben, so unten"), denn alle biologischen und anatomischen Strukturen sind Ausdruck geistiger Informationsfelder. Hinter jeder Form wirkt In-Formation. So ist es auch kein Zufall, dass wir zehn Finger und zehn Zehen haben. Bildlich gesprochen, beschränkt sich eine dezimale Mathematik auf die zehn Finger und ist dadurch sehr kopflastig, wenn nicht sogar einseitig. Eine vigesimale Mathematik bezieht auch die zehn Zehen mit ein und ist „geerdet". Sie hat „Hand und Fuß". Sie hat sowohl Wurzeln als auch Äste: Wer in die Höhe wachsen will, braucht gute Wurzeln ...

Das Tzolkin-System, das auf zwanzig 13-Tage-Wellen und damit auf 260-Tage-Zyklen beruht, ist Ausdruck eines universellen göttlichen Wissens. 13 und 26 sind auch in der jüdischen Religion die wichtigsten Zahlen! 26 ist die Quersumme von JHWH, dem Namen oder Symbol für Gott, das heißt, die Zahlenwerte der Buchstaben J+H+W+H ergeben zusammen 26. (Bei der Quersumme hat die Null keinen Einfluss. In diesem Sinn sind 26 und 260 gleichwertig.) 26 ist im Hebräischen die Gotteszahl, und der Schlüssel zu ihrer inhaltlichen Bedeutung ist 13+13 (siehe Anhang 3).

Weil die 13 die Zahl des lunaren Jahres ist, beinhaltet ein harmonischer Jahreskalender 13 Monate zu je 28 Tagen, was 364 Tage ergibt, plus ein „Tag außerhalb der Zeit", der den lunaren und den solaren Kalender in Übereinstimmung bringt. Dies zeigt sich z. B. in der Architektur der berühmten Maya-Pyramide von Chichén Itzá auf Yucatán. Auf jeder der vier Seiten dieser Pyramide verläuft in der Mitte von unten bis oben eine Treppe mit 91 Stufen (91×4=364), und oben auf der Plattform steht ein Tempelgebäude als „Spitze" der Pyramide für den 365. Tag, den „Tag außerhalb der Zeit".

Die Mayas rechnen mit Zyklen von 360 Tagen und natürlich auch mit dem astronomischen Sonnenjahrzyklus von 365,25 Tagen, wofür sie den Haab-Kalender verwenden. Hier ein Beispiel für die geniale Anlage und Kompatibilität des Tzolkin- und des Haab-Kalenders. Wenn ein Kind zur Welt kommt, wird dieser Tag im 13-, 20- und 365-Tage-Zyklus durch das jeweilige Zeichen markiert. Wie lange dauert es, bis sich diese Zeichenkombination wieder einstellt? 18 980 Tage (7×260 Tage) oder rund 52 Jahre – oder genau 52 Jahre ohne die Schalttage (365×52=18980). 52 ist 4×13. Wenn ein Mensch in dieser Kultur 52 Jahre alt wurde, wurde er in den Kreis der Ältesten aufgenommen und gehörte dort wieder zu den Jüngsten.

Demgegenüber beruht der heute gebräuchliche 12-Monate-Kalender auf einer willkürlichen Einteilung. Die Monate Juli und August haben hintereinander 31 Tage, weil der Monat Juli Julius Cäsar zu Ehren mit 31 Tagen berechnet wurde. Danach wollten die Anhänger von Kaiser Augustus, dass der nach ihm benannte Monat ebenfalls 31 Tage hat.

Unser moderner Monatskalender taktet also nach dem Ego der Anhänger alter römischer Imperatoren!

Auch die Festlegung des Jahresbeginns auf jenen Tag, der dann als 1. Januar bezeichnet wurde, war willkürlich. Im Jahr 1582 wurde im Rahmen der Gregorianischen Kalenderreform der letzte Tag des Jahres auf den Gedenktag bzw. Todestag von Papst Silvester I. gelegt (er starb im Jahr 335). Deswegen wird der letzte Tag des Jahres vielerorts „Silvester" genannt.

Auch die Monatsnamen sind völlig verschoben: Der September, wörtlich „der siebte Monat", ist der neunte, der Oktober („der achte") der zehnte, der November („der neunte") der elfte und der Dezember („der zehnte") der zwölfte. Diese alten Namen gehen zurück auf eine Zeit des frühen römischen Reiches, als das Jahr noch im März mit der Frühlingstagundnachtgleiche begann. Offensichtlich war dieser natürliche Kalender so tief im Bewusstsein der europäischen Völker verwurzelt, dass die letzten vier Monatsnamen trotz der Verschiebung beibehalten wurden.

Steht eine Umwälzung bevor wie um 3100 v. Chr.?

Die Bedeutung des 21.12.2012 lag darin, dass diese Wintersonnenwende das Ende einer langen Epoche markierte, die mehr als fünftausend Jahre dauerte: konkret 13 Baktun-Zyklen zu je 144 000 Tagen. Dieser große Weltenzyklus von 1 872 000 Tagen begann im Jahr 3114 v. Chr., und hier zeigt sich eine erstaunliche Synchronizität, denn gemäß der vedischen Zyklenrechnung begann das vierte Yuga im Jahr 3102 v. Chr. – und damit auch der erste große Unterzyklus, das Kali-Yuga. Es ist bestimmt kein Zufall, dass zwei unterschiedliche und geographisch weit voneinander entfernte Wissenslinien genau das gleiche enge Zeitfenster von zwölf Jahren als Beginn eines langen (und „dunklen") Zeitalters von fünftausend Jahren erkannten. Und diese Angabe war nicht willkürlich, sondern traf den Anfang unserer modernen Zivilisation! In der Zeit, die wir heute als „3100 v. Chr." bezeichnen, kam es zu den ersten Reichs- und Städtegründungen, und die ersten Schriften wurden „erfunden".

Die moderne Geschichtsforschung weiß erst seit einhundert Jahren, dass das ägyptische Reich um 3100 v. Chr. gegründet wurde (durch die kriegerische Vereinigung von Ober- und Unterägypten), während gleichzeitig die Kulturen von Sumer und des Indus-Tals scheinbar wie aus dem Nichts entstanden, alle mit eigenen Schriftsymbolen. Und zur selben Zeit schufen unbekannte Vorfahren der Mayas in Mesoamerika ein geniales Kalendersystem, das fünftausend Jahre später die Menschen einer technischen Welt herausfordern würde, nämlich: „Wie reagiert ihr auf die Information über das Ende des großen Weltenzyklus, mit dessen Start eure Zivilisation begann?" Mit Sensationalismus durch Schürung von Weltuntergangsängsten? Mit Spott aufgrund von Ignoranz und Arroganz? Oder mit Respekt und Lernbereitschaft?

Synchronizität mit dem gregorianischen Kalender

Der gregorianische Kalender „produzierte" eine erstaunliche Synchronizität mit der vom Maya-Kalender angezeigten Zeitenwende. Das 13. Baktun endete gemäß der gregorianischen Zählung im Jahr 2012. Die Baktun-Zyklen gehören zu einem „mythischen" Kalender, und das Ende des 13. Baktuns war nicht das Ende des laufenden Sonnenjahres. Das Ende dieses Maya-Jahres gemäß astronomischem Kalender folgte erst einige Monate später, also im gregorianischen Jahr 2013. Und die Faktoren 20 und 13 sind die grundlegenden Zahlen des Maya-Kalenders (Tzolkin)! Dass der neue Großzyklus nach über fünftausend Jahren in einem Jahr beginnt, das global mit „2013" bezeichnet wird, war für die Maya-Kalender-Bewegung ein zusätzlicher Hinweis, dass der globale Wandel auch den Umstieg auf einen planetar und kosmisch ausgerichteten Kalender beinhalten sollte. Die 2013-Synchronizität zeigt, dass die Jahreszählung des gregorianischen Kalenders ebenfalls eine gewisse Symbolik und Richtigkeit enthält. Immerhin basiert er auf dem symbolischen Zeitpunkt von Jesu Geburt und der darauf aufbauenden Zählung der Jahre „nach Christus".

Als 2012 noch ferne Zukunft war

Nach der Entdeckung der großen Maya-Pyramiden im 19. Jahrhundert bemühte sich die Forschung, die hieroglyphischen Inschriften zu übersetzen und die Zeitangaben der Maya-Kalendersysteme zu entschlüsseln. Besondere Schwierigkeit bereitete dabei das lineare Tageszählsystem, das verwendet wurde, um historische Zeitpunkte in Zeiträumen von Jahrhunderten und Jahrtausenden mit einem Datum zur versehen. Als die Spanier nach Mexiko kamen, war dieses Zählsystem bei den Einheimischen weitgehend in Vergessenheit geraten und nicht mehr in Gebrauch, weshalb wir nicht einmal den Namen kennen, den dieses Kalendersystem hatte. Es wird heute einfach „Long Count" oder „Lange Zählung" genannt. Dieses System wurde vor allem für Inschriften in Tempeln und Stelen verwendet, die sich auf historische Ereignisse der Maya-Geschichte bezogen. Ähnliche Systeme wurden auch von den Azteken und anderen mesoamerikanischen Völkern verwendet. Die Datumsangaben lauteten in diesem System beispielsweise: „18. Tag im 14. Unterunterunterzyklus des 11. Unterunterzyklus im 2. Unterzyklus des 11. Großzyklus".

Die Länge der einzelnen Zyklen war bekannt: Ein Großzyklus dauert 144 000 Tage und beinhaltet mehrere Stufen von Unterzyklen (siehe Auflistung auf der nächsten Seite). Wie konnten Datumsangaben dieser Tageszählung mit dem gregorianischen Kalender identifiziert werden? Dazu wurden historische, archäologische und astronomische Bezugspunkte verwendet. Verschiedene Gelehrte nahmen erste Entschlüsselungen vor, die alle zu ähnlichen Angaben führten. 1937 veröffentlichte der britische Anthropologe und Maya-Forscher Prof. John Eric Thompson (1898 - 1975) als Abschluss dieser Forschung ein Standardwerk mit der Formel für die Umrechnung, genannt „Goodman-Martinez-Thompson-Korrelation" (GMT-Korrelation). Das Ende des damals laufenden Großzyklus (Baktun) sowie des noch größeren Weltenzyklus von rund 5100 Jahren (13 Baktun-Zyklen) fiel im modernen Kalender auf das Jahr 2012, konkret die Wintersonnenwende dieses Jahres. Das Datum des Baktun-Endes im Jahr 2012 war also schon vor Beginn des Zweiten Weltkriegs bekannt. Aber damals war dies bloß ein akademisches Wissen ohne prophetische Dimension.

„2012" ist noch nicht vorbei …

Das Datum der Dezember-Sonnenwende 2012 entspringt dem Maya-Kalendersystem, das wir heute „Lange Zählung" (Long Count) nennen. Der grundlegende Zyklus der Zeitrechnung ist natürlich der Tag. In der Maya-Sprache lautet das Wort für „Tag" *kin*. Ein Tageszyklus ist 1 Kin. Die nächsthöhere Einheit des Long Count sind Zyklen zu je 20 Tagen, und dies multipliziert sich bis zu Zeiteinheiten von Jahrmillionen!

20 Tage sind in der Maya-Sprache 1 Uinal,
18 Uinal sind 360 Tage = 1 Tun,
20 Tun sind 7200 Tage = 1 Katun,
20 Katun sind 144 000 Tage = 1 Baktun,
20 Baktun sind 2 880 000 Tage = 1 Pictun,
20 Pictun sind 57 600 000 Tage = 1 Calabtun,
20 Calabtun ergeben 1,152 Milliarden Tage = 1 Kinchiltun,
20 Kinchiltun ergeben 23,04 Milliarden Tage = 1 Alautun, was
64 Millionen Tun-Jahren entspricht, oder rund 63 080 080 Sonnenjahren.

An der Dezember-Sonnenwende 2012 endete das laufende Baktun, d. h. eine Zeitspanne von 144 000 Tagen oder rund 394 Jahren. Zudem war dieses Baktun der 13. Baktun-Zyklus seit Beginn dieser Großzählung vor rund 5120 Jahren. Mit dem Ende des 13. Baktun war keine Globalkatastrophe und erst recht kein Weltuntergang prophezeit. Die nächsthöhere Zeiteinheit ist 1 Pictun = 20 Baktun-Zyklen. Nach dem 13. Baktun folgen also noch weitere sieben bis zum Beginn des nächsten Pictun. Dem 13. Baktun kommt jedoch eine besondere Bedeutung zu, nur schon rechnerisch: Das kleinste gemeinsame Vielfache des 260-Tage-Zyklus des Tzolkin und des 144 000 Tage dauernden Baktun ist 1 872 000, und das sind genau 13 Baktun-Zyklen (1 872 000= 7200×260=13×144 000).

Tatsächlich hatte das 13. Baktun gegenüber den früheren 12 eine besondere Bedeutung. Das 13. Baktun begann im Jahr 1618. Mit dem Ende des 12. und dem Beginn des 13. Baktun kam für die indigenen Völker Nord-, Mittel- und Südamerikas eine extrem traumatische Zeit. Sie wurden gewaltsam bekämpft und enteignet, die Invasoren verbrannten ihre Schriften, zerstörten viele der Kulturstätten, verboten ihnen sogar die eigene Sprache und die traditionelle Nahrung, nahmen ihnen die Kinder weg, usw. Als die Spanier im Jahr 1519 Mexiko erreichten, lebten in Mesoamerika gesamthaft 35 bis 40 Millionen Einheimische. 150 Jahre später – also 50 Jahre nach dem Beginn des 13. Baktun – waren es noch etwa 3 bis 4 Millionen, also eine Ausrottung von 90 % der Einheimischen.[10]

So stellte sich die Frage: Was bringt das Ende des 13. und der Beginn des 14. Baktun? Das 13. Baktun war geprägt von Imperialismus, Kolonialismus und zunehmender Brutalität der Kriege, stellte diesbezüglich also einen Tiefpunkt an Menschlichkeit dar. Mit dem Ende des 13. Baktun soll wieder eine Höherentwicklung des menschlichen Bewusstseins einsetzen, weshalb indigene, schamanische und esoterische Prophezeiungen im Zusammenhang mit dem „Wandel 2012" ein neues Zeitalter und ein globales Erwachen voraussagten. Es sagte jedoch niemand, dass dieser Wandel schlagartig an der Dezember-Sonnenwende 2012 geschehen würde. Übergänge dauern immer eine bestimmte Zeit, und hier geht es um das Ende einer Epoche von fünftausend Jahren, weshalb der Übergang nicht „von heute auf morgen" geschieht. Der Übergang zum neuen Baktun dauert insgesamt rund fünfzig Jahre und umfasst 25 Jahre vor 2012 und 25 Jahre nach 2012. Eine besondere Bedeutung kam deshalb dem Jahr 1987 zu, weil 1987 den Beginn des Zeitraums von 25 Jahren vor 2012 markierte und zudem auch in einem historisch-zyklischen Zusammenhang als besonderes Jahr herausstach (siehe nächstes Unterkapitel). Der Übergang mit 25 Jahren vor und nach 2012 beschreibt also einen Zeitraum von 1987 bis 2037. „2012" ist noch nicht vorbei ...

Die Harmonische Konvergenz

„2012" wäre ein unbeachtetes und theoretisches Datum geblieben, wenn nicht inspirierte Forscher mit einem intuitiven Wissen die Bedeutung dieses Zyklusendes erkannt hätten. Die wichtigste Maya-Prophezeiung sagte, dass die Ahnen zurückkehren werden, um das alte Wissen in die neue Zeit zu bringen und die alten Sakralstätten neu zu beleben:

> Die Lehrerinnen und Lehrer werden von vielen Orten kommen. Sie werden aus Völkern aller Hautfarben kommen. Einige werden von Dingen sprechen, die schwierig zu verstehen sind. Einige werden eher betagt sein, andere weniger. Einige werden tanzen, während andere still sein werden wie Felsen. Ihre Augen werden die Botschaft der Einweihung vermitteln, und diese Botschaft wird die Zyklen des nächsten Jahrtausends einleiten und begleiten.[11]
>
> Prophezeiungen, die dem Maya-Volk der Itzás im 9. und 10. Jahrhundert gegeben wurden, also irgendwann in der Zeit zwischen dem plötzlichen Ende ihrer Zivilisation und ihres Wiederauflebens im nördlichen Yucatán, sprechen von einer zukünftigen Wiederkehr der Eingeweihten in das heilige Land der Mayas. Ihre Berufung wird sein, das Werk des Hunab K'u, des Großen Geistes und Ursprungs von „Maß und Bewegung", fortzusetzen. Der Auftrag an diese neue Generation von Lehrerinnen und Lehrern wurde ihnen in Form der Prophezeiung gegeben:

die Zeit werde kommen, in der es angesagt ist, „*sich zusammenzutun und in Harmonie zusammenzuarbeiten, um die Vergangenheit zu heilen und die Erde zu unterstützen und eine Zeit des Gleichgewichts und des Friedens zu gründen*".[12]

Angesichts der immensen Arbeit, die notwendig war, um die vergessenen Pyramiden und das verlorene oder unterdrückte Wissen der mesoamerikanischen Kulturen neu zu entdecken, ist es naheliegend anzunehmen, dass hier viele reinkarnierte Ureinwohner archäologisch und forschend tätig waren. Zuerst musste die akademische Vorarbeit geleistet werden, und dann musste dieses Wissen zeitgemäß und zukunftsweisend in die Gegenwart übersetzt werden, was nicht mehr nur intellektuell und akademisch geschehen konnte. Ein wichtiger Pionier war diesbezüglich der amerikanische Dichter und visionäre Kalenderforscher Tony Shearer (1926 - 2002), der Lakota-Vorfahren hatte. In den 1970er Jahren publizierte er Inhalte, die auf einer Verbindung des Azteken- und Maya-Kalenders beruhten. Er ging von der Azteken-Mythologie aus, deren Weltbild den Kosmos in 13 Himmel und 9 Höllen unterteilt, und wandte dieses „räumliche" Prinzip auf die Zeit an. Dadurch entdeckte er den wichtigen Zeitraum von 22 Zyklen zu je 52 Jahren (= 1144 Jahre), aufgeteilt in 13 „Himmel" und 9 „Höllen". Die Zeit der 13 Himmel begann im Jahr 843 und endete 1519, worauf die 9 Höllen folgten, die am 16./17. August 1987 endeten.

Von Tony Shearer erfuhr der spätere 2012-Pionier Dr. José Argüelles bereits 1970, dass alte bzw. mythische Berechnungen auf das Datum 16./17. August 1987 hinweisen. José Argüelles (1939 - 2011) war Dozent für Kunstgeschichte an renommierten Hochschulen der USA, aber je mehr er sich mit dem Maya-Kalender befasste, desto mehr sah er seine eigentliche Berufung in einer globalen Kalenderreform. Zudem erkannte er einen großen prophetischen Zusammenhang, denn im Jahr 1987 begann die Übergangszeit zum neuen Baktun, 25 Jahre vor 2012. José Argüelles initiierte und organisierte deshalb für den 16./17. August 1987 die „Harmonische Konvergenz", die erste weltweit synchronisierte Meditation. Über 100 000 Menschen nahmen teil, wobei an vielen Kraftorten der Welt Friedensrituale durchgeführt wurden, insbesondere an mehreren heiligen Stätten in Mittelamerika.

Die Harmonische Konvergenz wurde auch von Vertretern der Maya-Kultur als zukunftweisendes Ereignis erkannt und rituell gefeiert. 1987 markierte nicht nur den Beginn des Zeitraums von 25 Jahren bis 2012, sondern auch das Ende des Zeitraums von 9×52 Jahren seit 1519. 1519 war das schicksalhafte Jahr der Ankunft der Spanier in der Azteken-Hauptstadt Tenochtitlan im Gebiet des heutigen Mexiko City.

Die Spanier erreichten Tenochtitlan am Osterwochenende des Jahres 1519, als gemäß lokaler Kalendersysteme eine besondere Konstellation vorlag. Die Azteken deuteten diese Kalenderangabe falsch und meinten, sie zeige die Rückkehr des legendären Kulturstifters und Gottgesandten Quetzalcoatl an. Deshalb empfingen sie die Spanier mit Optimismus und Vertrauen, was sich als fataler Fehler erwies. Die Eingeweihten der viel älteren Wissenslinien der Mayas erkannten, dass mit dieser Konstellation keine Zeit des Friedens anbrach, sondern eine dunkle Zeit von neun „Höllen" zu je 52 Jahren. Und so kam es dann auch …

Die letzte der neun „Höllen", die 1935 begann, war für die indigenen Bewohner Mesoamerikas und Südamerikas nochmals eine Zeit von Verfolgung und Massakrierung, diesmal durch Regierungstruppen und paramilitärische Privatarmeen der Großkonzerne. Als Beispiel seien hier die Militärdiktatoren von Guatemala genannt: Heute ist es ein bekannter historischer Fakt, dass eine militärische Geheimoperation der CIA im Jahr 1954 zum Sturz des demokratisch gewählten, bürgerlich-konservativen Präsidenten Jacobo Arbenz führte. Er und sein Vorgänger hatten eine umfangreiche Landreform durchgeführt, bei der ungenutzter Großgrundbesitz, unter anderem des US-amerikanischen Konzerns *United Fruit Company* (heute: *Chiquita Brands International*), an landlose Bauernfamilien verteilt wurde. Nach dem Militärputsch von 1954 wurden Militärdiktatoren als US-Vasallen eingesetzt, was zum Guatemaltekischen Bürgerkrieg führte (von 1960 bis 1996). Bis 1996 kamen insgesamt etwa 250 000 Menschen ums Leben, mehrheitlich Angehörige der Maya-Stämme. Mindestens 100 000 Menschen flüchteten in die Nachbarländer. Die schlimmste Phase war die kurze Regierungszeit des Diktators Efraín Ríos Montt, 1982 bis 1983. 1986 begannen erste Friedensverhandlungen, und die Jahrzehnte lang unterdrückte und verfolgte Maya-Bevölkerung bekam wieder gewisse Freiheiten. Am 29. Dezember 1996 kam es durch UNO-Vermittlung zu einem innenpolitischen Friedensvertrag zwischen der Regierung und der Rebellenpartei, was offiziell das Ende der kriegerischen Situation bedeutete, aber nicht das Ende der Probleme.[13]

Einer der bekanntesten damaligen Maya-Ältesten mit Maya-Namen *Wakatel Utiw* („Wandernder Wolf"), mit bürgerlichem Namen Don

Alejandro Cirilo Pérez Oxlaj (kurz: Don Cirilo), sagte 1998 über die Zeit der neun Höllen Folgendes:

> „Die Azteken, die den Kalender von uns übernahmen, wussten, dass am Tag 1 Ben des Jahres 1 Ben – das war am 21. April 1519 – ein weißer Gott mit einem Bart landen würde. Sie erwarteten die Rückkehr von Quetzalcoatl, aber es war Cortéz, der in einer Spur aus Blut eine andere Religion mit einem anderen Kalender zu den *indígenas* [Einheimischen] brachte. In unserer Kalenderrechnung beginnt damit die Periode, die in unseren Prophezeiungen als die Periode der 9 Höllen beschrieben ist. Und jede Hölle würde genau 52 Jahre dauern, 4×13. In der letzten, neunten Hölle kamen die Militärs an die Macht – mit der Hilfe der Vereinigten Staaten. Und wann endet die Periode der neun Höllen? Genau 468 Jahre später, 9×52 Jahre: 1987.
>
> Am 16. August 1987 durften die Mayas zum ersten Mal seit dem Beginn der Unterdrückung ihre Rituale wieder in der Öffentlichkeit ausführen. Damit begann das Zeitalter des Erwachens.“[14]

Der 16. August 1987 war das Datum der Harmonischen Konvergenz! „Damit begann das Zeitalter des Erwachens.“

José Argüelles, der Initiator und Organisator dieser weltweiten Friedensmeditation, schrieb 1996 in einem Zusatz zu seinem visionären Werk *Der Maya-Faktor,* das 1987 zur Harmonischen Konvergenz erschienen war:

> Die vom Maya-Faktor vorhergesagte Harmonische Konvergenz war die definitive Vollendung der Prophezeiung der Dreizehn Himmel und Neun Höllen, zweiundzwanzig 52-Jahreszyklen oder 1144 Jahre insgesamt, 843 - 1987 n. Chr. Wenn laut dieser Prophezeiung 144 000 Menschen dem Aufruf, zur Dämmerung am 16. und 17. August 1987 zu meditieren, folgen könnten, würde die Welt erneuert werden, und die Menschheit ginge in ein „neues Zeitalter“ ein.
>
> Dem Ruf wurde Folge geleistet. [...] Innerhalb von drei Jahren kam der Kalte Krieg zu einem Ende. Anfang 1990 stellten viele Zeitungsreporter in den Vereinigten Staaten die Frage: „Brachte die Harmonische Konvergenz den Planeten tatsächlich dem Frieden näher?“ Dieser Trend fand am 4. Mai 1990 in einem ganzseitigen Artikel der *Washington Post* seinen Höhepunkt: „The Harmonic Convergence Revisited“ [„Die Harmonische Konvergenz, noch einmal betrachtet“].[15]

Im Hinblick auf die Harmonische Konvergenz wies Argüelles auf die entscheidende Zeit von 1987 bis 1992 hin. 1992 war „zufällig" auch das 500. Jahr seit der Entdeckung Amerikas durch Kolumbus. Die Frage war, ob es der Menschheit gelingen würde, bis 1992 zukunftsweisende positive Weichenstellungen vorzunehmen. Oder würden die imperialistischen Mächte weiterhin das Negative fördern? Wie wir heute wissen, war Letzteres der Fall. Gerade „rechtzeitig" vor 1992 griffen die USA 1991 den Irak an …

Der Irak-Krieg begann mit einer infamen Kriegslüge („Brutkastenlüge"). Der Krieg und die Wirtschaftssanktionen gegen den Irak bewirkten den Tod von Hunderttausenden von Menschen, darunter eine halbe Million Kinder! Madeleine Albright, die damalige US-Botschafterin bei der UNO – und US-Außenministerin von 1997 bis 2000 – war am 12. Mai 1996 Gast in der Fernsehsendung *60 Minutes* (Titel: „Die Bestrafung Saddams"). In diesem Gespräch sagte und fragte die Interviewerin Lesley Stahl Folgendes:

> „Wir haben gehört, dass eine halbe Million Kinder ums Leben gekommen ist. Das sind mehr Kinder als in Hiroshima! Und man fragt sich: War es diesen Preis wert?"
> Albright: „Ich denke, dass ist eine sehr schwierige Entscheidung, aber der Preis – wir denken, der Preis ist es wert *(we think the price is worth it)*."[16]

Was das „2012-Phänomen" betrifft, so zweifelten die Kritiker und Esoterikgegner nicht das Datum an sich an, sondern nur die Prophezeiungen, denn diese stammten hauptsächlich von den modernen Maya-Kalender-Interpreten und nicht von den Mayas selbst.[17] Die Mayas betonten jedoch ebenfalls, dass sie für das neue Baktun einen Bewusstseinswandel und das Ende der kriegerischen Epoche erwarten. Sie sagten dies einerseits aufgrund ihrer eigenen Hoffnungen, andererseits auch aufgrund ihrer alten Prophezeiungen, die aber nur noch bruchstückhaft bekannt waren.

Energie geht nie verloren, auch wenn ein Zeitfenster mit all seinen großen Chancen verpasst wurde. Wie Wandernder Wolf im obigen Zitat sagte, begann 1987 „die Zeit des Erwachens". Das bedeutet, dass die Menschen in spiritueller Hinsicht schlafen. Wir sind in einem hypnotischen Schlaf, weil wir uns als Kollektiv von der Quelle getrennt haben. Das 20. Jahrhundert war das gewaltvollste Jahrhundert, und die ersten Jahre des 21. Jahrhunderts zeigen auf der kollektiven und elitären Ebene weder Besserung noch Einsicht, sondern eher Gegenteiliges. Aber dies ändert nichts am äußeren Rahmen der Zyklen. Der neue Zyklus kommt auf jeden Fall. Die Frage ist nur, wie sich der Übergang vom alten zum nächsten Zeitalter gestalten wird. Im Gegensatz zu deterministischen und „apokalyptischen" Prophezeiungen ist der faktische Verlauf immer offen, denn die Menschen können mit ihrem Verhalten entsprechende Verläufe ändern, und zu diesem Zweck bekommen wir unterschiedlichste Formen von Hilfen. Werden wir diese Hilfen erkennen und annehmen?

Botschaft durch die Jahrhunderte

Es ist eine erstaunliche Synchronizität, dass das Jahr 1987 eine doppelte prophetische Bedeutung hatte, sowohl im Rückblick als auch im Vorausblick. 1987 war 9×52 Jahre nach 1519 und markierte zugleich den Beginn der Übergangszeit von 2012 (25 Jahre vor 2012).

Beginnen wir nochmals bei 1519. Im Gegensatz zu den Aztekenherrschern wussten die Eingeweihten der Maya-Wissenslinien, dass mit der Ankunft der fremden „Besucher" kein goldenes Zeitalter von Frieden und Kulturaustausch begann, sondern eine Zeit von neun Höllenzyklen. Sie wussten, dass ihnen und allen anderen Ureinwohnern eine dunkle Zeit von 468 Jahren bevorstand und dass ein Kampf gegen diese Übermacht aussichtslos war. Die Maya-Fürsten, die in den folgenden Jahren und Jahrzehnten dennoch gegen die Spanier ins Feld zogen, mussten die Wahrheit dieser Warnung auf fatale Weise erkennen. Die Maya-Weisen versuchten, ihre Völker so zu leiten und zu schützen, dass sie trotz der Massaker und neuen Krankheiten nicht gänzlich ausgerottet wurden. Mit prophetischem Weitblick war es ihnen möglich sicherzustellen, dass wenigstens ein Bruchteil ihres Volkes überlebte, damit nach dem Ende der neun Höllen immer noch Nachkommen als „Hüter der Zeit" das alte Wissen besitzen. Dann, in fünf Jahrhunderten, würden sie der Zivilisation ihrer Mörder das alte, weiterführende Wissen schenken. Mit dieser Kraft der Nächstenliebe und des Verzeihens erwiesen sich die Opfer der „christlichen" Imperialisten als Träger eines wahren christlichen Geistes, wie wir ihn nur selten bei einer biblisch geprägten Kultur fanden und finden. Trotz der allseits bekannten Gräueltaten im Namen von Gott zeigen viele

„Christen" und „Monotheisten" auch heute keinerlei Reue oder Einsicht, sondern halten an ihren Überlegenheitsansprüchen fest und bezeichnen die Religion und Kultur der indigenen Völker weiterhin als heidnisch, wenn nicht sogar satanisch.

Aufgrund des Wissens, dass nach dem Ende des 13. Baktun eine Wendezeit kommt, unternahmen die Mayas alles, um ihre Überlieferungslinie am Leben zu erhalten und sicherzustellen, dass sie nie endgültig vernichtet wurde. Die Mayas erlitten über Jahrhunderte hinweg schlimmste Verfolgungen, sogar noch mitten im 20. Jahrhundert, doch sie überlebten als Volk und sprechen nicht nur als Vertreter einer alten Tradition, sondern auch als Opfer und Überlebende. Die Köpfe unserer Zivilisation jedoch hielten die Botschaft der Indigenen für nebensächlich und unwichtig, ohne zu erkennen, welch Wissen damit verbunden war – und welche Dringlichkeit. Dies zeigt auch die folgende Episode, die uns in den „verbotenen" Dschungel im Süden Kolumbiens führt.

Die Prophezeiung, dass der Kondor und der Adler sich treffen

Es ist ein Wunder, dass die indigenen Völker Nord-, Mittel- und Südamerikas die letzten fünfhundert Jahre überlebten und zumindest Bruchstücke ihres Wissens behalten konnten, obwohl sie Generation für Generation militärisch und/oder missionarisch bekämpft wurden. Heute gehören die meisten Nachkommen der Ureinwohner zur untersten und ärmsten Gesellschaftsschicht, leben weitgehend in Reservaten, Slums oder Ghettos und werden politisch, rechtlich und menschenrechtlich vielfach benachteiligt, ignoriert und drangsaliert.* Dennoch blieb das wissende Vertrauen dieser Menschen erhalten, nämlich dass auch diese dunkle Zeit vorübergehen wird. Eine alte Prophezeiung sagte, dass irgendwann der Adler des Nordens und der Kondor des Südens wieder zusammenkommen werden; dies werde das Zeichen sein, dass das Ende des dunklen Zeitalters nahe.

---

* Ein Beispiel: „Zwischen 1995 und 2000 wurden in Peru mehr als 300 000 Frauen und fast 30 000 Männer zwangssterilisiert. Die von Präsident Alberto Fujimori initiierte Aktion, die Unterstützung von internationalen Regierungsorganisationen erfuhr, richtete sich vor allem gegen die Quetchua-Minderheit [Nachkommen der Inkas]. Die Doku greift den bereits in Vergessenheit geratenen Skandal auf." (Doku auf *arte,* 4. Juni 2010: „Zwangssterilisation in Peru")

Der Adler symbolisiert die indigenen Völker Nordamerikas, der Kondor die indigenen Völker Südamerikas. Die Hopis – amerikanische Ureinwohner, die nie Krieg führten; ihr Name bedeutet „Menschen des Friedens" – sagten voraus, dass ein Volk der Mitte die beiden rufen und zusammenführen werde. Dies bewahrheitete sich, als 1995 der bereits erwähnte Don Cirilo („Wandernder Wolf") Vertreter der indigenen Völker Nord-, Mittel- und Südamerikas nach Guatemala einlud. Und sie kamen! Dies war nicht selbstverständlich, denn zwischen ihnen bestehen trotz der gemeinsam erlittenen tragischen Vergangenheit teilweise Meinungsverschiedenheiten und gegenseitige Vorbehalte. Eine der Uneinigkeiten war, inwieweit man sich den modernen Strömungen öffnen und Vermischungen oder Reformen zulassen soll. Die indigenen Traditionen haben die Vertreter der materialistischen wie auch der missionarischen Mächte gegen sich, aber fanden in der modernen Esoterik eine große Resonanz, weshalb sich ihnen die Frage stellte, inwieweit sie sich mit esoterischen Kreisen verbinden wollen. Ein markantes Beispiel war das von José Argüelles entwickelte Kalendersystem, der „13-Monde-Kalender des Friedens", der die alten Maya-Kalendersysteme mit dem gregorianischen Kalender verbindet.

In den essentiellen Punkten waren sich die indigenen Völker jedoch einig, vor allem in der Überzeugung, dass die Menschheit vor einem großen Wandel steht. Die zeitlichen Referenzpunkte der Harmonischen Konvergenz (1987) und des Baktun-Endes an der Wintersonnenwende 2012 wurden von den indigenen Völkern Amerikas sowohl kalendarisch als auch intuitiv und visionär wahrgenommen. Wie erwähnt, konnten die Mayas genau zur Harmonischen Konvergenz 1987 nach einer langen Zeit von Verfolgung und Unterdrückung erstmals wieder ihre Zeremonien öffentlich durchführen. 1994 wurde in Nordamerika ein weißes Büffelkalb geboren, was für die Lakota-Sioux ein lang erwartetes positives Zeichen war: ein Zeichen der legendären „Weißen Büffelfrau", dass nun die Zeit des Wandels beginnt. 1995 kam es zum genannten ersten panamerikanischen Indigenen-Treffen. 1997, zehn Jahre nach der Harmonischen Konvergenz, fand im Dschungel Kolumbiens das zweite Treffen statt.

„Der Ruf der Mayas"

„2012" und der Zyklusübergang sind nicht einfach moderne Esoterik-Ideen. Im Gegenteil, hier drang fünftausend Jahre altes Wissen an die Öffentlichkeit. Die indigenen Völker besaßen dieses Wissen ebenfalls nicht mehr vollständig – aus den bekannten und bereits genannten Gründen. Aber sie wussten, dass mit dem Herannahen des neuen Zeitalters auch für sie eine neue Zeit beginnt, und diese alte Prophezeiung begleitete sie durch alle neun „Höllen" hindurch.

1995 kam es in Guatemala bei den alten Pyramidenstätten von Zaculeu, Tikal usw. zum ersten Indigenen-Treffen Amerikas, wodurch sich die Adler-und-Kondor-Prophezeiung erfüllte. Nach diesem ersten Treffen in einem relativ öffentlichen Rahmen wählten die Initiatoren für das zweite Treffen einen abgeschiedenen Ort in der Natur, denn das große panamerikanische Indigenen-Treffen – 15 Jahre vor 2012 – sollte nicht in einem Hotel oder in einer kommerziellen Seminaranlage stattfinden, sondern direkt bei Mutter Erde. Durch die Vermittlung der Indigenenstiftung *Sendama* fand das Treffen beim Stamm der Andoque (oder Andoke) statt, die im Dschungel im Süden Kolumbiens am Fluss Aduche leben. Dieses abgelegene Gebiet ist für die Öffentlichkeit praktisch nicht zugänglich. Um dorthin zu kommen, muss man von Bogotà aus zum Militärflughafen von Araracuara gelangen, was nur mit Armee- und zugelassenen Privatflugzeugen möglich ist. Dann geht es weiter mit Booten über den Fluss und einen Nebenfluss bis in das geschützte Stammesgebiet der Andoque. Dort, im Amazonas-Urwald, kamen im Juni 1997 für zehn Tage vierhundert indigene Wissensträgerinnen und Wissensträger aus ganz Amerika zusammen. Nur wenige Außenstehende waren als „Brückenpersonen" mit dabei, unter ihnen der holländische Filmemacher und Autor Wiek Lenssen, der auf der Grundlage dieses Treffens den Film *The Year Zero – A film about Maya prophecies on the eve of global change* produzierte [„Das Jahr Null – Ein Film über Maya-Prophezeiungen am Vorabend globaler Veränderung"]. Die Uraufführung dieses Filmes fand 2001 im Rahmen des IDFA (International Documentary Filmfestival Amsterdam) statt. 2003 veröffentlichte Wiek Lenssen das Buch zum Film, das 2006 auch auf Deutsch erschien: *Der Ruf der Mayas – Von der Magie uralter Prophezeiungen. Eine Schamanenreise.*[18]

Dieses Treffen war in einem kulturhistorischen und spirituellen Sinn einzigartig und zukunftsweisend. Es stand ganz im Zeichen der zunehmenden globalen Probleme und des herannahenden Zyklusendes. „2012" war für alle indigenen Traditionen eine konkrete Realität, auch wenn nicht alle genau dieses Datum oder überhaupt ein Datum nannten.

Heute, lange nach 2012, könnte man zynisch oder höhnisch oder enttäuscht sagen, dass dieses Treffen wirkungslos war und dass viele der damals (1997) ausgesprochenen Prophezeiungen nicht eingetroffen sind. Eine negative oder pessimistische Einschätzung wäre jedoch oberflächlich. Die amerikanischen Ureinwohner erkannten die Wichtigkeit dieser Zeit und dieses Treffens, denn das Zusammenkommen des Kondors und des Adlers würde das energetische Feld für die Erfüllung weiterer positiver Prophezeiungen öffnen.

Aus Kanada kamen u. a. Abgesandte der Cree und der Dene, aus den Vereinigten Staaten Abgesandte der Irokesen (Seneca), Apachen, Komantschen, Navajos, Cherokee, Hopis und Nahuas, aus Mittelamerika der Mayas, Zapoteken, Azteken und Huichols, aus Südamerika der Quechuas, Huaronees, Aymaras, Arhuacos, Kogis und Jivaros. Die meisten dieser Vertreterinnen und Vertreter waren Schamanen oder Älteste. Einige dieser Menschen hatten bis vor Kurzem den Kontakt mit der Außenwelt abgelehnt oder vermieden, wie z. B. die Huaronee-Indios aus dem Dschungel von Ecuador und die Kogis aus dem Hochland von Kolumbien.[19] Aber sie alle nahmen die beschwerliche Reise in den Süden Kolumbiens auf sich, um die Prophezeiung zu erfüllen, sich gegenseitig kennenzulernen und erstmals gemeinsame Rituale für den Frieden, für die Heilung der eigenen Völker und für die Heilung der Erde durchzuführen.

Wie bereits erwähnt, war diese Zusammenkunft Inhalt einer alten Prophezeiung der Hopis:

> *„Die aus dem Zentrum müssen den Adler des Nordens mit dem Kondor des Südens verbinden, dann werden sie eins werden wie die fünf Finger einer Hand"*, so lautete die Prophezeiung wörtlich. Es war auffällig, dass die Initiative für die erste große Zusammenkunft nicht von den Hopis, sondern von den Maya-Indianern ausgegangen war, die in Zentralamerika leben und damit die Vorhersage exakt in Erfüllung brachten – ohne dass sie selbst die Hopi-Prophezeiung gekannt hatten.[20]

Das Treffen zeigte einerseits die Kraft der gemeinsamen Vision (trotz gewisser Differenzen zwischen den einzelnen indigenen Linien), aber auch die Ohnmacht und Tragik der Situation. Hier trafen sich die dezimierten Nachfahren der einstigen Ureinwohner. Sie hatten Gewalt, Missionierung und Diskriminierung erleiden müssen. Beim Treffen berichteten sie von ihrer Geschichte und ihrer gegenwärtigen Situation. Obwohl sie schon im Abseits und in Reservaten leben, werden sie auch dort vielfach bedrängt und vertrieben, z. B. wenn Konzerne in ihren Stammesgebieten Rohstoffe entdecken. Sie haben keine Lobby und sind sowohl den „religiösen" als auch den atheistischen Machtgruppierungen im Weg. Immer wieder geschieht es, dass Kinder der Indigenen zu den etablierten Religionen übertreten, nicht selten aufgrund des sozialen und missionarischen Drucks von außen, oder sie wenden sich aufgrund materialistischer und „sozialistischer" Einflüsse gegen die Tradition ihrer Vorfahren. Auch Wiek Lenssen wurde Zeuge, wie in Guatemala missionarische Christen (Evangélicos) mit lautstarken Störaktionen gegen ein Treffen der Indigenen vorgingen. Sogar Don Cirilo (Wandernder Wolf) hatte eine Tochter an die Evangélicos verloren, weil sie aufgrund dieses sektiererischen Einflusses den Kontakt zur Familie gänzlich abbrach.[21]

Aus allen Himmelsrichtungen des nord- und südamerikanischen Kontinents kamen die Teilnehmenden zusammen, um angesichts der scheinbaren Hoffnungslosigkeit die gemeinsame Vision zu stärken und mit neuer Kraft der Manifestation entgegenzuführen. Die wichtigste Prophezeiung der indigenen Völker bezieht sich auf die Rückkehr der Ahnen und die Wiederbelebung des alten Wissens und der damit verbundenen Hellsichtigkeit. Auch beim großen Treffen war dies der zentrale Hilferuf der Indigenen: Gebete und Zeremonien, damit in der ganzen Welt Kinder geboren werden, die frei von den kollektiv-traumatischen Erfahrungen der Vergangenheit sind und mit ihrem lichtvollen Wesen die Menschen zur Zusammenarbeit und zum Frieden führen.

In seiner Eröffnungsansprache vor allen Versammelten betonte Wandernder Wolf, der Maya-Älteste und Initiator des Treffens, diese Prophezeiung und Hoffnung:

> „Darum haben wir uns hier zusammengefunden, liebe Brüder und Schwestern der indianischen Völker. Wir denken und empfinden noch etwas für Mutter Erde, und wir alle haben denselben Wunsch: Möge die Menschheit mit der Vernichtung der Tiere, der Pflanzen und der Umwelt aufhören. [...]

> Wir, die Vertreter der indigenen Stämme, haben uns hier zusammengefunden und erheben unsere Stimmen für alle Völker der Welt, um zu sagen: Wir lernen viel von euch, und ihr könnt viel von uns lernen. Wir hören noch die Stimmen unserer Vorfahren, wir fühlen noch die Wesen der Erde und des Wassers, und wir sprechen noch genauso wie unsere Ahnen mit dem Feuer. Das ist etwas, das wir alle gemeinsam haben. Dieses Wissen über das Leben ist nicht nur den Indigenen vorbehalten, alle Menschen müssen diese Stimmen wieder wahrnehmen und darauf hören. Lasst uns wieder gemeinsame Wege gehen und für den Frieden in der Welt zusammenarbeiten. Wir nähern uns dem Jahr Null. Im letzten Zyklus – 12 Baktun, 13 Ahau – endet unser Vierter Sonnenzyklus, und dann beginnt die neue Zeit. Dieser Zeitpunkt ist bereits sehr nah! Im Dezember des Jahres 2012 endet der Zyklus. Wir Mayas wissen dies, da wir die Hüter der Zeit sind. [...]
>
> [Diese Botschaft geht an die ganze Welt:] Wir benötigen das Wissen und die Hilfe aller Völker gemeinsam, aller Kulturen, aller Religionen und Länder, bevor es zu spät ist. [...] Unsere Vorfahren kündigten bereits eine Zeit des Übergangs und der Beschleunigung der Zeit an, die vor der Veränderung der Zeiten kommt. Auch wussten sie, dass wir die Antworten auf Lebensfragen immer mehr außerhalb von uns suchen würden und dass die Menschen Sklaven ihrer Maschinen werden würden. *Die Prophezeiungen der Mayas und vieler anderer Völker weisen uns darauf hin, dass dies die Zeichen sind, dass die Zeit der großen Spaltung ihren Höhepunkt erreicht.* [...]
>
> Unsere Prophezeiungen sagen, dass vor dem Ende der Vierten Sonne und im Übergang zu einem neuen Zeitzyklus das alte Wissen wieder zurückkehren wird.“[22]

Der Maya-Älteste betonte immer wieder, dass die Heilung und Lösung der Weltprobleme nur durch den gemeinsamen Blick nach vorne möglich ist. *„Lasst uns als Brüder und Schwestern auf diesem Planeten zusammenleben, auf dass sie erwachen, auf dass sie alle erwachen. Kein einziges Volk, keine einzige Kultur, keine einzige Gruppe darf fehlen, denn es wird ein allgemeines Erwachen sein, das Glück und Frieden für alle bringen wird.*“[23]

Nach dem panamerikanischen Treffen besuchte Wiek Lenssen im darauffolgenden Jahr, 1998, Don Cirilo und andere Maya-Älteste in Guatemala. Ende 1996 war nach rund dreißig Jahren Bürgerkrieg und Staatsterror ein Friedensvertrag abgeschlossen worden. Don Cirilo (Wanderer Wolf) führte dazu eine große Maya-Zeremonie durch, bei der auch Militärchefs anwesend waren, und Wandernder Wolf umarmte als Zeichen der Versöhnung diese Militärchefs – „eine Geste unvorstellbarer Größe."[24]

Man muss sich vor Augen halten, dass die Vorgänger dieser Militärchefs 150 000 Mayas ermordet und 50 000 in Gefängnisse oder sonstwie verschleppt hatten (fast immer mit tödlichem Ausgang für diese Gefangenen und Gefolterten). Im Gespräch mit Wiek Lenssen sagte Wandernder Wolf:

> „Sie haben unsere Körper getötet, aber nicht unseren Geist. Wir sind noch immer hier, wir sind dieselben. Wir sind nicht verschwunden. Das ist die Geschichte der eingeborenen Völker Amerikas. Sie ermordeten [in den letzten fünfhundert Jahren in gesamt Amerika] mehr als hundert Millionen von uns. Aber die Zeit ist nicht fern, dass die Kinder der Zeit, die Kinder des Feuers, die Kinder der Sonne wieder regieren werden – nach dem Jahr Null."[25]

In einer Zeit, in der es zum guten Ton gehört, „antirassistisch" zu sein und politische Gegner effekthaschend des Rassismus zu bezichtigen, hätte man meinen können, dass eine Botschaft der versammelten Weisheitsträgerinnen und Weisheitsträger der indigenen Völker Amerikas überall Interesse und offene Herzen finden würde. Aber die Arroganz des „modernen" Menschen sitzt tief. Dies musste auch Wiek Lenssen erfahren, als er den Film über dieses Treffen und die damit verbundene Botschaft erstellen wollte. Kaum jemand war bereit, dieses Projekt zu unterstützen, viele waren von der Dokumentation peinlich berührt und sprachen von Aberglauben und unkritischer Darstellung. (Der Film zeigt unter anderem, wie in Guatemala 1998 während einer verheerenden Dürre ein Regenmacher eine Zeremonie durchführte. Kein Wetterbericht sprach von Regen, aber am folgenden Tag begann plötzlich landesweit ein üppiger Regen!)

Vertreter des holländischen Filmfonds waren bereit, sich eine Rohfassung des Films anzuschauen, aber wandten sich danach vehement gegen den Film und lehnten jegliche Unterstützung ab. Dafür gaben sie einem Film über „Kriegsfaszination" (Menschen, die im Krieg eine Faszination für das Töten entwickelten) 50 000 Euro.[26]

Trotz aller Widerstände und Rückschläge konnte der Film *The Year Zero* rechtzeitig für das Internationale Filmfestival in Amsterdam 2001 fertiggestellt werden, das Ende November stattfand. Am 11. September dieses Jahres geschahen die großen Terroranschläge in den USA, was auf eine fast schon unheimliche Weise die negativen Prophezeiungen bestätigte. Der Film *The Year Zero* füllte die Kinosäle. Die Menschen waren berührt, ja aufgerüttelt. Aber die Einzelpersonen, die für die Zeitungen schrieben, verfassten größtenteils negative Rezensionen. Die Organisatoren des IDFA ließen den Film *The Year Zero* in jeder Hinsicht leer ausgehen.

> „Der niederländische Film über Kriegsfaszination und den ‚Spaß am Töten' kam sogar in die Abendnachrichten. Dennoch ging der Hauptpreis schließlich an eine ausländische Produktion, ein Portrait eines Kriegsfotografen. *The Year Zero* war der am meisten verschwiegene Film des IDFA. Ich jedoch hatte die Erinnerung an eine fantastische Premiere, die mir niemand mehr nehmen konnte."[27]

Die viel geschmähte „Esoterik" war weltweit jener Bereich, wo das indigene Wissen große Resonanz und großen Respekt fand. Die Botschaft, wie sie 1997 beim panamerikanischen Treffen und auch bei vielen anderen Anlässen formuliert wurde, ist heute aktueller und dringlicher denn je.

Jetzt, nach fünfhundert Jahren …

In der internen Einladung, die 1997 von der Stiftung *Sendama* an die Indigenen und die Brückenpersonen versandt wurde, hieß es: *„Die Einladung [zum ersten Treffen 1995] folgte dem geschriebenen Aufruf in den Maya-Codices, die unsere Zeit als eine Zeit des Erwachens Amerikas beschreibt, eine Zeit, in der die sakralen Traditionen ans Licht kommen werden, die fünf Jahrhunderte lang verborgen gewesen sind […].*"[28]

„Sakrale Traditionen, die fünf Jahrhunderte lang verborgen gewesen sind"! 1519 begann die blutige Eroberung Mittelamerikas durch die Spanier. 1519 markierte zudem die Zeit des Beginns der Reformation in Europa. Martin Luther (1483 - 1546) vollzog 1517 seinen heute berühmten Thesenanschlag in Wittenberg. Ulrich Zwingli (1484 - 1531) kam 1519 als Priester nach Zürich und löste kurz danach die Schweizer Reformation aus. Und 1519 lebte in Indien der Yuga-Avatāra namens Śrī Kṛṣṇa Caitanya (1486 - 1533), der den Keim einer weltweiten spirituellen Reformation setzte. Sein ferner Zeitgenosse, Nostradamus (1503 - 1566), nahm ihn hellsichtig wahr und sagte, dass dieses „Ornament seiner Zeit" in fünfhundert Jahren weltweit einen plötzlichen positiven Wandel bewirken werde. Die Übergangszeit mit 25 Jahren vor und nach 2012 umfasst den Zeitraum von 1987 bis 2037, und auf praktisch denselben Zeitraum verwies auch Nostradamus vor fünfhundert Jahren; Näheres dazu in Kapitel 4.

Die Zeit bis zu den 2030er Jahren ist sowohl in Bezug auf die letzten 500 Jahre als auch in Bezug auf die letzten 5000 Jahre entscheidend! Dasselbe sagt auch die Wissenschaft des Global Scaling, die über die Erforschung der Grundmuster der Materie einheitliche Gesetzmäßigkeiten von Raum und Zeit entdeckt und die Wirkungsweise der Zeit über Zeitfraktale analysiert und prognostiziert. Wichtige Pionierarbeiten in dieser Forschung stammen vom deutschen Mathematiker und Kalenderexperten Matthias A. Pauqué. In seinem Buch *Fraktale Zeit* zeigt er auf, wie die unterschiedlichen Kalendersysteme der Welt über die Parameter des Global Scaling überprüft und in einen höheren Zusammenhang gestellt werden können. Über das Maya-Kalendersystem des Long Count sagt er: „ein beeindruckend einfaches und besonders aussagekräftiges Zeitmessinstrument, das der logarithmischen Struktur der Zeit gerecht wird!“[29]

Eine Untersuchung der fraktalen Zeiteinheiten gemäß der christlichen Zeitrechnung zeigt, dass mehrere verschachtelte Zeiträume seit 800 Jahren alle auf das Jahr 2031 hinauslaufen.[30] Der erste große Zeitrahmen geht von 1232 über 1719 bis 2031, der nächste von 1891 über 1941 bis 2031, der nächste von 1978 über 1994 bis 2031, der nächste von 2008 über 2014 bis 2031, der nächste von 2020 über 2023 bis 2031 und der letzte von 2026 über 2027 bis 2031.[31] Mit anderen Worten, in den jetzigen Jahren bis 2031 sollten gemäß diesen Zeitfraktalen nicht nur die aktuellen Krisen und Konflikte gelöst werden, sondern auch frühere, die ab dem 13. Jahrhundert begannen und über verschiedene Unterzyklen bis in die heutige Zeit nachwirken.

> Mit den Jahren 1939 bis 1945 gibt man den Zeitraum des Zweiten Weltkrieges an. Aus Sicht von Global Scaling lässt sich dies jedoch nicht bestätigen. Vielmehr zeigen sich die kriegerischen Handlungen des Zweiten Weltkrieges als Kulminationspunkt einer Ereigniskette, die bereits 1891 begann und bis 2031(!) andauert. [...] Man kann insofern durchaus davon sprechen, dass der Zweite Weltkrieg noch nicht beendet ist. Bleibt zu wünschen, dass er nicht erst 2031 endet! [...] [Wenn gewisse Wandlungen und Bewusstseinsaktivierungen geschehen], ist es nicht nötig, bis 2031 zu warten![32]

Wir sehen also, dass unterschiedliche Prophezeiungen und Zeitfraktalforschungen unabhängig voneinander auf die heutige Zeit hinweisen. Die auf dem Maya-Kalender beruhende Prophezeiung der Übergangszeit (1987 über 2012 bis 2037) steckt den großen Zeitraum des Wandels ab und enthält auch den von Nostradamus angegebenen Zeitrahmen (1986 bis 2033) sowie das Jahr 2031, das gemäß Global Scaling ein entscheidendes Zieljahr ist.

Anhang zu Kapitel 2

2012, das Datum im historischen Kontext – und die Zeichen am Himmel

Ab 2009 ging die Meldung durch die Medien, dass der gegenwärtige große Zyklus des Maya-Kalenders nicht an der Wintersonnenwende 2012 endet, sondern 208 Jahre später, wie einige Chronologieforscher postulierten, insbesondere Dr. Andreas Fuls von der TU Berlin.[33] „Rechenfehler: Weltuntergang erst in 208 Jahren“: So oder ähnlich lauteten die zynischen Schlagzeilen vieler Artikel, die über diese neue Theorie berichteten.

Endet das 13. Baktun erst an der Wintersonnenwende 2220? Die Theorie des neuen Datums von 2012+208 ergab sich aus dem Vergleich astronomischer Angaben und der Kulturchronologie der bisherigen Zuordnung. Bryan Wells, ein kanadischer Archäologe, der sich jahrelang mit der Astronomie der Maya-Schrift „Dresdner Kodex“ befasst hat, kam unabhängig von Fuls zum selben Ergebnis.

Eine New-Age-Theorie besagte, dass die Wintersonnenwende 2012 deshalb so wichtig sei, weil zu diesem Zeitpunkt ein *galactic alignment* stattfinde, d. h. eine Ausrichtung von Erde und Sonnensystem auf das Zentrum unserer Galaxie, wie sie nur alle 26 000 Jahre vorkomme. „Dieter Koch, Softwareentwickler und Experte für Archäoastronomie, hat nachgerechnet“, hieß es in einem Artikel mit der Überschrift „Weltuntergang muss verschoben werden“ (im Zürcher *Tages-Anzeiger,* 21. August 2009). „Am 23. Dezember 2012 liegt das Zentrum der Milchstraße auf 27 Grad Schütze im Tierkreis der Astrologen und nicht auf 0 Grad Steinbock, dem Wintersonnenwendepunkt, wie behauptet. So lautet das Ergebnis des präzisen Computerprogramms. ‚Das galaktische Zentrum wird erst Ende 2225 den Wintersonnenwendepunkt erreichen‘, sagt Koch.“ 2225 – das entspricht mit fünf Jahren Unterschied der Verschiebung um 208 Jahre.

Diese vereinzelten Wissenschaftler konnten sich nicht über mangelndes Interesse beklagen. Aber das neue Datum war nicht wirklich überzeugend, weil es nur einer astronomischen Beweislinie folgte. Andere astronomische Vergleiche führten nochmals zu anderen (angeblichen) Verschiebungen. Auf Wikipedia finden wir dazu folgende Zusammenfassung:[34]

> Die Beweise für die GMT-Korrelation sind historisch, astronomisch und archäologisch: [...]
> **Archäologisch:** Diverse Fundgegenstände, die mit einem spezifischen Long-Count-Datum in Verbindung stehen, wurden radiometrisch datiert. 1959 führte die University of Pennsylvania an Proben von zehn hölzernen Türbalken aus Tikal C_{14}-Datierungen durch.[47] Diese waren zu einem Zeitpunkt geschnitzt worden, der gemäß der GMT-Korrelation dem Jahr 741 n. Chr. entspricht. Das durchschnittliche C_{14}-Ergebnis ergab ein Datum von 746±34 Jahre. Kürzlich wurde einer dieser Fundgegenstände, Balken 3 von Tempel 1, mit einer genaueren Methode nochmals datiert, und das Ergebnis stimmte eng mit der GMT-Korrelation überein.[48]
> Wenn eine postulierte Korrelation nur mit einer dieser drei Beweislinien übereinstimmen müsste, könnten zahlreiche andere Möglichkeiten errechnet werden. Astronomen haben viele Korrelationen vorgeschlagen, zum Beispiel: Lounsbury,[49] Fuls, et al.,[50] Böhm und Böhm[51] [52] und Stock.[53]

Anfang Juni 2022 war der Leitartikel des amerikanischen Magazins *Science* der Maya-Astronomie gewidmet: „Himmelsbeobachter – Maya-Astronomie, einst und heute". Auch in diesem Artikel wurde die Long-Count-Korrelation bestätigt, die von 3114 v. Chr. ausgeht – und damit zum Endpunkt im Jahr 2012 führt. In diesem Artikel war über die erstaunliche Präzision der Maya-Astronomen Folgendes zu lesen:

> Maya-Astronomen beschrieben die Bewegungen der Sonne, des Mondes und der Planeten mit einer Präzision wie niemand sonst in der damaligen Welt *(with world-leading precision)* [...] In Copán und in umliegenden Stätten (im heutigen Honduras) fanden Archäologen zu Beginn des 20. Jahrhunderts Inschriften mit einer „Formel" für das Berechnen der Mondumlaufbahn, die nur knapp 30 Sekunden vom heute bekannten Wert abweicht. In Palenque im südlichen Mexiko wurde eine andere Version derselben Formel gefunden, die sogar noch genauer ist.[35]

Das Jahr 2012 markierte einen wichtigen Zeitpunkt der Menschheitsgeschichte. Dies bestätigten auch die indigenen Völker, nicht zuletzt die heutigen Mayas. Die Tatsache, dass viele Menschen intuitiv eine

Resonanz für das Jahr 2012 verspürten, weist darauf hin, dass hier ein wichtiges und richtiges Datum vorlag.

Zeichen am Himmel: Die Völker Mittelamerikas, die über ein hohes astronomisches Wissen verfügten, berechneten Mond- und Sonnenfinsternisse auf Jahrhunderte hinaus. Eine ihrer Überlieferungen sprach davon, dass der letzte Zeitabschnitt vor dem Zyklusende mit einer großen Sonnenfinsternis einhergehen werde. Am besagten Tag, dem 11. Juli 1991, fand über Mittelamerika eine Sonnenfinsternis statt, die mit einer Dauer von 6 Minuten und 45 Sekunden eine der längsten war, die je beobachtet wurde. Alte Legenden sagten zudem, dass an diesem Tag die „Götter" zurückkehren würden. Und tatsächlich: Als Hunderttausende von Menschen während dieser Sonnenfinsternis zum Himmel hochschauten, erschienen viele Lichtpunkte am Himmel, die sich bewegten und sich zu Formationen zusammenfügten. Es handelte sich um die bisher größte Ufo-Sichtungswelle der bekannten Geschichte! Seit diesem Zeitpunkt ist Mexiko das Land mit der offensichtlichsten Ufo-Präsenz.[36] „Einmal musste sogar der Flughafen von Mexiko City für eine Stunde gesperrt werden, weil der ‚unbekannte' Flugverkehr im Luftraum über der Hauptstadt zu dicht geworden war."[37]

Zunahme der Massensichtungen: Zu einer besonders großen Massensichtung kam es am Sonntag, 20. Mai 2007, über Lima, der Hauptstadt von Peru. Zur Mittagszeit erschienen zwei- bis dreitausend(!) kleine und große Lichtpunkte und waren für eine halbe Stunde sichtbar. Wiederum sahen dies Hunderttausende, ja Millionen von Menschen, und es entstanden viele Filmaufnahmen, auch von einem professionellen Fernsehteam. Das peruanische Fernsehen berichtete darüber in der Tagesschau und brachte Sonderberichte. Der Kommandant der peruanischen Luftwaffe, Julio Chamorro, bestätigte in einem TV-Interview, dass diese Lichterscheinungen nichts mit Flugzeugen, Ballons, Satelliten oder atmosphärischen Anomalien zu tun hatten, sondern dass ein unerklärliches Phänomen vorlag, das mit „intelligenter Steuerung" und mit „einer Art von Technik" zu tun hatte.

In der Folge kam es in Südamerika zu weiteren Sichtungen, am 25. November 2009 auch wieder zu einer Massenerscheinung über Lima. Einige der Lichtpunkte nahmen die Position von Dreieck- und

Achteckformationen an, einige verdoppelten sich plötzlich. (Siehe YouTube unter Stichwörtern wie „Flotilla de OVNIS“, „ovni Perú“, usw.; *ovni* ist der spanische Begriff für Ufo.)

Eine Bekannte von mir ist mit einem Quechua-Schamanen aus den Anden verheiratet und lebt bei ihm in Südamerika. Nach der erneuten Massensichtung vom November 2009 schrieb ich ihr, um zu fragen, was die Andenschamanen zu diesen Erscheinungen sagen. Sie antwortete, dass derartige Lichter über den Anden schon seit Menschengedenken bekannt seien; vollkommen neu sei jedoch *die Anzahl* der Ovnis. Zwei- bis dreitausend seien noch nie auf einmal erschienen und schon gar nicht mitten am helllichten Tag. Die Zunahme der Erscheinungen seit 1991 werten die Schamanen als Warnung hinsichtlich der Intensivierung der Gefahren, die auf die Menschheit zukommen, und sie sehen darin ein Zeichen dafür, dass Hilfe vorhanden ist, so wie auch schon bei früheren Übergängen von einem Zeitalter in das andere. (Eine weitere Form von Zeichen sind die energetisch in Kornfelder „gestempelten“ Piktogramme, die seit den 1980er Jahren in einem Ausmaß erscheinen wie nie zuvor.)

Die „Zeichen am Himmel“ zeigen, dass wir heute in einer Zeit leben, in der sich jenseits der Schlagzeilen und der Massenunterhaltung Erstaunliches ereignet. Das, was unter diesen Phänomenen echt ist und aus dem Geist der göttlichen Transformation stammt, entspricht dem, was in der Bibel für die Endzeit als „Zeichen am Himmel und auf der Erde“ vorausgesagt wurde (Dan 12,1; Lk 21,11). Wenn man die Bibel nicht bibelreduktionistisch liest, sind die Parallelen zu den Prophezeiungen anderer Kulturen und Offenbarungen offensichtlich. Zu den „Zeichen am Himmel und auf der Erde“ passt auch Jesu Aussage bei seiner Verhaftung am Karfreitagmorgen: „Oder weißt du nicht, dass ich nur meinen Vater bitten müsste, und es kämen sogleich zwölf Legionen Engel und mehr?“ (Mt 26,53)

In den nächsten Kapiteln, v. a. in Kapitel 8, werden wir weitere Möglichkeiten sehen, wie diese Legionen und Heerscharen des Himmels irdisch einwirken und gegebenenfalls auch eingreifen können.

Kapitel 3

Nostradamus, ein früher Zeuge der heutigen Wendezeit

Zahlreiche Prophezeiungen aus den letzten Jahrzehnten und Jahrhunderten weisen auf die jetzigen Jahre als die Zeit der großen Entscheidungen hin. Die auf dem Maya-Kalender beruhende Prophezeiung der Übergangszeit (25 Jahre vor und nach 2012) weist auf die Zeit von 1987 bis 2037 hin – und praktisch dasselbe sagte Nostradamus vor fünfhundert Jahren!

Nostradamus, der berühmte französische Seher des 16. Jahrhunderts, prophezeite nicht nur Kriege, Krisen und Katastrophen, sondern auch einen plötzlichen positiven Wandel, und zwar genau für unsere Zeit, die für ihn noch eine ferne Zukunft war. Konkret handelt es sich um das Zeitfenster von 1986 bis 2033. Dies wissen wir dank der Entschlüsselung von zwei der rätselhaftesten Prophezeiungen des Nostradamus, die mir vor rund dreißig Jahren gelungen ist. Ich schrieb darüber im Buch *Gott und die Götter,* das erstmals 1995 erschien.

Nostradamus schrieb seine Prophezeiungen in Form von vierzeiligen Reimversen, genannt *Quatrains,* „Vierzeiler". 100 solcher Verse bilden ein Kapitel, genannt *Centurie* (Zenturie), „Hundertereinheit", und Nostradamus schrieb zehn Centurien. Die Prophezeiungsverse sind in ihrer Reihenfolge inhaltlich und zeitlich durcheinandergemischt. Weil sie sich auf die Weltgeschichte beziehen, sind sie weitgehend negativ, aber einige Dutzend dieser Verse haben einen positiven Inhalt. Die zwei positiven Prophezeiungsverse, die ich entschlüsseln konnte, stehen in der ersten und in der dritten Centurie, und bisher hatte niemand erkannt, dass diese Verse zusammengehören. Durch die Entschlüsselung entpuppten sie sich als die zwei wichtigsten positiven Nostradamus-Prophezeiungen für die heutige Zeit. Zudem wird auch ersichtlich, was der entscheidende Faktor im geheimen Leben dieses umstrittenen Sehers war.

Ist Nostradamus glaubwürdig?

Für viele Kritiker ist Nostradamus ein Scharlatan, der über keine besonderen Fähigkeiten verfügte. Sie begründen ihre Meinung mit dem Nachweis, dass Nostradamus aus Astrologie- und Bibelprophezeiungsbüchern abschrieb, die in den Jahren und Jahrzehnten vor seinen eigenen Publikationen erschienen waren, also in den ersten Generationen des Buchdrucks. Ebenso entsprechen einige seiner Verse vom Inhalt her Textstellen von römischen und mittelalterlichen Autoren, die er als Prophezeiungen formulierte. Außerdem wissen wir heute, dass Nostradamus ein stümperhafter Astrologe war. Forscher verweisen auf ein Horoskop, das er für Rudolf von Habsburg (1552 - 1612) zeichnete. Es ist voller Fehler!

Ein weiterer Kritikpunkt: Alle Prophezeiungen des Nostradamus sind vage und somit vielseitig interpretierbar. Kein einziges Ereignis konnte mit den Nostradamus-Texten im Voraus erkannt werden. Erklärungen sind immer nur im Rückblick möglich, und jede Zuordnung ist anfechtbar. Kritiker sagen deshalb, Nostradamus sei nur ein Bluffer und Plagiator gewesen.

Falsche Spuren

Dieselben Fakten (schlechter Astrologe; hat von anderen Astrologen und Autoren abgeschrieben; scheinbar vage Aussagen) können auch anders als nur kritisch und verurteilend erklärt werden.

Nostradamus betonte selbst, dass seine prophetischen Informationen erst nach dem Eintreffen des jeweiligen Ereignisses verstanden werden können. Warum er diese Art der Prophetie wählte, erklärte er mit philosophischen Gründen, die von einem hohen Wissen und Verantwortungsbewusstsein zeugen: Er wollte keine selbsterfüllenden Prophezeiungen in die Welt setzen. Ebenso wollte er keine prophetisch gesehenen Ereignisse determinierend festschreiben, denn ausstehende Ereignisse, die karmisch bereits verursacht sind, müssen nicht zwingend eintreffen. Das Gesetz von Ursache und Wirkung ist real, und Karma-Reaktionen können verändert werden, nämlich dann, wenn die Menschen andere Ursachen setzen. Nostradamus kannte das Karma-Gesetz, er nannte es „die Prinzipien der ersten Ursache“ *(les principes de la première cause);* mehr dazu im Anhang 5.

Was seine Biographie betrifft, so müssen wir davon ausgehen, dass er sein Leben als Eingeweihter nicht dokumentierte und diesbezüglich sogar falsche Spuren legte.

Das geheime Leben eines Eingeweihten

„Lange glaubte man, er sehe nur Tod und Zerstörung voraus, doch neueste Untersuchungen zeigen, dass er einen Ausweg für die Menschheit sah, egal was für Schrecken uns erwarten. Dies entspricht auch Nostradamus' Überzeugung, dass wir das Schicksal unseres Planeten in unserer Hand haben. Die Menschheit habe die Macht, die Zukunft zu ändern …"
– Allan Hall: *Nostradamus – Die geheimen Offenbarungen* (1996)[38]

Michel de Nostredame (1503 – 1566) veröffentlichte ab 1550 prophetische Schriften unter dem Namen „Nostradamus", was eine Lateinisch klingende Wiedergabe seines Familiennamens war. Seine Heimat war die Provence, die südöstlichste Region Frankreichs, die im Osten an Italien grenzt. Er stammte aus einer Familie mit jüdischen Wurzeln. Sein Großvater war um 1455 vom Judentum zum Katholizismus übergetreten und bekam den Familiennamen Nostredame. Nun hieß er nicht mehr Guy de Gassonet, sondern Pierre de Nostredame. Ob er diesen Schritt aus Überzeugung, als Schutz vor der Inquisition oder aus anderen Gründen tat, ist unklar. Er ließ sich von seiner Ehefrau scheiden, weil sie nicht konvertieren wollte, und heiratete eine katholische Frau. Der Vater von Nostradamus war ein Sohn von Pierre de Nostredame und dessen zweiter Ehefrau.

Nostradamus stammte aus einer wohlhabenden und gut situierten Familie. Der Vater war Kaufmann (Getreidehändler) und kirchlicher Notar, die Mutter stammte aus einer Familie von Ärzten. Michel de Nostredame war der erstgeborene Sohn und hatte mindestens acht Geschwister. Allein diese Tatsache lässt ahnen, dass familienintern viel Wissen über das Leben des Nostradamus erhalten blieb, aber nach außen hin geheim gehalten wurde. Nostradamus war umstritten und lebte ein potentiell gefährliches Leben. In seinen letzten Jahren bekam er jedoch königliche Anerkennungen, was den Status und die Sicherheit der Familie erhöhte. In den Jahren und Jahrzehnten nach seinem Tod wurden aus dem engen Familien- und Freundeskreis Berichte bzw. Geschichten über sein wundersames Wirken veröffentlicht, insbesondere von seinem ältesten Sohn, César.* Dass sie erst nach seinem Tod veröffentlicht wurden, muss also nicht bedeuten, dass sie alle erfunden und unwahr sind. Es ist auch bemerkenswert, dass Nostradamus seinem erstgeborenen Sohn den Namen César gab, was nicht besonders katholisch klingt.

Die Familie Nostredame war seit 1455 offiziell katholisch, aber es ist anzunehmen, dass im Geheimen das alte jüdische Wissen (Hebräisch, Bibelsymbolik, Gematria usw.) an die nächsten Generationen weitergegeben wurde. Nostradamus jedenfalls widmete sich intensiv solchen Studien. Im Vorwort zum ersten Teil seiner Prophezeiungen machte er diesbezüglich mit vorsichtigen Worten einige Andeutungen:

> „Und obwohl diese geheime Philosophie *(celle occulte Philosophie)* nicht verurteilt wurde, wollte ich ihre ungezügelte Überzeugungskraft nicht [öffentlich] darlegen, obwohl mehrere Bände, die durch lange Jahrhunderte verborgen waren, mir verfügbar wurden. Aufgrund des Zweifels, was aus dieser Tatsache kommen könnte, habe ich sie nach der Lektüre Vulcan [dem Feuer] übergeben. Während er sie verzehrte, züngelte die Flamme in die Höhe und verbreitete eine außergewöhnliche Helligkeit, heller als ein natürliches Licht, wie das Licht des Feuers eines blitzenden Donners, und erleuchtete das ganze Haus, wie wenn es plötzlich gesamthaft brennen würde. Damit sie [diese Schriften] in der Zukunft nicht missbraucht werden können [...], habe ich sie in Asche verwandelt."[39]

Nostradamus besaß anscheinend mehrere geheime Bücher aus alter „okkulter", d. h. nicht-kirchlicher Tradition, aber er schreibt als Schutzbehauptung, er habe sie alle verbrannt, und er mystifiziert das Feuer, das dabei entstand. Wir dürfen aus seiner bildhaften Schilderung ableiten, was er wirklich meinte, nämlich dass er nicht einfach aus diesen Schriften abschrieb, sondern dass er auf ihrer Grundlage ein eigenständiges geistiges Feuer entfachte, das viel heller und weitreichender war als die Inhalte der besagten alten Bücher.

* César de Nostredame (1553 - 1629), lat. Caesar Nostradameus: Autor und Historiker, Konsul der Stadt Salon; verfasste die erste „Geschichte der Provence". Er war auch künstlerisch begabt und malte ein schönes Portrait seines Vaters (siehe Abb. auf S. 67).

Ein lebensgefährliches Geheimnis

Um das Verhalten und die Vorgehensweisen des Nostradamus zu verstehen, müssen wir uns bewusst sein, dass Prophetie und Astrologie damals von der Kirche anerkannte Wissenschaften waren. Verboten waren Magie und Medialität, denn das galt als Teufelsbeschwörung. Und genau darin lag das „Problem" des Nostradamus: Er arbeitete medial und mit Hellsichtigkeit. Aber das war sein großes Geheimnis, von dem nur wenige wussten. Nach außen hin gab er sich als Astrologe aus, um sich zu „tarnen". Dasselbe tat er auch bei seinen schriftlichen Prophezeiungen, weshalb er sie oft mit astronomischen und astrologischen Angaben versah – und diese schrieb er tatsächlich aus anderen Büchern ab. Er selbst verstand nur sehr wenig von Astrologie. Wenn Menschen von ihm eine astrologische Beratung wollten, sagte er ihnen, dass sie ihr Horoskopdiagramm mitbringen sollen. Dann tat er so, als ob er das Horoskop interpretiere. In Wirklichkeit war es eine mediale Sitzung! Aber der Trick mit dem Diagramm funktionierte nicht immer. Als er 1565 für den 13-jährigen Kronprinzen Rudolf von Habsburg eine astrologische Analyse erstellen sollte, konnte er von den hohen Adeligen nicht verlangen, dass sie sich vorab ein Horoskop besorgen. Also musste er bluffen und zeichnete mit rudimentärem Wissen ein Horoskop, was ihm jedoch nur sehr fehlerhaft gelang, wie das später wiederentdeckte Original zeigt. Die Qualität der Beratung war aber nicht von der Richtigkeit des Horoskopdiagramms abhängig. (Allerdings wissen wir aus Briefen, die erhalten geblieben sind, dass Nostradamus nicht bereit war, aufdringlichen Klienten konkrete Auskünfte zu geben, wenn sie Informationen für den eigenen Profit einsetzen wollten. Gemäß seiner hohen Ethik gebrauchte Nostradamus seine Fähigkeit des Vorauswissens auch nie dazu, sich selbst Vorteile zu verschaffen oder andere Menschen irgendwie zu übervorteilen.)

Bekannte Astrologen der damaligen Zeit bezeichneten Nostradamus – nicht zu Unrecht – als Dilettanten der Astrologie, aber diese Kritik muss ihm sehr willkommen gewesen sein, lenkte sie doch von seiner eigentlichen Praktik, der medialen Hellsichtigkeit, ab. Solange sie ihn als Astrologen bezeichneten, war er in Sicherheit. Er konnte sich jedoch nicht allein auf diese Tarnung verlassen, denn er musste damit rechnen, dass die argwöhnische Konkurrenz – ebenfalls nicht zu Unrecht – behauptet, seine Art der Prophetie sei nicht allein mit Astrologie zu bewerkstelligen. Der nächste Schritt der Argumentation wäre dann gewesen, dass er mit dem Teufel zusammenarbeite.*

Um solchen lebensgefährlichen Anschuldigungen begegnen zu können, baute Nostradamus in seine Prophezeiungen Stellen ein, die Übereinstimmungen mit existierenden Bibelprophezeiungen und bekannten Autoren der Vergangenheit aufwiesen. Diese scheinbar plagiatorischen Verse hätte er verwenden können, um sein gesamtes Werk zu verteidigen. Genau dieselben Stellen werden heute von Kritikern herausgesucht, wenn sie Nostradamus diskreditieren wollen. Sie präsentieren diese wenigen Verse und erwecken den Eindruck, sie seien repräsentativ für das gesamte Werk. Damit beweisen sie indirekt, wie effizient die von Nostradamus eingebaute Schutzvorrichtung war. Sie täuscht materialistische und religiös motivierte Kritiker sogar heute noch!

In Anhang 1 werden einige Beispiele für geniale und präzise Prophezeiungen des Nostradamus angeführt. Ob seine Prophetieverse allesamt diese hohe Qualität aufweisen oder ob einige tatsächlich nur „Attrappen" für den Notfall waren, müsste von Vers zu Vers untersucht werden. Wir dürfen aber davon ausgehen, dass Nostradamus nicht willkürlich irgendwelche Stellen von anderen Autoren auswählte, sondern nur solche, die Parallelen zu künftigen Ereignissen aufwiesen und deshalb in die Prophezeiungen eingearbeitet werden konnten.

Der „äußere" Lebensweg des Nostradamus

Dank seines Elternhauses bekam Michel de Nostredame eine gute schulische Bildung. 1517, im Alter von 14 Jahren, wurde er Gymnasialstudent an der Universität von Avignon. Zeitgenössische Quellen sagen, er habe „ein fast göttliches Gedächtnis, einen heiteren, angenehmen Charakter, vielleicht ein wenig spöttisch". Seine Schulfreunde nannten ihn den „jungen Astrologen", weil er ihnen „viele Himmelsphänomene zeigte und erklärte".[40]

Ein Jahr nach Michels Schuleintritt wurde die Universität von Avignon geschlossen, weil in der Provence die Pest ausbrach. So kam es, dass er mit 15 oder 16 begann, als reisender Apotheker durch die

* Schon während seiner jahrelangen Einsätze in Pestgebieten hatten gewisse Leute den Argwohn geäußert, er stehe mit dem Teufel im Bund, weil er immer gesund blieb, während um ihn herum zahlreiche Menschen an der Pest starben.

Region zu ziehen. Mit seinen Kräuterarzneien erzielte er schon in jungen Jahren erste Erfolge. Er heilte Pestkranke, ohne selbst an der Pest zu erkranken. Er arbeitete mit gelerntem und noch mehr mit intuitivem Wissen und hatte einen erstaunlichen Forschergeist. Im Lauf der Jahre erfand er auch Methoden, wie man mit einfachen Mitteln Früchte haltbar machen kann. Seine Konfitürenrezepte mögen aus heutiger Sicht als etwas Banales erscheinen, doch für die Menschen in diesen Krisenzeiten waren sie wichtige Hilfen zum Überleben.

1529, nach rund zehn Jahren, ging der 25-Jährige an die Universität von Montpellier, um offiziell Doktor der Medizin zu werden, aber er wurde schon bald der Schule verwiesen, weil er als Apotheker Handel trieb (was für Studenten verboten war) und weil er „sehr rebellisch" war. Aus den als Legenden bezeichneten Quellen erfahren wir, dass er die Professoren auf die Problematik ihrer Unreinheit und auf die Infektionsgefahr beim (ohnehin nutzlosen) Aderlass hinwies. Die damaligen Ärzte hatten keine Ahnung von bakteriellen Krankheitserregern und wuschen sich nicht einmal die Hände, von der Verwendung sterilisierter Arztinstrumente ganz zu schweigen. Der junge Nostradamus war hier der gesamten Ärzteschaft um vier Jahrhunderte voraus!

Michel de Nostredame ging wieder auf Wanderschaft. Seine Erfolge und sein Ruhm müssen damals sehr groß gewesen sein. Beweis dafür ist, dass ihn 1533 der große Renaissance-Gelehrte Jules-César Scaliger kontaktierte, weil er mit ihm zusammenarbeiten wollte.

Der gebürtige Italiener (Giulio Cesare Scaligero, 1484-1558) war Humanist, Dichter, Philosoph und Naturforscher. 1525 hatte er Italien verlassen, um sich in der Provence, in der Stadt Agen, als Begleiter des dortigen Bischofs niederzulassen. Dieser stammte ebenfalls aus Italien. Er blieb über dreißig Jahre, bis zu seinem Tod, in Agen und wurde für seine literarischen und wissenschaftlichen Arbeiten in ganz Europa bekannt. Dieser streitbare (und streitsüchtige) 50-jährige Gelehrte suchte die Zusammenarbeit mit dem 30-jährigen Michel de Nostredame! Dieser nahm die Einladung an und ließ sich in der Nähe von Agen nieder. Er heiratete und hatte sehr bald einen Sohn und eine Tochter. Beide Kinder und seine Frau starben jedoch 1535 an Diphtherie oder an der Pest. Die Eltern der Frau forderten vor Enttäuschung und Wut die Mitgift zurück, Scaliger brach den Kontakt mit ihm ab und die Inquisition begann eine „Untersuchung" gegen ihn. Bevor er in die Gewalt der Kirche geriet, verließ er 1537 die Gegend von Agen und ging auf ausgedehnte Reisen. Wo immer er in den folgenden Jahren war, er hinterließ nur wenige Spuren.* 1544 war er wieder zurück in der Provence. Bis 1547 arbeitete er erneut – und sehr erfolgreich – als Pestarzt, unter anderem in Marseille, Aix-en-Provence, Salon und Lyon.

Im November 1547 heiratete er zum zweiten Mal. Seine Frau, die junge und vermögende Witwe Anne Ponsarde aus Salon, unterstützte ihn in seiner Berufung und ermöglichte es ihm, sich auf seine prophetischen Arbeiten zu konzentrieren und Studienreisen nach Italien zu unternehmen. Durch diese Heirat wurde Michel de Nostredame in Salon sesshaft, wo er aufgrund seines früheren Wirkens als Pestarzt hohes Ansehen genoss. (Aus dieser Ehe gingen drei Söhne und drei Töchter hervor.)

1550 veröffentlichte er unter dem Namen „Nostradamus" sein erstes prophetisches Werk, eine Broschüre mit Kalender und Texten, die auch Prophezeiungen für dieses Jahr enthielten. Der Erfolg war so groß, dass er bis zu seinem Tod jedes Jahr einen solchen Almanach herausgab, manchmal sogar zwei oder drei pro Jahr.

Diese kurzfristigen Prophezeiungen begründeten den Ruhm des Nostradamus als Prophet und „Astrologe". Er wurde immer wieder von Menschen aufgesucht, die – modern ausgedrückt – eine mediale Beratung wollten. Unter ihnen war auch der Jurist Jean-Aymé de Chavigny, der 1554 dessen Sekretär wurde. Nostradamus' Integrität und Begabung haben ihn offensichtlich sehr beeindruckt, sonst hätte er nicht seine eigene Laufbahn als Jurist und Politiker aufgegeben. (Chavigny erwies sich als treuer Adept und war nach Nostradamus' Tod auch für dessen Sohn César ein väterlicher Freund. Er und César veröffentlichten später viele Details, „Legenden" und „Anekdoten" über das Leben des Nostradamus.)

1555 veröffentlichte Nostradamus zum ersten Mal Prophezeiungen für die fernere Zukunft. Sie erschienen nicht als Broschüre, sondern in Buchform mit (vorerst) vier Kapiteln und einem erläuternden Vorwort.

---

* Die „legendären" Quellen sagen, dass er im Elsass, in Lothringen und in Italien war. Es ist anzunehmen, dass er in diesen Jahren seine Hellsichtigkeit erweiterte und vielleicht entsprechende Schulungen durchlief, wobei er als sensitives Naturtalent und erfahrener Heilpraktiker sehr schnell zum Meisterschüler und „Meister" wurde. Als ab 1555 seine prophetischen Verse Teil für Teil veröffentlicht wurden, lautete der Titel bei allen Ausgaben *Les Propheties de M. Michel Nostradamus.* Das M. steht für *Maistre* (heute: *maître*), „Lehrer, Meister".

1557 folgten weitere Bücher mit sieben Centurien, wobei die siebte unvollendet blieb. 1558 schrieb er das Vorwort für die restlichen Centurien, das Gesamtwerk war auf zehn Centurien angelegt. Diese zweite Vorwort schrieb er als Brief an den damaligen König von Frankreich, Heinrich II. Dessen Frau, Catharina de Medici, war über die Almanache auf Nostradamus aufmerksam geworden und hatte ihn 1555 an den Königshof eingeladen, weshalb er 1556 nach Paris reiste. Catharina sprach stundenlang mit ihm allein. 1564 reiste die Königin in die Provence, um ihn nochmals zu treffen, und sie ehrte ihn bei dieser Gelegenheit mit besonderen Auszeichnungen.

Nostradamus starb 1566. Seine Frau Anne starb 18 Jahre später. Die Familie und der enge Kreis von Vertrauten wussten vieles über das wundersame Wirken des hellsichtigen Nostradamus, aber sie hielten es geheim, um nicht den Aberglauben der Menschen zu provozieren. Erst in den Jahrzehnten nach seinem Tod, als für die Familie keine Gefahr mehr bestand, wurde einiges veröffentlicht – und parallel dazu entstanden auch viele Fantasie- und Sensationsgeschichten.

Eine der bekanntesten unverbürgten Geschichten bezieht sich auf seine makabre Prophezeiung über die Zukunft seines Grabes: er habe gewusst, dass sein Grab nach sechzig Jahren widerrechtlich geöffnet werden würde, und er habe sich eine Botschaft für die Grabschänder in den Sarg legen lassen, mitsamt des genauen Datums und der Urzeit der Graböffnung. Wir finden diese Geschichte im berühmten Tagebuch von Samuel Pepys (1633 - 1703). Der Engländer Samuel Pepys war Administrator der Königlichen Marine und ein Mitglied des Parlaments. 1660 begann er mit einem ausführlichen Tagebuch, das er mit täglichen Einträgen bis ins Jahr 1669 führte. Dieses Tagebuch gehört zu den wichtigsten Zeugenberichten über die Zeit der Stuart-Restauration in England. Damit deckte Pepys genau jene Zeit ab, über die Nostradamus 110 Jahre zuvor mehrere prophetische Verse geschrieben hatte: Cromwell, das Ende der Republik, die Rache durch den zurückgekehrten König, die Pest von London im Jahr 1665 und der große Brand von London 1666 (siehe Anhang 1).

Im Eintrag vom 3. Februar 1667 finden wir diesen Bericht:

> Unter anderem sprachen wir auch viel über Nostradamus und seine Prophezeiungen über unsere Zeit, und den Brand in der Stadt London. Einige seiner Verse wurden dieses Jahr in Booker's Almanach veröffent-

> licht; und Sir G. Carteret erzählte eine Geschichte von Nostradamus, wie er vor seinem Tod die Leute der Stadt schwören ließ, dass sie ihn nie ausgraben oder sein Grab öffnen würden. Aber nach sechzig Jahren taten sie es dennoch, und sie fanden auf seiner Brust eine Blechtafel mit der Inschrift, wie verrucht und treulos die Leute dieses Ortes seien, dass sie nach so vielen Gelübden sein Grab dennoch an diesem Tag und Jahr und zu dieser Stunde stören und öffnen würden; was, wenn wahr, sehr merkwürdig ist.[41]

Diese Geschichte, die man sich einhundert Jahre nach dem Tod des Nostradamus in England erzählte, zeigt, wie bekannt er damals bereits war. Und wir erfahren, dass die für London relevanten Prophezeiungen bereits 1667, ein Jahr nach dem Großbrand, in einem englischen Almanach veröffentlicht wurden. (Die erste vollständige englische Ausgabe der Nostradamus-Prophezeiungen erschien 1672, übersetzt von Theophilus de Garencières.)

Verschlüsselte Botschaften in die Zukunft

Nostradamus schrieb seine Prophezeiungen in Form von vierzeiligen Reimversen, genannt *Quatrains,* „Vierzeiler“ (Reimschema *a-b-a-b*). 100 Quatrains bilden ein Kapitel, genannt *Centurie,* „Hundertereinheit“. Er veröffentlichte zehn Centurien, wobei die siebte nur 42 Verse enthält. Einige Interpreten sagen, dass dies Absicht war: Die Gesamtanzahl der Verse (942) sei Teil eines Zahlencodes. Vielleicht sind die restlichen 58 Verse auch einfach verloren gegangen. Wir wissen nicht, ob es Absicht oder Missgeschick war. Wir verfügen nur noch über die gedruckten Ausgaben seiner Prophezeiungen mit insgesamt 942 Versen (939 Prophezeiungsverse + 3 nicht-prophetische Verse).

Die zehn Centurien sind in zwei ungleich lange Hälften aufgeteilt (Centurie 1 bis 7 und Centurie 8 bis 10). Beiden hat Nostradamus ein erläuterndes Vorwort vorangestellt. Das Vorwort zum ersten Teil schrieb er 1555 und formulierte es wie einen Brief in die Zukunft. Adressat war sein erster Sohn, César, der damals einjährig war. Das Vorwort zum zweiten Teil, geschrieben 1558, formulierte er als Brief an Heinrich II., den damaligen König von Frankreich. Diese zwei einleitenden Texte finden sich in allen vollständigen Nostradamus-Ausgaben, vielfach jedoch mit abweichenden Übersetzungen, da der Seher oft zwei- und vieldeutig schrieb.

Am Anfang seines zweiten Vorwortes schreibt Nostradamus, dass er ein Werk mit 1000 Versen verfasste: „diese drei Centurien meiner verbleibenden/übrigen Prophezeiungen, die das Tausend voll machen“ *(ces trois Centuries du restant de mes Propheties, paracheuvant la miliarde).* Es kursieren auch einige sechszeilige Verse, die angeblich zu einer elften und zwölften Centurie gehören, aber diese stammen nicht von Nostradamus, sondern wurden später unter seinem Namen geschrieben.

Als Gesamtwerk in einem einzigen Band wurden die zehn bzw. neuneinhalb Centurien des Nostradamus erst 1568, zwei Jahre nach seinem Tod, veröffentlicht. Die verschiedenen Teilausgaben, die zu seinen Lebzeiten erschienen waren, enthalten viele Druckfehler und Unterschiede in der Rechtschreibung. Die Originalausgabe von 1555 entstand unter Nostradamus' Aufsicht, aber es wurden bald auch Paralleldrucke (neu gesetzte „Raubkopien“) veröffentlicht. Von der Originalausgabe des zweiten Teils (1558) ist kein einziges Exemplar erhalten geblieben. Die größten Unterschiede sehen wir in der Setzung der Kommas und Doppelpunkte, die wahrscheinlich auf die Herausgeber und nicht auf Nostradamus zurückgeht. Die Forscher vermuten, dass Nostradamus seine Verse ursprünglich ohne jegliche Satzzeichen schrieb, so wie dies auch im Hebräischen, im Griechischen und im Latein üblich ist:

> Typische Merkmale seiner Prophezeiungen sind das fast vollständige Fehlen von konkreten Zeitangaben und Namen und eine sehr metaphorische Sprache, die im Manuskript wahrscheinlich ganz ohne Interpunktion auskam, was die Prophezeiungen bis in unsere Zeit rätselhaft macht und immer neue Deutungen zulässt.[42]

Das Fehlen der Interpunktion macht seine Verse noch vieldeutiger, weil dadurch oftmals unklar ist, welche Satzteile zueinander gehören. Die Mehrdeutigkeit war durchaus Absicht, aber nicht, weil er unsicher war und sich hinter schwammigen Aussagen verstecken wollte, sondern weil er dadurch in eine einzige Zeile mehrere zutreffende Aussagen verpacken konnte.

Existiert ein Code für die Rekonstruktion der Chronologie?

Wir dürfen die Hellsichtigkeit und Genialität des Nostradamus nicht unterschätzen, aber wir dürfen sie auch nicht modern fehlinterpretieren und meinen, er habe einen inhaltlichen Code geschaffen, der nur mit dem Computer oder mit mathematischen Formeln zu knacken sei. Gleichzeitig ist festzustellen, dass er in seinen beiden Vorwörtern mehrere Aussagen macht, die auf die Existenz eines Codes zur zeitlichen Einordnung der Verse hinweisen. Der Schlüssel ist die Chronologie. Wenn klar ist, auf welches Ereignis sich ein Vers bezieht, können auch die scheinbar unklaren Aussagen ausgedeutet und erklärt werden. Es braucht also keinen inhaltlichen Code, sondern nur einen chronologischen Code.

Wie wir im Folgenden sehen, beschrieb Nostradamus mit seinen zehn Centurien Ereignisse der kommenden fünfhundert Jahre, die in ihrer Schlussphase auf eine Wendezeit hinauslaufen. Statistisch bedeutet dies, dass für jedes Jahrhundert 200 Prophezeiungen vorhanden sind (oder 185 bis 190, wenn wir von 939 Prophezeiungsversen ausgehen), also für *jedes* Jahr seit Anfang oder Mitte des 16. Jahrhunderts ein Vers oder sogar zwei!

Nostradamus betonte, dass seine Prophezeiungen erst dann verstanden werden können, wenn das jeweilige Ereignis eingetroffen ist. Im ersten Vorwort schrieb er:

> „Ich habe die Orte, Zeiträume und das festgesetzte Datum einschränkend beschrieben, so dass die Menschen, die später kommen, die Ereignisse – nachdem sie sich ereignet haben – unfehlbar erkennen werden *(que les humains apres venus, verront cognoissants les aventures avenues infalliblement).*"

In seinem zweiten Vorwort findet sich diese viel zitierte Aussage:

> „Ich könnte für jeden Vierzeiler den genauen Zeitpunkt nennen, doch dies wäre für niemanden angenehm, und noch weniger die Interpretation."

Er könnte für jeden Vers den genauen Zeitpunkt, d. h. die Jahreszahl, angeben?! Das würde bedeuten, dass jeder Vers einem genauen Jahr zuzuordnen ist. In den Centurien sind die Verse vom chronologischen

Ablauf her völlig durcheinanderwürfelt. Aber anscheinend verfügte Nostradamus über einen Code, mit dem er die Jahreszahl im Vers einbaute und sie aus jedem Vers wieder hätte ableiten können.

> Nostradamus gibt als Grund seiner Verschlüsselung folgendes an: *„Im Auftrag der Heiligen, nicht durch Irrtum, habe ich dann [nach der Niederschrift der geschauten Information aus der Zukunft] durch Änderung die Prophezeiungen verdunkelt, damit die Materie die Völker nicht ängstige. [...] Die scheinbar weggelassene Zeit für das Ereignis [findet sich] im Werk, wenn man die verdunkelte in die ursprüngliche Prophezeiung ändert.“*[43]
>
> Er hat sein Werk „mit Hilfe der Heiligen“ verfasst, die ihm aufgetragen haben, die Prophezeiungen „zu verdunkeln“, damit sich „die Völker nicht ängstigen“. Daher habe er auch die Zeitangaben unterdrückt, die er jedoch bei seinen Visionen erfahren hat und die nach seinen Worten „aus dem ursprünglichen Wortlaut“ der Verse nach gewissen „Regeln“ erhalten werden können. [...]
>
> „Denn das Erbwort der geheimnisvollen Vorhersage *(la parolle hereditaire de l'occulte prediction)* wird in meinem Inneren eingeschlossen sein.“/ „Die vorliegenden Prophezeiungen habe ich überschlagen und berechnet allesamt nach der Ordnung der Kette, welche auch ihre Enthüllung enthüllt.“[44]

Ich gehe ebenfalls davon aus, dass ein Code zur Bestimmung der Jahreszahlen existiert. Aber die Entschlüsselung ist nicht ausschließlich von diesem Code abhängig. Wie wir heute im Rückblick erkennen, hat Nostradamus viele seiner Prophezeiungen so formuliert, dass man sie allein aufgrund der Hinweise im Vers verstehen kann, nachdem das dort beschriebene Ereignis eingetroffen ist. (In Anhang 1 führe ich einige bekannte Beispiele an.)

Das hier Festgestellte gilt auch für die zwei wichtigsten positiven Prophezeiungen des Nostradamus. Gerade diese zwei Verse hat er in weiser Voraussicht offen und selbsterklärend geschrieben, damit sie zur gegebenen Zeit entdeckt und verstanden werden können, ohne dass die Kenntnis des Codes erforderlich ist.

Warum eine solche Verschlüsselung und „Unklarheit"?

Normalerweise machen Hellseher und Wahrsager Ankündigungen, und dann schaut man, ob sie sich bewahrheiten oder nicht. Nostradamus machte es praktisch umgekehrt, indem er seine Prophezeiungen so formulierte, dass sie erst im Rückblick verstanden werden können.

> „Aber die Schande der Zeit, gnädigster König, erfordert, dass solche verborgenen Ereignisse nur in rätselhafter Sprache geoffenbart werden, die nicht bloß einen einzigen Sinn und eine einzige Erklärung zulässt, was aber nicht bedeutet, dass sie auf einer zweideutigen oder doppelsinnigen Berechnung beruhen." (aus dem zweiten Vorwort)

Was bezweckte er mit dieser ungewöhnlichen Art der Prophetie? Ein erster Grund liegt auf der Hand: Vieles von dem, was er sah, war so erschreckend, gesellschaftskritisch und unzeitgemäß, dass er als Autor sogleich größte Probleme bekommen hätte. Dies schrieb er offen und direkt in seinem ersten Vorwort:

> „Dabei beherzige ich auch den Lehrsatz des wahren Erlösers: ‚Wollet nicht Heiliges den Hunden geben, und werfet Perlen nicht vor die Schweine, damit sie es nicht mit ihren Füßen zertrampeln und, sich dann umwendend, euch selbst vernichten.' Dies war der Grund, meine Zunge vor dem Volke zu zügeln und meine Feder vom Papier zurückzuhalten." (Nostradamus zitiert hier ein berühmtes Jesus-Wort aus der Bergpredigt, Mt 7,6.)

Wie bereits erwähnt, hatte Nostradamus neben dem Selbstschutz noch andere Gründe für seine rätselhafte Art der Prophetie: Er wollte auch in der Zukunft – in den kommenden Jahrhunderten – niemanden beeinflussen und mit seinen Prophezeiungen zu irgendwelchen Handlungen bewegen, damit sich „die Völker nicht ängstigen". Naive Kritiker sagen, es hätte für Nostradamus keine Probleme verursacht, wenn er konkrete Ereignisse und Namen eines zukünftigen Jahrhunderts genannt hätte. Natürlich, für Nostradamus nicht! Aber stellen wir uns vor, was dies für die genannten Personen und Situationen der Zukunft bedeutet hätte. Wie wären die Menschen damit umgegangen? Alles, was sie getan und entschieden hätten, wäre von besagten Prophezeiungen beeinflusst gewesen.

Nostradamus (Michel de Nostredame, 1503–1566), der bekannteste und einflussreichste europäische Seher, war nicht nur ein Prophet von Kriegen und Katastrophen, sondern auch ein Visionär des neuen Zeitalters, das Anfang des 3. Jahrtausends beginnen werde. Nostradamus lebte zur selben Zeit wie Śrī Caitanya (1486–1533) und sah dessen Veda-Revolution voraus, die „in fünfhundert Jahren" weltweit wirksam werde: „Dann auf einen Schlag [Bewusstseinssprung] wird es große Klarheit geben."

Bildnis gemalt von César de Nostredame, Nostradamus' Sohn.

Der dritte und wichtigste Grund war für Nostradamus, dass prophezeite Ereignisse nicht unbedingt eintreffen müssen, wenn die Menschen beginnen, „die Prinzipien der ersten Ursache" zu verstehen (siehe S. 54 und Anhang 5). Er wollte mithelfen, dass die Menschen gerade diese entscheidende Lektion lernen, wohl wissend, dass es noch lange dauert, bis es soweit ist. Aber er wusste auch, dass dann – in der Wendezeit – seine Prophezeiungen von großer Bedeutung sein werden, einerseits allein schon wegen des Phänomens, andererseits wegen seiner positiven Prophezeiungen, auf die alle anderen Prophezeiungen hinauslaufen.

Weltende im Jahr 3797?

Als Nostradamus begann, seine Prophezeiungen zu veröffentlichen, musste er in der Lage sein, bei einem etwaigen Verhör durch die Inquisition immer plausible harmlose Erklärungen vorzulegen. Ein guter Schutz waren die bereits erschienenen Bücher anderer Autoren, von denen er astrologische Berechnungen abschrieb, denn diese Autoren waren kirchliche oder zumindest kirchlich anerkannte Gelehrte. Ein Beispiel hierfür ist seine Konstruktion der Jahreszahl 3797, mit der er verschlüsselt verriet, wie weit in die Zukunft seine Prophezeiungen gehen und welche Epochen – nämlich drei – sie beschreiben. Wir finden diese Stelle in seinem ersten Vorwort, geschrieben im Jahr 1555:

> „Ich habe prophetische Bücher zusammengestellt, von denen jedes hundert astronomisch berechnete prophetische Vierzeiler enthält. Diese habe ich absichtlich etwas dunkel gehalten. Es handelt sich um fortlaufende Wahrsagungen *(sont perpetuelles vaticinations)* für die Zeit von heute bis zum Jahr 3797."

Aufgrund dieser Aussage meinen praktisch alle Nostradamus-Autoren, seine Prophezeiungen würden einen Zeitraum bis zum Jahr 3797 n. Chr. umfassen. Einige fantasievolle Interpreten behaupten deshalb sogar, Nostradamus habe gesagt, dass die Menschheit gegen Ende des 4. Jahrtausends die Welt mit Raumschiffen verlassen werde, um einen neuen Planeten zu kolonisieren.

Hätte Nostradamus wirklich das Jahr 3797 n. Chr. gemeint, hätte er die drei Jahre aufrunden können, denn es ist absurd, auf fast zweieinhalb Jahrtausende hinaus eine solche Jahreszahl anzugeben. Er hätte einfach sagen können, dass seine Prophezeiungen bis zum Jahr 3800 gehen. Aber das sagte und meinte er nicht. Ich kann hier – soweit ich weiß, als erster – nachweisen, dass die Zahl 3797 nicht kalendarisch, sondern numerologisch zu verstehen ist. Sie lässt sich direkt aus Nostradamus' eigenen Erklärungen ableiten: Sie ist die Summe von zwei symbolischen Zeitangaben und der Jahreszahl 1555.

Die Zahl 3797 erwähnt Nostradamus nur an jener einen Stelle in seinem Werk. In den Prophetieversen taucht sie nicht auf. Den Schlüssel finden wir im Vorwort zum zweiten Teil seiner Prophezeiungen. Darin präsentiert er seine selbst berechnete Chronologie des Alten Testaments mit der Angabe, der Zeitraum von Adam bis Noah habe 1242

Jahre gedauert. (Die Adam-Symbolik war für ihn anscheinend sehr wichtig. Sogar sein lateinisch „getarnter" Name Nostradamus enthält „Adam"!) Noah lebte in einer Zeit der Dekadenz, die zur Sintflut führte. Und Jesus sagte, in der kommenden Endzeit werde es sein wie in den Tagen des Noah (Mt 24,37-40 und Lk 17,26-30).

Für Nostradamus symbolisierte die Zahl 1242 die dunkle Zeit seiner Gegenwart (1555) bis zum Umbruch in der für ihn noch fernen Zukunft. Nach diesem Umbruch folgt eine Epoche des Friedens, das biblische „tausendjährige Reich". Die Zahl 1000 ist das Symbol für die kommende Epoche nach dem Ende des jetzigen Zeitalters, was aber nicht heißt, dass dieses neue Zeitalter eintausend Kalenderjahre dauern wird – es kann faktisch viel länger dauern.

Die akut-aktuelle Bedeutung von „3797"

Und damit haben wir des Rätsels Lösung! Wir nehmen die Jahreszahl 1555 und zählen 1242 dazu, das ergibt 2797, plus 1000, und schon haben wir die ominöse Zahl 3797. Nostradamus schrieb sein erstes Vorwort im Jahr 1555, was eine auffällige Zahl war, und es ist nicht verwunderlich, dass er diese Zahl auch numerologisch verwertete.

Mit der Zahl 3797 (1555+1242+1000) gibt Nostradamus eine versteckte Zusammenfassung seiner gesamten Prophezeiungen! „3797" bedeutet: Nostradamus sah und beschrieb die damalige Zeitepoche (repräsentiert durch die Zahl 1555) plus die noch lange dauernde Phase von zunehmender Ausbeutung, Gewalt und Korruption sowie die darauffolgende große Umwälzung (am Ende der 1242-Zeit) und die damit beginnende neue Zeit (1000). Diese Umwälzung führt zu einem Bewusstseinswandel, und zwar *„universell, auf der ganzen Erde"*, wie Nostradamus gleich im Anschluss an die bereits zitierte Erwähnung der Zahl 3797 betont:

> „Diese [meine Prophezeiungen] habe ich absichtlich ein wenig dunkel gehalten. Es handelt sich um fortlaufende Weissagungen für die Zeit von heute bis zum Jahr 3797. Vielleicht wird sich der eine oder andere angesichts dieses so langen Zeitraums abwenden, aber unter dem gesamten Gewölbe des Mondes wird es stattfinden und verstanden werden; und indem dies universell, auf der ganzen Erde, gehört wird *(ce entendant universellement par toute la terre),* werden auch die Ursachen verstanden werden."

Nostradamus prophezeit an dieser wichtigen Stelle seines Werks, dass in einem künftigen Jahrhundert „unter dem gesamten Gewölbe des Mondes", d.h. auf dem gesamten Erdenrund, ein grundlegender positiver Wandel geschehen wird, und diesen Wandel umschreibt er mit der Zahl 3797. Er sah also nicht nur Entwicklungen in Frankreich oder in Europa, sondern Geschehnisse auf der ganzen Welt, und deutet hier mit wenigen Worten an, was er mit „3797" meint. Er sagt, „es" werde „stattfinden und verstanden" werden. Was meint er mit „es"?

Nur schon die wenigen Worte, mit denen Nostradamus seine einmalige 3797-Bemerkung kommentiert, genügen zur Erklärung. Dazu ist jedoch erforderlich, dass man die versteckte Bedeutung der Zahl 3797 erkannt hat, nämlich 1555+1242+1000. Nostradamus sagt hier, dass die Umwälzung am Ende der 1242-Zeit zu weltverändernden Erkenntnissen führt, die in das neue Zeitalter (1000) führen werden. Die Menschen werden verstehen, was die Ursachen der globalen Krise waren, und sie werden auch „die Prinzipien der ersten Ursache" verstehen, die Nostradamus ebenfalls in diesem ersten Vorwort erwähnt (siehe Anhang 5). Dies wird ein weltweites Ereignis sein und auf der gesamten Welt einen Wandel bewirken: Es wird „universell, auf der ganzen Erde, gehört und verstanden werden"! Die Formulierung „auf der ganzen Erde" hätte eigentlich genügt, um die globale Wirkung zu beschreiben, aber Nostradamus unterstreicht dies mit dem Wort „universell", womit er auch andeutet, dass das, was gehört wird, „universell" sein wird und nicht nur kirchlich, katholisch oder christlich. „Universell" bezieht sich auf die Essenz aller Religionen, womit dieses Wort auch sagt, dass mit dem Anbruch des neuen Zeitalters alle Religionen und Philosophien eine „universelle" Transformation erleben werden. Worin dieses Universelle besteht, drückt er wiederum mit der Zahl 3797 aus, denn die Quersumme 3+7+9+7 ergibt 26, die hebräische Gotteszahl! Wir sind dieser Zahl schon auf S. 28 begegnet, und die tiefere („universelle") Bedeutung wird in Anhang 3 erläutert.

Wann kommt dieser Wandel? Wenn wir die Antwort nur im obigen Zitat suchen, dann können wir daraus ableiten, dass der Zeitpunkt dann gekommen ist, wenn die Bedeutung von 3797 geknackt wird: Dann werde „dies" (dieses Wissen) „universell, auf der ganzen Erde, gehört" werden – und dadurch würden auch „die Ursachen" *(les causes),* d.h. die Ursachen dieses Wissens und der entsprechenden Veränderungen, verstanden werden ...

Im zweiten Vorwort, das die Schlüsselzahl 1242 enthält, fasst Nostradamus diese Entwicklung nochmals zusammen und verwendet dabei erneut das Wort „universell“:

> „Ich beginne mit der gegenwärtigen Zeit, dem 14. März 1557 [als er dieses zweite Vorwort schrieb], und schaue weit darüber hinaus bis zu dem Geschehen, das nach dem Beginn des siebten Jahrtausends sein wird *(et passant outre bien loing iusques à l'advenement qui sera apres au commencement du septiesme millenaire).* [...] Und danach [... nach letzten Wirren und Kriegen] beginnt zwischen Gott und den Menschen ein universeller/allumfassender Friede *(une paix universelle).*“[45]

Im zweiten Vorwort beschreibt Nostradamus, wie er die Zeitspanne von der Erschaffung Adams bis zu Jesu Geburt berechnete, und kommt zu folgendem Ergebnis:

> „Und so sind es [von der Erschaffung Adams bis zu Jesu Geburt] gemäß dieser Berechnungen, die ich gemacht habe, hergeleitet aus den heiligen Schriften, ungefähr 4173 Jahre und acht Monate, mehr oder weniger.“

Wenn Adam im Jahr 4174 v. Chr. erschaffen wurde,* dann begann das siebte Jahrtausend im Jahr 1826. „Nach dem Beginn des siebten Jahrtausends“ bezieht sich, wie wir heute im Rückblick erkennen, auch auf das 20. und den Beginn des 21. Jahrhunderts. Für diese Zeit sah Nostradamus eine in vieler Hinsicht gewaltvolle Epoche voraus, die er im zweiten Vorwort in verschiedenen Szenarien beschreibt. Aber letztlich mündet dies alles – welches Szenario auch immer eintrifft – in eine Zeit, in der „zwischen Gott und den Menschen ein universeller Friede“ beginnt.

---

* Gemäß der traditionellen jüdischen Zeitrechnung geschah die Erschaffung der Welt bzw. die Erschaffung Adams im Jahr 3761 v. Chr., und die Menschheit befindet sich immer noch im sechsten Jahrtausend. Die Jahresangaben in diesem Kalender beziehen sich auf die Jahre nach der Erschaffung Adams und werden als A. M. (Anno Mundi, „im Jahr der Welt“) bezeichnet. Am 26. September 2022 begann das Jahr 5783 A. M. Gemäß Nostradamus begann das siebte Jahrtausend aber bereits mit dem zweiten Viertel des 19. Jahrhunderts n. Chr.; das Jahr 2026 wäre für ihn demnach das Jahr 6200 „nach Adams Erschaffung“.

Wann beginnt das neue Zeitalter?

Wie kam Nostradamus gerade auf die Zahl 1242 und damit auf 3797, die prophetische Zahl mit der Quersumme 26?

Die Differenz von 3797 und 1555 ist 2242. Die Nostradamus-Kritiker weisen darauf hin, dass im Jahr 1550 ein Buch erschienen war, in dem es hieß, im Jahr 2242 n. Chr. werde die Welt untergehen. Dieses Buch des kirchlichen Gelehrten und Würdenträgers Richard Roussat (mit dem Titel *Livre de l'estat et mutations des temps*) fand große Beachtung und war für Nostradamus nachweislich das wichtigste astronomische bzw. astrologische Referenzbuch. Aber Nostradamus verwendete diese Jahresangabe nicht kalendarisch wie Roussat, sondern symbolisch, und so kam er auf die Zahl 3797: Er rechnete einfach die Jahreszahl seiner Gegenwart (1555) mit der Roussat-Zahl (2242) zusammen, wobei er diese Zahl positiv interpretierte, nämlich als 1242 für die Zeit von Adam bis Noah (1242) und dann die 1000 für das neue Zeitalter, das „Tausendjährige Reich". Auf diese Weise sprach er – gut getarnt – eine scharfe Gesellschaftskritik aus: *Wir leben in einem Zeitalter von Korruption und Dekadenz, das wie zu Noahs Zeiten auf eine große Umwälzung hinausläuft.* Wäre er nun wegen seiner eigenwilligen Bibelchronologie der Irrlehre verdächtigt worden, hätte er sich über die Zahl 2242 einfach auf Richard Roussat berufen können: „Für mich kommt der Weltuntergang nicht im Jahr 2242 n. Chr., sondern erst in 2242 Jahren, d. h. im Jahr 3797." Dies ist ein eindrückliches Beispiel, wie Nostradamus seine Hellsichtigkeit und Medialität verbarg und sich immer harmlose Erklärungen offenhielt.

In Wirklichkeit besagte die geheime 3797-Botschaft des Nostradamus, dass nach der Zeit von Gewalt und Dekadenz ein Bewusstseinswandel kommen wird (1555 + 1242), der zu einer neuen, universellgottesbewussten Menschheit (1000) führt. Dieser Wandel kommt aber nicht erst 1242 Jahre nach 1555, denn 1242 ist ein Symbol. Wann kommt er dann?

In seinen Prophetieversen beantwortet Nostradamus diese Frage mit einer unzweideutigen Zeitangabe: „*in fünfhundert Jahren*".

Mit diesen Erkenntnissen sind wir nun gut vorbereitet für die Entschlüsselung der zwei rätselhaftesten und wichtigsten positiven Prophezeiungen des Nostradamus.

Kapitel 4

Die positiven Prophezeiungen des Nostradamus

Nostradamus erkannte unsere aktuelle Epoche als Übergangszeit in das neue Zeitalter und hinterließ für diese Zukunft Schlüsselverse mit positiven Prophezeiungen, wissend und vertrauend, dass sie „fristgerecht" entdeckt und als Zeitkapseln aktiviert werden. Interessanterweise schrieb er die zwei Schlüsselverse, die wir im Folgenden betrachten, in einem einfachen und fast schon modernen Französisch ohne ausgefallene oder verschlüsselte Begriffe, so dass unser heutiges Abiturfranzösisch genügt, um beide Verse zu verstehen. Es entsteht der Eindruck, dass er Rücksicht auf den künftigen Übersetzer nahm, für den Französisch eine Fremdsprache sein würde.

Die Prophezeiung, die Nostradamus in der Zahl 3797 verbarg (siehe S. 70), sagt voraus, dass die Wendezeit mit eskalierenden Ereignissen einhergeht, die von der Wirkung her genauso weltverändernd und global sein werden wie die Sintflut zu Noahs Zeit. Die Bibel sagt, dass die Sintflut die ganze Welt betraf, aber sie betont auch (in 1 Mose 9,11), dass nicht nochmals eine Sintflut kommen wird: „Eine solche Flut soll nicht noch einmal über die Erde hereinbrechen." Die 3797-Prophezeiung kündet also keine globale Naturkatastrophe an, wie sie zu Noahs Zeit geschah, sondern eine globale Umwälzung, die geistiger Natur ist: *„Unter dem gesamten Gewölbe des Mondes wird es stattfinden und verstanden [...] und universell, auf der ganzen Erde, gehört"* werden (S. 69).

Viele Pioniere der vergangenen Jahrzehnte und Jahrhunderte spürten das Kommen dieser Wendezeit und bereiteten das Bewusstsein der Menschen darauf vor, sei es durch ihre inspirierte Musik, Malerei, Literatur, Poesie oder Philosophie oder mit nochmals anderen Gaben und Begabungen. Friedrich Hölderlin schrieb im Jahr 1797 (S. 22): „Ich glaube an eine künftige Revolution der Gesinnungen und Vorstellungsarten, die alles bisherige schamrot machen wird."

„In fünfhundert Jahren"

Wie aus der Entschlüsselung der symbolischen Jahreszahl 3797 hervorgeht, sah Nostradamus, dass in seiner Zeit – repräsentiert durch die Jahreszahl 1555 – nicht sehr bald ein Wandel eintreten wird, sondern dass in der kommenden Zeit – symbolisiert durch die Adam-Noah-Zahl 1242 – die Korruption, Gewalt usw. noch zunehmen und globale Ausmaße annehmen werden. Dann jedoch wird diese Fehlentwicklung als solche erkannt und korrigiert, worauf ein neues, lichtvolles Zeitalter – symbolisiert durch die Zahl 1000 – beginnt. Die Menschen dieser künftigen Wendezeit, d. h. *wir,* waren die eigentlichen Adressaten, für die Nostradamus schrieb, und er widmete der weltverändernden Entwicklung am Ende der 1242er-Zeit zwei einzigartige positive Verse. Bisher wurde nie erkannt, dass diese beiden Verse zusammengehören, obwohl Nostradamus sie mit deutlichen Parallelen und Schlüsselwörtern kennzeichnete. Zudem positionierte er sie innerhalb der ersten drei Centurien so, dass ihre Verszahlen (1.96 und 3.94) wechselseitig über die Zahl 2 verbunden sind, wobei 96 die Referenzzahl ist, denn sie hat eine besondere Relevanz, wie wir sehen werden. Die Zahl 2 lässt vermuten, dass die Verse 1.96 und 3.94 die einzige direkte Beschreibung dieser spirituellen Revolution sind, was eine Durchsicht aller Prophetieverse dann auch bestätigt.

Betrachten wir zuerst Prophezeiung 3.94, denn sie enthält den Schlüssel zu 1.96.

De cinq cens ans plus compte l'on tiendra,
Celuy qu'estoit l'ornement de son temps:
Puis à un coup grande clarté donra,
Que par ce siecle les rendra tres contents.

Die wörtliche Übersetzung dieses Verses:

Ab fünfhundert Jahren mehr Rechnung man wird tragen,
Er/Ihm, der war das Ornament seiner Zeit:
Dann auf einmal große Klarheit wird geben,
So dass durch dieses Zeitalter sie wird sehr glücklich machen.

In ausformulierter Übersetzung:

„In fünfhundert Jahren wird man Ihm, der die Zierde seiner Zeit war, mehr Beachtung schenken: Dann auf einmal wird er große Klarheit geben, was sie [die Menschen] durch dieses Zeitalter sehr glücklich machen wird.“

Die meisten Experten gehen davon aus, dass Nostradamus mit diesem Vers sich selbst gemeint habe. So schrieb z. B. der deutsche Astrologe Kurt Allgeier in seiner Nostradamus-Gesamtausgabe (1988, mit über 30 Auflagen): „1555 sind die ersten Prophezeiungen des Nostradamus veröffentlicht worden. Er selbst sagt hier, dass rund 500 Jahre lang sein Name und sein Wort nicht viel gelten werden. Doch dann, um 2055, wird es keinen Zweifel mehr geben, dass er recht behalten hat.“

Der Nostradamus-Interpret E. Ernst gibt folgende paraphrasierende Übersetzung: „Aus dem, was ich [Nostradamus] sage, zieht man ein halbes Jahrtausend lang keine Konsequenz. Dann endlich – so nehme ich an – wird man begreifen lernen und durch Ziehen der notwendigen Folgerungen eine wahrhaft lebenswerte Zeit schaffen.“[46]

Will Nostradamus wirklich sagen, dass man ihn fünfhundert Jahre lang nicht beachten wird? Man wird ihn vielleicht fünfhundert

LES
PROPHETIES
DE M. MICHEL
NOSTRADAMVS.

A LYON,
Chés Macé Bonhomme.
M. D. LV.
La permission est inserée à la page suiuante.
AVEC PRIVILEGE.

Titelseite der Erstausgabe von *Les Propheties de M. Michel Nostradamus* (1555), die nur die ersten dreieinhalb Centurien enthielt, aber bereits die positiven Schlüsselprophezeiungen 1.96 und 3.94.

Jahre lang nicht verstehen, aber im Vers steht eindeutig „Beachtung/Aufmerksamkeit schenken", und das lässt sich nicht auf Nostradamus beziehen, denn mit seinen Publikationen hatte er schon zu Lebzeiten großen Erfolg, und er wurde auch als Person beachtet und geachtet. Beispielsweise lud ihn die französische Königin (Catharina de Medici) 1555 nach Paris an den Königshof ein und besuchte ihn später in der Provence, weil sie ihn erneut persönlich treffen wollte. Eine viel höhere Anerkennung und Auszeichnung kann ein Hellseher wohl kaum bekommen.

Nostradamus war sehr bescheiden und hätte sich nie als „das Ornament seiner Zeit" bezeichnet. Zudem ist nicht ersichtlich, wie eine weltweite Beachtung des Nostradamus nach fünfhundert Jahren die Menschen plötzlich „sehr glücklich" machen soll. Mit anderen Worten: Entgegen der Mutmaßung der meisten Interpreten meint Nostradamus mit Vers 3.94 nicht sich selbst.

„Aus Osten kommend, blüht die Lehre im Westen"

Der amerikanische Nostradamus-Forscher John Hogue war der erste, der erkannte, dass die positiven Nostradamus-Prophezeiungen eine Aufhebung der parallel laufenden negativen Prophezeiungen in Aussicht stellen und dass dieser Wandel mit einem entscheidenden Impuls aus Asien (Indien) verbunden ist. 1987 veröffentlichte er das prophetisch aufgemachte Buch *Nostradamus and the Millennium,* das 1988 in deutscher Übersetzung *(Nostradamus – Jahrtausendwende: Was bringt uns die Zukunft?)* wie auch in vielen anderen Sprachen erschien und damals großes Aufsehen erregte. Darin schreibt er:

> Hier und da tauchen [bei Nostradamus] zwischen all den apokalyptischen Visionen auch Weissagungen auf, deren Leitmotiv ein neues religiöses Bewusstsein ist, welches, so sagt er, vor Ende des Jahrhunderts aufkommen und zur Blüte gelangen wird.[47]

„Ein neues religiöses Bewusstsein", das „vor Ende des Jahrhunderts aufkommen und zur Blüte gelangen wird." Das neue religiöse bzw. spirituelle Bewusstsein verbreitete sich schon vor Ende des 20. Jahrhunderts mit einer globalen Reichweite, aber wann und in welcher Form es zur Blüte gelangen wird, ist noch offen und entscheidet sich erst jetzt, in den ersten Jahrzehnten des 21. Jahrhunderts.

Aus seinen Forschungen und Interpretationen zieht John Hogue folgendes Fazit:

> Unter den Prophezeiungen des Nostradamus finden sich ca. sechzig Vierzeiler, die eine Art Chronik der spirituellen Leitfiguren von heute und deren Bewegungen darstellt. [...] Innerhalb dieser sechzig Vierzeiler sind acht Hauptschlüssel angegeben, woran die kommende neue Religion zu erkennen sein wird, was sie lehren wird und welche Gruppe oder Person den visionären Anstoß zu diesem Neuen Zeitalter geben wird.[48]

Der erste der acht Hauptschlüssel besagt: „Aus Osten kommend, blüht die Lehre im Westen." Die weiteren Hauptschlüssel sind: die Art der Lehre (hermetisch, nicht konfessionell gebunden),* die kontroverse Wirkung; ein reisender Lehrer; die Bekämpfung durch die etablierten Mächte; die Farbe Rot; der „Mond" im Namen der Schlüsselperson; die großen Warnungen durch Außenseiter angesichts der globalen Bedrohung durch den „Antichrist" und „Höllenfürst", wie Nostradamus es formulierte.[49]

Diese acht „Hauptschlüssel" stellte John Hogue zusammen, indem er aus den Nostradamus-Prophezeiungen alle Stellen, die irgendwie nach positiver Prophezeiung klangen, heraussuchte und allesamt auf die heutige Zeit bezog, so auch den Vers, in dem die „Roten" erwähnt werden (9.51), den er mit 5.96 verband. Er kombinierte einzelne Punkte, die nicht zusammengehören, und vermischte in einigen Fällen die Zeitebenen. Aber das Gesamtbild, das er herausarbeitete, war in der Grundaussage durchaus zutreffend, wie nun durch die Entschlüsselung der Verse 1.96 und 3.94 bestätigt wird.

---

* Ein Hinweis, dass die Lehre „hermetisch" sein wird, findet sich in Vers 10.75. Dort erwähnt Nostradamus den *„Bund, gegründet vom großen Hermes" (la ligue yssu du grand Hermes),* und sagt, dass ein entscheidender Impuls von Asien ausgehen wird (*en Asie apparoistra,* „in Asien wird erscheinen"). Der „große Hermes" ist derjenige, den die Griechen mit dem ägyptischen Thoth gleichsetzten und Hermes Trismegistos, „den dreifach großen Hermes", nannten. Hermes ist der Urvater der ägyptisch-europäischen Mysterienschulen und verkörperte somit, insbesondere zu Nostradamus' Zeit, die esoterische Untergrundbewegung. Wer damals als Hermetiker gebrandmarkt wurde, geriet in die Gefahr, von der kirchlichen Inquisition verfolgt zu werden.

Indien in den Nostradamus-Prophezeiungen?

Ein häufig erhobener Einwand besagt, dass Nostradamus den geographischen Bereich seiner Prophezeiungen klar angegeben habe, und daraus gehe hervor, dass er nichts über Indien und Asien und auch nichts über Amerika gesagt habe. Dieser Einwand bezieht sich auf folgende Aussage des Nostradamus (im zweiten Vorwort):

> „Meine nächtlichen und prophetischen Eingebungen entstammen mehr einem natürlichen Instinkt mit poetischem Furor (Feuer) als den Vorgaben der Dichtkunst. Den größten Teil [dieser Eingebungen] habe ich gemäß astronomischen Berechnungen verfasst und mit ihnen in Einklang gebracht, in Entsprechung mit den Jahren, Monaten und Wochen der Regionen, Gebiete und der meisten großen Städte von ganz Europa, mit enthalten auch Afrika und ein Teil von Asien *(de toute l'Europe, comprenant de l'Afrique, & une partie de l'Asie)*."

Mit Afrika meint Nostradamus insbesondere Ägypten sowie Karthago im heutigen Tunesien, wobei er sehr oft historische Bezüge verwendet, um Parallelen zu Ereignissen und Personen in der Geschichte ab dem 16. Jahrhundert aufzuzeigen. „Ein Teil von Asien" bezieht sich auf den biblischen Nahen und Mittleren Osten bis hin zum Reich der Perser, zu dem in seiner weitesten Ausdehnung auch Nordwestindien gehörte. Ebenso erwähnt er mehrfach den Islam, und dieser umfasste zu seiner Zeit im Osten das gesamte Gebiet von Nordindien. „Ein Teil von Asien" beinhaltet also auch Indien.

Aus dem Zusammenhang des obigen Zitats geht hervor, dass Nostradamus mit seiner geographischen Angabe nicht die Gesamtheit seiner Prophezeiungen meint, sondern nur die der relativ nahen Zukunft, denn er spricht von „Jahren, Monaten und Wochen". Kurz danach schreibt er, wie bereits auf S. 71 zitiert: „Ich beginne mit der gegenwärtigen Zeit [...] und schaue weit darüber hinaus bis zu dem Geschehen, das, gemäß sorgfältigsten Berechnungen, nach dem Beginn des siebten Jahrtausends sein wird."

Wir können aus diesen beiden Aussagen schließen, dass er für die damalige nähere Zukunft nur für die genannten Gebiete Prophezeiungen machte. Gemäß der zweiten Aussage meinte er damit einen Zeitraum von rund dreihundert Jahren, also die nähere Zukunft bis zur Zeit des Geschehens, das „nach dem Beginn des siebten Jahrtausends sein wird". Dieses Geschehen in der ferneren Zukunft ist der globale Wandel, der zu „großer Klarheit" führen wird. Ab der Mitte des 19. Jahrhunderts weitet sich also der Horizont der Prophezeiungen und umfasst die ganze Welt, wie er schon im ersten Vorwort schrieb: „Unter dem gesamten Gewölbe des Mondes wird es stattfinden und verstanden [...] und universell, auf der ganzen Erde, gehört" werden. Dies schrieb er direkt im Zusammenhang mit dem „Jahr 3797". Im zweiten Vorwort griff er auf diskrete Weise wiederum das Thema des globalen Wandels auf, indem er die Schlüsselzahl zu seiner prophetischen Zahl 3797 nannte: 1242 als Angabe für den Zeitraum von Adam bis Noah und als symbolische Zahl für das gegenwärtige dunkle Zeitalter, das mit einer globalen Transformation zu Ende gehen wird.

Weil 1242 für die Zeit von Adam bis Noah gemäß biblischen Angaben falsch und kontrovers ist, bat Nostradamus als Einleitung zur Nennung dieser Zahl um Vergebung und beteuerte, dies alles beruhe auf „astronomischen Berechnungen":

> „Es möge Ihrer mehr als kaiserlichen Hoheit gefallen, mir zu verzeihen! Vor Gott und den Heiligen bekenne ich, dass ich nicht die Absicht habe, in diesem Brief etwas niederzuschreiben, was gegen den wahren katholischen Glauben verstoßen würde, indem ich astronomische Berechnungen hinzuziehe und mit meinem Wissen verbinde."

Danach erwähnt er seine eigenwillige biblische Chronologie, angefangen mit dem Zeitraum von 1242 Jahren von Adam bis Noah. Um sich zusätzlich abzusichern, erwähnt er in diesem zweiten Vorwort an späterer Stelle eine zweite Chronologie mit anderen Zahlen. Wir sehen also, mit welchem Aufwand Nostradamus die Zahl 1242 in seine Argumentation einbaute, was jedoch sofort Sinn macht, wenn man erkennt, dass er mit der Nennung dieser Zahl im zweiten Vorwort den Schlüssel zur Zahl 3797 im ersten Vorwort gibt.

Zusammenfassend lässt sich sagen, dass der geographische Horizont der Nostradamus-Prophezeiungen bis zum „Beginn des siebten Jahrtausends" nur Europa, Nordafrika und den Vorderen und Mittleren Orient umfasst. Danach jedoch, wie Nostradamus betont – *„nach dem Beginn* des siebten Jahrtausends" – folgt die Zeit jenes Geschehens, das zu einem großen positiven Wandel führen wird, und dieser Wandel geschieht „universell, auf der ganzen Erde".

„Das Ornament seiner Zeit"

Kehren wir zurück zu Vers 3.94, der die entscheidende positive Prophezeiung für unsere Zeit beschreibt. Wenn Nostradamus mit „das Ornament seiner Zeit" nicht sich selbst meinte, wen dann? Wir dürfen „universell, auf der ganzen Erde" suchen, wie Nostradamus gleich im Anschluss an die prophetische Zahl 3797 andeutete.

Gesucht ist ein Mann (im französischen Original steht *Celuy*, „derjenige"), den Nostradamus „das Ornament seiner Zeit" nennt: *l'ornement de son temps*. Das Wort *or* als erste Silbe in *ornement* bedeutet im Französischen „Gold" und im Hebräischen „Licht". Hinzu kommt, dass die Formulierung *estoit l'ornement* im Französischen auch den phonetischen Gleichklang *estoil or* enthält, was „Goldstern" oder „goldener Stern" bedeutet.[50]

Celuy („derjenige") steht am Anfang der Zeile, was eine diskrete Großschreibung erlaubt. Denn Nostradamus verwendet die Großschreibung nur bei Adelstiteln (wie *Roy, Majesté, Prince*) und in Bezug auf Gott und die großen Gottgesandten: *Dieu le Créateur, notre Sauveur et Redempteur, Dieu et ses Saincts* („Gott der Schöpfer", „unser Retter und Erlöser", „Gott und seine Heiligen").

„Ornament seiner Zeit" bezieht sich auf die Zeit, in der diese besondere Person lebte. Die Zeit dieser Person war aber auch die Zeit des Nostradamus (1503 - 1566). Damit haben wir klare Hinweise, um diese Person zu identifizieren: ein Mann, der in der ersten Hälfte des 16. Jahrhunderts „das Ornament seiner Zeit" war, golden strahlend und lichtvoll, eine Lichtgestalt nicht nur in seiner Region oder Nation, sondern für die ganze Welt. Die Menschheit kennt ihn zu seinen Lebzeiten nicht, doch er gerät nicht in Vergessenheit, sondern erlangt nach fünfhundert Jahren plötzlich weltweite Bekanntheit, und das mit spirituell-revolutionärer Wirkung: *„Dann auf einmal wird er große Klarheit geben, was die Menschen durch dieses Zeitalter sehr glücklich machen wird."*

Licht im Kali-Yuga

Wir suchen eine relativ unbekannte Person des Zeitraums Anfang/Mitte 16. Jahrhundert, die der obigen Beschreibung entspricht, und wir müssen global suchen, denn hier geht es um den prophezeiten globalen Wandel: „Unter dem gesamten Gewölbe des Mondes wird es stattfinden und verstanden [...] und universell, auf der ganzen Erde, gehört" werden. Und tatsächlich: Genau in dieser Zeit lebte in Indien der Yuga-Avatāra,* die „göttliche Inkarnation für dieses Yuga" (Kali-Yuga: das gegenwärtige Zeitalter der Spaltung). Historisch handelt es sich um *Śrī Kṛṣṇa Caitanya Mahāprabhu* (1486-1533), kurz: Śrī Caitanya oder einfach *Caitanya* oder *Mahāprabhu.* Er wurde „der Goldene Avatār" genannt, aber auch *channa-avatāra,* „der verborgene Avatār", weil man in seinem inneren Kreis wusste, dass die Welt ihn erst viel später erkennen wird.[51]

Als Mahāprabhus Zeitgenosse hatte Nostradamus diese lichtvolle Präsenz hellsichtig wahrgenommen, und er sah, dass es fünfhundert Jahre dauern wird, bis diese Saat weltweit aufgeht. Und genau so kam es: Die Welt hörte erstmals 1986 von Caitanya Mahāprabhu – anlässlich seines 500. Geburtstages! Sein Name ist auch heute noch ziemlich unbekannt, aber alle kennen seine Nachfolger: die Hare-Krishnas. Das darf nicht missverstanden werden. Es geht hier nicht um das Propagieren einer neuen Religion, sondern um spirituelle Impulse und Inhalte, die über bestimmte Personen vermittelt wurden.

Nostradamus nannte den Goldenen Avatār „Ornament seiner Zeit" und gab dadurch über eine einfache Codierung (Parallelbedeutung und Gleichklang) einen direkten Hinweis auf dessen Namen: *or,* „Gold". Mahāprabhu wurde auch *Gaura* genannt, „der Goldene". Er stammte aus Bengalen, dem Gebiet im Nordosten Indiens, wo der Ganges ins Meer mündet. In der bengalischen Sprache wird das Sanskritwort Gaura als *gor* ausgesprochen, was sich mit dem gleichbedeutenden französischen Wort *or* reimt. Der Gleichklang ist also perfekt.

Einer der berühmtesten Namen Mahāprabhus ist *Gaura-Candra,* „Goldener Mond". John Hogue führt als Punkt 6 seiner acht Hauptschlüssel Folgendes auf:

> **Der Mond – Symbol oder Name.** [...] Als einen der wesentlichsten Schlüssel [...] verrät uns Nostradamus, dass sein zweiter Name „Mond" bedeuten soll.

---

* Das Sanskritwort *Avatāra* bedeutet „der Herabgestiegene", von *ava-,* „herab", und *tṝ* als Wurzelsilbe mit der Bedeutung „überqueren; hindurch-, herabgehen", indoeuropäische Wurzel der Vorsilbe *trans-,* wie in Transfer, Transport, Transformation usw. Ein Avatāra ist eine göttliche Inkarnation oder ein Mensch, der mit göttlicher Kraft (Śakti) für eine besondere Aufgabe ermächtigt ist.

Wir finden im Zeitraum Anfang/Mitte 16. Jahrhundert keinen anderen Mystiker, Philosophen und spirituellen Revolutionär, auf den die obige Beschreibung zutrifft. Śrī Caitanya Mahāprabhu ist weltweit noch nicht sehr lange bekannt. Auch in Indien kannte ihn während der letzten Jahrhunderte nur noch ein kleiner Kreis von Eingeweihten und akademischen Historikern. Während seiner persönlichen Erdengegenwart vor fünfhundert Jahren jedoch erregte er größtes Aufsehen. Seine Persönlichkeit muss einzigartig gewesen sein. Alle, die ihn, den Goldenen Avatāra, sahen oder auch nur von ihm hörten, sprachen über ihn, sei es begeistert, sei es kritisch. Dank dieser unmittelbaren Wirkung Caitanyas wissen wir auch heute noch viel über ihn, obwohl er selbst schriftlich nur einige Gebetsstrophen hinterließ. Śrī Caitanyas Geburtsort in Navadvīpa am Ufer des Ganges, 100 km nördlich von Kolkata, sowie andere Stationen seines Lebens wurden zu viel besuchten Pilgerorten, und die Caitanya-Linie gehört heute zu den wichtigsten Strömungen des Hinduismus. (Nähere Angaben zu seiner Biographie in Anhang 4.)

„Dann auf einmal große Klarheit …“

Śrī Caitanya*, genannt Mahāprabhu**, lebte vom 18.2.1486 bis zum 12.7.1533 und Nostradamus vom 14.12.1503 bis zum 2.7.1566. Ihre Todesjahre zeigen eine auffällige numerologische Parallele (33 … 66), und ihre Lebenszeiten überlappen sich zur Hälfte. Der Goldene Avatāra wurde in der Mitte seines Lebens, mit 24 Jahren, Mönch, und als er die Welt verließ, war dies die Mitte von Nostradamus' Leben.

Nostradamus sah mit seinem geistigen Auge die irdische Präsenz des Yuga-Avatāras und sagte voraus, dass dieser Impuls in fünfhundert Jahren eine globale Wirkung entfalten wird. Er sah dabei ein ganz

---

* *caitanya* (sanskr.): „Lebenskraft; Bewusstsein; Wahrnehmung; Kraft der Selbst- und Gotteserkenntnis“; von *cetana:* „bewusst, selbstwahrnehmend, erkennend“, abgeleitet von *cit,* siehe: *sat-cit-ānanda,* die drei zentralen Begriffe der vedischen Theologie, mit denen die gemeinsamen Eigenschaften Gottes und der individuellen Seelen, des Ganzen und der Teile, beschrieben werden: ewiges Sein (*sat,* „das, was ewig ist“), bewusstes Sein (*cit,* „das, was bewusst ist“), glückseliges Sein (*ānanda,* „das, was in sich selbst erfüllt ist“).

** *mahāprabhu* (sanskr.), von *mahā,* „groß; erhaben; besonders“ (wie in Mahātmā und „Maharadscha“), und *prabhu,* „Meister, Lehrer“ (von *pra-bhu,* „herausragend; vorausgehend; an erster Stelle stehend“.

Sonderbriefmarke der indischen Post zu Caitanya Mahāprabhus 500. Erscheinungstag im Jahr 1986

besonderes Merkmal: „große Klarheit" und, als Folge davon, weltweit glückliche Menschen.

Wirkliches Glück *(ānanda)* finden die Menschen nur in der Verbindung mit der inneren Quelle, der Seelenkraft *(caitanya),* denn als Seelen sind wir Teile Gottes, Teile des Ganzen. Das bewusste Leben in dieser Verbindung wird im Sanskrit *bhakti,* „göttliche Liebe", genannt, abgeleitet vom Verb *bhaj,* „(ver)teilen; zuteilen; teilhaben"; mit Bezug auf Gott: „dienen; mit Liebe und Hingabe etwas tun; sich verbinden; verehren". Śrī Caitanya war erschienen, um die Samen dieser reinen Gottesliebe zu setzen, damit die Saat in einem späteren Jahrhundert – wenn die Zeit reif ist – weltweit aufgehen kann. Eintracht und Frieden finden die Menschen nicht durch Argumente und politische oder intellektuelle Kämpfe, sondern nur, wenn sie in ihrem Herzen berührt werden und dank dieser göttlichen Hilfe (Gnade) aus ihren materiellen Denkmustern und Identifikationen heraustreten können. Das Erleben dieser Befreiung ist die Bedeutung des griechischen Wortes *ékstasis,* „Außerhalbsein", d. h. außerhalb des Statischen, Festgefahrenen und materiell Genormten. Das Gegenteil von ekstatisch ist „statisch". Śrī Caitanya war die Verkörperung der ekstatischen Gottesliebe, mit der er die Herzen der Menschen berührte – und diese Liebe ist das einzige, was heute noch das Wunder eines Wandels zum wahren, spirituellen Frieden ermöglichen kann.

Wenn ich hier eine kurze persönliche Bemerkung einfügen darf: Als ich mit 18 die Sanskritschriften entdeckte, war dies Liebe (und Wiedererinnerung) auf den ersten Blick. Ich wurde Anfang 1981 Novize und Schüler in der Kṛṣṇa-Caitanya-Tradition und spürte von Anfang an die spirituell-revolutionäre Dimension. Nach fünf Jahren, 1986, reiste ich zum ersten Mal nach Indien, und zwar zu Caitanyas 500-Jahre-Feier, ohne jedoch zu ahnen, dass mit diesem Ereignis die Erfüllung einer Nostradamus-Prophezeiung begann. Es sollte nochmals acht Jahre dauern, bis ich zu dieser Prophezeiung fand.

Was mich an Caitanyas Lehren von Anfang an faszinierte, war die Klarheit, die sie vermitteln. Deshalb ist es mir ein Anliegen, diese Klarheit weiter auszuformulieren, auch unabhängig von Begriffen der indischen Philosophie. Wenn ich von einem „radikalen Mittelweg" spreche, mit der Unterscheidung von Polarität und Dualität und der Beschreibung des Zusammenhangs von Nondualität und Individualität, Einheit und Ganzheit usw., dann ist diese Klarheit nichts anderes als eine Übersetzung der Lehren Śrī Caitanya Mahāprabhus in die Sprache und Denkweise unserer heutigen Zeit.

Das vedische Wissen in der heutigen Zeit

Wie bereits erwähnt, wird die Prophezeiung 3.94 durch Vers 1.96 ergänzt. Beide Verse haben auffällige Parallelen, die deutlich machen, dass sie zusammengehören. In beiden steht das Wort *Celuy („Derjenige")* am Zeilenanfang, im ersten Vers am Anfang der ersten Zeile, im zweiten Vers am Anfang der zweiten Zeile. Und beide Verse enthalten den Anklang an das Wort „Gold" *(or)!* Nostradamus verwendet in beiden Versen das gleiche Schlüsselwort, in 3.94 als Substantiv, *ornement* („Zierde; Schmuck"), in 1.96 als Partizip, *ornée* („geschmückt") – dort sogar hervorgehoben durch einen Stabreim, d. h. in Kombination mit einem anderen Wort, das ebenfalls mit *or* beginnt: *ornée d'oreilles.*

Das Wort *ornement* erscheint in den 942 Nostradamus-Versen nur ein einziges Mal, nämlich in 3.94, und *orné* erscheint nur zweimal, wobei dieses Wort in 1.96 durch einen Stabreim hervorgehoben ist. (Die andere Stelle findet sich in 8.5: *Apparoistra temple luisant orné.* „Es wird ein Tempel erscheinen, leuchtend und verziert".) Nostradamus verwendete diese „Gold"-Wörter auf exklusive Weise in den Versen 1.96 und 3.94 und machte dadurch deutlich, dass diese zwei Verse zusammengehören. In 1.96 konstruierte er mit der Formulierung *Celuy qu'aura* sogar eine phonetische Wiedergabe des Namens Gaura!

Celuy qu'aura la charge de destruire
Temples, & sectes, changés par fantasie,
Plus aux rochiers qu'aux vivans viendra nuyre
Par langue ornée d'oreilles ressaisies.

In wörtlicher Übersetzung:

„Derjenige, der haben wird die Aufgabe zu zerstören
Tempel und Religionen, die verändert wurden durch Fantasie [Dogmen, Willkür],
Eher den Steinen als den Lebenden wird er etwas zuleide tun
Durch Sprache, die geschmückt ist von wiedergewonnenen Ohren."

Die meisten Nostradamus-Forscher haben diesen Vers bisher – in Ermangelung einer besseren Erklärung – auf eine Kirchenreform bezogen. Aber Nostradamus meint hier nicht oder nicht nur die Kirche. Er spricht von „Tempeln und Religionen" in der Mehrzahl. Mit dem Wort *sectes* bezeichnete er die nichtkatholischen und nichtchristlichen Religionen. (Man darf nicht den Fehler machen, das altfranzösische Wort *secte* mit dem modernen Begriff „Sekte" gleichzusetzen.) Der Vers bezieht sich nicht auf die lutherische Reformation und die Ereignisse der

Aus der Erstveröffentlichung 1555: Aus der Gesamtausgabe 1568:

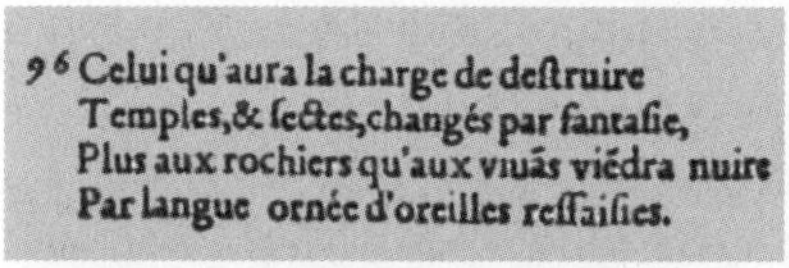
96 Celui qu'aura la charge de deſtruire
Temples,& ſectes,changés par fantaſie,
Plus aux rochiers qu'aux viuãs viẽdra nuire
Par langue ornée d'oreilles reſſaiſies.

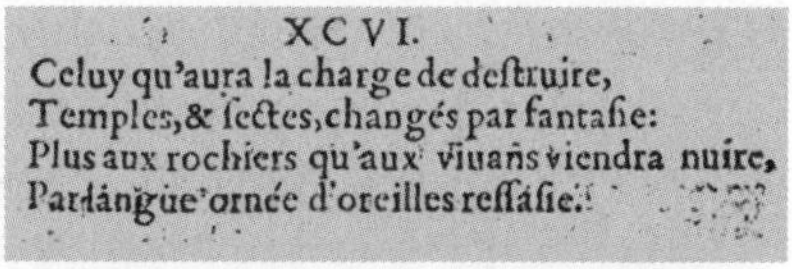
XCVI.
Celuy qu'aura la charge de deſtruire,
Temples,& ſectes,changés par fantaſie:
Plus aux rochiers qu'aux viuans viendra nuire,
Par langue ornée d'oreilles reſſaiſie.

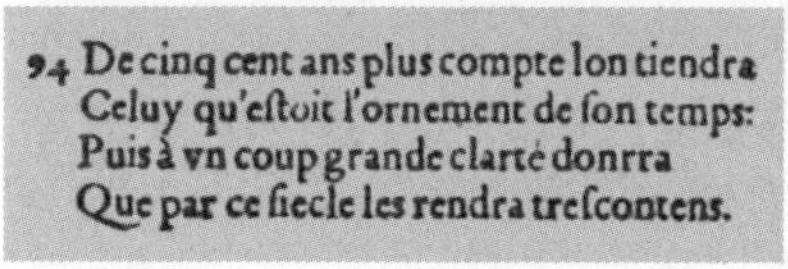
94 De cinq cent ans plus compte lon tiendra
Celuy qu'eſtoit l'ornement de ſon temps:
Puis à vn coup grande clarté donrra
Que par ce ſiecle les rendra treſcontens.

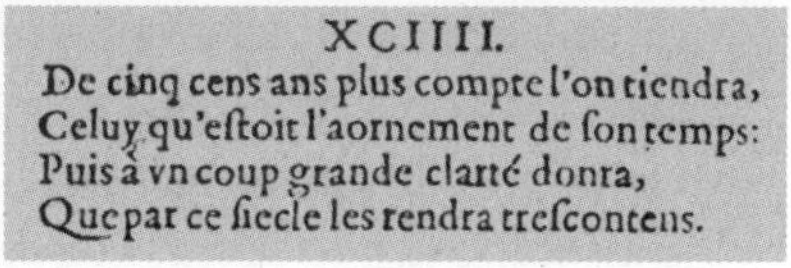
XCIIII.
De cinq cens ans plus compte l'on tiendra,
Celuy qu'eſtoit l'aornement de ſon temps:
Puis à vn coup grande clarté donra,
Que par ce ſiecle les rendra treſcontens.

Nostradamus veröffentlichte seine Prophezeiungen zu seinen Lebzeiten nur in verschiedenen unvollständigen Ausgaben. Die erste Gesamtausgabe erschien 1568, zwei Jahre nach seinem Tod. Die Ausgaben unterscheiden sich an vielen Stellen in der Setzung der Satzzeichen und auch in der Rechtschreibung. Für Nostradamus war eine präzis definierte Schreibweise offensichtlich nicht wichtig, was zeigt, dass er in seinen Texten keinen Buchstaben-Code verbarg, von einem Computer-Code ganz zu schweigen.

Hier die Wiedergabe der Verse 1.96 und 3.94 aus der ersten Veröffentlichung 1555 (links) und aus der ersten Gesamtausgabe 1568 (rechts).

nachfolgenden Jahrzehnte und Jahrhunderte, denn diese waren von Anfang an mit Gewalt, Konflikten und Kriegen verbunden. Im Gegensatz dazu verläuft das in 1.96 prophezeite „Zerstören" von religiösen Verfälschungen vollkommen gewaltlos.

Nostradamus sah einen weltweiten spirituellen Bewusstseinswandel voraus, ausgelöst durch jemanden, der die Aufgabe haben wird, die durch Dogmen und Willkür verfälschten „Tempel und Religionen zu zerstören", d. h. die Verfälschungen als solche zu benennen. Seine kompromisslose Sprache ist „geschmückt von wiedergewonnenen Ohren", d. h. von hingebungsvoll hörenden Schülern und Schülerinnen. Sie werden als „wiedergewonnen" bezeichnet, was bedeutet, dass sie vorher nichts mehr mit „Tempeln und Religionen" zu tun haben wollten. Neubekehrte sind oft etwas fanatisch, aber die Lehre und ihre Umsetzung sind gänzlich friedvoll und gewaltlos: „Eher den Steinen als den Lebenden *(vivans)* wird er etwas zuleide tun." Diese neue Lebensweise wird keinem Lebewesen Leid zufügen, also auch den Tieren nicht, was auf eine vegetarische Ernährung hinweist.

Fassen wir zusammen, mit welchen Punkten die Prophezeiung 1.96 die gesuchte Person beschreibt:

- Ein Mann (*Celuy* ist ein maskulines Pronomen),
- Gaura (als direkter Bezug zu Vers 3.94),
- wird verfälschte religiöse Lehren „zerstören", aber dieses Zerstören ist gewaltlos, d. h. nur geistig und argumentativ,
- kompromisslose Sprache,
- hingebungsvolle Anhängerschaft, bestehend aus Menschen, die sich vorher nicht für Religion interessierten, dann aber von diesem Lehrer „wiedergewonnen" werden;
- vegetarische Ernährung,
- Philosophie des Respekts vor allen Geschöpfen.

Diese Prophezeiung hat zwei Bedeutungsebenen. Auf der einen Ebene bezieht sie sich auf den Goldenen Avatāra (Gaura), was sogar durch die Wiedergabe dieses Namens *(qu'aura)* deutlich wird. Ihm wurde vorgeworfen, er zerstöre den Hinduismus, weil er das Kastensystem durchbrach. Aber mehr noch beschreiben diese Punkte denjenigen, der bewirkte, dass „Gaura", der Yuga-Avatāra, fünfhundert Jahre später weltweit bekannt wurde. Nach seiner physischen Präsenz war

Caitanya Mahāprabhu (1486 – 1533) in Indien nur noch akademischen Historikern und einem kleinen Kreis von Eingeweihten bekannt. Das wäre auch so geblieben, wenn sich nicht plötzlich ein neuer, nichtakademischer Weg eröffnet hätte. 1965 reiste ein Caitanya-Mönch auf einem Frachtdampfer allein und mittellos von Indien nach Amerika und gründete in New York 1966, in seinem 70. Lebensjahr, mit wenigen jungen Anhängern die moderne Krishna-Bewegung. Dieser Pionier war *Bhaktivedanta Swami Prabhupāda* (1896 - 1977). Geburtsjahr 1896. Und „zufällig" stellte Nostradamus diesen Vers in Centurie 1 an Position 96.* Nochmals sei gesagt, dass es hier nicht um Missionierung geht, sondern um spirituelle Impulse und Inhalte, die über bestimmte Personen vermittelt wurden.

Prabhupāda wurde von den Vertretern des indischen Kastensystems heftig kritisiert, weil er weltweit Menschen aus fleischessenden Familien in die brahmanische Tradition einweihte. Er selbst sah gerade darin seine Aufgabe: das hinduistische Kastensystem zu überwinden und allen Menschen den Zugang zur vedischen Gottesoffenbarung zu ermöglichen. Mit seinem Vorbild und mit seinen Worten konnte er viele Menschen berühren und begeistern, was ihm eine weitere Anschuldigung einbrachte: er selbst gründe *temples et sectes, changés par fantasie.* Umso hingebungsvoller waren seine Anhänger (Selbstbezeichnung: Devotees). Die meisten waren soziale Aussteiger, Ex-Hippies und alternative Wahrheitssucher, aber wegen dieses Gurus waren sie plötzlich bereit, ein Leben in Enthaltsamkeit zu führen, mit einer geregelten Meditationspraxis, ohne Drogen, ohne die vorherige Musik. Wenn Prabhupāda sprach, waren seine Worte „geschmückt von wiedergewonnenen Ohren". Seine Ausdrucksweise war manchmal kompromisslos und „steinhart", vor allem gegenüber den atheistischen Monisten und den materialistischen Wissenschaftlern, aber er tat eher Steinen als Lebenden etwas zuleide. Die Krishna-Bewegung, die er gründete, wurde weltweit zu einer der einflussreichsten Initiativen für eine vegetarische Ernährung.

Die Meinungen über diese Bewegung gehen verständlicherweise weit auseinander, doch eines ist unbestreitbar: Prabhupāda machte Kṛṣṇa, Caitanya und das vedische Wissen weltweit bekannt. Die Hare-Krishna-Bewegung ist eine der wichtigsten Strömungen des moder-

---

* Mit der Verszahl gab Nostradamus manchmal auch Hinweise auf eine Jahreszahl. Ein weiteres Beispiel – mit der Zahl 97 – findet sich in Anhang 1.

nen Hinduismus, aber der Caitanya-Impuls ist in seiner Kernbotschaft weder indisch noch hinduistisch, sondern universell. Die spirituelle Revolution, die Śrī Caitanya einleitete, hat mittlerweile eine globale Reichweite erlangt, wodurch sich bewahrheitete, was vor fünfhundert Jahren von Nostradamus prophezeit wurde.*

Wird es jetzt, wo es entschlüsselt ist, geschehen? Nostradamus betonte, dass seine Prophezeiungen nicht für Vorausinterpretationen bestimmt sind. Eine richtige Zuordnung ist immer erst nach dem Eintreffen des prophezeiten Ereignisses möglich. Was die rätselhaften Verse 1.96 und 3.94 betrifft, so spricht für die hier gegebene Erklärung, dass sie nicht nur einige, sondern *alle* genannten Merkmale berücksichtigt (und entschlüsselt) – und dass sie durch die Erfüllung der Prophezeiungen bereits bestätigt ist. Weil die Prophezeiungen erst nach dem Eintreten des beschriebenen Ereignisses verstanden werden können, können wir im Umkehrschluss sagen: Jetzt, wo die Prophezeiung der plötzlichen Klarheit entschlüsselt ist, ist die Zeit gekommen, dass dieser Wandel geschieht ...

Parallele zum Maya-Kalender

Gemäß dem Maya-Kalender markierte das viel diskutierte Jahr 2012 den Endpunkt eines großen Zyklus von über fünftausend Jahren und den Beginn eines neuen Zeitalters, mit einer Übergangszeit von je 25 Jahren vor und nach 2012. 1987 bis 2037, diese fünfzig Jahre – von den Mayas „Zeit des Erwachens" genannt (S. 36) – entsprechen auf eine erstaunliche Weise der Prophezeiung des Nostradamus, die sich auf „das Ornament seiner Zeit" bezieht. Er schrieb: *De cinq cens ans,* wörtlich „Von fünfhundert Jahren an". Gemeint ist also der Zeitraum, der mit dem 500. Geburtsjahr des Goldenen Avatāras (1486 - 1533) begann. Die prophetisch wahrgenommene Übergangszeit mit dem plötzlichen Wandel ist demnach der Zeitraum von 1986 bis 2033. Dies entspricht fast deckungsgleich der Maya-Kalender-Übergangszeit 1987 bis 2037!

* Wenn ich die Bedeutung der Caitanya-Linie hervorhebe, will ich damit in keiner Weise das Verdienst anderer Veda- und Yoga-Institutionen schmälern. Im Gegenteil: Alle theistisch- und humanistisch-ganzheitlichen Initiativen dienen dem großen Ganzen der heute so notwendigen spirituellen Evolution/Revolution.

Kapitel 5

Niklaus von Flüe: Die Vision vom Sänger aus dem Osten

Die große Bedeutung des Yuga-Avatāras (Śrī Caitanya Mahāprabhu, 1486 - 1533, genannt Gaura, „der Goldene"; der Goldene Avatār) legt nahe, dass sein Erscheinen auch von Sehern im Abendland wahrgenommen wurde. Wie wir heute wissen, war dem tatsächlich so. *Nostradamus,* der größte Hellseher der damaligen Zeit, und *Niklaus von Flüe,* der größte Mystiker der damaligen Zeit, sind seine zeitgenössischen Zeugen im Westen.

Nostradamus (1503 - 1566) sah ihn hellsichtig und beschrieb ihn und dessen zukünftige Wirkung in seinen zwei wichtigsten positiven Prophezeiungsversen – zwei Verse, die er unverschlüsselt schrieb, damit man sie zur gegebenen Zeit („In fünfhundert Jahren ...") auch ohne Kenntnis des Gesamt-Codes verstehen und inhaltlich zuordnen kann. Einige Jahrzehnte vor Nostradamus wurde das „Ornament seiner Zeit" von *Niklaus von Flüe* (1417 - 1487) in einer Vision gesehen, die wir heute im Rückblick als prophetische Ankündigung erkennen. Diese Vision gipfelte in einer Offenbarung höchster göttlicher Liebe, dem Ziel von allem „im Himmelreich und auf Erden", wie Niklaus es danach formulierte. Niklaus von Flüe ist heute der Schweizer Nationalheilige. Er war Asket, Mystiker und Friedensstifter und ist vor allem dafür bekannt, dass er als Eremit die letzten neunzehneinhalb Jahre seines Lebens ohne Essen und Trinken lebte. Als Eremit nannte er sich „Bruder Klaus". Die Vision vom Sänger aus dem Osten hatte er kurz vor dem Beginn seiner Eremitenzeit.

Die mystische Vision des Niklaus von Flüe und die Gaura-Prophezeiung des Nostradamus konnten erst in der heutigen Zeit – 500 Jahre später – im Licht eines überkonfessionellen Bewusstseins entschlüsselt und verstanden werden. Ihre gemeinsame Botschaft ist ein prophetisches Geschenk an die Menschheit, und sie erreicht uns in einer Zeit größter Gefahr und zunehmender Spaltung. Was Nostradamus voraussah und Niklaus von Flüe in seiner Vision erlebte, kann die Herzen der Menschen heute zutiefst berühren und wandeln ...

Wer war Niklaus von Flüe (Bruder Klaus)?

Niklaus von Flüe lebte eine Generation vor Gaura (Śrī Caitanya) und verstarb ein Jahr nach dessen Geburt. Seine Heimat war die Innerschweizer Bergwelt. Er lebte im kleinen Weiler Flüeli oberhalb des Dorfes Sachseln im Kanton Obwalden, einem der drei Schweizer Urkantone (Uri, Schwyz, Unterwalden; „Unterwalden" ist der Überbegriff für die beiden Halbkantone Ob- und Nidwalden).

Niklaus von Flüe stammte aus einer angesehenen, relativ wohlhabenden Bergbauernfamilie, die eigenen Landbesitz hatte. Er arbeitete zuerst auf der Liegenschaft seiner Eltern, musste aber aufgrund bürgerlicher Pflicht mehrfach an kriegerischen Auseinandersetzungen teilnehmen. Nachdem er selbständiger Bergbauer geworden war, baute er sich in der Nähe des Elternhauses ein eigenes Wohnhaus (Heirat 1446). Bei späteren militärischen Einsätzen bemühte er sich als Offizier immer, Schlimmstes zu verhindern, z. B. die Plünderung eines Klosters oder unnötige Gewalt gegenüber besiegten Gegnern. Aufgrund seiner vorbildlichen Eigenschaften wurde er in den Regierungsrat und an das Gericht berufen, was er nur annahm, weil seine Landsleute ihn baten und dazu drängten. Den äußeren Erfolg und das Ansehen empfand er als Belastung. Zudem bekam er, ein „ungebildeter" Bergbauer, Einblick in so manche korrupte Machenschaft der vornehmen Herren. In einer besonders prekären Sitzung sah er hellsichtig, wie aus den Mündern der bestochenen Amtsherren das Feuer der Lüge hervorloderte. (In mehreren Bruder-Klaus-Kirchen wird diese „aktuelle" Vision als Gemälde dargestellt.) Weil er erkannte, dass er im Rahmen dieser öffentlichen Betätigung keine wirkliche Veränderung bewirken konnte und weil er eine starke spirituelle Berufung fühlte, zog er sich 1465/66 aus allen politischen und richterlichen Ämtern zurück. Er ging auf die Fünfzig zu und war mittlerweile Vater von neun Kindern.

Seine Frau, die tüchtige und einfühlsame Dorothea Wyss, war rund fünfzehn Jahre jünger als Niklaus. (Ihre genauen Lebensdaten sind nicht bekannt; umgangssprachlich wurde sie „Dorothee" genannt.) Sie nahm die innere Entwicklung ihres Mannes selbstverständlich wahr. Er fastete schon seit vielen Jahren an vier Tagen in der Woche und betete (meditierte) in der Nacht oft stundenlang. Und nach dem Rückzug aus seinen Ämtern begann er den Wunsch zu äußern, Pilger und Einsiedler zu werden. In dieser Zeit hatte er die Vision vom Sänger aus dem Osten, heute meistens „Pilgervision" genannt, weil der fremde Sänger als Pilger erschien. Die Pilgervision war für ihn wahrscheinlich das letzte und endgültige Zeichen der Bestätigung, selbst den Weg eines Pilgers zu gehen. Im Herbst 1467 gab ihm Dorothee zum zweiten Mal ein Jawort, ein Ja zu seinem Abschied von der Familie. Dieser Entscheidung ging ein langes gemeinsames Ringen voraus. Hätte sie ihm die Erlaubnis nicht gegeben, hätte er aus bürgerlichen und kirchlichen Gründen die Familie nicht verlassen können – und aus menschlicher Sicht erst recht nicht. Aber mit der Erlaubnis seiner Ehefrau war ihm dieses Tor nun geöffnet. Seine zwei ältesten Söhne waren erwachsen und kümmerten sich um den Bauernhof. (Das jüngste Kind war am 24. Juni 1467 geboren worden. Auch dieses zehnte Kind – mit Namen Niklaus – lässt ahnen, wie intensiv das Hin und Her des gemeinsamen Ringens und Abwägens war.)

Dorothee stellte für Niklaus als Abschiedsgeschenk das Pilgergewand her: Sie spann den Faden aus Flachs, wob den Stoff und nähte das Gewand, eine einfache Kutte ohne Kapuze. Niklaus verließ Frau und Kinder am 16. Oktober 1467, am Sankt-Gallus-Tag, um als „Bruder Klaus" für den Rest seines Lebens auf Pilgerwanderung ins Ausland zu gehen. Niklaus wollte als allein wandernder Pilger durch die Welt ziehen und irgendwo einen Ort für eine Einsiedelei finden. Eines seiner Pilgerziele war wahrscheinlich Südfrankreich und dann Santiago de Compostela in Spanien, was auch für Niklaus ein bekannter Pilgerort war, denn Sachseln lag schon damals am Jakobsweg.

Nach wenigen Tagen jedoch – er befand sich kurz vor dem Städtchen Liestal, etwa 25 Kilometer südöstlich vor Basel – zeigten ihm Fügungen und Visionen, dass er umkehren soll. Wir können uns kaum vorstellen, welch große Prüfung dies war: Er hatte für immer Abschied genommen, um irgendwo hinzugehen, wo ihn niemand kennt... und eine Woche später würde er schon wieder heimkehren. Das konnte wie ein Versagen aussehen, eine peinliche Schmach, die nicht nur ihn, sondern auch seine Frau und seine Familie dem Gespött aussetzen würde. Aber Bruder Klaus sah die Zeichen und hörte auf die Ratschläge: Ein Bauer warnte ihn, dass er in dieser Kriegszeit im Ausland verdächtig auffallen könnte und dass er keine eigene Einsiedelei finden würde, es sei denn, er mache sich von anderen abhängig; es sei besser, wenn er umkehre und bei den Seinen Gott diene. Bruder Klaus erkannte demütig die Wahrheit dieser Worte. In der darauf folgenden Nacht, als er draußen übernachtete, spürte er plötzlich einen körperlichen Wandel zur gänzlichen Nahrungslosigkeit. Wie er später berichtete, sah er einen hellen Schein vom Himmel, der wie ein Lichtstrahl seinen Bauch durchstieß, worauf er nicht mehr zu essen und nicht mehr zu trinken brauchte.

Bruder Klaus kehrte Ende Oktober 1467 in die Heimat zurück, aber versteckte sich zuerst auf seiner abgelegenen Alp im Melchtal. (Durch das Melchtal fließt die Große Melchaa.*) Er wurde aber schon nach wenigen Tagen von Jägern entdeckt, die diese Neuigkeit überall verbreiteten. Sogleich wurde er von vielen Menschen aufgesucht, so auch von seinem Bruder Peter von Flüe, der ihm sehr nahestand. Angesichts der neuen Situation und des herannahenden Winters war Bruder Klaus unschlüssig über seinen weiteren Lebensweg, aber bald erkannte er durch ein Zeichen (die Vision mit den vier Lichtern), wo er sich hinbegeben soll: hinunter in die bewaldete Ranftschlucht,** dorthin, wo sich an der einzigen breiteren Stelle der Schlucht ein bewohnbares Landstück befindet, nur zehn Minuten von seinem Familienhaus entfernt. Dieses Ranft-Landstück gehörte der Familie von Flüe, und Niklaus hatte sich während seines ganzen Lebens gern an diesen stillen Ort zurückgezogen, um zu beten und zu meditieren. Im Ranft konnte er (auf eigenem Grund und Boden!) als Einsiedler leben und war doch für die Menschen erreichbar.

Den Menschen fiel bald auf, dass Bruder Klaus keine Nahrung benötigte, obwohl er dies nur seinem Beichtvater anvertraut hatte. Die Sensation sprach sich herum. Die einen sagten, er sei ein Heiliger, andere sprachen von Betrug und lachten über die Leichtgläubigkeit der Menschen, wieder andere argwöhnten, da sei der Teufel im Spiel. Die Behörden von Obwalden ordneten deshalb an, dass das Tal und

---

* Das Wort „Aa“, abgeleitet vom lateinischen *aqua* („Wasser“), kommt im deutsch-niederländischen Sprachraum und in der Deutschschweiz häufig im Namen von Bächen und Flüssen vor (siehe „Aare“ und auch „Aue“).

** Die Ranftschlucht ist ein Abschnitt des Melchtals. Die Familie von Niklaus von Flüe wohnte direkt am Rand dieses steilen Tals. „Ranft“ hängt mit dem Wort „Rand“ zusammen und bezieht sich hier auf das Landstück unten am Rand des Talabhangs am Ufer der Großen Melchaa. Weil die Ortschaft Flüeli durch die Ranft-Einsiedelei des hl. Bruder Klaus weltbekannt wurde, lautet ihr Name heute (seit 1966) Flüeli-Ranft.[52]

die Einsiedelei Tag und Nacht überwacht werde, um die Wahrheit zu ergründen und einen etwaigen Betrug aufzudecken. Die Überwachung dauerte vier Wochen, und am Schluss konnten alle Beauftragten nur den wundersamen Sachverhalt bestätigen.

Den ersten Winter verbrachte Bruder Klaus in einer kleinen selbstgebauten Hütte aus Ästen und Zweigen. Schon im nächsten Jahr bauten ihm die Landsleute eine solide Klause und eine daran angrenzende Kapelle, alles mit kirchlichem Segen, nachdem auch der Bischof den Einsiedler und seine Nahrungslosigkeit hatte prüfen lassen.

Bruder Klaus lebte im Zeitalter der Inquisition und der Hexenverfolgung. Er bewegte sich auf einem engen Grat zwischen Anerkennung und Beargwöhnung. Mehrfach suchten ihn religiöse Wichtigtuer und verkappte Inquisitoren auf, die sich durch eine „Entlarvung" des berühmten Bruder Klaus profilieren wollten. Aber sie alle waren am Schluss vom Charakter und von der Echtheit des Eremiten tief berührt. Von großer Wichtigkeit war dabei die Unterstützung und Rückendeckung durch die Familie und die Landsleute bis hin zur Regierung von Obwalden, der Niklaus von Flüe selbst einmal angehört hatte. Ohne das Ansehen und die Sympathien, die er sich früher erworben hatte, wäre er als „Prophet im eigenen Land" wohl kaum derart geschätzt und beschützt worden. Er war kein Mönch und auch kein Geistlicher, er war ein verheirateter Mann, der als Eremit lebte, und gehörte in die Sparte der „Laienfrömmigkeit". Die Ehe war nicht aufgelöst, sie blieb bestehen. Dorothee hatte ihren Ehemann ziehen lassen und musste sich nach seiner überraschenden Rückkehr an die neue Situation anpassen, was sie offensichtlich mit großer Treue und Zuverlässigkeit tat. Sie führte weiterhin Familie, Haus und Hof, während ihr Mann den inneren Weg auch äußerlich ging, stellvertretend für die Menschheit. Dorothee war sich dessen bewusst und unterstützte ihn bis zu seinem Tod.*

---

* Dorothee Wyss war die Ehefrau eines „lebenden Heiligen", bestand mit ihm zusammen alle Prüfungen ihrer Ehe und ermöglichte ihm seine große Selbst- und Gottesverwirklichung. „Ohne Dorothee hätte es ‚Bruder Klaus' nicht gegeben", wird mit Recht gesagt, und viele setzen sich dafür ein, dass Dorothee und Niklaus das erste heiliggesprochene Ehepaar werden (siehe: „Förderverein Niklaus von Flüe und Dorothee Wyss", bruderklaus.com).

Friedensstifter und Friedensheiliger

Neunzehneinhalb Jahre lang lebte Bruder Klaus im Ranft. Es kamen viele Menschen zu ihm, die seinen Rat suchten oder einfach das Übernatürliche sehen wollten. Wunderheilungen und andere Wunder geschahen, und fünf Jahre vor seinem Tod rettete er die Schweizer Eidgenossenschaft vor Spaltung und Zerwürfnis und der Gefahr eines Bruderkriegs. Dies geschah, nachdem die Schweizer die benachbarte Großmacht Burgund besiegt hatten und dann untereinander in Streit gerieten. Die Land- und die Stadtkantone (modern: die „Rechten" und die „Linken") bekämpften sich in wichtigen Punkten, weshalb einige Beteiligte zu Bruder Klaus gingen. Er riet allen Seiten zu Verhandlungen, und es wurden dann auch Versammlungen einberufen. Sie führten aber zu keiner Einigung. Dass es nochmals zu einer Versammlung kam, war in „diplomatischer" Hinsicht vor allem das Verdienst des Bruder Klaus. So begann am 18. Dezember 1481 in Stans (Hauptort von Nidwalden) die große und entscheidende Tagsatzung, aber der Zwist verschärfte sich, und am 21. Dezember zeichnete sich das endgültige Scheitern ab. In dieser scheinbar ausweglosen Situation erkannte der Pfarrer von Stans, Heimo Amgrund, dass nur noch Bruder Klaus helfen konnte. Ein tiefes Gebet brachte ihn zum Entschluss, zu Bruder Klaus zu gehen. Mitten in der Nacht der Wintersonnenwende eilte er los durch das unwegsame Gelände mit fast 500 m Höhendifferenz (hin und zurück rund 34 Kilometer und acht Stunden). Er nahm ein Pferd mit, um auf jenen Strecken, wo es ging, zu reiten – und vielleicht auch, um es Bruder Klaus anzubieten, falls er nach Stans kommen wollte.

Als Pfarrer Amgrund am nächsten Tag wieder in Stans eintraf, war seine Rückkehr gerade noch rechtzeitig, denn die zerstrittenen Parteien befanden sich bereits im Aufbruch. Unter Tränen rief er sie alle auf, nochmals zu einer Verhandlung zusammenzukommen: er habe eine Botschaft von Bruder Klaus! Bruder Klaus stand bei allen in so hohem Ansehen, dass sie seinem Ruf Folge leisteten. Wir wissen nicht, wie die Botschaft lautete. Sie enthielt politische Ratschläge, aber das Entscheidende war die spirituelle Kraft der Worte und der Liebe, die er seine Landsleute spüren ließ. Die Abgeordneten der zerstrittenen Parteien waren zutiefst berührt und erfuhren eine innere Wandlung, so dass sie ihre Sturheit überwinden konnten und sogleich konstruktive Kompromisse fanden. Innerhalb weniger Stunden kam in allen Streitpunkten eine Einigung zustande. Statt Konflikt und Krieg plötzlich Friede! Die Glocken läuteten, und alle sangen den Lobgesang „Großer Gott wir loben dich". Am Schluss der Versammlung lautete die Botschaft:

> Als erstes bringt heim die Kunde von der Treue, Mühe und Arbeit, die Bruder Klaus in diesen Angelegenheiten gezeigt hat! Ihm schulden wir wahrlich Dank. Jeder Bote soll dies weitersagen.[53]

Das „Stanser Verkommnis", das am Abend des 22. Dezember 1481 unterschrieben wurde, war als Friedensabkommen und politische Übereinkunft dreihundert Jahre lang die Grundlage der Schweizer Eidgenossenschaft.

Bruder Klaus, ein wundertätiger Eremit, der nahrungslos lebte, ein Mystiker und Asket, ein Weiser und Friedensstifter. Auch nach seinem Tod setzten sich die Wunderheilungen und andere Formen von Gebetserhörungen fort. Im Ersten und Zweiten Weltkrieg beteten viele in der ganzen Schweiz zu Bruder Klaus um Schutz und Beistand. 1947 wurde er heiliggesprochen und wurde dadurch auch offiziell zum Schweizer Nationalheiligen. Heute existieren Bruder-Klaus-Kapellen und -Kirchen auch in Osteuropa, in Russland, in Afrika und in Asien. „Der Friedensheilige für die ganze Welt", so lautet der Titel eines Bildbandes von 2002.[54] Zum 600. Geburtstag im Jahr 2017 erschienen zahlreiche Schriften, unter anderem eine Aufsatzsammlung mit dem Titel *Niklaus von Flüe – Engel des Friedens auf Erden.*[55]

Die Pilgervision im historischen und spirituellen Kontext

Niklaus von Flüe hatte mehrere für sein Leben ausschlaggebende Visionen, auch schon als Kind und in seiner Jugend. Als Kind einer Bergbauernfamilie lernte er nie lesen und schreiben, weshalb die Visionen später von anderen aufgeschrieben wurden. Aus dem Zeugnis seiner Zeitgenossen geht hervor, dass er bescheiden und selbstkritisch war und auch in spirituellen Fragen immer Rücksprache hielt. Sein stilles, introvertiertes Wesen hinderte ihn nicht, passenden Personen gegenüber zu offenbaren, welche Vision er gerade bekommen hatte oder welche inneren Bilder ihn beschäftigten.

Unter den zwölf Visionen, die überliefert wurden,[56] ist die Pilgervision – die Vision vom Sänger aus der östlichen Hemisphäre – auf-

Zeichnung: Melanie Risi-Meier, 2023

Die Pilgervision des Niklaus von Flüe: „Und ihn dünkte in seinem Geist, dass ein Mann in Pilgers Art kam; er trug einen Stab in seiner Hand, seinen Hut hatte er aufgebunden und nach hinten gekrempt, und er hatte einen Mantel um. Und Niklaus erkannte, dass er vom Sonnenaufgang kommt, oder von der Ferne her, von da, wo die Sonne im Sommer aufgeht. Da verwandelte er sich und ließ sich sehen mit unbedecktem Haupt und hatte einen Rock an, der war blau oder graufarben, den Mantel trug er nicht mehr. Er war ein solch edler und wohlgeschaffener Mann, dass Niklaus nicht aufhören konnte, ihn mit großem Wohlgefühl und Sehnen anzuschauen. Sein Antlitz war braun, so dass es ihm eine edle Zierde gab. Seine Augen waren schwarz, seine Glieder waren so wohlgestaltet, dass dies eine besondere Herrlichkeit an ihm war. Und wie er in seinen Kleidern dastand, da war zu sehen, dass die Kleider seine Arme und Beine durchscheinen ließen. Danach sah er ihn, wie er ihn vorher gesehen hatte, aber seine Kleider waren verwandelt. Er war mit einer goldfarbenen Bärenhaut bekleidet, mit Hose und Rock. Die Bärenhaut zierte ihn besonders wohl, so dass der Mensch sah und erkannte, dass dies eine besondere Zierde an ihm war. Und er stand vor Niklaus, edel in der Bärenhaut, und die Bärenhaut an ihm glänzte mit einem Gleißen wie gespiegeltes Sonnenlicht auf einer Wand. [Das goldfarbene Gewand strahlte gleißend, aber blendete nicht.] Da spürte Niklaus, wie er [der Goldene] ihn mit einer überflutenden Liebe erfüllte, so sehr, dass er innerlich erschüttert war und meinte, eine solche Liebe nicht zu verdienen, aber er sah, dass dessen ganze Gestalt übervoll mit dieser Liebe und minnereichen Demut war. Da sah er ihn nicht mehr. Aber er war so erfüllt von dieser Liebe, dass er nichts anderes mehr begehrte."

(Der Text ist gekürzt und an einigen Stellen leicht paraphrasiert. Der vollständige Text wird mit Erklärungen auf S. 106 – 121 und „am Stück" auf S. 143 – 146 wiedergegeben.)

grund gewisser „exotischer" Elemente besonders auffällig. Niklaus von Flüe hatte diese Vision während jener Zeit, als er mit dem Abschied von seiner Familie rang, also 1466 oder im Frühling/Sommer 1467 (Beginn des Pilger-/Eremitenlebens im Oktober 1467). Wie bereits erwähnt, war dies für Niklaus wahrscheinlich das letzte und endgültige Zeichen der Bestätigung, denn um Zeichen hatte er intensiv gebeten. Es ging um eine radikalste Art von Entscheidung: die Gemahlin und zehn Kinder – das jüngste war erst dreieinhalb Monate alt – für immer zu verlassen und den Weg eines Pilgers zu gehen.

„[Die Pilgervision] war die prägende, unmittelbare Begegnung mit Gott, die das bis dahin unmöglich zu Denkende zur Tat reifen ließ."[57] Auch Abbé Bernard Schubiger bezeichnet diese Vision in seinem Buch *Les visions de Nicolas de Flue* (2019) als „entscheidend für die Berufung des Niklaus" (*cette vision décisive pour la vocation de Nicolas,* p. 125).

Heinrich Wölflin, der Verfasser der ersten chronologischen Bruder-Klaus-Biographie (1501), ordnet diese Vision und noch andere Visionen ebenfalls der Zeit vor dem Abschied zu. Bei einigen Visionen ist auch vom Inhalt her ersichtlich, dass sie aus der Zeit stammen, als Niklaus noch als Bauer tätig war.

Die Pilgervision war für Niklaus von Flüe in dieser Lebensphase wie eine Einweihung. Er hatte Gott und Jesus um Zeichen gebeten, und als Antwort sah er in einer Vision eine exotische Person, die er nicht kannte, aber als Offenbarung höchster göttlicher Liebe erlebte. Die meisten Visionen des Niklaus waren Gleichnisse und symbolische Botschaften, aber die Pilgervision war eine innere Begegnung, eine „Erscheinung", ein visionärer Kontakt mit einer konkreten Person.

Wer war dieser Pilger? In der Beschreibung der Vision wird dreimal erwähnt, dass er aus dem Osten kommt, aus der Richtung der aufgehenden Sonne. Die dreifache Erwähnung deutet an, dass die Herkunft von besonderer Bedeutung ist. Als Niklaus den Fremden fragt, woher er komme, ist die Antwort ausweichend. Seine Herkunft musste noch ein Geheimnis bleiben. Die rätselhafte Erscheinung war nicht Jesus, wie die detailreiche Beschreibung zeigt. Jesus und der Pilger aus dem Osten stehen jedoch in keinem Widerspruch zueinander, ja sie überbrücken und überwinden die scheinbare Gegensätzlichkeit der Religionen von Ost und West. Diese Dimension der Pilgervision war für Niklaus und seine Zeit noch nicht relevant und auch noch nicht erkennbar. Niklaus spürte jedoch – wie er selbst betonte –, dass sie etwas enthielt, was er nicht verstehen konnte. „Und er [Niklaus] empfand, dass es etwas gab, das vor ihm verborgen war."

Aus der Beschreibung der Pilgervision wird deutlich, dass Niklaus nicht wusste, wer der visionär geschaute Fremde war. Er beschreibt ihn als „Mann in Pilgers Art", und ihm wird innerlich gezeigt, dass dessen Heimat im Osten liegt. Es ist nicht der biblische Osten, sonst würde dies gesagt, und die Herkunft wäre kein Geheimnis. Der Pilger kommt aus dem Osten jenseits des biblischen Ostens – und hat eine braune Hautfarbe! Daraus können wir schließen, dass er aus Indien kam. Angesichts dieses unbekannten Besuchers fühlte Niklaus aber kein Befremden, im Gegenteil, er war fasziniert und spürte, wie von ihm eine überflutende göttliche Liebe ausging.

Der Pilger sang, und seine Stimme erfüllte Himmel und Erde, und „alles, was zwischen Himmel und Erde war, unterstützte seine Stimme". Die Erscheinung verwandelte sich zweimal und nahm dann wieder die Gestalt des Pilgers an. Immer wieder hebt Niklaus die göttliche Schönheit des fremden Besuchers hervor – und er staunt über dessen Kleidung! Zuerst erschien der Fremde in der Kleidung eines Pilgers. Dann, in der ersten Verwandlung, trug er ein blaues Gewand, danach ein Gewand oder einen Umhang in goldener Farbe. Da wir annehmen dürfen, dass der braunhäutige Fremde aus Indien kam, kann auch die Kleidung der zwei Verwandlungen in diesem kulturellen Bezug gesehen werden. Niklaus kannte nur Begriffe wie Mantel, Hose, Hemd und Rock und konnte die Kleidung nicht genau beschreiben. Aber er bemerkte staunend, dass das Material des blauen Gewandes im Gegenlicht durchscheinend war, und wahrscheinlich bestanden auch die Gewänder („Hose und Rock") der zweiten Verwandlung aus diesem Material. Ein Stoff, der so fein ist, dass er durchscheinend ist: Heute erkennen wir dies als Seide. Aber Hemden und Beinkleider aus Seide waren in der Lebenswelt eines Schweizer Bergbauern des 15. Jahrhunderts völlig fremd.

Wenn wir lesen, wie Niklaus von Flüe über diese Vision sprach, fällt auf, dass er keine Angst oder Distanz empfand, obwohl er einen Fremden mit einer anderen Hautfarbe und in ungewohnter Kleidung vor sich hatte. Aus anderen Begebenheiten im Leben des Niklaus wissen wir, dass er auch Anfechtungen und Angriffe von Seiten des „Teufels" auszustehen hatte. Er hatte keine Scheu, den Teufel beim Namen zu nennen. Aber in der Pilgervision fühlte Niklaus sogleich die Göttlichkeit, Reinheit und höchste Liebe, wie er sie nur von Gott und Jesus kannte. Niklaus konnte diese Offenbarung auf spirituell reife Weise annehmen (und verkraften), was zukunftsweisend und für die damalige Zeit wahrscheinlich einzigartig war.

Herkunft aus dem weit entfernten Osten (Indien), blaue und goldfarbene Seidenkleidung, göttliche Schönheit, Himmel und Erde erfüllendes (ekstatisches) Singen, überwältigende Liebe und Gnade: all diese Beschreibungen treffen vollkommen auf Śrī Caitanya zu. Hierbei ist wichtig zu wissen, dass Śrī Caitanya (Gaura, „der Goldene") als Yuga-Avatāra einen engsten Gefährten und Begleiter hatte, den rund zwölf Jahre älteren Nityānanda (kurz: Nitāi). Sie werden oft zusammen als verbundene Zweiheit genannt: Gaura-Nitāi. In der ikonographischen Darstellung hat ihre Kleidung typische Farben: goldfarben für Gaura und blau für Nitāi.[58]

Niklaus von Flüe erlebte die visionäre Begegnung mit dem singenden Pilger rund zwanzig Jahre vor Gauras und acht Jahre vor Nitāis Geburt. Bevor der Yuga-Avatāra physisch in Indien erschien, erschien er in der Schweiz! Er kam für die ganze Welt, obwohl seine Ankündigung im Westen damals nur individuell und „geheim" geschehen konnte. Heute jedoch wird bekannt: Der größte Hellseher und der größte Mystiker der damaligen Zeit waren mediale bzw. visionäre Augenzeugen dieses für die Zukunft so wichtigen Ereignisses.

Die Pilgervision war ein offenes Geheimnis und gleichzeitig eine Botschaft für die Zukunft, d.h. für jene Zeit, in der die geschaute Offenbarung erstmals konkret identifiziert wird. Die mystische Vision des Niklaus von Flüe und die Gaura-Prophezeiung des Nostradamus konnten erst in der heutigen Zeit – 500 Jahre später – entschlüsselt und verstanden werden. Diese Botschaft ist ein prophetisches Geschenk an die Menschheit mit einem großen Potential für Frieden und Versöhnung. Was Nostradamus voraussah und Niklaus von Flüe in seiner Vision erlebte, kann die Herzen der Menschen berühren und wandeln, wenn sie davon erfahren und dafür offen sind ... und nur in einem Bewusstseinsfeld berührter und offener Herzen kann das heute so not-wendige Wunder einer globalen Transformation geschehen.

Die Pilgervision, eine der drei großen Visionen des Niklaus von Flüe

Dass wir den Text der Pilgervision heute überhaupt noch haben, verdanken wir einer glücklichen Fügung, denn die originale Niederschrift ist nicht mehr vorhanden. Über vierhundert Jahre lang war die Pilgervision unbekannt. Mitte der 1920er Jahre wurde jedoch eine alte Abschrift des Originals entdeckt! Beim Fund waren allerdings nicht alle Seiten der Abschrift vorhanden, sondern nur die letzten drei. Aber genau auf diesen Seiten befand sich auch die Wiedergabe der vollständigen Pilgervision. Die näheren Angaben zur Entdeckung dieses Textes (Erstveröffentlichung im Jahr 1928) finden sich auf S. 123.

Die vorhandenen letzten Seiten beinhalten eine ausführliche Beschreibung von drei Visionen, die heute als „die drei großen Visionen des Niklaus von Flüe" bezeichnet werden. Die Pilgervision ist die erste dieser drei großen Visionen. Die zweite (die „Brunnenvision") war bereits in anderen Biographien erwähnt worden. Die dritte (die „Dankesvision" oder „Danksagungsvision") war bis dahin gänzlich unbekannt. Von der Pilgervision existierte bis dahin nur eine unvollständige und inhaltlich nicht ganz korrekte bzw. missverständliche Wiedergabe (siehe S. 147 - 150), was aber erst ab 1928 erkannt wurde, als die vollständige und ursprüngliche Beschreibung der Vision vorlag.

Der Text wurde etwa zehn Jahre nach Niklaus von Flües Tod niedergeschrieben. Als Quelle wird ein „Casparus am Büel" (Kaspar Ambühl) genannt, der sonst gänzlich unbekannt ist. Wir finden seinen Namen in keinem Dokument. Dennoch ist es nicht sehr schwierig, ihn zu identifizieren. Er war offensichtlich jemand, der die großen (und geheimen) Visionen des Niklaus von Flüe kannte, Visionen, die Niklaus zutiefst bewegten, die er aber nur seinen engsten familiären Vertrauenspersonen erzählte, weil die Gefahr von Unverständnis und kirchlicher Denunziation sehr hoch war. Zur Zeit der großen Visionen war er noch nicht der „lebende Heilige" der späteren Jahre, und auch einige Familienmitglieder standen damals seinem religiös-kontroversen Lebenswandel skeptisch bis ablehnend gegenüber.* Die Pilgervision war nicht explizit

* Mit seinen zwei ältesten Söhnen, die militärisch wie politisch sehr ambitioniert waren, hatte Vater Niklaus ein eher gespanntes Verhältnis. Niklaus und Dorothee hatten zehn Kinder (fünf Knaben und fünf Mädchen), von denen aber drei oder vier wahrscheinlich vor dem Erwachsenenalter starben. Über sie ist nichts Näheres bekannt, wir kennen nicht einmal ihre Namen.

christlich, weshalb Niklaus – außer im vertraulichsten Kreis – nur selten und „diskret" über sie sprach, falls überhaupt. Kaspar Ambühl muss also in direkter Verbindung zu einer engen familiären Vertrauensperson gestanden haben und selbst wiederum deren Vertrauen genossen haben. Und hier führt uns der Name „Ambühl" direkt zur mutmaßlichen Verbindungsperson.

Aus schriftlichen Quellen ist bekannt, dass Verena von Flüe, eine von Niklaus' Töchtern, als junge Witwe in zweiter Ehe einen Mann aus der weitverzweigten Familie Ambühl im benachbarten Engelberger Tal heiratete.[59] Es ist also naheliegend anzunehmen, dass Kaspar Ambühl ein Sohn (oder Stiefsohn) der Verena war. Das würde auch erklären, warum er die Visionen des Niklaus von Flüe so genau kannte: Er hörte sie von Verena, die ihm alles mehrfach und sehr detailliert erzählte. All dies sind Indizien, keine Beweise, aber sie zeigen, dass wir in Kaspar Ambühl mit gutem Grund einen Enkel des Bruder Klaus sehen dürfen.

Wenn obige Annahme richtig ist – und ich gehe davon aus –, dann war Kaspar Ambühl ein Bauernsohn und lernte ebenfalls nie lesen und schreiben. Seine Mutter erzählte ihm alles möglichst genau, damit er später in der Lage sein würde, ihr Zeugnis in authentischer Form aufschreiben zu lassen. Die Schweizer erwarteten die baldige Heiligsprechung des 1487 verstorbenen Bruder Klaus, und das markante Jahr 1500 kam näher. 1493 wurde offiziell eine erste Bruder-Klaus-Biographie in Auftrag gegeben. Kurz vor 1500 ging der schätzungsweise zwanzigjährige Kaspar Ambühl zu jemandem, der schreiben konnte, und erzählte ihm den Bericht seiner Mutter. Wahrscheinlich war es ein Mönch oder Priester aus dem nahe gelegenen Kloster Engelberg, der die Worte des jungen Bauern in eine improvisierte Schriftsprache übersetzte. Der Text enthält deshalb einige sprachliche Eigentümlichkeiten, die nicht auf Niklaus oder Kaspar, sondern auf den Schreiber zurückgehen.

Beim über fünfhundert Jahre alten Ambühl-Text müssen wir uns also immer vor Augen halten, dass er eine Formulierung aus vierter Hand darstellt. Die mündliche Überlieferung begann mit Niklaus, der die Vision in eigene Worte fassen musste, was immer nur annähernd und zusammenfassend geschehen konnte. Die großen Visionen vertraute er bestimmt seiner Frau Dorothee an und anscheinend auch seiner Tochter Verena. Verena gab die Worte ihres Vaters an Kaspar

Ambühl weiter, und er formulierte das Gehörte gegenüber einem klösterlichen Schreiber, der die Vision dann in „seine" Schriftsprache übersetzte. Die Beschreibung der Visionen ist authentisch und richtig, aber sie beruht auf einer mündlichen Wiedergabe über zwei Generationen und auf einer nachfolgenden Übersetzung ins Schriftliche, weshalb es nicht zu vermeiden war, dass in dieser Überlieferungskette einige Details verloren gingen oder unklar wurden.

Wir betrachten hier nur die erste der drei großen Visionen: die Pilgervision. Die zweite und die dritte (die Brunnenvision und die Dankesvision) sind inhaltlich unabhängig von der Pilgervision.

Der Sänger aus dem Osten aus christlicher Sicht

Die Pilger-, die Brunnen- und die Dankesvision werden manchmal als zusammenhängende Dreiheit interpretiert, weil sie in theologischer Hinsicht mehrere Symbole für die Dreifaltigkeit Gottes enthalten. Von der Anlage her sind sie aber eigenständige Visionen. Niklaus von Flüe empfing sie inhaltlich und zeitlich getrennt, was auch der Schreiber hervorhebt, indem er bei jedem der drei Visionstexte von neuem beschreibt, wie „der Mensch" aus dem Schlaf gerufen wurde und dann die Vision hatte (S. 107). Deshalb versah der Schreiber jede Vision auch mit einer eigenen Überschrift: „Ein Gesicht", „Ein weiteres Gesicht", „Ein drittes Gesicht".*

Niklaus konnte seine Visionen „nur" christlich, d.h. katholisch deuten, da er nichts anderes kannte. Er, seine Familie, seine Freunde und die geistlichen Vertrauenspersonen mussten die Visionen in ihren Glauben einordnen, was zu richtigen, aber konfessionell begrenzten Interpretationen führte. Das Verborgene, das Niklaus in der Pilgervision erahnte, ging weit über die damalige Zeit und den damaligen

* Das Wort „Gesicht" bedeutet nicht nur Antlitz, sondern auch „das Sehen, das Erblicken" (von daher auch die Redewendung „etwas zu Gesicht bekommen"), sowie „das Gesehene; Erscheinung; Vision". Im Duden-Herkunftswörterbuch (1989) steht dazu: „Im heutigen Sprachgebrauch wird ‚Gesicht' auch auf das geistige Schauen übertragen. Daher bezeichnet man (in Nachahmung des engl. *second sight*) mit dem ‚Zweiten Gesicht' die Fähigkeit, künftige Vorgänge mit dem geistigen Auge zu schauen." In dieser Bedeutung finden wir das Wort „Gesicht" auch in der altbiblischen Joel-Prophezeiung (S. 340): „Eure Söhne und Töchter werden weissagen, eure Greise werden in Träumen Offenbarungen bekommen, eure jungen Männer werden Gesichte sehen."

Horizont hinaus. Die Pilgervision enthielt eine „Zeitkapsel", deren Inhalt über fünfhundert Jahre lang unerkannt blieb, angefangen mit dem Geheimnis um die Herkunft des fremden Besuchers.

Göttliche Visionen stehen immer im geistigen und religiösen Kontext der Menschen, die sie empfangen. Die Engelwelt Gottes will die Menschen nicht überfordern oder mit etwas konfrontieren, was sie nicht verstehen – oder nicht akzeptierten könnten. Das Offenbarte soll nachvollziehbar und vertraut sein. Deshalb offenbart sich die Engelwelt Gottes den Menschen in einem katholischen Kulturkreis auf eine „katholische" Weise (siehe Garabandal-Phänomen, Kap. 8), den Menschen in einem evangelischen Kulturkreis auf eine „bildlose" Weise, ebenso wie auch Offenbarungen in jüdischen und islamischen Kreisen „bildlos" sind, in hinduistischen, buddhistischen, schamanischen und ähnlichen Kreisen hingegen bilderreich.

Eines der zentralen Themen der katholischen Mystik ist die Dreifaltigkeit Gottes: der Eine Gott in drei Aspekten. In seinen Visionen bekam Niklaus von Flüe unterschiedliche Bilder für dieses Mysterium. Der singende Pilger, der zwei weitere Erscheinungsformen annahm, kann im christlichen Sinn als eine Veranschaulichung der Dreifaltigkeit interpretiert werden, obwohl diese Interpretation gerade hier nicht so leicht gelingt und eher künstlich wirkt.

Der singende Pilger und noch mehr seine zwei Wandlungsformen waren fremdländisch und nicht typisch „christlich" oder „biblisch". Die Offenbarung erschien jedoch in einer Form, die der christliche Bergbauer annehmen und in sein Glaubenssystem einordnen konnte. Bezeichnend ist, dass die zweite Wandlungsform ein Symbol trug, das Niklaus schon aus einer anderen Vision kannte, nämlich das Symbol des Bären. Niklaus sah, dass die zweite Verwandlung des Pilgers eine Art Umhang oder Überwurf trug, die er als „Bärenhaut" wahrnahm (Bärenleder oder Bärenfell), aber die Bärenhaut war goldfarben. In einer weiteren Phase der Vision erstrahlten die Bärenhaut und die gesamte Gestalt mit einem hellen Leuchten. Und dann empfing Niklaus eine Ausschüttung reiner Gottesliebe, die ihn so sehr erfüllte, dass er nichts anderes mehr wünschte. Damit Niklaus dies alles verkraften und verstandesmäßig einordnen konnte, verwendete der Fremde aus dem Osten in seiner zweiten Verwandlung das Symbol des besiegten Bären und zeigte dadurch, dass Gott Macht über den „Bären" hat und die Kraft verleiht, den „Bären" zu überwinden.

Der Bär als eines der zentralen Symbole in Niklaus von Flües Visionen.
Der Bär war ein urtümliches Symbol aus der heimatlichen Welt des Bergbauern Niklaus von Flüe (15. Jahrhundert) und stand für das Böse und den Teufel mit seinen Angriffen. Bärentatze und Bärenfell symbolisieren Überwindung des Bösen und Erlösung/Freiheit von der Gefahr, von der Materie überwältigt oder gebunden zu werden. In einer seiner Visionen sah Niklaus drei Edelmänner, die ihm verhießen, dass er nach seinem Tod eine Siegesfahne mit dem Symbol der Bärentatze bekommen werde. In der Pilgervision verwandelt sich der Sänger aus dem Osten zweimal, die zweite Wandlungsform trägt eine strahlend goldfarbene „Bärenhaut".

Die fotografierten künstlerischen Darstellungen befinden sich auf dem Visionenweg von Flüeli-Ranft nach Sachseln. Das Symbol der Bärentatze erscheint in zwei der sechs Stationen dieses Weges. Die Darstellung oben links zeigt die Station „Vision der drei Edelmänner und die verheißene Siegesfahne mit der Bärentatze". Die sechste Station ist der Vision Dorotheas gewidmet (siehe Rosacher-Aussage auf S. 106).

In Mitteleuropa war der Bär der Inbegriff der rohen Gewalt und des Bösen.[60] Der Bär war ein urtümliches („heidnisches") Symbol und wurde in der bergbäuerlich-christlichen Adaption zu einem Bild für den Teufel mit all seinen Angriffen durch Verführung, Sünde, Schicksalsschläge und Katastrophen. Im Vaterunser lautet eine Zeile: „Und erlöse uns vom Bösen." Mit dem Symbol des toten Bären (Bärenhaut, Bärentatze) wurde veranschaulicht, dass diese Erlösung im Geistigen bereits stattgefunden hat und jedem Menschen offensteht.

Dem Symbol des Bären war Niklaus bereits in einer früheren Vision begegnet, als für ihn der Abschied von der Familie noch weit in der Zukunft lag. In dieser Vision war er von drei gleich aussehenden Männern besucht worden, die Gottes Dreifaltigkeit repräsentierten. „Einst, während er mit häuslichen Aufgaben beschäftigt war, kamen drei wohlgestaltete Herren zu ihm, die mit ihrer Kleidung und ihrem Verhalten eine adlige Herkunft verrieten", heißt es in der von Heinrich Wölflin verfassten Biographie (1501). Sie prüften Niklaus auf seine Gottergebenheit, und er bestand die Prüfung, worauf der erste der drei zum ihm sprach: „Wenn du allein Gott die ewige Dienerschaft gelobt hast, so versichere ich dir, dass dich der barmherzige Gott von aller Mühsal und Beschwernis erlösen wird, wenn du das siebzigste Jahr erreicht hast. Bis dahin sei beharrlich in Geduld, und so werde ich dir im ewigen Leben die Siegesfahne mit der Bärentatze geben."[61]

Tatsächlich verstarb Bruder Klaus mit siebzig Jahren. Ob das prophetische Element der Vision authentisch ist oder erst später durch Wölflin eingefügt wurde, ist unklar. Für unser Thema relevant ist die Siegesfahne mit der Bärentatze als glorreiche Auszeichnung für den Verstorbenen im Jenseits. Erstaunlich ist, dass gleich nach Bruder Klaus' Tod anscheinend mehrere Menschen sagten, sie hätten Bruder Klaus als himmlische Erscheinung mit dieser Fahne gesehen. Wölflin berichtet:

> Als aber am Tag nach dem Hinscheiden des seligen Vaters die Gattin Dorothea zum Grabe kam, um zu beten, tröstete sie ein Bote, der ihr nachlief und mit kurzen Worten erzählte, er habe den verstorbenen Niklaus auf der Felserhöhung [Fluh] – von der wir sagten, dass sie jenem Geschlechte [von Flüe] den Namen gab – in strahlenden Glanze gesehen, in der Hand eine Fahne mit dem Bild einer Bärentatze; alle feindlichen Mächte seien nun durch die Standhaftigkeit jenes Starken überwunden.[62]

Berichte wie diese blieben in lebendiger Erinnerung. 1591 gab ein Urenkel des Bruder Klaus, Landammann Hans Rosacher, im Rahmen des Prozesses zur Vorbereitung der Seligsprechung Folgendes zu Protokoll:

> [...] er habe von seinen Eltern oft gehört, und sie hätten es als Wahrheit bestätigt, dass Bruder Klaus am dritten Tag nach seinem Verscheiden seiner Ehefrau herrlich erschien und danach auch zwei anderen Personen, und zwar auf der Fluh gegen das Melchtal hin, unfern von seinem Wohnhaus, mit einer weißen Fahne und der Bärentatze darin, wie dies aus seiner Legende [Vision] bekannt ist.[63]

Aufgrund der genannten Berichte wurde die stilisierte Bärentatze zu einem der Hauptsymbole für das Wirken und die Visionen des Niklaus von Flüe. Das Symbol des Bären erscheint auch als Detail in der Pilgervision. Heute erkennen wir, dass die goldene Farbe (und nicht die Bärenhaut) das charakteristische Merkmal des „Pilgers" war. Die goldene Farbe der Bekleidung ergänzt die anderen Merkmale, die seine Identifikation ermöglichen, auf perfekte Weise.

Die Pilgervision im Detail

Weil Niklaus von Flüe nicht schreiben konnte, wurden seine Visionen nicht von ihm selbst aufgeschrieben. Die Visionen sind deshalb alle in der dritten Person formuliert, also „er sah", „er sagte", und nicht „ich sah", „ich sagte". Angesichts der Gottesoffenbarungen steht manchmal nicht einmal „er [Niklaus]", sondern einfach „der Mensch": Niklaus als Mensch und Vertreter der Menschheit gegenüber Gott.

Der Ambühl-Text ist in der obwaldnerisch-schweizerdeutschen Sprache des späten 15. Jahrhunderts geschrieben. Vom Text der Pilgervision wurden seit der Erstveröffentlichung 1928 unterschiedliche Übersetzungen erstellt. Meine Übersetzung ist eine Synthese der bereits existierenden Übersetzungen, wobei ich einige Stellen auf der Grundlage des Originaltextes für mein Empfinden sinngemäßer bzw. wortgetreuer formuliert habe.[64]

Hier nun, Abschnitt für Abschnitt mit Kommentaren, der vollständige Text der Pilgervision:

> ***und doch ihm kund war. Und ihn dünkte in seinem Geist, dass ein Mann in Pilgers Art kam [...]***

Die Abschrift des Ambühl-Textes, die in den 1920er Jahren entdeckt wurde, war unvollständig. Vorhanden waren nur noch die drei letzten Seiten. Die erste dieser drei Seiten beginnt mit einem abgerissenen Satzende: *„und doch ihm kund war.*“ Im verbliebenen Ambühl-Text fällt auf, dass die zweite Vision („Brunnenvision“) und die dritte Vision („Dankesvision“) mit der gleichen Einleitung beginnen. Es ist also anzunehmen, dass auch die erste Vision mit gleichen oder mit ähnlichen Worten eingeleitet wurde.

[Beginn der zweiten und der dritten Vision:] Ein Mensch unterbrach den Schlaf durch Gottes Willen, um sein Leiden [die Passion Christi] zu betrachten, und er dankte Gott für sein Leiden und sein Martyrium. Und Gott gab ihm die Gnade, dass er darin Zeitlosigkeit und Glückseligkeit erfuhr.*

Bei der zweiten Vision lautet die Fortsetzung: „Danach legte er sich wieder zur Ruhe, und ihn dünkte in seinem Schlaf oder in seinem Geist, dass ...“ Und bei der dritten Vision: „Danach legte er sich wieder zur Ruhe, und zwischen Wachen und Schlaf dünkte ihn, dass ...“ Genauso lautet auch der Auftakt zur ersten Vision: „Und ihn dünkte in seinem Geist, dass ...“, nämlich „dass ein Mann in Pilgers Art kam“.

Die fast identischen Einleitungen der Brunnen- und der Danksagungsvision [und wahrscheinlich auch der Pilgervision] sowie die genaue Beschreibung des Zustandes, in dem er sich dabei befand, lassen darauf schließen, dass es gewisse Gesetzmäßigkeiten in seinen Visionserlebnissen gab. Falls dem so war, kennen wir wahrscheinlich nur einen bescheidenen Teil seiner Visionen.[65]

---

* Im Original steht: *Und im gab got gnad, das er kurczweil und wollust darin het.* Die wörtliche Übersetzung, „dass er Kurzweil und Wollust darin hatte“, wäre missverständlich. Mit „Kurzweil“ ist ein mystischer Zustand von Meditation und Vision jenseits der irdischen Zeitwahrnehmung gemeint. Das alte Wort *wollust* erscheint auch in der Pilgervision mit der gleichen ursprünglichen Bedeutung wie hier, siehe S. 113. 1936 übersetzte Konstantin Vokinger diesen Satz in sinngemäßer Formulierung so: „Und Gott gab Gnad, dass die Stunden ihm schnell und süß dahinschwanden.“ Und bei der dritten Vision: „Und Gott gab ihm Gnad, dass ihm die Stunden wie köstliche Augenblicke entschwanden.“

Wir wissen von Bruder Klaus' eigener Aussage, dass er nach seinem Rückzug aus den öffentlichen Ämtern auf Ratschlag eines befreundeten Priesters hin begann, über die Passion Christi zu meditieren:

> „Ich war so tief niedergedrückt, dass mir selbst die liebe Frau und die Gesellschaft der Kinder zur Last wurden. [...] Da lehrte er [der Priester] mich, die Abschnitte des Leidens [der Passion Christi] nach den sieben kanonischen Stunden zu unterscheiden. Darauf hielt ich Einkehr in mich und begann die Übung täglich zu erfüllen [...]. Und so verblieb ich zwei Jahre."[66]

Mit den zwei Jahren meint Bruder Klaus die Zeit vom Herbst 1465 bis zum Herbst 1467, als er von seiner Frau und seiner Familie Abschied nahm. In dieser Zeit hatte er die Pilgervision und wahrscheinlich auch die beiden anderen großen Visionen, und dies immer in einer tiefen Meditation zur Nachtzeit, als er aufwachte und sein Bewusstsein in einen Alpha-Zustand überging. Bei seiner Meditation ging es nicht um eine morbide Kruzifixbetrachtung, sondern um ein Vergegenwärtigen und Miterleben von Christi Weg hin zur Auferstehung, hin zum Sieg der Wahrheit und Gerechtigkeit über Unwahrheit und Ungerechtigkeit, des Lichts über die Dunkelheit, des Lebens über den Tod. „Und Gott gab ihm die Gnade, dass er darin Zeitlosigkeit und himmlische Glückseligkeit erfuhr."

Ein auf den gekreuzigten Jesus fixiertes Christentum ist keine universelle Religion. Die meisten Menschen, die nicht diesem Glauben folgen, fühlen sich davon abgestoßen, weil mit den Kreuzestod-Doktrinen monopolistische Ansprüche erhoben werden. Die mystische Erfahrung des Niklaus von Flüe zeigt, worum es bei der Passion Christi wirklich geht und warum sie in dieser mystischen Essenz ein Quell von höchster Freude ist. Niklaus vertiefte sich in das Christus-Mysterium, und in einem solchen Zeit-Raum außerhalb von Raum und Zeit erschien ihm der Sänger aus dem Osten.

> ***Und ihn dünkte in seinem Geist, dass ein Mann in Pilgers Art kam; er trug einen Stab in seiner Hand, seinen Hut hatte er aufgebunden und nach hinten gekrempt wie jemand, der auf Wanderschaft geht, und er hatte einen Mantel um. Und er erkannte in seinem Geist, dass er vom Sonnenaufgang kommt, oder von der Ferne her. Wiewohl er das nicht sagte, kam er von da her, wo im Sommer die Sonne aufgeht.***

Der „Mann in Pilgers Art" ist ein Fremder und Unbekannter. Niklaus bekommt „in seinem Geist" das Wissen, dass „er vom Sonnenaufgang kommt, oder von der Ferne her", also aus dem entfernten Osten und nicht aus dem biblischen Osten. Es ist auffällig, dass die Herkunft des Fremden dreimal betont wird. Offensichtlich ist sie für die Bedeutung der Vision von großer Wichtigkeit. Wäre der Pilger aus dem Land der Bibel gekommen, wäre dies gesagt worden, und die Herkunft müsste kein Geheimnis sein. Als Niklaus ihn später direkt nach seiner Herkunft fragt, bekommt er nur eine ausweichende Antwort. Wäre der Pilger aus dem Land der Bibel gekommen, hätte er es spätestens bei dieser Frage gesagt. Um Niklaus nicht zu erschrecken, erscheint der Fremde aus dem unbekannten Osten zuerst mit den Merkmalen eines Jakobsweg-Pilgers (vorne hochgekrempter Hut, Wanderstock), bevor er sich in zwei exotische Personen mit brauner Hautfarbe und ungewöhnlicher Kleidung verwandelt. Man fragt sich, warum Niklaus nicht einfach sagte, der Fremde sei in der Gestalt eines Jakobspilgers erschienen, denn er hatte schon öfter solche Pilger gesehen und wollte selbst auf Jakobspilgerschaft gehen. Sah der Fremde vielleicht doch nicht so aus wie ein typischer Jakobspilger?

> ***Dann, als er [der Pilger] zu ihm kam, stand er vor ihm und sang diese Worte: Alleluia. Und als er anfing zu singen, widerhallte seine Stimme, und das Erdenreich und alles, was zwischen Himmel und Erde war, unterstützte seine Stimme wie die kleinen Orgelpfeifen die großen. Und er [Niklaus] hörte aus einem [aus ein- und demselben] Ursprung drei vollkommene Worte hervorgehen und wieder zurückgehen, so wie bei einem Türschloss die Feder stark schließt [den Riegel vor- und zurückgehen lässt]. Und als er die drei vollkommenen Worte gehört hatte, von denen keines das andere berührte, mochte er doch nicht sprechen als von einem Wort [war ihm doch, als hätte er nichts anderes gehört als ein einziges Wort].***

Der Fremde aus dem Osten begrüßt Niklaus singend mit den Worten *Alleluia* (hebr. *halelū-jāh*, „Gelobt sei Gott!"), was in unserem Kulturkreis ein ungewohnter Gruß ist. Wir kennen noch das alte Grußwort „Grüß Gott" und natürlich das Gebet „Vater unser im Himmel, geheiligt werde dein Name".

Nach dem *Alleluja* singt der Fremde weiter, und dies mit einer solch intensiven Liebe, dass der Kosmos widerhallt: „und alles, was zwischen

Himmel und Erdenreich war, unterstützte seine Stimme." Der ganze Kosmos geht mit seinem Gesang in Resonanz, und Niklaus hört in diesem göttlichen Klang aus ein- und demselben Ursprung „drei vollkommene Worte hervorgehen und wieder zurückgehen". Der Fremde singt ein Lied oder Mantra mit drei Gottesnamen. Diese Namen sind „drei vollkommene Worte, von denen keines das andere berührt", aber sie sind nicht verschieden, denn sie stehen für die göttliche Trinität und Einheit (= Ganzheit). Das Hervorgehen der Drei aus dem Einen verglich Niklaus hinterher mit einem Türschloss, denn ein Türschloss erfüllt zwei zusammenhängende Funktionen: der Riegel geht auf und ab bzw. vor und zurück, aber es ist immer dasselbe Schloss und dieselbe Tür.

> ***Als er den Gesang vollendet hatte, bat er den Menschen um eine Gabe, und er [Niklaus] hatte einen Pfennig in der Hand und wusste nicht, woher er diesen bekommen hatte. Und er [der Pilger] zog den Hut ab und empfing den Pfennig in den Hut. Und der Mensch hatte bisher noch nie erkannt, dass es eine so große Ehrwürdigkeit war, jemandem eine Gabe zu geben. Und der Mensch wunderte sich sehr, wer er [der Fremde] sei und woher er käme, und dieser sprach: „Ich komme von dort her", und weiter wollte er ihm nichts anderes sagen.***

Die Vision nimmt eine unerwartete Wende: Der Fremde bittet nach dem Singen um eine Gabe! Das weltliche Bild eines Straßenmusikers, der mit dem Hut herumgeht, bekommt hier eine symbolische Bedeutung. Der vor Gott mittellose Mensch hat plötzlich ein Geldstück in der Hand, ohne zu wissen, woher es kommt. Er legt die Gabe in den Hut und spürt deutlicher und intensiver als je zuvor, welch Ehre und Gnade es ist, Gott etwas darzubringen. Die Bedeutung ist klar: Wir können nur das weitergeben, was wir selbst empfangen haben. Alles, was wir Gott darbringen, ist nichts anderes als Gottes Gabe an uns. *„Nimm mich mir und gib mich ganz zu eigen dir"*, wie es im berühmten Gebet des Bruder Klaus heißt.* Diese spirituelle Liebe und Hingabe

---

* Das kurze Gebet, das Bruder Klaus täglich wie ein Mantra wiederholte, liegt in mehreren Versionen vor, die sich aber nur in kleinen Details und in der Reihenfolge der Zeilen unterscheiden. Die heute bekannteste Version lautet: *„Mein Herr und mein Gott, nimm alles von mir, was mich hindert zu dir! Mein Herr und mein Gott, gib alles mir, was mich fördert zu dir! Mein Herr und mein Gott, nimm mich mir und gib mich ganz zu eigen dir!"*

wird im Sanskrit *bhakti* genannt (S. 83) und ist die höchste Stufe von Selbst- und Gotteserkenntnis. Der Yuga-Avatāra, der hier in einer zukunftsweisenden Vision erschien, war bzw. ist die Verkörperung dieser Liebe *(bhakti)* und Lebenskraft *(caitanya).*

Als Bauer, als Familienvater, als Nachbar, als Soldat und Offizier, als Ratsherr und Richter hatte Niklaus von Flüe schon oft den Menschen selbstlos geholfen und sich für Gerechtigkeit eingesetzt, aber nie hatte er eine so tiefe innere Erkenntnis der Ehrwürdigkeit des Gebens empfunden wie jetzt bei dieser einfachen Gabe. Niklaus fragte deshalb den merkwürdigen himmlischen Sänger, wer er sei und woher er komme, bekam aber nur eine ausweichende Antwort: „Ich komme von dort her." Wahrscheinlich machte der Fremde eine Handbewegung in Richtung Osten und ließ ihn spüren, dass es noch viel zu sagen gäbe. „Und weiter wollte er ihm nichts anderes sagen." An späterer Stelle heißt es dann auch: „Und er [Niklaus] empfand, dass es etwas gab, das vor ihm verborgen war."

Die rätselhafte Antwort des Fremden erinnert an Jesus, der sagte, dass die Zeit noch nicht gekommen sei, in der er alles sagen kann:

> „Ich hätte euch noch vieles zu sagen, aber ihr könntet es jetzt noch nicht tragen. Wenn aber jener kommt [der Tröster/Fürsprecher/Stellvertreter, grch. *parákletos:* Joh 14,16; 14,26; 15,26; 16,7], der Geist der Wahrheit, wird er euch in die ganze Wahrheit führen; denn er wird nicht aus sich selbst reden, sondern was er [von Gott] hört, wird er sagen, und das Kommende wird er euch wissen lassen." (Joh 16,12–13)

Interessanterweise nennt Niklaus den Fremden im übernächsten Abschnitt „die Wahrheit". Der verheißene Geist der Wahrheit erschien, aber selbst 1400 Jahre nach obigen Jesus-Worten war die Zeit noch nicht reif. Wie Nostradamus voraussagte, sollte es noch weitere fünfhundert Jahre dauern, bis mehr zu diesem „Ich komme von dort her" offenbart werden konnte.

Und er [Niklaus] stand vor ihm und sah ihn an. Da verwandelte er sich und ließ sich sehen mit unbedecktem Haupt und hatte einen Rock an, der war blau oder graufarben. Den Mantel trug er nicht mehr.

Bis ins 14. Jahrhundert wurde mit dem Begriff „Rock" das Obergewand beider Geschlechter bezeichnet. Ab dem 14. Jahrhundert (Renaissance,

Bildung des bürgerlichen, zivilen Adels neben dem ritterlichen) stand „Rock“ nur noch für das edle Obergewand von Männern, also das mit Ärmeln versehene Kleidungsstück, das je nach Situation und Kultur unterschiedliche Längen haben konnte. Der Rock war kein Hemd, sondern eine Art von „Hemdkleid“. Über dem Rock trug man eine Jacke, einen Mantel oder einen Umhang. „Und dem, der dir den Mantel nimmt, dem verweigere auch nicht den Rock“, wie es in den älteren Übersetzungen der Bibelstelle Lk 6,29 heißt.

Aus dem Wort „Rock“ für das Obergewand der Männer entstand im Französischen das Wort *le rochet* und im Spanischen *el roquete* für das Chorgewand eines Geistlichen. Der Begriff „der graue Rock“ war eine Bezeichnung für den geistlichen Stand. Bei der nächsten Verwandlung wird von „Hose und Rock“ gesprochen, hier bei der ersten nur von einem „Rock“, weshalb wir annehmen können, dass sein Gewand in Niklaus' Augen wie das eines Priesters aussah, allerdings in einer fremdländischen Form.

Kaspar Ambühl war in der Lage, die Visionen detailreich wiederzugeben, aber hier bei der Frage der Farbe war er sich nicht mehr ganz sicher. Er erinnerte sich, dass der „Rock“ der ersten Verwandlung blau war. Oder war er grau? Es könnte auch sein, dass dieser Zusatz vom Schreiber stammt, der meinte, das Gewand eines Geistlichen sei grau und nicht blau. (Bei der zweiten Verwandlung war die Farbe des Gewandes klar: gelb wie Gold.)

Er war ein solch edler, wohlgeschaffener Mann, dass er nicht aufhören konnte, ihn mit großem Wohlgefühl und Sehnen anzuschauen. Sein Antlitz war braun, so dass es ihm eine edle Zierde gab. Seine Augen waren schwarz wie der Magnetstein [Magnetit], seine Glieder waren so wohlgestaltet, dass dies eine besondere Herrlichkeit an ihm war. Und wie er in seinen Kleidern dastand, da war zu sehen, dass die Kleider seine Arme und Beine durchscheinen ließen.

Die erste Verwandlung trug keinen Mantel und auch keinen Hut mehr. Es wird einfach gesagt, dass er einen blauen (oder grauen) „Rock“ trug. Auffällig war dabei, dass dieses fremdländische Gewand aus einem Stoff bestand, der so fein war, dass er die Arme und Beine durchscheinen ließ. Interpretationen, die in dieser Kleidung ein Gleichnis im Sinn der Trinität (Dreifaltigkeit) sehen wollen, ergeben zwar eine sinnvolle Deutung, sind aber nicht „ohne weiteres“ möglich:

> Die Kleidung scheint beinahe transparent zu sein, was auf die dritte Manifestation Gottes, den Heiligen Geist, hinweisen könnte, aber auch auf die Wohlgestalt des in Jesus menschgewordenen Gottes. Eindeutige Beziehungen zur Dreifaltigkeit sind hier nicht ohne weiteres gegeben.[67]

Bei der ersten und auch bei der zweiten Verwandlung wird das Wort *adelich* („edel, adelig") benutzt. Neben der Bedeutung der vornehmen Erscheinung und der hohen gesellschaftlichen Stellung (Adelsstand) kann daraus auch geschlossen werden, dass diese beiden „adelichen" Männer im Gegensatz zum Pilger keinen Bart hatten. Die Frage des Aussehens stellte sich beim Versuch, die Pilgervision zeichnerisch darzustellen (S. 96). Auch Caitanya und Nityānanda werden immer bartlos dargestellt. In Niklaus von Flües Welt waren bartlose Männer keine Seltenheit. Viele Adelige waren bartlos. Auch die Engel wurden immer bartlos dargestellt.[68]

Aus der Wiedergabe der Vision wird deutlich, welch außergewöhnliche, ja überirdische Schönheit und „Herrlichkeit" dieser braunhäutige Fremde hatte. Niklaus konnte seinen Blick nicht von ihm wenden: „dass er nicht aufhören konnte, ihn mit großem Wohlgefühl und Sehnen anzuschauen." Der Schreiber des alten schweizerdeutschen Textes verwendete dabei diese Worte: *mit meklicher* wollust und begir* (wörtl. „mit merklicher Wollust und Begierde"), was in der heutigen Zeit falsche Assoziationen wecken könnte, und tatsächlich haben einige Interpreten gegen Ende des 20. Jahrhunderts den Gedanken geäußert, „Wollust und Begierde" könnte vielleicht auf sinnliche oder sogar auf homoerotische Elemente hinweisen. Wir müssen uns jedoch vor Augen halten, dass diese Wörter am Ende des 15. Jahrhunderts nicht so einseitig konnotiert waren wie heute.[69]

Die Formulierung *„mit merklicher wollust und begir"* stammt höchstwahrscheinlich nicht von Niklaus, sondern vom klösterlichen Schreiber, der versuchte, die Schilderung der überwältigenden Vision in Worte zu fassen. Wie wir aus dem Grimm-Wörterbuch erfahren, bedeutete das Wort *merklich* früher nicht nur „spürbar, erkennbar, auffällig", sondern auch einfach „groß; riesig" *(grosze wäld und merkliche bäum).* In Bezug auf die subjektive Wahrnehmung bedeutet es „gesteigert; stark; intensiv". In der Pilgervision geht es um eine Offen-

---

* Auch im alten Schweizerdeutsch heißt es *merklich* und nicht *meklich.* Dies ist offensichtlich ein Fehler desjenigen, der das Original abschrieb..

barung höchster mystischer Liebe, weshalb ich diese über fünfhundert Jahre alte Formulierung lieber sinngemäß, dem heutigen Sprachgefühl entsprechend, so übersetze: „dass er nicht aufhören konnte, ihn mit großem Wohlgefühl und Sehnen anzuschauen."

> *Als er ihn so unverdrossen ansah, richtete er [der Pilger] seine Augen auf ihn. Da erschienen viele große Wunder: Der Pilatusberg [das gesamte Bergmassiv] versank in der Erde, und er [der Pilger] öffnete sich die ganze Welt, so dass es aussah, wie wenn alle Sünden, die in der Welt sind, offenbar wurden. Eine große Menschenmenge war zu sehen, und hinter den Menschen erschien die Wahrheit, und alle hatten ihr Gesicht von der Wahrheit abgekehrt. Und es erschien bei allen ein großes Geschwür auf der Brust, so groß wie zwei Fäuste zusammen. Und dieses Geschwür war der Eigennutz, der die Menschen so übel in die Irre führte, dass sie das Angesicht des Mannes [des Pilgers] nicht ertragen konnten, so wenig wie ein Mensch die Flammen eines Feuers ertragen kann. Getrieben von grimmiger Angst, rannten sie durcheinander und aneinander vorbei mit großem Laster und großer Schande. So konnte er [Niklaus] sie von fern dahinfahren sehen. Und die Wahrheit, die hinter ihnen erschienen war, die blieb da.*

Durch den Blick des Pilgers (im blauen Gewand) geschahen in der Vision „viele große Wunder". Beschrieben wird dieses eine: Der Pilatus, der höchste Berg der Region, ging bis auf die Erde nieder, und nach dem Verschwinden dieser heimatlichen Kulisse sah Niklaus „die ganze Welt", die der Fremde – wie ein kosmischer Richter – mit seinem Licht erhellte („er öffnete sich die ganze Welt"), so dass alle Sünden der Welt offenbar wurden. Niklaus sah, wie die Menschen sich vom Geschwür des Eigennutzes in die Irre führen ließen, weshalb sie die Gottgestalt des Pilgers nicht ertragen konnten. Statt sich ihr, der Wahrheit, zuzuwenden, rannten sie, „getrieben von grimmiger/zorniger Angst", durcheinander und aneinander vorbei. Das heißt, die Menschen sahen ihre Sünden und bekamen Angst, aber sie sahen den Fehler nicht bei sich, sondern wurden wütend auf Gott, weil sie unter ihrem eigenen Geschwür litten. „Wie kann Gott es zulassen?", womit gemeint ist: „Gott ist schuld!" Dies erinnert an die Johannes-Offenbarung, 16. Kapitel, wo bei der Beschreibung der sieben Strafen („Zornesschalen") dreimal steht, dass die Menschen trotz der Konfrontation mit ihren Untaten an ihrem Tun festhielten und „Gott verfluchten".

Das Flüeli-Panorama: Blick vom Südosten über die Ranftschlucht hinweg auf das Dorf Flüeli-Ranft, das frühere „Flüeli", wo Niklaus von Flüe mit seiner Familie lebte. Der Pfeil markiert das Wohnhaus, das Niklaus 1445 eigenhändig baute. Es blieb (mit Renovationen) erhalten und ist heute eine wichtige historische Stätte des Gedenkens an Niklaus und Dorothee. Die Einsiedelei des Bruder Klaus befindet sich zehn Gehminuten entfernt in der Ranftschlucht.

Im Hintergrund rechts, im Nordwesten, ist das Bergmassiv des Pilatus zu sehen, eine imposante nahe Gebirgskulisse, die sowohl erhebend als auch bedrohlich und begrenzend wirken kann. In der Pilgervision versank der „Pilatusberg" und gab den Blick frei in die Welt, wodurch das sündhafte Treiben der Menschen offenbart wurde, aber auch die Dimension des freien Willens mit der immer präsenten Möglichkeit, einen Kurswechsel vorzunehmen.

Die göttliche Erscheinung wird als „die Wahrheit" bezeichnet, was an Jesus erinnert, der sagte: *„Wenn ihr meinen Worten folgt, folgt ihr mir wahrhaftig, und ihr werdet die Wahrheit (Gottes Wirklichkeit) erkennen, und die Wahrheit macht euch frei."* (Joh 8,31)

In der christlichen Lehre ist das Konzept der Gnade von zentraler Bedeutung: Gottes Gnade durch Jesus Christus = die Wahrheit, die frei macht. *„Ich bin der Weg, die Wahrheit und das Leben. Niemand kommt zum Vater außer durch mich."* (Joh 14,6) „Durch mich" sollte in einem universellen und nicht nur in einem „christlichen" Sinn verstanden werden. Der historische Jesus konnte vieles nicht sagen, denn „ihr könntet es jetzt noch nicht tragen" (S. 111); aber „der Geist der Wahrheit" werde die Menschen „in die ganze Wahrheit" führen (Joh 16,12–13). Das war kein leeres Versprechen, denn der Geist der Wahrheit, der in die lebendige Ganzheit führt, hat sich in der Zwischenzeit vielfach offenbart, so auch hier in dieser Vision vor fünfhundert Jahren, und wir dürfen erkennen, dass zwischen den vielen Gottesoffenbarungen – Gott sei Dank – keine Konkurrenz besteht, sondern eine vielseitige wundervolle Ergänzung. Wenn Religionsvertreter die Spaltung und Konkurrenz schüren, tun sie dies aufgrund des hier beschriebenen Geschwürs im Herzen, obwohl sie meinen, sie würden damit Gott dienen. „*Und die Wahrheit, die hinter ihnen erschienen war, die blieb da*" – unabhängig davon, was die Menschen im Namen unterschiedlichster Ego-Ideologien (mit oder ohne „Gott") glauben und tun.

> ***Und sein Antlitz verwandelte sich einer Veronika gleich [sah aus wie Jesu Gesicht auf dem Tuch der Veronika], und er [Niklaus] hatte ein großes Verlangen, ihn mehr zu schauen. Und er sah ihn, wie er ihn vorher gesehen hatte, aber seine Kleider waren verwandelt [...]***

Nach der Offenbarung der Sünden der Welt verwandelt sich das Antlitz des Pilgers „einer Veronika gleich", womit gemeint ist, dass Niklaus im Antlitz des Pilgers plötzlich auch Christus sah – der gemäß christlichem Glauben für die Sünden der Welt starb. Der braunhäutige Fremde verband die Pilatus-Vision mit der Passion Christi, damit Niklaus im Universellen auch das Christlich-Konfessionelle erkennen konnte.

Eine „Veronika" ist ein Christusbild. Eine christliche Legende besagt, dass die heilige Veronika dem kreuztragenden Jesus ihr Tuch gab, damit er sich den Schweiß und das Blut vom Gesicht wischen konnte, wodurch auf dem Tuch durch ein Wunder das Gesicht Jesu abgebildet wurde. Veronikabilder waren sehr beliebt und wurden vielfach kopiert. Im 15. Jahrhundert besaß fast jede Kirche ein Jesus-Portrait im Stil des Veronikatuches. Der Begriff „Veronikabild" war offensichtlich Ende des 15. Jahrhunderts auch in Obwalden bekannt, aber wir wissen nicht, ob die Formulierung „sein Antlitz verwandelte sich einer Veronika gleich" von Niklaus von Flüe oder vom klösterlichen Schreiber stammt. Bruder Klaus meditierte täglich über die Passion Christi. Er hatte damit bereits während seiner Familienzeit begonnen, zwei Jahre, bevor er Abschied nahm (S. 108). Und genau im Zeitraum dieser zwei Jahre hatte er die Vision vom Pilger aus dem Osten.

> Passion und Sterben werden aber überwunden, der auf Erden pilgernde Gott steht nun als großer Sieger in der goldbesetzten, blitzenden Bärenhaut da – Symbol der Auferstehung.[70]

Diese Interpretation ist theologisch stimmig und inspirierend, ja sie ist aus christlicher Sicht die einzig mögliche. Wer sonst außer Jesus und der auferstandene Christus soll „der auf Erden pilgernde Gott" sein? Wenn heute, nach fünfhundert Jahren, eine weitere – und direkte – Erklärung möglich wird, dann deshalb, weil die „Zeitkapsel" ihr Geheimnis preisgibt. Die christliche Erklärung wird dadurch nicht aufgehoben, aber erweitert, weil eine zusätzliche, universelle Bedeutungsebene hinzukommt.

Wenn man die Pilgervision „neutral" liest, bekommt man nicht den Eindruck, dass sie das Leiden und Sterben und die Auferstehung Christi darstellt. Das gilt auch für den folgenden Abschnitt: Der Fremde erscheint nun mit einer goldfarbenen Bärenhaut, was als symbolische Darstellung des auferstandenen Christus gesehen werden kann. Aber der Text selbst klingt weder symbolisch noch gleichnishaft. Vielmehr erkennen wir darin einen Erzähler, der einfach versucht, die neue Wandlungsform des Pilgers sachlich zu beschreiben, so auch die Kleidung, die „eine besondere Zierde an ihm war".

> ***Und er sah ihn, wie er ihn vorher gesehen hatte, aber seine Kleider waren verwandelt, und er stand vor ihm und war mit einer Bärenhaut bekleidet, mit Hose und Rock. Die Bärenhaut war besprengt mit einer Goldfarbe. Aber er sah und erkannte wohl, dass es eine Bärenhaut war. Die Bärenhaut zierte ihn besonders wohl, so dass der Mensch sah und erkannte, dass dies eine besondere Zierde an ihm war. Und als er [der Pilger] vor ihm stand und sich anschauen ließ, so edel in der Bärenhaut […]***

Nach der Pilatus-Vision sah Niklaus den braunhäutigen Fremden wie zuvor, aber er war anders gekleidet. Das auffällige Merkmal war nun die goldfarbene „Bärenhaut". Wir haben eine Visionsbeschreibung aus vierter Hand vor uns, weshalb es nicht weiter verwunderlich ist, dass einige Details nur schemenhaft und ungenau formuliert sind, vor allem solche, die als nebensächlich eingestuft wurden, wie hier die genaue Art der Bekleidung. Verena und Kaspar und wahrscheinlich auch Niklaus selbst hatten nicht genau verstanden, wie die ungewohnte, d. h. fremdländische Kleidung des Besuchers aus dem Osten geformt und beschaffen war, und der klösterliche Schreiber musste versuchen, das ihm Vorgetragene irgendwie in Worte zu fassen. Bei der zweiten Verwandlungsgestalt hatte Niklaus vor allem die goldfarbene Bärenhaut betont, weshalb der Schreiber die Bekleidung mit dieser vagen Formulierung umschrieb: *„mit einer berenhut bekleidet, von hossen und von rock"*. Das Wort *berenhut* bedeutet Bärenfell, aber auch Bärenleder. Trug der Fremde Hose und Rock und darüber ein Bärenfell? Oder bestanden die Hose und der Rock aus Bärenfell oder Bärenleder? Der Schreiber legt sich nicht fest und wählt zudem die vielfältig anwendbaren Begriffe „Hose" und „Rock".

Ich verstehe die Beschreibung so, dass der Pilger in dieser Verwandlungsform eine fremdländische (indische) Art von Hemd und Beinkleid trug und darüber einen Umhang oder Überwurf, der für Niklaus wie ein Bärenfell aussah. Wie erwähnt (S. 105), hatte der Bär für Niklaus eine hohe mystische Bedeutung: Eine weiße Fahne mit dem Symbol der Bärentatze war sein persönliches spirituelles Siegeszeichen, mit dem er – gemäß einer früheren Vision – dem auferstandenen Christus in Gottes Herrlichkeit hinein folgen würde. Der besiegte Bär (Bärentatze, Bärenfell) symbolisierte die Überwindung des Bösen und die Erlösung vom Bösen.

Der Fremde aus dem Osten war sich bewusst, dass Niklaus bei einer Gottesoffenbarung, die zu viele exotische Elemente enthielt, in einen Glaubenskonflikt geraten wäre, weshalb er ihm mit vielen verbindenden und christlich konnotierten Aspekten gegenübertrat: zuerst mit dem Aussehen eines Jakobspilgers, dann mit dem Gruß „Alleluja" und den drei gesungenen Worten, die wie ein einziges Wort klangen, dann mit einem Antlitz, das „einer Veronika gleich" war, und hier in der zweiten Verwandlung mit einer Bärenhaut. Das Symbol des Bären war für Niklaus ein entscheidendes Erkennungszeichen, obwohl es nicht typisch christlich oder biblisch war. Es entsprang seiner heimatlichen Symbolwelt, die von Vertretern der jüdisch-christlichen Tradition als „heidnisch" bezeichnet wird.

Die Psychologin Marie-Louise von Franz (1915 – 1998), die eine Schülerin und langjährige Mitarbeiterin von C. G. Jung war, schreibt in ihrem Buch *Die Visionen des Niklaus von Flüe* (1980), dass das Bärenfell außerchristliche Parallelen nahelege, insbesondere zu den Archetypen der germanischen Gottgestalten Odin und Wotan. Sie sieht in der zweiten Verwandlung einen Berserker, einen wilden Krieger im Bärenfell. Sie nennt die Pilgervision deshalb sogar gesamthaft „die Vision vom singenden Berserker". Berserker gehörten zur europäisch-schamanischen Tradition. Sie waren bekannt dafür, dass sie sich über besondere Praktiken in Trancezustände versetzten, insbesondere vor kriegerischen Kämpfen. Marie-Louise von Franz kommentiert:

> In der neuen Wandlungsform erscheint der göttliche Besucher nun in eine herrliche Bärenhaut gekleidet, die von Gold besprengt leuchtet. Er ist somit ein *beri-serkr,* ein „Bärenhäuter". [...] Irgendwie scheint der „Berserker" eine Sphäre von „absolutem Wissen" um sich herum zu haben, die einen Allzusammenhang, eine „ulomelie" des Kosmos, andeutet. [...] Der Berserker hat sich in Bruder Klaus andeutungsweise inkarniert, denn er selber vermochte dann den Leuten ihren Eigennutz aufzudecken wie die „Wahrheit" [in der Vision des versunkenen Pilatus], und er hat auch oft auf jenes ekstatische Gefühl der Gottesminne hingewiesen, das er offenbar innerlich erlebt hat.[71]

Niklaus betonte: Die Kleidung „zierte ihn besonders wohl", und er erschien „so edel in der Bärenhaut". Diese Beschreibungen klingen nicht nach einem wilden Berserker in Bärenfellkleidung, vor allem angesichts der bereits aufgeschlüsselten Symbolik des besiegten Bären.

Der Begriff „Bärenhaut" stammt zweifelsohne von Niklaus selbst. Die umständliche Beschreibung der Farbe hingegen stammt von der Person, die die Vision schriftlich formulierte.* Dieser Schreiber brachte zudem eigene, d. h. katholische Interpretationen in die Wiedergabe der Visionen. Die goldene Farbe der Bekleidung der zweiten Wandlungsform brachte er über einen christologischen Bezug mit der dritten Vision in Zusammenhang. In dieser Vision (Dankesvision) sieht Niklaus Gottvater, danach die Mutter Christi und danach Christus, den Sohn: „Er blickte neben sich und sah den Sohn neben sich auf einem Sessel sitzen.

---

* Der umständliche Stil des Schreibers zeigt sich auch in der zweiten Vision (Brunnenvision). In einer Szene dieser Vision sieht Niklaus fromme Menschen in weißen Gewändern, und der Mönch oder Priester schreibt: *In dunckt, ir kleider weren etwas gespickt mit wissem.* „Ihm schien, ihre Gewänder seien mit etwas Weißem gespickt/besprenkelt." Hier handelt es sich bestimmt nicht um Gewänder mit Spritzern von weißer Farbe. Gemeint ist einfach, dass die Gewänder eine weiße Farbe hatten, wie in der Bibelstelle Offb. 7,9: „Sie standen vor dem Thron und vor dem Lamm, mit weißen Gewändern und mit Palmzweigen in den Händen."

An ihm bemerkte er das gleiche Gewand, aber es war besprengt mit Rotem, wie wenn es jemand mit einem Wedel darauf gespritzt hätte *(es war besprengt mit rottem, als der mit einem wadel dar het gesprengt).*" Der Schreiber folgert aus dieser dritten Vision: So wie das Gewand des leidenden Christus mit Blut besprengt ist, so ist das Gewand des auferstandenen Christus mit Gold besprengt. (In beiden Formulierungen verwendet der Schreiber das Wort „besprengt": *Die berenhut was besprengt mit einer goltfarw.* „Die Bärenhaut war besprengt mit einer Goldfarbe.")

Will der Schreiber damit sagen, jemand habe das grobe Haar eines Bärenfells mit einer Goldfarbe bespritzt? Eine solch naturalistische Interpretation wäre absurd, aber das meinte der Schreiber auch nicht. Ihm ging es nur um die theologische Symbolik als Parallele zum blutbesprengten Kleid des leidenden Christus. Was das konkrete Aussehen des Pilgers in seiner zweiten Verwandlung betrifft, so können wir aus der Beschreibung ableiten, dass dessen Bekleidung („Hose", „Rock" und Umhang) eine goldene Farbe hatte und mit einem überirdischen Glanz strahlte (siehe nächster Abschnitt). Die Kleidung „zierte ihn besonders wohl", und Niklaus „sah und erkannte, dass dies eine besondere Zierde an ihm war." Er wusste also durch Offenbarung und Erkenntnis („sah und erkannte"), dass die goldfarbene Kleidung ein besonderes Merkmal dieser Person war. Was im Text in Bezug auf die Farbe der Kleidung wie eine nebensächliche Bemerkung klingt, ist ein direkter Schlüssel zur Identifikation der fremden bzw. jetzt nicht mehr fremden Gottesgestalt.

> ***Und als er vor ihm stand und sich anschauen ließ, so edel in der Bärenhaut, da erkannte er [Niklaus], dass er sich verabschieden wollte von ihm. Er sprach zu ihm: „Wo willst du hin?" Er sprach: „Ich will das Land hinauf", und wollte ihm weiter nichts sagen. Und als er von ihm schied, schaute er ihm unentwegt nach. Da sah er, dass die Bärenhaut an ihm glänzte, so ähnlich wie wenn jemand eine wohlgeputzte Waffe [im Sonnenlicht] schwingt und ihr Gleißen an der Wand zu sehen ist. Und er empfand, dass es etwas gab, das vor ihm verborgen war.***

Der Pilger verabschiedet sich, und im Weggehen offenbart er ein helles Glänzen und Strahlen. Die goldfarbene „Bärenhaut" leuchtet wie gespiegeltes Sonnenlicht auf einer Wand. Mit anderen Worten, das Gewand bzw. die Erscheinung strahlte gleißend, aber blendete nicht.

Bereits auf die Frage, woher er komme, hatte der Pilger ausweichend und rätselhaft geantwortet. Ausweichend und rätselhaft war nun auch seine Antwort auf die Frage, wohin er gehen wolle. „Und wollte ihm weiter nichts sagen". Wieder dieselbe Botschaft: „Ich hätte euch noch vieles zu sagen ..." Genauso kam es auch bei Niklaus an: *„Und er empfand, dass es etwas gab, das vor ihm verborgen war."*

> ***Und als er vier Schritte oder etwas mehr von ihm gegangen war, drehte er sich um. Er trug wieder seinen Hut und verneigte sich, den Hut ziehend, in seine Richtung und gab ihm seine Gnade. Da erkannte er [Niklaus] an ihm eine solche Liebe, die er ihm schenkte, dass er in sich geschlagen war und bekannte, dass er diese Liebe nicht verdiente, aber er spürte, dass die Liebe in ihm war. Und er sah in seinem Geist, dass dessen Antlitz und dessen Augen und dessen ganze Gestalt so voll minnereicher Demut war wie ein Gefäß, das zugefüllt ist mit Honig, so dass kein Tropfen mehr hineingeht.***

Der golden Strahlende drehte sich nach einigen Schritten um – und war wieder der Pilger in Pilgerkleidung. Er zog den Hut (Symbol für das Hingeben der von Gott erhaltenen Gabe, S. 110) und *„verneigte sich in seine Richtung und gab ihm seine Gnade"* (wörtlich: „und neigte sich gegen ihn und gnadete ihn"), indem er ihn mit göttlicher Liebe überflutete. Niklaus meinte, er sei dieser Liebe nicht würdig und verdiene sie nicht, *„aber er spürte, dass die Liebe in ihm war"*. Er war erfüllt und überwältigt, und er spürte die bedingungslose und grenzenlose Liebe dieser göttlichen Erscheinung. Gott als Quelle ist vollkommen voll und überfließend, und sein Offenbarungsstrom („dessen Antlitz und dessen Augen und dessen ganze Gestalt") ist „voll minnereicher Demut *[bhakti]*". Die göttliche Liebe fließt von ihm in die ganze Welt hinaus ... und die Menschen sind eingeladen, sich nicht abzuwenden, sondern das Geschwür des Eigennutzes durch den Balsam dieser Liebe zu heilen.

> ***Da sah er ihn plötzlich nicht mehr. Aber er war so erfüllt von ihm, dass er nichts mehr von ihm begehrte. Ihm war, als habe er ihm alles gezeigt, was im Himmelreich und auf Erden ist.***

Mit diesen Worten endet die Beschreibung der Vision vom Sänger aus dem Osten. Sie erfüllte Niklaus mit solch großer Liebe, dass er *„im Himmel und auf Erden"* nichts anderes mehr begehrte.

Nach der Erfahrung dieser göttlichen Offenbarung hatte Niklaus von Flüe die Kraft, den Schritt ins Ungewisse zu tun und auf Pilgerschaft zu gehen. Er vertraute auf die göttliche Führung und die göttliche Liebe und war dann auch bereit, seine Pilgerpläne unverhofft zu ändern, als die Zeichen darauf hinwiesen. Seine Berufung war es, in der eigenen Heimat Liebe und Weisheit verströmen zu lassen – was in der äußeren Welt darin kulminierte, dass er einen Bruderkrieg der Eidgenossen verhinderte (S. 94f.). Die zerstrittenen „Linken" und „Rechten" wurden im Herzen berührt und erfuhren eine Spontanheilung vom Geschwür des Eigennutzes. Was 1481 in Stans, im Herzen der Schweiz, möglich war, ist heute auch global möglich. Jetzt, wo die Pilgervision des Niklaus von Flüe und die Gaura-Prophezeiung des Nostradamus gleichzeitig entschlüsselt wurden und ihr „angestautes" Potential der Heilung und Transformation entfalten können, haben wir einen weiteren Grund, an ein solches Wunder zu glauben.

Hinweis: Nachdem die Pilgervision Abschnitt für Abschnitt zitiert wurde, wird sie auf S. 143 - 146 „am Stück" wiedergegeben, zusammen mit dem alten schweizerdeutschen Originaltext. Von hier bis S. 142 folgt eine Darlegung der Überlieferungsgeschichte der Pilgervision, mit der ich der Frage nachgehe, warum ein solch wichtiger Text von niemandem ausgewertet und zitiert wurde, ja mehr noch: warum das Manuskript verlorenging oder vielleicht sogar „entsorgt" wurde. Bei dieser Spurensuche war es erforderlich, in gewissen Fragen (Wer bekam das Manuskript? Wer hatte es zuletzt?) in Details zu gehen, die bisher nur für Fachpersonen von Interesse waren. Wer will, kann diese Ausführungen überspringen, denn der Inhalt der Vision ist auch ohne sie verständlich, aber der historische Kontext beleuchtet zusätzlich die spirituelle und religionsverbindende Bedeutung der Pilgervision. Ebenso wird deutlich, welch guter Fügungen es bedurfte, dass wir heute überhaupt von dieser Vision wissen.

Die Überlieferung der Pilgervision (Teil 1): Die Entdeckung des Ambühl-Textes

Zum 500. Geburtstag des Bruder Klaus erstellte der Historiker und Archivar Robert Durrer (1867 - 1934) ein monumentales Standardwerk in zwei Bänden (veröffentlicht 1917 und 1921) mit allen damals verfügbaren Quellen.[72] Aus diesem Buch wurde ersichtlich, dass einige wichtige alte Texte über Niklaus von Flüe bzw. Bruder Klaus verschollen waren. Angeregt durch diese Hinweise, entdeckte wenige Jahre später der Kapuzinerpater Dr. Adalbert Wagner in einer Klosterbibliothek eine alte Handschrift ohne Titel und Kennzeichnung, eingebunden hinten in ein Buch, das ca. 1480 gedruckt worden war. (Das Buch befindet sich in der Bibliothek des Kapuzinerklosters Wesemlin in Luzern, das 1584 gegründet wurde.)

Die Handschrift, die aus der Zeit von ca. 1495 bis 1500 stammt, war nicht mehr vollständig. Vorhanden waren nur noch die drei letzten Seiten, und auf ihnen erscheinen die Namen Niklaus von Flüe oder Bruder Klaus nirgendwo, aber es war leicht erkennbar, dass der Inhalt sich auf ihn bezog. Es handelt sich um die Abschrift eines bisher nicht bekannten Manuskripts, das wahrscheinlich schon lange nicht mehr existiert. Wir wissen nicht, wie umfangreich das Original war, aber es „überlebten" glücklicherweise genau jene drei Seiten, die eine Niederschrift der drei großen Visionen des Niklaus von Flüe enthalten, inklusive Pilgervision! Am Schluss der Handschrift steht der Name „Casparus am Büel" (siehe S. 141). Weitere Details zu dieser Entdeckung folgen auf S. 126 (mit Anm. 79) und S. 141f. (mit Anm. 103), wo es darum geht, die Spur des Originals und der Abschrift zu verfolgen und die offenen Fragen zu klären.

Adalbert Wagner veröffentlichte seinen Bericht mitsamt dem altschweizerdeutschen Text der Handschrift im Jahr 1928 (siehe Anm. 64). Dank dieser Entdeckung wissen wir nun, dass im 16. Jahrhundert noch ein weiteres Manuskript über Bruder Klaus existierte, das jedoch nirgendwo erwähnt wurde, weshalb es gänzlich unbekannt blieb.

Die Überlieferung der Pilgervision (Teil 2): Kaspar Ambühl und die Hellsichtigkeit des Bruder Klaus

Niklaus von Flüe hat offensichtlich mehrfach über seine Vision des Pilgers aus dem Osten gesprochen, je nach der zuhörenden Person intensiver und offener oder zurückhaltender und vorsichtiger. Deshalb wurde die Pilgervision auch unterschiedlich überliefert und nacherzählt. Bis 1928 war die Pilgervision nur in einer kurzen und unvollständigen Fassung bekannt (siehe S. 147 - 150), die zudem ein Missverständnis oder einen Fehler enthielt.

Wie bereits erwähnt, wissen wir über Kaspar Ambühl biographisch direkt nichts, aber die vorhandenen Spuren lassen den Schluss zu, dass er ein Sohn (oder Stiefsohn) von Niklaus von Flües Tochter Verena war. Verena als Bauerntochter konnte weder lesen noch schreiben, weshalb sie ihm alles, was sie von ihrem geliebten und verehrten Vater gehört hatte, für eine spätere Niederschrift möglichst genau erzählte, insbesondere die drei großen Visionen. Niklaus fühlte sich dieser Tochter sehr eng verbunden, und sie ging ihren Vater bestimmt auch im Ranft besuchen. Sie wohnte einen Tagesmarsch entfernt im benachbarten Tal (Engelbergertal).

> Gut denkbar, dass es sich hier [bei Kaspar Ambühl] um ein Mitglied dieser Familie Ambühl handelt. Es wäre dies ein Zeugnis, dass Verena trotz räumlicher Distanz eine enge Verbundenheit und Vertrautheit mit dem Leben des Vaters bewahrt hätte, auch mit seiner visionären Welt. [...] Niklaus von Flüe, so besagt eine lokale Überlieferung, soll jeweils am 21. März, am Tag des Hl. Benedikts, das Kloster [die Benediktinerabtei Engelberg] und die in Engelberg [im Engelbergertal] wohnhafte Tochter Verena besucht haben.[73]

Bruder Klaus wusste, wem er seine innersten mystischen Offenbarungen anvertrauen durfte. Nur wenige konnten sie, v. a. die Pilgervision, verstehen und annehmen. Er war hellsichtig und „konnte in den Herzen der Menschen lesen" und Zukünftiges wahrnehmen, wie allgemein bekannt war.[74]

Ein markantes Beispiel wird von Abt Konrad von Wiblingen bezeugt. Er und Abt Georg von St. Stephan in Würzburg wurden beauftragt, die Benediktinerklöster im Bistum Konstanz zu besuchen. Anlässlich ihres Besuchs des Klosters Engelberg gingen sie (im Oktober 1485) auch zu Bruder Klaus. Abt Georg war hochmütig und streitsüchtig und bedrängte Bruder Klaus mit vielen spitzfindigen Fragen. Bruder Klaus blieb jedoch immer respektvoll und gab ihm dann eine Chance, die Wirklichkeit höherer Fähigkeiten zu erkennen, indem er ihm schilderte, wie er, Abt Georg, im Vorjahr einen Wucher durchführen wollte und vom Bischof gestoppt wurde. Der Mann war schockiert, aber nicht entblößt, denn der Fall war bereits bekannt, aber nur lokal – und Bruder Klaus hatte alles im Detail beschrieben. „Dies konnte der heilige, gottbegnadete Eremit unmöglich aus allgemeinem Gerücht wissen", lautet das Fazit im Bericht.[75]

Heinrich Wölflin erwähnt in seiner Niklaus-Biographie ein weiteres Beispiel:

> Nicht jedem war der Zutritt zum Diener Gottes gestattet, denn er sagte, dass viele zu ihm kommen, nicht um das Leben zu erleben, sondern um das Leben [die mystische Stimmung] zu zerstören, so wie Pharisäer. Darum mied er jene, die er innerlich durchschaute. [...] Oft sagte er zu den Anwesenden, dass bestimmte Pilger von weit her unterwegs seien und zu dieser oder jener Stunde eintreffen würden. Und das Vorausgesagte erfüllte sich, was viele zu ihrer größten Verwunderung mit eigenen Augen sahen.[76]

Bruder Klaus' Hellsichtigkeit wurde aufgrund der vielen Zeugnisse auch außerhalb der Schweiz bekannt. Um das Jahr 1500 schrieb Giovanni Battista Fregoso, ein Ex-Doge von Venedig, eine lexikonartige Zusammenstellung verschiedener mysteriöser Phänomene und Wunder, darin enthalten auch ein kurzer Text zu Niklaus von Flüe:

> [...] Seine Weissagungen über die Zukunft erwiesen sich als wahr. Durch ein strenges Leben bestätigte sich wahrhaftig, dass er die Enthaltung von Speise und Trank nicht vortäuschte.[77]

Die folgende Begebenheit enthält möglicherweise eine Parallele zu Verena und ihrem jungen Sohn Kaspar: Ein alter Bauer aus Kerns, Jost Rengker, ging in den Ranft zu Bruder Klaus, um sich einen Rat zu holen, und nahm seinen zehnjährigen Enkel Anton mit. Bei dieser Begegnung sagte Bruder Klaus dem Zehnjährigen, er werde ein hohes Alter erreichen. Anton Rengker wurde 90 Jahre alt und starb 1565. Er überlebte mehrere Feldzüge und Schlachten und erzählte sein Leben lang, wie er als Bub einmal Bruder Klaus traf und von ihm gesagt bekam, er werde sehr alt werden.[78]

Aufgrund dieser Begebenheit dürfen wir annehmen, dass Niklaus auch wusste, wer die Überlieferung der drei großen Visionen sicherstellen würde, nämlich ein Sohn (oder Stiefsohn) seiner Tochter Verena. Deshalb erzählte er ihr ausführlich von seinen großen Visionen, und sie gab die Beschreibung an Kaspar Ambühl weiter. Er wiederum ließ seinen Bericht kurz vor 1500 niederschreiben. Damals hatte der junge Gelehrte Heinrich Wölflin (1470 - 1532) aus Bern den Auftrag, eine Biographie über Niklaus von Flüe zu schreiben. Die Vermutung liegt nahe, dass Kaspar Ambühl mit seinem Bericht Wölflins Arbeit unterstützen wollte.

Der handschriftliche Text, der in Luzern entdeckt wurde, ist eine Abschrift, die um 1500 erstellt wurde, also praktisch zeitgleich mit dem Original.[79] Ein Manuskript wird üblicherweise dann kopiert, wenn das Original ausgeliehen oder weitergegeben wird. Die zeitliche Nähe der Entstehung des Ambühl-Textes und der von Wölflin verfassten Biographie (1501) lässt den Schluss zu, dass das Ambühl-Original an Wölflin in Bern gesandt wurde, zumal Wölflin selbst schreibt, er habe „jüngst" neue schriftliche Unterlagen über Bruder Klaus bekommen (siehe S. 128).

Die Überlieferung der Pilgervision (Teil 3): Heinrich Wölflins Niklaus-Biographie

Im Hinblick auf die Heiligsprechung des Niklaus von Flüe wünschte die Regierung des Kantons Obwalden, dass jemand eine Sammlung der bekannten Fakten, Wunder und mystischen Aspekte seines Lebens verfasst. Der Auftrag ging an den jungen Heinrich Wölflin aus Bern. Wahrscheinlich empfahl ihn Niklaus von Flües jüngster Sohn, Niklaus jun. (Sie kannten sich, weil sie beide an der Universität von Paris studiert hatten.) Wölflin besuchte Sachseln im Jahr 1493 als 23-Jähriger, um Informationen zu sammeln. Er konsultierte den Bericht über die bereits befragten Zeitzeugen (niedergeschrieben im „Sachsler Kirchenbuch") und führte selbst einige Gespräche, um ein Bild von der gesamten Lebensgeschichte zu bekommen. Der Text, den er dann – acht Jahre später – schrieb, legt nahe, dass er die Ranft-Klause aus eigener Anschauung kannte und auch Niklaus' Frau Dorothee traf.

Sie starb wahrscheinlich 1501 oder vielleicht schon 1495 oder 1496; ihr Geburts- und Sterbejahr wurden nirgendwo festgehalten.[80] Vielleicht traf er noch den Bruder von Niklaus, Peter von Flüe. Zumindest kann er ihn wörtlich zitieren.

Wölflin hörte bei seinem Besuch auch von einigen Visionen, die nicht im Sachsler Kirchenbuch aufgeführt waren, darunter die Vision vom singenden Mann. Wer immer diese Vision zu Protokoll gab, kannte nur eine kurze und unvollständige Version. Wölflins Nachforschungen waren vom Ausmaß und von der Zeit her auf diesen einen Besuch in Sachseln beschränkt. Die Notizen blieben dann liegen, und er schrieb die Biographie erst 1501. Der Text des vollendeten Manuskripts ist in lateinischer Sprache. Das Manuskript kursierte danach in mehreren Abschriften und wurde handschriftlich und später auch in gedruckter Form auf Deutsch übersetzt. (Der erste Druck des lateinischen Manuskripts erfolgte 1608.)

Wölflin schrieb in der Vorrede zu seinem Manuskript von 1501, dass er „jüngst" verschiedene schriftliche Unterlagen aus Unterwalden bekommen habe. Da ziemlich sicher ist, dass sich darunter auch das Ambühl-Manuskript befand, stellt sich die Frage, warum er die Pilgervision in einer anderen und viel kürzeren Version wiedergab und nicht die ausführliche Version von Ambühl übernahm.*

Wir können diese Frage anhand seiner eigenen Aussagen beantworten. Er beginnt seine Schrift mit einer lang ausformulierten Widmung an Matthäus Schiner, den Bischof von Sitten (im Wallis), der sich damals für den Bau der zweiten Kapelle im Ranft einsetzte. In dieser Widmung, die Wölflin im Sommer 1501 schrieb, ist zu lesen:

> Ich besitze nämlich ein neues, sozusagen noch nicht flügges Büchlein, das ich in den vergangenen Tagen über das Leben des Unterwaldners Niklaus (dessen Ruf schon lange in ferne Länder gedrungen ist) geschrieben habe. Dieses scheint mir, nachdem ich es gar lange in meinen kritischen Händen herumgewälzt habe, keinen treuern Schützer finden zu können, als wenn es von Deinen Flügeln getragen den Flug ans Licht beginnen darf.[81]

---

* Die erste und die zweite große Vision, die Ambühl beschreibt (die Pilger- und die Brunnenvision) finden sich auch in Wölflins Text, aber in einer kürzeren Version und gemäß einer anderen mündlichen Überlieferung. Die dritte große Vision (die Dankesvision) findet sich nur bei Ambühl und ist erst seit 1928 bekannt.

Nach der Widmung folgt Wölflins „Vorrede zum Leben des Niklaus von Flüe, an die Unterwaldner gerichtet". Darin ist erkennbar, dass der Auftrag der Unterwaldner an Wölflin schon einige Zeit zurücklag. Er sagt es nicht, aber es waren *acht* Jahre. In seiner Vorrede versucht er zu erklären, warum die Abfassung dieser – relativ kurzen – Biographie so lange gedauert hatte. Er sagt, er habe Hemmungen gehabt und die Kritik der Ungläubigen und Neidischen befürchtet, aber dann habe er sich mit weiterführenden „Erwägungen" zur Arbeit durchgerungen, nachdem er „jüngst" neue Unterlagen bekomme habe:

> Kühner geworden durch diese Erwägungen, wollte ich endlich Eurer Bitte nachkommen und jene Fragmente, die in verschiedenen ordnungslosen, aber durch glaubwürdiges Zeugnis beglaubigten Heften gesammelt waren und mir jüngst übergeben wurden, in eine Sammlung zusammenstellen, die – in Unterabteilungen gesichtet – der Reihenfolge nach das Leben und die preiswürdigen Sitten dieses Nikolaus umfasst, und zwar so, dass nichts darin aufgenommen ist, was nicht durch jene von eurer Vorsicht früher aufgenommenen eidlichen Zeugnisse als erwiesen feststeht.[82]

Mit diesen komplizierten Worten wollte Heinrich Wölflin die zeitliche Verschleppung und auch die mangelhafte Quellenauswertung überdecken. 1493 hatte er als junger und hochgelobter Studienabgänger den Auftrag bekommen, die Biographie zu schreiben, und hatte deshalb den Bruder-Klaus-Ort Sachseln besucht. Seine einzige schriftliche Quelle blieb jedoch das Sachsler Kirchenbuch, dessen Inhalt er fast vollständig übernahm. Das Kirchenbuch enthielt auch eine laufend aktualisierte Liste der Wunderheilungen und Wunderhilfen, die durch Gebete am Grab des Bruder Klaus geschahen. Wölflins Liste der Wunderheilungen, die er in der Biographie aufführt, endet 1493, was zeigt, dass er danach keine Aktualisierung mehr vornahm.

1501 schreibt Wölflin in seiner Widmung an den Bischof, dass er, nachdem er die Arbeit lange „herumgewälzt" habe, die Biographie nun „in den vergangenen Tagen" geschrieben habe. Er erwähnt in der Biographie, dass die Stadt Basel „in unsern Tagen als neunter Ort der Eidgenossenschaft angegliedert wurde", was am 13. Juli 1501 geschah. Die Niederschrift geschah also nach diesem Datum. In der Widmung preist Wölflin den Bischof zudem für dessen „Wohlwollen und Langmut". Die Situation ist eigentlich klar: Wölflin hatte die ganze Arbeit jahrelang liegen lassen, und im Sommer 1501 raffte er sich endlich auf, aus den vielen Notizen einen geordneten Text zu verfassen, was ihm dank seines brillanten Intellekts schnell und ziemlich gut gelang.

In der Vorrede erwähnt er Unterlagen, die ihm „jüngst" übergeben worden waren, und er betont, dass er nur jene Inhalte übernommen habe, die durch die „früher aufgenommenen eidlichen Zeugnisse" bestätigt sind. Damit meint er die Inhalte aus dem Sachsler Kirchenbuch. Eine kritische Betrachtung seines Textes zeigt dann auch, dass er von den neuen Unterlagen nichts verwendete. Er bluffte also und tat nur so, als ob er diese Quellen noch mit einbezogen hätte. Der Experte Robert Durrer konstatiert: „Waldheims Bericht und Gundelfingens und Bonstettens Arbeiten hat er [Wölflin] nicht gekannt. Seine schriftliche Hauptquelle ist im vollsten Sinne das ‚Kirchenbuch'. Wo er darüber hinausgeht, gründet er augenscheinlich auf mündlichen Berichten von Augenzeugen; an einer Stelle gibt er dies ausdrücklich an."[83]

Um es lapidar auszudrücken: Wölflin hatte einfach keine Lust gehabt, diese Arbeit zu schreiben, vor allem nicht, auch noch weitere Unterlagen zu sichten und zu lesen. Er hatte 1494 eine Schulmeisterstelle angetreten. Aber bereits 1498 war er der Lehrtätigkeit überdrüssig und gab sie auf. Als Arbeitsloser ließ er sich zum Priester umschulen. In seiner Vorrede erwähnt er „häusliche Sorgen", womit offensichtlich finanzielle Sorgen gemeint sind: „Als ich aber den ein wenig von den häuslichen Sorgen befreiten Geist sammelte, erkannte ich [usw.]." Als Priester machte er schnell Karriere. 1503 wurde er Chorherr (Kanoniker), womit ein gesichertes Einkommen verbunden war, und ging schon bald auf ausgedehnte Reisen: nach Italien und Südfrankreich und bis nach Jerusalem. (Wir werden Wölflin nochmals im Rahmen der Reformation begegnen, S. 135.)

Die „ordnungslosen Hefte", die Wölflin bekam (darunter bestimmt auch das Ambühl-Manuskript), hat er nicht gelesen. Zumindest hat er aus diesen Quellen nichts übernommen. Über die Vision mit dem singenden Mann hatte er in Sachseln einen mündlichen Bericht gehört, den er für die Biographie niederschrieb, und diese kurze Beschreibung genügte ihm offensichtlich. Zudem hätten die langen Visionstexte des Ambühl-Manuskripts den Rahmen seiner Biographie gesprengt und vom Stil her nicht in die broschürenhafte Darstellung gepasst.

Wölflin beschreibt in der Biographie aber auch die Brunnenvision. Hat er vielleicht diese Vision aus dem Ambühl-Text übernommen?

Seine kurze Version zeigt inhaltliche Übereinstimmungen, aber keinerlei sprachliche, und sie klingt ganz anders als die Ambühlsche Beschreibung. Fazit:

> Die Brunnenvision von Bruder Klaus ist zweifach überliefert. Die Version von Caspar am Büel (Ambühl) vor 1500 wurde durch ihn mündlich überliefert und vermutlich in Engelberg niedergeschrieben. [...] Wölflins Version basiert auf einer anderen mündlichen Quelle, welche der Berner Humanist in Sachseln gehört hatte.[84]

Die erfundene „Schreckensvision": Wölflin führt acht bzw. neun der heute bekannten zwölf Visionen auf.[85] Eine zusätzliche Vision, die er erwähnt, die sogenannte Schreckensvision, entspringt einer Kombination von falschen Gerüchten und falsch verstandenen Fakten. In seinem Eifer, die Biographie möglichst spannend zu formulieren, neigte er zum Dramatisieren und Übertreiben – und Spannung entsteht durch das Negative. So schrieb er 1501 bei der Ausformulierung seiner Notizen von 1493:

> Bei diesem ernsten und reinen Lebenswandel konnte Bruder Klaus der teuflischen List nicht entgehen. Der böse Feind plagte den Gottesfreund pausenlos mit Beleidigungen und Schmähungen. Oft drang er so heftig und lärmend in das Häuschen ein, dass dem ganzen Gebäude der völlige Einsturz drohte. Manchmal kam er in schrecklicher Gestalt herein, ergriff ihn an den Haaren und zog ihn trotz seines Widerstandes zur Türe hinaus.[86]

Das klingt zwar spannend und effektvoll, ist aber eine gefährliche Fehldarstellung, die innere Kämpfe nach außen verlegt und die Echtheit der Biographie mit Lächerlichkeit vermischt. Ein paar Abschnitte später folgt Wölflins folgenreiche Erfindung der „Schreckensvision":

> Wie viele auch zu ihm kamen, alle erschraken zuerst aufs heftigste. Er selbst erklärte die Ursache für diesen Schrecken so: Er habe einmal ein extrem intensives Licht gesehen, das ein menschliches Antlitz umgab. Bei diesem Anblick sei sein Herz wie in winzige Stücke zersprungen, so sehr sei er erschrocken. Völlig betäubt habe er sofort sein Gesicht abgewendet und sei auf die Erde gestürzt. Seit diesem Ereignis erscheine sein eigenes Gesicht anderen Menschen schreckenerregend.[87]

Schon zu Lebzeiten des Bruder Klaus behaupteten Leute, die gern Sensationen verbreiten, er sehe aus wie ein lebender Toter und habe eine angsteinflößende Erscheinung. Später bekam auch Wölflin solche Behauptungen zu hören, die er offensichtlich glaubte, ebenso wie er das Gerücht über die „Schreckensvision" glaubte.[88] Die Künstler der nächsten Generationen, die Bruder Klaus nie gesehen hatten, übernahmen diese Beschreibung, weshalb Bruder Klaus oft mit einem Gesichtsausdruck des Entsetzens und Schreckens dargestellt wurde (und immer noch wird). Das älteste Bildnis von Bruder Klaus (1492, gemalt fünf Jahre nach seinem Tod) zeigt jedoch einen entspannten, introvertiert-meditativen Menschen (siehe Abbildungen auf S. 132).

Wölflins „Schreckensvision", die sich bis in die bildliche Darstellung niederschlug, ist irreführend und bedauerlich, denn Bruder Klaus hatte in seinen drei großen Visionen, insbesondere in der Pilgervision, Offenbarungen höchster Liebe und Freude erlebt, die ihn über alles Irdische erhoben. Diese Liebe und Freude kamen durch sein gesamtes Wesen, so auch durch sein Aussehen und seine Ausstrahlung, zum Ausdruck – und natürlich auch durch sein tägliches Wirken.

Die Berichte der Menschen, die Bruder Klaus besuchten, beschreiben ihn immer als freundlich, fröhlich und liebevoll. Viele hatten Angst vor der Begegnung, aber nicht wegen seines Aussehens, sondern wegen seiner Hellsichtigkeit. Sie wussten, dass er das Innere der Menschen sah und dass man ihm nichts vormachen konnte. Die falschen Gerüchte über Bruder Klaus' Aussehen verbreiteten sich schon früh, wie aus dem Bericht von Hans von Waldheim aus dem Jahr 1474 hervorgeht:

> Bevor ich zu Bruder Klaus ging, wurde mir gesagt, er habe in sich keine natürliche Wärme mehr, sondern er habe Hände so kalt wie Eis. Auch sei sein Gesicht blutleer und bleich wie bei einem Toten, den man ins Grab legt. Er wäre auch immer traurigen Mutes und niemals fröhlich. Ich sage jedoch, dass ich all dies nicht bei ihm finden konnte. [...] Er ist auch nicht traurigen Mutes, sondern in all seinem Reden, in seinem Gang und in seinen Gebärden erlebten wir ihn als leutselig, mitteilsam, behaglich, fröhlich und vor allem freundlich. [...] Als wir seine Klause betraten, da empfing uns Bruder Klaus mit fröhlichem und lachendem Gesicht. Er reichte jedem von uns die Hand, die überhaupt nicht kalt, sondern in natürlicher Weise warm war.[89]

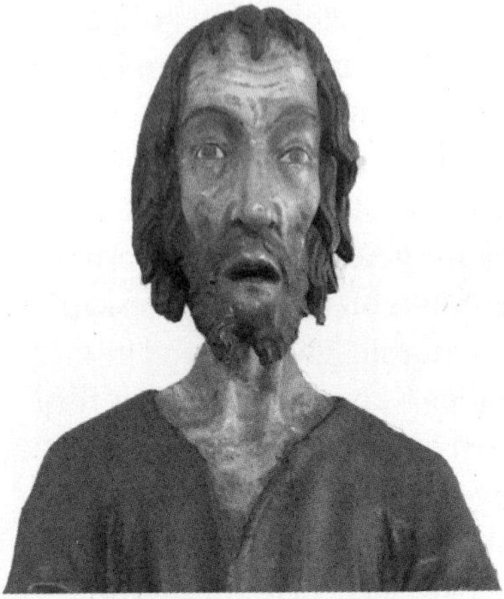

Oben: Zwei dramatisierte Darstellungen des Bruder Klaus aufgrund der „Schreckensvision", von der Heinrich Wölflin irrtümlicherweise berichtet. (Das Gerücht dieser Vision entstand durch die Kombination zweier Falschinformationen, siehe S. 131 und Anm. 88.)

Oben: Die erste Darstellung des Bruder Klaus (im gedruckten Pilgertraktat von 1488).

Rechts: Die erste „naturalistische" Darstellung des Bruder Klaus, gemalt 1492 für einen Altarflügel in der alten Kirche von Sachseln, also nur fünf Jahre nach seinem Tod, als alle noch wussten, wie er ausgesehen hatte.

Die Berichte über das freundliche und lichtvolle Wesen (und Aussehen) des Bruder Klaus waren allgemein bekannt, so dass man sich fragt, mit wem Wölflin diesbezüglich gesprochen hatte. In den späteren Jahren sah Bruder Klaus ausgemergelt und abgemagert aus, aber sein heiteres und strahlendes Wesen wurde dadurch nicht verändert, was alle, die ihn besuchten, bestätigten und weitererzählten. Dies kommt z. B. auch in der „Weltchronik" des Johannes Nauclerus zum Ausdruck (veröffentlicht ca. 1500):

> Von den Gutgesinnten wurde er immer als ein Guter, Gerechter und Heiliger angesehen. Das bezeugten auch die stete Heiterkeit und die freudige Stimmung dieses Mannes, den keiner je trübselig sah. Sein Ausdruck zeigte stets dasselbe an, nämlich dass er sich von irdischer Schuld frei fühlte und seine Freude in guten Werken und Betrachtungen fand.[90]

In der Dokumentation „Niklaus von Flüe – Bruder Klaus: Mystiker und Beter" (2019), betont der Bruder-Klausen-Kaplan Josef Rosenast ebenfalls, „man habe Bruder Klaus nie traurig, sondern immer fröhlich gesehen", und fügt hinzu: „Ich habe dann einmal in einer Predigt gesagt: ‚Und ich habe bis heute noch nie ein Bild oder eine Statue mit einem fröhlichen Bruder Klaus gesehen.' Leider! Wenn ich Künstler wäre, würde ich ihn auch mal so darstellen."[91]

Die Überlieferung der Pilgervision (Teil 4): Die letzten Spuren des Ambühl-Manuskripts

Das Ambühl-Manuskript war ein Zeugnis höchster Mystik, aber Wölflin und die nachfolgenden Biographen des 16. Jahrhunderts erwähnten es nicht, zumindest nicht konkret.* Ein Dokument mit einzigartigen Visionsbeschreibungen, die über Kaspar Ambühl und Verena von Flüe direkt auf Niklaus zurückgingen, hätte eigentlich Aufsehen erregen müssen, aber das Gegenteil war der Fall. Es verschwand, wie wenn es nie existiert hätte. Warum wurde die Pilgervision in ihrer authentischen, vollständigen Form ignoriert? Was immer die Antwort ist,

* Es handelt sich um diese drei Biographen: **Sebastian Rhaetus,** Verfasser einer handschriftlichen Sammlung von biographischem Material (1521); **Johannes Salat,** Verfasser der ersten gedruckten Bruder-Klaus-Biographie (veröffentlicht 1537); **Ulrich Witwyler,** der spätere Abt des Klosters Einsiedeln, Verfasser der zweiten gedruckten Biographie (veröffentlicht 1571).

ich wollte sie finden, und so begann ich, die alten Quellen und bisherigen Forschungen im Licht dieser neuen Fragestellung „detektivisch" zu durchforsten.

Niklaus von Flüe (1417 - 1487) war ein Phänomen des 15. Jahrhunderts. Betrachten wir nun den Weg seiner ignorierten und dann zensurierten Pilgervision im 16. Jahrhundert.

Sebastian Rhaetus (1521): Heinrich Wölflin nahm im Sommer 1501 die seit 1493 aufgeschobene Arbeit endlich in Angriff und schrieb seine Bruder-Klaus-Biographie innerhalb weniger Tage, indem er seine alten Notizen in einen zusammenhängenden Text ausformulierte. Das Ambühl-Manuskript wertete er nicht aus und sandte es nach vollendeter Arbeit wahrscheinlich zurück an den Absender (Kloster Engelberg). So kam es, dass dieser Text, der eigentlich eine exklusive Neuheit war, praktisch ignoriert wurde. Dennoch blieb er zumindest in den örtlichen Kirchenkreisen bekannt.

Der nächste Biograph war Sebastian Rhaetus, der langjährige Kaplan der Ranft-Kapelle (von spätestens 1520 bis 1547). 1521 übersetzte er Wölflins lateinischen Text ins Deutsche und nahm noch weitere Texte in seine Zusammenstellung auf. Auffällig ist, dass Rhaetus die Brunnenvision ausführlicher wiedergibt als Wölflin, und zwar in einer eigenständigen neuen Fassung. Ein Vergleich mit dem Ambühl-Text zeigt markante wörtliche Übereinstimmungen, woraus sich der Schluss ergibt, dass ihm der Ambühl-Text vorlag. Warum übernahm er dann nur diese zweite der drei großen Visionen und ignorierte die erste (die Pilgervision) und die dritte (die Dankesvision)? Die Pilger- bzw. Sängervision übernahm er von Wölflin und kürzte sie auch noch (siehe S. 150).

Die Erklärung dürfte folgende sein: Wölflins Biographie galt als autoritativ, und dieser Autor hatte beteuert, er habe alle Quellen so ausgewertet, dass „nichts darin aufgenommen ist, was nicht durch jene von eurer Vorsicht früher aufgenommenen eidlichen Zeugnisse als erwiesen feststeht" (S. 128). Damit hatte er eine wortreiche Ausrede formuliert, um zu erklären, warum seine Biographie – was schriftliche Quellen betrifft – nur die Inhalte des Sachsler Kirchenbuches enthält. Er hatte „jüngst" weitere Unterlagen bekommen und hätte diese auswerten und durch Rückfragen verifizieren müssen, was er aber nicht tat. Wölflin war kein autoritativer Maßstab, aber Rhaetus war sich dessen nicht bewusst und sortierte deshalb alles aus, was nicht mit der Wölflin-Biographie übereinstimmte. Die Pilger- und die Dankesvision mussten dem Ranft-Kaplan ohnehin suspekt vorkommen, weil sie nicht den herrschenden Glaubensvorstellungen entsprachen: der Mensch ist ein Sünder, der aus dem Paradies vertrieben wurde und ohne Kirche keine Hoffnung auf Gnade vor Gott hat.

In der Brunnenvision sah Niklaus ein Brunnenbecken, aus dem drei Ströme (Wein, Öl, Honig) als Gottesgaben flossen. Rhaetus übernahm von Ambühl die ausführliche Beschreibung dieser Vision und kommentierte: „Diese drei Flüsse sind zusammengeflossen, jeder in seiner Vollkommenheit, [...] sie sind immer gleich vollkommen, weder mehr noch weniger, nicht voneinander getrennt, und dennoch fließen sie als ein einziger Brunnen."[92]

In Ambühls Wiedergabe der Brunnenvision findet sich dieser Gedanke nicht, und so können wir annehmen, dass obige Interpretation von Rhaetus stammt. Sie erinnert von der Symbolik her stark an die Pilgervision, in der die Dreieinigkeit Gottes anhand des Himmel und Erde erfüllenden Gesangs illustriert wird: „Und als er die drei vollkommenen Worte gehört hatte, von denen keines das andere berührte, mochte er doch nicht sprechen als von einem Wort." Rhaetus übernahm diese Symbolik und übertrug sie mit eigenen Worten auf die Brunnenvision, aber die Pilgervision selbst lehnte er ab, weil sie ihm nicht glaubenskonform genug war. Aus demselben Grund lehnte er auch die Dankesvision ab. Von ihr übernahm er gar nichts. Und das Ambühl-Manuskript verschwand wieder in der Versenkung.

Die Reformation beginnt. Rhaetus verfasste seine Materialzusammenstellung im Jahr 1521. 1522 veröffentlichte Ulrich Zwingli (1484 - 1531) in Zürich seine ersten reformatorischen Schriften. In Deutschland hatte Martin Luther (1483 - 1546) 1517 seine 95 Thesen veröffentlicht. Dadurch veränderte sich die religiöse Situation in Europa dramatisch. Die katholische Kirche wurde durch die Reformation erschüttert, und plötzlich war die christliche Bevölkerung in zwei Fronten aufgespalten. Das war auch in der Schweizerischen Eidgenossenschaft der Fall. Ein Beispiel hierfür ist Heinrich Wölflin (1470 - 1532). Er wurde 1494 Schulmeister in Bern ... und einer seiner Schüler war Ulrich Zwingli! Später gehörte er in Bern zu den ersten, die sich Zwinglis Reformationsbewegung anschlossen. Er heiratete 1524 und wurde von katholischer

Seite als Chorherr abgesetzt. Später, als Bern „reformiert" war, wurde er oberster Schreiber am Kirchengericht.[93]

1537 erschien die erste gedruckte Bruder-Klaus-Biographie, verfasst von Johannes Salat (1498–1561). Dieser Autor übersetzte den lateinischen Wölflin-Text ins Deutsche und fügte einige neue Inhalte sowie eigene Kommentare hinzu. Von Wölflin übernahm er auch die Beschreibung der Visionen, darunter die Vision vom singenden Mann. Die „Schreckensvision" erscheint in dieser neuen Biographie nicht mehr. Stattdessen schrieb Johannes Salat richtig:

> Aber den Gutwilligen gönnte er es, mit ihm zu reden, er grüßte sie freundlich, lehrte sie gütlich und gab ihnen gebührlich die Ehre. Doch alle, die zu ihm kamen, verstummten gleich beim ersten Anblick wegen eines wunderbarlichen Glanzes, der von seinem Antlitz ausging. Dies bewegte die Herzen der Betrachter.[94]

1531 besiegten die Innerschweizer das Zürcher Heer, das von Zwingli persönlich angeführt wurde, und Zwingli wurde auf dem Schlachtfeld rachevoll-brutal getötet.

Johannes Salat, Gerichtsschreiber in Luzern, verfasste seine Bruder-Klaus-Biographie, um sie als Kampfschrift gegen die Reformation zu verwenden. Er schrieb als Zeitzeuge über die Geschehnisse in den ersten Jahren des Glaubenskampfes. Der Titel seines Manuskripts gibt Einblick in die damalige Front der Innerschweizer gegen die Reformation: „Chronik und Beschreibung vom Anfang des neuen Unglaubens, genannt der lutherische oder zwinglische, der sich verbreitet hat in und zwischen einer löblichen Eidgenossenschaft [...]".

Johannes Salat schloss diese Schrift 1536 ab und begann gleich danach mit der Biographie über Niklaus von Flüe, die 1537 veröffentlicht wurde. Dieses Manuskript aus Luzern wurde in Freiburg im Breisgau gedruckt, weil in jener Zeit sämtliche (!) Druckereien der Eidgenossenschaft in den Händen der „Reformierten" waren.

Später geriet Johannes Salat in Konflikt mit der Obrigkeit und fiel in Ungnade. Sein Buch wurde nicht neu aufgelegt und wurde zu einer Rarität, obwohl es im Kern eine gute und seriöse Biographie war. Für unsere Spurensuche ist Salats Buch nicht relevant, weil dieser Autor das Ambühl-Manuskript nicht kannte. Salats Buch ist aber ein wichtiges Bindeglied zum „Hauptverdächtigen", Ulrich Witwyler.

Ulrich Witwyler (1571): Die zweite gedruckte Bruder-Klaus-Biographie stammt von Ulrich Witwyler (1535–1600). Er war Mönch und Pfarrer in der Benediktinerabtei von Einsiedeln, dem Kloster mit der berühmten schwarzen Madonna. Einsiedeln war eine katholische Hochburg und ein Zentrum der Gegenreformation. Genau wie Johannes Salat wollte der gelehrte Ulrich Witwyler die Bruder-Klaus-Biographie als Schrift gegen die Reformation einsetzen. Er entschloss sich deshalb, das längst vergriffene Buch des Johannes Salat in einer überarbeiteten Form neu herauszugeben und mit Ergänzungen sowie einer zeitkritischen Einleitung zu versehen.

Ulrich Witwylers Buch erschien 1571, musste aber ebenfalls im Ausland, in Dillingen an der Donau, gedruckt werden. 1585 wurde dort die zweite Auflage gedruckt. 1597 wurde in Konstanz eine erweiterte Auflage gedruckt. (1591 hatte in Sarnen eine erste offizielle Untersuchung im Hinblick auf die Heiligsprechung Niklaus von Flües stattgefunden. Witwyler hatte dadurch von mehreren eindrücklichen überlieferten Zeugenberichten und Wunderheilungen Kenntnis bekommen, und diese fügte er in die Neuauflage des Buches von 1597 ein.)

Witwyler verfügte mit dem Buch von Johannes Salat über eine deutsche Übersetzung von Wölflins Biographie. Den lateinischen Originaltext besaß er nicht und konnte deshalb nicht prüfen, ob Salats Übersetzung zuverlässig war. Er bemühte sich um zusätzliche Unterlagen und bekam die Rhaetus-Materialsammlung. Er erwähnt Rhaetus nicht als Quelle, aber dass ihm dessen Materialsammlung vorlag, ist unbestritten, denn er übernahm daraus ein ganzes Kapitel wörtlich („Die Sprüche des guten seligen Bruder Klaus"). Bekam Witwyler auch das Ambühl-Manuskript? Ja, wie sich unschwer nachweisen lässt.

Eine indirekte Erwähnung finden wir in Witwylers Einleitung zur Bruder-Klaus-Biographie:

> [Viele] beklagen sich, daß die früher gedruckten Historienbücher [über Bruder Klaus], wie erwähnt, nicht mehr vorhanden sind, so sehr, daß ich auch nach langem Nachfragen und großem Verlangen kaum das uralte geschriebene Original bekommen konnte. Dieses habe ich durchgesehen und im Grund befunden, daß es sich mit anderen gedruckten Büchern wohl vergleichen lässt. Desto leichter bin ich durch den genannten Junker [Sponsor der Neuauflage] dahin bewegt worden, das ganze Exemplar wieder zu erneuern und in Druck zu geben. Ich habe demnach (und Gott ist mein Zeuge) weder eine falsche noch eine erdichtete Neuerung oder

> Zusatzung diesem Buch hinzugefügt, sondern habe allein das, was allgemein bekannt ist, und die uralte, geschriebene und zuvor gedruckte Historie, die auch die wohl und weit bekannte Wahrheit mitbringt, hierein setzen wollen.[95]

Damals gab es nur ein einziges gedrucktes Buch über Bruder Klaus, jenes von Johannes Salat von 1537. Darin enthalten war eine deutsche Übersetzung von Wölflins lateinischem Text, und diese Übersetzung wollte Ulrich Witwyler überprüfen. Dazu verwendete er das „uralte geschriebene Original", das er „nach langem Nachfragen" bekommen hatte. Gemeint ist die handschriftliche Übersetzung von Wölflins Text durch Sebastian Rhaetus von 1521. Über den Vergleich mit Rhaetus' Übersetzung erkannte Witwyler, dass Salats Übersetzung richtig und vollständig war, weshalb er mit Sponsorenhilfe gern bereit war, „das ganze Exemplar wieder zu erneuern und in Druck zu geben".

Gleich im folgenden Satz beteuert er bei Gott, dass er „weder eine falsche noch eine erdichtete Neuerung oder Zusatzung" dem Buch hinzugefügt habe, womit er sagt, dass er auch „falsche" oder „erdichtete" Neuerungen in den Händen hielt, diese aber ablehnte und aussortierte. Es ist ziemlich offensichtlich, dass er damit das Ambühl-Manuskript und die darin enthaltene Pilgervision meinte (und auch die Dankesvision).

Für sein Buch übernahm Ulrich Witwyler fast den ganzen biographischen Teil aus Salats Buch, so auch die Visionen inklusive Vision vom singenden Mann und die Brunnenvision. Bei der Brunnenvision führt Witwyler *zwei Versionen* an: die kurze aus Salats Buch (und damit aus Wölflins Biographie) und dann auch eine längere Version. Diese hat auffällige inhaltliche und wörtliche Übereinstimmungen mit Ambühls und Rhaetus' Manuskript! Ein Vergleich von Ambühls, Rhaetus' und Witwylers Formulierungen der Brunnenvision zeigt, dass Rhaetus und Witwyler stellenweise wörtlich aus Ambühls Text abschreiben, aber Witwyler zitiert auch Stellen aus Ambühl, die bei Rhaetus nicht vorhanden sind, was zeigt, dass Witwyler auch den Ambühl-Text vorliegen hatte.[96] Von Rhaetus übernahm Witwyler zudem auch die kurze theologische Erläuterung zur Brunnenvision (das Bild mit den drei Flüssen von Wein, Öl und Honig). Er schreibt ähnlich wie Rhaetus:

> Nun sind diese drei Flüsse sämtliche durch den [gleichen] Kennel geflossen, jeder Fluss blieb jedoch in seiner Vollkommenheit, so dass ein

> Fluss den anderen nicht behinderte. Und obwohl diese drei Flüsse sich anschauen liessen, so sind sie doch alle drei in gleicher Vollkommenheit gewesen, so dass es kein Mittel gab, um sie voneinander zu trennen, und sie flossen all gleich als ein einziger Brunnen.[97]

Witwyler zitierte die Brunnenvision in der kurzen Fassung nach Salat/ Wölflin und in der langen nach Rhaetus. Als Überleitung zur langen Fassung kommentierte er: „Etliche beschreiben diese Vision und Offenbarung weitläufiger, auf folgende Weise, woraus die Sache vielleicht besser verstanden werden kann."[98] Damit verriet er, dass er die lange Fassung der Brunnenvision nicht nur aus einer einzigen Vorlage kannte, also nicht nur von Rhaetus. Er besaß auch das Ambühl-Original, anhand dessen bereits Rhaetus Wölflins Wiedergabe der Brunnenvision korrigiert und erweitert hatte. Warum zitierte Witwyler dann nicht auch die Pilgervision in der kurzen und der langen Fassung? Ein solcher Einschub hätte vom Umfang her durchaus in sein Buch gepasst. Er tat es jedoch nicht. Der Grund ist aus heutiger Sicht offensichtlich: weil er die Pilgervision und auch die Dankesvision ablehnte! Wie er selbst betonte, hatte er alles, was ihm vorlag, verglichen und „allein das, was allgemein bekannt ist", übernommen. Was er als „falsche" oder „erdichtete Neuerung oder Zusatzung" einstufte, hatte er weggelassen. Die Pilgervision wie auch die Dankesvision waren nicht „allgemein bekannt" und widersprachen in gewisser Hinsicht den christlich-dogmatischen Glaubensvorstellungen.

Die indirekte und sehr negative Erwähnung bei Witwyler („falsche ... erdichtete Neuerung") ist die letzte Spur des Ambühl-Manuskripts. Danach ist es verschollen, und niemand weiß mehr von dessen Existenz. Ich vermute, dass der kirchlich aufstrebende Ulrich Witwyler das Ambühl-Manuskript aus dem Verkehr zog. Das heißt, er nahm es unter Verschluss oder vernichtete es. (Die Frage ist, ob es sich noch irgendwo in der großen alten Klosterbibliothek von Einsiedeln befindet, abgelegt und vergessen wie die Abschrift, die erst vor einhundert Jahren im Kapuzinerkloster von Luzern wiederentdeckt wurde.)

Wir müssen uns vor Augen halten, von welcher Zeit wir sprechen: Es tobten Kriege und Glaubenskämpfe im Rahmen der Reformation und Gegenreformation. Es war die Zeit der Inquisition, der Hexenverbrennungen, Bücherverbrennungen usw.[99]

In seinen Texten, die Ulrich Witwyler im Bruder-Klaus-Buch (1571/1585/1597) veröffentlichte, schreibt er mit einem intensiven gegenreformatorischen Eifer. 1577 wurde er Dekan, 1579 Administrator und 1585 Abt des Klosters Einsiedeln. Die Beseitigung einer kleinen unbekannten Schrift hätte ihm keine Gewissensbisse verursacht, denn er handelte, wie er glaubte, im Dienst der Gewissenhaftigkeit und Wahrheit. Seine Texte in der Bruder-Klaus-Biographie lassen sein Temperament erkennen. Für ihn war diese Biographie ein wichtiges Mittel, um die Reformation zu kritisieren und die Menschen daran zu erinnern, dass Bruder Klaus den katholischen Glauben gelebt und gutgeheißen hatte. In seiner langen und streckenweise eindringlich formulierten Einleitung schrieb er beispielsweise:

> Aber die gottlosen, boshaften, verstockten, widerspenstigen Leute wollen lieber mutwillig betrogen und verführt sein, als daß sie wiederum in das Haus Gottes [d. h. in die katholische Kirche] zurückkehren und sich auf den rechten Weg mit unserem Landsmann Bruder Klaus begeben.[100]

> War dies nicht eine besondere Fügung Gottes, der auch den Schwachgläubigen solchen Trost und solche Stärkung gibt, damit sie noch heutigen Tages nicht wie die Rohre auf dem Feld sich umwehen und bewegen lassen von allerlei gewaltigen Sturmwinden der neuen falschen Lehre, Rotten und Secten, die leider allenthalben je länger je mehr überhand nehmen. [...] Wie sagte aber die ewige Wahrheit, Christus, wiederum von solchen Schändern und Lästerern? Lasst sie fahren, sie sind blind und führen Blinde![101]

Wie reagierte ein solcher Glaubenskämpfer auf die Pilgervision? Er hatte eine missionarische und inquisitorische Einstellung. In seinen Augen konnte die Pilgervision nur „falsch" und „erdichtet" sein. Für ihn war sie unchristlich, ja gefährlich und ketzerisch, denn er verstand sehr wohl, was sie vermittelte: Ein unbekannter Mann aus dem Osten mit brauner Hautfarbe bringt eine neue Gottesoffenbarung!

Auch die dritte große Vision, die Dankesvision, musste in seinen Augen als „falsch" und „erdichtet" erscheinen: Gottvater persönlich und die Gottesmutter Maria und der Gottessohn Jesus dankten Niklaus für seine Treue?! Das konnte nicht sein, denn gemäß der kirchlichen Lehre hat kein Mensch einen direkten Zugang zu Gott. Wie hätten die Reformierten auf die Pilgervision und die Dankesvision reagiert? Die Bruder-Klaus-Biographie sollte ja gerade dazu dienen, die Anhänger der Reformation wieder zur Kirche zurückzuführen.

Die Überlieferung der Pilgervision (Teil 5): Die Entstehung der Ambühl-Abschrift

Heinrich Wölflin hatte den Ambühl-Text ignoriert und wahrscheinlich nach Unterwalden (Kloster Engelberg) zurückgesandt. Zwanzig Jahre später konsultierte der Ranft-Kaplan Sebastian Rhaetus diesen Text und übernahm daraus die ausführliche Beschreibung der Brunnenvision, verwarf aber die zwei anderen großen Visionen. Danach blieb dieser Text unbeachtet liegen, wahrscheinlich aufgrund der negativen Einschätzung durch Rhaetus. Irgendwann nach 1560 begann Pater Ulrich Witwyler vom Kloster Einsiedeln mit der Vorbereitung einer erweiterten Neuausgabe des längst vergriffenen Bruder-Klaus-Buches von Johannes Salat aus dem Jahr 1537. (Das neue Buch erschien 1571.). Es ist naheliegend anzunehmen, dass Ulrich Witwyler an das Kloster Engelberg schrieb, um zu fragen, ob sie Unterlagen zu Bruder Klaus hätten. Beide Klöster (Einsiedeln und Engelberg) sind Benediktinerabteien, deswegen war für den Benediktinerpater Witwyler das Bruderkloster Engelberg die erste Adresse für die Nachforschung. Dort holte dann jemand das Ambühl-Manuskript hervor und sandte es nach Einsiedeln in die neue Bruder-Klaus-Biographiezentrale, wo es auch hingehörte. Die Abschrift blieb im Kloster Engelberg, und der „Jemand" (wahrscheinlich ein Mönch oder Priester) fügte am Schluss des Textes diese lateinischen Worte hinzu:

Orate pro prescriptere
casparus am büel de
under walden etc.

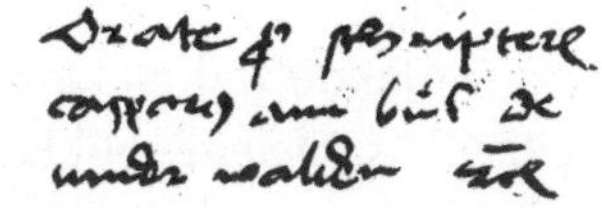

„Betet für den Vorgenannten,/ Kaspar Ambühl von/ Unterwalden, etc."[102] Der Mönch oder Priester schrieb diese Worte offensichtlich deshalb, weil die genannte Person in der Zwischenzeit verstorben war. Wir besitzen heute nur die letzten drei Seiten dieser Abschrift und wissen nicht, was auf den vorderen Seiten stand. Weil Kaspar Ambühl am Schluss der Abschrift als „vorgenannt" bezeichnet wird, ist klar, dass er am Anfang des Textes namentlich erwähnt wurde.

Nach der endgültigen Weggabe des Originals wurde die Abschrift in ein passendes Buch gelegt (*Leben der heiligen Altväter,* gedruckt ca. 1480). Irgendwann wurde dieses alte Buch neu gebunden, und bei diesem Arbeitsgang wurde auch die Ambühl-Abschrift mit eingebunden. Zu diesem Zeitpunkt waren aber nur noch die letzten drei Seiten vorhanden. Diese wurden erst viel später, über 500 Jahre nach dem Entstehen des Originals, wieder entdeckt.[103]

Ein Licht, das noch nicht strahlen durfte: Niklaus von Flüe sah visionär einen Pilger aus dem Osten, eine Lichtgestalt, die „vom Sonnenaufgang kommt, oder von der Ferne her", und wurde danach zu einem der größten Mystiker Europas, begnadet mit der phänomenalen Gabe, dass er die letzten zwanzig Jahre seines Lebens nur von Lichtnahrung leben konnte, um es modern auszudrücken. Er wurde von dieser Erscheinung mit einer Liebe erfüllt, die so überflutend-göttlich war, dass er nichts anderes mehr begehrte.

Im 15. und 16. Jahrhundert war die Zeit noch nicht reif für die frohe Botschaft der Pilgervision. So blieb sie als „Zeitkapseltext" verborgen, der glücklicherweise in Form einer Abschrift die Jahrhunderte überdauerte. Heute kann diese „Zeitkapsel" dank der entdeckten Querverbindungen entschlüsselt und in einem spirituell-revolutionären Licht verstanden werden. Damit schließt sich ein Kreis von fünfhundert Jahren heilsgeschichtlicher Offenbarung (S. 99), ein Kreis, der Teil einer viel größeren Entwicklung ist, mit vielen Mitwirkenden und „Kanälen" in allen religiösen und kulturellen Traditionen.

Die Pilgervision – Originaltext und Übersetzung

Der Ambühl-Text umfasste wahrscheinlich biographische Angaben und vielleicht weitere Visionen des Niklaus von Flüe. Wie lang der Text ursprünglich war, wissen wir nicht, denn es blieben nur die drei letzten Seiten erhalten. Wie bereits erwähnt (S. 106f.), beginnt die erste der noch vorhandenen Seiten mit dem abgerissenen Satzende: *und doch ihm kund war.*

Der Originaltext wurde in der alten obwaldnerisch-schweizerdeutschen Sprache verfasst.[104] Der übersetzte Text ist der gleiche, den wir weiter vorne schon Abschnitt für Abschnitt gelesen haben (zur Übersetzung und den verwendeten Vorlagen siehe Anm. 64).

[Eine Vision]

[…] und doch ihm kund war. Und ihn dünkte in seinem Geist, dass ein Mann in Pilgers Art kam; er hielt einen Stab in seiner Hand, seinen Hut hatte er aufgebunden und nach hinten gekrempt wie jemand, der auf die Straße will [auf Wanderschaft geht], und er hatte einen Mantel um. Und er erkannte in seinem Geist, dass er vom Sonnenaufgang kommt, oder von der Ferne her. Wiewohl er das nicht sagte, kam er von da her, wo im Sommer die Sonne aufgeht.

Dann, als er [der Pilger] zu ihm kam, stand er vor ihm und sang diese Worte: Alleluja. Und als er anfing zu singen, widerhallte seine Stimme, und das Erdenreich und alles, was zwischen Himmel und Erde war, unterstützte seine Stimme wie die kleinen Orgelpfeifen die großen. Und er [Niklaus] hörte aus einem [aus ein- und demselben] Ursprung drei vollkommene Worte hervorgehen und wieder zurückgehen, so wie bei einem Türschloss die Feder stark schließt [den Riegel vor- und zurückgehen lässt]. Und als er die drei vollkommenen Worte gehört hatte, von denen keines das andere berührte, mochte er doch nicht sprechen als von einem Wort.

Als er den Gesang vollendet hatte, bat er den Menschen um eine Gabe, und er [Niklaus] hatte einen Pfennig in der Hand und wusste nicht, woher er diesen bekommen hatte. Und er [der Pilger] zog den

---

[ein gesicht]

[…] und doch im kunt was. Und in dunkt in sinem geist, wie das keme ein man in bilgers wis, er fůrt ein stab in siner hand, sin hůt hat er so uffgebunden und hinden aben geliczt, als einer, der uff die strass wil, und hat einen mantel an. Und er bekant in sinem geist, er kem von der sunnen uffgang oder von ferem har. Wie wol er das nit seit, do so kam er da her, do die sunn im sumer uffstat. Und do, und do er zů im kam, do stůnd er for im und sang disse wort: Alleluia. Und do er anfieng singen, do hielt im die stim die gegni, und das ertrich und alles, das! zwüschen himel und ertrich was, hielt im die stim, als die kleini orgelii den grossen tůnd. Und er hort uss eynem ursprung dri volkumne wort gan und beschliesen si wider in ein schloss, als ein feder, die fast starck für schüst. Und er hat gehört dri volkumne wort, do keines dem andern berůrlich was, mocht doch nit sprechen, dan von eim wort. Und do er dis gesang volbracht, do bat er den menschen um ein gab und er hat ein pfenig in der hand und wüst nit wohar er im kon was. Und er zoch den hůt ab

Hut ab und empfing den Pfennig in den Hut. Und der Mensch hatte bisher noch nie erkannt, dass es eine so große Ehrwürdigkeit war, eine Gabe in den Hut zu empfangen (jemandem eine Gabe zu geben). Und der Mensch wunderte sich sehr, wer er [der Fremde] sei und woher er käme, und dieser sprach: „Ich komme von dort her", und weiter wollte er ihm nicht anderes mehr sagen.

Und er [Niklaus] stand vor ihm und sah ihn an. Da verwandelte er sich und ließ sich sehen mit unbedecktem Haupt und hatte einen Rock an, der war blau oder graufarben. Den Mantel trug er nicht mehr. Er war ein solch edler, wohlgeschaffener Mann, dass er nicht aufhören konnte, ihn mit großem Wohlgefühl und Sehnen („mit merklicher Wollust und Begierde") anzuschauen. Sein Antlitz war braun, so dass es ihm eine edle Zierde gab. Seine Augen waren schwarz wie der Magnetstein [Magnetit], seine Glieder waren so wohlgestaltet, dass dies eine besondere Herrlichkeit an ihm war. Und wie er in seinen Kleidern dastand, da war zu sehen, dass die Kleider seine Arme und Beine durchscheinen ließen. (Wörtlich: „Obwohl er in seinen Kleidern dastand, so hinderten ihn seine Kleider nicht, seine Glieder zu sehen.") Als er ihn so unverdrossen ansah, richtete er [der Pilger] seine Augen auf ihn. Da erschienen viele große Wunder: Der Pilatusberg versank in der Erde, und er [der Pilger] öffnete sich die ganze Welt, so dass es aussah, wie wenn alle Sünden, die in der Welt sind, offenbar wurden.

---

und enpfieng den pfennig in hůt. Und der mensch hat nie erkent, das es also ein grosse erwirdikeit was, ein gab in hůt ze enpfachen. Und den menschen wundret übel, wer er wer oder wannen er käm und er sprach: ich kum dahar und fürbas wolt er im fürbas nümen sagen. Und er stůnd vor im und sach in an. Do hat er sich verwandlet und ließ sich schoewen mit blossem houpt und hat einen rock an, der was blauw oder grauw far und sach den mantel doch nit me und was ein söllicher adelicher, wol geschaffner man, das er in nit anders bessert, dan mit me[r]klicher wollust und begir anzuschoewen. Sin antlit was brun, das es im ein adeliche ziert gab. Sin ougen waren schwarcz als der magnet, sin gelider waren also wolgeschaffen, das es ein besonder herlikeit an im was. Wie wol er stůnd in sinen kleideren, so hindereten in sine kleider nit, sine glider ze schoewen. Do er in so unverdrossenlichen ansach, do stalt er sine ougen an in. Do erschein vil grosser wunder: Der Pilatusberg gieng nider uff das ertrich und er offnet sich die gancz welt, das in dunck es were all sünd offenbar, das in der welt were und erschin ein grosse fili der

Eine große Menschenmenge war zu sehen, und hinter den Menschen erschien die Wahrheit, und alle hatten ihr Gesicht von der Wahrheit abgekehrt. Und es erschien bei allen ein großes Geschwür auf der Brust, so groß wie zwei Fäuste zusammen. Und dieses Geschwür war der Eigennutz, der die Menschen so übel in die Irre führte, dass sie das Angesicht des Mannes [des Pilgers] nicht ertragen konnten, so wenig wie ein Mensch die Flammen eines Feuers ertragen kann. Getrieben von grimmiger Angst, rannten sie durcheinander und aneinander vorbei mit großem Laster und großer Schande. So konnte er [Niklaus] sie von fern dahinfahren sehen. Und die Wahrheit, die hinter ihnen erschienen war, die blieb da.

Und sein Antlitz verwandelte sich einer Veronika gleich [sah aus wie Jesu Gesicht auf dem Tuch der Veronika], und er [Niklaus] hatte ein großes Verlangen, ihn mehr zu schauen. Und er sah ihn, wie er ihn vorher gesehen hatte, aber seine Kleider waren verwandelt, und er stand vor ihm und war mit einer Bärenhaut bekleidet, mit Hose und Rock. Die Bärenhaut war besprengt mit einer Goldfarbe. Aber er sah und erkannte wohl, dass es eine Bärenhaut war. Die Bärenhaut zierte ihn besonders wohl, so dass der Mensch sah und erkannte, dass dies eine besondere Zierde an ihm war [d. h. eines seiner besonderen Merkmale]. Und als er vor ihm stand und sich anschauen ließ, so edel in der Bärenhaut, da erkannte er [Niklaus], dass er sich verabschieden wollte von ihm.

---

lüten und hinderrucks der lütten erschin die warheit und hetten alle ire antlit von der warheit kert. Und erschein ietlichen ein grosser brest zum herzen, als zwo füst zůsamen. Und das wass eigener nucz disser brest, der irt die lüt so übel, das si des mans angesicht nit erliden mochten, als wenig der mensch den flamen vom für erliden mag und fůren vor grimer angst umeinandren und fůren hinder sich hinweg mit grossem laster und schand, das ers von vern us sach hinfaren. Und die warheit, die hinderrugs erschin, die blib da. Und sin antlit verwandlet sich einer Veronick gelich und er hat ein grosse begirlicheit in me ze schoewen. Und er sach in aber wie er in vor gesehen het, aber sine kleider waren verwandlet, und stůnd vor im und was mit einer berenhut bekleidet, von hossen und von rock. Die berenhut was besprengt mit einer goltfarw. Aber er sach und bekant wol, das es ein berhut was. Die berhut beziert in besunder sowol, das der mensch sach und bekant, das es ein sunderlicher geziert an im was. Und do er for im stůnd und sich lies schoewen so adelich in der berenhut, do bekant er, das er sich abscheiden wolt von im.

Er sprach zu ihm: „Wo willst du hin?" Er sprach: „Ich will das Land hinauf", und wollte ihm weiter nichts sagen. Und als er von ihm schied, schaute er ihm unentwegt nach. Da sah er, dass die Bärenhaut an ihm glänzte, so ähnlich wie wenn jemand eine wohlgeputzte Waffe [im Sonnenlicht] schwingt und ihr Gleißen an der Wand zu sehen ist. [Das goldene Gewand strahlte gleißend, aber blendete nicht.] Und er empfand, dass es etwas gab, das vor ihm verborgen war.

Und als er vier Schritte oder etwas mehr von ihm gegangen war, drehte er sich um. Er trug wieder seinen Hut und verneigte sich, den Hut ziehend, in seine Richtung und gab ihm seine Gnade. Da erkannte er [Niklaus] an ihm eine solche Liebe, die er ihm schenkte, dass er in sich geschlagen war und bekannte, dass er diese Liebe nicht verdiente, aber er spürte, dass die Liebe in ihm war. [Der Pilger überflutete ihn mit göttlicher Liebe, obwohl er, Niklaus, meinte, dieser Liebe nicht würdig zu sein.] Und er sah in seinem Geist, dass dessen Antlitz und dessen Augen und dessen ganze Gestalt so voll minnereicher Demut war wie ein Gefäß, das zugefüllt ist mit Honig, so dass kein Tropfen mehr hineingeht. Da sah er ihn plötzlich nicht mehr. Aber er war so erfüllt von ihm, dass er nichts mehr von ihm begehrte. Ihm war, als habe er ihm alles gezeigt, was im Himmelreich und auf Erden ist.

Er sprach zů im: „Wo wilt hin?" Er sprach: „Ich wil das land uff" und wolt im fürbas nit sagen. Und do er sich von im schied, do sach er im unverdrossenlich nach. Do gesach er, das die berhut an im glestet, mi[n]der oder me, als einer, der mit einer wol gefegten waffen umfart. Und er den gliczten an der wand gesechen mag, und er gedacht es were etwas, das vor im verborgen wer. Und do er fon im kam uff 4 schrit oder dabi, do kert er sich um und het aber uff sin hůtt und zoch den ab und neigt sich gegen im und gnadet im. Do bekant er an im sôlliche liebi, die er an in leit, das er in sich geschlagen ward und bekant, das er der liebi nit verdienlich was und bekant, das die liebi in im was. Und er sach in sinem geist, das sin antlit und sin ougen und aller sin lib also vol minricher demůt, also ein vas, das zůgefült ist mit hung, das kein tropf me darin mag. Do gesach er in fürbas nit me. Aber er was so benůgsam von im, das er nit me von im begert. Er dunckt, er hette in bericht alles das, das in himelrich und uff ertrich was.

Anhang zu Kapitel 5

Die kurze Version der „Pilgervision“, ausgehend von Heinrich Wölflin

Die Vision, die wir heute als Pilgervision kennen, wurde nur zweimal niedergeschrieben: in einer kurzen Version von Heinrich Wölflin (in Latein) und in einer ausführlichen Version gemäß der Wiedergabe von Kaspar Ambühl (in alter schweizerdeutscher Sprache). Die kurze Version beschreibt die Person der göttlichen Erscheinung nur knapp und unklar. Alle wichtigen Elemente zur Identifikation und die prophetische Dimension fehlen. Jedoch enthält der kurze Text die Erklärung, dass sich in dieser Vision „die ungeteilte Gottheit“ als Trinität offenbarte. Die Person in der Vision wurde also als eine Offenbarung Gottes wahrgenommen. Gott „persönlich“ erschien!

Wie bereits erwähnt (S. 100), war Niklaus von Flüe hinsichtlich der Pilgervision sehr vorsichtig und erzählte nur wenigen von ihr. Und selbst gegenüber diesen wenigen war seine Schilderung – außerhalb des engsten Vertrautenkreises – nur verkürzt und „abgeschwächt“, und eine solche Version hörte Wölflin 1493 in Sachseln – sechs Jahre nach Bruder Klaus' Tod und rund 26 Jahre nach der Vision. Die authentische und vollständige Version kennen wir heute dank Kaspar Ambühls Überlieferung, aber bis ins 20. Jahrhundert hinein war Wölflins kurze (und missverständliche) Version die einzig bekannte Wiedergabe dieser Vision. Sie stand in Wölflins lateinischer Niklaus-Biographie von 1501 und wurde von Johannes Salat in die deutsche Biographie übernommen (1537). Von ihm übernahm diese Version dann Ulrich Witwyler (1571), während das Ambühl-Manuskript mitsamt der vollständigen Wiedergabe der Pilgervision verschwand, ohne dass sie jemals öffentlich bekannt wurde – bis zur Entdeckung der alten Abschrift in den 1920er Jahren.

Die kurze Version enthält einen markanten Unterschied zur langen Version von Ambühl. Bei Wölflin ist die Erscheinung kein Pilger, sondern ein „Greis“. Das Wort „Greis“ ist eine Übersetzung des Wortes *senex,* das aber nicht nur „betagter Mann“ bedeutet. Der Bruder-Klaus-Experte Werner T. Huber erläutert:

> Heinrich Wölflin benutzt in seiner lateinischen Vita das Wort *senex.* Nun, Wölflin war ein Humanist und konnte mit der lateinischen Sprache virtuos umgehen. Was bedeutet also *senex?* „Greis"? Eher nicht, das ergäbe ja auch wenig Sinn. *Senex* kann eben auch „Herr" bedeuten (vgl. spanische Anrede „Señor", französisch „Seigneur"), das „würdige Aussehen" und das vornehme Kleid rechtfertigen diese Übersetzung. [...] Und Gott immer als alten Mann mit weißem Bart darzustellen, ist hier nicht so passend.[105]

Die Anreden Señor und Seigneur gehen auf lat. *senior* („älter") als komparative Form von *senex* („alt") zurück, was zeigt, dass *senex* auch „ehrwürdig; hochstehend" bedeuten kann. Im umgangssprachlichen Latein existierte auch die Kurzform *seior* für *senior,* woraus im Englischen und Französischen die ehrenvollen Anredeformen *Sir* bzw. *Sire* und *Monsieur* entstanden. Im Spanischen entstand zudem aus *señora* das Wort *señorita* als Bezeichnung und Anrede für eine unverheiratete Frau (ebenso im Italienischen: *signora* und *signorina).* Bei all diesen Anredeformen ist kein Bezug auf ein hohes Alter vorhanden. Bei der Pilgervision bezieht sich *senex* auf Gott, der als „uralt; altehrwürdig" bezeichnet werden kann, was nur symbolisch gemeint ist.

Weil der lateinische Text von Heinrich Wölflin unterschiedlich übersetzt werden kann, füge ich hier zwei Versionen ein: Die erste ist die Standardübersetzung von 1947 durch den damals sehr bekannten Pfarrhelfer und Schriftsteller Josef Konrad Scheuber (1905–1990):

> ***Noch eine andere Vision ward seinem gottsuchenden Geist zuteil. Von einer weitabliegenden Gegend her sah er einen ehrwürdigen Greis in feierlicher Gewandung ihm entgegenkommen. Der sang ein wundervolles Lied: zuerst einstimmig, dann in drei Stimmen kunstvoll geteilt, zuletzt in einer Stimme von wundersamer Harmonie verklingend. In seinem Geiste erkannte er, dass sich die ungeteilte Gottheit in drei geheimnisvoll verschiedenen Personen in diesem Bild ihm habe offenbaren wollen. Der Greis kam näher und bat um eine Gabe. Niklaus gab ihm ein Almosen, das jener in großer Dankbarkeit und Ehrfurcht annahm. Darauf verschwand er plötzlich. – So wurde Niklaus belehrt, dass unter allen Werken der Frömmigkeit das Almosen den ersten Rang einnimmt.***[106]

Dieselbe Stelle aus Wölflins Text in der Übersetzung von Werner T. Huber:

Später hatte er in seinem erweiterten Bewusstsein (per mentis excessum*) noch eine andere Vision. Er wanderte durch eine einsame Gegend (*loca deserta*), weit entfernt von jeder menschlichen Siedlung. Von weitem sah er einen Herrn (*acc. senem*) mit ehrwürdigem Aussehen und schicklichem [anmutigem] Gewand entgegenkommen, der so liebliche Lieder sang, welche einstimmig begannen und sich dann in drei Stimmen kunstgerecht aufteilten und wieder in eine einzige Stimme zurückkehrten. Dies alles klang in seinen Ohren in so wundersüßer Harmonie. Im Geiste dies betrachtend, war er überzeugt, dass er durch diese Erscheinung in einem schlichten Gleichnis über die ungeteilte, sich in drei wunderbar zusammenstimmenden Personen unterscheidende Gottheit belehrt wurde. Als der Herr (senex) näher trat, bat er um eine Gabe. Und nachdem er die Gabe von Niklaus empfangen hatte, verdankte er es ihm mit größter Ehrerbietung. Doch plötzlich verschwand er. Dadurch wurde er noch mehr belehrt, dass nämlich von den Werken der Frömmigkeit die der Barmherzigkeit (elemosyna)* den ersten Rang beanspruchen.*[107]

Wölflins lateinischer Text kursierte nur als Manuskript und wurde 1608 erstmals gedruckt. Die erste gedruckte Bruder-Klaus-Biographie erschien 1537, verfasst von Johannes Salat in alter luzerndeutscher Sprache. Dieser Autor übernahm fast den ganzen Text Wölflins und übersetzte ihn, zum Teil ziemlich wörtlich, zum Teil etwas freier und mit eigenen Zusätzen.

Zu einer späteren Zeit, als er im Geist der leiblichen Empfindung entgangen war, ist ihm vorgekommen, wie wenn er durch wüste Stätten und ab vom Weg, weit weg von menschlicher Wohnung, wandelte und ihm von der Weite her ein alter Mann entgegen kam, mit ehrwürdigem Angesicht und geziemender Bekleidung. Er sang in einem allersüßesten

* Wölflin war auch der griechischen Sprache kundig und verwendete an dieser Stelle in seinem lateinischen Text das griechische Wort *elemosyna,* das (mit Wortverwandtschaft) „Almosen“, aber auch „Barmherzigkeit; Mitleiden; Mitfühlen“ bedeutet. Die Übersetzung „dass unter allen Werken der Frömmigkeit das Almosen den ersten Rang einnimmt“ ist zu oberflächlich. Der Übersetzer, Werner T. Huber, weist hier darauf hin, dass Wölflin mit seiner vorzüglichen humanistischen Bildung eine weitere Bedeutung als nur „Almosen“ meinte (nvf.ch/que_m.asp?num=bkq072). Für Bruder Klaus war „Mitleiden“ in erster Linie ein Mitgehen mit Jesu Passion, die der Erlösung der Menschheit und der Erlösung vom Bösen diente. „Werke der Barmherzigkeit“, die in diesem Geist *(elemosyna)* ausgeführt werden, haben „von allen Werken der Frömmigkeit … den ersten Rang“.

Ton, zuerst in einer Stimme, danach bald in drei Stimmen miteinander singend geteilt, dann wieder einstimmig kommend, was in seinen Ohren sehr süß klang. Daraus verstand er im Geiste (wie er später bekennt) in subtiler Weise die ungeteilte Gottheit: auf wunderbare Weise unterschieden in drei Personen und doch einhellig ein Gott. Als aber der alte Mann nah hinzu kam, erbat er vom frommen Mann Nikolaus ein Almosen; als er ihm dieses überreichte, nahm der Alte es mit viel Danksagung und Ehrerbietung entgegen und verschwand zur gleichen Stunde. Dadurch wurde er vollkommen unterwiesen, dass Almosen unter allen Werken der Mildtätigkeit den obersten Verdienst behalten.[108]

Eine weitere schriftliche Überlieferung stammt von Sebastian Rhaetus, der für viele Jahre Kaplan in der Ranft-Kapelle war (S. 134). 1521 verfasste er eine Materialzusammenstellung zu Bruder Klaus und übersetzte dazu auch Wölflins Text ins Deutsche. In seiner Wiedergabe ist die Pilger- bzw. Sängervision noch kürzer als bei Wölflin und noch entstellter, denn der „alte Mann" ist nun auch noch „erbarmungswürdig" und zudem „erbärmlich gekleidet" – genau das Gegenteil von dem, was Niklaus von Flüe in der Pilgervision gesehen hatte:

Ein anderes Mal sah er sich (im Geiste) in die Wüste [versetzt], weit weg von menschlichen Behausungen, und sah von Ferne einen alten erbarmungswürdigen Mann, erbärmlich gekleidet. Er hörte ihn über alle Maße süß singen, so als ob sich die erste Stimme in drei Stimmen teilen würde. Dann dünkte es ihn in seinen Ohren wiederum: Es sei eine einzige Melodie. Darin wurde es ihm vergönnt, auf wundersame Weise und derart subtil die heilige Dreifaltigkeit, die unzertrennliche Gottheit mit drei Personen, zu erkennen und darin unterrichtet zu werden.[109]

Fazit und Ausblick: Dank des Ambühl-Textes wissen wir, was die Pilgervision des Niklaus von Flüe tatsächlich beinhaltete. Sie war für diesen pionierhaften Mystiker eine entscheidende Offenbarung, als er um Klarheit hinsichtlich seiner Berufung und Bestimmung rang. Die Kraft und Liebe, die er vom Sänger aus dem Osten empfing, erfüllte ihn für den Rest seines Lebens und trug ihn durch alle Prüfungen und Herausforderungen. Auch die Menschen, die mit ihm in Kontakt kamen, spürten diese Ausstrahlung, und das nur schon, wenn sie von ihm hörten. Das bekannteste Beispiel sind die Abgeordneten der zerstrittenen Lager, die sich bei der Versammlung von Stans (1481) nicht einigen konnten, dann aber allein durch die geistige Verbindung mit Bruder Klaus plötzlich eine höhere Sicht bekamen und eine göttliche Liebe erlebten, die ihr Herz berührte.

Die Pilgervision stammt aus einer Zeit, in der nur wenige Menschen weltoffen genug waren, um eine solch dogmensprengende Botschaft annehmen und verkraften (spirituell integrieren) zu können. Der Bericht über diese Offenbarung wurde dann auch ignoriert und „schubladisiert" oder sogar vernichtet. Aber eine höhere Fügung bewirkte, dass eine Abschrift der Pilgervision erhalten blieb, damit ihre Botschaft zur gegebenen Zeit die Menschheit erreicht.

Während in der Urschweiz eine einzigartige und zukunftsweisende Offenbarung geschah und fast – aber nur fast – versandete, zeigte sich dieselbe „ungeteilte Gottheit", die „in drei geheimnisvoll verschiedenen Personen" zu Niklaus von Flüe gekommen war, im Westen ein weiteres Mal, nämlich in Frankreich dem hellsichtigen Auge des Nostradamus. Die erste Offenbarung geschah zwanzig Jahre vor dem Erscheinen des Yuga-Avatāras, die zweite zwanzig Jahre nach seinem Verscheiden. Zwei einzelne Menschen, die ihrer Zeit weit voraus waren, sahen eine Offenbarung des Yuga-Avatāras, der in Indien erschien, und dienten damit der geistigen Evolution, die den Westen und die ganze Welt für die Dimension der neuen Klarheit vorbereitete. Die meisten religiösen Gruppierungen sind von einem monopolistischen Geist geprägt, der göttliche Messias-, Propheten- und Avatāra-Offenbarungen für sich vereinnahmt und dadurch verfälscht: *„temples & sectes, changés par fantasie"*, wie Nostradamus schrieb (S. 85).

Alle Religionen, die auf weltliche Macht setzen, werden grundlegende Veränderungen und „Entspannungen" durchlaufen. Dies gilt auch für die weltlichen Machtstrukturen, denn auf den obersten Stufen der „Pyramide" sind sie ohnehin verwoben und zusammenlaufend. Eine alarmierende Prophezeiung und Warnung in dieser Hinsicht erreicht uns – ebenfalls über fünfhundert Jahre hinweg – im Namen des Malachias. Damit kommen wir zum Thema des nächsten Kapitels.

Die Pilgervision: relevante Daten

1445/46: Niklaus von Flüe und Dorothea Wyss heiraten
ca. 1450: Verena wird als viertes Kind (und zweite Tochter) der Familie von Flüe geboren.
1466 oder 1467: Pilgervision des Niklaus von Flüe
16. Oktober 1467: Niklaus verlässt Frau und Kinder. Verena ist beim Weggang des Vaters ca. 17 Jahre alt, verheiratet in erster Ehe.
1474/76 (Schätzung): Verenas Ehemann stirbt, Verena heiratet Hans Ambühl.
1480 (Vermutung): Geburt von Verenas Sohn Kaspar Ambühl
[**1486:** In Indien wird der Yuga-Avatāra, „der Goldene Avatār", geboren.]
21. März 1487: Niklaus von Flüe („Bruder Klaus") stirbt in seiner Einsiedelei.
1495/96: vermutliches Todesjahr von Dorothea (evtl. erst 1501)
ca. 1499: Kaspar Ambühl lässt seinen Bericht über Bruder Klaus aufschreiben, mitsamt den großen Visionen, inkl. Pilgervision.
1501: Heinrich Wölflin schreibt die erste Bruder-Klaus-Biographie (in Latein).
... Irgendwann in diesen Jahren oder Jahrzehnten stirbt Verena von Flüe.
1519: Beginn der Reformation in der Schweiz (Ulrich Zwingli)
1521: Sebastian Rhaetus verfasst eine handschriftliche Materialsammlung zu Bruder Klaus (u. a. mit Verwendung des Ambühl-Manuskripts, das er jedoch unerwähnt lässt und ablehnt).
1537: Veröffentlichung der ersten gedruckten Bruder-Klaus-Biographie, verfasst von Johannes Salat (Übersetzung von Wölflins lateinischer Niklaus-Biographie; keine Kenntnis des Ambühl-Textes)
... Irgendwann in diesen Jahrzehnten stirbt Kaspar Ambühl.
[**1555:** Nostradamus veröffentlicht den ersten Band seiner *Propheties,* darin enthalten die Gaura-Prophezeiungen 1.96 und 3.94.]
1571: Veröffentlichung der zweiten gedruckten Bruder-Klaus-Biographie, verfasst von Ulrich Witwyler, u. a. mit Verwendung des Ambühl-Manuskripts, das er jedoch unerwähnt lässt und ablehnt. Seit der Verwendung bei Witwyler findet sich vom Ambühl-Manuskript nirgendwo mehr eine Spur.
1917: 500. Geburtstag des Niklaus von Flüe (Robert Durrer veröffentlicht 1917 und 1921 zwei Bände mit allen bis dahin bekannten Quellen zu Bruder Klaus.)
ca. 1927: Adalbert Wagner entdeckt in der Bibliothek des Kapuzinerklosters Wesemlin in Luzern (gegründet 1584) eine alte Abschrift des Ambühl-Manuskripts; es sind jedoch nur noch die letzten drei Seiten vorhanden (mit den drei großen Visionen des Niklaus von Flüe).
1928: Erste Veröffentlichung des Ambühl-Textes (nur in der originalen altschweizerdeutschen Sprache) durch Adalbert Wagner.
1933: Erste Übersetzung der im Ambühl-Text wiedergegebenen drei Visionen im Buch von Alban Stöckli: *Die Visionen des seligen Bruder Klaus*
[**1995:** Erstveröffentlichung der Entdeckung und Entschlüsselung der zwei Gaura-Prophetieverse des Nostradamus und der Parallele zur Pilgervision des Niklaus von Flüe durch Armin Risi im Buch *Gott und die Götter*]

Kapitel 6

Die letzten Päpste und „das Ende der Zeiten"

Am 11. Februar 2013 verkündete der 85-jährige Papst Benedikt XVI., er werde zum Ende des Monats als Papst zurücktreten. Dieser Rücktritt war nicht nur überraschend, sondern auch kurzfristig – und rätselhaft, denn verglichen mit seinem Vorgänger, Papst Johannes Paul II. (1920–2005), war er noch ziemlich gesund. Der durch Krankheit und körperlichen Verfall gezeichnete Johannes Paul II. war mehrfach auf die Möglichkeit eines Rücktritts angesprochen worden, was er jedoch stets kategorisch ablehnte. Im Rahmen seines Besuchs am Weltjugendtag 2002 in Toronto sagte er gegenüber Lord Conrad Black: „Ein emeritierter Papst ist unmöglich!" Black veröffentlichte dies 2005 in einem Nachruf auf den verstorbenen Papst in der britischen Wochenzeitung *Catholic Herald.*[110] Papst Benedikt XVI. muss den Standpunkt seines Vorgängers in dieser Frage gekannt haben – und tat 2013 dennoch genau das, was dieser als „unmöglich" bezeichnet hatte.

Erzbischof Georg Gänswein, der Privatsekretär des zurückgetretenen Papstes, hielt 2016 in der Päpstlichen Universität Gregoriana eine Rede, die für großes Aufsehen sorgte. Darin bezeichnete er den Rücktritt als „Jahrtausendschritt" und zitiert einen Kardinal, der sagte, die Nachricht habe „wie ein Blitz aus heiterem Himmel" unter den versammelten Kardinälen eingeschlagen. Und an jenem Tag kam es in Rom dann auch zu einem echten Blitzeinschlag:

> „Das [die Bekanntgabe des Rücktritts] war am Morgen jenes Tages, an dessen Abend tatsächlich ein kilometerlanger Blitz mit unglaublichem Getöse in die Spitze der Kuppel des Petersdoms über dem Grab des Apostelfürsten einschlug. Dramatischer ist wohl selten eine Zeitenwende aus dem Kosmos begleitet worden."[111]

Warum war Benedikts Rücktritt eine „Zeitenwende"? War der Blitz ein Omen und Zeichen „aus dem Kosmos"? Viele Prophezeiungen weisen auf eine Erschütterung und Verfolgung oder gar Zerstörung der Kirche hin. Diesbezüglich die wohl bekannteste ist die sogenannte Malachias-Prophezeiung. Der Hl. Malachias lebte vor neunhundert Jahren, und ihm wird eine Liste von Päpsteprophezeiungen zugeschrieben, die, ausgehend von der damaligen Zeit, alle künftigen Päpste voraussagte – bis hin zum letzten. Und die Zeit dieses letzten Papstes begann mit dem Rücktritt von Papst Benedikt im Jahr 2013 ...

Die nach dem Hl. Malachias benannte prophetische Päpsteliste wird auch im Buch *Letzte Gespräche* erwähnt, das im September 2016 erschien und sogleich auf Platz 1 der *Spiegel*-Bestsellerliste sprang. Dieses Buch beruht auf Fragen des Journalisten Peter Seewald an den zurückgetretenen Papst. Gegen Ende der „letzten Gespräche" wird auch kurz die Malachias-Prophezeiung erwähnt. Auf die Frage, ob er, Benedikt XVI. [Joseph Ratzinger], der letzte Papst oder „zumindest der letzte einer Reihe von Päpsten" sei, „wie man sie bisher gekannt hat", antwortete er: „Alles kann sein."

> „Die Antwort von Ratzinger ist überraschend: ‚Alles kann sein.' Alles ist möglich? Auch, dass Benedikt der letzte Papst ist, obwohl bereits seit mehr als drei Jahren sein Nachfolger regiert?"[112]

Er hätte die Malachias-Prophezeiung als Fälschung bezeichnen können, so wie viele Skeptiker es tun, aber er ließ sie stehen und ließ ihre Aussage bezüglich des letzten Papstes offen (seine ganze Antwort zitiere ich in Anm. 141). Tatsächlich ist diese Prophezeiung vielschichtig und im Finale durchaus spektakulär – nur schon aufgrund ihrer Übereinstimmung mit anderen Prophezeiungen –, weshalb ich sie hier gründlich beleuchten möchte.

Die Spur der Malachias-Prophezeiungen

Die Päpsteprophezeiungen, die dem irischen Heiligen Malachias (1094–1148) zugeschrieben werden, sind Teil des Buches *Lignum Vitae, ornamentum & decus Ecclesiae* („Lebensbaum, Schmuck und Zierde der Kirche"), das 1595 in Venedig erschien. Erste schriftliche Hinweise auf die Existenz dieser Prophezeiungen stammen aus dem Jahr 1587,[113] möglicherweise schon aus dem Jahr 1570.[114]

Der Verfasser des Buches *Lignum Vitae* war der aus Belgien stammende Historiker und Benediktinermönch Arnold Wion (1554–1610).

Wion trat in jungen Jahren dem Benediktinerorden bei. Aufgrund der Religionskriege in seiner Heimat floh er als Mönch nach Frankreich, wo er 1579 zum Priester geweiht wurde. Danach zog er nach Italien, wo er bis zu seinem Tod blieb. Diese Information ist sehr wichtig, denn wie wir sehen werden, führt die Spur der Päpsteprophezeiungen, die er veröffentlichte, nicht nach Irland zu Malachias, sondern nach Italien zu einer ganz anderen Quelle.

Lignum Vitae hat mehr als 1600 Seiten (aufgeteilt in fünf große Kapitel, genannt „Bücher“) und wurde in zwei Bänden gedruckt. Thema dieses umfassenden Werkes ist die Geschichte des Benediktinerordens. Am Anfang schildert Wion die Biographie des Ordensgründers, des italienischen Heiligen Benedikt von Nursia (ca. 480 - 547). Danach folgt eine fast lexikalische Beschreibung der einzelnen Klöster und der bedeutenden Mitglieder des Ordens. In Band 1, „Zweites Buch“, erwähnt er beim Abschnitt über die Diözese Dunum in Irland auch Erzbischof Malachias und fügt hinzu: „Es heißt, er habe einige kleinere Schriften verfasst, von denen ich bis heute keine gesehen habe, außer einer Prophezeiung über die kommenden Päpste, die ich, weil sie kurz ist und, soweit ich weiß, noch nie veröffentlicht wurde und weil es von vielen gewünscht wurde *(et a multis desiderata),* hier anfüge.“

Arnold Wion geht mit keinem Wort darauf ein, wie diese Liste durch die vier Jahrhunderte überliefert wurde und wie sie in seinen Besitz gelangte. Waren alte, wiederentdeckte Prophezeiungen, die Malachias rund 450 Jahre zuvor geschrieben hatte, in seinen Besitz gekommen? Oder haben die Prophezeiungen eine ganz andere Geschichte?

Der Inhalt der Prophezeiungen

Die von Arnold Wion im Jahr 1595 veröffentlichte Liste von prophezeiten Päpsten umfasst 112 kurze Sinnsprüche zu je einem Papst und füllt im 800-seitigen Buch etwas mehr als vier Seiten. Die Liste beginnt mit Coelestin II., Papst von 1143 bis 1144, und endet mit einem Papst, der entweder der letzte überhaupt ist oder mit dem eine neue, sehr schwierige Zeit für die Kirche beginnt. Die erste Hälfte der Liste enthält auch zehn Gegenpäpste. Heute wissen wir, dass die Liste mit den 112 Päpsten einen Zeitraum von insgesamt fast 900 Jahren abdeckt.[115]

Zum Zeitpunkt der Veröffentlichung der Prophezeiungen gehörten 76 Päpste der Vergangenheit an, während sich die letzten 35 Sinnsprüche

Scripsisse fertur & ipse nonnulla opuscula, de quibus nihil hactenus uidi, præter quandam prophetiam de Summis Pontificibus, quæ quia breuis est, & nondum quod sciam excusa, & à multis desiderata, hic à me apposita est.

Prophetia S. Malachiæ Archiepiscopi, de Summis Pontificibus.

[1] Ex castro Tiberis. Cœlestinus. ij. Typhernas.

[…]

[71] Angelus nemorosus. Pius. V. Michael uocatus, natus in oppido Boschi.

Medium corpus pilarũ. Gregorius XIII. cuius insignia medius Draco, Cardin alis creatus à Pio. IIII. qui pila in armis gestabat.

Axis in medietate signi. Sixtus. V. qui axem in medio Leonis in armis gestat.

[74] De rore cœli. Vrbanus. VII. qui fuit Archiepiscopus Rossanensis in Calabria, ubi mãna colligitur.

Ex antiquitate Vrbis. Gregorius. XIIII.

Pia ciuitas in bello. Innocentius. IX.

Crux Romulea. Clemens. VIII.

[78]	Vndosus uir.		Pastor & nauta.	
	Gens peruersa.	Animal rurale.	Flos florum.	
	In tribulatione pacis.	Rosa Vmbriæ.	De medietate lunæ.	
	Lilium & rosa.	Vrsus uelox.	De labore solis.	
	Iucunditas crucis.	Peregrinꝰ apostolicꝰ.	Gloria oliuæ.	[111]
	Montium custos.	Aquila rapax.	In ꝑsecutione. extre-	[112]
	Sydus olorum.	Canis & coluber.	ma S.R.E. sedebit.	
	De flumine magno.	Vir religiosus.	Petrus Romanus, qui	
	Bellua insatiabilis.	De balneis Ethruriæ.	pascet oues in mul-	
	Pœnitentia gloriosa.	Crux de cruce.	tis tribulationibus:	
	Rastrum in porta.	Lumen in cœlo.	quibus transactis ci-	
	Flores circundati.	Ignis ardens.	uitas septicollis di-	
	De bona religione.	Religio depopulata.	ruetur, & Iudex tre	
	Miles in bello.	Fides intrepida.	mẽdus iudicabit po	
	Columna excelsa.	Pastor angelicus.	pulum suum. Finis.	

Quæ ad Pontifices adiecta, non sunt ipsius Malachiæ, sed R.P.F. Alphonsi Giaconis, Ord. Prædicatorũ, huius Prophetiæ interpretis.

Links: **Die relevanten Teile der Papstliste aus Arnold Wions Buch, das 1595 veröffentlicht wurde (Wiedergabe im originalen Schriftbild)**

Erster Ausschnitt: Die kurze Einleitung auf Latein, verfasst von Arnold Wion: […] Scripsisse fertur & ipse nonnulla opuscula, de quibus nihil hactenus vidi, præter quandam prophetiam de Summis Pontificibus, quæ quia brevis est, & nundum quod sciam excusa, & à multis desiderata, hic à me apposita est. („Es heißt, er habe einige kleinere Schriften verfasst, von denen ich bis heute keine gesehen habe, außer einer Prophezeiung über die Höchsten Pontifexe, die ich, weil sie kurz ist und, soweit ich weiß, noch nie veröffentlicht wurde und weil es von vielen gewünscht wurde, hier anfüge.“)

Dann folgt der Titel der Liste: *Prophetia S.Malachiæ Archiepiscopi, de Summis Pontificibus* („Prophezeiungen des Hl. Erzbischofs Malachias über die Höchsten Pontifexe“), und danach beginnt sogleich, ohne Zwischenzeile, die Liste mit den Päpsteprophezeiungen.

Zweiter Ausschnitt: Der Schluss der Liste. Die Zeile zu Pius V. ist Eintrag 71. Bis Eintrag 74 wird jedem Sinnspruch als Aufschlüsselung der Papstname sowie eine kurze Erklärung hinzugefügt. Bei 75 bis 77 wird nur noch der Papstname angegeben. Eintrag 77 bezieht sich auf den Papst, der im Jahr 1595 im Amt war: Clemens VIII. (von 1592 bis 1605). Ab Eintrag 78 folgen nur noch die kurzen Sinnsprüche. Beim letzten Eintrag fügte der Kommentator nochmals Eigenes hinzu: den allgemeinen Papstnamen „Petrus Romanus“ und eine spekulative Erklärung. Gleich danach folgen zwei abschließende Zeilen von Arnold Wion: *Quæ ad Pontifices adiecta, non sunt ipsius Malachiæ, sed R. P. F. Alphonsi Giaconis, Ord. Praedicatorum, huius prophetiæ interpretis.* „Was den Päpsten [Päpsteprophezeiungen] beigefügt ist, stammt nicht von Malachias selbst, sondern von Pater Alfonso Chacón vom Orden der Prediger, demjenigen, der die Prophezeiungen interpretierte.“ Heute wissen wir, dass diese Angabe nicht stimmt. Die eingefügten Erklärungen (bei Eintrag 1–74 und bei 112) wurden nicht vom damals bekannten Historiker Chacón verfasst.

Die letzten 35 Einträge waren ab Wions Zeit prophetisch und führen mit Eintrag 112 genau in unsere heutige Zeit (Wahl von „Papst 112“ im Jahr 2013, Tod von „Papst 111“ Ende 2022). Von wem stammten diese Prophezeiungen?

auf damals noch zukünftige Päpste bezogen. Und jetzt sind wir mit Papst Franziskus beim letzten Papst dieser Liste angelangt!

Die 112 kurzen lateinischen Sprüche für die einzelnen Päpste bestehen aus zwei oder drei, max. vier Wörtern. Nur die Beschreibung des letzten Papstes ist etwas länger (vier bzw. sieben Wörter, die einen kurzen Satz bilden), und dann folgt die erläuternde Hinzufügung mit „Petrus Romanus".

Inhaltlich und vom Stil her lassen sich bei dieser Liste zwei unterschiedliche Teile feststellen. Die Sprüche 1 bis 74 enthalten kurze Hinweise auf den Namen, die Herkunft oder das Wappen des jeweiligen Papstes. Ab Spruch 75 ist der Stil der Formulierungen anders. Sie sind kryptisch und bildhaft. Bis Spruch 74 ist zudem jeder Eintrag mit einem lateinischen Kommentar versehen. Diese Kommentare schreibt Arnold Wion dem spanischen Historiker Alfonso Chacón (1530 - 1599) zu, der als Mitglied des Dominikanerordens seit 1567 in Rom lebte. Wions Angabe ist jedoch falsch: Die Kommentare stammen nicht von Chacón.[116] Er erwähnt die Prophezeiungen nirgendwo, ebenso wenig wie die Kommentare, die er angeblich dazu verfasste.

Die ersten rund 70 Sprüche sehen aus wie Fälschungen bzw. rückdatierte Konstruktionen mit Bezügen auf die Herkunft oder das Wappen des jeweiligen Papstes. So lautet z. B. der Spruch für den ersten der aufgeführten Päpste: *Ex castro Tiberis* („Aus einer Burg am Tiber"), was auf Coelestin II. zutrifft, denn sein Geburtsort ist die am Tiber gelegene Ortschaft Città di Castello.

Eintrag 36 lautet *Corvus schismaticus,* „Schismatische Krähe", und bezieht sich auf den Gegenpapst Nikolaus V. Sein bürgerlicher Name lautete Pietro di Corvaro. Der Sinnspruch ist ein Wortspiel mit seinem Familiennamen. Als Gegenpapst war er schismatisch, d. h. „eine Kirchenspaltung verursachend/fördernd".

Eintrag 53 lautet *Amator Crucis,* „Liebhaber des Kreuzes", und bezieht sich auf den Gegenpapst Felix V. mit bürgerlichem Namen Amadeus, Herzog von Savoyen. *Amator* bezieht sich auf den Vornamen Amadeus, und sein Wappen trug das Kreuz von Savoyen.

Eine kritische Untersuchung der Sprüche bis zum Eintrag 74 zeigt in 23 Einträgen eine Übereinstimmung mit dem Papstlexikon *Epitome Pontificium Romanorum* des Augustinermönchs Onofrio Panvinio, das 1557 in Venedig erschienen war. Dabei wurden auch einige Fehler in den biographischen Angaben übernommen.[117] (Neben Panvinios

Lexikon wurden auch noch weitere geschichtliche Listen und Beschreibungen der früheren Päpste verwendet.)

Es ist also nicht verwunderlich, dass viele diese Prophezeiungen als Fälschung ablehnen. Aber sind alle Einträge auf der Malachiasliste Fälschungen, auch die letzten 35?

Betrachten wir nun die weiteren Einträge (ab Position 74): Spruch 74 bezieht sich auf Urban VII., der 1590 für zwölf Tage Papst war (er verstarb kurz nach seiner Wahl an Malaria). Bis zu diesem Papst von 1590 wurde jeder Eintrag mit dem Papstnamen und einer kurzen Erklärung ergänzt. Bei den Einträgen 75 bis 77 wird nur noch der Papstname angegeben, ohne zusätzliche Erklärung. Eintrag 77 bezieht sich auf den Papst, der 1595, im Erscheinungsjahr der Prophezeiungen, im Amt war: Clemens VIII. (von 1592 bis 1605).

Die Einträge 78 bis 111 bestehen nur aus den prophetischen Kurzbeschreibungen. Beim letzten Papst (Eintrag 112) folgt zusätzlich zur Prophezeiung wieder ein Papstname mitsamt Kommentar, wobei der dort genannte Name „Petrus Romanus" nur eine allgemeine Bezeichnung für den Papst bzw. das Papstamt ist.

Die Papstliste in Wions Veröffentlichung führte zu großen Kontroversen. Weil diese Liste ein Ende des Papsttums oder zumindest die Zerstörung Roms voraussagte, waren es vor allem protestantische Autoren, die sagten, die Liste sei echt, während katholische Autoren sie als Fälschung bezeichneten. In der Zeit von Papst Pius VI. (im Amt von 1775 bis 1799) bekam die „Malachiasliste" neue Aufmerksamkeit. Pius VI. reiste 1782 nach Wien zu einem Treffen mit Kaiser Joseph II., um der kirchenfeindlichen Stimmung entgegenzuwirken. Dies war höchst außergewöhnlich, da über mehrere Jahrhunderte kein Papst den Vatikan verlassen hatte. Die prophetische Liste charakterisiert genau diesen Papst mit den Worten *Peregrinus Apostolicus* („Apostolischer Pilger")! Er wurde 1798 von Napoleons Truppen in die Verbannung gesandt, und er starb in Gefangenschaft in Frankreich. Seit dieser Zeit wurden die Malachias-Prophezeiungen Gegenstand intensiver Forschung. Je näher die Zeit der letzten prophezeiten Päpste kam, desto größer wurden das Interesse und die Kontroversen.

Die letzten Päpste der „Malachiasliste"

Im Folgenden betrachten wir die letzten zehn Einträge der prophetischen „Malachiasliste" (Einträge 103 bis 112). Heute wissen wir, dass sich Eintrag 103 auf den ersten Papst bezieht, der im 20. Jahrhundert gewählt wurde.

[103] *Ignis ardens,* „Brennendes Feuer": Papst Pius X. (1903 bis 1914)

Ignis ardens bezieht sich auf seinen starken konservativen Aktivismus, aber auch auf den Ersten Weltkrieg. Pius X. starb drei Wochen nach dem Beginn des Ersten Weltkriegs.

[104] *Religio depopulata,* „Zerstörte Religion" oder auch „Entvölkerte Religion": Papst Benedikt XV. (1914 bis 1922)

Religio depopulata bezieht sich auf den Ersten Weltkrieg und insbesondere auf die Russische Revolution, die zur weltgeschichtlich größten Verfolgung religiöser Menschen durch atheistische Mächte führte.

[105] *Fides intrepida,* „Furchtloser Glaube": Papst Pius XI. (1922 bis 1939)

Fides intrepida bezieht sich auf seine klare Positionierung gegen den Nationalsozialismus und Kommunismus. Er verurteilte beide Ideologien und veröffentlichte 1937 die Enzyklika „Mit brennender Sorge" (lat. *Ardente cura*) explizit in deutscher Sprache, weil er sich damit gegen die Entwicklungen in Nazi-Deutschland wandte. Auffällig ist, dass zu Beginn beider Weltkriege in prophetischem Zusammenhang das Wort *ardens,* „brennend", erscheint: bei Pius X. in der Bezeichnung *Ignis ardens* und bei Pius XI. in der warnenden Überschrift *Ardente cura.*

[106] *Pastor angelicus,* „Engelhafter Hirte": Papst Pius XII. (1939 bis 1958)

Diese Beschreibung ist sehr allgemein. Pius XII. führte die Kirche durch die gesamte Dauer des Zweiten Weltkriegs und lang darüber hinaus. Während des Zweiten Weltkriegs konnte er mit diplomatischen Mitteln und heimlichen Hilfen durch die Kirche Tausende von Juden und anderen Verfolgten retten.[118]

[107] *Pastor & nauta*, „Hirte & Seefahrer“: Papst Johannes XXIII. (1958 bis 1963)

Pastor & nauta kann sich darauf beziehen, dass er Kardinalpatriarch der ehemaligen Seefahrerstadt Venedig war. Zweimal hintereinander folgt bei den Prophezeiungen das Wort *Pastor* („Hirte“). Beim vorherigen Eintrag *(Pastor angelicus)* ist das Wort *Pastor* praktisch ein Synonym für „Papst“, weshalb *Pastor & nauta* auch bedeuten könnte, dass er zwei Rollen innehatte. Es gibt Stimmen, die sagen, dass er in Verbindung zu den Freimaurern stand. Auf jeden Fall war er der erste liberale Papst. Ein *nauta* („Seefahrer“) ist vom Wesen her weltoffen. Dieser Papst berief das Zweite Vatikanische Konzil ein und förderte modernistische und ökumenische Ziele innerhalb der Kirche.

[108] *Flos florum*, „Blume der Blumen“: Papst Paul VI. (von 1963 bis 1978)

Das Papstwappen von Paul VI. beinhaltete drei heraldische Lilien (Symbole mit je drei stilisierten Blütenblättern, die unten von einem Band zusammengehalten werden). Diese Lilie oder Fleur-de-Lys ist eher ein königliches als ein kirchliches Symbol.

[109] *De medietate lunae*, „Von der Hälfte des Mondes“ oder „Von der Mitte des Mondes“: Johannes Paul I. (1978)

Dieser Papst wurde bereits am ersten Tag des Konklaves gewählt, am 26. August 1978, am Tag nach einem Halbmond. Und der Mond war für ihn ein besonderes Symbol, weil er nur einen Monat lang im Amt war. Er wird deshalb auch „der 33-Tage-Papst“ genannt. Zufällig oder als Zugabe lautete sein Familienname Luciani (von *lux/lucis* „Licht / des Lichts“, und *lucius*, „lichtvoll; strahlend“), und er gehörte dem Bistum Belluno an. Dieser Name ist abgeleitet vom keltischen *beldonum/-dunum*, „lichte, helle Anhöhe/Region“, was im Lateinischen zu „Bellunum“ und im Italienischen zu „Belluno“ wurde, worin auch das Wort *luna* („Mond“) zu erkennen ist, das dieselben Wurzeln hat wie *lux*. Das mögen zufällige zusätzliche Übereinstimmungen mit *De medietate lunae* sein, aber diese finden sich nur bei diesem einen Papst, und man müsste ziemlich lange suchen, bis ein weiterer Papst gefunden würde, der in seinem Namen und seiner Herkunft solche *luna*-Verbindungen aufweist.

[110] *De labore solis,* „Von der Bedrängnis der Sonne" oder „Von der Mühsal der Sonne": Papst Johannes Paul II. (von 1978 bis 2005)

„Sonne" ist hier ein Symbol für die Kirche. „Von der Bedrängnis der Sonne" bedeutet, dass dieser Papst von einem Ort kommt, wo die Kirche bedrängt wurde, und Johannes Paul II. (Karol Wojtyła) stammte aus dem kommunistischen Ostblock. Er war der erste nichtitalienische Papst seit 456 Jahren und der erste slawische Papst. Er kam aus dem Osten und Ostblock (Polen), und der Osten wird der Sonne bzw. dem Sonnenaufgang zugeordnet.

De labore solis bezieht sich in einer zweiten Bedeutung („Von der Mühsal der Sonne") auf die Krise der Kirche mit den vielen Skandalen und Austritten, aber auch auf den Papst selbst. Beim Amtsantritt war er 58 Jahre alt und war damit seit über 100 Jahren der jüngste Papst. Johannes Paul II. reiste mehr als jeder andere Papst vor ihm (104 Auslandsreisen mit Besuchen in insgesamt 127 Ländern). Er ertrug in seinen letzten Jahren große physische Leiden, was die ganze Welt mitbekam. Seine letzte Auslandsreise machte er im August 2004 (nach Lourdes), sieben Monate vor seinem Tod.

De labore solis kann auch „Von den Geburtswehen der Sonne" bedeuten, und tatsächlich gab es am Tag seiner Geburt, am 18. Mai 1920, eine partielle Sonnenfinsternis (über Australien). Ebenso gab es am 8. April 2005, am Tag seines Begräbnisses, eine Sonnenfinsternis (über Nord- und Südamerika). Dies waren wohl eher zufällige Übereinstimmungen, aber passende. Die ersten zwei Bedeutungen sind für die Zuordnung bereits ausreichend.

[111] *Gloria olivae,* „Ruhm des Olivenbaumes": Papst Benedikt XVI. (2005 bis 2013)

Mit Joseph Ratzinger saß ein Intellektueller auf dem Papstthron, einer der wichtigsten katholischen Theologen der letzten Jahrzehnte. Bevor er in den Vatikan zog, war er Professor für katholische Dogmatik und Dogmengeschichte an mehreren deutschen Universitäten. Das Wochenmagazin *Der Spiegel* (16/2006) nannte ihn in einer Artikelüberschrift „Professor Dr. Papst". Der Olivenbaum/Olivenzweig ist ein antikes Symbol für Wissenschaft, Philosophie und Kunst. Aber auch ganz konkret war ein Olivenbaum ein wichtiges Symbol im Pontifikat von Benedikt XVI. Am 23. November 2011 wurde am Viale

Degli Ulivi (Olivenbaum-Boulevard) in den päpstlichen Gärten ein vier Meter hoher, rund 400 Jahre alter Olivenbaum aus Israel eingepflanzt. Dieser Baum war ein Geschenk von Israels Premierminister Benjamin Netanjahu an Papst Benedikt XVI. „Er soll als Symbol für die ‚blühenden‘ Beziehungen zwischen dem Vatikan und dem jüdischen Staat dienen.“[119]

Eine weitere Interpretation bezieht sich auf den Namen der Olivetaner, eines Zweigordens der Benediktiner, der im 14. Jahrhundert gegründet wurde. Offiziell heißen sie *Fratres eremitae de monte Oliveti* und werden auch „Mönche von Monte Oliveto“ oder „Mönche vom Ölberg“ genannt. Dadurch besteht ein direkter Bezug vom Stichwort „Oliven“ zum Orden des Hl. Benedikt und damit auch zum Namen des 111. Papstes der Malachias-Prophezeiung. Dieser Bezug mag etwas künstlich erscheinen, aber er passt nur beim Papstnamen „Benedikt“.

[112] *In persecutione extrema S. R. E. sedebit.* „In äußerster Verfolgung der Heiligen Römischen Kirche wird [er] sitzen (amtieren).“

Spruch 112 ist der einzige, der etwas länger ist und nicht nur Stichwörter nennt, sondern einen ganzen Satz bildet. S. R. E. steht für *Sancta Romana Ecclesia*. Nach Position 111 folgt auf Position 112 der letzte prophetische Eintrag. Besagt diese Prophezeiung, dass der auf *Gloria olivae* folgende Papst der letzte ist? Nicht unbedingt. Das Wort *sedebit* bedeutet „er wird amtieren“ (im Lateinischen wird nicht extra „er“ hinzugefügt), aber auch „wird [XY] amtieren“, wodurch Platz für weitere Päpste dieser neuen Phase gegeben wäre. Die Prophezeiung besagt jedoch, dass mit diesem Papst eine neue und schwierige, wenn nicht sogar abschließende Phase des Papsttums beginnt. Das Wort *extrema*, „äußerste“, kann auch eine zeitliche Bedeutung haben: „in äußerster, letzter Verfolgung“. Worauf diese Verfolgung hinausläuft, sagt die Prophezeiung nicht.

Wie bei den Einträgen 1 bis 74 steht auch beim letzten Eintrag ein Kommentar. Einige Interpreten sind der Meinung, dass dieser Zusatz eine eigene Prophezeiung darstelle, was bedeuten würde, dass die Liste nicht 112, sondern 113 Päpste umfasst.[120]

Petrus Romanus, qui pascet oves in multis tribulationibus: quibus transactis civitas septicollis diruetur, & Iudex tremendus iudicabit populum suum. Finis.

„Der römische Petrus (oder: Petrus der Römer), der die Schafe unter vielen Bedrängnissen weiden wird: Wenn diese vorüber sind, wird der siebenhügelige Staat zerstört sein, und der ehrfurchtgebietende Richter wird sein Volk richten. Ende [der Liste]."

Bei den Kommentaren zu den Einträgen 1 bis 74 steht immer der Papstname, meistens gefolgt von einem Relativpronomen. Genau die gleiche Struktur (Papstname und Relativpronomen) sehen wir in der obigen Formulierung, weshalb anzunehmen ist, dass es sich um einen Kommentar zur vorherigen Prophezeiung handelt, verfasst von demjenigen, der auch die ersten 74 Kommentare hinzufügte. Er nennt den letzten Papst auf dieser Liste „Petrus Romanus", was eine allgemeine Bezeichnung für den Papst ist. (Das Papstamt wird oft als „Stuhl Petri" bezeichnet.) Dieser Name besagt nicht, dass der Papst „Petrus" heißen und „Römer" bzw. Italiener sein wird. Wer auch immer diesen Kommentar schrieb, war offensichtlich der Ansicht, mit dem letztgenannten Papst werde das Weltgericht kommen, weshalb er Gott als *Iudex tremendus,* „ehrfurchtgebietender/furchterregender Richter", bezeichnet. Mit der lateinischen Formulierung *in multis tribulationibus* weist der Kommentator auf die sieben Jahre der „Drangsalzeit" *(tribulatio)* hin, die im Buch Daniel und in der Johannes-Offenbarung beschrieben werden. Der Kommentator mag damit in einem weiteren Sinn sogar recht haben, aber es ist wichtig, hier die eigentliche Prophezeiung und den Kommentar auseinanderzuhalten.

Prophezeiung Nr. 112 ist die einzige, die nichts über die Person selbst sagt. Sie beschreibt nur die äußere Situation: Es werde eine Zeit der extremen bzw. letzten Verfolgung der Kirche sein oder, in einer etwas freieren Übersetzung, eine Verfolgung durch Extremisten. Gegenwärtig gehören weltweit 75 bis 80 Prozent der Menschen, die wegen ihres Glaubens verfolgt werden, zum Christentum.[121] Zudem sollte nicht vergessen werden, wie sehr im 20. Jahrhundert auch christliche Priester (unter Lenin und Stalin, im spanischen Bürgerkrieg usw.) verfolgt und massakriert wurden. Die Malachiasprophezeiung spricht diesbezüglich eine dringliche und alarmierende Warnung aus.

Vorurteile und falsche Kritikpunkte

Nach dem Rücktritt von Papst Benedikt XVI. und der Wahl von Papst Franziskus wurde vielerorts auch die ominöse Malachias-Prophezeiung zur Sprache gebracht. So veröffentlichte die *Huffington Post* einen Artikel mit der Überschrift: „Sankt Malachias' Prophezeiung vom letzten Papst – Was Theologen über die Voraussagen aus dem 12. Jahrhundert denken“. In diesem Artikel wurden nur kritische Stimmen zitiert, kulminierend im Urteil „Unsinn“:

> Der Jesuit Thomas J. Reese von der Universität Georgetown hat über all die Spekulationen [bzgl. Endzeit und letztem Papst] nur zu sagen: „Die Malachias-Prophezeiung ist Unsinn.“[122]

Angeführt wird ein häufiges Argument der Skeptiker, mit dem gezeigt werden soll, dass die ganze Prophezeiungsliste eine Fälschung sei: die Liste sei nur deshalb erstellt worden, weil jemand die Papstwahl von 1590 beeinflussen wollte. Beweis sei Spruch 75: *De antiquitate Urbis,* „Vom Altertum der Stadt“.

Die Argumentation lautet wie folgt: Am 27. September 1590 war Papst Urban VII. nach nur zwölf Tagen Amtszeit verstorben, worauf eine zwei Monate dauernde Papstwahl folgte. Während dieser Zeit hätten Anhänger von Kardinal Simoncelli aus Orvieto den pseudoprophetischen Spruch *De antiquitate Urbis* geschrieben, weil der Stadtname Orvieto auf Lateinisch *Urbs vetus,* „Alte Stadt“, lautet. Um diesen Spruch wie eine alte Prophezeiung erscheinen zu lassen, hätten die Simoncelli-Anhänger 74 Sprüche in die Vergangenheit und 37 beliebig interpretierbare Sprüche für zukünftige Päpste geschrieben.

Das ist ein scheinbar plausibles Argument, aber es ist nicht haltbar, denn bei der Papstwahl von 1590 lassen sich keine Hinweise auf eine solche versuchte Einflussnahme finden. Die Behauptung, der Spruch *De antiquitate Urbis* habe der Propaganda gedient, tauchte erst rund hundert Jahre später auf. Kardinal Simoncelli war 1590 schon ziemlich alt und hatte weder Aussicht noch persönliche Ambitionen auf das Papstamt. Zudem war er nicht einmal auf der Liste der wählbaren Kandidaten. (König Philipp II. von Spanien hatte sich das Recht geholt, bei der Papstwahl eine Liste der ihm genehmen Kandidaten erstellen zu können. Simoncelli war pro-Philipp, aber dennoch nicht auf der Liste.) Gewählt wurde dann Niccolò Sfondrati aus Mailand

(Gregor XIV.). Er starb schon im darauffolgenden Jahr. Der Bezug des Spruchs *De antiquitate Urbis* auf diesen Papst ist unklar. Vielleicht ist mit der alten Stadt Mailand gemeint, die 400 v. Chr. gegründet wurde. Wenn das Wort *Urbs*, „Stadt", groß geschrieben ist, bezieht es sich eigentlich auf Rom (siehe „Urbi et Orbi"). Wie im nächsten Unterkapitel gezeigt wird, beinhalten die lateinischen Sprüche möglicherweise einen Buchstabencode für den prophetischen Zeitrahmen, der dann ebenfalls mit berücksichtigt werden müsste.

Auf jeden Fall beklagte sich während des langen Konklaves von 1590 niemand über eine unfaire Werbung von Seiten der Simoncelli-Anhänger, und der Spruch *De antiquitate Urbis* wurde ohnehin erst 1595 veröffentlicht. Dennoch wird das Simoncelli-Argument immer wieder bemüht, so auch im oben zitierten Artikel aus der *Huffington Post* von 2013.

Alles nur zufällige Übereinstimmungen?

Besagte Kritiker sind der Meinung, die von Wion veröffentlichten Sprüche seien eine Fälschung und hätten keine prophetische Bedeutung; die kurzen Sinnsprüche seien alle so formuliert, dass sie im Rückblick auf jeden Papst angewandt werden können. Übereinstimmungen wie *Peregrinus apostolicus* für Pius VI., der als erster Papst nach Jahrhunderten wieder die Vatikanstadt verließ, seien purer Zufall.

Fakt ist, dass die Prophezeiungen im Jahr 1595 veröffentlicht wurden. Sie sind aus heutiger Sicht (2023) also mindestens 428 Jahre alt. Wer immer diese Sprüche bzw. Prophezeiungen schrieb, landete z. B. mit obengenanntem „Zufall" einen Volltreffer, indem er genau richtig voraussagte, dass der 19. Papst nach jenem, der 1595 im Amt war, eine apostolische Reise durchführen wird.* Wie wir gesehen haben, passen auch die Beschreibungen 103 bis 111 sehr genau auf die entsprechenden Päpste.

Besonders erstaunlich ist, dass die Liste nach dem damals (1595) amtierenden Papst 35 weitere Päpste prophezeit und damit direkt

---

* Interessanterweise ist gerade dieser Eintrag der einzige, der typographisch hervorgehoben ist, nämlich durch eine hochgestellte 9 als Abkürzung für die lateinische Endung *-us*: *Peregrin⁹ apostolic⁹* für *Peregrinus apostolicus*. (Diese Abkürzung war nötig, damit der Spruch im „Layout" auf eine Zeile passt.)

unsere Zeit ab 2013 trifft. Und diese Übereinstimmung ist Teil eines größeren Zusammenhangs! 1951 veröffentlichte der Jesuitenpater Prof. René Thibaut (1883 - 1952) in Frankreich ein Buch über die Malachias-Prophezeiungen.[123] Darin legt er die Entdeckung eines Schlüssels dar, der zeitlich von Papst Pius V. ausgeht, der von 1566 bis 1572 im Amt war. Auf der Liste wird er auf Position 71 aufgeführt. Wie Thibaut im Buch mehrfach betont, weist der Schlüssel auf das Jahr 2012 hin, konkret auf den April/Mai 2012. Das Manuskript lag einige Jahre unveröffentlicht vor, denn wie im Buch zu sehen ist, erhielt es die kirchliche Druckerlaubnis bereits im Juni 1945. Prof. Thibaut machte seine Entdeckung also vor oder während des Zweiten Weltkriegs, und damals wusste niemand etwas vom ominösen Jahr „2012". Wir finden hier also von ganz anderer Seite wiederum einen wichtigen Hinweis auf dieses Jahr und die damit verbundene Wendezeit.

Pius V. starb am 1. Mai 1572. Von da an sind es genau 440 Jahre bis zu dem vom Schlüssel angezeigten päpstlichen Schicksalsdatum des 30. April 2012. Und genau 440 Jahre vor dem 1. Mai 1572, im Jahr 1132, wurde Malachias in das Amt des Erzbischofs von Irland erhoben. Damals herrschten Wirren wegen des Gegenpapstes Anaklet II., die mit dem Konzil von Piacenza im Juni 1132 beendet wurden. Wenn die Ernennung des Malachias im Vorfeld dieses Konzils (im April/Mai) stattfanden, dann wären es sogar auf den Monat genau 440 Jahre.[124]

Die Prophezeiungen umfassen also zwei Hälften zu je 440 Jahren. In der Zahl 440 erkennen wir die Zahl 22, eine wichtige Zahl der hebräischen Wort- und Zahlenkunde (Gematria) und der Bibel. Das hebräische Alphabet hat 22 Buchstaben. Das letzte Buch der Bibel („Apokalypse", auch „Johannes-Offenbarung") hat 22 Kapitel. Im Alten Testament umfasst der Teil bis zu den Büchern der Propheten (1. Buch Mose bis Hohelied) 22 Schriften. Im Neuen Testament folgen nach den vier Evangelien und der Apostelgeschichte 22 weitere Schriften (21 Apostelbriefe und die Johannes-Offenbarung).

Es würde den Rahmen des vorliegenden Buches sprengen, den Schlüssel, den Prof. Thibaut vor rund 80 Jahren fand, mit all den Berechnungen darzulegen. Ich steige mit den folgenden Zitaten in der Mitte des Buches ein, wo bereits die Zahl 107 als wichtiges Zwischenergebnis herausgearbeitet wurde, und zitiere einige Stellen, in denen das Jahr 2012 erwähnt wird, denn auf diese Erkenntnis laufen die Berechnungen hinaus:

> Gloria Olivae: So lautet die authentische Formulierung des letzten Eintrags [vor Eintrag 112]. Mehrere frühere Ausgaben schrieben *De gloria olivae,* was falsch ist. Dieses zusätzliche *De* hätte all unsere vorangegangenen Berechnungen aufgehoben, oder es hätte zumindest nicht mehr viel dazu gefehlt. Aber wenn der Zahlenwert 107 durch 607 ersetzt worden wäre, hätte dies auch *die wundersame Koinzidenz* zerstört, die wir nun aufzeigen werden. [...] Die Berechnung, die wir nun nachvollziehen werden, ist zugleich so subtil und so exakt, dass sie für sich allein schon eine Art von Wunder der Genialität darstellt. Sie zeigt auf jeden Fall den Geisteshorizont des unbekannten Autors und bestätigt zudem die bisherigen Entdeckungen.[125]
>
> Angesichts dessen, was wir über die [gregorianische] Kalenderreform gesehen haben, erfordert es nicht viel Einfallsreichtum, um in der Zahl 107 einen Hinweis auf die Summe der Schalttage zu erkennen, die sich vom 1. Mai 1572 bis zum 30. April 2012 ergibt, d. h. während der 440 Jahre, die im Zeitraum der letzten 40 Einträge ablaufen. [...] Zu beachten ist, dass 1572 und 2012 zusammen nur ein einziges Schaltjahr bilden, weil 1572 nur ab dem Mai und 2012 nur bis zum Mai gezählt wird.[126]
>
> Wenn man all die erstaunlichen Zusammenhänge, die wir *entdeckt* haben, dem Zufall zuschreiben will, würde man im gleichen Zug behaupten, dass wir sie *erfunden* haben. [...] Jeder Leser, der etwas Ausdauer aufbringt, hat die Möglichkeit, unsere Feststellungen und Berechnungen ohne große Mühe nachzuvollziehen. [...] die Hypothese mit den 440 Jahren bzw. des Zeitraums von 1572 - 2012, auf die sich die letzten 40 Einträge beziehen. [...] Offen gesagt, wir glauben nicht, dass die Gesamtheit aller Zusammenhänge, die auf diesen Seiten offenbart wurden, nur dem Zufall zugeschrieben werden können. [...] Das Jahr 2012 wird zeigen, ob es stimmt oder nicht stimmt, dass der „Prophet“ richtig gesehen hat.[127]

Genannt wurde der Zeitraum April/Mai, mit besonderer Erwähnung des Datums 30. April 2012. Oben lasen wir von „wundersamer Koinzidenz“, und genau eine solche können wir auch beim genannten Datum feststellen. Heute wissen wir, dass Papst Benedikt XVI. seinen Entschluss zum „Jahrtausendschritt“ genau am 30. April 2012 erstmals aussprach, damals zwar nur als Andeutung, aber für ihn stand der Entschluss seit seiner Rückkehr von der beschwerlichen päpstlichen Reise nach Kuba und Mexiko Ende März 2012 fest. Die öffentliche Ankündigung erfolgte dann am 11. Februar 2013.

Der damalige Staatssekretär des Vatikans, Kardinal Tarcisio Bertone, veröffentlichte im Jahr 2018 seine Memoiren mit dem Titel *I miei Papi* („Meine Päpste“), denn in seinem Leben als Theologe und Kleriker diente er unter sieben Päpsten, von Pius XII. bis Franziskus.

> Der Papst machte eine erste flüchtige Andeutung auf die etwaige Möglichkeit eines Rücktrittes vom Petrusdienst bereits in der Audienz vom 30. April [2012]. Es wurde dann nicht weiter darüber gesprochen, aber das Thema kehrte im August während eines vertraulichen Gesprächs zurück, als wir in Castel Gandolfo [in der Sommerresidenz des Papstes] waren. Ich hatte Mühe zu glauben, dass er tatsächlich eine solche Entscheidung getroffen hatte [...].[128]

Für Außenstehende mag diese „wundersame Koinzidenz“ unbedeutend sein, aber der Vatikan und die mit ihm verbundenen Machtstrukturen sollten nicht unterschätzt werden. Einige Ausführungen zu diesem brisanten Themenkomplex folgen im nächsten Kapitel: *„Kirche“ und „Antikirche“ und das Ende ihrer Machtkämpfe.*

Auch hier ein Hinweis auf unsere Zeit!

Erneut weist eine alte Prophezeiung auf die jetzigen Jahre hin. Gemäß Maya-Kalender endete an der Wintersonnenwende 2012 ein über fünftausend Jahre langer Zyklus. Das damals laufende Kalenderjahr des Maya-Kalenders endete einige Monate später, also im gregorianischen Jahr 2013 (siehe S. 30). Und praktisch auf den Monat genau kam 2013 der letzte Papst der Malachias-Prophezeiung ins Amt! Die von Wion veröffentlichte Liste trifft also dasselbe Zeitfenster wie der jahrtausendealte Maya-Kalender – und wie die Gaura-Prophezeiung des Nostradamus.

Einige Forscher sind der Meinung, dass der 112. Eintrag nicht unbedingt den letzten Papst bezeichne, sondern Platzhalter sei für eine Reihe von Päpsten derselben Abschluss- bzw. Übergangsphase. Diese Möglichkeit der Interpretation wurde auch im bereits erwähnten Artikel der *Huffington Post* von 2013 zitiert:

> „Er [Spruch 112] besagt: ‚In extremer Verfolgung in der Heiligen Römischen Kirche wird sitzen ...‘ Das ist ein unvollständiger Satz.“ Weiss [Pater James Weiss, Professor für Kirchengeschichte am Boston College]

> fügt hinzu: „Viele Gelehrte sind der Meinung, dass dieser Spruch ein unvollständiger Satz ist, was darauf hinweise, dass zwischen dem ‚Ruhm des Olivenbaums' und ‚Petrus Romanus' eine unbestimmte Anzahl Päpste amtieren könnte."

Auf jeden Fall markiert der 112. Eintrag den Beginn einer Zeit, die mit einer großen Warnung verbunden ist, und diese Warnung wurde vor mehr als 400 Jahren ausgesprochen.

Wappen von Papst Sixtus V. (1585 bis 1590)

Die Malachiasliste enthält noch eine weitere erstaunliche Synchronizität. Die zwei Hälften zu je 440 Jahren beginnen mit Erzbischof Malachias im Jahr 1132. Wenn wir nur den Zeitraum der 112 prophezeiten Päpste betrachten, beginnend im Jahr 1143, bekommen wir eine andere, aber ebenso passende Rechnung. Da nicht bekannt ist, zu welchem Zeitpunkt das Pontifikat des letztgenannten Papstes endet, muss nach einem Zeichen in der Liste gesucht werden. Auffällig ist Eintrag 73 zu Papst Sixtus V.: *Axis in medietate signi*, „Achse in der Mitte des Zeichens". Die hinzugefügte Erklärung sagt, dies beziehe sich auf das Papstwappen, das von einer schräg verlaufenden Achse durchzogen wird. *Signum* kann auch „(schicksalhaftes) Zeichen; Omen; Prophezeiung" bedeuten. Ist es Zufall, dass gerade auf Position 73 der Hinweis „Achse in der Mitte des Zeichens/der Prophezeiung" steht?

Das Pontifikat des ersten Papstes der Liste, Coelestin II., begann am 26. September 1143. Das Pontifikat von Sixtus V. begann am 24. April 1585 und endete am 27. August 1590. Die Mitte seiner Amtszeit fällt auf den 25. Dezember 1587, also genau auf den Weihnachtsfeiertag. In besagter Rechnung ist dieser 25.12.1587 auch die Mitte der gesamten Amtszeit aller 112 Päpste. Vom 26. September 1143 bis zum 25. Dezember 1587 sind es 162 251 Tage. Wenn wir diese Anzahl von Tagen nach dem Achsendatum einfügen, kommen wir auf den 18. März 2032. Der Zeitraum vom September 1143 bis zum März 2032 umfasst 888 volle Jahre plus das angefangene Jahr. (Wer im September 1143 geboren wurde, wäre im März 2032 888 Jahre alt.) 888 ist die Zahl Jesu gemäß der Quersumme der altgriechischen Schreibweise Ἰησοῦς, „Iēsoûs".[129] Endet in diesem Jahr oder sogar an diesem Tag das letzte Pontifikat?[130]

Mit dem Schlüssel in Eintrag 73 („Achse in der Mitte des Zeichens/ der Prophezeiung“) bezeichnet die Päpsteprophezeiung einen Zeitraum von 888 Jahren, der im Jahr 2032 endet, anschließend an jenes Jahr, das beim Maya-Kalender über die „fraktale Zeit“ errechnet wurde (S. 47). 2032 ist auch das Schwellenjahr hin zum Endpunkt der Übergangszeit, die wir aus der Gaura-Prophezeiung kennen.

Das Geheimnis der Malachias-Prophezeiungen

Gemäß den Angaben im Buch von Arnold Wion stammen die Päpsteprophezeiungen vom irischen Abt und Erzbischof Malachias (1094 - 1148). Die Liste beginnt mit den letzten drei Päpsten, die zu Malachias' Lebzeiten im Amt waren: Coelestin II. (1143 bis 1144), Lucius II. (1144 bis 1145) und Eugen III. (1145 bis 1153).

Zum Zeitpunkt der Veröffentlichung der Prophezeiungen im Jahr 1595 gehörten 76 Päpste (inkl. zehn Gegenpäpste) der Vergangenheit an. 1595 war der auf Position 77 eingetragene Papst Clemens VIII. im Amt. Wirklich prophetisch waren im Jahr 1595 also nur die Einträge 78 bis 112.

Arnold Wion schreibt, dass die Prophezeiungen allesamt auf den Hl. Malachias zurückgehen,* und einige Interpreten sind auch heute dieser Ansicht.[131] Ein Szenario besagt, dass die Handschrift oder eine Abschrift Anfang des 16. Jahrhunderts entdeckt worden sei, worauf einige der darin enthaltenen Sinnsprüche in Umlauf gekommen seien. Bei dieser Spurensuche ist die Frage entscheidend, wann zum ersten Mal Hinweise auf die Existenz der Malachias-Prophezeiungen auftauchten. Der Forscher S. M. Olaf entdeckte in einem italienischen Biographiebuch von 1570 mehrere Formulierungen, die inhaltlich den lateinischen Sprüchen der Prophezeiungen entsprechen.[132] Ein wichtiges Argument ist auch die prophetische Anlage der 112 Prophezeiungen,

---

* Malachias reiste als Erzbischof von Irland nach Rom, um am Zweiten Laterankonzil von 1139 teilzunehmen. Die Legende besagt, dass er während seiner Zeit in Rom in einer Vision die Linie der zukünftigen Päpste offenbart bekam und die Niederschrift der Liste dem Papst überreichte. Die Kirche litt damals unter dem großen Schisma, das die römische Kirche von der Ostkirche getrennt hatte, während gleichzeitig die Kreuzzüge stattfanden und die islamische Expansion immer weiter um sich griff. Eine Offenbarung, die besagte, dass die Kirche noch für viele Jahrhunderte bestehen wird, wäre damals sehr beruhigend gewesen.

die zweimal 440 Jahre umfasst und dadurch Malachias zeitlich direkt mit dem letztgenannten Papst verbindet. Eine solch geniale – und prophetisch richtige! – Konstruktion wäre für keinen Fälscher möglich gewesen; der Verfasser der Prophezeiungen sei daher tatsächlich der prophetisch begabte Malachias, obwohl keine Beweise für die Wiederentdeckung seines Manuskripts im Jahr 1520 vorhanden seien.

Die Rätselhaftigkeit der hier wiedergegebenen historischen Mosaikteile lässt sich aber noch auf eine andere Weise auflösen, wie im Folgenden gezeigt wird.

Fakt ist, dass die Formulierungen ab Spruch 75 kryptisch werden und sich nicht mehr bloß auf bekannte Äußerlichkeiten wie das Wappen, den Namen oder die Herkunft des Papstes beziehen. Ab 75 werden charakteristische Eigenschaften oder Taten des jeweiligen Papstes beschrieben.

Die von Wion veröffentlichte Liste besteht also aus zwei Teilen: 1 bis 74 und 75 bis 112. Dies legt den Schluss nahe, dass die letzteren, 38 an der Zahl, echte prophetische Sprüche sind und im letzten Viertel des 16. Jahrhunderts entstanden. Jemand konstruierte dann 74 zusätzliche Sprüche, die von der Chronologie her bis in die Lebenszeit des Malachias (erste Hälfte des 12. Jahrhunderts) zurückreichten, um dadurch die gesamte Liste diesem Heiligen zuschreiben zu können. Aufgrund der 74 konstruierten Sprüche wurde die letzte Prophezeiung der echten Liste zum Eintrag 112. Und dort fügte der Konstrukteur bzw. Redakteur zum Abschluss nochmal einen Kommentar ein (die Zeilen mit „Petrus Romanus").

Bei den 38 echten Prophezeiungen finden wir die bereits aufgeführten Beispiele für treffende Übereinstimmungen. Erwähnt seien nochmals *Peregrinus apostolicus* für jenen Papst, der 1775 ins Amt kam, also 180 Jahre nach der Veröffentlichung der Prophezeiungen, sowie die Angaben zu den Päpsten vor und während der Weltkriege, dann das Papstwappen mit den Lilien, der Halbmondpapst, der Papst mit der „Mühsal der Sonne" und der Professorpapst mit dem Olivenbaum. Und der letzte Prophezeiungsspruch markiert die Zeit nach 2013, genau wie die Prophezeiung des Maya-Kalenders.

Wer schrieb die echten Prophezeiungen?

Wer erkannte in Wions Zeit, dass in 440 Jahren eine Übergangszeit kommen wird und dass es gerade der 35. Papst nach Clemens VIII. ist, der den Beginn der Endphase dieser Übergangszeit markieren wird? Das Positive dieser Prophezeiungen finden wir nicht nur in ihrer weiteren Bedeutung hinsichtlich der Wendezeit, sondern auch in der Person, die diese Prophezeiungen offenbart bekam.

Lebte in der zweiten Hälfte des 16. Jahrhunderts jemand, der für Papstprophezeiungen und allgemein für eine besondere Hellsichtigkeit bekannt war? Die Antwort ist ja, und zwar in Italien – und dort im weiteren oder sogar näheren Umfeld von Arnold Wion! Die meisten Experten sind heute überzeugt, dass die echten Prophezeiungen von Filippo Romolo Neri (1515 - 1595) stammen, deutsch Philipp Neri, der 1615 selig- und 1622 heiliggesprochen wurde, also schon relativ kurz nach seinem Tod.[133] 1995 war sein 400. Todesjahr, 2015 sein 500. Geburtstag. Der Hl. Philipp (San Filippo) wird als „Apostel der Freude" und als „humoristischer Heiliger" bezeichnet und ist der Stadtheilige von Rom* und Neapel. Er ist auch der Schutzpatron des Ortes Torri del Benaco am Gardasee, weil er diesen Ort während einer Pestepidemie besuchte, die Pest bannte und viele Kranke heilte. Jährlich findet dort ihm zu Ehren ein großes Volksfest statt (Festa di San Filippo), das auch eine Touristenattraktion ist.

Welthistorisch gesehen, war Philipp Neri (1515 - 1595) ein jüngerer Zeitgenosse des Caitanya (1486 - 1533) und des Nostradamus (1503 - 1566) und verkörperte im christlichen Italien des 16. Jahrhunderts die Caitanya-Freude des *saṅkīrtana* („gemeinsames Lobpreisen Gottes") auf außergewöhnliche, ja einzigartige Weise. Neri stammte aus einer Adelsfamilie von Florenz, zog mit 19 Jahren jedoch nach Rom, nachdem er eine spirituelle Offenbarung und innere Einweihung erlebt hatte. Das war 1533,[134] also im selben Jahr, in dem der Yuga-Avatāra in Indien die Welt der Materie verließ und die geistige Fackel weltweit an die nächste Generation übergab.

Als der 19-jährige Philipp Neri nach Rom kam, lagen viele Teile der Stadt immer noch in Trümmern, weil sechs Jahre zuvor fremde

---

* Die Apostel Petrus und Paulus sind die Stadtpatrone Roms, und San Filippo ist der Stadtheilige von Rom. Schon zu Lebzeiten wurde Philipp Neri auch „Apostel von Rom" genannt.

Söldnertruppen bei einem Überfall verheerenden Schaden angerichtet und viele Menschen massakriert hatten („Sacco di Roma" von 1527). Neri sah den erbärmlichen Zustand der Bevölkerung und widmete sich neben seiner Arbeit als Hauslehrer und neben seinen Studien, die er bald abbrach, der Hilfe für Arme, Kranke, Gefangene und notleidende Pilger. Gleichzeitig war er Straßenprediger, indem er die Menschen ansprach und mit Schlagfertigkeit und Witz aus der weltlichen Oberflächlichkeit herausholte. Er gründete volksnahe Gebets- und Gesangskreise („Oratorien") sowie eine Laiengemeinschaft für karitative Hilfe. Er organisierte regelmäßige Prozessionen zu den sieben wichtigsten Kirchen Roms, an denen Pilger wie Einheimische betend und singend teilnahmen. 18 Jahre lang wirkte er auf diese Weise als Laienseelsorger. 1551 wurde er zum Priester geweiht. Seine offenen Kreise für interessierte Laien und religiös Berufene wuchsen schnell. Auch Bischöfe und Kardinäle – und Päpste – fanden in ihm ein inspirierendes Vorbild für die echte Nachfolge Jesu. (Während seiner Zeit in Rom erlebte Philipp Neri das Wirken von dreizehn Päpsten.)

Philipp Neri wurde im Rom des 16. Jahrhunderts zur zentralen Person der antidekadenten Reformierung der katholischen Kirche. Bis zu seinem Tod, sechzig Jahre lang, wirkte er als Seelsorger, Sozialarbeiter, Mystiker und zunehmend auch als Wundertäter in Rom und berührte die Menschen mit seinem Charisma, seiner Lebensfreude und seinem Humor – und mit seiner Hellsichtigkeit. Diese machte ihn den Menschen gegenüber praktisch allwissend: Er las ihre Gedanken, kannte ihre Versuchungen und Verfehlungen, beriet sie hinsichtlich ihrer Lebensaufgaben und Lebenswege, usw. (Einige Klöster in Rom sandten ihre Novizenkandidaten zuerst zu Filippo, damit er sage, ob der Weg als Mönch für sie der richtige sei. Er sah sofort, ob sie diesen Schritt aus echter Berufung oder nur aus Not oder Eitelkeit oder aus familiärem Druck machen wollten.)

Zu seinen Wundern gehörten nicht nur Heilungen und prophetische Aussagen (überprüfbare Aussagen für die nahe Zukunft, die sich dann als richtig erwiesen), sondern auch paranormale Phänomene. In der Forschung der Parapsychologie gehört Philipp Neri zu den bekannten Beispielen für Levitation.[135]

> Zahlreiche Wunder wurden Philipp bereits zu seinen Lebzeiten nachgesagt. Im Zusammenhang mit heiligen Dingen versuchte er, sich gegen

> Ende seines Lebens gegen immer gehäufter auftretende Ekstasen zu schützen. Als sich in Rom herumsprach, man habe ihn bei der Messe schwebend am Altar gesehen, feierte er die Eucharistie nur noch unter Assistenz eines Ministranten in einer Kapelle außerhalb der Kirche.[136]

Philipp Neri war berühmt dafür, dass er Dinge über Raum und Zeit hinweg wahrnahm. Nach seiner Priesterweihe verbrachte er manchmal bis zu 15 Stunden am Tag im Beichtstuhl, und die Menschen strömten in Massen zu ihm, weil er mit seiner Hellsichtigkeit allen, die es brauchten, treffsichere Ratschläge und Einblicke gab. Wenn Menschen ihm etwas verschwiegen, konfrontierte er sie damit, aber immer liebevoll und humorvoll. Beim Prozess der Seligsprechung, der kurz nach seinem Tod begann, wurden zahlreiche Zeugenaussagen über sein phänomenales Wirken gesammelt. Und hier kommen wir zur entscheidenden Spur: Zu den Berichten über seine Hellsichtigkeit gehörten auch Voraussagen über die Papstwahlen!

In der ersten Biographie über Philipp Neri, veröffentlicht im Jahr 1600, schreibt der Autor, Antonio Gallonio, der ein Freund Neris und Augenzeuge vieler Wunder war:

> Folgendes Erstaunliches möchte ich über den seligen Vater hinzufügen: Fast immer, wenn der päpstliche Stuhl seines Hirten verwaist war, hörte er mal im Schlafe, mal in wachem Zustand den Namen dessen, der zum Papst erwählt werde, mit ganz lauter Stimme verkündet; er hatte die Gewohnheit, diese Tatsache nur ganz wenigen Menschen anzuvertrauen.[137]

Die ausführlichste der ersten Biographien über Philipp Neri stammt von Pietro Giacomo Bacci (1575–1656), ebenfalls ein Zeitzeuge, und erschien 1622 in italienischer Sprache. Der Abschnitt „Drittes Buch, in welchem von den Gaben die Rede ist, die ihm von Gott verliehen wurden“, enthält u. a. die Kapitel: *Visionen • Die Gabe der Weissagung, durch die Philipp den Tod einzelner Menschen vorhersehen konnte • Philipp sagt zahlreichen Kranken voraus, dass sie genesen werden • Andere Vorhersagen Philipps • Philipp sagt verschiedenen Personen ihre Ernennung zum Kardinal oder gar die Papstwahl voraus • Die Gabe, zukünftige Dinge zu sehen • Die Gabe der Herzensschau.*

Im Kapitel „Philipp sagt verschiedenen Personen ihre Ernennung zum Kardinal oder gar die Papstwahl voraus“, wird berichtet:

> Außerdem offenbarte Philipp verschiedenen Kirchenmännern ihre künftige Erhebung zum Kardinal; anderen sagte er sogar voraus, dass sie Papst sein werden. [...] Was nun die Wahl von Päpsten anbelangt, hörte Philipp bei fast jeder Sedisvakanz [„Unbesetztheit des Papststuhles"] im Traum oder im Wachen eine Stimme, die ihm eingab, welcher Kardinal Papst werden würde. So zum Beispiel nach dem Tod Pius' IV.: Etwa vier oder fünf Tage, bevor der neue Papst gewählt wurde, saß Philipp mit seinem geistlichen Sohn Marcello Ferro zusammen. Plötzlich hob er seinen Blick zum Himmel und sagte, halb ekstatisch: „Am Montag werden wir einen neuen Papst haben." [... Und er sagte auch den Namen.] Genau so geschah es, und es wurde der heilige Pius V. Kurz vor seiner Wahl hatte Philipp ihn auch anderen gegenüber als neuen Papst bezeichnet. [... Es folgen vier weitere, vielfach bezeugte Beispiele von Papstprophezeiungen.] Obgleich aber Philipp fast immer voraussagte, wer der nächste Papst sein werde, sprach er doch nur darüber, wenn es einen wichtigen Anlass gab, oder wenn er sich fast scherzhaft mit seinen Vertrauten unterhielt.[138]

Ein weiterer Biograph des 17. Jahrhunderts, Girolamo Branabei, bestätigt ebenfalls: „Philipp sah fast alle Wahlen der zukünftigen Päpste durch göttliche Eingebung voraus."[139]

Wie und wozu die Päpsteprophezeiungen entstanden

Philipp Neri war ein Unikum, ein Mystiker und religiöser Ekstatiker. Wenn euphorische Gläubige ihn zum Heiligen hochstilisieren wollten, schreckte er sie mit humorvollen bis grotesken Einlagen ab. Er hatte keinerlei Ambition für persönliche Ehre und verbrannte kurz vor seinem Tod all seine Notizen und Dokumente.

Hinsichtlich der Päpsteprophezeiungen können wir aus allem, was wir über Philipp Neri wissen, folgendes Szenario herleiten: Er, der als paranormal Begabter die Fähigkeit der Hellsichtigkeit besaß, blickte – neben der täglichen Seelsorge und „Sozialarbeit" – in besonderen Visionen auch in die ferne Zukunft und sah die heutige Krise der Kirche und der Menschheit, weshalb er an die Menschen jener Zukunft sowohl ein Zeichen als auch eine Warnung senden wollte. So schrieb er im Geheimen eine lange Reihe von Prophezeiungen über kommende Päpste bis hin zum letzten, den er wahrnahm – und traf damit genau die heutige Wendezeit.

Wie diese Liste in das Buch von Arnold Wion kam, ist nicht bekannt. Auffällig ist aber, dass Wions Buch im Todesjahr von Philipp Neri erschien. Im hier präsentierten Szenario hat Neri diese Liste zehn bis fünfzehn Jahre vor seinem Tod einer ausgewählten Vertrauensperson unter dem Siegel der Verschwiegenheit übergeben, wohl wissend, wer die Aufgabe der Bewahrung und Veröffentlichung übernehmen würde. Er wollte nicht als Autor genannt werden, sondern ließ die Ehre dem mittelalterlichen Heiligen Malachias zukommen, vor allem weil über Malachias ein erstaunlicher zeitlicher Rahmen hergestellt werden konnte, wie Neri hellsichtig erkannte. Das Verfassen der rückwirkenden Prophezeiungen war keine Fälschung, sondern eine prophetische Konstruktion unter dem Segen des Philipp Neri. Dann bleibt noch die Frage, von wem die Kommentare zu den Sprüchen 1 bis 74 (und 112) stammen. Wion schreibt im Buch, die Kommentare seien vom bekannten Stammbaum- und Wappenforscher Alfonso Chacón verfasst worden. Chacón selbst war es nicht, aber vielleicht einer seiner Studenten, an den er die Aufgabe delegierte.

In den wirklichen Hintergrund der Prophezeiungen waren nur ganz wenige eingeweiht: Philipp Neris Vertrauensperson und der Verfasser der rückwirkenden Prophezeiungen, falls nicht Neri selbst oder die Vertrauensperson der Verfasser war. Vielleicht kannte nicht einmal Wion die wahre Geschichte dieses Manuskripts.

Die Sprüche 72 bis 77 in Wions Liste beziehen sich auf die sechs letzten Päpste, die zu Neris Lebzeiten gewählt wurden. Spruch 72 beschreibt Papst Gregor XIII. (im Amt von 1572 bis 1585), der bekannt dafür ist, dass er den nach ihm benannten Gregorianischen Kalender einführte. Einige Forscher sind der Ansicht, dass Neris Prophezeiungen mit der Wahl von Gregor XIII. beginnen. Das würde bedeuten, dass nicht nur 38, sondern 41 Prophezeiungen auf Philipp Neri zurückgehen.[140]

Papst Gregor folgte auf Pius V., der im Zeitrahmen der 2 × 440 Jahre die zentrale Stellung einnimmt. Waren die Einträge von Position 1 bis Position 71 (Pius V.) rückwirkende Prophezeiungen, und folgten ab Eintrag 72 Neris Prophezeiungen? Es wäre durchaus passend, wenn Neri seine Prophezeiungen mit dem Papst des Gregorianischen Kalenders beginnen ließ. Wie bereits erwähnt, stammen die ersten schriftlichen Hinweise auf die Existenz der Malachias-Prophezeiungen aus dem Jahr 1587, möglicherweise schon aus dem Jahr 1570.

Ob die echten Prophezeiungen mit Spruch 72 oder mit Spruch 75 beginnen, ist nicht so wichtig – außer für die Frage, wann sie entstanden sind. Und auch diese Frage ist nicht wichtig, denn Philipp Neri schrieb die Päpsteprophezeiungen nicht für die damalige, sondern *für die heutige Zeit,* die große Wendezeit, die er offensichtlich als solche erkannte – und über 430 bzw. 450 Jahre hinaus voraussagte.

Gemäß der Malachiasliste war Benedikt XVI. der letzte Papst der alten Zeit; nach seinem Tod werde eine Zeit „extremer Verfolgung" der Kirche beginnen. Im Buch *Letzte Gespräche* äußerte sich Benedikt als emeritierter Papst auch zu dieser Prophezeiung und schwächte sie ab, indem er sagte, die dem Hl. Malachias zugeschriebene Päpsteliste stamme wahrscheinlich aus Philipp Neris Zeit und sei damals – im ersten Jahrhundert der Reformation – verfasst worden, um den Protestanten zu zeigen, dass das Papsttum noch lange bestehen werde. Dass gerade er, Benedikt, der letzte der regulären Liste sei, sei eher Zufall; die Liste besage nicht, dass mit seinem Nachfolger das Papsttum ende; die damals verfasste Liste sei zwar lang, aber „immer noch nicht lang genug".[141] Etwas konkreter sprach Kurienerzbischof Georg Gänswein, Benedikts Privatsekretär und engster Vertrauter, in einem Interview mit dem Rom-Journalisten Paul Badde. Wir erinnern uns, dass Gänswein in seiner Gregoriana-Rede auch den Blitz, der in die Kuppel des Petersdoms einschlug, erwähnte: „Dramatischer ist wohl selten eine Zeitenwende aus dem Kosmos begleitet worden." (Das hier zitierte Interview fand eine Woche nach dieser Rede statt.)

> Paul Badde: „Die Pforten der Hölle werden die Kirche auf dem Fundament Petri nicht überwältigen, heißt es beim Evangelisten Matthäus. Wie ist Ihnen da zumute, wenn Weissagungen des Malachias, die vom Hl. Philipp Neri stammen sollen, in der Reihenfolge der Päpste mit Papst Franziskus aufhören?"
>
> Georg Gänswein: „Gestern war der Tag des Hl. Philipp Neri, der 26. Mai. In der Tat, wenn man die Weissagungen durchgeht und in der Geschichte schaut, auf welche Päpste sie dann angewandt wurden und dass da immer auch ein guter Bezug zu finden war, dann ist mir etwas schaurig zumute, sage ich ganz ehrlich. Es gehört nicht zur Offenbarung, das anzunehmen oder nicht anzunehmen. Ich muss es nicht annehmen. Aber wenn man die geschichtlichen Erfahrungen sprechen lässt, muss man sagen, es ist eine Art von … es ist *ein Aufruf.*"[142]

Die Päpsteprophezeiung von Garabandal

Die Marienerscheinungen im spanischen Bergdorf Garabandal und die dort gegebenen Prophezeiungen für die heutige Zeit sind Thema von Kapitel 8. Die Päpsteprophezeiung von Garabandal möchte ich jedoch schon hier einfügen, weil sie die zeitliche Angabe, die sich aus Philipp Neris Prophezeiungen ableiten lässt, bestätigt. Diese Prophezeiung wurde anfänglich auf eine unvollständige und damit missverständliche Weise veröffentlicht, weshalb ich auch die chronologische Abfolge und die Hintergründe der selbstauferlegten Zensur näher beleuchte.

Im Bergdorf Garabandal begann am 18. Juni 1961 eine bisher einzigartige Folge von Marienerscheinungen. Bis Anfang Januar 1963 fanden die Erscheinungen fast täglich und meistens mehrfach täglich statt. Anfänglich wurden die Erscheinungen von vier Mädchen gesehen, in der Schlussphase war nur noch eine der vier Seherinnen aktiv. Von ihr – Conchita – wurde auch die Päpsteprophezeiung empfangen, und durch sie kam es am 18. Juni 1965 zur letzten „öffentlichen“ Vision (mit rund 5000 Anwesenden im Dorf).

Mit dem Ende der häufigen Erscheinungen (im Januar 1963) begann eine nächste und stillere Phase des Garabandal-Phänomens. Bei den Erscheinungen befanden sich die Mädchen immer in einem Trancezustand, jetzt empfingen sie ohne Trance innere Botschaften („Lokutionen“), die weitgehend der persönlichen Beratung und Schulung dienten. Einige Botschaften waren aber auch für die Öffentlichkeit bestimmt, so z. B. die Päpsteprophezeiung: Sie besagt, dass nach dem Tod von Papst Johannes XXIII. noch vier Päpste kommen werden, und dann beginne das „Ende der Zeiten“. Conchita betonte dabei immer, dass Maria gesagt habe, es gehe um das „Ende der Zeiten“ (*el fin de los tiempos,* die „Endzeit“) und nicht um das Ende der Welt. Diese Aussage allein ist schon erstaunlich, denn sie stammt von einer jungen Bergbauerntochter, die nichts von apokalyptischen Bibelprophezeiungen zur „Endzeit“ wusste. Sie war 14 Jahre alt, als sie die Päpsteprophezeiung empfing. Dies geschah im Mai 1963, als Papst Johannes XXIII. todkrank war. Er starb am 3. Juni 1963. Die erste schriftliche Erwähnung der Päpsteprophezeiung finden wir in einem Brief von Conchitas Tante vom 5. Juni:

> „Am Tag, als der Heilige Vater starb und es hier bei uns erwähnt wurde, dass er gestorben sei, war ich bei Conchita, und sie sagte: ‚Oh, nun blei-

> ben nur noch drei!‘ Ziemlich irritiert fragte ihre Mutter, woher sie das wisse. Und sie antwortete mit großer Überzeugung: ‚Ich weiß es, weil die Jungfrau [Maria] mir dies gesagt hat.‘ Ihre Mutter mag es nicht, wenn sie solche Dinge sagt, obwohl sie ihr glaubt, denn sie hat immer Angst vor dem, was geschehen würde, wenn es doch nicht wahr wäre.“[143]

Die Mutter fürchtete sich vor dem Gerede der Leute im Dorf und vor den Reaktionen der kirchlichen Obrigkeit, vor allem weil der Bischof gegen diese Erscheinungen sprach. Und nun machte ihre Tochter auch noch eine Prophezeiung über die Zukunft der Päpste!

Conchita war sich der Tragweite dieser Prophezeiung nicht bewusst und erwähnte sie erneut, als sie am nächsten Tag mit ihrer Mutter und ihrer Tante zur Kirche ging, um an der Messe für den verstorbenen Papst teilzunehmen. Sie kamen dabei mit der Frau des Kinderarztes Dr. Ortiz aus der Bischofsstadt Santander ins Gespräch, und Frau Ortiz stellte die Frage in den Raum, ob mit dem Tod des Papstes wohl auch das umstrittene Zweite Vatikanische Konzil beendet werde. Da schaltete sich Conchita in das Gespräch der Erwachsenen ein und sagte:

> „Ein neuer Papst wird kommen, und das Konzil wird weitergehen. Und ich sage Ihnen auch, dass nur noch drei Päpste kommen. [...] Die Jungfrau sagte mir, dass nach diesem Papst noch drei kommen, danach folge das Ende der Zeiten.“[144]

Wieder zu Hause, sprach die Mutter ihre Tochter auf das an, was sie so unvorsichtig über die Zukunft der Päpste ausgesagt hatte. Da erwähnte Conchita, dass es eigentlich vier Päpste seien, aber Maria zähle einen nicht, und einer werde nur kurz im Amt sein. Conchita hielt diese beiden Aussagen auseinander und sorgte dadurch für Verwirrung. Die Mutter fürchtete sich vor dem Gerede der Menschen, vor allem weil der Bischof sich schon mehrfach ablehnend über die Erscheinungen geäußert hatte. Deshalb verbot sie ihrer Tochter, dieses gefährliche Detail mit dem Papst, der nicht gezählt werde, irgendwo zu erwähnen.

Zur Erklärung: Die Aussage, dass ein Papst nicht gezählt wird, war durchaus gefährlich. Denn warum sollte die Jesusmutter und „Mutter der Kirche“ einen Papst nicht zählen? Handelte es sich vielleicht um einen falschen Papst oder Gegenpapst, der abgesetzt wird? Im Rückblick ist klar, was gemeint war. Die Prophezeiung war nichts anderes als eine Zeitangabe! Es ging einzig und allein um die Frage, ab welchem Jahr das „Ende der Zeiten" beginnen wird. Der eine Papst wurde nur aus *zeitlichen* Gründen nicht gezählt, was bedeutet, dass sein Pontifikat noch im Jahr der Wahl enden würde und dadurch die Gesamtsumme der verbleibenden Jahre bis zum Beginn der „Endzeit" nicht beeinflusst. Wir dürfen annehmen, dass die scheinbar verwirrende Zusatzinformation mit dem einen Papst, der nicht gezählt wird, als zukünftiger Beweis für die Echtheit der Prophezeiung dienen sollte, denn eine 14-Jährige hätte sich keine komplizierte Aussage dieser Art einfallen lassen können.

Conchita befolgte die Anweisung ihrer strengen (und verwitweten) Mutter und sprach nicht mehr über den Papst, der nur kurz im Amt sein wird. Das Gerücht über die Prophezeiung mit den „drei" Päpsten war jedoch bereits in der Welt und kursierte weit herum, weshalb Conchita 1965 zweimal von kirchlicher Seite darauf angesprochen wurde. Die erste Situation war folgende: Conchita hatte den Wunsch, in ein Kloster zu gehen, und hatte dazu von der Mutter und den zuständigen kirchlichen Stellen die Erlaubnis bekommen. Als ihr kirchlicher Vertrauter, Pater Laffineur, den sie „Großvater" nannte, in Frankreich davon hörte, reiste er sogleich mit einer kleinen Delegation nach Spanien. Am 8. September 1965 stellte er Conchita 45(!) Fragen, weil er meinte, sie würde bald in einem Kloster leben und dann nur noch schwer erreichbar sein. Eine der Fragen bezog sich auf die Päpsteprophezeiung. Im Buch von Pater Laffineur, *L'Étoile dans la Montagne,* war dann folgende Wiedergabe ihrer Worte zu lesen:

> „Nach Seiner Heiligkeit Paul VI. werden nur zwei weitere Päpste folgen vor dem Ende der Zeiten *(el fin de los tiempos),* was nicht das Ende der Welt ist. Die Gesegnete Jungfrau sagte mir dies so, aber ich weiß nicht, was das bedeutet."[145]

Bei der zweiten Situation war es ein angesehener Kirchenvertreter, der die Frage stellte. 1965 konnten Mutter und Tochter dank Mitfahrgelegenheit mehrfach in die Stadt Comillas fahren, um dort das katholische Seminar zu besuchen. Dadurch kamen sie mit Pater Lucio Rodrigo, Professor emeritus der Päpstlichen Universität von Comillas, in Kontakt. Am 13. November 1965 schrieb er in einem Brief:

> „Am Dienstag vor zwei Wochen war der Pfarrer von Barro hier und brachte Aniceta [Conchitas Mutter] und Conchita zu mir. [...] Während

> ich mit Conchita allein war, bestätigte sie, dass die Jungfrau ihr gesagt habe, nach dem Tod von Johannes XXIII. kämen nur noch drei Päpste bis zum Ende der Zeiten."[146]

Am 13. November 1965, 18 Tage nach der Befragung in Comillas, hatte Conchita ihre letzte Trance-Begegnung mit Mutter Maria. Was am Abend nach dieser letzten Erscheinung geschah, wissen wir dank Albrecht Weber, der 1993 ein Buch über die Ereignisse von Garabandal veröffentlichte. Er und seine Frau befanden sich damals in Garabandal und waren bei Conchitas Familie eingeladen. In dieser privaten Runde (anwesend waren Conchita und ihre Mutter, Albrecht Weber, seine Frau und eine Übersetzerin) wurde die missverständliche Zusatzinformation der Päpsteprophezeiung zum ersten Mal Außenstehenden gegenüber erwähnt. Weil Conchita vor kurzem zweimal von Kirchenvertretern zu dieser Prophezeiung befragt worden war, machte sich die Mutter Sorgen und brachte dieses Thema zur Sprache. Dabei erzählte sie, was Conchita ihr nach dem Tod von Papst Johannes XXIII. mitgeteilt hatte: es kämen noch *vier* Päpste, aber einer werde nicht gezählt.

> „Warum zählt sie [Maria] einen nicht mit?" „Das hat sie nicht gesagt. Sie sagte nur, dass sie einen nicht mitzählt. Sie sagte aber, dass einer nur kurze Zeit regieren wird." Darauf die Frage [der Mutter]: „Zählt sie den vielleicht nicht mit?" „Das weiß ich nicht." „Und was kommt dann?" „Das hat sie nicht gesagt."[147]

Maria hatte nicht explizit gesagt, dass der eine Papst nur zeitlich nicht zähle, und deshalb wollte Conchita die beiden Faktoren (ein Papst mit kurzer Amtszeit, ein Papst wird nicht gezählt) nicht aus eigenem Ermessen verbinden, obwohl dieser Schluss logisch – und richtig – gewesen wäre. Aber das war damals noch nicht ersichtlich.

Albrecht Weber hielt sich an den Wunsch von Conchitas Mutter und behandelte die Zusatzinformation mit dem vierten Papst vertraulich. In seinem Buch erwähnte er sie jedoch, weil unterdessen dreißig Jahre vergangen waren und die Situation in Spanien ganz anders war als 1963 bzw. 1965. Zudem war nun auch klar, was mit dem Papst, der nur kurz im Amt sein würde, gemeint war: nicht etwa ein Papst, der des Amtes enthoben wird, sondern ein Papst, der kurz nach seiner Wahl stirbt. Dies traf auf Johannes Paul I. zu, der 1978 ins Amt kam und nur 33 Tage später starb.

Als Albrecht Weber sein Buch veröffentlichte – 1993; erweiterte Neuauflage 2000 –, war Johannes Paul II. im Amt. Er war der dritte Papst nach Johannes XXIII. Nach ihm würde noch ein vierter Papst folgen, und nach diesem würde „das Ende der Zeiten“ beginnen. Die Prophezeiung sagte: *Danach [nach dem Tod des vierten Papstes] beginnt das „Ende der Zeiten“, was nicht dasselbe ist wie das „Ende der Welt“.* Die Prophezeiung sagt nicht, dass der vierte Papst der letzte Papst ist, sondern nur, dass nach diesem vierten Papst eine neue Phase der Weltgeschichte beginnt. Heute wissen wir, wer diese vier Päpste waren:

Paul VI. (1963 bis 1978)
Johannes Paul I. (26.8. bis 28.9.1978)
Johannes Paul II. (1978 bis 2005)
Benedikt XVI. (2005, Rücktritt 2013, verstorben am 31.12.2022)

Mit dem folgenden Papst begann laut der von Conchita übermittelten Prophezeiung das „Ende der Zeiten“, die biblische Endzeit. Nun ergab sich aber genau mit jenem vierten Papst eine Situation, die in der gesamten Kirchengeschichte von über 1700 Jahren noch nie dagewesen war: Sein Pontifikat endete nicht mit seinem Tod, sondern mit einem Rücktritt, und er lebte als emeritierter Papst parallel zum amtierenden Papst Franziskus. Die Welt bekam mehrfach Fotos von Franziskus und Benedikt zu sehen, wodurch der optische Eindruck entstand, die Kirche habe zwei Päpste.

Der emeritierte Papst starb am 31. Dezember 2022, am Gedenktag des Todes von Papst Silvester I., und dieser Papst hat historisch eine einzigartige Bedeutung:

> Silvester gilt als der erste Papst, der nicht mehr unter einer Verfolgung der Christen in Rom zu leiden hatte; denn der römische Kaiser Konstantin der Große (reg. 306–337) hatte im Jahr 313 durch die Mailänder Vereinbarung allen Bürgern des Römischen Reiches das Recht auf freie Religionsausübung gewährt. Damit vollzog sich während des 21-jährigen Pontifikats von Silvester I. (314–335) die entscheidende Wende von einer christenfeindlichen zu einer christenfreundlichen Staatspolitik.[148]

Mit Papst Silvester endete vor 1700 Jahren die Christenverfolgung im römischen Reich. Weist der Tod von Papst Benedikt XVI. am Silvestertag des Jahres 2022 auf die Gefahr des Beginns einer neuen Art von

Verfolgung und Unterdrückung durch diktatorische Mächte hin? Die Prophezeiung von Garabandal mit den drei bzw. vier Päpsten gibt an, ab welchem Jahr das „Ende der Zeiten" beginnen wird. Nun hat es sich so ergeben, dass dieser Beginn genau mit dem Beginn eines neuen Jahres einhergeht. Die Menschheit lebt seit dem 1.1.2023 in der prophezeiten neuen Phase ...

Die Päpsteprophezeiung von Garabandal und die Malachiasprophezeiung stimmen auf geradezu unheimliche Weise überein, sowohl hinsichtlich der Zeitangabe (Hinweis auf genau denselben Papst als Zeitmarke) als auch hinsichtlich der Gefahr. Beide sagen, dass mit der Wahl von Papst Franziskus bzw. mit dem Tod von Papst Benedikt XVI. eine dramatische neue Phase der Weltgeschichte beginnt, und beide warnen vor dem Gewaltpotential der „Endzeit", die Malachiasprophezeiung sogar explizit: „In extremer Verfolgung der Kirche wird er amtieren." Und damit kommen wir zum Thema des nächsten Kapitels.

Kapitel 7

„Kirche" und „Antikirche" und das Ende ihrer Machtkämpfe

Im Rückblick ist zu erkennen, wie zutreffend die letzten zehn der insgesamt 112 Päpsteprophezeiungen der sogenannten Malachiasliste sind. Die Liste stammt aus der zweiten Hälfte des 16. Jahrhunderts, und die letzten zehn Prophezeiungen beziehen sich auf die Päpste ab Anfang des 20. Jahrhunderts. Und so stellt sich die Frage, was die letzte Prophezeiung bedeutet: „in extremer Verfolgung". Die Garabandal-Prophezeiung gibt uns für dieselbe Zeit die Schlüsselbeschreibung „das Ende der Zeiten" *(el fin de los tiempos)*. Gemäß diesen Prophezeiungen lebt die Menschheit seit 2013 oder spätestens seit Anfang 2023 in der „Endzeit". Worauf läuft diese Phase hinaus?

„Das Ende der Zeiten" ist nicht das Ende der Welt. Nach dem „Ende der Zeiten" folgt eine neue Welt, und um diese neue Welt („Neue Weltordnung") wird schon seit langem gekämpft. In der heutigen Zeit sind sich alle einig, dass die Welt mit der bisherigen „Welt(un)ordnung" nicht weiter bestehen kann, aber die Vorstellungen über die zukünftige Weltordnung gehen weit auseinander. Auf der äußeren Ebene bekämpfen sich die Lager von „Rechts" und „Links", und im Hintergrund ziehen nochmals ganz andere Kräfte die Fäden: „Wenn zwei sich streiten, freut sich der Dritte."

Wir könnten hier in die vielen negativen Prophezeiungen für die heutige Zeit einsteigen, angefangen mit den Endzeitprophezeiungen der Bibel, insbesondere im Buch Daniel, im 24. Kapitel des Matthäus-Evangeliums und in der Johannes-Offenbarung, die von einer kurzen weltweiten 666-Diktatur spricht. Aber ich möchte eine andere Perspektive einnehmen und das Geschehen aus der Sicht der Zeitzyklen betrachten, denn diese Zeitzyklen sind die „Zeiten" *(tiempos)*, auf die mit der Garabandal-Prophezeiung hingewiesen wird.

„Das Ende der Zeiten“: Was war am „Anfang der Zeiten“?

Seit fünftausend Jahren leben wir im „Zeitalter der Spaltung“ (Kali-Yuga), das in den jetzt laufenden Jahren zu Ende geht. Zwischen dem Zeitenübergang vor fünftausend Jahren und dem heutigen besteht jedoch ein großer Unterschied. Die Erd- und Menschheitsgeschichte verläuft in großen Yugas, die Hunderttausende von Jahren umfassen (ausführlich dargelegt im Buch *Gott und die Götter,* Kapitel 4: „Multidimensionale Zeit und Ewigkeit“). Vor fünftausend Jahren ging das dritte große Yuga (Dvāpara-Yuga) zu Ende, das fast eine Million Jahre dauerte. Das vierte Yuga dauert 432 000 Jahre. Die Übergänge der großen Yugas sind immer mit weltweiten Umwälzungen verbunden. Die altindische Yuga-Wissenschaft sagt, dass die Übergangszeit vom dritten Yuga bis hin zum Anfangspunkt des vierten Yugas 72 000 Jahre dauerte. Die heutige Wissenschaft spricht in Bezug auf diese Zeit von „Eiszeit“, und die Phase vor rund 12 000 Jahren wird als „Ende der Eiszeit“ bezeichnet. Das „Ende der Eiszeit“ markierte auch den Übergang von der Altsteinzeit zur Jungsteinzeit. Die Jungsteinzeit (Neolithikum) dauerte bis 2000 v. Chr. Die ägyptischen Könige Cheops, Chephren und Mykerinos, die um 2500 v. Chr. lebten, werden also noch der Jungsteinzeit zugeordnet.

Mit dem Beginn des vierten Yugas vor fünftausend Jahren begann auch das „Zeitalter der Spaltung“ (Kali-Yuga) als erster Unterzyklus des vierten Yugas. Was heute zu Ende geht, ist dieser Unterzyklus (siehe Anhang 2: „Wie lange dauert das Kali-Yuga? Das gegenwärtige Zeitalter im Licht der vier Yugas“). Übergänge von Unterzyklen sind nie so lang und erschütternd wie die Übergänge der großen Yugas. Die vedischen Prophezeiungen sagen für die heutige Zeit also nicht die gewaltigen Erdveränderungen eines großen geologischen Yuga-Übergangs voraus. Wie bereits dargelegt, dauert der aktuelle Übergang vom jetzigen Unterzyklus zum nächsten rund 50 Jahre, gerechnet ab 1986/1987. Das Zeitalter der Spaltung sollte also ab Mitte der 2030er Jahre endgültig zu Ende sein, worauf ein neues Zeitalter ohne Spaltung und Ausbeutung folgen wird – und dieser Wandel ist schon lange in Vorbereitung, damit die neuen, ganzheitlichen Formen von Kultur, Politik, Bildung usw. auch „rechtzeitig“ startbereit sind. Weil es hier in erster Linie um einen spirituellen Zyklus geht, kann die gegenwärtige Zeit auch als Phase des Erwachens bezeichnet werden (S. 36, 46).

Um die heutige Übergangszeit besser zu verstehen, ist es wichtig, den Anfang jener „Zeiten“ zu betrachten, die in den jetzt laufenden Jahren zu Ende gehen. In der Endphase des dritten Yugas kam es weltweit zu großen tektonischen und klimatischen Umwälzungen. Diese Endphase wird heute als „Ende der Eiszeit“ bezeichnet und stand offensichtlich im Zusammenhang mit den Zyklen der Sonne. Es kam zu Kometeneinschlägen (oder Einschlägen von Kometenfragmenten), Vulkanausbrüchen und Erdbeben mit lang andauernden Katastrophenzuständen, und der Meeresspiegel stieg weltweit um 120 Meter. Die Menschheit wurde zutiefst erschüttert – und „in die Steinzeit gebombt“. Das Trauma schlug sich in Sintflutbeschreibungen nieder, die wir in allen Kulturen der Welt finden.

Geheimes Wissen und Geheimhaltung

Die weltweit erhalten gebliebenen Erinnerungen zeigen, dass trotz der globalen Katastrophen eine beträchtliche Anzahl von Menschen überlebte. Verschiedenen Gruppen war es dank der Hellsichtigkeit ihrer Eingeweihten möglich gewesen, sich rechtzeitig in Sicherheit zu bringen, denn es existierten auch Gebiete, die mehr oder weniger verschont blieben. Dank dieser Überlebenden ging das alte Wissen nicht verloren, sondern wurde im Geheimen überliefert, damit es zu gegebener Zeit wieder mit der Menschheit geteilt werden konnte: Wissen um die astralen und außerirdischen Realitäten, die höheren Fähigkeiten des Menschen, die Reinkarnation, die Existenz früherer Hochkulturen und die zyklischen Zeitalter.

Nach der großen Umwälzung begann eine lange Zeit des Ausharrens. Die Seherinnen und Seher wussten, dass bis zum Entstehen neuer Hochkulturen Jahrtausende vergehen würden. Geduld und Einkehr waren angesagt.

Die Generationen nach der großen Katastrophenzeit verloren schon bald die Erinnerung an die vorangegangene Epoche. Sie hörten, wie ihre Großeltern erzählten, dass deren Groß- und Urgroßeltern von unvorstellbaren Ereignissen gesprochen hatten, die über deren Groß- und Urgroßeltern hereingebrochen waren. Aber dies alles war auch für sie bereits eine weit entfernte Vergangenheit, die sie nicht mehr direkt betraf, denn sie kannten „seit Menschengedenken“ nichts anderes als das Leben in der Natur der höheren Regionen, weil die Täler und niedrig gelegenen Gebiete sumpfig und voller Mücken waren. Das Leben war ein täglicher Überlebenskampf, und nur wenige wussten, dass dies nicht „schon immer so" gewesen war und dass gewisse Gruppen von Menschen trotz der scheinbar primitiven Lebensbedingungen eine bewusste Erinnerung an die Vergangenheit und das einst vorhandene Wissen lebendig erhielten.

Aber das Wissen ging auch im Volk nie ganz verloren. Die Überlieferungen wurden zu Sagen, Mythen und Legenden, die von Göttern erzählten, die zu Menschen gesprochen hatten oder zu den Menschen gekommen waren, von Helden, von märchenhaften Kulturen und paradiesischen Zuständen und vor allem von einer großen Flut und von „Feuer, das vom Himmel fiel".

Nichteinmischung: Wissen als Verantwortung

Während im Äußeren die Wirren des Kali-Yugas einsetzten, wurde in Mysterientraditionen das Urwissen von weisen Menschen behütet und lebendig erhalten – eine Aufgabe, die mit großen Verpflichtungen verbunden war. Dazu gehörten insbesondere die Geheimhaltung und die Nichteinmischung.

Geheimhaltung war notwendig, um die Menschen nicht zu überfordern. Denn nach der langen Katastrophenzeit kündete sich kein lichtvolles, sondern ein dunkles Zeitalter an. Das Kali-Yuga stand bevor, jenes Zeitalter, in dem die materielle Verdichtung der Erde der „Wellenlänge" der Dunkelwelten am nächsten kommt. Und so geschah es, dass ab 3100 v. Chr. viele Seelen aus diesen Welten auf der Erde inkarnierten und begannen, Imperien zu errichten. Die Seherinnen und Seher erkannten, dass die „dunkle" Mentalität zunehmend zu Gewalt, Grausamkeit, Sklaverei und Ausbeutung führen wird, bis die Menschheit letztlich an den Rand der Selbstzerstörung gerät. Hätte man den Menschen vor Augen geführt, dass das Negative – trotz aller individuellen positiven Bemühungen – über eine lange Zeit hinweg auf der kollektiven Ebene scheinbar triumphieren und global expandieren wird, hätte sie dies zutiefst schockiert, verwirrt und vor allem entmutigt, und die daraus resultierende Resignation oder Gleichgültigkeit hätte sie in ihrer Entwicklung blockiert. „Wenn es soooo lange dauert, was ist dann der Nutzen, sich hier und jetzt für das Gute einzusetzen?" Das prophetische Wissen hätte bei vielen Menschen einen verhängnisvollen Fatalismus ausgelöst. Nur wenige waren in der Lage, dieser fast endlos erscheinenden Zukunft von Rückschlägen und Demütigungen entgegenzublicken, ohne den Mut und das Gottvertrauen zu verlieren.

Solange die Wissenden und Eingeweihten alle Formen von Manipulation vermieden, blieben sie unbestechlich und unbeeinflussbar. Diese Männer und Frauen lebten eremitisch zurückgezogen oder als Väter und Mütter in niederen oder höheren gesellschaftlichen Positionen, je nach ihrer persönlichen Berufung. Gleichzeitig hatten sie eine intuitive, vielleicht sogar telepathische Verbindung mit ihren unsichtbaren Begleitern und Schutzengeln. Sie lebten in selbstloser Hingabe und Wahrheitsliebe und schöpften ihre Kraft aus der zeitlosen, ewig im JETZT präsenten göttlichen Quelle. In diesem Sinn waren die vorchristlichen Mysterienlinien die ursprünglichen „Geheimgesellschaften“. Wie die Geschichte zeigt, blieben einige rein und erhaben, andere lösten sich auf, und wieder andere wurden durch weltliches Machtstreben verunreinigt.

Verlust von Neutralität und Reinheit

Heiliges Wissen zu bewahren bedeutete, nicht in der Ungeduld der linearen Zeit zu leben. Die Hüterinnen und Hüter wussten, dass sie zu einem spirituellen Netz von innerlich verbundenen Individuen gehörten, von denen einige inkarniert waren und andere nicht. Die Verbindung zu beiden war hauptsächlich geistig. Nur wenige Menschen waren in diese Geheimnisse eingeweiht. Die Gründe für diese „Exklusivität“ wurden bereits erwähnt: um die Reinheit des Wissens zu bewahren (es sollte niemand nur aus Neugier „dabei sein“ wollen), um einem Missbrauch vorzubeugen und um das Gesetz der Nichteinmischung zu respektieren (die Menschen sollen in ihrer Entwicklung weder entmutigt noch überfordert oder bevormundet werden).

Bald kam aber auch ein weiterer Grund hinzu: der Selbstschutz. Mit dem Aufkommen der tyrannischen Religions- und Staatsformen kamen Personen an die Macht, die Andersgläubige als „Abtrünnige“ oder „Gotteslästerer“ verfolgten. Diese Despoten und Diktatoren waren inkarnierte Seelen aus den Dunkelwelten, weshalb sie eine ganz andere Sicht des Lebens hatten als die „normalen“ Menschen. Sie waren dem Leid und Schmerz ihrer Untertanen gegenüber gleichgültig und setzten unmenschliche Mittel ein, um sich ein Monopol an Reichtum und Macht zu sichern. Wer immer in den Verdacht geriet, für dieses Monopol eine Gefahr darzustellen, wurde entweder gekauft oder eliminiert.

Verleumdet und verfolgt zu werden, obwohl man selbstlos dem Wohl der Menschen dient, ist wahrscheinlich die schwierigste aller Prüfungen. Welcher Mensch ist fähig, in einer solchen Situation in der bedingungslosen Liebe zu bleiben? Es ist verständlich, wenn viele der Opfer mit Hass und Rachegefühlen reagierten. Die Überlebenden und die nachfolgenden Generationen – unter ihnen viele reinkarnierte Opfer – wollten die besagten Mächte bekämpfen und vernichten oder infiltrieren und für die eigenen Ziele instrumentalisieren. So wurden sie im Lauf der Generationen selbst zu einer Dunkelmacht, indem sie versuchten, Gleiches mit Gleichem zu vergelten. Sie nahmen zunehmend die gleiche Mentalität an wie diejenigen, die sie bekämpften.

Die Opfer wurden die Feinde ihrer Feinde

„Worauf auch immer das Bewusstsein im Moment des Todes gerichtet ist, wenn man den Körper verlässt, das ist das Prägende für das nächste Leben, denn das Bewusstsein bestimmt das Dasein.“

– *Bhagavad-Gītā* 8.6

Über Jahrhunderte hinweg haben die Mächte des institutionalisierten Christentums insgesamt Millionen von Menschen ermordet: Gegner und Feinde, „heidnisch“ verdächtige Menschen und Ureinwohner in den kolonisierten und missionierten Ländern. Nicht alle von diesen Ermordeten begegneten ihren Mördern mit Liebe und Verzeihung. Viele starben mit Hass- und Rachegefühlen und gerieten dadurch in die Konstellation von Täter und Opfer. Als sie reinkarnierten, empfanden sie „ganz natürlich“ einen Hass auf diese Machtorganisation und wollten Rache nehmen. Und so fühlten sie sich zu den gegnerischen Lagern hingezogen: zu den weltlichen Hierarchien und Logenverbänden. Beide Seiten warfen sich gegenseitig vor, die „böse Macht“ zu sein, und hatten damit in gewissem Sinn sogar recht. Die Einseitigkeit beschränkte die Vertreter beider Seiten auf Halbwahrheiten – und daran hat sich bis heute nicht viel geändert. Ihr verdeckter Kampf spitzt sich nun sogar zu, und alle sind überzeugt, dass sie aus diesem „endzeitlichen“ Kampf als Sieger hervorgehen werden.

Ein entscheidender Einschnitt in der europäischen Geschichte war die Entstehung und Zerschlagung des Templerordens. Nach dem ersten Kreuzzug wurde im Jahr 1129 in Jerusalem der Templerorden gegründet (benannt nach dem salomonischen Tempel von Jerusalem). Die meisten Mitglieder dieses Ordens waren Adlige und Ritter und keine Geistliche, waren also nicht dogmatisch gebildet, dafür neugierig und weltoffen. Viele konnten weder lesen noch schreiben. Im Heiligen Land kamen sie mit Menschen aus jüdischen, islamischen, arabischen, phönizischen und noch anderen Kreisen in Kontakt und erfuhren zum Beispiel, dass die Erde am westlichen Ende des großen Meeres nicht zu Ende ist. (Die Phönizier hatten zur Zeit der Blüte ihrer Kultur mindestens einmal die Reise nach Amerika und die Rückfahrt geschafft und dieses Wissen dann durch die Jahrhunderte hindurch im Geheimen überliefert.)

Die Adligen und Ritter aus Europa kannten die Inhalte der Bibel nur durch die Predigten der römisch-katholischen Kirche. Im „Nahen Osten" bekamen sie nun ganz andere Darstellungen zu hören: Jesus sei gar nicht der Messias gewesen, Jesus sei am Kreuz gestorben, aber nicht auferstanden, Jesus sei nicht am Kreuz gestorben, ein anderer sei an seiner Stelle gekreuzigt worden, usw.

So widersprüchlich die verschiedenen Aussagen waren, sie hatten alle etwas gemein: sie widersprachen der Lehre der Kirche. Und verbotenes Wissen ist faszinierend. Zudem hüteten und erforschten diese Rittermönche in ihrem innersten Kreis die geographischen Geheiminformationen, die sie bekommen hatten. Es ist kein Zufall, dass die größten Hafenanlagen der Templerflotte am Atlantik und nicht am Mittelmeer lagen, obwohl die offizielle Aufgabe dieser Flotte einzig und allein darin bestand, das Heilige Land zu sichern und gegen die islamischen Heere zu kämpfen. Ebenso ist es kein Zufall, dass die Templerflotte gerade bei diesen Einsätzen immer wieder versagte oder nicht mit voller Schlagkraft zum Einsatz kam.

Gleichzeitig wurde der Templerorden innerhalb von Jahrzehnten zur reichsten Organisation Europas. Bischöfe und Könige bezogen von den Templerkomtureien Darlehen und gerieten in immer größere Schulden. Offiziell heißt es, der Reichtum der Templer sei durch Schenkungen und durch die Besitztümer der beigetretenen Rittermönche entstanden. Aber es scheint, dass die Templer noch andere Einnahmequellen hatten: Gold aus Mittelamerika. (Als die Spanier zweihundert Jahre später nach Mittelamerika kamen, wurden sie wie Bekannte empfangen. Weiße Männer mit Bärten waren den Einheimischen offensichtlich nicht gänzlich unbekannt.)

Mit dem Gold aus dem Westen und dem geheim „importierten" Wissen über Heilige Geometrie aus dem Osten wurden die Templer zu den Sponsoren der gotischen Kathedralen, die alle innerhalb einer relativ kurzen Zeit entstanden. Der Templerorden wurde offiziell 1129 gegründet, und zeitgleich begann in Frankreich die neue architektonische Epoche der Gotik. Der Titel eines heutigen Standardlehrbuches lautet: *Die gotische Architektur in Frankreich 1130-1270.*[149] 1130 bis 1270, dies entspricht praktisch aufs Jahr genau der Zeitspanne von der Gründung des Templerordens bis zu seinem Niedergang!

Die Macht der Templer wurde der Kirche und dem Staat bald zu bedrohlich. Der französische König holte zum großen Schlag aus und organisierte heimlich eine Verhaftungswelle für den Freitag, 13. Oktober 1307. An diesem Tag wurde der Orden in Frankreich – 178 Jahre nach seiner Gründung – vernichtet und verboten. Der Papst billigte das Verbot der Templer und wollte diese „Säuberung" auf ganz Europa ausdehnen, was ihm aber nicht gelang.

Zu Beginn des 14. Jahrhunderts wurden die Templer verfolgt, verleumdet und in vielen Fällen gefoltert und ermordet. Es überrascht also nicht, dass die überlebenden Templer, die ja Krieger waren, Zorn und Rachegefühle empfanden. Sie mussten in den Untergrund abtauchen und gaben ihr religiöses Erscheinungsbild auf. Ihre Nachfolger wollten nicht mehr Ritter und Mönche sein und wählten – in Erinnerung an die Erbauer der Kathedralen – eine „gotische" Symbolik: Sie sahen sich von nun an als „freie Maurer" und bezeichneten ihre Versammlungsorte nach den „Logenhütten" ihrer handwerklichen Vorbilder.

Die „freidenkenden" Männer entwickelten Geheimlehren, die besagten, dass der Gott der großen Weltmacht Kirche eigentlich der Satan sei, so wie es auch Jesus gesagt habe: „Euer Vater ist der Teufel, ein Menschenmörder von Anbeginn [...] und der Vater der Lüge" (Joh 8,44). Dies wiederum führte zum nächsten gedanklichen Schritt, nämlich dass die von der Kirche verteufelte Macht „in Wirklichkeit" Gott sei – oder eine notwendige Gegenmacht.

Die Nachfolger der Templer waren einerseits voll von Enthusiasmus und Idealismus, andererseits wollten sie ihre Feinde (die Kirche) besiegen und die Welt dadurch in eine „bessere Welt" verwandeln. So entstanden Geheimbünde, die aufgrund ihres Machtstrebens in der Auswahl der Einweihungskandidaten große Kompromisse eingingen. Bald schon gelang es machtsüchtigen Männern, hohe Positionen zu besetzen, von wo aus sie geheim-elitäre Einweihungsgrade einführten, die nur ihresgleichen zugänglich waren. Das Schweigegelübde, das einst hohen Idealen diente, wurde nun zu einem taktischen Mittel, um verschworene Praktiken und Machenschaften geheimzuhalten.

Die Geheimbünde, ursprünglich der schweigenden Nichteinmischung verpflichtet, pflegen nunmehr die verschwiegene Einmischung, und das schon seit geraumer Zeit. Ihre hohen Ideale und schönen Worte sind in vielen Fällen nur noch Fassade und dienen auf verschlüsselte Weise der Umschreibung ihrer eigentlichen Ziele. Heute sind ihre Vertreter vielschichtig in das Karma der Welt verstrickt.

Der Machtkampf und die Antikirche

Je mehr die gesellschaftliche Macht der Kirche abnahm, desto mehr vermochten die Logenorganisationen ihre Macht auszuweiten. Das bekannteste Netzwerk ist das Freimaurertum, das offiziell im Jahr 1717 in London gegründet wurde. Nach diesem Schritt an die Öffentlichkeit wusste die Welt nun von der Existenz dieser Bruderschaft, konnte über ihre innere Zielsetzung aber nur rätseln. Gruppierungen wie Freimaurer sind keine „Geheimgesellschaften", aber Gesellschaften mit Geheimnissen ...

Seit der offiziellen Gründung hat das Freimaurertum verschiedene Phasen durchlaufen. Neben der eigenen institutionellen Entwicklung ist aus diesen Verbindungen ein übernationales Netz von Global Players hervorgegangen. Seit dem 19. Jahrhundert haben sich gewisse Logenkreise verselbstständigt und eine Eigendynamik entwickelt, und sie haben mit dem offiziellen bzw. ursprünglichen Freimaurertum nicht mehr viel gemein.

„Tatsächlich beeinflussen Geheimorganisationen seit Jahrtausenden den Lauf der Welt. Ihre Macht erreicht erst jetzt den Zenit", stellt das jeder Verschwörungstheorie abholde Magazin *welt der wunder* in der Titelgeschichte seiner Ausgabe vom Juli 2006 fest. Dieser Artikel beschreibt, was Insidern schon längst bekannt ist: „Die Bibel, auf die George Washington seinen Schwur ablegt, kommt aus keiner Kirche. Sie gehört der Freimaurer-Loge St. John's. 300 der Männer, mit denen Washington zur Federal Hall gezogen ist, sind Freimaurer."

Und auch hier wird erwähnt, dass die anfänglich gute Macht schon längst infiltriert ist: „Aus gut wird böse: Ab dem 17. Jh. setzten sich die Freimaurer für eine humanitäre Weltordnung ein. Ihr größter Coup: die Gründung der USA – unter Bezug auf altägyptische Mystik. Heute kehren neue Geheimbünde wie ‚Skull and Bones' [gegründet 1832] das Freimaurer-Erbe in das Gegenteil um."

Der Konflikt zwischen der Kirche und den Logen

Bereits 1738 ließ Papst Clemens XII. verlauten, dass die Zugehörigkeit zu den Freimaurern mit der Exkommunikation bestraft werde, was Papst Benedikt XIV. mit seiner Bulle *Providas* von 1751 bestätigte und bekräftigte. Diese päpstlichen Edikte waren regelrechte Verdammungen, denen weitere folgten, insbesondere die von Papst Pius VIII., der 1829 gewählt wurde und 1830 starb, kurz nachdem er seine Enzyklika gegen die Freimaurer herausgegeben hatte. 1884 erließ Papst Leo XIII. ein weiteres Edikt (*Humanum genus*, „Das Menschengeschlecht"), in dem die Freimaurerei als antichristliche Bewegung bezeichnet wurde. Dieser Papst gebrauchte deftige Worte und sprach direkt vom „Reich Satans, [...] unter dessen Herrschaft all jene stehen, die dem ewigen göttlichen Gesetz den Gehorsam verweigern, die über Gott hinweggehen oder gegen ihn etwas unternehmen." Und weiter:

> [Die Gegner Gottes sind] miteinander verschworen zu einem erbitterten Kampf unter der Leitung und Hilfe des Bundes der sogenannten Freimaurer. Ohne ihre Pläne zu verheimlichen, stacheln sie gegen die Majestät Gottes auf. Offen und unverhohlen arbeiten sie daran, die heilige Kirche zu vernichten.[150]

1917 veröffentlichte Papst Benedikt XV. den *Codex Iuris Canonici* („Kodex des kanonischen Rechts"), in dem für Katholiken eine Mitgliedschaft bei den Freimaurern als Sünde bezeichnet und unter Strafe gestellt wurde.

Trotz dieser scharfen Worte ließen sich gewisse „freidenkerische" Kleriker nicht abschrecken und traten aufgrund ihrer Reformbestrebungen insgeheim der Freimaurerbewegung bei. Einige von ihnen machten in der Kirchenhierarchie Karriere bis hin zur Position eines Kardinals – und noch weiter! So war z. B. Giovanni Mastai-Ferretti, der Sohn eines italienischen Grafen, Mitglied der Großloge Italiens, und das sogar noch als Kardinal. Nach seiner Ernennung zum Papst (Pius IX., Pontifikat 1846-1878) trat er aus der Loge aus und wandte sich in seinen späteren Schriften gegen die Freimaurerei.[151]

Über die Päpste Johannes XXIII. und Paul VI. kursieren folgende umstrittene Angaben:

> In Frankreich bezeugten pensionierte Angehörige der republikanischen Garde, dass Kardinal Roncalli, der spätere Papst Johannes XXIII., als Nuntius in Paris in Zivilkleidung an den Donnerstag-Abend-Sitzungen des Großorients von Frankreich teilgenommen hat.[152]

> An ein und demselben Tag wurden in Paris der Profane Angelo Roncalli und der Profane Giovanni Montini in die erhabenen Mysterien der Bruderschaft eingeweiht. Daher kommt es, dass vieles von dem, was auf dem Konzil [II. Vatikanisches Konzil, 1963-1965] erreicht wurde, auf freimaurerischen Grundsätzen beruht.[153]

Kardinal Roncalli war als Johannes XXIII. ein sehr beliebter Papst, weil er sich für die Ökumene und den innerchristlichen Dialog einsetzte. 1960 gründete er das „Sekretariat für die Einheit der Christen“, und er berief das Zweite Vatikanische Konzil ein. Giovanni Montini wurde als Paul VI. Nachfolger von Johannes XXIII. und befand sich auf unglorreiche Weise zwischen den Fronten (siehe S. 198).

Nach dem Tod von Papst Paul VI. am 6. August 1978 setzte sich wieder der traditionalistische Teil der Kurie durch und strebte nach einer Beendigung der liberalen „Aufweichung“ der Kirchenstruktur. Eingeläutet wurde diese Gegenbewegung durch die Wahl von Kardinal Albino Luciani, der als erster Papst einen Doppelnamen wählte: *Johannes Paul I.* Er lebte nach seiner Wahl jedoch nicht mehr lange und starb nach nur 33 Tagen unter mysteriösen Umständen, weshalb er auch als „der 33-Tage-Papst“ bezeichnet wird.[154]

Sein Nachfolger, Kardinal Wojtyła, übernahm dessen Mission und Namen und nannte sich Johannes Paul II., sah sich aber zwischen den Fronten und wollte um jeden Preis verhindern, dass der innere Konflikt an die Öffentlichkeit drang, denn das hätte die katholische Weltgemeinde verunsichert. Während er durch seine vielen Reisen die Basis stärkte, ließ er die freimaurerischen Kurienmitglieder gewähren, ohne jedoch den kirchlichen Standpunkt in der Freimaurerfrage zu verändern. 1983 veröffentlichte Kardinal Ratzinger, der spätere Benedikt XVI., eine überarbeitete Fassung des *Codex Iuris Canonici* von Papst Benedikt XV. Darin hielt Kardinal Ratzinger als Vorsitzender („Präfekt") der „Kongregation für die Glaubenslehre" mit deutlichen Worten fest, was die Haltung des Papstes gegenüber den Freimaurern ist:

> Das negative Urteil der Kirche über die freimaurerischen Vereinigungen bleibt [...] unverändert, weil ihre Prinzipien immer als unvereinbar mit der Lehre der Kirche betrachtet wurden und deshalb der Beitritt zu ihnen verboten bleibt. Die Gläubigen, die freimaurerischen Vereinigungen angehören, befinden sich also im Stand der schweren Sünde und können nicht die heilige Kommunion empfangen. [...] Papst Johannes Paul II. hat diese Erklärung, die in der ordentlichen Sitzung dieser Kongregation beschlossen wurde, bei der dem unterzeichneten Kardinalpräfekten gewährten Audienz bestätigt und ihre Veröffentlichung angeordnet. (26.11.1983)

Die „direkte Auseinandersetzung"

Am 2. April 2005 starb Papst Johannes Paul II. im Alter von fast 85 Jahren. Die Wahl des Nachfolgers ging so schnell wie selten. Kardinal Joseph Ratzinger wurde der nächste Papst, was inhaltlich eine Fortsetzung der Linie von Johannes Paul II. bedeutete. Was für Nichteingeweihte überraschend war, wird jedoch verständlich, wenn der größere Zusammenhang in Betracht gezogen wird. Wichtige Einblicke vermittelt ein Enthüllungsbuch, mit dem eine anonyme Gruppe von zwanzig Vatikan-Insidern („Prälaten") Anfang 1999 an die Öffentlichkeit trat: *Via col Vento in Vaticano* (wörtl. „Vom Winde verweht im Vatikan"), dt. *Wir klagen an – Zwanzig römische Prälaten über die dunklen Seiten des Vatikans,* Aufbau Taschenbuch Verlag, Berlin 2000. Dieses Buch wurde in Italien zum Nummer-1-Bestseller des Jahres 1999. Die klerikalen Autoren nennen sich „I Millenari", womit sie zu erkennen geben, dass sie eine konservativ-endzeitliche Strömung innerhalb der katholischen Kirche repräsentieren, „endzeitlich" in dem Sinn, dass sie das Tausendjährige Reich Jesu Christi auf Erden erwarten. (Im Jahr 1999 hatte der Name „Millenari" im Hinblick auf den bevorstehenden Beginn des neuen Millenniums eine besondere aktuelle Brisanz. Ihre folgenden zwei Bücher, die sie 2001 und 2012 veröffentlichten, waren nicht annähernd so erfolgreich.)

Aus der Sicht der Millenari wird die katholische Kirche von zwei inneren Feinden ausgehöhlt, und gegen sie wendet sich ihre schonungslose Anklage: (1) die parasitären Profiteure im Vatikan, die ihre Privilegien für die persönliche Bequemlichkeit und Profilierung missbrauchen, und (2) „die unkontrollierbaren okkulten Mächte, [...] [die] sich immer weiter ausbreiten, bis ihre Wurzeln den ganzen mystischen Körper der Kirche durchziehen und ihn mit tumorartigen Metastasen angreifen" (S. 137; die Seitenzahlen beziehen sich auf das Buch *Wir klagen an,* Berlin 2000).

Was die erste Kategorie betrifft, so prangern sie die Inkompetenz, die Heuchelei und die Korruption innerhalb der Vatikan-Kurie an. Sie sprechen von Tyrannei und Despotismus, wofür sie viele schockierende Beispiele anführen, und sie kritisieren das Dogma des obligatorischen Zölibats. Was die zweite Kategorie betrifft, die „okkulten Mächte", so sagen die Millenari geradeheraus und mit schärfster Verurteilung, wen sie damit meinen: „Die unsichtbare Hand der Freimaurerei im Vatikan, im Mittelpunkt verborgener Mächte zwischen Hochfinanz und hohen Ämtern [...] Der Polyp im Vatikan ist allgegenwärtig, auf allen Ebenen und in allen Bereichen, mehr denn je auch in hohen Ämtern." (S. 269; Titel dieses Kapitels: „Satansrauch im Vatikan")

Als ein Beispiel für die Macht des freimaurerischen Einflusses führen sie das II. Vatikanische Konzil an. Eine der treibenden Kräfte hinter der „Zerstörung der alten liturgischen Traditionen" durch dieses Konzil war Erzbischof Annibale Bugnini, der damalige Sekretär der päpstlichen „Kongregation für den Gottesdienst". Wie spätere Untersuchungen zu Tage brachten, war Bugnini mit der Freimaurer-Loge *Grande Oriente d'Italia* verbunden und hatte von ihrem Großmeister monatliche Schecks bekommen. Fotografien eines solchen Schecks wurden 1975 in mehreren italienischen Zeitschriften veröffentlicht. Nach diesem Skandal wurde Bugnini als Nuntius „in den Iran geschickt, wo er bis zum Juli 1982 blieb, als er eines natürlichen Todes starb, dem ein wenig nachgeholfen worden war" (S. 253f.).

Die Millenari führen eine ganze Litanei von Enthüllungen an, z. B. auch die Unterstützung des italienischen Medienzaren und Milliardärs Silvio Berlusconi als Ministerpräsident im Jahr 1994 durch Vatikan-Kardinäle, obwohl „dessen Zugehörigkeit zu den Freimaurern erst kurz zuvor bekannt geworden war" (S. 222). Erschütternd ist die Enthüllung über Giovanni Montinis Intrigen auf dem Weg zum Papstamt.

Mitte der 1950er Jahre erfuhr Pius XII. durch den Vatikan-Geheimdienst, dass Giovanni Montini, der damals das Amt des Stellvertretenden Staatssekretärs des Vatikans bekleidete, geheime Kontakte mit dem kommunistischen Regime der UdSSR aufgenommen hatte, um den dortigen Katholiken, die nicht seinen Vorstellungen und „Idealen" entsprachen, in den Rücken zu fallen: „Aus einer sorgfältigen Untersuchung ging hervor, dass der Jesuitenpater Tondi, der dem Kreis um Montini angehörte, den Sowjets eine Liste der im Untergrund tätigen Bischöfe sowie jener Priester übergeben hatte, die dorthin gesandt worden waren oder gar im Untergrund erst ihre Weihe empfangen hatten. Nach diesem Verrat wurden sie alle verhaftet und ermordet oder starben in den Lagern." (S. 206)

Als Folge dieser Machenschaft wurde Montini seines Amtes als Stellvertretender Staatssekretär enthoben und in der Position eines Erzbischofs nach Mailand versetzt, was einer empfindlichen Degradierung gleichkam. Durch diesen Schachzug wollte Pius XII. dessen Möglichkeiten, Kardinal und evtl. Papst zu werden, zunichte machen. In Mailand machte Montini den katholischen Freimaurer Michele Sindona zu seinem, d.h. zum erzbischöflichen Finanzberater. Nach dem Tod von Pius XII. ernannte sein Nachfolger, Kardinal Roncalli, als Johannes XXIII. den Erzbischof von Mailand zum Kardinal, und dieser wurde dann sein Nachfolger!

Nachdem Kardinal Montini Papst geworden war, übertrug er Michele Sindona und anderen Logenmitgliedern, insbesondere Roberto Calvi, zentrale Positionen in der Finanzwelt des Vatikans (S. 271). Diese beiden Männer steckten tief in den korrupten Affären des Vatikans. Als Calvi sich in die Enge getrieben sah, wollte er den Vatikan erpressen, indem er drohte auszupacken. 1982 wurde Calvi tot aufgefunden, nach offizieller Darstellung ein Selbstmord. 1986 wurde Sindona nach seiner Verhaftung in einem Hochsicherheitsgefängnis durch Gift ermordet. Auch Richter, Journalisten und andere Ermittler wurden während dieser Jahre der Enthüllungen ermordet.[155]

Die Millenari traten an die Öffentlichkeit, nachdem sie zwanzig Jahre lang gesehen hatten, wie Johannes Paul II. es diskret vermied, gegen die „Feinde" vorzugehen. Nun, da der polnische Papst zu alt und zu krank war, um noch etwas zu unternehmen, ergriffen die Millenari die Initiative und wollten im Hinblick auf die Jahrtausendwende den „notwendigen Skandal" (S. 10) forcieren.

Die Formulierungen der Millenari verraten, wie erbittert der Kampf hinter den Kulissen ist. Die „Kirche Gottes“ sieht sich in einem apokalyptischen Endkampf mit Satan: „Satan, der Fürst der Finsternis, lenkt mit List die Wege seiner Gefolgschaft. Heute nun kommt es zur direkten Auseinandersetzung, er tritt ans Licht. Und er zeigt deutlich, dass er mit seinen infernalischen Künsten am Werke ist, dass die satanischen Sekten an seiner Seite stehen, dass sie auf dem Vormarsch sind“ (S. 264), was sich insbesondere auf die „ruchlose Freimaurersekte“ (S. 288) bezieht.

„Der größte Papst der Zukunft wird derjenige sein, der die Kühnheit besitzt, alle in Purpur gekleideten Schneiderpuppen, die zur Zeit den Saal des Kardinalskollegiums schmücken, aus dem Atelier der Kirche zu entfernen [...]“. Diese Worte (S. 72f.) zeigen, dass die traditionalistischen Kurienmitglieder „in Erwartung des messianischen Zeitalters“ (S. 9) hoffen, dass Christus wiederkehren und als Messias zur katholischen Kirche kommen werde, um als „der größte Papst der Zukunft“, d. h. der größte Papst aller Zeiten, aus der katholischen Kirche eine „Universalkirche“ (S. 122) zu machen.

Wenn katholische Hardliner „Wahrheit“ und „die vom Evangelium gepredigte Transparenz“ (S. 327) fordern, dann besagen solche Formulierungen nichts anderes, als dass man nun endlich „Klartext reden“ (S. 314) und offen sagen müsse, wer die „Kirche Gottes“ und wer die „satanischen Sekten“ sind. Denn auch letztere hoffen auf einen Messias und Weltenherrscher.

Die Millenari nannten viele korrupte und skandalbeladene Kardinäle beim Namen, auch die Leiter der „Schattenregierung der Kirche“ (S. 147), aber der Name Joseph Ratzinger erschien nirgendwo. Der Grund ist einfach: Er bewegte sich nicht im Kritikfeld der Millenari – und sie hofften auf ihn.

Kardinal Ratzinger war für mehr als zwanzig Jahre die rechte Hand von Johannes Paul II. Seine Wahl zu dessen Nachfolger sollte Kontinuität markieren, denn die Kirchenführung konnte es sich nicht leisten, nach außen hin eine innere Spaltung sichtbar werden zu lassen. Ein solches Eingeständnis von Schwäche hätte den Glauben der Mitglieder weltweit erschüttert und für den „Polypen“ einen Sieg dargestellt.

Absolute Machtansprüche auf beiden Seiten

Der absolutistische Machtanspruch der fundamentalistischen Christen aller Couleur ist für die Logenorganisationen ein Affront und eine Provokation, denn sie selbst erheben einen ähnlichen Machtanspruch. Sowohl die Kirchen- als auch die Logenvertreter sind überzeugt, dass sich die Worte des 2. Korintherbriefes 11,13 - 14 („Diese Leute sind falsche Apostel, die mit Lügen arbeiten; sie tarnen sich als Apostel Christi, denn auch der Satan tarnt sich als Engel des Lichts") nur auf die Gegenseite beziehen und dass sie diese „Gegenseite" besiegen müssen.

Die „direkte Auseinandersetzung" hatten die Millenari bereits 1999 beschworen, mit klaren Fronten: „Gott vermag in seiner Einfachheit, das Gute dem Bösen genau entgegenzusetzen." (S. 158)

Der nächste Papst trat im April 2005 sein Amt an. Nach einer der kürzesten Wahlen der Kirchengeschichte (mit nur vier Wahlgängen) wurde Kardinal Joseph Ratzinger Papst. Viele erwarteten, dass er als enger Mitarbeiter und Vertrauter des vorherigen Papstes den Namen „Johannes Paul III." wählen würde, doch er nannte sich Benedikt XVI. und wurde dadurch Namensnachfolger des Papstes der Zeit des Ersten Weltkriegs. Seine Namensvorgänger waren auch dafür bekannt, dass sie einen Bann gegen die Freimaurer ausgesprochen hatten: Benedikt XIV. im Jahr 1751 und Benedikt XV. im Jahr 1917. Der Name „Benedikt" bezieht sich auf den Hl. Benedikt von Nursia (ca. 480 - 547), den Gründer des Ordens der Benediktiner. Der Hl. Benedikt wird „Mönchsvater" und „Vater Europas" genannt und steht für die Vision einer geistigen Einheit Europas. Auch dies war ein wichtiger Grund für die Wahl des Papstnamens „Benedikt".

Dieser nächste Papst, auf den die Millenari gehofft hatten, vermochte keine radikalen Änderungen zu bewirken, doch er selbst machte 2013 einen radikalen Schritt: Er trat zurück! Und mit dem nächsten Papst begann die von „Malachias" und von der Garabandal-Prophezeiung angekündigte Zeit des großen Wandels, „das Ende der Zeiten".

Kardinal Bergoglio, der am 13. März 2013 Papst Franziskus wurde, markiert in drei Punkten historische Premieren: er ist der erste Papst aus Übersee, er ist der erste, der den Namen Franziskus wählte, und er ist der erste Jesuit, der Papst wurde. Letzteres ist der auffälligste Punkt. Der General der Jesuiten wird „der schwarze Papst" genannt, und nun ist auch „der weiße Papst" ein Jesuit. Die Jesuiten sind ein Männerorden (es gibt keine Jesuiten-Nonnen) und stellen mit rund 18 000 Mitgliedern den größten katholischen Orden dar. Jesuiten sind nicht lokal gebunden wie ein Pfarrer oder ein Bischof, weshalb sie weltweit einsatzbereit sind. Eine der wichtigsten Aufgaben dieses Ordens, der 1534 gegründet wurde, war der Kampf gegen den Protestantismus. Alle Eingeweihten legen den Eid ab, nur den Interessen des Papstes zu dienen – was schon früh zu Verschwörungstheorien führte,* wobei Theorien falsch oder auch richtig sein können.

Eng mit den Jesuiten ist auch die Gesellschaft *Opus Dei* verbunden. Ihr Gründer, Josémaría Escrivá de Balaguer y Albás (1902 - 1975) gründete das Opus Dei 1928 in Madrid als junger Priester. Johannes Paul II. vollzog 1992 die Seligsprechung Escrivás und nochmals zehn Jahre später, 2002, dessen Heiligsprechung. Dies war die schnellste Heiligsprechung in der Geschichte der katholischen Kirche.

Mutige Reformen?

Was die Millenari beschrieben, wurde nach der Wahl von Papst Franziskus von der anderen Seite bestätigt. So erschien z. B. im Jahr 2020 ein Buch des Vatikan-Journalisten Andreas Englisch mit dem Titel *Der Pakt gegen den Papst – Franziskus und seine Feinde im Vatikan*. Im Klappentext ist zu lesen:

> Andreas Englisch kennt den Vatikan so gut wie kaum ein anderer Journalist. Nun ist er einer mächtigen Verschwörung auf die Spur gekommen, die bis in die höchsten Kreise der Kurie reicht: Einflussreiche Kleriker sehen in Franziskus nicht den mutigen Reformer der katholischen Kirche, sondern einen verkappten Kommunisten, der Verrat an zentralen Dogmen des Glaubens begeht. Deswegen sind sie entschlossen, den Heiligen Vater mit allen Mitteln zu bekämpfen und Franziskus zum Rücktritt zu zwingen. [...]

Die einflussreichen Kleriker, die in Papst Bergoglio „einen verkappten Kommunisten“, d. h. einen Globalisten, sehen, stehen inhaltlich den Millenari nah. Aus der Sicht der nicht-traditionalistischen Katholiken

* Aufgrund seines wachsenden Einflusses wurde der Jesuitenorden im 18. Jahrhundert in mehreren Ländern verboten oder seine Mitglieder wurden des Landes verwiesen. 1773 kam es zur Aufhebung des Ordens durch Papst Clemens XIV., dies vor allem auf Drängen der bourbonischen Staaten Portugal, Spanien und Frankreich. 1814 wurde der Orden unter Papst Pius VII. wieder eingesetzt und rehabilitiert.

sind die konservativen Katholiken eine Bedrohung, und umgekehrt. Im oben zitierten Klappentext des Buches wird dann auch gesagt, dass „sich die katholische Kirche ausgerechnet im Moment ihrer größten Krise“ einen „gnadenlosen Kampf um ihr Oberhaupt liefert“. Die Öffentlichkeit bekommt von diesem „gnadenlosen Kampf“ nicht viel mit, aber ein Kampf, in dem jede Seite meint, die andere diene dem Satan, kann nur gnadenlos sein ...

Damit kommen wir wieder zur Prophezeiung der „äußersten Verfolgung“. Dies wird auch noch in anderen Prophezeiungen erwähnt, wobei meistens gesagt wird, dass die kriegerische Aggression gegen Rom von außen kommt, d. h. von Kräften, die islamistisch oder kommunistisch sind (*in persecutione extrema* – „in Verfolgung durch Extremisten“). Daneben darf aber auch der interne Kampf nicht vergessen werden. Die Öffentlichkeit hat davon schon vielfach gehört, z. B. durch den Buch-Bestseller Nr. 1 in Italien des Jahres 1999.

Wie weit wird die Kirche mit den Mächten der Globalisierung zusammenarbeiten? Wie weit wird sie sich in den Dienst der „Neuen Weltordnung“ und des „Great Reset“ stellen oder stellen lassen?

Wenn sich Kali-Yuga-Religionen gegenseitig – und in Fraktionen auch intern – bekämpfen, dienen die Aktivisten beider Seiten derselben spaltenden Kraft. Seit rund fünftausend Jahren inkarnieren Seelen aus den abgespaltenen („dunklen“) Welten auf der Erde und errichten Imperien, um sich die Energie der Menschen nutzbar zu machen. Die Konfrontation zweier Halbwahrheiten führt nie zu einer höheren Wahrheit. Die Lösung kann also nicht darin bestehen, dass die eine Seite die andere ausschaltet oder unterwirft. Wahrhaft mutige Reformen würden die Einseitigkeit beider Seiten erkennen, und beide Seiten – die „Religionen“ wie die „Antireligionen“, die „Konservativen“ wie die „Progressiven“ – sind eines grundlegenden inneren Wandels bedürftig: gegenseitiger Respekt, gegenseitige Aussöhnung und allseitige Transformation, d. h. Überwindung der eigenen Halbwahrheiten und Absolutheitsansprüche.

Kapitel 8

Die Prophezeiungen von Garabandal: „Ein Wunder, wenn die Welt es am notwendigsten braucht"

Auf einmal wird es große Klarheit geben, sagt eine der wichtigsten positiven Prophezeiungen für die heutige Zeit voraus, und zu den grundlegenden Erkenntnissen dieser Klarheit gehört, dass der Kosmos multidimensional ist. Mit dieser Erkenntnis kann die Menschheit das materialistische Denken überwinden, ohne in einseitig-religiöse Doktrinen zu fallen, und das Bewusstsein öffnet sich für wahrhaft-ganzheitliche Religion (Spiritualität) und Wissenschaft. Angesichts des multidimensionalen Kosmos kann man nicht mehr Materialist sein, aber durchaus noch Atheist und Monist: Man kann die höherdimensionalen Welten und Wesen als Teil einer virtuellen Realität sehen, die letztlich allesamt nur Illusionen in einer unendlichen Einheit von Energie sind. Wer jedoch nicht in Weltbildern des Atheismus und Monismus hängenbleibt, wird die „Einheit" der Energien als Aspekt der lebendigen Ganzheit erkennen, denn diese lebendige Ganzheit ist sowohl „Einheit" als auch „Vielheit" – und ist das, was in theistischen Weltbildern auch *Gott* genannt wird.

Die Wesen der höherdimensionalen Lichtwelten sind *Lichtwesen,* was ein Überbegriff ist für Engel und Erzengel bis hin zu den höchsten und ursprünglichen Schöpferwesen des Universums. All diese Wesen sind feinstofflich, können aber in die grobstoffliche Welt der Menschen hineinwirken. Und ihr Wirken gibt jedem empfänglichen Menschen auch einen faktisch nachvollziehbaren Gottesbeweis.

Die Lichtwesen sind universell und überkonfessionell, denn sie beschränken Gott, die Ganzheit, nicht auf die „Einheit" und auf einseitige Glaubensmuster. Sie erscheinen deshalb in allen Religionen und auch außerhalb der Grenzen religiöser Institutionen, um die Menschen zu inspirieren und in ihrer spirituellen Entwicklung zu unterstützen. Sie respektieren den freien Willen und das Gesetz der Nichteinmischung, selbst wenn sie sich „einmischen“. Sie wollen das Beste im Menschen fördern – und auch das Beste in den Religionen.

Auf den folgenden Seiten werden Erscheinungen der Lichtwesen in einem katholischen Umfeld beschrieben. Für Millionen von Menschen ist die katholische Kirche eine geistige Heimat oder sogar die einzig wahre Religion. Andere wiederum stehen der katholischen Kirche kritisch bis ablehnend gegenüber. Die Lichtwesen leben und wirken außerhalb dieser Dualität und sehen nicht „Religionen“, sondern immer nur *Menschen auf ihrem persönlichen Weg*. Wenn die Lichtwesen in einem katholischen Umfeld erscheinen, sprechen sie die Sprache dieser Menschen und verwenden Begriffe wie „Sünde“, „Strafgericht“, „Sündenvergebung“, „Eucharistie“ usw., und wir sind eingeladen, die universelle Bedeutung dieser Begriffe zu erkennen.

Die Lichtwesen offenbaren das Universelle und Spirituelle immer gemäß dem Bewusstsein und der „Schulstufe“ der angesprochenen Menschen. Gleichzeitig weisen sie darauf hin, was geschieht, wenn die Menschen schöpfungswidrig handeln und gegen die göttliche Ordnung verstoßen, und die Dringlichkeit dieser Warnungen ist überall dieselbe, obwohl die Formulierungen gemäß religiösen und kulturellen „Filtern“ unterschiedlich sein mögen.

Auch Jesus sprach von Lichtwesen

Wenn „katholische“ Wunder überkonfessionell interpretiert werden, neigen katholische Dogmatiker dazu, dies als esoterische Irrlehre zu bezeichnen und auf ihrem Absolutheitsanspruch zu beharren, weil sie meinen, Maria und die Engel bis hin zu Jesus Christus fielen unter ihr katholisches Monopol. Demgegenüber neigen protestantische Gläubige, v. a. Evangelikale, dazu, in all diesen Erscheinungen und Wundern Täuschungen durch den Satan zu sehen. Warum? Weil auch sie meinen, ein Monopol auf Gott, Jesus und „die Wahrheit“ zu haben.

Die himmlischen Heerscharen und Lichtwesen werden im Hebräischen als *cherubim, seraphim, elohim* usw. bezeichnet. Auch Jesus deutete an, dass er mit diesen Dimensionen des multidimensionalen Kosmos zusammenarbeitet. Ein markantes Beispiel finden wir bei seiner Gefangennahme am Morgen des Karfreitags. Nach dem letzten Abendmahl hatte sich Jesus mit seinen Jüngern in den Garten Getsemane begeben und hatte sie gebeten, die Nacht im Gebet zu verbringen, aber sie waren immer wieder eingeschlafen. Jesus hatte sie ermahnt: „Könnt ihr denn nicht eine Stunde mit mir wachen? Bleibt wach und betet, dass ihr in der Anfechtung nicht zu Fall kommt. Der Geist ist willig, aber das Fleisch ist schwach." (Mt 26,41)

Am darauffolgenden Morgen wurde Jesus aufgrund von Hetze und Verleumdung verhaftet. Angesichts des Unrechts von Seiten der Soldaten und Gerichtsdiener konnte sich der Apostel Simon Petrus nicht mehr beherrschen und schlug Malchus, dem Vertreter des Hohepriesters Kajaphas, mit dem Schwert ein Ohr ab. Jesus konnte den Aufruhr beruhigen, indem er das Ohr des Beamten heilte (Lk 22,51; Joh 18,10). Seinen heißblütigen und gewaltbereiten Anhänger tadelte er mit den berühmten Worten: *„Steck dein Schwert weg. Denn wer zum Schwert greift, wird durch das Schwert umkommen."* Dann fügte er auf kryptische Weise hinzu: *„Oder denkst du, dass ich nicht meinen Vater bitten könnte, mich umgehend zu schützen durch zwölf Legionen Engel und mehr?"* (Mt 26,52-53)

Jesus rief diese Legionen von Engeln nicht, denn Menschen wie er verwenden ihre Kräfte nicht zum eigenen Vorteil, aber er deutete damit an, dass diese „Legionen" eingreifen können, wenn wir in seinem Namen darum beten:

> „Wenn ihr in mir bleibt und meine Worte in euch bleiben, dann könnt ihr bitten, um was ihr wollt, und es wird für euch geschehen. [...] Wie du, Vater, in mir bist und ich in dir, so sollen auch sie in uns sein, damit die Welt glaubt, dass du mich gesandt hast. Und ich habe ihnen die Herrlichkeit gegeben, die du mir gegeben hast, damit sie eins seien, wie wir eins sind." (Joh 15,7; 17,21-22)

Es tut gut zu wissen, dass wir nicht allein sind: Es gibt inkarnierte und nicht inkarnierte Lichtwesen. Wir, die inkarnierten, können unsere kosmischen Brüder und Schwestern um Hilfe anrufen, wenn die Finsternis auf Erden zu groß wird. Im Gebet „Dein Wille geschehe, wie im Himmel, so auf Erden", sind auch die Lichtwesen des Himmels mit inbegriffen, denn wir alle sind „eins" (verbunden): „damit sie eins seien, wie wir eins sind".

Zweitausend Erscheinungen in 1,5 Jahren: intensiver offenbarte sich die geistige Welt noch nie …

Werden die Lichtwesen in einem entscheidenden Moment der Weltgeschichte eingreifen? Die Garabandal-Prophezeiung sagt ja und gibt auch konkrete Beschreibungen, wie diese Hilfe aussehen wird oder aussehen könnte: *Die göttlichen Schöpferwesen werden die Zeit anhalten, und außerhalb der Zeit wird jeder Mensch seinen eigenen Lebensfilm sehen.* Dann, nach dieser „Seelenschau", wird sich zeigen, wie die Menschen reagieren – und dies wiederum wird entscheiden, in welcher Form der Übergang in die neue Zeit stattfinden wird. Der Zeitpunkt, wann diese kollektiv-individuelle „Seelenschau" geschehen wird, wurde damals (1961 bis 1965) mit mehreren Faktoren beschrieben, insbesondere: wenn die „kommunistische" Ideologie in Europa um sich greift, wenn die Kirchen geschlossen bleiben und keine Messen stattfinden dürfen und wenn in Europa wieder ein Krieg droht, mit dem zentralen Faktor „Russland" (Näheres dazu im letzten Teil des vorliegenden Kapitels).

Die Lichtwesen sind für uns unsichtbar, aber sie können – als Schöpfermächte hinter Raum und Zeit – „übernatürlich" in die Materie eingreifen, und sie können sich den Menschen offenbaren. Wir kennen Berichte aus allen Kulturen und aus allen Zeiten. Ein eindrückliches und in gewissen Punkten sogar einzigartiges Beispiel sind die Ereignisse in Garabandal.[156] Sie geben uns Einblick in das interdimensionale Wirken der Lichtwesen, und wir bekommen eine umfassende und lehrreiche Illustration von dem, was „multidimensionaler Kosmos" bedeutet und wie die Lichtwesen mit uns Menschen interagieren und uns schulen – und vor unseren Irrwegen warnen. In Garabandal kulminierte dies in Prophezeiungen für die damals noch Jahrzehnte entfernte Endzeit mitsamt einer klaren Angabe, wann diese Phase beginnt, nämlich nach dem Tod des „vierten" Papstes, das heißt – wie wir heute wissen – ab Anfang 2023 (siehe: „Die Päpsteprophezeiung von Garabandal" am Schluss von Kapitel 6).

San Sebastián de Garabandal, kurz: „Garabandal", ist ein kleines Bergdorf im kantabrischen Vorgebirge im Nordwesten Spaniens. Das Panorama wird dominiert von den Berggipfeln des Peña Sagra (2016 m hoch) und des Peña Labra (2010 m). Das auf 500 m gelegene einsame Dörfchen Garabandal ist die letzte Ortschaft vor dem weiten Gebiet, das zum Gebirge führt.

In diesem abgelegenen Dorf „am Ende der Welt" ereignete sich von 1961 bis 1965 die längste bzw. spektakulärste Serie von paranormalen Ereignissen des 20. Jahrhunderts: über zweitausend Erscheinungen von Mutter Maria und Erzengel Michael. Wie so oft bei Marienerscheinungen, waren auch hier Kinder die „Kontaktpersonen", weil bei Kindern das Bewusstsein noch nicht so stark in die Materie projiziert ist wie bei Erwachsenen. Vier elf- bis zwölfjährige Mädchen wurden von einem Moment zum nächsten zu Seherinnen. Die Erscheinungen geschahen fast alle in den ersten eineinhalb Jahren (von Mitte 1961 bis Januar 1963). Danach empfingen zwei der jungen Seherinnen innere Botschaften, die sie *locuciones* nannten, und eine der zwei sah auch noch vereinzelte Erscheinungen. Die letzte öffentliche Erscheinung war am 18. Juni 1965, die letzte „private" am 13. November 1965. (Die Päpsteprophezeiung stammt aus der Anfangszeit der *locuciones.*)

Der örtliche Bischof* sprach von Anfang an gegen das Garabandal-Phänomen und verhinderte jegliche seriöse Untersuchung, ja er stellte eine Kommission zusammen, die jahrelang die Darstellung der Fakten verdrehte und verfälschte. Er verbot sogar, dass Priester aus eigener Initiative nach Garabandal gingen. Vielleicht wollte er „modern" wirken, indem er und seine Kommission verkündeten, man glaube nicht an diese Erscheinungen.

Die späteren Bischöfe änderten diese ablehnende Haltung, weil viele unabhängige Betrachtungen auf die Echtheit der Erscheinungen hinwiesen. Schon 1962 hatte die dreizehnjährige Conchita gesagt, dass ein künftiger Bischof, der am Anfang ebenfalls negativ eingestellt sei, ein Zeichen bekommen werde, und dieser Bischof werde dann erlauben, dass die Priester wieder nach Garabandal gehen. Dies erfüllte sich mit Bischof del Val, der von 1972 bis zu seiner Pensionierung 1991 Bischof von Santander war. 1982 wurde bei ihm Krebs diagnostiziert, und er unterzog sich einer Operation. Irgendwann während dieser Zeit oder während der Heilung muss er, der bisher ein erklärter Gegner der Garabandal-Phänomene gewesen war, ein inneres Zeichen bekommen haben. Privat erklärte er später, dass er an die Echtheit der Erscheinungen glaube, aber das sei seine persönliche Meinung und keine bischöfliche Stellungnahme, denn die Kirche könne aufgrund

---

* San Sebastián de Garabandal gehört politisch zur Autonomen Gemeinschaft Kantabrien, deren Hauptstadt Santander ist, und kirchlich zum Bistum Santander. Der dort residierende Bischof ist dem Erzbischof von Oviedo unterstellt.

der noch offenen Prophezeiungen kein definitives Urteil sprechen. Er hob 1987 jedoch die Restriktionen auf, weshalb Priester seither offiziell die Erlaubnis haben, Garabandal zu besuchen.[157]

Fünfzig Jahre nach dem Ende der Erscheinungen entstand in Spanien ein Spielfilm, der die Ereignisse authentisch wiedergibt. Er kam im Februar 2018 in Spanien in die Kinos: *Garabandal – Solo Dios lo sabe* („Garabandal – Gott allein weiß es"). Er wurde in über 30 Ländern im Kino gezeigt. Heute kann er im Internet kostenlos gesehen werden, mit Übersetzungen in zwölf Sprachen: garabandalderfilm.com

„Der Prophet wird im eigenen Land verkannt", heißt es in der Bibel (Mt 13,57), aber das galt nicht für den Garabandal-Film in Spanien:

> Einer der Kinobesitzer kam zu uns und fragte: „Was hat es mit diesem Film auf sich? Wir haben im Vorverkauf noch nie so viele Tickets verkauft, nicht einmal bei Star Wars." Ebenso hörten wir von einigen Stimmen aus der Kinowelt, dass *Garabandal – Solo Dios lo sabe* der erfolgreichste Film in ihren Kinos war.[158]

Die Erscheinungen und die paranormalen Phänomene

Garabandal hatte zur Zeit der Erscheinungen 300 Einwohner und bestand aus etwa 60 grob gebauten Holz- und Steinhäusern. Alle Gassen, auch der kleine Dorfplatz bei der Kirche, waren erdig und voller Steine (nirgendwo Kopfsteinpflaster oder Teer). Zu Beginn der Erscheinungen (Mitte 1961) hatte niemand im Dorf ein Auto, ein Telefon oder einen Fernsehapparat. Die einzige Verbindung zur Außenwelt war ein Karrenweg, der hinunter in die sechs Kilometer entfernte Ortschaft Cosío führte. Dort wohnte auch der Pfarrer, der einmal in der Woche, am Sonntagnachmittag, nach Garabandal hochging, um die Messe zu lesen. Ansonsten kamen nur selten andere Menschen nach Garabandal. Als die Erscheinungen begannen, strömten plötzlich Hunderte und Tausende von Menschen ins Dorf, was für die wenigen Einheimischen eine große Herausforderung darstellte und im Lauf der Monate auch zu Spannungen, Meinungsverschiedenheiten und internen Zwisten führte.

Wir werden im Folgenden diese historischen Ereignisse unter vier Aspekten betrachten:

(1) Das Phänomen, d.h. die Erscheinungen und die Trancezustände der Seherkinder,
(2) die zwei offenbarten Botschaften von 1961 und 1965,
(3) die Garabandal-Prophezeiungen für unsere heutige Zeit,
(4) die Missverständnisse und Kritiken bzgl. des Garabandal-Phänomens.

Als erstes betrachten wir nun das Phänomen selbst, denn allein die äußeren Geschehnisse bei den Erscheinungen von Garabandal sind eine Widerlegung des materialistischen Weltbildes.*

Die ersten Erscheinungen: Alles begann am Abend des Sonntags, 18. Juni 1961, als vier Mädchen des Bergdorfes Garabandal gemeinsam eine Engelvision hatten. Die vier Mädchen waren Conchita González, Jacinta González, María Dolores Mazón, genannt Mari-Loli, und María Cruz González, genannt Mari-Cruz. Die drei González-Mädchen gehörten zu unterschiedlichen Familien, waren also nicht Geschwister. Mari-Loli, Conchita und Jacinta waren zwölf, Mari-Cruz knapp elf.** Wie immer am Sonntag war der Pfarrer ins Dorf gekommen, um die Messe zu lesen. Nach dem Gottesdienst blieben viele auf dem Dorfplatz vor der Kirche beisammen, um zu sprechen oder Musik zu machen und zu tanzen. Conchita und Mari-Cruz, die oft zusammen waren, langweilten sich, und so starteten sie ein kleines Abenteuer: Beim Haus des Lehrers am Dorfrand stand ein Apfelbaum, und dort wollten sie einige Äpfel pflücken gehen. Zwei andere Mädchen, Mari-Loli und Jacinta, sahen, dass sie weggingen, und folgten ihnen. Zu viert „stahlen" sie einige Äpfel und versteckten sich dann im Hohlweg, der dort am Dorfrand beginnt und hinaus in die Berge führt. (Dieser steinige Hohlweg, die *calleja,* wurde zu einem der häufigsten Orte der Garabandal-Erscheinungen). Als die Mädchen in der Vertiefung zwischen den Wegböschungen saßen, hörten sie plötzlich einen donnerartigen Klang. Sie fragten sich mit schlechtem Gewissen, was das war,

* Dies ist nur eines von vielen Beispielen, die das materialistische Weltbild faktisch und praktisch widerlegen. Weitere Beispiele erwähne ich im Buch *„Ihr seid Lichtwesen"* (Mirin Dajo, Bruno Gröning, Daskalos, Haidakhan Babaji) und im Buch *Unsichtbare Welten.*

** Conchita, geb. 7. Februar 1949; Jacinta, 27. April 1949; Mari-Loli, 1. Mai 1949 (verstorben am 20. April 2009), Mari-Cruz, 21. Juni 1950.

und taten auf kindliche Weise „Buße“ wegen der gestohlenen Äpfel – und wurden kurz danach in eine gemeinsame Vision entrückt, in der sie einen Engel erblickten (in der Gestalt eines Knaben). Die vier knieten mitten im Hohlweg. Einige Kinder, die den Weg heraufgekommen waren, warfen Steine nach ihnen, aber die Seherkinder nahmen nichts wahr. Sie waren in einer anderen Welt (in „Ekstase“)* und fühlten mit Freude die göttliche Präsenz. Ein Mann, der vom Feld den Weg herabkam, war der erste erwachsene Zeuge.[159] Nachdem die vier wieder in ihr äußeres Bewusstsein zurückgekehrt waren, rannten sie aufgeregt zurück ins Dorf. Die Vision begann um halb neun, und nun war es kurz vor neun Uhr. Einige Kinder, die noch unterwegs waren, fragten, was los sei. „Wir haben einen Engel gesehen!“

Jedes der vier Mädchen beschrieb das Erlebte auf gleiche Weise, so auch am anderen Tag dem Pfarrer gegenüber. Er kam an diesem Montag gleich wieder ins Dorf, denn die Neuigkeit drang schnell hinunter nach Cosío. (Garabandal hatte kein Lebensmittelgeschäft. Alles, was nicht der Selbstversorgung entsprang, musste in Cosío eingekauft werden.) Der Pfarrer fing jedes der vier Mädchen einzeln ab, um zu hören, was geschehen war, und spürte sogleich, dass sie von einer für sie wahren Begebenheit erzählten. (Pfarrer Valentín Marichalar Torres befragte sie auch später immer wieder einzeln, führte über die Ereignisse ein Tagebuch und sandte regelmäßig Berichte an das bischöfliche Büro in Santander.)

Am Abend gingen die Mädchen zur gleichen Zeit an die gleiche Stelle auf dem Hohlweg, aber der Engel erschien nicht. Viele Erwachsene äußerten Zweifel oder machten Witze, aber dies änderte sich schnell, als die Erscheinungen des Engels am nächsten Tag weitergingen: während zwei Wochen fast jeden Abend zur gleichen Zeit an derselben Stelle. Immer mehr Menschen strömten ins Dorf. Am Mittwoch, 28. Juni, waren die vier Mädchen für volle zwei Stunden in ekstatischer Entrückung, sie selbst aber meinten, die Begegnung mit dem Engel habe nur einige Minuten gedauert.

---

* Ekstase, von grch. *ék-stasis,* „Außerhalbstehen; aus sich heraus getreten sein“; mystischer Zustand, in dem das Bewusstsein außerhalb des Körpers ist und nicht mehr die irdisch-materielle Welt, sondern himmlische und/oder spirituelle Welten wahrnimmt (siehe auch S. 83). Die Verwendung von „Ekstase/ekstatisch“ im Sinn von „[religiös] verzückt; schwärmerisch“ oder „wild-rasend“ usw. entspricht nicht dem eigentlichen Sinn dieses Wortes.

Nach jeder Erscheinung wurden die Kinder einzeln und meistens mehrfach „verhört“, vom Pfarrer und/oder vom Dorfpolizisten, von Vertretern des Bischofs, von Kinderärzten und Psychologen. Die Mädchen, die von einem Tag auf den anderen aus ihrer bisherigen Kindheit herausgerissen wurden, gingen mit diesen Schikanen durch die Erwachsenen erstaunlich souverän um, weil sie eine innere Kraft und Freude fühlten und einfach nur erzählten, was sie gesehen und erlebt hatten.

Bei der Erscheinung am Samstag, 1. Juli, sprach das Lichtwesen zum ersten Mal und offenbarte sich als Erzengel Michael. Auch diese Vision dauerte zwei Stunden. Michael kündigte für den folgenden Tag (Sonntag, 2. Juli) das Erscheinen der Jesusmutter Maria an. Die Kunde der Engelerscheinungen hatte sich bereits weithin verbreitet, und so strömten an diesem Sonntag über eintausend Menschen in das Dorf. „An diesem Tag kamen zehn oder elf Priester, einige Ärzte, ein Abt und viele Autos“, schrieb Conchita später in ihrem Bericht.*

Als sich der Zeitpunkt der Erscheinung ankündigte, eilten die Mädchen voller Vorfreude zum Ort, der ihnen innerlich gezeigt wurde (ebenfalls auf dem Hohlweg, aber etwas weiter bergaufwärts): Dort ging ihr Bewusstsein in die Entrückung über, und sie erblickten Mutter Maria, flankiert von Erzengel Michael auf der einen Seite und einem fast identischen Engel auf der anderen (Erzengel Gabriel). Maria erschien als junge Frau von achtzehn Jahren, aber sie bezeichnete sich nicht als große Schwester, sondern als „eure Mutter“, wobei sich „eure“ auf alle Menschen bezog. In dieser ersten Trance-Begegnung (sie dauerte zwei Stunden) sprachen die vier Seherkinder mit Mutter Maria über ihr tägliches Leben, über die Schule, über den Pfarrer, über die harte Arbeit auf dem Feld, usw. Die Umstehenden hörten ihre Worte, aber nicht die Antworten der Erscheinung. Im Zustand der Trance (Ekstase) hatten die Mädchen eine überirdische Ausstrahlung und eine verklärte Schönheit.

---

* Conchita begann im September 1962, 13-jährig, aus der Erinnerung heraus einen Bericht über die Ereignisse seit dem Juni 1961 zu schreiben. Im Sommer 1963 schloss sie diese Arbeit (genannt *diario* „Tagebuch“) ab. Es ist erstaunlich, wie gut sie sich an die einzelnen Ereignisse erinnerte und sie mit vielen Details niederschrieb, zwar in einfacher Sprache, aber sehr präzise und gut artikuliert. Conchitas Bericht zitiere und übersetze ich nach der englischen Übersetzung im Buch von Pater Pelletier (hier p. 37), siehe Anm. 156.

Die vier Mädchen während einer Vision des Engels, zweite Junihälfte 1961. Vorne (von links nach rechts): Mari-Loli, Jacinta, Mari-Cruz. Hinter ihnen sind Conchita und Conchitas Mutter Aniceta.

Hier ein Bericht in Conchitas eigenen Worten, ein gutes Jahr später geschrieben:

> Als sie [Maria] gegangen war, kamen die Leute und umarmten und küssten uns und fragten, was sie gesagt habe. Einige glaubten nicht, weil wir mit ihr über so viele Dinge gesprochen hatten. Die meisten glaubten jedoch und sagten, es sei gewesen, wie wenn eine Tochter ihre Mutter lange nicht mehr gesehen habe. Da ist es ganz natürlich, dass die Tochter ihr alles erzählt. Und das stimmte noch mehr für uns, denn wir hatten sie nie zuvor gesehen, und sie ist unsere himmlische Mutter.
>
> Danach brachten sie uns in die Sakristei, und ein Priester namens Pater Francisco Odriozola [der spätere Leiter der bischöflichen Kommission] befragte uns einzeln hintereinander. Dann erzählte er den Leuten, was wir ihm gesagt hatten.
>
> So ging der Sonntag 2. Juli zu Ende. Es war ein sehr glücklicher Tag, weil wir die Gesegnete Jungfrau zum ersten Mal sahen und [seither] mit ihr zusammen sind, wann immer wir es wünschen.
>
> Die Gesegnete Jungfrau trägt ein weißes Kleid, einen blauen Mantel und eine Krone aus kleinen goldenen Sternen. [...][160]

Am nächsten Tag (Montag, 3. Juli) sahen die vier Mädchen ihre himmlische Mutter wieder, und es folgten insgesamt über zweitausend Erscheinungen (von Maria oder Michael), manchmal mehrere pro Tag und öfters auch spätabends und in der Nacht, weil die Menschen im Dorf während des Tages arbeiten mussten. Aber alle, die den Erscheinungen mit offenem Herzen beiwohnten, fühlten sich danach auch mit kurzem Schlaf ausgeruht und erholt. Die Maria-Erscheinungen dauerten meistens eine bis zwei Stunden, manchmal auch bis zu vier und fünf Stunden. Die Michael-Erscheinungen hingegen waren meistens „privat" und dauerten nicht sehr lange. Er erschien den Mädchen, um ihnen die Kommunion zu geben, aber nur an jenen Tagen, an denen in der Kirche keine Messe stattfand. Diese unsichtbare Übergabe der Hostie fand manchmal draußen oder im Elternhaus statt (mit Zeugen), manchmal auch allein und ohne Zeugen.

Die inneren Rufe: Wenn sich eine Erscheinung Marias ankündigte, bekamen die Mädchen in zeitlichen Abständen drei innere Zeichen: zuerst am Morgen oder einige Stunden zuvor, damit entsprechend geplant werden konnte, das zweite, wenn die Erscheinung nahte, und das dritte, wenn es soweit war. Die Erscheinungen fanden an unterschiedlichen Orten und zu unterschiedlichen Zeiten statt, aber die Mädchen bekamen die Zeichen immer gleichzeitig und liefen dann „wie gerufen" auf die Straße hinaus, um zum jeweiligen Treffpunkt zu gehen. Dies geschah Hunderte von Malen und war allein schon ein Beweis für die übernatürliche (telepathische) Natur der Erscheinungen, von den vielen anderen Phänomenen ganz zu schweigen. Manchmal wurden alle vier gerufen oder nur drei oder zwei oder die vier je zu zweit, manchmal war auch nur eines der Mädchen in Trance.

Die Art der Kommunikation: Im Zustand der Ekstase waren die Mädchen geistig von der äußeren Welt entrückt, aber sie blieben die Kinder, die sie waren. Sie sprachen über ihr Leben und über ihre Sorgen (vor allem, weil viele ihnen nicht glaubten und sie mit Forderungen nach Beweisen bedrängten) und trugen auch die Fragen und Anliegen der Gläubigen vor. Die Umstehenden hörten ihre Worte, aber nicht die Antworten der Erscheinung. Während der Ekstase befanden sich die Mädchen geistig in einer höheren Realität, die sie als wundervolle Lichtwelt beschrieben. Sie sahen sich „dort" gegenseitig und sprachen miteinander, aber aus der Sicht unserer Welt waren sie entrückt und nicht ansprechbar. Dennoch antworteten sie oft auf Anliegen und Gedanken der Anwesenden (Wünsche, Zweifel, Bitten um ein Zeichen) mit perfekten Reaktionen, geführt von einer göttlich-allwissenden Intelligenz. Wenn sie wieder zum äußeren Bewusstsein zurückkehrten, konnten sie sich an ihren Aufenthalt in der anderen Welt erinnern. Sie erzählten, wie Maria aussah und welche Antworten sie gegeben hatte, und sie konnten auch erklären, warum sie sich auf eine bestimmte Weise verhalten hatten, warum sie plötzlich gelacht hatten, usw.

Obwohl die Ekstasen manchmal ziemlich lange dauerten und oft in der Nacht stattfanden, zeigten die Mädchen nie Anzeichen von Ermüdung. Sie gingen zur Schule, spielten mit den anderen Kindern und erledigten ihre Arbeiten im Haus und auf dem Feld. Sie freuten sich immer auf die nächste Begegnung, ohne sich jedoch von der irdischen Welt abzuwenden.

Die paranormalen Aspekte (1): Handlungen jenseits der Naturgesetze, Unverletzbarkeit, interdimensionale Verbindung. Die äußeren Phänomene, wie sie am Körper der Sehermädchen zum Ausdruck kamen, sind spektakulär, und holistische Quantenphysiker könnten in ihnen den Beweis für ihre kühnsten Hypothesen finden. Gleichzeitig sollten wir diese Phänomene nicht isoliert betrachten, denn sie waren immer nur ein Aspekt des Gesamtbildes, das durch Fotos und Filmaufnahmen nie vollständig wiedergegeben werden konnte. Für die Mädchen selbst waren diese spektakulären Phänomene vollkommen unwichtig und wurden von ihnen nicht oder nur „nebenbei" wahrgenommen.

In Trance waren die Mädchen unverletzbar. Sie wurden zum Test mit Nadeln gestochen, einmal sogar mit einem Streichholz gebrannt, aber sie spürten nichts und hatten auch keine Wunden. Man blendete sie mit starken Scheinwerfern, aber nicht einmal die Pupillen reagierten. Auch wenn sie im Winter nur mit leichten Kleidern draußen standen, behielten sie die volle Körperwärme und froren nicht. Als es einmal hagelte, schlugen ihnen die Hagelkörner in die offenen Augen, aber sie erlitten keinerlei Verletzungen.

Ein weiteres erstaunliches Phänomen war die Art ihres Gehens in Trance. Sie schritten oftmals sehr schnell, fast gleitend oder schwebend, aber ihr Schreiten war kein Rennen. Selbst sportliche junge Män-

Mari-Loli, Conchita, Jacinta und Mari-Cruz während einer der ersten Maria-Erscheinungen (Sommer 1961).

ner konnten mit ihnen kaum Schritt halten. Das zeigte sich vor allem bei ihren Prozessionen zum wichtigsten Ort der Erscheinungen: eine Anhöhe mit neun Kiefern („los pinos") oberhalb des Dorfes in etwa dreihundert Metern Entfernung. Wenn die Mädchen in Trance über die Wiesen oder über den Hohlweg zu den Kiefern gingen, kamen diejenigen, die ihnen zu folgen versuchten, ins Keuchen und Schwitzen. Die Mädchen jedoch zeigten keinerlei Spur von Anstrengung. Ähnlich war es auf dem Rückweg. Dabei kam es manchmal vor, dass sie mit derselben Geschwindigkeit rückwärts gingen, weil sie ihren Blick auf die Erscheinung bei den Kiefern gerichtet hielten, aber sie stolperten oder strauchelten nie, obwohl der Hohlweg voller Steine war.

Viele Besucher und Pilger gaben den Mädchen Gebetsketten, Kreuze und andere sakrale Gegenstände, damit sie diese von Maria küssen und segnen ließen. Die Mädchen sammelten die Gegenstände ein oder bekamen sie überreicht und hielten sie dann der für die Menge unsichtbaren Maria hin. Danach gaben sie, immer noch in Trance, die Gegenstände immer treffsicher an die richtige Person zurück. Wenn die vielen Rosenkränze und Gebetsketten durcheinander gerieten und sich verknoteten, konnten die Mädchen sie ohne Mühe – und ohne zu schauen – entwirren und hinausziehen.

Manchmal rannten die vier Mädchen in ihrer ekstatischen Prozession mit eingehakten Armen nebeneinander ins Dorf hinein oder hinaus. Einer der Wege führte über den Steg des kleinen Dorfbachs, der so schmal war, dass darauf nur zwei Mädchen nebeneinander Platz hatten. Als sie zu viert über diesen Steg liefen, gingen zwei einfach durch die Luft. Bei ihnen war die Gravitation aufgehoben!

Die Gravitation wurde aber auch in die andere Richtung verändert. Wenn jemand versuchte, eines der Mädchen hochzuheben, wenn sie in Trance waren, war dies nicht möglich, weil sie für die „Außenstehenden" ein überirdisches Gewicht hatten. Die Mädchen jedoch konnten sich gegenseitig mühelos hochheben. Wenn sie Maria Gegenstände zum Segnen entgegenhielten und wenn die Erscheinung etwas höher stand, hob eine der jungen Seherinnen die andere (in stehender Haltung!) in die Höhe, als hätte sie kein Gewicht.

Die Erscheinung befand sich oft senkrecht über den Mädchen, weshalb sie dann steil nach oben blickten. Dabei konnte es geschehen, dass eines der Mädchen stehend nach hinten fiel und am Boden aufschlug, aber sie blieben immer ohne jegliche Verletzung – und man konnte sie

In Trance konnten die Mädchen (hier: Mari-Loli) verknotete Gebetsketten und Rosenkränze ohne Mühe – und ohne zu schauen – entwirren und hinausziehen und gaben sie immer an die richtige Person zurück.

nicht oder nur wenig anheben. Aber das liegende Mädchen stand bald wieder auf, und die Prozession wurde fortgesetzt.

Die Seherkinder gingen im Trancezustand manchmal auch schnellen Schrittes rückwärts, sogar auf dem mit Steinen übersäten Hohlweg. Gewisse Kritiker, die davon hören oder Fotos sehen, sagen, dieses Rückwärtsgehen sei ein Zeichen des „Teufels". Die Menschen jedoch, die dabei waren, spürten die wahre, lichtvolle Natur dieses Verhaltens.* Wie bereits erwähnt, hatte das Rückwärtsgehen einen spirituellen Grund: Die Mädchen hielten ihren Blick auf die Erscheinung gerichtet. Oder sie wollten beim Herausgehen aus der Kirche dem Altar und dem Tabernakel nicht den Rücken zuwenden.

Die paranormalen Aspekte (2): Die Ausstrahlung und Schönheit der Mädchen, die Heiligkeit der Atmosphäre, Wunderheilungen und andere heilende Wirkungen. Das Auffälligste am Zustand der Entrückung war die überirdische Ausstrahlung und verklärte Schönheit der Mädchen. Ob sie sangen und Prozessionen leiteten oder knieten und beteten oder wortlos verharrten, ob sie lachten, sprachen, schwiegen oder einen ernsten Ausdruck hatten, immer strahlte die himmlische Präsenz durch sie hindurch.

Im Zustand der Ekstase wirkte ein allwissendes Bewusstsein durch die Mädchen. Sie reagierten auf Gedanken und unausgesprochene Bitten, sie erkannten Priester in Zivilkleidung, sie antworteten auf Fragen in ungeöffneten Briefen und bewegten sich geistig außerhalb der Grenzen von Raum und Zeit. Einmal wies Maria darauf hin, dass ein Mann eine Puderdose mitgebracht habe, und Conchita (in Trance) holte sie, damit Maria sie küsste, was bei einigen Anwesenden eine gewisse Irritation auslöste. Danach erklärte der Mann, dass in dieser Puderdose während des spanischen Bürgerkriegs Hostien für geheime Gottesdienste in einer Privatwohnung aufbewahrt wurden. Der Pfarrer war dann von den Kommunisten erschossen worden. Für den Mann,

---

* Mitte 1962 besuchte Luis Navas Carrillo, ein Rechtsanwalt aus Palencia, zum ersten Mal Garabandal. Er verfasste über seine Besuche ausführliche Berichte. „30. Juni, Sonntag: […] Ich hatte die Mädchen noch nie rückwärts gehen sehen, aber ich hatte davon gehört, und das meistens in einem Ton der Abneigung, der ans Lächerlichmachen grenzte. Nun kann ich bezeugen, dass dies mit ihrer Harmonie, mit ihrer Anmut und ihrem Rhythmus aussah wie ein ergreifender himmlischer Tanz."[161]

der die Dose aufbewahrt und mitgebracht hatte und immer noch das damalige Trauma spürte, war Marias Geste zutiefst heilsam.[162]

Über eineinhalb Jahre hinweg kam es im kleinen Bergdorf Garabandal fast täglich zu Erscheinungen, und die Menschen, die zum Teil von weither herangereist waren, wie auch die Einheimischen bekamen Zeichen, Hilfen und göttliche Inspirationen. Zahlreiche Zeugnisse sprechen von Heilungen vor Ort oder späteren Heilungen durch die von Maria gesegneten Gegenstände.

Hier drei Beispiele von Hunderten, die bezeugt und aufgeschrieben wurden:

> Als es Nacht wurde, gab es eine Ekstase, ein Phänomen, das nie verblasste, nicht einmal für diejenigen, die es jeden Tag sahen. [...] Irgendwann drängte sich ein Mann in den Raum, wo Loli in Trance war. Er trug ein krankes Kleinkind. Man sah, dass die Situation auf ihm lastete wie ein schweres Kreuz. [Ein anderer Zeuge, der Dorfpfarrer: „Es war eine sehr bewegende Szene, der Vater schluchzte und flehte um Heilung für das Kind."] Das kleine Kind weinte laut. Loli, offensichtlich von der Erscheinung geleitet, ging zum Kind hin und machte – ohne hinzuschauen – genau vor ihm ein Kreuzzeichen. Sofort endeten die Tränen, und auf dem verzerrten Gesicht des Kindchens erschien ein Lächeln. Der traurige Ausdruck des Vaters löste sich mit großer Emotion auf, und er sagte nur: „Ich habe ihn noch nie lächeln sehen!"
>
> Als [die 12-jährige] Mari-Loli aus der Ekstase kam, ging sie zu diesem Mann und bat, das Kind in die Arme nehmen zu dürfen. Auch hatte sie eine Botschaft für ihn, die ihr mitgegeben worden war. Sie streichelte das kleine Kind und sprach zum Vater langsam und mit liebevollem Nachdruck: „Die Jungfrau sagte mir, dass Sie sich keine Sorgen machen sollen." Zu diesem Zeitpunkt kam auch Jacinta hinzu. Sie war draußen auf der Straße in Ekstase gewesen und suchte nun den Mann mit dem kranken Kind. Sie wiederholte ihm gegenüber im Namen der Jungfrau die gleichen tröstenden Worte.[163]

Das nächste Beispiel ist eine Dorfbewohnerin, die eine Spontanheilung erlebte. Aus dem Tagebuch des Dorfpfarrers:

> 22. August [1962]: Heute waren alle vier in Ekstase, zuerst Loli und Conchita, dann Jacinta und am Schluss Mari-Cruz. Sie [Mari-Cruz] begab sich zu den Kiefern, und als sie zurückkam, ging sie in das Haus von Daniela, die bettlägerig ist, weil sie Probleme mit den Beinen hat

und nicht mehr gehen kann. Sie hielt ihr das Kreuz hin, und Daniela küsste es. Danach sprang sie aus dem Bett und sagte, sie sei geheilt. [...] Sie ging die Treppen hoch, wie wenn nie etwas gewesen wäre.

Ein Pater, der diese Frau ebenfalls kannte, schrieb später:

„Ich war im Dorf und hörte die Freudenrufe der Menschen, die gesehen hatten, was geschehen war. Sie sagten, es sei ein Wunder. Später konnte ich sehen, dass es keine natürliche Erklärung gab. Daniela ging zum Arzt für eine Röntgenaufnahme, und es wurde eine vollständige Heilung festgestellt. Sie ist heute verheiratet und hat Kinder, was damals nicht möglich gewesen wäre mit ihrer Krankheit in der Hüfte."[164]

Unter den vielen Berichten, die der Rechtsanwalt Luis Navas Carrillo aufschrieb, findet sich auch dieser: Er sah, wie bei einer ekstatischen Prozession plötzlich eines der Mädchen zu einer elegant gekleideten jungen Frau ging. Sie hieß Concepción Zorrilla und gehörte zu einer Gruppe von Tänzerinnen aus Paris, die in Madrid aufgetreten war. Er sah aus der Distanz, wie das Mädchen ihr das Kreuz hinhielt und wie die Frau das Kreuz von sich wies, bis sie dem „süßen Insistieren" nachgab – und in Tränen ausbrach. „Später erklärte sie, dass sie das Kreuz nur deshalb nicht annahm, weil sie sich für völlig unwürdig hielt, dieses heilige Bild zu küssen."[165]

Dr. Ricardo Puncernau, ein angesehener Neurologe und Psychiater aus Barcelona, der mehrfach nach Garabandal reiste, um die Kinder zu untersuchen, erlebte diesen Vorfall aus nächster Nähe. Von ihm erfahren wir Näheres über dieses Geschehnis:

In Ceferinos Taverne war eine junge Frau aus Uruguay, die im [Varieté-Theater] Folies Bergère von Paris arbeitete. Wir kamen bald ins Gespräch. Sie sagte mir, dass sie nicht an diese angeblichen Erscheinungen glaube und dass sie auch allgemein nichts von Religion halte. Sie kam nur aus Neugier nach Garabandal. Nach einer Weile schlug ich vor, dass wir hinausgehen, um zu schauen, was bei den Sehermädchen läuft. Wir sahen, wie sie in einiger Distanz auf dem Weg zur kleinen Dorfkirche waren, während sie den Rosenkranz beteten (wir selbst blieben im Schatten des Hauses). Von unserem versteckten Ort aus konnten wir die Situation gut beobachten. Plötzlich sahen wir, wie Conchita sich – immer in Trance – von der Prozession löste und in unsere Richtung kam. Sie ging ganz normal, aber mit einer ungewöhnlichen Geschwindigkeit. Wir standen in der Dunkelheit versteckt [es war schon später Abend] und lehnten an der Hauswand. Sie kam direkt auf uns zu, und ich fragte mich, wie sie uns hatte sehen können. Ich dachte zuerst, sie komme zu mir. Aber nein, sie ging direkt zur Frau neben mir und hielt ihr das Kreuz hin, und das mit ziemlich viel Kraft, so dass sie es dreimal küsste. Die Jungfrau Maria war auch für die Tänzerinnen des Folies Bergère da! Conchita, immer noch in Trance, kehrte zu den anderen Mädchen zurück und stimmte wieder in den Rosenkranz ein. Die Ballerina weinte und konnte nicht mehr aufhören, ihr Schluchzen kam tief aus dem Herzen. Ich begleitete sie zu den Holzbänken, die außen an der Wand der Taverne standen. Ich versuchte sie zu beruhigen. Menschen sammelten sich um uns herum an. Endlich konnte sie wieder reden und erzählte uns, dass sie für sich gedacht hatte: „Wenn es wahr ist, dass hier die Heilige Jungfrau erscheint, dann möge eines der Mädchen kommen und mir ein Zeichen geben. – Und kaum hatte ich dies gedacht, kam Conchita und rannte auf mich zu, um mir das Kruzifix zum Küssen zu geben. Ich wollte es nicht küssen und hielt ihre Hand zurück. Aber mit erstaunlicher Kraft drückte sie mir das Kreuz auf die Lippen, so dass ich nicht umhin kam, es zu küssen, einmal, ein zweites Mal, ein drittes Mal – ich, die Ungläubige, die Atheistin, die an nichts glaubt. Das hat mich tief aufgewühlt."

Wir trafen uns einige Tage später im Zug nach Bilbao. Wir schrieben uns hinterher noch einige Male, und sie teilte mir mit, dass sie das Folies Bergère verließ und zu ihrer Familie nach Uruguay zurückkehrte.[166]

Die ekstatischen Prozessionen und das gemeinsame Singen: Die jungen Seherinnen beteten oft laut und synchron, manchmal sangen sie auch, und die Anwesenden beteten und sangen mit, unter ihnen auch der Dorfpfarrer oder besuchende Priester. So leiteten die Kinder spontane Gebetsstunden und Prozessionen, und alle spürten eine sonst noch nie erlebte Andacht und Freude.

Das Folgende sind Beispiele aus den Fastenwochen im Jahr 1962. In dieser Zeit vor Ostern waren die Offenbarungen besonders intensiv – es sollten die einzigen „gemeinsamen" Ostertage sein. (1961 hatten die Erscheinungen erst nach Ostern begonnen, 1963 waren sie bereits in die stille Phase übergegangen.) Der Abend des 18. März, des zweiten Fastensonntags, war erfüllt mit mystischen Erlebnissen aufgrund des Wirkens der Mädchen in Trance. Damals kamen viele Priester ins Dort, die meisten jedoch in Zivilkleidung, weil sie vorsichtig oder zweifelnd waren oder weil sie keine Erlaubnis des Bischofs hatten. Einmal nahm

Mari-Loli eine Postkarte und schrieb darauf: „Die Jungfrau grüßt Pater José." Der angesprochene Mann in Zivil war zutiefst berührt und gab sich als Priester zu erkennen. Er und andere besuchende Priester wollten danach eine Heilige Nachtwache zelebrieren. Und so gingen etwa zwanzig Menschen, angeführt von Conchita und Mari-Loli in Trance, in die Kirche und begannen die Heilige Stunde um ein Uhr nachts, völlig spontan und in tiefer innerer Inspiration. Die Priester sprachen über die Bibel, und dann sprachen auch die einfachen Menschen, und die Priester hörten zu. Sie alle beteten, standen gemeinsam auf und sangen mit Tränen in den Augen.

Einer der Priester schrieb später: „Wir alle beteten den heiligen Rosenkranz. Und die meisten standen Arm in Arm. Das waren für mich unvergessliche Tage an diesem so gesegneten kleinen Ort."

Der Dorfpolizist protokollierte: „Ich kann bezeugen: Es war fantastisch. Und die anderen fühlten es genauso. Pater Silva sagte uns, dass Garabandal absolut echt ist."[167]

Was in dieser Nacht ein kleiner Kreis erlebte, konnte am folgenden Sonntag (25. März) von allen erlebt werden. Jacintas Vater beschrieb es danach so:

> Ich dachte mir, dass an diesem Tag etwas Außergewöhnliches geschehen würde, weil es ein besonderer Feiertag war. Und so war es dann auch. Die drei Mädchen – Conchita, Loli und meine Tochter – begannen an diesem Tag, den gesamten Rosenkranz zu singen. Bisher hatten sie ihn nur gesprochen.* Am Anfang der Erscheinung waren nur einige wenige von uns da, aber dann kamen immer mehr Leute aus den Häusern, und am Schluss war das ganze Dorf versammelt. Ich fühlte eine überwältigende Freude, denn ich kenne meine Tochter gut und weiß, wie schüchtern sie ist. Ich sagte mir: Wie wundervoll muss das sein, was sie sieht, wenn sie auf diese Weise singt. [...] An diesem Tag war meine Freude und Ergriffenheit so groß, sie hätte nicht größer sein können, wenn ich die Heilige Jungfrau selber gesehen hätte.[168]

Conchitas Tante schrieb am Tag danach:

---

* Im August 1961 hatten die Mädchen begonnen, in Trance zu singen. Sie sangen bekannte Kirchenlieder und auch Verse, die sie sich während den Ekstasen selbst ausdachten. An diesem Sonntag sangen sie zum ersten Mal den gesamten Rosenkranz.

> [...] Aber das Großartigste geschah am Sonntag, an dem wir „Mariä Verkündigung" feierten [Gedenktag der Erscheinung von Erzengel Gabriel vor Maria zur Ankündigung der Geburt Jesu]. Sie begannen um halb zehn am Abend, und es ging bis Mitternacht. Ich kann gar nicht richtig beschreiben, was geschah. Sie begannen, indem sie den Rosenkranz sangen. Danach sagten sie, dass die Jungfrau möchte, dass alle mitsingen. Und wir alle sangen mit aufwallenden Emotionen. [... Wir zogen durch das ganze Dorf.] Es war überwältigend, sogar für die härtesten Herzen. Dann gingen wir nochmals durch das Dorf und sangen bis zum Schluss. Sie sangen das Salve und „Cantemos al Amor de los Amores" [ein bekanntes Kirchenlied in Spanien] und danach andere Lieder, die aus ihnen flossen, während sie in Ekstase waren. Und sie sagten: „Oh, wie sehr sich die Jungfrau freut, weil so viele mitmachen! Sie lächelt und richtet ihren Blick auf jeden!"[169]

Der Himmel ist immer nah, überall zeigen sich Hinweise auf den spirituellen Hintergrund der materiellen Erscheinungswelt, und als Menschen spüren wir intuitiv, dass das „Normale" nicht alles sein kann. In Garabandal durchbrach das Paranormale das Normale und ließ die Menschen etwas „Verrücktes" und Unvergessliches erleben. Der Himmel öffnete während eineinhalb Jahren ein direktes Fenster in die Engelwelt Gottes. Was diese Menschen erlebten, war unverhofft, völlig neu und überwältigend: Prozessionen mit ekstatischem Singen, spontane Gebetsstunden in einer Stube, in einer Küche, in der Kirche am späten Abend oder mitten in der Nacht.[170]

Die Unterbrechung des Normalen ist immer eine Prüfung und Herausforderung. So war es auch in Garabandal: Einige fanden das alles bald „nicht mehr lustig" und wollten, dass der normale Alltag zurückkehrt. Einige sahen nur das Spektakuläre, forderten Beweise und Wunder und machten sich abhängig von den ständig neuen Erscheinungen (mit einer Konsumhaltung, die ständig neue Schlagzeilen braucht). Viele erkannten jedoch, dass hier ein einmaliges Zeitfenster offen war, denn es war klar, dass diese Offenbarungswelle nicht immer so weitergehen würde.

Zwischenbilanz (1): Wer erschien in Garabandal und warum?

Wie aus meinen Darlegungen hervorgeht, bin ich zur Überzeugung gelangt, dass in Garabandal – wie bei allen echten Marienerscheinungen – göttliche Engelwesen (Lichtwesen) die Menschen kontaktierten. Die Erscheinungen von Garabandal respektierten den freien Willen und das Gesetz der Nichteinmischung. Die Menschen wurden nicht gezwungen, etwas zu glauben, was sie nicht wollten. Deshalb wurde auch kein schlagender Beweis geliefert. Die Erscheinungen bewirkten zuallererst eine Stärkung des Glaubens derjenigen, die schon glaubten, indem das Beste der katholischen Religion unterstützt und gefördert wurde. Hier ging es um die einzelnen Menschen und nicht um Werbung für eine religiöse Institution. Spanien stand seit über zwanzig Jahren unter der Diktatur des Franco-Regimes, und nach der traumatischen Phase des Bürgerkriegs und des Zweiten Weltkriegs brauchten die Menschen neue Stärkung und neue Hoffnung, nicht zuletzt auch die Priester und die Kirchenvertreter selbst.

1960 war das Jahr, in dem der versiegelte Umschlag mit dem dritten Geheimnis von Fátima geöffnet werden durfte. Papst Johannes XXIII. entschied jedoch, diese Prophezeiung weiterhin geheimzuhalten. Als 1961 die Erscheinungen in Garabandal begannen, waren viele der Meinung, dies sei die Fortsetzung von Fátima.[171]

Und es war sicher auch kein Zufall, dass diese Erscheinungen gerade während jener Zeit geschahen, als in Rom das Zweite Vatikanische Konzil stattfand (vom 11. Oktober 1962 bis zum 8. Dezember 1965). Die fast täglichen Erscheinungen gaben den Menschen Einblick in die höheren Realitäten des Kosmos. Wieder einmal wirkten himmlische Kräfte direkt sichtbar in unsere Welt hinein. Die dreitausend Teilnehmer am Weltkonzil in Rom bekamen quasi „live" eine Erinnerung daran, dass sie Vertreter eines multidimensionalen Weltbildes sind und sich nicht von materialistischen Ideologien beirren lassen sollten, nur um einer trügerischen Modernität zu entsprechen.

Allein schon der Gesichtsausdruck der Mädchen zeigte, dass sie göttliche Wesen sahen und sich geistig in himmlischen Gefilden befanden. Selbst als sie in vereinzelten Visionen Bilder des künftigen Strafgerichts zu sehen bekamen, erlitten sie in keiner Weise ein Trauma, sondern vermittelten nur – zum Teil dramatische – Warnungen angesichts des Zustands der Welt, und sie beteten für die Menschheit.

Auch die direkten Merkmale der Erscheinungen weisen eindeutig auf Lichtwesen hin. Die „Außerirdischen", die den Kindern erschienen, wirkten von Anfang ohne Heimlichkeit und kündigten die Erscheinungen immer an, so dass die Kinder stets von Erwachsenen, sehr oft auch von ihren Eltern, begleitet waren. Ganz anders sind „Entrückungen" oder Entführungen durch Aliens, wie sie aus Tausenden von Berichten bekannt sind: Diese geschehen heimlich, sind mit manipulativen Prozeduren verbunden und hinterlassen traumatische Eindrücke, aber die Erinnerung an die Begegnung wird ausgelöscht. Ähnlich verhält es sich bei dämonischen Besetzungen, die dazu führen, dass Menschen wiederholt wie ferngesteuert negativ handeln und nicht „sie selbst" sind. Beschreibungen in der Bibel und parapsychologische Berichte zeigen, dass „Dämonen" (negative Astralwesen) einen Menschen nie freiwillig verlassen, wenn sie einmal Macht über ihn gewonnen haben. In biblischen Zeiten waren es spirituell kraftvolle Persönlichkeiten wie die Propheten oder Jesus, die solche Menschen heilten. (Die materialistisch geprägte Psychiatrie behandelt leider nur die Symptome und verkennt die feinstofflichen Ursachen.)

Die vielen Erscheinungen hatten keinerlei negativen Einfluss auf die Mädchen. Ihre schulischen Leistungen blieben gut, sie machten die Hausaufgaben gewissenhaft, sie ehrten Vater und Mutter, was auch Marias expliziter Wunsch war. Sie litten nie unter Müdigkeit oder Erschöpfung, obwohl die Erscheinungen oft in der Nacht stattfanden. Sie wurden mehrfach von Psychologen und Kinderärzten untersucht und immer für gänzlich gesund befunden. Sie litten nicht unter zwanghaften Vorstellungen, im Gegenteil, sie wurden von den Erscheinungen psychologisch und pädagogisch sehr verantwortungsvoll geführt, und es bestand immer die Möglichkeit, aus dem Offenbarungsgeschehen auszusteigen, was bei einem der vier Mädchen dann auch geschah (auf Druck der Eltern, S. 231).

Natürlich stellten diese Erlebnisse für die jungen Seherinnen eine große Herausforderung dar, aber nicht die Erscheinungen selbst, sondern die Reaktionen der Menschen in ihrem Umfeld. Die Erscheinungen gingen mit einem gesunden Ausklingen zu Ende, und alle vier führten danach ein „normales" Leben. Sie beendeten die Schule, heirateten später und hatten Kinder.

Aus katholischer Sicht hätte man meinen können, dass Mädchen, die die Heilige Jungfrau gesehen hatten, ins Kloster gehen würden, so wie Bernadette von Lourdes und Lúcia von Fátima. Doch Marias Botschaften sagten, dass dies nicht erforderlich war:

> „Ich verlange von euch nichts Außergewöhnliches, aber ich wünsche: Lebt euer Leben als Menschen würdig vor Gott und gebt Ihm, dem Allmächtigen, den ihm gebührenden Platz in eurem Alltag."[172]

Zwischenbilanz (2): „natürlich" oder „übernatürlich"?

Die Erscheinungen von Garabandal lieferten keine wissenschaftlich greifbaren Beweise außer dem Phänomen selbst. Zudem kündigten sie ein großes Wunder an, verbunden mit einer vorangehenden globalen „Warnung" (Näheres dazu im weiteren Verlauf des Kapitels). Aufgrund dieser unvollendeten und damit unbewiesenen Prophetie kann der Vatikan die Erscheinungen von Garabandal nicht anerkennen.

Kirchliche Beurteilungen sagen über Wunder und Erscheinungen entweder „Es wurde festgestellt, dass sie übernatürlich sind" *(Constat de supernaturalitate)* oder „Es wurde festgestellt, dass sie nicht übernatürlich sind" *(Constat de non supernaturalitate).* Eine dritte Variante ist die Zwischenposition, die beides offenlässt: „Es wurde (noch) nicht festgestellt, dass sie übernatürlich sind" *(Non constat de supernaturalitate).* Anfänglich lehnten die kirchlichen „Funktionäre" der Bistumsstadt Santander die Erscheinungen von Garabandal kategorisch ab. Sie zeigten kein Interesse am Zeugnis der einfachen Bergdorfbewohner und verkündeten über die bischöfliche Kommission schon sehr bald ihr vorgefasstes negatives Urteil. Damit bezeichneten sie das gesamte Phänomen als Einbildung oder Inszenierung durch die Mädchen und unterstellten den Familien der Kinder indirekt Betrug und Täuschung. Nach dem Ende der Erscheinungen zwang die bischöfliche Kommission die Seherinnen sogar zu einem schriftlichen „Geständnis".

Im Lauf der Jahrzehnte änderte sich die Haltung der offiziellen Stelle von Santander jedoch. Ein späterer Bischof wählte die offen lassende Einschätzung „Non constat", was bedeutet, dass die Gläubigen diesen Ort ohne kirchliche Vorbehalte besuchen und privat an die Echtheit und Göttlichkeit der Erscheinungen glauben dürfen.

Kehren wir nun zurück zur Chronologie der Ereignisse und zu den dort gegebenen Prophezeiungen für die heutige Zeit.

Die Materialisation einer Hostie

Von Anfang an, ab dem 20. Juni 1961, fanden die Erscheinungen fast täglich statt. Aber die Erscheinungen genügten den zweifelnden Erwachsenen nicht, und die zwölfjährigen Mädchen wurden vielfach kritisiert, weil sie keinen schlagenden Beweis liefern konnten. Die Mädchen baten Maria inbrünstig um ein Wunder, „damit dann alle glauben", wie sie in naiver Hoffnung meinten. Maria und der Engel wichen dieser Forderung lange aus, denn sie wollten niemanden zwingen zu glauben. Aus diesem Grund sagte auch Jesus zum zweifelnden Apostel Thomas: „Selig sind die, die nicht sehen und doch glauben" (Joh 20,29). Und in Garabandal war so viel zu sehen, dass auch Zweifler glaubten – aber längst nicht alle, und viele von diesen forderten mit Arroganz und Druck einen Beweis. Aus Conchitas Bericht:

> Freitag, 22. Juni 1962
>
> Wir baten die Gesegnete Jungfrau und den Engel immer wieder um ein Wunder. Am 22. Juni, als der Engel mir die heilige Kommunion reichte, sagte er zu mir: „Ich werde ein Wunder bewirken, aber nicht ich, sondern Gott durch mich und dich."
>
> „Was wird es sein?", fragte ich.
>
> „Wenn ich dir die heilige Kommunion gebe, wird die Hostie auf deiner Zunge sichtbar sein", antwortete er.
>
> Ich schwieg kurz und dachte nach, dann fragte ich ihn: „Aber können die Leute die Hostie auf meiner Zunge nicht sehen, wenn ich die Kommunion von dir bekomme?"
>
> „Die Menschen, die bei dir sind, können sie nicht sehen, aber am Tag des Wunders werden sie die Hostie sehen", antwortete er.
>
> „Aber das ist ein sehr kleines Wunder", sagte ich zu ihm.
>
> Er lächelte und entschwand.[173]

Als Conchita in der nächsten Trance Maria sah, sagte Maria ihr, sie werde ihr am kommenden Freitag das Datum des Wunders mitteilen.

> Freitag, 29. Juni 1962: Der angekündigte Freitag kam. Wie die Gesegnete Jungfrau mir gesagt hatte, hörte ich durch eine innere Stimme, dass das Wunder am 18. Juli stattfinden wird. Das geschah, als ich bei den Kiefern war. Und sie fügte hinzu: „*El milagrucu* [das kleine Wunder, „Wunderchen"], wie du es nennst."[174]

Kurz danach fragte sie den Engel bei der Kommunion, wann sie das Datum bekanntgeben könne. „Fünfzehn Tage davor", antwortete er.

> Montag, 2. Juli 1962
> Als der Tag kam, an dem ich das Datum bekanntgeben sollte, erzählte ich es den Leuten im Dorf und schrieb auch einige Briefe. Aber Don Valentin [der Dorfpfarrer], der bezweifelte, dass das Wunder stattfinden wird, sagte mir, ich solle aufhören, Briefe zu schreiben. „Es wird nicht geschehen", sagte er.
>
> [...] Ich sagte ihnen, dass die Gesegnete Jungfrau und der Engel mir gesagt haben, dass ich das Wunder ankündigen soll, aber die Leute im Dorf glaubten nicht daran.[175]
>
> [Der nächste Eintrag beschreibt dann schon den 18. Juli.]

Kindlich und gutmütig sandte sie auch einen Brief an den Bischof in Santander und an den Leiter der bischöflichen Kommission.

Obwohl der Pfarrer und der Bischof und viele andere sagten, die Wunderankündigung dieser Dreizehnjährigen sei nicht ernstzunehmen, begann der Pilgerstrom bereits zu Beginn der Woche – der 18. Juli war ein Mittwoch. Wer in den frühen Morgenstunden dieses Tages anwesend war, sah die Ekstasen von Jacinta und Mari-Loli. Aber alle warteten auf das von Conchita angekündigte Wunder. An diesem Mittwoch fand im Dorf auch ein Fest mit Musik und Tanz auf den Straßen statt. Einige befürchteten, dies könnte das angekündigte heilige Ereignis stören oder beeinträchtigen, und Conchita wurde gefragt, ob das Fest aufhören soll. Wie sie in ihrem Tagebuch schreibt, antwortete sie: „Tanz oder kein Tanz, das Wunder wird stattfinden."

Die bischöfliche Kommission hatte einen beauftragten Beobachter gesandt, einen Rechtsanwalt aus Santander. „Um 17 Uhr schlug er Conchita vor, sie solle das alles abbrechen. [...] Er kam in eine hitzige Diskussion mit den Anwesenden [in Conchitas Elternhaus], bis er in übler Laune davonging."[176] (Er verließ das Haus, aber er blieb in Garabandal und war dann, nach Mitternacht, ebenfalls unter der Menschenmenge, aber er sah das Hostienwunder nicht, weil er sich in der Menge zu weit hinten befand.)

Die Gläubigen und Schaulustigen mussten den ganzen Tag und den ganzen langen Abend warten. Einige verloren den Glauben oder zumindest die Geduld und gingen. Um 22 Uhr bekam Conchita den ersten inneren Ruf, den zweiten um Mitternacht. Sie zog sich in ihr Zimmer zurück, blieb aber unter Beobachtung, weil Familienmitglieder und Besucher im Zimmer ein- und ausgingen. Um halb zwei trat Conchita in Trance auf die Straße hinaus. Die Menschen, die vor der Tür gedrängt warteten, machten eine kleine Gasse für sie frei, während sie langsam vorwärts ging. Nicht weit vom Haus entfernt, kniete sie auf die erdige Straße nieder. Die Nacht war hell (in der Nacht zuvor war Vollmond gewesen), und viele Taschenlampen waren auf Conchita gerichtet. Sie ging in die Position für die Kommunion, aber ihre Zunge blieb für einige Zeit leer. Dann erschien plötzlich eine Hostie und strahlte in der Dunkelheit mit einem weißen Licht.

Einer der Zeugen war der Steinmetz des Dorfes, José Díez Contero, genannt Pepe Díez. Als Conchita in die Knie sank, stellte er sich schützend neben sie. Auf der anderen Seite stand ihr Bruder Miguel. Pepe Díez berichtet:

> „Als ich auf ihrer Zunge nichts sah, hatte ich, glaub' ich, den schlimmsten Moment meines Lebens. ‚O Himmel', sagte ich mir, ‚das ist schrecklich, da ist nichts!' Und ich leuchtete mit meiner Taschenlampe ihren ganzen Mund aus. Dann plötzlich, ohne dass das Mädchen die Zunge auch nur im Geringsten bewegt hätte, erschien dort – mir völlig unerklärlich – ein rundes weißes Ding, wie wenn es plötzlich aus dem Nichts gekommen wäre. [...] Ich weiß nicht, wie lange es dauerte, vielleicht zwei oder drei Minuten."[177]

Conchitas Bruder Miguel machte genau die gleiche Beobachtung. Benjamín Gómez, ein Bauer aus dem Nachbardorf, stand ebenfalls nah bei Conchita:

> „Da war die leere Zunge, ohne irgendwas, und plötzlich erschien die Hostie, und alle [um Conchita herum] konnten sie sehen. Es dauerte lang genug, damit alle, die da waren, es sehen konnten. Ich sah es gut. Die Farbe konnte mit nichts verglichen werden, vielleicht noch am ehesten mit Schnee, wenn die Sonne aufgeht und ihr Licht auf dem Schnee glitzern lässt. Aber es war nicht wirklich so. Die Hostie war weiß, ich hatte noch nie etwas gesehen, das weißer war. Ich stand still und schaute nur. Dann schloss sie ihren Mund, stand auf und ging weiter, immer noch in Ekstase."[178]

Alejandro Damians, der aus Barcelona angereist war, hatte von seinem Vetter eine kleine Filmkamera mitgegeben bekommen, damit er für ihn Aufnahmen mache, falls es etwas Besonderes zu sehen gäbe. Durch eine gute Fügung gelang es ihm, Aufnahmen aus nächster Nähe zu machen, zwar verwackelt und verschwommen, aber einige Bilder des Films waren zentriert und ganz deutlich. Er berichtet:

> „Und dann sahen wir Conchita, wie sie in dieser klassischen Haltung die Treppe herunterkam, mit einem Gesichtsausdruck, der auf eine erstaunliche Weise weicher und schöner aussah [als sonst, wenn sie nicht in Trance war]. [...] Dann fiel sie plötzlich auf die Knie – so unerwartet, dass die Bewegung der Menge die Menschen einige Meter an ihr vorbeidrückte. So kam es, dass ich plötzlich, völlig unverhofft, direkt rechts neben ihr zu stehen kam. [...] Bald, ohne dass ich sagen könnte wie und ohne dass Conchita ihren Körper oder ihren Gesichtsausdruck irgendwie verändert hätte, erschien die Hostie auf ihrer Zunge. [...] Dann erinnerte ich mich an die kleine Handkamera. Trotz der Proteste der anderen blieb ich stehen, schaltete die Kamera ein und filmte die letzte Phase von Conchitas Kommunion. Ich hatte vorher noch nie eine Filmkamera bedient. [...] Hinzu kam das völlig mangelhafte Licht, denn ich musste dem Schein der Taschenlampen folgen. [...] Als der Film entwickelt wurde, war das für mich fast wie ein zweites Wunder: Der Film enthielt 79 Bilder der Szene! [...]
>
> Es [das Erleben des Wunders] war eine so intensive und tiefgehende Freude, dass ich es nicht beschreiben und mit nichts vergleichen kann. Es war so einzigartig und überwältigend, dass ich danach dem Mädchen, als es in Ekstase weiterging, nicht folgen konnte. Ich konnte auch nicht mit meiner Frau oder jemand anderem sprechen. Ich ging in eine Ecke, wo mich niemand sah, und weinte still."[179]

Nach der Kommunion stand Conchita in Trance auf, ging durch das Dorf zum Hohlweg, gefolgt von einer großen Menge von Menschen, betete mit allen zusammen den Rosenkranz, führte die Prozession zurück in das Dorf zur Kirche und durch die Gassen. Nach fast zwei Stunden ging sie wieder in das Elternhaus, wo die Ekstase, gegen halb vier Uhr, endete.

Unterwegs fand im Kirchenhof ein weiteres Wunder statt. Die Menschen drängten sich um Conchita und sahen plötzlich, wie aus ihrem Mund ein helles Licht kam. Eine Zeugin berichtete später: „Es war, wie wenn in der Mitte des offenen Mundes auf der Zunge eine Hostie oder eine runde Fläche von konzentriertem Licht war, und rundherum strahlte ein Schein mit einer anderen Art von Licht."[180]

Viele Menschen sahen dies ebenfalls, aber wollten später nicht mehr darüber sprechen, weil sie Angst hatten, man würde sagen, sie hätten fantasiert. Ein Zeuge, der sich nicht scheute, das zu beschreiben, was er gesehen hatte, war Dr. med. Félix Gallego. Als er am frühen Morgen nach Hause kam, schrieb er sogleich einen Bericht, den er später dem Dorfpfarrer überreichte.[181]

Dr. Ortiz, der Kinderarzt, der die Mädchen in dieser Zeit begleitete und mehrfach untersuchte, stellte eine Liste von 26 Zeuginnen und Zeugen zusammen, die bereit waren, mit ihrem Namen Red' und Antwort zu stehen. Der Dorfpfarrer fügte noch weitere Personen hinzu. Dr. Ortiz schrieb zusammenfassend:

> „Alle stimmen darin überein, dass die Hostie außergewöhnlich weiß war. Einige fügen hinzu, dass sie etwas dicker als eine normale Hostie war. Diejenigen, die das Ereignis von Anfang an sahen, beschreiben es wie folgt: Es war, als sei die Hostie plötzlich aus ihrer Zunge hervorgekommen. Sie bestätigen auch, dass das Wunder nicht mit einer Aufregung oder mit Rufen begleitet war. Es herrschte Stille, bis das Mädchen nach einigen Minuten aufstand und, weiterhin in Ekstase, von dieser Stelle wegging."[182]

Die bischöfliche Kommission zeigte jedoch kein Interesse an den Berichten der Augenzeugen und verkündete kurz darauf, das „angebliche" Hostienwunder sei ein Trick gewesen, den Conchita mit Hilfe von zwei Komplizen inszeniert habe. Später wurde sogar behauptet, Conchita habe die Hostie aus der Sakristei gestohlen, und gewisse „kritische" Autoren gaben diese verleumderische Behauptung in ihren Veröffentlichungen weiter.

Innere Prüfungen, Zwiste und das Hoffen auf das nächste Wunder

Die Mädchen hatten inständig um ein Wunder gebeten. Das Wunder geschah, hatte aber nicht den erhofften Effekt. Im Gegenteil. Nach dem Hostienwunder teilte sich das Dorf in zwei Lager. Die einen glaubten den Zeugen, die das Wunder gesehen hatten, die anderen glaubten dem Verdikt des Bischofs, das besagte, das Wunder sei ein Trick und eine Inszenierung gewesen. Damit setzte der Bischof die Behauptung in die Welt, Conchita und ihre Familie seien Betrüger. Unter den Familien der vier Mädchen entstanden Unstimmigkeiten und Zwiste, die auch die Mädchen beeinflussten. Neid entstand, weil beim Hostienwunder nur Conchita gerufen worden war.*

Während die Stimmung unter den Menschen getrübt war, gingen die Erscheinungen auch nach dem Hostienwunder weiter. In Trance brachten die Mädchen Harmonie, Freude und Dankbarkeit zum Ausdruck. Der Himmel überschüttete die Menschen mit Offenbarungen und Hilfen, und alle – vor allem die Kirchenvertreter – waren herausgefordert, die höhere Bedeutung dieser Ereignisse zu erkennen. Eines der vielen Wunder in dieser Zeit war die Spontanheilung der Frau, die wegen ihrer Hüft- und Beinprobleme nicht mehr gehen konnte (S. 219). Im September bekamen Conchita und auch Mari-Loli erstmals den Hinweis auf ein großes Wunder, das die Welt bewegen werde.

Die Eltern der Mädchen – einfache Bergdorfbewohner – sahen sich einerseits den ständigen Pilgerströmen und der Sensationslust vieler Neugieriger ausgesetzt, andererseits auch der Skepsis und Kritik, vor allem seit dem Verdikt des Bischofs. Hinzu kamen aufkeimende Unstimmigkeiten zwischen den Familien der vier Mädchen. Die Eltern von Mari-Cruz und Jacinta wollten, dass ihre Töchter nicht mehr gerufen werden, und der Wunsch wurde von den Lichtwesen respektiert. Mari-Cruz und Jacinta machten daraufhin Pilgerwanderungen mit der Bitte, dass sie wieder Maria sehen dürfen, aber im September hörten für Mari-Cruz die Erscheinungen auf. Auch Jacinta hatte eine längere Pause, erlebte dann aber nochmals einige Erscheinungen.

Mari-Cruz, die jüngste der vier, wurde besonders stark beeinflusst, und sie begann zu sagen, sie habe nie Erscheinungen gesehen. Ihre Mutter machte im Dorf und gegenüber Besuchern, Ärzten usw. Andeutungen, dass alles ein Betrug sei und dass Conchita und ihre Familie dahinterstecken würden. Was hier geschah, zeigt, dass die Teilnahme auf der freiwilligen Zustimmung der Beteiligten beruhte, nicht nur der Kinder, sondern auch der Eltern, selbst wenn dies für das Kind (Mari-Cruz) Trauer und Verzicht bedeutete; irgendwann – und schon sehr bald – würden die Erscheinungen ohnehin für alle aufhören.

---

* Verständnisvolle Priester erinnerten die kritisierenden Erwachsenen, dass auch die Apostel – und dies sogar während des letzten Abendmahls – in Konkurrenz gerieten, was in drei der vier Evangelien aufgezeichnet wurde: „Da kam unter den Jüngern ein Streit auf, wer von ihnen als der Größte gelten sollte." (Lk 22,24; siehe auch Mt 20,20–24 und Mk 10,35–41)

Am 7. Oktober 1962 verkündete der Bischof von Santander, dass es für Priester verboten ist, ohne seine Genehmigung nach Garabandal zu gehen. Durch diese Willkür verursachte die kirchliche Obrigkeit für die jungen Seherinnen, ihre Familien und das Dorf weitere Gewissensnöte und Zwiste. Die Erwachsenen und auch die Seherkinder wurden mit Prüfungen durch das „Paranormale" konfrontiert, aber nicht alle Prüfungen wurden bestanden. Die Seherkinder gerieten zwischen die Fronten und sahen sich einem zunehmenden Druck durch die Erwachsenen ausgesetzt. In dieser Zeit geschah es einige Male, dass sie eine Ekstase vortäuschten, um den Wünschen und Erwartungen der vielen Besucherinnen und Besucher zu entsprechen. Dieser Fehler der überforderten Kinder bestärkte die Kritiker und Gegner, aber gleichzeitig wurde deutlich, welch großer Unterschied zwischen echten und gespielten Ekstasen bestand.

Der dreizehnjährigen Conchita war es nicht recht, eine führende Rolle haben zu müssen, und sie bat die Erscheinung, dass auch die anderen Mädchen beim großen Wunder beteiligt sein würden. Auf die Bitten nach einem baldigen Wunder lautete die Antwort Marias oft: „Sie werden glauben, sie werden glauben." Im Oktober kamen Gerüchte eines weiteren Wunders hinzu: einmal das große Wunder, von dem Conchita und Mari-Loli erste Informationen bekommen hatten, und dann auch ein baldiges Wunder, das durch Mari-Loli und Jacinta geschehen würde.

Die Dorfbewohner und die Besucher, alle redeten über das baldige Wunder. Wie wird es aussehen? Wird es größer sein als das Hostienwunder? Wird es überhaupt stattfinden? Aber der Himmel blieb unberührt von all den Fragen, Zweifeln und Erwartungen und schenkte den Menschen eine Erscheinung nach der anderen, auch im November und Dezember, als es sehr kalt wurde.

Am 3. Dezember 1962 schrieb der Dorfpfarrer in seinem Bericht:

> Heute fiel uns ihre Art des Gehens auf. Eine vollständige Synchronisierung ihrer Bewegungen war zu sehen. [...] An diesem Tag war noch etwas anderes außergewöhnlich. Wir haben immer gesehen, dass Conchita in der Mitte war, wenn die drei Mädchen zusammen in Ekstase durch die Straßen gingen. Heute war es nicht so. Sie war immer auf der Seite. Jacinta ging in der Mitte, Loli auf der linken und Conchita auf der rechten Seite.[183]

Am 6. Dezember sagte Conchita nach einer 90 Minuten langen Ekstase: „Eines Tages, eine gewisse Zeit vor dem großen Wunder, wird etwas geschehen, dessentwegen viele Menschen aufhören werden, an die Erscheinungen von Garabandal zu glauben. Dass die Menschen Zweifel haben werden und sich abwenden, wird nicht wegen einer übermäßig langen Verzögerung des Wunders sein."[184]

Neben dem Gerede über ein baldiges Wunder, das der Ungeduld und dem Wunsch nach einem Beweis entsprang, war dies eine sehr wichtige und authentische Aussage. Wiederum muss betont werden, dass die Mädchen alles, was sie in Trance hörten, mit eigenen Worten wiedergaben. Conchita sprach in ihrem Dialekt, jemand schrieb es in spanischer Schriftsprache auf, was bereits eine Interpretation mit sich brachte. Was war die Aussage der Prophezeiung, die Conchita hier gehört hatte? Irgendwann, „eine gewisse Zeit vor dem großen Wunder", werde etwas geschehen, was bei vielen Menschen eine Ablehnung der Erscheinungen von Garabandal bewirken werde. Und dann machte sie einen konkreten Hinweis auf den Zeitpunkt, nämlich dass es noch eine ziemlich lange Zeit dauern wird (Conchita verwendete anscheinend das Wort *excesivo*), bis das große Wunder geschehen wird. Aber sie betonte, dass es nicht diese lange Dauer ist, die den Zweifel und die Ablehnung bewirken wird. Sie wusste, dass das von Maria angekündigte Wunder nicht sehr bald geschehen wird. (Einige Monate später sagte sie: „Im Jahr 2000 wird alles recht nahe sein."[185]

Aber dieser wichtige Hinweis wurde damals, Anfang Dezember 1962, überhört oder ausgeblendet, weil die Gerüchte von einem baldigen Wunder die Gedanken beherrschten. Die Weihnachtstage kamen und gingen, das neue Jahr begann, aber das kurzfristige Wunder blieb aus. Trotz der Erscheinungen, die weiterhin geschahen, fühlten sich viele im Dorf von den Mädchen oder sogar von Maria reingelegt und schämten sich vor den Besuchern.

Spätere kritische Betrachtungen der Situation brachten zutage, dass es Conchita gewesen war, die Loli und Jacinta von dem baldigen Wunder erzählt hatte, und zwar aufgrund von Marias Aussage: „Sie werden glauben, sie werden glauben." Die Mädchen hatten daraus ein indirektes Versprechen herausgelesen und kündeten dann von sich aus ein baldiges Wunder an, um Maria praktisch zu zwingen, ein Wunder geschehen zu lassen. (Aber Wunder lassen sich nicht erzwingen, und der Himmel lässt sich nicht erpressen, auch nicht durch Gebete und gute

Absichten. Die Mädchen wollten ja nur, dass die Menschen endlich glauben und dass der Bischof überzeugt wird.)

Im Januar 1963 war ziemlich klar, dass so bald kein weiteres Wunder geschehen wird. Die drei Mädchen fielen selbst in Zweifel, und viele Erwachsene sagten ihnen, dass sie sich das alles doch nur eingebildet hatten. Conchita wurde der Täuschung bezichtigt, sogar die Eltern der anderen Mädchen machten Aussagen in diese Richtung.

Conchita beendete im Frühling 1963 ihr Tagebuch. In den letzten Monaten schrieb sie nur noch zwei Einträge. Im zweitletzten lesen wir:

> Die Gesegnete Jungfrau sagte uns vier (Loli, Jacinta, Mari-Cruz und mir) schon ganz am Anfang, dass wir uns einmal widersprechen werden, dass unsere Eltern miteinander nicht gut auskommen werden und dass wir an einen Punkt kommen werden, wo wir sogar verneinen, dass wir die Gesegnete Jungfrau und den Engel gesehen haben. Wir waren sehr überrascht, als sie uns dies sagte.
>
> Aber im Januar 1963 geschah all das, was die Gesegnete Jungfrau uns am Anfang gesagt hatte. Wir begannen gegeneinander zu sprechen, und wir gingen so weit, dass wir bestritten, die Gesegnete Jungfrau gesehen zu haben. Wir gingen dann sogar deswegen zur Beichte.
>
> Aber in unserem Inneren wussten wir, dass der Engel und die Gesegnete Jungfrau uns erschienen waren, denn sie gaben unserer Seele Friede, eine tiefe Freude und einen großen Wunsch, sie mit unserem Herzen immer mehr zu lieben. [...] Ich weiß nicht, warum wir zweifelten. Ich frage mich, ob das ein Zweifel war, der vom Teufel kam, weil er wollte, dass wir die Gesegnete Jungfrau verleugnen.
>
> Wir sagten dann auch unseren Eltern, dass wir die Gesegnete Jungfrau nicht gesehen hatten, dass aber die inneren Rufe und das Wunder mit der Hostie echt waren. [...] Einige Tage, nachdem wir diese Dinge gesagt hatten, erschien die Gesegnete Jungfrau wieder!
>
> [...] Dann kam eine Gruppe von Ärzten, die Mari-Cruz, Jacinta und Loli und ihre Eltern fragten, warum sie nun sagen, sie hätten die Gesegnete Jungfrau nicht gesehen. Ich weiß nicht, was sie antworteten, aber ich weiß, dass die Ärzte sagten, ich hätte das Hostienwunder nur gespielt. Sie [die anderen Mädchen und ihre Eltern] gaben ihre eigenen Erklärungen. Das war bestimmt in einem jener Momente, wo man nicht weiß, was man sagt, und sie ließen sich auch etwas vom Teufel beeinflussen.[186]

„Einige Tage, nachdem wir diese Dinge gesagt hatten, erschien die Gesegnete Jungfrau wieder“, aber es war klar, dass die Erscheinungen nun zu Ende gingen. Viele Menschen im Dorf waren müde von den vielen wundersamen Ereignissen und Erscheinungen, viele wünschten, dass wieder Normalität einkehrt. Und auch die pubertierenden jungen Seherinnen waren von der äußeren Situation überfordert. Im letzten Tagebucheintrag schrieb Conchita:

> Seit diesem Tag hatten die drei Mädchen keine Erscheinung mehr. Ich hatte noch eine am selben Abend und dann nochmals eine am 20. Januar [1963]. Seither habe ich die Gesegnete Jungfrau nicht mehr gesehen.
>
> Loli und Jacinta sehen nun wieder die Wirklichkeit und glauben, dass sie die Gesegnete Jungfrau gesehen haben. Wie konnten sie es jemals nicht glauben?
>
> Aber Mari-Cruz sagt weiterhin, sie haben die Jungfrau nicht gesehen.
>
> Ich zweifelte ebenfalls ein wenig, ob das Wunder [das große Wunder] stattfinden wird. Eines Tages [im März 1963], als ich in meinem Zimmer war und zweifelte, ob das Wunder geschehen wird, hörte ich eine Stimme, die sagte: „Conchita, zweifle nicht, dass mein Sohn das Wunder vollbringen wird!"
>
> Ich hörte es innerlich, so klar wie durch die Ohren, ja sogar besser, als wenn ich es durch gesprochene Worte gehört hätte. Dies gab mir einen Frieden und eine Freude, sogar noch mehr als damals, als ich sie sah.[187]

Diesen letzten Eintrag beendete Conchita mit einer kurzen mystischen Ausführung über die inneren Botschaften, die sie während dieser Zeit von Maria und von Jesus bekam (einmal im Monat, meistens in der Kirche). Diese *locuciones* geschahen ohne Vision und ohne Ekstase, waren also völlig still und unspektakulär. Auch Mari-Loli und Jacinta empfingen solche inneren Worte, aber nur wenige Male, und Jacinta sprach erst einige Jahre später darüber, als sich die Situation wieder beruhigt hatte.

Die letzten Erscheinungen und die Zeit danach

Ab Ende Januar 1963 kehrte in Garabandal wieder der Alltag ein: keine Erscheinungen, keine Prozessionen, nichts „Paranormales". Aber das Leben war nicht mehr wie zuvor, denn nun kamen oft Besucher ins Dorf, die sich für das Geschehene interessierten und auch auf weitere Erscheinungen hofften. Für die Gläubigen war dieses abgelegene Bergdorf zu einem Pilgerort geworden.

Das Jahr 1964 verlief nach außen hin ohne besondere Ereignisse. Anfang 1965 teilte Conchita mit, dass ihr von Maria eine abschließende Botschaft angekündigt worden sei; diese werde sie am 18. Juni 1965 empfangen. Wieder geriet Conchita ungewollt ins Zentrum des Geschehens.

Am 22. März 1965 schrieb sie in einem Bericht für Garabandal-Besucher:

> „Die vergangenen zwei Jahre hatten wir keine Erscheinungen mehr, aber die Heilige Jungfrau sprach zu uns im Inneren, ohne Worte, aber wir verstehen sie sehr gut. [...] Ich liebe es sehr, die Jungfrau zu sehen, aber ich liebe es noch mehr, wenn sie innerlich zu mir spricht, weil sie dann wie in mir ist."[188]

Conchita schrieb: „Die vergangenen zwei Jahre hatten wir keine Erscheinungen mehr", und verschweigt die wenigen Erscheinungen, die sie selbst noch erlebt hatte, um sich nicht hervorzuheben. Ebenso schreibt sie allgemein, die Heilige Jungfrau spreche „zu uns", obwohl dies nur noch für zwei oder drei der vier ursprünglichen Seherinnen zutraf.

Die Erscheinung geschah am angekündigten Datum und kulminierte in der Verkündung der Botschaft (mehr dazu im Folgenden). Etwa fünftausend Menschen kamen ins Bergdorf, aber die Reaktionen waren gespalten, weil all diejenigen, die etwas Spektakuläres erwartet hatten, wiederum enttäuscht wurden.

Im August 1965 wurde ein neuer Bischof eingesetzt, der ein erklärter Gegner der Garabandal-Erscheinungen war. Er ersetzte den bisherigen Pfarrer mit einem jungen „Modernisten", der den Auftrag hatte, den Wunderglauben in Garabandal möglichst nachhaltig zu zerstören, unter anderem dadurch, dass besuchende Priester gezwungen werden sollten, die Garabandal-Erscheinungen als Täuschungen und Inszenierungen zu bezeichnen.[189]

Die letzte Erscheinung ereignete sich am 13. November 1965. Die 16-jährige Conchita ging allein zum Kiefernhain außerhalb des Dorfes. Es regnete, weshalb niemand anders unterwegs war und niemand ihr folgte. Sie wusste, dass es das letzte Mal war, dass sie in Trance die himmlische Welt besuchen und Maria sehen würde. Danach schrieb sie: *„Nun ist alles vorbei. Die glücklichen Momente, in denen ich mit meiner himmlischen Mama und besten Freundin und auch mit dem Jesus-*

kind zusammensein konnte, sind vergangen. Ich sehe sie nicht mehr, aber ich habe nicht aufgehört, ihre Gegenwart zu spüren."[190]

Im Gegensatz zum örtlichen Bischof und seinen „Komplizen" zeigten viele andere Vertreter der katholischen Kirche großes Interesse, so auch Personen in den höchsten Stellen des Vatikans. Der damals berühmte Kardinal Ottaviani (1890 - 1979), der Vorsitzende der Kongregation für die Glaubenslehre, half mit, dass Conchita eine Einladung nach Rom bekam. Er musste behutsam vorgehen, denn der Vatikan durfte sich nicht in die Angelegenheiten des örtlichen Bischofs einmischen. Die Reise fand im Januar 1966 statt, kurz vor Conchitas 17. Geburtstag. Kardinal Ottaviani sprach mit ihr und ihrer Mutter über zwei Stunden lang, und sie hatten eine kurze Begegnung mit Papst Paul VI. Während dieses Besuchs in Italien reisten sie auch zum Kloster des berühmten stigmatisierten Pater Pio (1887 - 1968; er wurde 2002 heiliggesprochen). Pater Pio wusste von den Garabandal-Erscheinungen und hatte deren Echtheit mehrfach bestätigt. Er empfing Conchita sehr herzlich. (Als er zwei Jahre später verstarb, ließ er ihr gesegnete Gegenstände als Geschenk zukommen.)[191]

Conchita wollte aufgrund ihrer katholischen Überzeugung in ein Kloster gehen und begann nach der Rückkehr aus Rom ein Noviziat, aber eine Botschaft Jesu, die sie innerlich empfing, machte ihr deutlich, dass ihr Weg ein anderer ist.

Die verunsicherte Conchita wurde vom Beichtvater der Klosterschule gedrängt, alles zu widerrufen, sonst würde sie „im Zustand schwerer Sünde leben". Die Sommerferien verbrachte sie in Garabandal und wurde dort auf ähnliche Weise vom neuen jungen Priester unter Druck gesetzt. Er hatte bereits auch die anderen ehemaligen Seherinnen und ihre Familien in diesem Sinn „beraten". Ziel war, dass sie alle das gesamte Geschehen der letzten Jahre schriftlich widerriefen. Als Conchita in die Klosterschule zurückkehrte, rückten der Bischof und sein Generalvikar mitsamt dem neuen Priester von Garabandal und dessen Sekretär an, und zu viert bearbeiteten sie die isolierte Conchita in einem sieben Stunden langen Verhör, bis sie die gewünschten Protokolle unterschrieb. In den folgenden Wochen wurden auch die anderen drei verhört, und sie alle widerriefen ebenfalls schriftlich. Am 27. Oktober 1966 schrieb der Bischof nach Rom, es habe sich alles geklärt: alles sei „ein unschuldiges Spiel der Mädchen" gewesen.[192]

Am 7. März 1967 antwortete die zuständige Stelle des Vatikans mit einem Schreiben der Kenntnisnahme. Gleich nach Erhalt dieser Antwort veröffentlichte der Bischof seine offizielle Erklärung: Es gab keine Erscheinungen, es gab keine echten Botschaften, für alles gibt es „natürliche Erklärungen"! Danach verkündete er dasselbe auf einer Pressekonferenz und machte sich in einem Fernsehinterview über die Erscheinungen und die Sehermädchen lustig.[193]

Am 8. Mai 1967 kam der Bischof, 52-jährig, bei einem Autounfall ums Leben. Er war am Steuer, während sein Mitfahrer unversehrt überlebte. Nach dem Tod dieses Bischofs widerriefen Conchita, Mari-Loli und Jacinta beim neuen Bischof ihr „Geständnis".[194]

Im Februar 1968 wurde Conchita erneut in den Vatikan eingeladen und traf sich dort mit Kardinal Franjo Šeper, dem neuen Vorsitzenden der Kongregation für die Glaubenslehre. Der Vatikan nahm von den Erscheinungen und von den Botschaften mit einer positiven Grundhaltung Kenntnis, ohne sich jedoch offiziell zu äußern.

Conchita und die anderen Seherinnen wollten nicht in Garabandal bleiben, weil sie dort immer wegen der Maria-Erscheinungen belagert worden wären. 1972 zog Conchita nach New York und heiratete 1973. Sie ist Mutter von vier Kindern.* 1972 zog auch Mari-Loli Mazón in die USA und lebte in Plaistow, New Hampshire. Ihrer Ehe entstammen drei Kinder. Sie starb 2009 nach längerer Krankheit. Auch Jacinta González ging in die USA, heiratete in Kalifornien und ist Mutter einer Tochter.

Nur Maria Cruz González blieb in Spanien. Sie heiratete ebenfalls und wurde Mutter von vier Kindern. Sie äußert sich nur noch selten zu Garabandal und weist darauf hin, dass es für sie schwierig sei, sich an das zu erinnern, was sie als Elf- und Zwölfjährige erlebte; sie frage sich, „ob es wirklich geschah oder nicht"; für sie sei „alles wie ein schöner Traum".[195]

---

* Der frühere Bischof von Fátima, João Pereira Venâncio, war von der Echtheit der Erscheinungen in Garabandal überzeugt. Er besuchte Conchita und ihre Familie in der Nähe von New York mehrfach und taufte eines ihrer Kinder (erwähnt z. B. in Weber, S. 15–17, mit zwei Fotos vom Bischof bei Conchitas Familie).

Die erste Garabandal-Botschaft

Als im Juli 1961 in Garabandal die Marienerscheinungen begannen, sahen viele darin eine Fortsetzung von Fátima, vor allem weil im Jahr zuvor der Papst entschieden hatte, das dritte Fátima-Geheimnis weiterhin unter Verschluss zu halten. Die ersten zwei Fátima-Geheimnisse, die 1942 veröffentlicht worden waren, enthielten hauptsächlich eine Warnung vor dem Kommunismus und vor Christenverfolgungen, die durch diese Ideologie ausgelöst würden, wenn kein weltweiter Wandel stattfindet.[196]

Bereits bei der ersten Erscheinung, am 2. Juli 1961, teilte Maria den Sehermädchen eine Botschaft mit. Bei der dritten Erscheinung, am 4. Juli, sagte sie, dass die Botschaft am 18. Oktober 1961 vorgelesen werden solle. (Der Text wurde nicht diktiert, es war also keine „gechannelte" Botschaft. Vielmehr sprach Maria zu den Mädchen und beauftragte sie, die Botschaft mit eigenen Worten zu formulieren.)

Am 17. und 18. Oktober regnete es in Strömen, dennoch kamen rund dreitausend Menschen ins Dorf. Viele meinten, es werde ein Wunder geschehen, obwohl nichts dergleichen angekündigt worden war.

Gemäß Marias Wunsch sollte die Botschaft zweimal vorgelesen werden, zuerst am Abend von den Mädchen vor der Tür der Kirche, dann spätabends vom Pfarrer bei den Kiefern. Der bischöfliche Vertreter erlaubte das Vorlesen bei der Kirche jedoch nicht und ordnete an, dass die Pilgerscharen bereits um 20 Uhr zum Kiefernhain hochgehen. Es regnete weiterhin sehr stark. Der Pfarrer begleitete die Mädchen, aber weigerte sich, die Botschaft vorzulesen. So mussten die vier Schulmädchen sie selbst vorlesen, was sie gehorsam und gemeinsam taten.

Genau während dieser Zeit hörte es auf zu regnen, und ein mondheller Himmel tat sich auf. Aber es geschah kein Wunder. Das Textlein der vier Bergdorfmädchen – das war alles. In vielen stieg Enttäuschung, ja Empörung hoch. Der Himmel verschloss sich wieder, ein heftiges Gewitter mit Blitzen und Donner brach los. In dieser apokalyptischen Stimmung gingen die Menschen zurück ins Dorf, die meisten wanderten gleich weiter hinunter ins Tal, rutschend, frierend, durchnässt – aber beschützt und ohne irgendeinen Unfall. Eine vornehme Dame, die ebenfalls noch am selben Abend talabwärts nach Cosío gegangen war, berichtet: „Den letzten Kilometer musste ich barfuß durch den Morast mit den vielen Steinen gehen. Meine Schuhe waren zerrissen, und ich musste sie wegwerfen. Dennoch – man kann es ein Wunder nennen oder nicht – erlitt ich nicht die geringste Verletzung. Meine Füße blieben verschont, wie wenn ich auf einem Teppich gegangen wäre."[197]

Auf dem Rückweg kam eine Ekstase über die Mädchen. Sie blickten hoch zu den Kiefern und sahen dort die Himmelskönigin Maria. Sie gingen in Trance rückwärts ins Dorf, immer mit dem Blick hoch zum Kiefernhain – ein deutliches Zeichen für die Menschen, dass dort ein Fenster in die himmlischen Welten offen stand. Ein Priester, der in große Zweifel und innere Nöte gefallen war, wurde danach von den Mädchen gerufen, und sie sagten ihm genau, was seine Gedanken gewesen waren. „Die Jungfrau hat uns alles gesagt." Jeder, der an diesem Tag und Abend in Garabandal war, durchlief äußere und innere Prüfungen, und genau darum ging es auch in der Botschaft. Wir sollten uns von der kindlich anmutenden Formulierung des kurzen Textes nicht beirren lassen.

> Es ist notwendig, viele Opfer auf sich zu nehmen,
> viel Buße zu tun und oft am heiligen Sakrament teilzunehmen,
> aber vor allem müssen wir sehr gut sein.
> Wenn wir das nicht tun, wird ein Strafgericht über uns kommen.
> Der Kelch füllt sich, und wenn wir uns nicht ändern,
> wird ein sehr großes Strafgericht kommen.[198]

Im Gegensatz zu Fátima sprach Maria hier nicht über konkrete Aspekte der Weltgeschichte. Die Botschaft von Garabandal richtete sich einerseits an die katholischen Gläubigen, um sie an die Wichtigkeit ihrer Ideale und ihrer Sakramente zu erinnern. Darüber hinaus war sie auch universell. „Aber vor allem müssen wir sehr gut sein" ist eine direkte Aufforderung, vom Bösen abzulassen. Maria wusste, dass diejenigen, die es im Besonderen angeht, sehr wohl verstehen, was gemeint ist. Dieser einfache Satz war eine Warnung an die geheimen Eliten der Kirche, der Religionen und der weltlichen Machtpyramiden, damit sie ihren Kurs ändern, denn sonst würden in der Zukunft die entsprechenden Reaktionen, „ein großes Strafgericht", über sie und über die Welt hereinbrechen. „Wenn wir uns nicht ändern ..."

Der Ernst dieser Worte wurde 1965 mit der zweiten Botschaft nochmals hervorgehoben.

Die zweite Garabandal-Botschaft

Am 8. Dezember 1964 bekam Conchita nach längerer Zeit wieder eine Lokution. Am 1. Januar 1965 folgte eine lange Trance-Vision im Kiefernhain.[199] Conchita war allein, ganz ohne Begleitung durch Gläubige und Schaulustige. Ihr wurde angekündigt, dass Maria am 18. Juni durch Erzengel Michael eine Botschaft an die Welt übermitteln werde. Ebenso bekam sie weitere Informationen über die prophezeiten zukünftigen Ereignisse. Conchita sprach zuerst nur zögerlich darüber. Diese Ereignisse waren viele Jahre in der Zukunft, aber die Erscheinung mit der Botschaft war für die nahe Zukunft angekündigt.

Der 18. Juni 1965 war der vierte Jahrestag der ersten Erscheinung. Mit Erzengel Michael hatte damals alles begonnen. Und nun, so ahnten viele, würde er wiederkehren, um diese Serie von Erscheinungen und Offenbarungen zu beenden. Die Situation im Dorf war angespannt. Die einen glaubten an die Echtheit der Erscheinungen, andere sprachen dagegen und konnten sich dabei auf das bischöfliche Wort stützen. Eines der Sehermädchen (Mari-Cruz) hatte ihre Visionen widerrufen. Sie und ihre Mutter sprachen zu diesem Zeitpunkt sehr schlecht über Conchita und warfen ihr vor, sie verbreite Lügen.

Die 16-jährige Conchita war überzeugt, dass die prophezeite Offenbarung stattfinden werde, und die Resonanz war überwältigend. Der 18. Juni war ein Freitag. Zu Beginn der Woche erkrankte Conchita und hatte hohes Fieber, aber es gab kein Zurück. Die Besucher strömten massenweise ins Dorf. Aus Frankreich kam auch der berühmte 87-jährige Pater Pel, der als der „französische Pater Pio" bezeichnet wurde. Am Freitag, 18. Juni, waren etwa fünftausend Menschen im Dorf,[200] darunter auch Zeitungs- und TV-Reporter, sogar aus Italien reiste ein Fernsehteam an (durch Vermittlung von Pater Pio). Es fanden mehrere Gottesdienste statt, 1500 Kommunionen wurden verteilt, bei zwei Messen gingen die Hostien aus.[201]

Die genesende Conchita trat an diesem Freitag mehrfach vor die Menschen und empfing zu Hause Gäste und Reporter. Der Reporter der Wochenzeitung *¿Por qué?* aus Barcelona schrieb:

> Am Nachmittag um 14 Uhr gelang es uns, Conchita zu sprechen. Ich gestehe, dass dies der berührendste Moment meiner Karriere als Journalist war. Nie hat mich ein Mensch so sehr mit Respekt und Zuversicht zugleich erfüllt.[202]

Conchita sagte den Wartenden, dass sie das Gefühl habe, es werde ziemlich spät werden. Und so war es dann auch. Um elf Uhr nachts ließ sie durch einen Priester mitteilen, dass sie das innere Zeichen bekommen habe: die Erscheinung werde an der bekannten Stelle beim Hohlweg stattfinden. Die vielen Menschen eilten durch die Gassen zu diesem Ort, der nur wenige Schritte außerhalb des Dorfes lag, und begannen, voller Andacht und Erwartung zu beten. Plötzlich flog ein Lichtpunkt über den Himmel, größer als ein normaler Stern, und verschwand wieder, dann ein zweiter (siehe Kastentext auf S. 244). Aber diese „Ufos“ waren nicht lange ein Thema, weil Conchita mit schnellen Schritten den Weg heraufkam. Am angekündigten Ort sank sie in Ekstase in die Knie. Der Reporter der französischen Zeitung *Le Monde et la Vie* schrieb:

> Conchita befand sich direkt vor mir, in der Mitte eines Kreises von Taschenlampen und Kamerascheinwerfern, die alle auf sie gerichtet waren. Ihr Kopf, den ich fast während der ganzen Ekstase sehen konnte, blieb bewegungslos weit nach hinten gerichtet, so wie es auf den vielen Fotos zu sehen ist. Ihr Gesicht schien zu strahlen und war überirdisch schön und durchscheinend, was in allen Anwesenden Bewunderung hervorrief.[203]

Die Ekstase dauerte knapp 13 Minuten. Conchita sprach nur einige wenige Worte. Wie bei der ersten Botschaft im Jahr 1961 war der Vorgang auch hier so, dass der Text nicht diktiert wurde. Conchita empfing die Botschaft in Trance und war beauftragt, sie danach aus der Erinnerung oder zusammenfassend niederzuschreiben. Einmal fragte Conchita während der Trance sogar nach, um sicher zu sein, dass sie eine fast unglaubliche Aussage des Engels richtig verstand (siehe Fußnote auf S. 243).

Die Anwesenden mussten sich nach diesem langen Tag nochmals gedulden, bis die Botschaft verkündet wurde. Conchita zog sich zurück, und die Menschen begaben sich zur Nachtruhe. Am Mittag des folgenden Tages las ein Priester vor Conchitas Elternhaus die Botschaft mit lauter Stimme vor, dann folgte eine französische, englische und italienische Übersetzung.

Der Wortlaut in Conchitas Handschrift war folgender:

Botschaft, welche die Heilige Jungfrau durch Sankt Michael an die Welt richtet. Der Engel sprach:

> Weil man meine Botschaft vom 18. Oktober [1961] weder erfüllt noch der Welt bekannt gegeben hat, sage ich euch, dass dies die letzte ist [d. h. die letzte hier in Garabandal].
> Zuvor hat sich der Kelch gefüllt, jetzt läuft er über.
> Die Kardinäle, Bischöfe und Priester gehen in großer Zahl den Weg des Verderbens und ziehen viele Seelen mit sich.*
> Man misst der hl. Eucharistie immer weniger Bedeutung bei. Wir müssen mit unseren Bemühungen den Zorn Gottes von uns abwenden. Wenn wir mit aufrichtigem Herzen um Verzeihung bitten, wird Er uns verzeihen. [Conchita schrieb hier aus ihrer Sicht und formulierte deshalb mit „man" und „wir".]
> Ich, eure Mutter, bitte euch durch den heiligen Engel Michael, dass ihr euch bessert (euer Leben ändert). Ihr seid in der Zeit der letzten Warnungen. Ich liebe euch sehr und will eure Verdammung nicht. Bittet aufrichtig, und wir werden es euch gewähren. Ihr müsst mehr Opfer auf euch nehmen. Denkt an die Passion Jesu.[204]

„*Vor allem müssen wir sehr gut sein*", also aufhören, Böses zu tun, hieß es in der ersten Botschaft. In der zweiten Botschaft wurde nun direkt die katholische Machtpyramide angesprochen: „*Die Kardinäle, Bischöfe und Priester gehen in großer Zahl den Weg des Verderbens und ziehen viele Seelen mit sich.*" Bei der dunklen Seite der Kirche denken wir heute zuerst an die sexuellen Übergriffe auf Kinder. Aber als Maria 1965 sagte, dass *viele* Kardinäle, Bischöfe und Priester den Weg des Verderbens gehen, meinte sie damit in erster Linie die Korruption und die Kollaboration mit dunklen irdischen Machenschaften. Diesbezüglich haben sich viele religiöse Kreise – nicht nur innerhalb der katholischen Kirche – schuldig gemacht.

---

* In der ersten Version, die am 19. Juni vorgelesen wurde, schrieb Conchita nur: „Die Priester gehen in großer Zahl den Weg des Verderbens", weil sie nicht wagte, auch die höheren Ränge zu nennen. Während der Ekstase war aber klar zu hören, dass sie fragte: „Bischöfe auch? Und sogar Kardinäle?"
Die Formulierung mit den Kardinälen und Bischöfen ist heute offiziell. Am Ort der Offenbarung der zweiten Botschaft wurde eine Tafel mit dem Wortlaut der Botschaft (in Großbuchstaben) angebracht, und darin steht:

LOS CARDENALES, OBISPOS Y SACERDOTES, VAN MUCHOS POR EL CAMINO DE LA PERDICION Y CON ELLOS LLEVAN A MUCHAS MAS ALMAS.

Schon Anfang 1965 hatte Conchita, die letzte Seherin von Garabandal, bekannt gegeben, dass am 18. Juni nochmals eine Erscheinung stattfinden werde: Erzengel Michael werde eine Botschaft von Maria überbringen. Maria wird auch „Königin der Himmel" genannt (lat. *Regina caelorum*), und als Himmelskönigin wird sie immer zusammen mit Engeln und mit einer Sternenkrone dargestellt. Auch in Garabandal erschien Maria mit einer Sternenkrone. Und am späten Abend des 18. Juni 1965 war der Himmel voll von Sternen. Der Reporter der französischen Zeitung *Le Monde et la Vie* erwähnte dies sogar in seinem Artikel: „Von neun Uhr an erfüllte ein prächtiger Sternenhimmel das Firmament."

Dieses Zitat findet sich im Garabandal-Standardwerk *She Went in Haste to the Mountain – The Events of Garabandal* von Eusebio García De Pesquera in Band 3 auf S. 167. Weiter ist dort zu lesen: „Plötzlich schauten alle nach oben. Vom Nordwesten her erschien ein neuer Stern, der heller war als alle anderen. Er zog einen großen Kreis über den Himmel und kehrte an seinen Ausgangsort zurück. Zwei Minuten später erschien über Conchitas Haus ein anderer Stern, strahlend, aber kleiner als der erste. Er zog langsam über den Himmel und verschwand dann plötzlich über dem Kiefernhain [dem Hauptort der Erscheinungen]. […] Alle sprachen mit den Umstehenden über diese außergewöhnlichen Phänomene."

Juan Álvarez Seco, der Polizeihauptmann, erwähnte in seinem Bericht diese zwei Sterne ebenfalls. Sie erschienen „zwischen 23:30 und 23:45 Uhr". Der erste Stern war „hell leuchtend, sehr strahlend und von goldener Farbe; er bewegte sich von unten [nahe vom Horizont] nach oben. […] Der andere hatte eine geringere Helligkeit und bewegte sich horizontal."

Am Schluss desselben Buches (S. 214) wird diesem Phänomen eine ganze Seite gewidmet. Titel: „Star of Gold". Dort werden die Ereignisse in anderer Reihenfolge beschrieben: „Die 5000 Menschen, die für die letzte Botschaft nach Garabandal gekommen waren, sahen etwas am Himmel […]: einen Stern, der von Conchitas Haus hochstieg und über den Kiefern verschwand. Danach sahen sie einen anderen Stern, goldfarben und heller als der erste. Er schoss hoch, zog einen weiten Kreis und kehrte wieder zum Ausgangspunkt zurück. Er blieb noch am Himmel, während der andere Stern verschwand."

Gleich nach diesen Himmelserscheinungen hatte Conchita – unter freiem Himmel – eine Trance-Begegnung mit Erzengel Michael. Es sieht so aus, als ob die beiden fliegenden Sterne die „paranormale" Präsenz dieses hohen Lichtwesens ankündigten.

18. Juni 1965: Die zwei „Ufos" von Garabandal

„Man misst der hl. Eucharistie immer weniger Bedeutung bei." Das Wort Eucharistie bezieht sich auf das katholische Messopfer, das im Gedenken an das letzte Abendmahl Jesu gefeiert wird, bedeutet wörtlich aber einfach „Danksagung" (von grch. *eucharistéo,* „ich sage Dank"). Hier gilt dasselbe Prinzip wie in allen religiösen Ritualen: Gott ist überall, so natürlich auch in der katholischen Eucharistie. Wer nur Materie und keinen spirituellen Hintergrund sieht, hält diese Zeremonie für ein ignorantes Relikt alter Zeiten. Und fundamentalistische Katholiken meinen, dieses Prinzip gelte nur bei ihnen, weshalb sie andere Religionen, vor allem den Hinduismus, als minderwertig oder sogar als „teuflisch" bezeichnen. Beide Einseitigkeiten gehören zum „Weg des Verderbens" und zum Weg der Spaltung.

„Wir müssen mit unseren Bemühungen den Zorn Gottes von uns abwenden." Das sind typisch katholische Formulierungen, deren universelle Bedeutung aber offenkundig ist. Conchitas zusammengefasste Maria-Worte besagen, dass es eine göttliche Ordnung mit geistigen Gesetzen gibt und dass der Mensch die Freiheit hat, dieser Ordnung gemäß zu leben oder gegen sie zu verstoßen. Ist Letzteres der Fall, entsteht als Konsequenz zunehmend Un-Ordnung. Aus unserer Sicht mag für eine lange Zeit nichts geschehen, aber diese wenigen Jahrzehnte oder Jahrhunderte sind sehr relativ.

„Wenn wir mit aufrichtigem Herzen um Verzeihung bitten, wird Er uns verzeihen." Der Mensch hat einen freien Willen und damit auch Selbstverantwortung. Wir können jederzeit bereuen und neue Wege wählen, individuell wie auch kollektiv als Gesellschaft.

„Ich liebe euch sehr und will eure Verdammung nicht." Gott will nicht, dass die Menschen leiden und von den negativen Folgen ihres Handelns überrollt werden, und noch weniger, dass sie von diabolischen Mächten irregeführt werden. Die Lichtwesen sind keine Zyniker, die sagen, dass die Menschen noch zu wenig leiden und dass die Intensivierung des äußeren Drucks zu einem „Erwachen" führen werde. Wer solche Ansichten vertritt, geht davon aus, dass eine Einsicht erzwungen werden könne. Die Lichtwesen betonen die Wichtigkeit und Heiligkeit des freien Willens. Einsicht bedeutet, dass wir für uns und für die, die Böses tun, um Verzeihung bitten. Und dann bekommen wir auch Hilfe: *„Bittet aufrichtig, und wir werden es euch gewähren."*

Gebete und Visualisierungen haben nur dann Kraft, wenn wir sie mit unserem „Herzblut", d. h. mit der Kraft unseres Mental-, Emotional-

und Kausalkörpers, beleben. Dasselbe sagt die zweite Garabandal-Botschaft, einfach in katholischer Formulierung: *„Ihr müsst mehr Opfer auf euch nehmen. Denkt an die Passion Jesu.“* Wir sollten das spaltende Denken überwinden und falsche Projektionen, Feindbilder, egoistische Wünsche und Bequemlichkeiten dem höheren Ziel „opfern“.

Die Garabandal-Prophezeiungen

Was bedeutet „das Ende der Zeiten“, von dem die Päpsteprophezeiung sprach (S. 179f.)? Die jungen Seherinnen bekamen dazu konkrete Einblicke: Irgendwann nach dem Beginn der „Endzeit“ komme die Ankündigung oder Warnung *(el aviso);* danach werde innerhalb eines Jahres das große Wunder *(el milagro)* geschehen, das jedoch nicht näher beschrieben wurde. Nach dem Wunder werde im Kiefernhain von Garabandal ein bleibendes Zeichen zu sehen sein: eine Lichtsäule, die fotografiert und gefilmt, aber nicht berührt werden könne. Wenn die Menschen auch nach der Warnung, dem Wunder und dem Erscheinen des Zeichens nicht den erforderlichen Kurswechsel vollziehen, werde irgendwann – es wurde kein Zeitrahmen genannt – das Strafgericht *(el castigo)* folgen.

„Strafgericht“ ist eine Bezeichnung für die Eskalation des negativen Karmas. Negative Karma-Reaktionen können verringert, abgemildert oder sogar aufgehoben werden. Das ist auch die Kernaussage der Botschaft von Garabandal. Und wir erfahren, dass die Menschen vermehrt deutliche Zeichen und auch Hilfen bekommen werden, kulminierend im Ereignis genannt *el aviso,* „die Ankündigung, die Warnung“:

> Die Warnung wird beschrieben als eine momentane Aufhebung der Zeit auf der ganzen Welt, während dessen alle Menschen den Zustand ihrer Seele sehen werden und auch, wie sie ihre Lebenswege bessern sollten.[205]

Die „Warnung“ ist eine globale gleichzeitige Innenschau oder Seelenschau, wie sie schon von mehreren Quellen angekündigt wurde.* Die Zeit wird angehalten, und außerhalb der Zeit wird jeder Mensch seinen

---

* Hier ein Beispiel von vielen: „Eine große Reinigung wird über die Welt kommen. Ihr geht eine Erleuchtung des Gewissens voraus, wenn jeder sich selbst so sehen wird, wie Gott ihn sieht.“ Prophezeiung der seliggesprochenen Mystikerin Anna Maria Taigi (1769–1837)[206]

eigenen Lebensfilm sehen. Wir kennen das Phänomen des Lebensfilmes von Nahtoderfahrungen. Normalerweise sieht man den eigenen Lebensfilm erst nach dem Tod. Doch in diesem prophezeiten Ereignis werden die Menschen ihren Lebensfilm zu sehen bekommen, ohne dass sie zuerst sterben müssen. Alle Männer und Frauen der Regierung, des Militärs, der Hochfinanz und der Wirtschaft bis hin zu den einfachsten Bürgerinnen und Bürgern werden mit ihren Taten und mit ihrer Lebensbilanz konfrontiert werden.

Hören wir nun in den Worten der Seherinnen, was bei der Warnung *(el aviso)* geschehen wird. Als die Erscheinungen stattfanden, waren sie noch zu jung gewesen, um diese weltbewegende Innenschau intellektuell zu erfassen. Aber die Information blieb in lebendiger Erinnerung, und sie sprachen später wiederholt darüber.

Conchita: „Die Warnung, die uns die Heilige Jungfrau senden wird, wird wie eine Strafe sein: um die Guten näher zu Gott zu bringen und um die anderen zu warnen, dass sie entweder umkehren oder das bekommen, was sie verdienen. Gott wünscht, dass wir durch die Warnung unser Leben zum Guten wenden und weniger Sünden gegen ihn begehen. […] Die Warnung ist etwas, das direkt von Gott kommt, und wird auf der ganzen Welt gesehen werden, an jedem Ort. Sie wird wie eine Offenbarung unserer Sünden sein. Gläubige wie Ungläubige werden sie sehen und erleben, welcher Religion auch immer sie angehören. Die Warnung wird geschehen, um uns für das große Wunder zu läutern." (1965)[207]

„Die Warnung ist etwas Übernatürliches, die Wissenschaft wird es nicht erklären können. Sie wird sowohl gesehen als auch gespürt. Die Warnung wird eine Korrektur des Gewissens der Welt sein. Auch diejenigen, die keine Christen sind, werden erkennen, dass es eine Warnung von Gott ist." (1968)

„Die Menschen werden sich in der Warnung ganz allein vor Gott sehen, egal wo sie zu dieser Zeit sein werden – allein mit ihrem Gewissen direkt vor Gott. Sie werden dann all ihre Sünden sehen und auch das, was durch ihre Sünden verursacht wurde." (1973)

Jacinta: „Die Warnung wird nur sehr kurz sein, aber sie wird aufgrund ihrer Wirkung in uns als sehr lang empfunden werden. Sie wird für das Wohl unserer Seelen sein, damit wir in uns selbst unser Gewissen sehen – das Gute und das Böse, das wir getan haben. Dann werden wir eine große Liebe fühlen zu unseren himmlischen Eltern und für alle unsere Vergehen um Vergebung bitten.

Die Warnung ist für alle, denn Gott will unsere Erlösung. Die Warnung soll uns näher zu Gott bringen und unseren Glauben vergrößern. Deshalb

Zeit-Stopp und Weltveränderung außerhalb der Zeit

Das Szenario, dass die Zeit angehalten wird und dass außerhalb der Zeit eine neue Zeit beginnt, wurde durch das Buch *Momo* von Michael Ende weltbekannt. Der volle Titel ist bereits eine Zusammenfassung des Inhalts: *Momo oder Die seltsame Geschichte von den Zeit-Dieben und von dem Kind, das den Menschen die gestohlene Zeit zurückbrachte – Ein Märchen-Roman.* Das Buch erschien 1973. Die Arbeit am Manuskript vollendete Michael Ende demnach 1972, denn es kam ja noch die Zeit für das Lektorat und die Produktion im Verlag hinzu. Und er arbeitete sechs Jahre lang am Manuskript![208] Daraus können wir schließen, dass er die Eingebung zu dieser Geschichte 1965/1966 bekam, also genau in der Zeit, als die Garabandal-Erscheinungen aufhörten. Die kosmischen Intelligenzen, die dort durch einen katholischen Filter hindurch gesprochen hatten, wollten dieselbe Botschaft auch universell formulieren, damit die Menschen hinsichtlich der „Zeit-Diebe" und der kommenden Prüfungen eine weitere Warnung (und Inspiration!) erhielten.

Im Buch *Momo* wird gezeigt, wie das Böse in unsere Welt kommt: über die „grauen Herren", die Agenten der „Zeitsparkasse" sind. Sie erscheinen bei den Menschen, implantieren ihnen ein lebensfeindliches Programm und verschwinden wieder, ohne dass sich die Menschen an diesen Besuch erinnern können. Die „grauen Herren" sind Elementale, die sich von der Energie der Menschen ernähren. „Dann sind die grauen Herren also gar keine Menschen?" „Nein, sie haben nur Menschengestalt angenommen. […] Aber leider […] haben sie schon viele Helfershelfer unter den Menschen." (aus: *Momo,* Kap. 12)

Wenn die Menschen von den grauen Herren infiziert werden, übernehmen sie deren Gedanken und meinen, dies seien ihre eigenen Gedanken. Momo ist jedoch immun, und es gelingt ihr, „außerhalb der Zeit" die Herrschaft der grauen Herren aufzulösen. Meister Hora hält die Zeit an, was bewirkt, dass die grauen Herren ihren Energieraub nicht mehr weiterführen können. Durch Momos Wirken lösen sie sich selbst auf, und die gestohlene Zeit kehrt aus dem Tresor der unterirdischen Weltzentrale zu den Menschen zurück. – Dies alles geschah dank eines göttlichen Eingriffs (durch „Meister Hora"). Momo lebte aus der Reinheit ihres Herzens heraus und hatte eine einzigartige Fähigkeit: sie konnte *zuhören.* Die vier „Momos" von Garabandal hatten diese Fähigkeit ebenfalls, und zwar so sehr, dass sogar kosmische Lichtwesen zu ihnen sprachen. Werden wir Menschen diese und die vielen anderen Warnungen ernst- und die Hilfe annehmen?

Die große Warnung *(el aviso):* Parallele im Buch Momo

sollten wir uns auf diesen Tag vorbereiten, aber nicht mit Angst darauf warten, denn was Gott sendet, dient nie der Angst, sondern vielmehr der Gerechtigkeit und Liebe, und er tut es für das Wohl all seiner Kinder, damit sie das ewige Glück erreichen und nicht verlorengehen." (1977)

Mari-Loli: „Alle werden sie [die Warnung] erleben, wo auch immer sie sind, unabhängig von ihrer Situation oder ihrem Wissen über Gott. Es wird eine innere persönliche Erfahrung sein. Es wird sein, wie wenn die Welt zu einem Stillstand kommt, jedoch wird dies niemand so wahrnehmen, weil alle voll in ihrer eigenen Erfahrung sind. […] Es wird wie ein inneres Gefühl von Trauer und Schmerz sein, weil man Gott missachtet hat. Gott wird uns helfen, damit wir klar erkennen, welchen Schaden wir ihm [und seiner Schöpfung!] zufügen, und all das Böse, das wir tun. Er wird uns helfen, diesen inneren Schmerz wahrzunehmen, denn oft bitten wir nur mit unseren Lippen um Vergebung, wenn wir etwas Falsches getan haben, aber jetzt wird er [durch die Warnung] uns helfen, dieses tiefe Bereuen auch physisch zu spüren." (1978)

Die Lichtwesen respektieren immer den freien Willen der Menschen. Der Mensch kann aufgerüttelt, belehrt und gewarnt, aber nicht zur Einsicht gezwungen werden. Die Menschheit bekommt durch die Warnung *(el aviso)* eine Möglichkeit, den Lauf der Geschichte zu ändern. Die Warnung wird nur innerlich sein. Im Äußeren wird sich nichts ereignet haben: keine Katastrophen, keine tektonischen Umwälzungen, keine Ufos am Himmel, keine wissenschaftlichen Wunder. Was bleibt, ist die persönliche Erfahrung und die Einzigartigkeit, dass *jeder* Mensch diese Erfahrung gleichzeitig mit allen anderen gemacht hat. In der linearen Zeit ist praktisch keine Zeit vergangen.

Die Garabandal-Prophezeiungen sagen, dass die Menschheit innerhalb von zwölf Monaten nach der Warnung eine weitere Bestätigung für den bevorstehenden Wandel bekommen wird: das große Wunder und dann das bleibende Zeichen. Danach wird – je nach der Reaktion der Menschen – das „Strafgericht" in größerem oder kleinerem Ausmaß stattfinden ... oder gar nicht.

Die große Warnung wird niemanden unberührt lassen, aber selbst dann wird es möglich sein, diese Erfahrung zu verdrängen oder pseudowissenschaftlich zu banalisieren. Aber je mehr wir jetzt schon das kollektive Bewusstsein mit unseren Gebeten anreichern, desto größer ist die Wahrscheinlichkeit einer möglichst weitreichenden Einsicht und Reue – auch bei Männern und Frauen in höchsten Rängen.

Am 19. und 20. Juni 1962, genau ein Jahr nach dem Beginn der Erscheinungen, bekamen die vier Seherkinder Visionen des möglichen Strafgerichts und schrieben danach in ihrer Zusammenfassung:

> Jeder sollte gut sein, dann wäre die selige Jungfrau glücklich! Sie sagte uns, dass die Guten für die Bösen beten sollen. Ja, wir sollen zu Gott für die Welt beten, für jene, die ihn nicht kennen.[209]

Aktuelle Zeichen zur Datierung der großen Warnung

„Doch jenen Tag und jene Stunde kennt niemand, auch keiner der Engel im Himmel, nicht einmal der Sohn, sondern allein der Vater.“ — Mt 24,36

„Euch steht es nicht zu, Zeiten und Fristen zu kennen, die der Vater in seiner Macht festgesetzt hat.“ — Apostelgeschichte 1,7

Die Prophezeiung der großen Umwälzungen wurde verständlicherweise nie mit einem Datum festgelegt. Die Seherinnen von Garabandal bekamen aber Hinweise, wann in der relativ fernen Zukunft dieser Tief- und Wendepunkt eintreten werde. Conchita sagte schon früh, dass die prophezeiten großen Ereignisse erst eine gewisse Zeit nach dem Jahr 2000 stattfinden werden (S. 233). Genauere Angaben gibt die Päpsteprophezeiung: das „Ende der Zeiten“ beginnt nach dem vierten Papst (S. 183). Heute wissen wir, dass sich dies auf Benedikt XVI. bezog. Das „Ende der Zeiten“ begann gemäß dieser Prophezeiung 2013 mit seinem Rücktritt oder Ende 2022 mit seinem Tod.

Die Seherinnen von Garabandal bekamen zudem einzelne Hinweise auf die Zeit der Ereignisse. So unterschiedlich die beschriebenen Faktoren sind, sie markieren allesamt dieselbe Zeitphase, nämlich genau die jetzt laufenden Jahre!

In den Aussagen der Seherinnen finden wir folgende Hinweise auf die Zeit der prophezeiten Warnung *(el aviso)*:

1) Globale Ausbreitung des Kommunismus
2) Kriegsgefahr in Europa (mit zentralem Faktor „Russland“)
3) geschlossene Kirchen
4) eine päpstliche Synode
5) der Papst besucht Moskau

Wie schon die Maria-Botschaften von Fátima im Jahr 1917, so erwähnten auch die Botschaften von Garabandal mehrfach warnend das Stichwort „Kommunismus“:

> „Wenn der Kommunismus wiederkommt, wird das alles kommen“, sagte Conchita 1965 dem Autor [Albrecht Weber], worauf dieser sie fragte: „Was heißt ‚wiederkommt‘“? „Ja, wenn er aufs Neue wiederkommt“, antwortete sie. „Heißt das, dass der Kommunismus vorher vergehen wird?“ „Ich weiß es nicht. ‚Wenn der Kommunismus wiederkommt‘, sagte die Heilige Jungfrau“, war die Antwort.[210]

„Kommunismus“ wurde damals in der Zeit des Kalten Krieges immer mit Russland gleichgesetzt. Heute wissen wir, dass dies nicht bloß eine sowjetische, sondern eine globale Ideologie darstellt. 1978 sagte die 29-jährige Mari-Loli in einem Interview:

> „Die Madonna (Our Lady) sprach mehrere Male über den Kommunismus. Ich kann mich nicht erinnern wie oft, aber sie sagte, dass eine Zeit kommen werde, in der es aussieht, als ob der Kommunismus die ganze Welt überwältigen und überfluten würde. Es war damals – ich glaube sogar in derselben Erscheinung –, dass sie uns sagte, die Priester würden dann Schwierigkeiten haben, die Messe zu lesen und über Gott und Themen des Göttlichen zu sprechen. [... Sie sagte auch,] dass die Priester gezwungen sein würden, sich zu verbergen, aber ich sah nicht, ob sie getötet werden oder nicht. Sie sagte nicht direkt, dass sie ermordet werden, aber mir war klar, dass sie einen Märtyrertod sterben würden. [...]. Wenn die Menschen jedoch viel beten, kann verhindert werden, dass sich dies über die ganze Welt ausbreitet.“[211]

1983 sprach Mari-Loli in einem Interview erneut über die Maria-Prophezeiungen und formulierte dabei ein Detail, das heute auf erstaunliche, ja alarmierende Weise wahr geworden ist:

> „Es wird zu dem Zeitpunkt sein, wenn die Welt die Warnung am notwendigsten braucht.“ Darauf die Frage: „Wann ist das?“ „Es ist dann, wenn Russland einen großen Teil der freien Welt unvorhergesehen und plötzlich überfallen und überfluten wird. Gott will nicht, dass das so schnell geschieht. Auf alle Fälle wird die Vorwarnung kommen, wenn Sie sehen, dass die hl. Messe nicht mehr frei gefeiert werden kann; dann wird die Welt es am notwendigsten haben, dass Gott eingreift.“[212]

„Wenn die Menschen jedoch viel beten, kann verhindert werden, dass sich dies über die ganze Welt ausbreitet." Der einzige Ausweg wird dann ein Eingreifen des Himmels sein, und die Garabandal-Prophezeiungen sagen genau dies voraus: *„Es wird zu dem Zeitpunkt sein, wenn die Welt die Warnung am notwendigsten braucht."*

Auf der Facebook-Seite „The Message of Garabandal" wurde am 29. März 2021 ein weiteres Zitat von Mari-Loli veröffentlicht:

> Interview mit Mari-Loli, 19. Oktober 1982: Auf die Frage, was die „Gesegnete Mutter" (Blessed Mother) über die kommunistische Drangsal gesagt hat, die der Warnung vorhergehe:
>
> „Es wird aussehen, wie wenn die Kommunisten die ganze Welt übernommen haben, und es wird sehr schwierig sein, dass man die Religion ausüben kann und dass Priester die Messe lesen können, ja sogar, dass die Menschen auch nur die Türen ihrer Kirchen öffnen können."[213]

Anlass war eine Twitter-Meldung des Priesters John S. Hogan aus Irland (bzgl. der damaligen Corona-Situation): „Die Regierung Irlands hat entschieden, dass das öffentliche Zelebrieren der Messe nun eine offizielle Straftat ist. Ein Priester darf sein Zuhause nicht für eine Messe verlassen, außer für ein Begräbnis oder eine Hochzeitszeremonie unter Restriktionen. Die Bürger dürfen ihr Zuhause nicht verlassen, um an einer Messe teilzunehmen."

In den Facebook-Kommentaren schrieb jemand: „Klingt genauso wie das, was wir hier in der San Francisco Bay Area erlebt haben. Die Kirchen waren für fast ein Jahr geschlossen. Für mehrere Monate waren sogar Outdoor-Messen verboten. Outdoor-Familienessen und Outdoor-Demonstrationen waren nicht verboten."

Seit der Gründung der Kirche, also seit rund 1700 Jahren, wurde zum ersten Mal das Durchführen von Gottesdiensten in Kirchen verboten. Zum ersten Mal Ostern und Pfingsten und auch Weihnachten ohne öffentliche Messe (oder nur mit Restriktionen)! Aufgrund der Erfüllung dieses markanten Punktes bekamen die Garabandal-Prophezeiungen ab 2020 neuc Aufmerksamkeit – innerhalb und auch außerhalb der katholischen Kirche.

Ein weiterer Punkt war, dass den prophezeiten Ereignissen „eine wichtige Synode" vorausgehen werde. Conchita betonte auf Nachfragen, dass es sich um eine Synode und nicht um ein Konzil handle.[214] Es ist erstaunlich, dass Conchita den Begriff „Synode" verwendete, denn damals gab es noch keine Bischofssynoden, und während der Erscheinungen fand in Rom das zweite Vatikanische Konzil statt. Die erste Bischofssynode wurde erst 1967 einberufen. Am 9. Oktober 2021 eröffnete Papst Franziskus die „Synode 2021 2023". Dadurch rückte genau das Wort, das Conchita genannt hatte, ins Zentrum des aktuellen vatikanischen Geschehens: eine Synode und kein Konzil! Der Name der entsprechenden Vatikan-Website lautet: synod.va

Im Oktober 2022 wurde die Dauer dieser Synode bis ins Jahr 2024 verlängert. Diese Synode ist einzigartig und neuartig. Sie wird deshalb auch „Weltsynode" genannt. „Es ist das erste Mal in der Kirchengeschichte, dass die gesamte Kirche in einer Synode zusammengerufen wird und wirklich jeder dazu aufgerufen ist, daran teilzunehmen."[215] Höhepunkt der Weltsynode wird im Oktober 2023 die Bischofssynode (Generalversammlung aller Bischöfe) sein, die deshalb auch „Weltbischofssynode 2023" genannt wird.

Eine Bischofssynode ist eine Versammlung aller Bischöfe der Welt in Rom. Der Beschluss, solche Versammlungen durchzuführen, entstand als Folge des Zweiten Vatikan-Konzils im September 1965. Bischofssynoden werden in der Regel alle drei bis vier Jahre einberufen. Die 15. Bischofssynode fand vom 3. bis zum 28. Oktober 2018 statt. Die 16. Generalversammlung der Bischofssynode ist Teil der „Weltsynode 2021 2024" (im Oktober 2023).

Am 28. Februar 2023 fragte jemand auf Facebook in der Gruppe „The Message of Garabandal": „Die Synode läuft von 2021 bis 2024. Besagt die Prophezeiung, dass die Synode beendet sein wird, bevor die Warnung geschieht? Falls ja, würde dies bedeuten, dass die Warnung nicht jetzt (2023) stattfinden wird?"

Antwort des Administrators Glenn Hudson: „Das jetzige Jahr ist bereits ausgeschlossen, weil Mari-Loli sagte, die Warnung werde in einem Jahr mit einer geraden Zahl stattfinden. ‚Die Jungfrau sagte Conchita, dass vor den künftigen Ereignissen eine Synode stattfinden wird.' Für mich klingt das so, dass die Synode vorüber sein wird, bevor die Warnung kommt."

Bei der Synode, die 1964 oder 1965 prophetisch als Zeithinweis genannt wurde, dürfte es sich um die „Synode 2021 2024" (Weltsynode mit Bischofssynode) handeln. Und genau innerhalb dieses „synodalen" Zeitraums entstand in Europa – ab Februar 2022 – die Gefahr eines international eskalierenden Krieges, ausgehend von Russland (und Ukraine usw.). Damit hat sich auch diese Prophezeiung erfüllt, und nun steht die nächste Frage im Raum: Wird der Papst nach Moskau reisen? Der Vatikan ist nur das Zentrum der „Westkirche". Der „Papst" der russisch-orthodoxen Kirche trägt den Titel „Patriarch". Seit der großen Spaltung der Kirche in die Westkirche und Ostkirche im 11. Jahrhundert (Schisma von 1054) kam es durch all die Jahrhunderte hindurch nie zu einem Treffen zwischen dem Papst und dem Patriarchen. Das erste historische Treffen fand 2016 auf Kuba statt (zwischen Papst Franziskus und Patriarch Kyrill I.), aber noch nie hat ein Papst Russland besucht. Wird es nun aufgrund des Ukraine-Krieges zu einem solchen Besuch kommen?

In den Garabandal-Prophezeiungen finden wir diesbezüglich folgende Aussagen:

> „Das Wunder wird kommen, wenn der Papst nach Moskau geht."
> „Der Papst wird nach Russland gehen, nach Moskau. Sobald er in den Vatikan zurückkehrt, werden gewalttätige Verfolgungen ausbrechen."[216]

Ein weiterer zeitlicher Hinweis besagt, dass das Wunder an einem „einzigartigen, freudigen Ereignis" der Kirche stattfinden wird. Die Vermutung liegt nahe, dass es sich um ein gemeinsames Osterfest der West- und Ostkirche handelt, zumal Conchita im Rahmen der Päpsteprophezeiung auch dieses Maria-Wort weitergab: „Die Getrennten werden dann wieder vereint sein."[217]

Conchita wird das Wunder von Garabandal acht Tage vor dem Eintreffen ankündigen. Das Wunder wird innerhalb eines Jahres nach der Warnung stattfinden. Über das Datum des Wunders wurden mehrere Faktoren erwähnt: es werde an einem Donnerstag sein (um halb neun am Abend), zwischen den Monaten Februar und Juli oder zwischen März und Mai und irgendwann zwischen dem 7. und 17. des Monats, und es werde der Festtag eines heiligen Märtyrers der Eucharistie sein. Ein solcher Märtyrer, dessen Festtag zwischen dem 7. und 17. liegt, ist der Hl. Hermenegild, der am 13. April 585 für seinen Glauben in Tarragona (Spanien) hingerichtet wurde. Wenn tatsächlich dieser Heilige gemeint ist, müsste es ein Tag sein, an dem sein Feiertag, der 13. April, auf einen Donnerstag fällt: 2028, 2034. Spätere Jahre kommen kaum in Frage, weil Conchita das Wunder ankündigen muss. Der 13. April 2028 ist der Gründonnerstag, und Conchita sagte einmal, es werde keiner der drei heiligen Donnerstage sein (Gründonnerstag,

Christi Himmelfahrt, Fronleichnam).[218] Die Angaben sind verwirrend und unklar und zeigen, dass wir uns nicht zu sehr auf ein prophezeites Datum fixieren sollten.

Viele Prophezeiungen und karmische Zukunftsbilder sprechen von einem großen Krieg in Europa oder gar von einem dritten Weltkrieg. Die Garabandal-Prophezeiungen sagen, dass sich *vor* dem Ausbruch eines solchen Krieges die globale Warnung *(el aviso)* ereignen wird. Wird der Himmel eingreifen und die Menschen mit den höheren Dimensionen ihrer Taten und ihres Lebens konfrontieren? Werden die Menschen, v. a die Machthaber, eine radikale Umkehr und „Bekehrung" vornehmen? Oder wird es sein, wie die Johannes-Offenbarung apokalyptisch sagt, nämlich dass die Menschen trotz aller Zeichen nicht einsichtig werden und sogar Gott die Schuld geben werden? Die Apokalypse erwähnt diese dramatische Option viermal (9,20f.; 16,9; 16,11; 16,21). Dies zeigt, dass „Strafe" (Katastrophen, Krisen, Kriege usw.) keinen Wandel auslösen, was auch die Weltgeschichte hinlänglich gezeigt hat. Durch Gnade und Einblick können die Menschen jedoch eine höhere Sicht bekommen und sich neu ausrichten. Wenn wir für die Vertreter und Propagierer der Spaltung jetzt schon beten, kann es möglich werden, dass sie dank des *aviso* innerlich berührt und aufgerüttelt werden und die Kraft finden, einen Schritt zu tun, den sie aus eigener Kraft nicht hätten tun können, nämlich die große Umkehr von der Dunkelheit zurück ins Licht.

> „Ihr habt gehört, dass gesagt ist: ‚Du sollst deinen Nächsten lieben und deinen Feind hassen.' Ich aber sage euch: Liebet eure Feinde; segnet die, die euch fluchen; tut wohl denen, die euch hassen; bittet für die, die euch beleidigen und verfolgen, auf dass ihr Kinder seid eures Vater im Himmel; denn er lässt seine Sonne aufgehen über die Bösen und über die Guten und lässt regnen über Gerechte und Ungerechte." (Mt 5,43-45)

Wenn wir eine solche Haltung von Selbst- und Gottvertrauen haben, brauchen wir persönlich nicht auf äußere und kollektive Wunder zu warten. Wir können uns jederzeit aus eigener Initiative auf eine Innenschau einlassen, ohne dass die kosmischen Schöpferwesen dafür die Zeit anhalten müssen. „Wenn ihr nicht Zeichen und Wunder seht, so glaubt ihr nicht. [...] Selig sind die, die nicht sehen und doch glauben." (Joh 4,48/20,29)

Zusatz:

Kritische Einwände gegen die positive Beurteilung der Garabandal-Erscheinungen

Dass es sich bei den Garabandal-Erscheinungen um ein paranormales Phänomen handelte, ist unbestritten. Die kritischen Stimmen bezweifeln jedoch den göttlichen Ursprung der Erscheinungen. Als Kritikpunkte werden hauptsächlich diese genannt: 1) Das „bizarre" Verhalten der Mädchen; 2) alle vier haben später für eine gewisse Zeit die Echtheit der Erscheinungen widerrufen und Zweifel geäußert; 3) einige Prophezeiungen waren zweideutig oder falsch.

1) Das „bizarre" Verhalten der Mädchen

Waren die „Verrenkungen" der Mädchen, manchmal sogar mit dramatischen Stürzen, Zeichen einer dämonischen Besessenheit? Wie bereits erwähnt (S. 224), führt astrale, „dämonische" Besessenheit zu psychischen Störungen und hört nicht von selbst auf. Das Garabandal-Phänomen wurde von Psychologen, Ärzten und Exorzisten beobachtet und untersucht, und sie alle bestätigten die psychische Gesundheit der Sehermädchen. Die Teilnahme an den Erscheinungen war nicht zwanghaft, die unsichtbaren Wesen respektierten den freien Willen aller Beteiligten. Sie begleiteten und berieten die Mädchen in ihrer Entwicklung, und die Erscheinungen hörten zu gegebener Zeit auf natürliche Weise Schritt für Schritt auf. Die vier Seherinnen lebten ihr Leben ohne jegliche negative Nachwirkung.

Ein Beispiel für unnormales Verhalten findet sich auch bei der von der Kirche anerkannten Maria-Erscheinung von Lourdes. Vom 11. Februar bis zum 16. Juli 1858 hatte das Sehermädchen Bernadette insgesamt achtzehn Maria-Visionen. Als Bernadette von Maria bei einer Erscheinung an den Ort geführt wurde, wo eine Heilquelle entspringen würde, sank Bernadette in die Knie und grub in Trance mit den Händen im Boden und begann, von der Erde zu essen. Tatsächlich trat dort eine Quelle zum Vorschein – die heute berühmte Heilquelle von Lourdes. In der christlichen Mystik können viele Phänomene subjektiv als „bizarr" eingestuft werden, insbesondere das Erscheinen von Stigmata oder die biblischen „Geistesgaben".

Beispiele für „unnormales" Verhalten finden wir in der Mystik aller religiösen und spirituellen Traditionen. Das wohl eindrücklichste ist das ekstatische Singen und Tanzen des Goldenen Avatāras, Caitanya Mahāprabhu (1486-1533).

Bei den Maria-Erscheinungen von Garabandal zeigen die Fotos glückliche und freudestrahlende Mädchen, und die vielen Aussagen von damals bezeugen, dass die Anwesenden es genauso empfanden. Niemand hatte das Gefühl, dass diese Erscheinungen unheimlich oder gar „dämonisch" wären. Diese Fehleinschätzungen und projizierten Ängste entstanden erst später in den Köpfen von Menschen, die nur einige unvorteilhafte Fotos sahen oder unvollständige Berichte hörten.

2) Die Tatsache, dass alle vier für eine gewisse Zeit die Echtheit der Erscheinungen in Frage stellten

Maria sagte den Mädchen voraus, dass Phasen kommen würden, in denen sie die Erscheinungen anzweifeln und sogar verneinen würden. Und so kam es dann auch, aber das hatte nichts mit den Erscheinungen an sich zu tun, sondern mit den vielen Anfeindungen und Anzweiflungen von außen sowie mit den vielen Wunderforderungen der Schaulustigen – und mit der damaligen Bischofskommission, von der die Mädchen zu einem Widerruf *gezwungen* wurden (S. 237).

3) Die nicht eingetroffenen Prophezeiungen

Bis 1965 kamen insgesamt Zehntausende Menschen nach Garabandal, und viele kontaktierten die Sehermädchen mit Bitten um Segnungen, Wunscherfüllungen und Heilungen. Eine einzige Quelle berichtet von zwei oder drei Prophezeiungen bzw. Versprechungen, die sich nicht erfüllten: eine unfruchtbare Frau werde ein Kind bekommen, was nicht geschah; ein gelähmter Junge werde geheilt werden, was nicht geschah; ermutigende Worte gegenüber einzelnen wenigen Personen, sie würden leben, bis das große Wunder geschehe, aber diese Personen sind in der Zwischenzeit verstorben.

Haben die Mädchen aufgrund der Inständigkeit der Bitten manchmal von sich aus ermutigende Worte gesprochen? Einige wenige Male täuschten sie sogar Ekstasen vor, um den Erwartungen der Erwachsenen zu entsprechen (S. 232). Man versetze sich in die Lage dieser Bergdorfmädchen, die in den Augen der Menschen plötzlich zu Prophetinnen, Heiligen und Allwissenden geworden waren und sich ständig von Gläubigen und Hilfesuchenden, aber auch von Neugierigen umringt und bedrängt sahen.

Der größte Zweifel, der heute am Garabandal-Phänomen besteht, stammt von der Prophezeiung, die der blinde Amerikaner Joey Lomangino (1930–2014) bekam und die sich dann nicht erfüllte. Er stammte aus einer Familie italienischer Immigranten und lebte in New York. 1947 erlitt er bei einem Unfall massive Gesichtsverletzungen mit Brüchen der Gesichtsknochen, wodurch seine Augen und sein Riechnerv zerstört wurden. Er überlebte wie durch ein Wunder, war aber völlig blind und hatte keinen Geruchssinn mehr. 1961 reiste er zum ersten Mal nach Europa, um in Italien Verwandte zu besuchen. Von ihnen erfuhr er vom stigmatisierten Pater Pio (1887–1968), der schon zu Lebzeiten als Heiliger galt. Das Kloster, in dem Pater Pio lebte, war nur hundert Kilometer entfernt, und so fuhren die Verwandten mit Joey dorthin. Die kurze Begegnung mit Pater Pio wurde für den blinden Joey zu einem Erlebnis, das sein Leben grundlegend veränderte. 1963 reiste er erneut nach Italien, um Pater Pio zu treffen. Er blieb für eine Woche in dessen Nähe. Einmal wartete er mit einer Gruppe von fünfzig Personen auf Pater Pio, und als er zu ihnen kam, zuckte Joey plötzlich zusammen und schützte sich reflexartig mit den Armen, wie wenn es eine Explosion gegeben hätte. Was ihn getroffen hatte, war der vielfach bezeugte Rosenduft, der von Pater Pio ausging. Für Joey, der 16 Jahre lang in „Dunkelheit“ ohne jeglichen Geruch gelebt hatte, war das plötzliche Riechen wie eine Druckwelle aus heiterhellem Himmel. Pater Pio trat zu ihm und sprach nur: „Joey, fürchte dich nicht.“ Dank dieser Wunderheilung konnte Joey wieder riechen.

Ein Freund, der Joey begleitete, wollte nach dem Italienbesuch nach Spanien reisen, weil er von den Maria-Erscheinungen in Garabandal gehört hatte. Joey, der nur wegen Pater Pio nach Europa gereist war, fragte den Heiligen und Wunderheiler, ob es stimme, dass Maria vier Mädchen in Spanien erscheine. Pater Pio bejahte dies.

Der Besuch in Garabandal erwies sich für Joey als besondere Offenbarung, und er wurde zu einem der aktivsten Referenten über die Echtheit und Wichtigkeit der dortigen Erscheinungen.[219] (Bis zu Pater Pios Tod im Jahr 1968 reiste Joey jährlich drei bis vier Mal zu ihm nach Italien.)

Als Joey im März 1964 wieder in Garabandal war, sagte ihm die 15-jährige Conchita bei seiner Abreise, sie werde mit der Heiligen Jungfrau über ihn und seine Fragen sprechen. Seine Fragen bezogen sich auf ein früheres mystisches Erlebnis, bei dem er Marias Stimme gehört hatte, und auf seine Idee, eine religiöse Vereinigung zu gründen, um die Botschaft Garabandals in die Welt zu tragen. Zwei Wochen später bekam er zu Hause in Lindenhurst, New York, einen kurzen handgeschriebenen Brief von Conchita. „Sie [Maria] sagte mir, dass die Stimme, die Sie gehört haben, die ihre war und dass Sie am Tag des Wunders wieder sehen werden. *(Me dijo que la voz que oíste era la de Ella y que volverás a ver el día del Milagro.)*"

Joey gründete die Vereinigung „Workers of Our Lady of Mount Carmel"* und war über fünfzig Jahre lang hingebungsvoll aktiv. Am 18. Juni 2014 starb er mit 84 Jahren, ohne dass er sein physisches Augenlicht wiederbekommen hatte. Kritiker sahen darin einen Beweis, dass die Garabandal-Erscheinungen eine Täuschung gewesen seien. Gläubige begannen, die Worte in Conchitas Brief anders zu interpretieren. Glenn Hudson, Joeys langjähriger enger Freund und Nachfolger, schrieb jedoch in einem Internetforum: „Aus meiner Sicht besteht hier weder eine Debatte noch eine Frage. Ich war mit Joey freundschaftlich verbunden, und wir beide verstanden die Übersetzung so, dass sie bedeute, er werde sein Augenlicht wieder bekommen, und wir beide gingen davon aus, dass es während seines irdischen Lebens geschehen werde. Ich nehme an, dass ich bis zum Tag des großen Wunders warten muss, um das zu verstehen."[220]

Joey Lomangino starb an einem 18. Juni. An einem 18. Juni geschah die erste Erscheinung in Garabandal (1961). An einem 18. Juni wurde die zweite Garabandal-Botschaft offenbart (1965). Wir dürfen hier eine symbolische Bedeutung erkennen: ein Blinder, der in seinem Glauben stark blieb und seinen Glauben nicht von einer „Belohnung" (Heilung) abhängig machte. Die Worte Marias, die durch Conchita an Joey übermittelt wurden, waren eine persönliche Botschaft, und Joey machte vielleicht den „Fehler", dass er diese private Prophezeiung an die Öffentlichkeit trug. Wir wissen, dass es immer heikel ist, persönliche Botschaften aus einer geistigen Quelle zu veröffentlichen, und das erst recht, wenn es zu missionarischen Zwecken geschieht. Aber wir sind

---

* Die Erscheinung von Garabandal offenbarte sich mit den Kennzeichen der „Madonna vom Berg Karmel", engl. „Our Lady [frz. Notre-Dame] of Mount Carmel", dt. „Unsere liebe Frau vom Berg Karmel". Der Berg Karmel (von hebr. *kerem 'el,* „Weinberg Gottes") war ein wichtiger Ort für die Propheten des Alten Testaments, insbesondere für Elija. Im 12. Jahrhundert wurde dort der christliche Orden der Karmeliter gegründet.

gewarnt, nicht zu urteilen und uns nicht als Richter über andere zu erheben. Vielleicht wurde die Zeit bis zur Warnung gerade durch die Gebete von Menschen wie Joey verlängert, so dass wir jetzt schon längst in einer geschenkten Gnadenzeit leben!

Es stellt sich die Frage, ob sich mit Joeys Tod nicht auch Marias Prophezeiung vom 6. Dezember 1962 (siehe S. 233) erfüllte, nämlich dass einige Zeit vor dem großen Wunder etwas geschehen werde, das bewirke, dass viele Menschen aufhören, an die Prophezeiungen von Garabandal zu glauben. Tatsächlich ist heute diese eine nicht erfüllte Prophezeiung das große Argument für die Kritiker, die anzweifeln, dass die Garabandal-Erscheinungen echt waren oder einer göttlichen, lichtvollen Quelle entsprangen. Dieser eine Punkt wird höher bewertet als alle anderen Fakten. Aber die Kritiker müssten sich fragen, ob sie nicht gerade mit ihrer voreingenommenen Reaktion besagte warnende Prophezeiung erfüllen.

„Ich bin in diese Welt gekommen, damit die Blinden sehen können und damit sich zeigt, wie blind die Sehenden sind" (Joh 9,39). Der Mensch sieht nur, was er glaubt, und deshalb sagte Jesus auch: „Selig sind die, die nicht sehen und doch glauben" (Joh 20,29). Heute müssten wir sagen: „Selig sind die, *die sehen und wenigstens dann glauben.*"

In den letzten Jahrzehnten und Jahrhunderten bekamen die Menschen so viele Phänomene zu sehen (einige sind im vorliegenden Buch erwähnt), dass keine glaubwürdigen Argumente mehr bestehen, um an Kali-Yuga-Einseitigkeiten festzuhalten. Aber im Gegensatz zu diabolischen Systemen zwingt das Göttliche nie jemanden zu einer bestimmten Meinung und diktiert nie eine Unterwerfung unter Doktrinen und Ideologien. Die Weltgeschichte zeigt, wohin die beiden Seiten der Spaltung führen.

Zum Schluss möchte ich ein weiteres warnendes Detail aus den Ereignissen von Garabandal zitieren. Bereits am 3. März 1962 schrieb der wundertätige Pater Pio einen Brief aus Italien an die Sehermädchen von Garabandal. Die letzten Sätze in diesem Brief lauteten: „Ich gebe euch nur einen Rat: Betet und ermutigt andere, auch zu beten, denn diese Welt [Zivilisation] steht am Anfang des Untergangs. Sie glauben euch nicht und nicht euren Gesprächen mit der *bianca Signora,* aber sie werden glauben, wenn es zu spät ist."[221]

Kapitel 9

Die Messias-Prophezeiungen und die „messianische" Zeit

Die vedische Zyklenbeschreibung sagt, dass wir seit fünftausend Jahren in einem Kali-Yuga („Zeitalter der Spaltung") leben. Gemäß dem Kalenderwissen der Mayas endete dieses Zeitalter als Unterzyklus an der Wintersonnenwende 2012, mit einer Übergangszeit von 25 Jahren vor und nach 2012, weshalb die jetzt laufenden Jahrzehnte eine Wendezeit darstellen.

Auch im „westlichen" Kulturraum kennen wir seit über zweitausend Jahren Hinweise auf eine Endzeit bzw. Wendezeit. Die markantesten finden sich im Buch des biblischen Propheten Daniel. Die von Daniel geschauten Bilder wurden später in der Johannes-Offenbarung („Apokalypse") aufgegriffen und erweitert. Diese rätselhafte Schrift wurde später – nach längerem Hin und Her – in den Kanon des Neuen Testaments aufgenommen und ist seither das abschließende Buch der Bibel. Die *Apokalypse* („Offenbarung; Enthüllung") spricht uns heute mit einer seltsam klingenden Aktualität an. Sie warnt vor einem „Geist, der die ganze Welt täuscht" (Offb 12,9), und beschreibt ihn bildlich als Drache, genannt „Teufel oder Satan", im griechischen Urtext: *diá-bolos kaì o satanâs,* was inhaltlich direkt auf den Begriff „Kali-Yuga" hinweist, denn *diá-bolos* bedeutet wörtlich: „das Spaltende; das, was Fronten schafft [und die Fronten gegeneinander aufhetzt]", und auch „das, was durcheinanderwirft; das, was verdreht [Lüge als Wahrheit und Wahrheit als Lüge hinstellt]".

Wenn eine Ganzheit gespalten wird, entstehen zwei Hälften („halbe Wahrheiten"), die zu Einseitigkeiten und Extremen und damit zu Machtkämpfen und Kriegen führen. Aber Gewalt ist kein Weg zum Frieden, und „halbe Wahrheiten" führen nie zu höherer Erkenntnis, sondern erzeugen nur Teufelskreise von Gewalt und Gegengewalt. In der Wendezeit werden beide Seiten der Spaltung erkannt und überwunden, was für die Kali-Yuga-Religionen und -Ideologien wurzeltiefe („radikale") Neuerkenntnisse und Korrekturen mit sich bringen wird. Das ist das Thema des nun folgenden Kapitels.

Diabolon oder Symbolon?

Die Johannes-Offenbarung erwähnt mehrfach (9,11; 12,9; 13,3; 13,8; 17,8; 18,3; 18,23) den Geist, der die ganze Welt täuscht und in Spaltung stürzt. Heute wissen wir, was damit gemeint war: Spaltung der Menschheit in Weltmächte; Ausbeutung; globale Kontrolle, usw. Der Geist hinter dieser Mentalität kann als „Diabolon" bezeichnet werden. Der Schlüssel zur Überwindung des Diabolon ist das *Symbolon,* das Prinzip der ganzheitlichen Sicht. Der Begriff „Symbol" geht auf das griechische Verb *sym-bállein* zurück (*syn:* „zusammen; zueinander; entsprechend", wie in Symmetrie, Synthese, Symbiose, Symphonie, Sympathie) und bedeutet ursprünglich: „zwei zusammengehörende Dinge zusammenfügen". Aus spiritueller Sicht hat jede materielle Erscheinungsform eine symbolische, „zusammenfügende" Bedeutung, nämlich die, dass alles Relative mit dem Absoluten verbunden ist und nur aus dieser Verbindung heraus seinen höheren – und wirklichen – Sinn bekommt. Alles, was existiert, ist ein (relativer) Ausdruck des Absoluten, und die Frage ist, ob der Mensch nur das Relative sieht oder auch dessen symbolische, spirituelle Bedeutung.* Alles, was das Materielle und Relative getrennt vom spirituellen Urgrund darstellt, ist demnach „diabolisch". Das bedeutet: Man kann heilige Schriften und religiöse Lehren sym-bolisch oder dia-bolisch auslegen.

Während eine diabolische Sicht die Menschen spaltet und Feindschaften erzeugt, zeigt eine symbolische Sicht, wie die Vielzahl der Teile mit dem Ganzen, d. h. das Relative mit dem Absoluten, verbunden ist. Aus dieser Sicht ist letztlich alles Materielle direkt oder indirekt ein Symbol für die Essenz hinter aller Existenz. Das Symbolon ist also nicht irgendein versteckter Geheimcode oder magischer Gegenstand, sondern ein innerer Schlüssel. Deswegen suchen

---

* Ein Symbolon (als Gegensatz zu Diabolon) bzw. ein Symbol in der ganzheitlichen Bedeutung dieses Begriffs ist nicht dasselbe wie eine „Allegorie" (Gleichnis, Personifikation, Archetyp) oder eine „Metapher" (Übertragung, bildlicher Ausdruck). Wenn wir Jesus, die Bibel, prophetische Worte usw. symbolisch verstehen, ist dies keine Reduktion der Bedeutung, sondern eine Hervorhebung der zeitlosen Essenz jenseits historischer Relativität und dogmatischer Begrenzung.

die Menschen im Kali-Yuga nach diesem einen Schlüssel, der Friede und höhere Erkenntnis (Offenbarung) ermöglicht. In der Tradition der Freimaurer ist dies sogar zu einem stehenden Begriff geworden: „das verlorene Meisterwort", „das verlorene Symbol". Dieser Begriff wurde weltbekannt, als Dan Brown, einer der erfolgreichsten Thriller-Autoren, im Jahr 2005 den Folgeband seines Bestsellers *The Da Vinci Code* veröffentlichte: *The Lost Symbol*, dt. *Das verlorene Symbol.* Dieses Buch war bereits in der Ankündigung als „Freimaurer-Roman" bezeichnet worden, und es verriet das nicht wirklich geheime Geheimnis, auf dessen Grundlage die heute weltumspannenden Logenorganisationen gegründet wurden: die Suche nach dem verlorenen Symbol! Dass einflussreiche Idealisten „das verlorene Symbol" suchen, ist nicht erstaunlich, denn dieses Symbolon würde die Menschen vom Diabolon befreien und aus dem Kali-Yuga hinausführen! Und genau dies sagen auch die positiven Freimaurerprophezeiungen, die Dan Brown seinen Protagonisten in den Mund legt:

> „Wir stehen an der Schwelle einer wahrhaft großen Epoche der Erleuchtung, und wir alle – *Sie* alle – werden diesen Wendepunkt der Geschichte miterleben dürfen. [...] Nach Jahrtausenden der Finsternis werden wir sehen, wie unsere Wissenschaften, unser Verstand und sogar unsere Religionen die Wahrheit offenbaren."[222]

> „Sie [die symbolische Freimaurerpyramide] hütet ein uraltes Wissen. Und es wird eine Zeit kommen, wahrscheinlich noch zu deinen Lebzeiten, da sie endlich entschlüsselt wird und ihre Geheimnisse ans Licht gebracht werden. Das wird ein Augenblick unvorstellbaren Wandels sein, für die Menschen, für ihr gegenseitiges Verständnis und für das Verständnis der Welt, in der wir leben."[223]

Über Dan Brown erreichten diese Prophezeiungen weltweit ein Millionenpublikum in vielen Sprachen. Kritische Stimmen befürchten, dass diese „Epoche der Erleuchtung" eine beschönigende Umschreibung für die diktatorische Einheitsreligion der „Neuen Weltordnung" sein könnte. Was Dan Brown jedoch beschreibt, ist keine dia-bolische Einheitsreligion, sondern eine sym-bolische Ganzheitsreligion, d. h. eine ganzheitliche Selbst- und Gotteserkenntnis, die wir im inneren Kern aller Religionen und spirituellen Traditionen finden. Das verlorene Symbol wartet *„geduldig auf einen Schlüsselmoment in der Geschichte –*

auf eine Zeit, in der die Menschheit ohne die Wahrheit, das Wissen und die Weisheit aller Zeitalter nicht mehr überleben kann. An diesem dunklen Scheideweg wird die Menschheit das Wort [das Symbolon] schließlich ausfindig machen und in ein wundervolles neues Zeitalter der Erleuchtung eintreten.“[224]

Der lange erwartete „Schlüsselmoment in der Geschichte“ ist der heutige Tief- und Wendepunkt: Wir können nur noch überleben, wenn „das Wissen und die Weisheit aller Zeitalter“ wieder erkannt wird, das heißt, wenn es uns gelingt, ältestes Wissen und neueste Erkenntnisse zu verbinden. Dazu gehört auch die Bibel: „Für Amerikas freimaurerische Gründerväter war ‚das Wort‘ die Bibel gewesen. *Und doch haben nur wenige Menschen in der Geschichte ihre wahre Botschaft verstanden.*“[225] Damit sagt Dan Brown: Weder die Freimaurer noch die Bibelgläubigen (und Bibelkritiker) haben die „wahre Botschaft“ der Bibel, d. h. ihre symbolische (= ganzheitliche) Botschaft, verstanden!

Die frohe Botschaft lautet: Das Symbolon war nie verloren. Es war immer präsent als offenes Geheimnis, das aber nur von Menschen erkannt wurde, die nicht dem Diabolon dienten. Wer eine ganzheitlich-theistische Sicht entwickelt, kann das Symbolon überall erkennen, insbesondere in den bekannten Symbolzeichen und Symbolnamen aller spirituellen Traditionen, so z. B. *J-H-W-H* und Yin-Yang (siehe S. 28, 392) und auch im Begriff „Messias“.

Die Messias-Prophezeiungen: Vorbemerkung

Beim Thema „positive Prophezeiungen“ dürfen die biblischen Messias-Prophezeiungen nicht fehlen. Diese sind rund zweieinhalbtausend Jahre alt und beziehen sich auf einen Messias, der Weltfrieden bringen und alle Kriege beenden soll. Die Messias-Prophezeiungen sind zwar hoffnungsvoll, aber der Kampf um diese Prophezeiungen hat in den letzten zweitausend Jahren zu vielen Konflikten und Eskalationen geführt.

Mit dem Thema „Messias“ begebe ich mich in den Bereich von religiösen Konzepten und Doktrinen, die vielerorts starke Emotionen wachrufen und akademisch heftig umstritten sind, denn es geht um Fragen wie: Waren die Messias-Szenarien, die vor rund zweieinhalbtausend Jahren gesprochen wurden, poetische Idealisierungen, politische Übertreibungen, Utopien oder Prophezeiungen für eine ferne

Zukunft? Wer war Jesus? War er der Messias? Wenn nicht, was war er dann? Wenn er ein Friedensbringer und Weltenretter war, warum nahmen nach seinem Wirken die Kriege zu, und das bis zum heutigen Tag, ohne dass eine Ende in Sicht wäre?

Die Bibel hat die Geschichte der letzten 1700 Jahre entscheidend mitgeprägt. Im Namen Gottes und im Namen Jesu fühlten sich viele Menschen berufen und berechtigt, Unmenschliches zu tun. Kriege wurden geführt, Andersgläubige massakriert, andere Völker „missioniert“, usw. Es existiert sogar eine zehnbändige Buchreihe mit dem Titel *Kriminalgeschichte des Christentums.*[226] Aber nicht nur „die Kirchen“ und der „Gott der Kirche“ werden kritisiert, auch der „Gott des Alten Testaments“: Kriegsrhetorik, Kriegsverherrlichung, Erlaubnis der Sklaverei usw., so lauten die Vorwürfe. Gewisse Publikationen zitieren aus dem Alten Testament seitenweise entsprechende Zitate (z. B. Josua 10,40–42). Die Bibel hat offensichtlich nicht nur Gutes in die Welt gebracht, und das gilt für die Schriften aller Religionen. Bekannt ist der sarkastische Ausspruch des Physikers und Nobelpreisträgers Steven Weinberg (1933–2021): „Mit Religion und ohne Religion hätten wir gute Menschen, die Gutes tun, und böse Menschen, die Böses tun. Damit aber gute Menschen Böses tun, dafür braucht es Religion.“[227]

Diese Kritik von atheistischer Seite ist einseitig. Treffender wäre die Formulierung: „Damit aber gute Menschen Böses tun, dafür braucht es *Ideologie.*“ Denn nicht nur religiöse, auch atheistische Ideologien verursachten viel Böses.

Seit dem 19. Jahrhundert sagen atheistische Ideologen, dass „Religion“ an sich das Problem sei und verboten werden müsste. Im 20. Jahrhundert stand die halbe Welt unter der Vorherrschaft solcher Ideologien, die den Frieden durch diktatorische Systeme erzwingen wollten. Aber auch sie brachten den Menschen weder Frieden noch Menschlichkeit. Das Verbieten von Religion ist offensichtlich nicht die Lösung, sowenig wie die Verteufelung und Verurteilung aller Andersgläubigen („Falschgläubigen“).

Umso mehr stellt sich die Frage: Was bedeutet „und plötzlich große Klarheit“ im Hinblick auf die vielen Religionen und Ideologien des Kali-Yugas? Was besagen die Messias-Prophezeiungen in einem symbolischen Sinn? Was bedeutet „messianische Zeit“?

Was steht wirklich in der Bibel?
Antwortsuche ausgehend vom Begriff „Messias"

Die Propheten, die vor rund 25 Jahrhunderten lebten, sagten das Erscheinen des Messias für ihre nähere Zukunft voraus, und als diese Weltveränderung nicht stattfand, wurde der Messiasbegriff neu definiert, zuerst auf jüdischer Seite und dann auch – nach Jesu Erscheinen – auf christlicher. In den Augen seiner Anhänger war Jesus der verheißene Messias und Weltenretter, und das, obwohl nach seinem Leben und Sterben die Kriege usw. nicht aufhörten, sondern zunahmen. Jede christliche Gruppe hat dafür ihre Erklärung im Sinn von: Jesus habe sehr wohl den Frieden gebracht, die Menschen hätten diese Gnade aber nicht angenommen und es brauche Zeit, bis der gesetzte Same aufgehe. Das lässt sich dann aber über die Gottgesandten in allen Religionen sagen!

In vielen christlichen Kreisen geschehen Wunder, Heilungen usw. – und dies trotz der ideologischen Schleier, die über „Jesus" gelegt wurden. Wie groß wäre die Kraft des Göttlichen *ohne* all diese ideologische Projektionen und Vereinnahmungen! Wie sehr würden die Gläubigen aller Traditionen dann tatsächlich dem wahren Willen Gottes und dem Schöpfungsplan dienen. Denn Gott ist die GANZHEIT: Einheit in der Vielfalt, Vielfalt in der Einheit. Die meisten Menschen, die sich als Atheisten bezeichnen, leugnen nicht diese Ganzheit, sondern lehnen die menschengemachten Gottesbilder ab, die Spaltung und Feindschaften erzeugen. Um obigen Punkt zu wiederholen: In allen Religionen und spirituellen Gruppierungen geschehen kleinere und größere Wunder, und viele Menschen erhalten echte persönliche Hilfen. Aber leider verwenden sie das Empfangene oft für die Profilierung und Propagierung der eigenen Überzeugung – und bezeichnen die gleichen Wunder und Hilfen in allen anderen Religionen als „Teufelswerk". Die Form des Empfangenen wäre viel heilsamer, wenn die Gläubigen eine wahrhaft ganzheitliche und reine Einstellung hätten und bereit wären zusammenzuarbeiten. Diese universelle „messianische" Vision ist Grundlage und Ziel des vorliegenden Kapitels ... und des ganzen Buches.

Aufgrund der christlichen Interpretation verbinden viele Menschen mit dem Titel *Messias* Vorstellungen wie „Gottessohn", „exklusiv-einzigartiger Gottesgesandter", „einziger Erlöser der Menschheit, der für die Sünden der Welt gestorben ist". Das hat aber nichts mit der ursprünglichen Bedeutung zu tun. Der Begriff „Messias" stammt aus der altjüdischen Tradition und lautet im Hebräischen – je nach Dialekt – *Maschiach*, *Moschiach* oder *Meschiach*, „Gesalbter", und bezieht sich auf das Ritual der Inthronisierung bzw. Amtseinsetzung eines Königs oder Hohepriesters. In dieser Kultur erwählte der König einen Nachfolger nicht selbst, sondern es war eine „von Gott berufene", d.h. charismatische und fähige Persönlichkeit, die das Amt des Königs bekam und von einem Propheten gesalbt wurde. *Maschiach* war ein Titel für einen von Gott erwählten König in der Nachfolge Davids. Ein unfähiger König oder ein Despot und Tyrann war kein Maschiach. Hingegen wird im Buch Jesaja (Jes 45,1) sogar der persische, also nichtjüdische König Kyros als Maschiach, „Gesalbter", bezeichnet, weil er das Volk Israel aus dem Babylonischen Exil befreite. Während und nach der Exilzeit bekam der Begriff zusätzlich – und zunehmend – eine prophetisch-endzeitliche Bedeutung.

In der christlichen Religion wird der Begriff „Messias" exklusiv auf Jesus angewendet: *Jeshua-ha-Maschiach*, „Jesus der Messias", was gleichbedeutend ist mit „Jesus der Christus" oder kurz: „Jesus Christus". „Wer glaubt und sich taufen lässt, wird gerettet; wer aber nicht glaubt, wird verdammt werden [kommt ewig in die Hölle]." Diese Worte (Mk 16,16) legte der unbekannte Verfasser des Evangeliums nach Markus dem auferstandenen Jesus in den Mund. Dass nicht alle Jesus-Worte des Neuen Testaments von Jesus stammen, ist für die historisch-kritische Bibelwissenschaft schon längst eine offensichtliche Tatsache. Diese Wissenschaft beleuchtet nicht nur das Neue, sondern auch das Alte Testament kritisch und zeigt auf, dass viele der darin enthaltenen Schilderungen historisch nicht korrekt sind, sondern auf spätere Redaktionsarbeiten zurückgehen.

Im christlichen Kulturkreis wird wie selbstverständlich vom Neuen und vom Alten Testament gesprochen, aber nur schon der Begriff „Altes Testament" ist Ausdruck einer bestimmten Sichtweise.

Tanach und „Altes Testament": Die Jesus-Anhänger der zweiten und dritten Generation entwickelten die theologische Lehre, dass Gott durch Jesus einen „Neuen Bund" mit den Menschen begonnen und dadurch den „Alten Bund" (mit Noah und Moses) erweitert und vollendet habe, womit sie auch sagten, dass der Alte Bund in den Neuen Bund mündete und nur noch durch den Neuen Bund, durch Jesus, bedeutsam sei. Der Kanon der Jesus-Schriften wurde deshalb *Neues Testa-*

ment genannt, „Schriften des Neuen Bundes".* Dementsprechend prägten die Jesus-Anhänger für die heiligen Schriften des Judentums den Begriff *Altes Testament,* „Schriften des Alten Bundes". Das Judentum selbst nennt die Gesamtheit seiner heiligen Schriften „Hebräische Bibel" oder *Miqra* („Versammlung; Lesung") und *Tanach* (oder *Tenach*). Dieser Begriff entstand vor etwa 1500 Jahren als Zusammensetzung der Anfangsbuchstaben der drei großen Unterteilungen dieser Schriften: T für *Torah* („Gesetz; Anweisung"), N für *Nevi'im* (die Schriften der Propheten) und K für *Ketuvim* (die restlichen Schriften). Das Akronym T-N-K wird als Tanach oder Tenach ausgesprochen. Die christliche Kirche übernahm alle Bücher des Tanach und hat sie – in veränderter Anordnung – als „Altes Testament" in den Kanon der Bibel aufgenommen.

Die Juden lehnen den christlichen Messiasanspruch ab, denn ihrer Ansicht nach hat Jesus die Messias-Prophezeiungen des Tanach nicht erfüllt. Wegen dieses Standpunktes wurden die Juden von den Christen durch die Jahrhunderte hindurch vielerorts verachtet und diskriminiert und nicht selten auch verfolgt oder sogar getötet.

Auf der Grundlage der historisch-kritischen Religionswissenschaft führe ich im Folgenden Informationen an, die die Notwendigkeit einer differenzierten Betrachtungsweise aufzeigen, auch im Hinblick auf den historischen Jesus (hebr. *Jehoschua,* Kurzform: *Jeshua*).

Der historische Kontext der Messias-Prophezeiungen

Die „Zeit der Propheten" erstreckt sich von Jesaja (zweite Hälfte des 8. Jh. v. Chr.) bis zu den letzten altbiblischen Propheten (Ende 6. Jh. v. Chr.). Der folgende Überblick zeigt, wie die Zeit der biblischen Propheten historisch einzuordnen ist.

Die Geschichte des Volkes Israel als politischer „Staat" (im alten, bronzezeitlichen Sinn) begann mit den Königen Saul, David und Salomon. Von ca. 1037 bis 1010 war Saul der erste König des biblischen Volkes Israel. Auf ihn folgte König David, der von ca. 1010 bis 965 regierte. Die Linie Davids wurde von seinem Sohn Salomon fortgesetzt. Dieser ließ um 950 den ersten Tempel in Jerusalem bauen. Jeru-

* „Testament", lat. *testamentum* als Übersetzung für das hebräische Wort *berît,* „Bund" (altgriechisch *diathēkē*): „das Bezeugte, Verfügte", im christlich-religiösen Bezug: „das von Gott Verfügte; der Bund Gottes [mit den Menschen]".

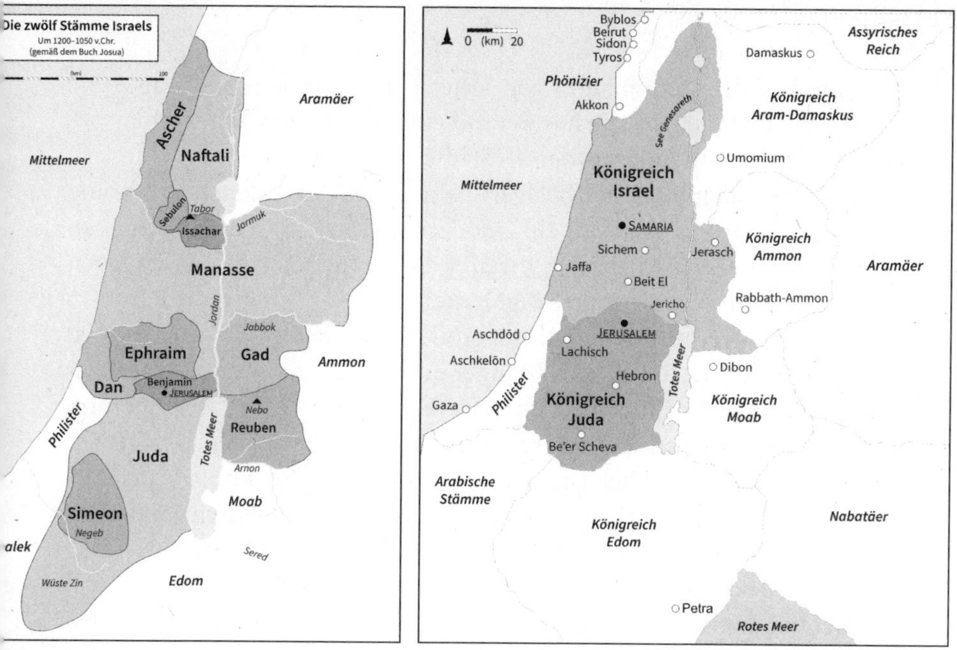

Links: Die Aufteilung des Landes gemäß den zwölf Stämmen Israels (Nachkommen der zwölf Söhne Jakobs).
Rechts: Die ungefähren Grenzen um 800 v. Chr., d. h. vor der Zeit der assyrischen Eroberungskriege. Das Nordreich Israel wurde 722 v. Chr. von den Assyrern erobert, das Südreich Juda 587/86 v. Chr. von den Babyloniern (mit Zerstörung des Tempels in Jerusalem). Nach dem Fall Babylons wurde das ganze Gebiet Teil des Perserreichs, später des griechischen bzw. hellenischen Reiches, dann des römischen Reiches.

salem war die Hauptstadt des kargen, felsigen Südreiches namens Juda, Samaria die Hauptstadt des fruchtbaren Nordreichs namens Israel. Diese Gebiete befanden sich im Überlappungsbereich der südlichen und östlichen Großmächte – später auch der westlichen Großmächte –, und die dortigen Menschen wurden immer wieder von Kriegen überrollt, was traumatisierend wirkte und zu einer intensiven prophetischen und schriftlichen Reflexion führte.

Früher gehörte das Gebiet Israel-Juda zum ägyptischen Großreich, das jedoch ab dem 8. Jahrhundert viele Gebiete an das neuassyrische Großreich verlor. Die Assyrer waren wegen ihrer Grausamkeit und Brutalität gefürchtet. 722 v. Chr. eroberten sie auch das Nordreich Israel. Ein Teil der verbliebenen Bevölkerung wurde zwangsumgesiedelt oder in Gefangenschaft genommen. Viele flohen in das Südreich (Juda), das ein tributpflichtiger Vasallenstaat der Assyrer war. König Hiskija von

Juda ließ die Stadtmauern von Jerusalem verstärken und wagte 701 einen Aufstand, was die Assyrer mit einem massiven Gegenschlag beantworteten. In Juda wurden 46 Städte eingenommen und geplündert, aber Jerusalem hielt der Belagerung und den Angriffen stand. König Hiskija wurde damals als ein „moderner“ David dargestellt (von den Propheten Jesaja, Micha usw.), weil er die Tempelstadt erfolgreich gegen den Goliath Assyrien verteidigt hatte.

Die Assyrer verließen Juda mit großer Kriegsbeute und rund 200 000 Gefangenen, darunter auch Männer und Frauen, die zwanzig Jahre zuvor aus dem Nordreich geflohen waren. Als das assyrische Imperium zwischen 615 und 600 unterging und Babylon zur neuen Großmacht im Osten aufstieg, blieb Israel-Juda genauso unterdrückt. 597 v. Chr. besiegte der babylonische König Nebukadnezar das rebellisch gewordene Juda mitsamt der Hauptstadt Jerusalem und setzte einen neuen König ein (Zedekia). Als dieser neun Jahre später seinen Treueeid brach, griff Nebukadnezar erneut an und zerstörte 586 v. Chr. Jerusalem. Dabei wurde der Salomon-Tempel niedergebrannt, und viele Juden wurden nach Babylon verschleppt („Babylonisches Exil“). Das Trauma der vielen Kriege und der Verschleppungen hinterließ tiefe Spuren und ist ein zentrales Thema der prophetischen Texte. Im Jahr 539 v. Chr. wurde das babylonische Reich von den Persern unter König Kyros erobert. Kyros erlaubte 538 die Heimkehr der Deportierten und 520 den Neubau des Tempels in Jerusalem (Einweihung des Tempels im Jahr 515). Mit Kyros begann die nachexilische Phase des Volkes Israel.

Die Botschaft der Propheten: Die Messias-Prophezeiungen müssen vor ihrem historischen Hintergrund gesehen werden. Die Zeit der Propheten begann mit Jesaja während der Kriegszüge der Assyrer und endete rund zweihundert Jahre oder zehn Generationen später mit dem Bau des zweiten Tempels in Jerusalem. Diese Zeitspanne beinhaltete das Ende des israelitischen und judäischen Königtums (wegen der militärischen Schläge durch die Assyrer und die Babylonier). Jesaja und die folgenden Propheten hatten die Aufgabe, die fortlaufenden Kriegsniederlagen zu erklären. Sie sagten, dass der Gott Israels nicht etwa als Kriegsgott versagt habe, sondern dass dies alles eine Strafe Gottes sei, weil das Volk nicht mehr strikt den priesterlichen Regeln folgte. Sie hielten eindringliche Mahnreden und betonten, dass Gott sein Volk nur deshalb durch die fremden Völker so streng bestrafe, um es wieder auf den richtigen Weg zu bringen; aber noch viel strenger würden am Schluss die fremden Völker bestraft, d. h. vernichtet, während das Volk Gottes letztlich triumphieren werde. Gleichzeitig verhießen die Propheten ihrem Volk, dass die Kinder Israels (die Nachkommen der Verschleppten und Vertriebenen) wieder in die Heimat zurückkehren würden. In diesem Zusammenhang sprachen sie vereinzelt auch von einem Maschiach, der als von Gott berufener König das jüdische Volk sammeln und von der Fremdherrschaft befreien werde. Er wurde jedoch nicht als Gottmensch und Wundertäter gesehen, sondern als irdischer Vertreter Gottes, der alle Feinde besiegen und sein Volk dann mit Gerechtigkeit regieren werde; in der Welt der messianischen Zeit werde wieder ein paradiesischer Friede herrschen (die Menschen leben mit ihren Kuh- und Schafherden zusammen mit den vormaligen Raubtieren und Giftschlangen; siehe Jesaja-Zitat auf S. 277f.).

In der Zeit, als diese Prophezeiungen gesprochen wurden, war ein Friedensreich nur denkbar, wenn die umliegenden Feinde nicht mehr existierten. Und weil es sich bei diesen Feinden um Großmächte handelte, die man nicht aus eigener Kraft besiegen konnte, sagten die Propheten, dass Gott selbst eingreifen werde, um Frieden zu bringen. Diese „Endzeit" (Ende der Kriegszeit und Beginn der messianischen Zeit) wurde damals für die nahe Zukunft herbeigesehnt und prophetisch vorausgesagt.

Die Messias-Prophezeiungen: historisch-relativ oder symbolisch-zeitlos?

Die Propheten beschrieben einen endzeitlichen Krieg um Jerusalem, und zwar einen Krieg zu Pferd mit Pfeil und Bogen und anderen Waffen, wie sie für die Bronze- und frühe Eisenzeit üblich waren. Offensichtlich erwarteten die Propheten diesen letzten Krieg und das darauffolgende messianische Reich für die absehbare Zukunft.

Die prophezeite Wiederkehr des verschleppten und verstreuten Volkes in das Land der Väter bezog sich auf das Ende der damaligen Exilzeit. Heute wissen wir, dass diese Heimkehr unter dem persischen König Kyros stattfand, zweihundert Jahre nach der Zerstörung des Nordreichs durch die Assyrer und fünfzig Jahre nach der Zerstörung des Südreichs durch die Babylonier. Die Prophezeiungen der Rückkehr in die alte Heimat und der Neuerrichtung des Tempels in Jerusalem erfüllten sich, aber es kam kein Friedensreich. Neue Großmächte entstanden: die Griechen und danach die Römer. 63 v. Chr. geriet das Land unter römische Herrschaft und wurde zur Provinz Judäa. (Im Hebräischen wird nicht zwischen Juda und Judäa unterschieden. Zur historischen Unterscheidung schreibe ich Juda, wenn das altbiblische Land des Südreichs gemeint ist, und Judäa, wenn das Land zur Zeit der Römer gemeint ist.)

66 n. Chr. begann in Judäa ein Aufstand gegen die Unterdrückung durch die Römer, der als „Jüdischer Krieg" in die Geschichte einging. Im Jahr 70 stürmten die römischen Armeen die Widerstandsfestung Jerusalem und zerstörten den Tempel.* Der Krieg dauerte bis ins Jahr 74 (Fall der Festung von Masada) und endete mit der totalen Niederschlagung des Widerstands in Judäa. Etwa ein Drittel der Bevölkerung Judäas kam ums Leben, rund 100 000 Menschen gerieten in Gefangenschaft oder wurden in die Sklaverei verkauft, viele weitere wurden vertrieben oder flohen. (In den Jahren 115 bis 117 und 132 bis 135 wagten die nachfolgenden Generationen zwei weitere Aufstände gegen die Römer, aber auch sie wurden niedergeschlagen, und danach war die Situation für die Juden noch schlimmer als vorher.)

Ab 500 v. Chr. (Ende des Exils, Rückkehr in die Heimat, Neuerrichtung des Tempels) hatte es für einige Zeit ausgesehen, als würden sich die prophetischen Verheißungen erfüllen. Aber dann kam es ganz anders. Die Religionsvertreter antworteten darauf, dass die Prophezeiungen eines Friedensreichs nicht die nahe, sondern eine fernere Zukunft meinten. In der schriftlichen Ausformulierung der alten Prophezeiungen steht nämlich, dass in der Entscheidung um das Friedensreich „alle Völker der Erde" (Sacharja 12,3 – siehe S. 302) beteiligt und betroffen sein werden, und das war in den vorherigen Kriegen nicht der Fall gewesen. Aber war die rhetorische Formulierung „alle Völker der Erde" wirklich wörtlich gemeint? Viele gläubige Juden und Christen sagen ja

---

* Das war der Tempel, der nach dem Babylonischen Exil errichtet worden war. Im Jahr 70 war er 585 Jahre alt. Er war mehrfach renoviert und erweitert worden, insbesondere durch Herodes (Herodes der Große, 73 – 4 v. Chr.). Er begann 21 v. Chr. mit einem großangelegten Bauprojekt inkl. Verdoppelung des Tempelgeländes auf 144 000 m², was zu einer Blütezeit Jerusalems führte. Die gesamte Neugestaltung und Erweiterung des Tempelberg-Komplexes dauerte Jahrzehnte. Die heutige „Klagemauer" ist ein Teil der monumentalen Umfassungsmauer, die erbaut wurde, damit das Plateau des Tempels vergrößert werden konnte.

und beziehen die Prophezeiungen der biblischen Propheten heute ohne Bedenken auf die aktuelle Weltlage, obwohl diese Prophezeiungen fürchterliche Kriegsszenarien beschwören – mit Armeen zu Pferd mit Pfeil und Bogen!

Hier stehen die Gläubigen vor einem Dilemma: Entweder beziehen sich die Prophezeiungen nicht auf die heutige Zeit (das heißt: das Friedensreich war eine Idealvorstellung, die sich geschichtlich nicht verwirklichen ließ), oder die Prophezeiungen beziehen sich auf die heutige Zeit, was dann aber bedeutet, dass die damaligen Waffen symbolisch auf die moderne Kriegsführung übertragen werden müssen. Die Johannes-Offenbarung („Apokalypse“) enthält Kriegsszenarien, die durchaus modern interpretiert werden können. Die Erklärung dazu lautet, dass Johannes die modernen Kriegsgeräte sah, sie aber mit Bildern aus seiner Erfahrungswelt beschreiben musste. Bei den Aussagen der altbiblischen Propheten lässt sich diese Umdeutung nicht so einfach begründen. Wie wir in den folgenden Zitaten sehen, sprachen sie nur mit Bildern der *damaligen* Kriegsführung! Gläubige und Verteidiger (Apologeten) sagen, die Propheten hätten die Waffen ihrer eigenen Zeit beschrieben, damit aber Waffen der Zukunft gemeint. Diese Erklärung ist jedoch nicht haltbar, denn die alten Waffen sind *Teil des messianischen Szenarios.* Ein Beispiel finden wir im Buch Ezechiel, im Abschnitt: „Der zukünftige Feind des Gottesvolkes und seine Vernichtung (Kapitel 38 - 39)“, so die Überschrift in der Einheitsübersetzung.[228]

> „Und die Nationen (heidnischen Völker) werden erkennen, dass ich Gott bin, der heilig ist in Israel. Siehe, so wird es kommen und geschehen“, spricht Gott der HERR (JHWH). „Das ist der Tag, den ich angekündigt habe. Und die Bewohner der Städte Israels werden hinausgehen und die Waffen der Feinde einsammeln, um damit Feuer zu machen. Rund- und Langschilde, Bogen und Pfeile, Holzkeulen und Lanzen werden sie sammeln und einen Vorrat an Holz zusammenbringen, der für sieben Jahre ausreicht. Sie werden nicht mehr in den Wald gehen und Holz sammeln oder Bäume fällen, sondern sie werden die Waffen des Feindes zum Feuermachen verwenden. Sie werden die Räuber berauben und die Plünderer plündern“, spricht Gott der HERR. (Ez 39,7b - 10)

Teil des endzeitlich-messianischen Szenarios ist, dass die Menschen mit den Waffen der Feinde einen Holzvorrat von sieben Jahren anlegen. Dies lässt sich weder metaphorisch noch symbolisch auf die Waffen des 21. Jahrhunderts n. Chr. anwenden. Es ist offensichtlich, dass die Propheten die damals nahe Zukunft meinten, also eine siegreiche Befreiung in wenigen Jahrzehnten oder Jahrhunderten.

Dürfen die altbiblischen Prophezeiungen in ihrer Gültigkeit über mehr als zweitausend Jahre verlängert und auf die heutige Zeit bezogen werden? Falls ja, dann nicht uneingeschränkt: Wenn wir die *äußere Form der Prophezeiungen* (Pferde, Pfeil und Bogen, alte Kriegsparteien, die längst nicht mehr existieren) auf symbolische Weise auf die heutige Zeit übertragen, dann müssen auch *die inhaltlichen Aussagen* auf symbolische Weise auf die heutige Zeit übertragen werden! Entweder sind die biblischen Prophezeiungen historisch relativ und beziehen sich nur auf eine längst vergangene Zeit, oder sie sind zeitlos und betreffen auch die heutige Zeit. Aber dann müssen wir sie symbolisch verstehen. Ansonsten haben wir es mit ideologischen Doktrinen zu tun, die das Relative verabsolutieren.

Es stellt sich also die grundsätzliche Frage: Waren die Messias-Prophezeiungen historisch-relativ, oder sind sie symbolisch-zeitlos? Aus einer spirituell-ganzheitlichen Perspektive lautet die Antwort: sowohl als auch. Der historisch-relative Bezug ist für die Religionsgeschichte relevant, aber er darf nicht verabsolutiert werden. Der symbolisch-zeitlose Bezug betrifft auch unsere Zeit und bekommt heute eine brisante Aktualität, aber dann dürfen die Gläubigen nicht den Fehler machen, die historisch-relativen Doktrinen undifferenziert auf die heutige Menschheit zu projizieren. So wie die Pferde und alten Waffen auf die moderne Zeit übertragen („modernisiert") werden müssen, damit die Prophezeiungen überhaupt anwendbar sind, so müssen auch die anderen Inhalte der Prophezeiungen symbolisch „modernisiert" werden, damit sie eine zeitlose, überkonfessionelle Bedeutung bekommen. Die biblischen Völker der Bronze- und frühen Eisenzeit kannten nur eine geographisch begrenzte Welt, und ihr Überleben hing von strengen Stammesgesetzen ab, vor allem, was die religiöse Selbstdefinition und das soziale Zusammenleben betraf. Die symbolische Übersetzung betrifft alle Inhalte der zweieinhalbtausend Jahre alten Prophezeiungen, insbesondere die Konzepte „Freund" und „Feind", „Gott" und „Götzen", „Gottesvolk" und „Gottesfeinde", aber auch die Schlüsselelemente „Krieg", „Vernichtung aller Feinde", „Friedensreich" ... und *maschiach*, „Messias".

„Der Messias und sein Friedensreich“

Die Messias-Prophezeiungen gehen auf mehrere Propheten zurück (Jesaja, Jeremia, Ezechiel usw.), die vor rund 2800 bis 2500 Jahren lebten. In den Texten, die ihnen zugeschrieben werden, finden sich einzelne endzeitlich-messianische Elemente, aus denen sich hypothetische Szenarien konstruieren lassen. Das Folgende ist eine Zusammenstellung der zentralen Punkte der Messias-Prophezeiungen, wobei zu beachten ist, dass keiner der Propheten alle Punkte erwähnt:

- *Niedergang der damaligen Großmächte und Befreiung der Verschleppten aus Gefangenschaft und Exil; Rückkehr des jüdischen Volkes nach Israel:* Jesaja 11,11f.; 27,12f.; 49,12; 66,20; Jeremia 30,3 und 32,37; Ezechiel 11,17; 36,8; 37,20-28; Zephanja 3,10; Sacharja 10,8-11 (siehe auch 5 Mose 30,3-5)
- *der Tempel in Jerusalem steht wieder:* Jesaja 2,2; 60,7; 66,20-23; Ezechiel 37,26; Micha 4,1; Maleachi 3,1
- *die Beseitigung der Feinde und Weltfrieden:* Psalm 86,9; Jesaja 2,4*; Kap. 11; 45,18-25; Kap. 60; Jeremia 16,19-21; Ezechiel Kap. 38; Hosea 2,20; Micha 4,1-4 (Mi 4,3 ist ein Zitat von Jes 2,4: „aus ihren Schwertern Pflugscharen ...“); Habakuk 2,2-17; Sacharja 8,23; Kap. 9-14
- *Auferstehung der Toten:* Jesaja 26,19; Ezechiel 37,1-14; Daniel 12,2
- *Weltweites Gottesbewusstsein:* Jesaja 11,9; Habakuk 2,14
- *der Messias wird die Gerechtigkeit herstellen und bewirken, dass die Menschen wieder die Gebote und Gesetze befolgen:* Jesaja 9,5-6; Jeremia 23,5; 30,9; 31,33; 33,15; Ezechiel 34,23f.; 37,24; Daniel 7,13f.; Micha 5,1-3; Sacharja 3,8; 6,12

All diese prophetisch formulierten Worte müssen in ihrem historischen Kontext gesehen werden. Vom historischen Jesaja wird am Anfang des Buches Jesaja gesagt, dass er während der Regierungszeit der Könige Usija, Jotam, Ahas und Hiskija – alles Könige des Südreichs

* Dieser Vers (Jes 2,4) steht in Großbuchstaben auf der berühmten Jesaja-Mauer in New York beim UNO-Hauptquartier (im Ralph Bunche Park): Sie werden aus ihren Schwertern Pflugscharen schmieden und aus ihren Speerspitzen Getreidesicheln. Kein Volk wird das Schwert gegen ein anderes Volk erheben, und sie werden nicht mehr den Krieg lernen. – Jesaja

Juda – als Prophet wirkte, also von rund 735 bis 700 v. Chr., vielleicht sogar bis 675, denn eine rabbinische Tradition sagt, er sei während der Regierungszeit des Hiskija-Sohnes Manasse hingerichtet worden. Jesaja verkündete dem damaligen Südreich Juda wie auch dem Nordreich Israel und der militärischen Großmacht Assyrien das Gericht durch JHWH (meistens übersetzt als „der HERR"). Er verhieß seinem Volk eine bleibende Zeit des Friedens und der Gerechtigkeit und sprach als erster von einem kommenden Messias-König, der Friedensbringer und Richter der Völker sein werde.

Im Buch Jesaja wird mehrfach gesagt, dass die verheißene Friedenszeit mit der Sammlung und Rückkehr des verstreuten Volkes Israel einhergehen werde. Aus dem inhaltlichen und historischen Kontext ist ersichtlich, dass er damit den erhofften Niedergang der assyrischen Großmacht meinte. An späteren Stellen im Buch Jesaja wird auch auf das Babylonische Exil und dessen Beendigung Bezug genommen, was zeigt, dass dieses monumentale Werk nicht von einem einzigen Autor stammt, sondern über einen Zeitraum von rund zweihundert Jahren entstand und erst danach seine endgültige Form fand. Die älteste vollständige hebräische Handschrift des Buches Jesaja stammt aus der Zeit von 200 bis 150 v. Chr.

Das Buch Jesaja umfasst 66 Kapitel. Kapitel 1 bis 39 gehen von der Tradition her auf den ursprünglichen Jesaja zurück, die folgenden Kapitel auf zwei oder mehrere spätere Autoren bzw. Redaktoren, wobei der gesamte Text immer dem historischen Jesaja zugeschrieben wurde. In Jes 45,1 wird namentlich der persische König Kyros erwähnt, der das Volk Israel 538 v. Chr. aus dem Babylonischen Exil entließ, und in den folgenden Kapiteln wird mehrfach auf dieses Exil und die Rückkehr aus dem Exil Bezug genommen. Durch die Endredaktion entstand eine umfangreiche Textsammlung, die gesamthaft als „Buch Jesaja" bezeichnet wurde – „aber weitreichende Indizien weisen darauf hin, dass große Teile davon während der Babylonischen Gefangenschaft und später verfasst wurden".[229]

Ein Großteil des Jesaja-Textes, etwa 90 %, ist in Gedichtform geschrieben, und Verse in poetischer Sprache enthalten oftmals verkürzte oder mehrdeutige Aussagen. Einige Übersetzungen behalten an diesen Stellen die Kürze bzw. Mehrdeutigkeit bei, andere formulieren die jeweiligen Stellen aus oder erwähnen in Klammern erklärende Parallelbedeutungen.

Im Folgenden zitiere ich Kapitel 11 aus dem Buch Jesaja, eines der wichtigsten messianischen Kapitel des Tanach. Wenn wir die einzelnen Aussagen im Kontext lesen, wird deutlich, wie sehr sie sich auf die damalige Situation beziehen und dass sie nicht ohne Weiteres in die heutige Zeit projiziert werden dürfen. In den unterschiedlichen Bibelausgaben lautet die Überschrift dieses Kapitels „Der Messias und sein Friedensreich", „Das endzeitliche Friedensreich" oder ähnlich.

Jesaja, Kapitel 11

1 Und ein Spross wird hervorgehen aus dem Baumstumpf des Isai*, und ein Schössling aus seinen Wurzeln wird Früchte tragen.
2 Und der Geist des HERRN wird ihn erfüllen: der Geist der Weisheit und des Wissens, der Geist, der Rat [Hilfe zu richtigen Entscheidungen] und Kraft gibt, der Geist der Gotteserkenntnis und der Ehrfurcht vor dem HERRN.
3 Er wird mit Freude dem HERRN in Ehrfurcht dienen. Er wird nicht richten nach dem, was seine Augen sehen, und nicht Urteil sprechen nach dem, was seine Ohren hören (nicht nach dem Augenschein und nicht nach dem Hörensagen).
4 Er wird mit Gerechtigkeit über die Entrechteten urteilen [ihnen die Rechte zurückgeben], und mit Unbestechlichkeit wird er eingreifen, zum Wohl der Unterdrückten (der Armen) der Erde. Den Gewalttätigen** wird er schlagen mit dem Stab seines Mundes, und den Boshaften (den boshaft Schuldigen) wird er töten mit dem Hauch seiner Lippen.
5 Gerechtigkeit wird der Gürtel um seine Hüften sein und Rechtschaffenheit der Schurz seiner Lenden.
6 Und der Wolf wird beim Lamm weilen und der Leopard beim Böcklein liegen. Das Kalb und der junge Löwe und das Vieh werden zusammen sein, und ein kleiner Junge wird sie hüten.
7 Kuh und Bärin werden zusammen weiden, ihre Jungen beieinander sein, und der Löwe wird Stroh fressen wie das Rind.

---

* Davids Vater Isai, auch Jischäj, grch. Iessaí, deshalb im Englischen, Deutschen usw. auch Jesse genannt, mit „willkommenem" Anklang an den Namen Jesus.

** Im Hebräischen sind zwei Lesarten möglich, *eretz* oder *aritz*. Die Variante mit *eretz*, „die Erde", bedeutet: „Mit seiner Regentschaft wird er im Land Recht und Ordnung herstellen." Das Wort *aritz* bedeutet „Tyrann; Gewaltherrscher" und meint diejenigen, die ihre Regierungsgewalt missbrauchen. Dieses Wort erscheint auch in Jes 13,11: „Ich werde der Anmaßung der Stolzen ein Ende machen und den Hochmut der Gewalttätigen erniedrigen."

8 Und der Säugling wird vor dem Loch der Viper spielen, und das kleine (entwöhnte) Kind wird [gefahrlos] seine Hand in die Höhle einer Giftschlange strecken.
9 Auf meinem ganzen heiligen Berg wird niemand Böses tun oder Unheil stiften; denn das Land ist erfüllt von der Erkenntnis des HERRN, so wie das Meer voll von Wasser ist.
10 Und es wird geschehen in jener Zeit, dass der Wurzelspross [Nachkomme] des Isai dastehen wird als Zeichen für die Völker. Dann werden auch die Heiden zu ihm kommen und ihn um Rat fragen, und von seiner Residenz wird Gottes Herrlichkeit in die Welt strahlen.
11 Und der Herr wird zu jener Zeit zum zweiten Mal seine Hand ausstrecken, um den Rest seines Volkes (die Übriggebliebenen) zu befreien: aus Assur und Ägypten, aus Patros und Kusch, aus Elam, Schinar und Hamat und von den Inseln des Meeres.
12 Und er wird ein Zeichen aufrichten unter den Völkern [eine Ankündigung dessen, was er tun wird], denn er will die Vertriebenen Israels zusammenführen und die Verstreuten Judas sammeln von den vier Enden der Erde (aus allen Himmelsrichtungen).
13 Dann wird der Neid Ephraims aufhören, und die Feinde Judas werden nicht mehr feindselig sein (oder: werden entwurzelt, abgeschnitten). Ephraim wird nicht mehr eifersüchtig sein auf Juda, und Juda wird Ephraim nicht mehr feindlich bedrängen.
14 Sie werden im Westen die Hänge der Philister hinabstürmen, und vereint werden sie die Söhne des Ostens ausplündern. Edom und Moab nehmen sie in Besitz, und die Ammoniter unterwerfen sich ihnen.
15 Und der HERR wird die Meereszunge von Ägypten [Golf von Akaba] austrocknen lassen und wird seine Hand mit glühendem Sturm über den Fluss [Euphrat] ausstrecken, er wird ihn in sieben Bäche zerschlagen, so dass man zu Fuß hindurchgehen kann.
16 Dann wird eine Straße entstehen für den Rest seines Volkes, der in Assyrien überlebt hat, genau wie für ihre Vorfahren in den Tagen, als Israel aus Ägypten hinausging.

Das Kapitel als zusammenhängender Text bezieht sich auf die damalige Situation und zeichnet ein Szenario nach der Wiederkehr der Vertriebenen: „Sie werden im Westen die Hänge der Philister hinabstürmen, und vereint werden sie die Söhne des Ostens ausplündern."

Forscher, die historisch-kritisch oder allgemein bibelkritisch sind, weisen darauf hin, dass diese Worte die Befreiung des Volkes Israel von der damaligen Schreckensherrschaft der Assyrer betrafen und später – als kein dauerhafter Friede entstand und weitere Unterwerfungen folgten – auf nächste und wieder nächste zukünftige Epochen bezogen wurden, mit entsprechenden Anpassungen und Ergänzungen in den frühesten schriftlichen Wiedergaben.

Die Texte dieser zwei schicksalhaften Jahrhunderte sind Widerspiegelungen der damaligen Hoffnungen auf Befreiung, Sieg und Frieden. Gläubige und Apologeten sagen, dass die Ereignisse zur Zeit der Propheten beispielhaft waren und zukünftige globale Entwicklungen vorwegnahmen; mit der Unterwerfung durch die Assyrer (zu Jesajas Zeit) und dem späteren Exil in Babylon bzw. Persien sei als Parallelbedeutung auch die nachfolgende weltweite Diaspora („Zerstreuung") der Juden vorhergesagt worden; diese Prophezeiung sei Realität geworden, als die Römer im Jahr 70 n. Chr. Jerusalem zerstörten; und auch die Prophezeiung der Rückkehr habe sich erfüllt!

Kampf der messianischen Fronten

Mit der Gründung des Staates Israel im Jahr 1948 bekamen die messianischen Prophezeiungen eine neue Aktualität und Brisanz, sowohl aus jüdischer als auch aus christlicher Sicht. Innerhalb des Judentums und des Christentums gehen die Meinungen bezüglich der Messias-Fragen weit auseinander – und erst recht zwischen den messianischen Fronten beider Religionen. Zwischen den jüdisch-messianischen und christlich-messianischen Fronten besteht eine direkte Gegnerschaft.

Traditionalistische Tanach-Vertreter sehen das Christentum als Irrlehre, weil es die Tanach-Lehren verfälsche und Jesus als Messias und „Gottessohn" hinstelle; eine solch „falsche Religion" werde, wie das alte israelfeindliche Volk „Edom", irgendwann *utterly destroyed* („völlig zerstört").[230] Auf der anderen Seite sagen christlich-messianische Gruppierungen, dass sich alle Juden zu Jesus bekehren müssen, denn sonst würden sie in der jetzigen Endzeit wie alle anderen „Falschgläubigen" in ewige Verdammnis fallen. Dementsprechend intensiv sind die missionarischen Anstrengungen durch evangelikale Christen und „bekehrte" Juden, wie z. B *Ariel Ministries* (ariel.org), gegründet von Dr. Arnold Fruchtenbaum; *Chosen People Ministries – Ministry to the Jewish People* (chosenpeople.com); der Bestseller-Autor Rabbi Jonathan Cahn (bethisraelworshipcenter.org); das *Aliyah Return Center* (aliyahreturncenter.com) in Israel; *Behold Israel* (beholdisrael.org), gegründet vom ehemaligen israelischen Militäroffizier Amir Tsarfati, und Organisationen wie *Jews for Jesus* (jewsforjesus.org) und *One for Israel* (oneforisrael.org).

Sie alle sagen, die alten Propheten hätten mit dem verheißenen Messias „Jesus von Nazareth“ gemeint; Jesus habe einhundert, ja sogar dreihundert prophetische Aussagen des Alten Testaments erfüllt. Auf ihren Youtube-Kanälen veröffentlichen diese Institutionen viele Zeugnisse, in denen jüdische Männer und Frauen und Familien beschreiben, wie sie durch die Hinwendung zu Jesus eine bereichernde Offenbarung erlebten und eine Befreiung aus alten, starren Religionsstrukturen fanden. Viele dieser missionarischen Stimmen vertreten zudem die Ansicht, dass der Messias, den die Juden erwarten und der bald in Erscheinung treten werde, der „Antichrist“ sei, also eine satanische Verführung der Juden und der gesamten Welt; der echte Messias werde dann der zurückkehrende Jesus sein, der die Welt inkl. die nichtbekehrten Juden richten werde.

Die christlich-missionarische Offensive zur „Bekehrung“ der Juden bleibt nicht unbeantwortet. Tanach-Vertreter reagieren ihrerseits mit einer verstärkten antimissionarischen Offensive, z. B Rabbi Michael Skobac von *Jews for Judaism* (jewsforjudaism.ca), Rabbi Tovia Singer von *Outreach Judaism* (outreachjudaism.org), Dr. Nehemia Gordon (NehemiasWall.com) und Rabbi Yisroel Chaim Blumenthal (judaismresources.com).

Die „messianischen“ Fronten bestehen bereits seit den Anfängen des Christentums, wie aus den Schriften des Neuen Testaments hervorgeht. Verschärft wurden diese Fronten durch die Ansicht, dass all das Leid, das die Juden erlitten, die Strafe dafür sei, dass sie Jesus ablehnten und dessen Tod verursachten. Solche Aussagen finden sich bereits im Neuen Testament. Darin wird die Schuld am Tod Jesu immer wieder den Juden zugeschrieben, während die römische Besatzungsmacht als unschuldig hingestellt wird, insbesondere in Mt 27,23–25: „Und sie [die Juden] riefen noch lauter: ‚Ans Kreuz mit ihm!‘ [...] Pilatus wusch sich vor der Volksmenge die Hände und sagte: ‚Ich habe keine Schuld am Blut dieses Menschen. Das habt ihr zu verantworten.‘ Und die Volksmenge antwortete und rief: ‚Wenn er unschuldig ist, dann komme die Strafe für seinen Tod auf uns und unsere Kinder!‘“

Die ersten Christen waren eine ausgegrenzte und angefeindete Minderheit, weshalb sie mit Vehemenz und Sektierertum agierten und ihre Schriften entsprechend formulierten. Es galt, sich selbst zu definieren und sich von allen „Falschgläubigen“ abzugrenzen, indem man diese als böse darstellte. Aufgrund ihres jüdischen Hintergrundes wollten sie den anderen Juden gegenüber unbedingt beweisen, dass Jesus der Messias (Christus) war. Was als aggressive Selbstverteidigung begann, wurde dreihundert Jahre später – als das Christentum römische Staatsreligion wurde – zu einem offensiven Programm, mit mörderischen Folgen auf vielen Ebenen. Die messianischen Fronten glauben alle, dass dieser Konflikt nun bald „endzeitlich“ gelöst werde ...

Noch komplizierter wird die Situation, weil auch der Islam eine Adaption der jüdischen und christlichen Messias-Prophezeiungen enthält. Im Koran wird Jesus als *Isa bin Maryam* (Jesus, Sohn der Maria) und *al-Masīḥ,* „der Messias“ bezeichnet, aber nicht in der christlichen Bedeutung dieses Wortes. Im Islam ist aufgrund bestimmter Überlieferungen und Schriftinterpretationen die Erwartung weit verbreitet, Jesus werde als Richter gegen die Ungerechten wiederkommen und zusammen mit dem Mahdi, dem islamischen Endzeitmessias, den *al-Masih ad-Dajjal,* den falschen Messias, besiegen.[231]

Viele Vertreter des Tanach und des Islam bezeichnen das Christentum im Englischen als *idolatry,* als „Götzenverehrung“. Für sie ist die Trinitätslehre *idolatry,* denn Gott sei absolut EINS, und ein „Sohn Gottes“ sei ein Götze. Eine passendere Übersetzung für *idolatry* ist in diesem Zusammenhang „Personenkult“, weil ein Mensch verabsolutiert wird. Wenn die Christen Jesus als „Gottessohn“ bezeichnen, ist das für Muslime und Juden *idolatry:* der echte Maschiach sei kein „Gottessohn“, sondern ein „Menschensohn“.* Aus den Tanach-Schriften geht hervor, dass der Maschiach ein Sohn von Eltern aus der Linie Davids ist; er werde verheiratet sein und Kinder haben. Nichts von einer übernatürlichen Empfängnis, im Gegenteil, Jungfrauen-

* Der Begriff „Menschensohn“ (hebr. *ben 'ādām*) kommt im Tanach 107-mal vor, davon 93-mal im Buch Ezechiel. Gott spricht den Propheten als „Menschensohn“ an, womit gemeint ist, dass er (Ezechiel) ein auserwählter Menschheitsvertreter ist, der sein Volk warnen und geistig führen soll. Im Buch Daniel, Kapitel 7, ist der „Menschensohn“ Teil einer endzeitlichen Vision: Daniel sieht vier Tiere, die gottlose Weltmächte verkörpern; danach erscheint „der Alte der Tage“ *(attik-yomin)* auf einem Thron; nach der Vernichtung der vier Tiere erscheint „einer wie eines Menschen Sohn“ (7,13) – offensichtlich der Maschiach – und bekommt von der Gottgestalt auf dem Thron „Macht, Ehre und Herrschaft“ (7,14).

geburt (wie bei Dionysos) und Auferstehung von den Toten (wie bei Osiris) galten als Elemente von heidnischen Göttersagen.

Zwischenstopp und weiterführende Fragen: Die messianischen Fronten erheben Absolutheitsansprüche, die auf fundamentalistischer Ebene unversöhnlich sind, denn sie alle meinen, „Gott" werde demnächst zeigen, dass alle anderen falsch lagen. Warum sollte man dann mit Falschgläubigen Kompromisse eingehen oder sich mit ihnen verständigen? Kein Wunder, dass Religionskritiker sagen, diese fundamentalistische Mentalität („Fundamentalität") verhindere jede wahre Völkerverständigung und den gegenseitigen Respekt. Leider gehen viele dann in das andere Extrem und bezeichnen Religion gesamthaft als Illusion oder Halluzination. Dabei machen sie denselben Fehler wie jene, die sie kritisieren. Die einen nehmen alte, historisch-relative Aussagen (Geschichten, Gesetze, prophetische Worte usw.) und projizieren sie in verabsolutierter Form auf die heutige Zeit. Die anderen nehmen heute geltende Normen und projizieren sie auf die damaligen Menschen und deren Religionen, um sie modern-kritisch als unmenschlich, primitiv, abergläubisch usw. zu bezeichnen.

Aus historischer Sicht ist durchaus nachvollziehbar, dass in der damaligen Zeit strenge und rigide Gesetze (inkl. Todesstrafe) galten, denn für diese Völker war der kollektive Zusammenhalt überlebensnotwendig. Sie kämpften mit anderen Stämmen (= Feinden) um Bestand und Expansion und sahen sich gleichzeitig von aggressiven Großmächten bedroht. Das Kollektiv stand über dem Individuum. Aber sind alte Stammesgesetze in jedem Detail absolut und durch alle Zeiten hindurch gültig? Ist es tatsächlich Gottes Wille, dass Menschen die Schriften ihrer Religion verabsolutieren und alle anderen Religionen und Offenbarungen verteufeln?

Die Jesus-Anhänger verneinten die erste Frage und bejahten die zweite. Sie übernahmen den Fundamentalismus der Tanach-Anhänger, jedoch mit Modifikationen und „Mutationen". Die Tradition, der sie entstammten, sagte, dass die prophetische Zeit mit den letzten Tanach-Propheten (um 500 v. Chr.) zu Ende gegangen war; jede spätere Lehre sei eine Abweichung, die von Gott verurteilt und letztlich mit Vernichtung bestraft werde. Aus der Sicht dieser Tradition stellte der Glaube der Jesus-Anhänger eine solche Abweichung dar, weshalb die Jesus-Anhänger kurzum die alten Schriften neu interpretierten und ihrerseits ihre eigenen Schriften verabsolutierten. Auf dieser Grundlage sagten sie, dass alle, die eine andere Meinung vertreten, Irrlehrer und Gottesfeinde seien, so auch „die Juden“, die den „Messias“ abgelehnt hatten und weiterhin ablehnen.

Was bleibt von einer Religion übrig, wenn man ihr die Feindbilder und die Absolutheitsansprüche nimmt? Wie würden sich die Gläubigen dann definieren und ausrichten?

Die Theorie vom leidenden Messias

Die Messias-Prophezeiungen verhießen, dass die Nachkommen der verschleppten Menschen aus Israel-Juda wieder in das Land ihrer Vorfahren zurückkehren würden und dass der von den Babyloniern zerstörte Tempel neu errichtet werde. Dies erfüllte sich in den Jahren um 500 v. Chr. Als Jesus auftrat, stand der neue Tempel schon längst und war größer und prachtvoller als je zuvor. Aber das Land befand sich immer noch unter Fremdherrschaft. Das einzige, was sich geändert hatte, war die Identität der Unterdrücker. Und Jesu Wirken brachte keine Befreiung und erst recht nicht den verheißenen Frieden, im Gegenteil: In den ersten einhundert Jahren nach Jesu Tod scheiterte jeder Befreiungsversuch, und die Juden verloren ihr Land (durch Gefangennahme und Versklavung, durch Vertreibung, durch Flucht). Die Römer vernichteten jegliche Hoffnung auf eine baldige messianische Freiheit.

Die Jesus-Anhänger der ersten Generationen hatten das Problem, dass die alten Prophezeiungen den Messias als Sieger und Friedensbringer beschrieben. Viele hofften und warteten Jahr für Jahr, aber es geschah kein politisches oder militärisches Wunder, und Jesus erschien nicht als Menschensohn aus dem Himmel (Dan 7,13). Im Lauf dieser Zeit entwickelten die ersten Christen die Theorie, die Propheten hätten nicht nur einen siegreichen, sondern auch einen leidenden Messias vorausgesagt; zuerst komme der Messias in einer leidenden Gestalt, und in der „Endzeit“ werde er, Jesus, als siegreicher Messias zurückkehren. Jesu Tod am Kreuz war keine Niederlage, sondern ein einzigartiger Sieg über das Böse: Jesus habe durch seinen Opfertod die Sünden der Welt auf sich genommen; alle Menschen seien nun von dieser Erlösungstat abhängig, auch die Juden. Die Jesus-Anhänger, die die Schriften des Neuen Testaments verfassten, waren keine neutralen

Historiker, sondern Missionare, die sich in ihrem jüdischen Umfeld rechtfertigen und durchsetzen wollten und – mit Paulus – bald auch über den jüdischen Kulturkreis hinausgingen.

Die ältesten schriftlichen Aussagen über Jesus stammen von Paulus. Von den dreizehn Paulus-Briefen des Neuen Testaments gelten sieben als echt: der erste Brief an die Thessalonicher, der erste und zweite Brief an die Korinther, der Brief an die Philipper, die Galater und die Römer und der Brief an Philemon. Sie werden auf ungefähr 50 bis 60 n. Chr. datiert. Diese Daten beziehen sich auf die Originale, die aber nicht mehr vorhanden sind. Die Texte, die wir heute kennen, beruhen auf späteren Handschriften aus dem 2. und 3. Jahrhundert. Wir wissen nicht, inwieweit die Kopien den Originalen entsprechen, aber die grundlegende Botschaft ist klar. Paulus lehrte, dass durch Jesus ein neuer Bund mit Gott geschlossen worden sei, der nun alle Menschen umfasse; das strikte Befolgen der vielen Tanach-Gesetze und auch die Beschneidung seien nicht mehr notwendig.

Die ersten Apostel widersetzten sich mehrheitlich den Ansichten dieses „selbsternannten" Apostels,* denn er hatte Jesus nie persönlich getroffen, sondern berief sich auf eine Jesus-Vision, die ihn vom Saulus zum Paulus gemacht hatte. Aus traditionalistischer Sicht war Paulus ein Irrlehrer und Abtrünniger, aus progressiver Sicht war er ein Reformator. Ohne ihn wäre das Christentum wohl nie entstanden, was wiederum bedeutet, dass alle nachfolgenden Jesus-Darstellungen direkt oder indirekt von ihm beeinflusst waren. Wir wissen nicht, was ohne Paulus aus der kleinen „Sekte" am Rand des römischen Reiches geworden wäre. Die Evanglientexte wurden erst Jahre und Jahrzehnte nach Paulus von unbekannten Autoren geschrieben. Tanach-Vertreter werfen Paulus vor, er sei nur deshalb so erfolgreich gewesen, weil er die jüdischen Lehren verwässert und verfälscht habe, indem er den Menschen sagte, man könne zum Gottesvolk gehören, ohne alle Tanach-Gesetze einzuhalten und ohne sich (als Mann) beschneiden zu lassen. Auf der einen Seite bedeutet diese Kritik, dass die messianische Jesus-Theologie

---

* Der Matthäus-Autor lehnte z. B. die Ansicht des Paulus ab, dass Jesus der Messias für die ganze Welt sei. Bei ihm sagt Jesus: „Ich bin nur gesandt zu den verlorenen Schafen des Hauses Israel" (Mt 15,24), und er verbietet seinen Jüngern, zu nichtjüdischen Völkern zu gehen (Mt 10,5–6): „Geht nicht ab auf den Weg zu den Heidenvölkern und betretet keine Stadt der Samaritaner. Geht vielmehr zu den verlorenen Schafen aus dem Hause Israel."

alte religiöse Dogmen und Absolutheitsansprüche relativierte, auf der anderen Seite führte das daraus entstandene Christentum zu neuen Absolutheitsansprüchen mit den bekannten Folgen ...

Zur Geschichte des Neuen Testaments

Die Zeittafel der hypothetischen Originale besagt, dass die Paulus- und die Apostelbriefe irgendwann zwischen 40 und 60 n. Chr. geschrieben wurden und dass in den folgenden Jahrzehnten die Evangelientexte entstanden. Das älteste Evangelium ist auch das kürzeste, das „Evangelium nach Markus". Ein gebildeter, aber unbekannter Jesus-Anhänger vollendete kurz nach dem verhängnisvollen Jahr 70 seine biographische Schrift über Jesus. Später wurde diese Schrift dem Paulus-Begleiter Markus zugeschrieben. Ebenso unbekannt sind die Verfasser der Evangelien nach Lukas und Matthäus (entstanden rund zehn bis zwanzig Jahre nach dem Evangelium nach Markus) und Johannes (entstanden wahrscheinlich in den Jahren 90 bis 100).

Das Neue Testament ist eine Sammlung von 27 Schriften des Urchristentums. Alle neutestamentlichen Handschriften, auch die ältesten, sind in griechischer Sprache verfasst. Aus der Lebenszeit Jesu existiert keine einzige historische Spur, die ihn erwähnt. Die ältesten Fragmente der Apostelbriefe und der Evangelien stammen aus dem späten 2. und dem 3. Jahrhundert.[232]

Wir besitzen heute rund 5800 altgriechische Fragmente von Kopien (bzw. Kopien von Kopien) des Neuen Testaments, die in den ersten rund 1000 Jahren entstanden. Diese enthalten z. T. markante inhaltliche Abweichungen.[233] Wir wissen nicht, wie zuverlässig die ältesten Fragmente sind, da wir sie nicht mit den Originalmanuskripten vergleichen können. Zwischen der hypothetischen Entstehungszeit der Originale und den ältesten noch vorhandenen – fragmentarischen – Kopien liegen mehr als 100 Jahre. Die folgenden sechs Beispiele zeigen, dass auch nach 100 und mehr Jahren noch Änderungen und „Anpassungen" vorgenommen wurden:

1. Am Schluss des ältesten Evangeliums („Markus") wird beschrieben, wie der auferstandene Jesus den zwölf Aposteln erscheint und ihnen einen dramatisch formulierten Missionsauftrag gibt (Mk 16,9–20), darunter auch diese Sätze: „Wer glaubt und getauft

wird, wird gerettet; wer aber nicht glaubt, wird verdammt werden. Die Gläubigen aber wird man an folgenden Zeichen erkennen: [...] wenn sie Schlangen anfassen oder tödliches Gift trinken, wird es ihnen nicht schaden; und die Kranken, denen sie die Hände auflegen, werden gesund werden."

Hier ist unbestritten, dass diese Sätze in den ältesten und wichtigsten Handschriften fehlen. Sie wurden später hinzugefügt

2. In Lk 22,43-44 wurden folgende Sätze eingefügt: „Es erschien ihm aber ein Engel vom Himmel und stärkte ihn. Und er geriet in Todesangst und betete heftiger. Und sein Schweiß wurde wie Blutstropfen, die auf die Erde fielen." Auch diese Sätze fehlen in den ältesten Kopien.
3. Der bekannte Satz „Vater, vergib ihnen, denn sie wissen nicht, was sie tun" (Lk 23,34a) fehlt in einigen wichtigen Kopien. Einige Kopisten ließen diesen Satz (wieder) weg, weil sie nicht wollten, dass der Eindruck entstehe, Jesus habe den Juden vergeben.
4. Die Geschichte mit der Ehebrecherin und dem bekannten Jesuswort „Wer ohne Sünde ist, werfe den ersten Stein" (Joh 7,53-8,11) fehlt in vielen Kopien und wurden erst später eingefügt.
5. Die Anweisung, dass Frauen bei religiösen Versammlungen schweigen sollen (1 Kor 14,34-35), ist eine spätere Einfügung.
6. Im ersten Johannesbrief, 5,7-8, finden wir heute eine der wichtigsten Bibelstellen über die Dreifaltigkeit. In den ältesten Kopien existieren diese zwei Sätze nicht.

Weil die ältesten Briefe und Dokumente, die wir besitzen, aus dem 2. und 3. Jahrhundert stammen, vertritt eine wachsende Gruppe von radikalen Bibelkritikern („Mythizisten") die Ansicht, dass die Jesusgeschichte ein Mythos sei; Jesus habe nie existiert; er sei eine Erfindung religiös-fanatischer oder machtpolitischer Kreise im 1. und 2. Jahrhundert „nach Christus".[234]

Die vorherrschende Meinung in der Bibelwissenschaft besagt jedoch, dass ein historischer Jesus existierte. Dabei stellt sich die Frage: Was in den Apostelbriefen und Evangelien beruht auf echten Berichten und was sind spätere Hinzufügungen? Einige sagen, die Berichte über Wunder und Heilungen seien mythisch geprägte Fiktionen, mit denen die meisten echten Spuren überschrieben worden seien, so dass man von der historischen Referenzperson fast nichts mehr wisse. Andere gehen davon aus, dass die Wunder und Heilungen tatsächlich geschahen und den Ruhm und die Nachwirkung dieses Mannes begründeten. Vielleicht wurde dabei einiges übertrieben oder hinzugedichtet, aber dies geschah nur, weil der wirkliche Jesus bereits „sehr besonders" und wundertätig war.[235]

Von den oben skizzierten drei Versionen (Jesus ist eine Fiktion; Jesus existierte, aber wir wissen nichts über ihn; Jesus existierte und war wundertätig) halte ich die dritte für die plausibelste, weshalb ich zwischen dem Bibel-Jesus und dem historischen Jesus unterscheide. Wie viel Bösartiges und Grausames im Namen des Bibel-Jesus in den vergangenen zwei Jahrtausenden geschehen ist, ist hinlänglich bekannt – und entspricht bestimmt nicht dem, was der historische Jesus wollte. Gleichzeitig durchstrahlt das wahre Wesen Jesu alle dogmatischen Schichten und institutionellen Vereinnahmungen, so dass viele Menschen durch die Jahrhunderte hindurch aus der Jesus-Quelle, so verschüttet sie auch war, Inspiration, Kraft und Trost schöpfen konnten, und immer wieder geschehen wundersame Hilfen, Bekehrungen, Heilungen usw.[236] Wunder dieser Art sind für die einzelnen Menschen lebensverändernd, aber sie sollten nicht für die Propagierung eigener Absolutheitsansprüche vereinnahmt werden. Persönlich erlebte Wunder und Zeichen sind initiierende Toröffnungen für die eigene spirituelle Entwicklung, die durch viele Stufen, Lektionen, Repetitionen und weiterführende Initiationen läuft. Denn der Horizont des Lebens ist nicht auf ein einziges Erdenleben – und nicht auf ein einziges Buch, eine einzige Religion – beschränkt.

Spurensuche im Neuen Testament

Wenn ich im Folgenden das Neue Testament kritisch untersuche, will ich damit nicht das gesamte Neue Testament für unglaubwürdig erklären. Vielmehr soll unsere Spurensuche helfen, dem historischen Jesus hinter dem Jesus-Bild, das seine späteren Anhänger zeichneten, näherzukommen.

Was den Anspruch betrifft, Jesus sei der Messias gewesen, so lautet die Kritik von jüdischer Seite, dass die Tanach-Prophezeiungen in den Schriften des Neuen Testaments verfälscht wiedergegeben oder aus dem Zusammenhang gerissen wurden. Der Matthäus-Autor beispielsweise führt elf Bezüge zu den Tanach-Prophezeiungen an, um zu zeigen, dass durch Jesus konkrete Messias-Prophezeiungen erfüllt worden seien. Die Tanach-Vertreter können nachweisen, dass kein einziger dieser elf Bezüge haltbar ist; ebenso ist jede der angeblich durch Jesus erfüllten Prophezeiungen widerlegbar oder zumindest nicht eindeutig. Damals wie heute reagieren viele Jesus-Anhänger mit dem polemischen Vorwurf, die „Schriftgelehrten und Pharisäer" und allgemein „die Juden" seien nicht in der Lage, die prophetischen Hinweise auf Jesus zu erkennen, weil ihre Herzen „verstockt" seien (z. B. Brief an die Hebräer 3,7 - 19), ja sogar, weil ihr Gott „der Teufel" und „der Vater der Lüge" sei (Joh 8,44). Auch hier zeigt sich, was Fundamentalismus in den Köpfen und Herzen der Menschen anrichten kann ...

Die Jesus-Anhänger erkannten offensichtlich die Besonderheit Jesu, aber sie schossen in ihrem Fanatismus über das Ziel hinaus, indem sie unbedingt wollten, dass er der Messias war. Jesus warnte explizit und eindringlich, dass „viele" in seinem Namen kommen werden – *viele,* und nicht nur einige Sekten und Einzelpersonen. Es ist also durchaus in Jesu Sinn, wenn wir die falschen Messiasbezüge im Neuen Testament entdecken und als solche erkennen.

Es würde den Rahmen des Kapitels und des Buches sprengen, wenn ich jeden der umstrittenen bzw. falschen Messiasbezüge im Neuen Testament auflisten und erläutern würde. Die folgenden acht Beispiele mögen zur Illustration des Problems genügen.

Beispiel 1: Der falsche Messias-Bezug auf Bethlehem

Das älteste Evangelium („nach Markus") sagt nichts über die Geburt und Kindheit Jesu. Es beginnt direkt mit Johannes dem Täufer und der Taufe Jesu im Jordan. Als eine Gruppe von Anhängern jedoch begann, Jesus als einzigen „Gottessohn" darzustellen, entstand die Notwendigkeit, die Geburt Jesu zu verklären. Die Verfasser der beiden Texte, die später als Matthäus- und Lukas-Evangelium bezeichnet wurden, beschrieben deshalb auch Jesu Geburt, aber mit zwei völlig verschiedenen Geschichten. Der Matthäus-Autor verband mit seiner Geschichte fünf angebliche Tanach-Prophezeiungen: Geburt durch eine übernatürliche Empfängnis (1,23); der Messias werde in Bethlehem geboren (2,5f.); er werde aus Ägypten nach Israel gerufen (2,15), er werde als Kind von Mördern verfolgt werden (2,18); er werde „Nazarener" genannt werden (2,23).

Beim Matthäus-Autor leben Maria und Joseph in einem Haus in Bethlehem, und Jesus wird in diesem Haus geboren. Einige Tage nach Jesu Geburt kommen drei Sterndeuter aus dem Osten nach Jerusalem, um „das neugeborene Kind, den kommenden König der Juden", zu besuchen. König Herodes (Herodes der Große) gerät in Aufregung, weil er in diesem Kind einen Konkurrenten für seine Dynastie sieht. Deshalb will er wissen, wo der Messias (grch. *christos*) gemäß der Prophezeiung geboren werden soll. (Alle Evangelien wurden auf Griechisch geschrieben; siehe S. 285.)

> Er [Herodes] versammelte alle Hohen Priester und Schriftgelehrten des Volkes und fragte sie, wo der verheißene König *(ho christos)* geboren werden solle. Sie antworteten: „Zu Bethlehem in Juda. Denn so hat der Prophet geschrieben: Und du, o Bethlehem im Lande Juda, bist keineswegs die geringste unter den führenden Städten *(hegemósin)* Judas, denn aus dir wird ein Anführer *(hegoúmenos)* hervorgehen, der mein Volk Israel hüten soll." (Mt 2,4-6)

Die vom Matthäus-Autor zitierte Textstelle wurde dem kurzen Prophetentext des Micha bzw. Michaja entnommen. Dieses aus dem Zusammenhang gerissene Zitat (Mi 5,1) führte im Christentum zum Glauben, der Messias müsse in Bethlehem geboren werden.

> „Doch du, Bethlehem-Ephrata, das du so klein bist neben den Städten in Juda (wörtl.: das zu klein ist, um zu den Tausendschaften von Juda zu gehören), aus dir wird derjenige kommen, der künftig Israel führen wird. Sein Ursprung geht zurück bis in die frühen Zeiten [deines Volkes], bis in die ferne Vergangenheit." (Mi 5,1)

Micha lebte während der Zeit der Assyrerkriegszüge und war ein Zeitgenosse Jesajas. In den oben zitierten Verszeilen verband er zwei Stellen aus den Samuel-Büchern über die Geburt und die Berufung von König David, um sie auf den aktuell verheißenen König bzw. bereits amtierenden König zu beziehen. Gemeint ist König Hiskija. Die erste Stelle ist 1 Sam 17,12-14, die den Vater von König David erwähnt: David war der jüngste von acht Söhnen eines Mannes namens Isai aus Bethlehem in Juda. Ephrata („die Fruchtreiche") war der alte Name von Bethlehem, der im Tanach bereits im 1. Buch Mose erwähnt wird, denn in der Nähe von Ephrata starb Jakobs Frau Rahel bei der Geburt Benjamins

(Gen 35,16 – 20 und 48,7). Deshalb fügte Micha hinzu, dass der Ursprung des aktuellen Königs „bis in die ferne Vergangenheit" zurückgeht, nämlich bis zu David und dessen Vater Isai und weiter zurück bis zu Jakob (und Isaak und Abraham).

Die zweite Stelle steht in 2 Sam 5,2: „Und der Herr hat zu dir [David] gesagt: ‚Du bist derjenige, der künftig mein Volk Israel führen und schützen wird. Dich habe ich dazu bestimmt.'" Micha lebte rund dreihundert Jahre nach König David und zitierte diese Stelle, um König Hiskija zu unterstützen, indem er dessen Geburt in der Linie Davids verherrlichte und einen großen Erfolg visualisierte (Mi 5,3): „Im Auftrag des höchsten Herrn und mit der Kraft, die der Herr ihm gibt, wird er die Israeliten schützen und führen. Sie werden in Sicherheit leben, weil alle Völker der Erde seine Macht anerkennen (wörtl.: denn er wird groß sein bis an die Enden der Erde)."

Ab den folgenden Jahrhunderten wurde Mi 5,1 messianisch auf die Zukunft bezogen. Wie die Tanach-Vertreter betonen, besagt diese Stelle aber nicht, dass der künftige Messias in Bethlehem geboren wird, sondern nur, dass er von David abstammen werde, *dessen Vater aus Bethlehem stammte.* Hier schuf der Matthäus-Autor eine unnötige Komplikation, indem er meinte, es sei erforderlich, dass Jesus als Messias in Bethlehem geboren wurde. Er schrieb deshalb eine entsprechende Geschichte, was aber nicht so einfach war, weil Jesus gemäß der bekannten (oder verkündeten) Biographie aus Nazareth in Galiläa, also aus dem ehemaligen Nordreich, stammte – und Bethlehem lag südlich von Jerusalem, im Gebiet des ehemaligen Südreichs.

Beispiel 2: Der falsche Ägypten-Bezug

Der Verfasser des Matthäus-Evangeliums versuchte, mit der Geburtsgeschichte Jesu möglichst viele Prophezeiungen zu erfüllen. Er lässt deshalb die Familie Jesu nach Ägypten fliehen, von wo sie nach dem Tod des Herodes wieder zurückkehrten. Und er schreibt (Mt 2,15): „So traf ein, was Gott durch den Propheten vorausgesagt hatte: ‚Aus Ägypten habe ich meinen Sohn gerufen.'" Dies bezieht sich auf Hosea 11,1: „Der Herr sagt: ‚Als Israel noch jung war, gewann ich es lieb, und aus Ägypten habe ich meinen Sohn gerufen.'"

Das Volk Israel wird in den Tanach-Schriften oft personifiziert „mein Sohn" genannt, so z. B. in Exodus 4,22f.: „Dann sag zum Pharao:

‚So spricht der HERR: Israel ist mein erstgeborener Sohn, und ich befehle dir: Lass meinen Sohn ziehen, damit er mir dienen kann. Wenn du dich weigerst, ihn ziehen zu lassen, siehe, dann werde ich deinen erstgeborenen Sohn töten.‘“ Die Textstelle Hosea 11,1 ist keine Prophezeiung, sondern eine Erinnerung an den Auszug des Volkes Israel aus Ägypten. Die in Mt 2,15 zitierte Textstelle ist völlig aus dem Zusammenhang gerissen. So wie der Bethlehem-Bezug unnötig war, so war auch dieser Ägypten-Bezug unnötig und dazu auch noch falsch.

Beispiel 3: Der falsche Kindermord-Bezug

Der Matthäus-Autor wollte den Satz, dass der Sohn aus Ägypten gerufen wurde, prophetisch auf Jesus beziehen, weshalb er einen Grund finden musste, warum die Jesusfamilie nach Ägypten ging, um dann von dort wieder gerufen zu werden. Dazu erzählte er folgende Geschichte: Drei Weise (grch. *mágoi*) des Ostens sahen den Stern des Messias und folgten ihm bis nach Jerusalem, wo sie den Wunsch äußerten, „das neugeborene Kind, den kommenden König der Juden“, zu besuchen. Aufgrund einer – nicht existierenden – Prophezeiung schickte König Herodes sie dann nach Bethlehem, weil er durch sie erfahren wollte, um welches Kind es sich handelt. Da sie nicht wussten, wo Bethlehem liegt, folgten sie wiederum dem Stern, der sie dann direkt zum Haus von Maria und Josef führte: „Der Stern, den sie schon beim Aufgehen gesehen hatten, ging ihnen voraus. Genau über der Stelle, wo das Kind war, blieb er stehen.“ Strahlte der Stern wie ein Laser-Pointer?

Nach ihrem Besuch beim Jesuskind bekamen die Sterndeuter in einem Traum von Gott den Befehl, nicht wieder zu Herodes zu gehen, sondern auf einem anderen Weg in ihr Land zurückzukehren. Und auch Josef hatte einen Traum: er solle sogleich abreisen und mit seiner Familie nach Ägypten fliehen. Als der wartende Herodes erkannte, dass die Sterndeuter seinen Wunsch missachtet hatten, wurde er zornig (Mt 2,16): „Er befahl, in Bethlehem und Umgebung alle Knaben bis zum Alter von zwei Jahren zu töten.“ Der Matthäus-Autor berief sich dabei auf eine Textstelle im Buch Jeremia (31,15) und zitierte richtig (Mt 2,18): „In Rama hört man Klagerufe und bitteres Weinen: Rahel weint um ihre Kinder und will sich nicht trösten lassen; man hat sie ihr alle weggenommen.“ Aber auch dieser Satz ist völlig aus dem Zusammenhang gerissen und passt nicht zum fiktiven Kindermord, denn Rahels Kinder waren nicht tot, sie waren verschleppt worden, und gleich im folgenden Vers (Jer 31,16) wird gesagt, dass sie aus dem Land der Feinde wieder heimkehren werden!

Hätte der jüdische Vasallenkönig Herodes im Interesse seiner eigenen Dynastie einen solchen Kindermord befohlen, hätte die römische Besatzungsmacht diesen Machtmissbrauch nicht ohne Folgen gelassen. Aber es existieren keinerlei historische Spuren. Zudem ist die ganze Geschichte unglaubwürdig. Die Tanach-Vertreter weisen darauf hin, dass der Matthäus-Autor in seinem Text immer wieder Stellen einbaute, um die Juden möglichst schlecht darzustellen, so auch gleich am Anfang: sogar die Heiden („Magier" aus dem Morgenland) hätten den Messias erkannt, nur die Juden nicht, ja noch schlimmer, der Jude Herodes habe versucht, den christlichen Messias zu töten.

Beispiel 4: Die nicht-existente Nazarener-Prophezeiung

Gemäß Matthäus-Autor lebten Maria und Josef in Bethlehem und mussten nach Jesu Geburt wegen der Bedrohung durch König Herodes nach Ägypten fliehen. Nach Herodes' Tod kehrten sie jedoch nicht in ihre Heimat Judäa zurück, weil Josef sich vor dem neuen Herrscher, dem Herodes-Sohn Archelaus, fürchtete. In einem Traum bekam er die Weisung, in den Norden nach Galiläa zu ziehen. „Dort ließ er sich in der Stadt Nazareth nieder. So erfüllte sich, was von den Propheten gesprochen worden war: Er wird Nazarener genannt werden." (Mt 2,23) Eine solche Prophezeiung existiert jedoch nirgendwo im Tanach! Nicht einmal der Ort wird erwähnt, weder im Tanach noch im Talmud.

Im griechischen Text der Evangelien erscheint die Bezeichnung *Nazarēnos* sechs Mal und *Nazōraios* dreizehn Mal, zwei Schreibweisen mit derselben Bedeutung: „aus Nazareth stammend". Dieser Ort wird mehrfach als Jesu Herkunftsort bezeichnet (Mt 2,23; 4,13; 13,54; Mk 6,1; Lk 1,26; 2,39; 4,16), und ein anfänglich skeptischer Mann spottete: „Kann denn aus Nazareth etwas Gutes kommen?" (Joh 1,14)

Seine Herkunft wurde auch bei der Beschreibung des Palmsonntags genannt: „Als er in Jerusalem einzog, kam die ganze Stadt in Bewegung und fragte: ‚Wer ist das?' Die Menge, die ihn begleitete, rief: ‚Das ist der Prophet Jesus aus Nazareth in Galiläa!'" (Mt 21,11)

Warum war der vorher nirgendwo genannte Ort für die Jesus-Anhänger derart bedeutungsvoll? Wahrscheinlich deshalb, weil sie im

Namen Nazareth einen Bezug zur bekannten Jesaja-Prophezeiung 11,1 sahen: „Und ein Spross wird hervorgehen aus dem Baumstumpf des Isai, und ein Schössling aus seinen Wurzeln wird Früchte tragen." Das Wort „Schössling" lautet auf Hebräisch *na'tsar.* Vielleicht war auch hier der prophetische Bezug wichtiger als der historische. Nazareth war zu Jesu Zeit nur ein kleines Dorf.[237] Dennoch bezeichnen die Autoren der Evangelien Nazareth mehrfach als Stadt und sagen, dort habe es sogar eine Synagoge gegeben (Mt 13,54; Mk 6,1 f; Lk, 4,16).

Nach dem Matthäus- wollte auch der Lukas-Autor eine Nazareth-Bethlehem-Verbindung aufzeigen, aber bei ihm stellt sie sich ganz anders dar, woraus wir schließen können, dass er die Mängel der ersten Bethlehem-Geschichte erkannte. Er verzichtete auf falsche prophetische Bezüge und schrieb die heute berühmte „Weihnachtsgeschichte" (Geburt im Stall, Jesus in der Krippe, Engel bei den Hirten). Beim Matthäus-Autor hieß es, dass Josef und Maria in Bethlehem wohnten und erst später, nach der Rückkehr aus Ägypten, nach Nazareth zogen. Beim Lukas-Autor wohnte Josef von Anfang an in Nazareth, ebenso seine Verlobte. „Zu jener Zeit ordnete Kaiser Augustus an, dass alle Bewohner des römischen Reiches in Steuerlisten erfasst werden sollen. Als diese erste Gesamtzählung stattfand, war Quirinus Statthalter der Provinz Syrien. So zog jeder in die Heimat seiner Vorfahren, um sich dort eintragen zu lassen." (Lk 2,1-3)

Was der Lukas-Autor hier sagt, wird historisch angezweifelt. Eine Volkszählung fand am Wohnort statt, denn es ging um die Berechnung der Steuerabgaben. Der Messias musste jedoch – gemäß „Matthäus" – im David-Ort Bethlehem geboren werden, weshalb der Lukas-Autor sagte, jeder sei für die Registration in die Heimat seiner Vorfahren gezogen (welch Völkerwanderung!). Damit konnte ein Grund angegeben werden, warum Josef nach Bethlehem reiste, denn er gehörte zum Haus David. Erstaunlicherweise nahm er auch seine hochschwangere Verlobte mit und setzte sie damit großen Strapazen und Gefahren aus. Immerhin war es eine Wanderung von rund 150 km mitsamt Umwegen, um feindlichen Gebieten auszuweichen.

Beim Lukas-Autor wird das Kind in einem Stall in Bethlehem geboren („weil in der Herberge kein Raum für sie war", Lk 2,7), und die Familie bleibt unbehelligt: keine Bedrohung durch Herodes, keine Flucht nach Ägypten. Vierzig Tage nach der Geburt bringen sie den jungen Jesus zur Gottesweihe in den Tempel von Jerusalem. Wo hatten sie in dieser Zeit gelebt? Vierzig Tage im Stall? Der Lukas-Autor hält sich nicht mit solchen Details auf. Nach dem Besuch des Tempels kehrt die junge Familie nach Galiläa zurück.

Beispiel 5: Prophezeite Jesaja eine übernatürliche Empfängnis?

Die Tanach-Vertreter betonen, dass der Maschiach ein Mensch mit normalen menschlichen Eltern ist; es stehe nirgendwo, dass er von einer Jungfrau geboren werde, und mehr noch: die Behauptung, Jesus sei durch eine übernatürliche Empfängnis geboren worden, disqualifiziere ihn als Messias, denn dieser werde der Sohn eines physischen Vaters in der Linie Davids sein.

Die ältesten schriftlichen Dokumente des Urchristentums folgten immer noch dieser urjüdischen Auffassung. Paulus schreibt rund fünfzig Jahre nach Jesu Geburt im Brief an die Römer (1,3f.): „Er ist dem Fleische nach (seiner irdischen Herkunft nach) ein Nachkomme König Davids. Dem Geist der Heiligkeit nach ist er der Sohn Gottes; in diese Machtstellung hat Gott ihn eingesetzt, indem er ihn als Ersten von den Toten auferstehen ließ."

Als Paulus dies schrieb, existierten noch keine Evangelien. Etwa zwanzig Jahre nach dem Entstehen des Römerbriefes verfasste jemand auf Griechisch die erste kurze Jesus-Biographie („Evangelium nach Markus"), und dieser Verfasser vertrat bezüglich Jesu Abstammung dieselbe Ansicht wie Paulus, weshalb er nichts über Jesu Geburt und Kindheit schrieb.

Während dieser Zeit entwickelten jedoch andere Jesus-Anhänger die Ansicht, dass Jesus der Sohn Gottes und damit „Gott selbst" ist (als Aspekt der Dreifaltigkeit), und dieser Gottmensch konnte nur durch eine übernatürliche Zeugung entstanden sein. Damit trennten sich diese Christen endgültig von der Tradition der jüdischen Theologie. Für die Juden ist die Theorie der Dreifaltigkeit und der Gottessohnschaft Jesu bis zum heutigen Tag *idolatry*, „Götzenverehrung" bzw. Personenkult, weil ein Mensch als Gott hingestellt wird.

Die Darstellung, dass Jesus durch den Geist Gottes empfangen wurde, stellte ihn in die Linie jener „heidnischen" Heroen, die von einem Gott gezeugt wurden. Die frühchristlichen Autoren übernahmen dieses hellenistische Element und übersetzten es in eine monotheistische Version, obwohl die jüdischen Schriften keine solchen Elemente enthielten und diese ausdrücklich ablehnten. Dennoch meinte der Verfasser des Matthäus-Evangeliums, an einer einzigen Stelle des Tanach fündig geworden zu sein, nämlich in Jesaja 7,14.

Weil die erste Biographie Jesu nichts über dessen Herkunft sagte, wollte der Matthäus-Autor diese Lücke füllen. Wenn Jesus ein Teil der Dreifaltigkeit Gottes ist, musste er auch physisch der „Sohn Gottes" sein, und der Matthäus-Autor zitiert Jesaja 7,14 als (angebliche) Referenzstelle dafür, dass auch die altjüdischen Schriften eine übernatürliche Empfängnis des Messias voraussagten.

> Im Traum erschien Josef ein Engel des Herrn und sprach zu ihm: „Josef, du Nachkomme Davids, scheue dich nicht, Maria zu dir zu nehmen. Denn das Kind, das sie erwartet, kommt vom Geist Gottes. Sie wird einen Sohn gebären, und ihm sollst du den Namen Jesus geben, denn er wird sein Volk von aller Schuld befreien." Dies alles geschah, damit in Erfüllung ging, was Gott der HERR durch den Propheten [Jesaja] vorausgesagt hatte: „Siehe, die Jungfrau wird schwanger werden und einen Sohn gebären, und sie werden ihn Immanuel nennen", was übersetzt bedeutet: „Gott steht uns bei" (oder: „Gott mit uns"). (Mt 1,20-23)

Auch diese Immanuel-Stelle ist völlig aus dem Zusammenhang gerissen. Die historische Situation ist folgende: Der König des Nordreiches (Israel) hat sich mit dem König von Syrien verbündet, um das Südreich (Juda) anzugreifen. Der Prophet Jesaja wendet sich an König Ahas von Juda und sagt, dass die Angreifer nicht erfolgreich sein werden. Und hier folgen die Worte, aus denen der Matthäus-Autor achthundert Jahre später eine angebliche Messiasgeburt-Prophezeiung herauspflückt:

> „Darum wird der HERR selbst euch ein Zeichen geben: Siehe, die junge Frau hat empfangen, sie gebiert einen Sohn und wird ihm den Namen Immanuel geben. Butter und Honig wird er essen, bis er alt genug ist, um das Böse zu verwerfen und das Gute zu wählen. Denn noch bevor der Knabe versteht, das Böse zu verwerfen und das Gute zu wählen, wird das Land beider Könige, vor denen du jetzt Angst hast, verwüstet sein. Aber der HERR wird über dich, über dein Volk und über deines Vaters Haus eine Unglückszeit kommen lassen, wie man sie seit der Zeit, da Ephraim [das Nordreich] sich von Juda trennte, nicht erlebt hat. Dies [diese Unglückszeit] wird durch den König von Assyrien kommen." (Jes 7,14-17)

Jesaja spricht über eine junge Frau, die bereits schwanger ist, und das Wunderzeichen besteht darin, dass die feindlichen Könige besiegt sein werden, noch bevor der Knabe herangewachsen ist (Jes 7,15), ja sogar bevor er sprechen wird (Jes 8,4). Der Name Immanuel war einfach ein weiterer Aspekt der Prophezeiung für König Ahas, nämlich dass „Gott mit uns" ist, und bedeutete in keiner Weise, dass das Kind ein Gottessohn sein wird. Aus dem Zusammenhang der Jesaja-Kapitel 7 und 8 geht hervor, dass die genannte junge Frau Jesajas Gattin war, und Jesajas Kinder werden in dieser Prophezeiung explizit als „Zeichen" Gottes bezeichnet (Jes 8,18).[238]

Die im Jesaja-Kapitel 7 angekündigte Geburt war eine kurzfristige Prophezeiung. Es war aber nicht dieser Sohn, der den notwendigen militärischen Schutz bringen wird. Seine Geburt und frühe Kindheit gaben nur den zeitlichen Rahmen, denn König Ahas war in Gefahr und brauchte baldige Hilfe. Diese Hilfe kam dann auch in Gestalt von Ahas' Sohn, König Hiskija. Über ihn heißt es im anschließenden Kapitel:

> „Alle Stiefel, mit denen sie dröhnend marschierten, und ihre Mäntel – alle mit Blut vollgesogen – werden ins Feuer geworfen und verbrannt. Denn ein Kind ist uns geboren, ein Sohn uns gegeben, und die Herrschaft ruht auf seinen Schultern, und man nennt ihn: wunderbarer Ratgeber, starker Gott (Held), immerwährender Vater, Fürst des Friedens. Groß wird seine Herrschaft sein, und dauerhafter Friede wird ausgehen vom Thron Davids über sein Königreich, um es durch Recht und Gerechtigkeit zu festigen und zu stützen von nun an bis in Ewigkeit. Der HERR der Heerscharen [Gott] hat dies beschlossen und wird dies geschehen lassen." (Jes 9,4–6)

Was Jesaja hier schrieb, war eine poetische Verherrlichung von König Hiskija, dem es gelungen war, Jerusalem gegen die Assyrer zu verteidigen. Als kein dauerhafter Friede einkehrte, wurden diese Worte in die Zukunft projiziert, verbunden mit der Hoffnung, dass die poetische Verherrlichung irgendwann durch einen König auch wörtlich erfüllt werde.

Der Matthäus-Autor schreibt in seinem Zitat: „Die Jungfrau wird schwanger werden", während bei Jesaja die junge Frau bereits schwanger ist. In Jesaja 7,14 geht es nicht um eine wundersame Empfängnis, sondern um den erhofften Schutz vor den Angreifern aus dem Norden. Deshalb ist auch der Streit um das von Jesaja verwendete Wort *alma,* das der Matthäus-Autor als „Jungfrau" übersetzt, hinfällig. Das Wort *alma* kommt in den Tanach-Schriften mehrfach vor, und auch in christlichen Bibeln wird es sonst immer mit „junge Frau" oder – in der männlichen Form, *alem* – als „junger Mann" übersetzt. Hätte Jesaja den Status „Jungfrau" betonen wollen, hätte er das entsprechende hebräische Wort *bethūla* verwendet. Christliche Apologeten berufen sich an dieser Stelle oft auf die alte Griechischübersetzung der hebräischen Schriften, genannt *Septuaginta,* „Übersetzung durch die Siebzig [siebzig Rabbis, die vom Hebräischen ins Griechische übersetzten]", die ursprünglich zwischen 250 bis 150 v. Chr. entstand. Die Apologeten sagen, in dieser alten Übersetzung stehe bei Jes 7,14 *parthenos* („Jungfrau"). Fakt jedoch ist, dass die ältesten Septuaginta-Manuskripte, die wir heute noch haben, aus dem 3. Jahrhundert *nach* Christus stammen. Wir wissen nicht, was in den alten, vorchristlichen Versionen stand. Wahrscheinlich stand im Griechischen damals für *alma* einfach *gune* („junge Frau"), und christliche Kopisten ersetzten später bei Jes 7,14 das Wort *gune* mit *parthenos,* damit die Formulierung mit der Version im Matthäus-Evangelium übereinstimmte.[239]

Warum wusste die Mutter nichts von der göttlichen Empfängnis?
Das Matthäus- und das Lukas-Evangelium entstanden rund zehn bis zwanzig Jahre nach dem Markus-Evangelium. Nachdem Matthäus nur kurz geschrieben hatte, dass Maria ihren Sohn Jesus „durch den Geist Gottes" empfangen hatte, baute der Lukas-Autor diese Schilderung aus und erzählte ausführlich, wie Erzengel Gabriel bei Maria erschien und ihr das göttliche Kind ankündigte.

Als kritischer Leser fragt man sich, zu welchem Zeitpunkt bekannt wurde, dass Jesus durch eine göttliche Vaterschaft gezeugt worden war. Während seiner Lebenszeit war dies offensichtlich kein Thema – und beim Verfasser des Markus-Evangeliums auch noch nicht, denn er beschreibt, wie entsetzt Jesu Mutter und Jesu Brüder waren, als Jesus plötzlich begann, Menschen zu heilen. Das Markus-Evangelium enthält folgende Schilderung, die sehr aufschlussreich und historisch ziemlich sicher authentisch ist:

> In jener Zeit ging Jesus in ein Haus, und wieder kamen so viele Menschen zusammen, dass er und die Jünger nicht einmal mehr zum Essen kamen. Als seine Angehörigen davon hörten, machten sie sich auf den Weg, um ihn mit Gewalt zurückzuholen, denn sie sagten: „Er ist

> verrückt geworden." [...] Und es kamen auch seine Mutter und seine Brüder; sie blieben vor dem Haus stehen und ließen ihn herausrufen. Rings um Jesus saßen die Menschen dicht gedrängt, und man sagte ihm: „Deine Mutter und deine Brüder (in einigen alten Handschriften steht: und deine Brüder und deine Schwestern[!]) stehen draußen und fragen nach dir." (Mk 3,21f. u. 31f.)

Wären die später vom Lukas-Autor geschilderten Geschehnisse um Jesu Geburt historisch, hätte Maria von Anfang an gewusst, wer Jesus ist, und sie hätte nicht gemeint, Jesus sei verrückt, als er dann – endlich, mit 30 Jahren – an die Öffentlichkeit ging und mit seinem wundertätigen Wirken begann. Nach der von Engeln begleiteten Empfängnis und Geburt Jesu hätten die Eltern bestimmt mit Ungeduld sein göttliches Wirken erwartet, denn immerhin sagte Erzengel Gabriel gemäß Lukas-Autor: „Er wird groß sein und ‚Sohn des Höchsten' genannt werden. Gott der Herr wird ihm das Königtum seines Vorfahren David übertragen. Er wird für immer über die Nachkommen Jakobs regieren, und seine Herrschaft wird nie zu Ende gehen." (Lk 1,32f.)

Beispiel 6: Der falsche Psalm-Bezug in Joh 19,36

Im 19. Kapitel des Evangeliums nach Johannes wird gesagt, dass durch die Kreuzigung Jesu gleich zwei Aussagen der alten Propheten erfüllt worden seien:

> 33 Als sie aber zu Jesus kamen und sahen, dass er schon gestorben war, brachen sie ihm die Beine nicht; 34 sondern einer der Soldaten stieß mit einer Lanze in seine Seite. Da kam Blut und Wasser heraus. 35 Und derjenige, der das gesehen hat, hat es bezeugt, und sein Zeugnis ist wahr, und er weiß, dass er die Wahrheit sagt, damit auch ihr glaubt. 36 Denn das ist geschehen, damit die Schrift erfüllt wurde: „Kein Bein wird ihm gebrochen werden." 37 Und ein anderes Schriftwort sagt: „Sie werden auf den blicken, den sie durchbohrt haben."

Der Querverweis in Joh 19,36 bezieht sich auf Psalm 34,21: „Er behütet all seine Glieder, nicht eins von ihnen wird zerbrochen." Im Zusammenhang wird sogleich ersichtlich, dass es sich hier nicht um eine Prophezeiung handelt – und erst recht nicht um die Prophezeiung einer Kreuzigung –, sondern eine allgemeine Aussage, wie Gott (JHWH) all diejenigen beschützt, die sich vom Bösen abwenden und sich für das Gute und die Gerechtigkeit einsetzen:

> 15 Kehrt euch vom Bösen ab und tut das Gute! Müht euch mit ganzer Kraft darum, dass ihr mit allen Menschen in Frieden lebt! 16 Die Augen des HERRN sind den Gerechten zugewandt, seine Ohren ihrem Hilferuf. 17 Das Angesicht des HERRN richtet sich gegen alle, die Böses tun, und er lässt die Erinnerung an sie mit ihnen sterben. 18 Wenn die Gerechten um Hilfe rufen, so hört sie der HERR und errettet sie aus jeder Bedrängnis. 19 Der HERR ist nahe denen, die zerbrochenen Herzens (verzweifelt) sind, und hilft denen, die keinen Mut mehr haben. 20 Der Gerechte muss viel leiden, aber aus alledem befreit ihn der HERR. 21 Er behütet all seine Glieder, nicht eins von ihnen wird zerbrochen. (Oder: Er bewahrt ihn so unversehrt, dass ihm kein Knochen gebrochen wird.) 22 Doch wer Unrecht tut, den bringt sein Unrecht um. Wer den Gerechten hasst, wird es büßen. 23 Der HERR erlöst das Leben seiner Knechte, und alle, die auf ihn vertrauen, werden frei von Schuld. [Mit Vers 23 endet Psalm 34.]

In Joh 19,36 wurde ein einziger Satz aus Psalm 34 herausgegriffen und für die eigene missionarische Zielsetzung vereinnahmt. Dasselbe gilt für das Zitat im folgenden Satz (Joh 19,37), aber dort ist die inhaltliche und polemische Verfälschung noch extremer.

Beispiel 7: Der falsche Sacharja-Bezug in Joh 19,37

Das Zitat in Joh 19,37 („Sie werden auf den blicken, den sie durchbohrt haben") geht auf Sacharja 12,10 zurück: „Sie werden zu mir aufblicken wegen des Mannes, den sie durchbohrt haben." Jesus-Anhänger sagen, mit dieser Aussage habe der jüdische Prophet Sacharja die Kreuzigung Jesu prophezeit – und schon 550 Jahre im Voraus zugegeben, dass „sie" den Messias töten werden: „Sie [die Juden] werden auf den blicken, den sie [die Juden] durchbohrt haben."

Jüdische Tanach-Lehrer sind über diese seit Jahrhunderten existierende (und propagierte) Verfälschung empört.[240] Im Kontext des ganzen Kapitels wird sogleich klar, worauf sich dieser eine Satz bezieht. Kapitel 12 im Buch Sacharja (siehe Kastentext auf S. 302) beschreibt ein Szenario, das auch heute – 2500 Jahre nach Sacharja – immer noch zukünftig ist. Das allein zeigt schon, dass sich der aus dem Zusammenhang gerissene Satz nicht auf Jesus vor zweitausend Jahren beziehen kann. Sacharja formulierte prophetisch, wie in einem Krieg der Endzeit „alle Völker der Erde“ Jerusalem angreifen und dabei in ihre Vernichtung laufen. Ähnliche Szenarien finden wir in Ezechiel, Kap. 38 und 39. Dieser Krieg wird die Völker entweder zur Besinnung und Bekehrung oder zur Vernichtung führen. Im Szenario des großen Angriffs auf Jerusalem geschieht am Schluss des Krieges für Israel trotz des Sieges ein tragisches Ereignis, und in diesem Zusammenhang wird der Satz (12,10) gesprochen, der in Joh 19,37 falsch zitiert wird.

Der zur Diskussion stehende Satz enthält in poetischer Formulierung mehrfach das Pronomen „sie“ mit unterschiedlichen Bezügen: „Sie werden zu mir aufblicken wegen des Mannes, den sie durchbohrt haben. Sie werden um ihn trauern, so wie man um den einzigen Sohn trauert.“ Beschrieben wird ein Krieg, in dem JHWH die Bewohner Jerusalems stark machen wird „wie David“, und die Anführer werden stark sein „wie Engel“, ja ein bestimmter Anführer wird sogar so stark sein „wie der Engel des Herrn“ (12,8). Der Sieg und Triumph wird überschattet durch den Tod eines besonderen Mannes, der von den Feinden mit einem Pfeil getroffen wird. Es ist naheliegend anzunehmen, dass damit der eine besondere Anführer gemeint ist, der stark war „wie der Engel des Herrn“.

Sacharja formuliert in 12,10 das Gotteswort „Sie werden zu mir aufblicken“, und der Johannes-Autor verdreht in 19,37 diese Aussage, indem er sie so zitiert, als ob „zu mir“ sich auf den beziehe, der durchbohrt wurde. Es wird also suggeriert, hier spreche der Durchbohrte! Und weil klar ist, dass in Sach 12,10 Gott spricht, ist Gott der Durchbohrte – womit nur Gott als Gottessohn, also Jesus am Kreuz, gemeint sein könne. Der Verfasser des Johannes-Evangeliums veränderte zur Vermittlung dieses gewünschten Inhalts sogar das Pronomen: „Sie werden auf ihn [statt: auf mich] blicken“, und die Tanach-Vertreter betonen, dass diese Wiedergabe in zwei Punkten falsch ist:

(1) Der Satzteil „den sie durchbohrt haben“ bezieht sich nicht auf den Sprechenden, also nicht auf den, der sagt: „sie werden zu mir [Gott] aufblicken“, denn im hebräischen Original steht: „Sie werden zu mir aufblicken wegen/hinsichtlich desjenigen, den sie durchbohrt haben.“ Derjenige, der durchbohrt wurde, ist nicht der, zu dem „sie“ (die Juden) Trost suchend aufblicken.

(2) Der zweite Fehler ist, dass das zweite „sie" ebenfalls auf die Juden bezogen wird. Das ist von der Grammatik her zwar möglich, widerspricht aber dem inhaltlichen Zusammenhang.

Der Johannes-Autor zitierte nur die erste Hälfte von Sach 12,10 und ließ die zweite Hälfte weg. Die zweite Hälfte von 12,10 zeigt sogleich, dass hier nicht Jesus beschrieben wird: Alle aus dem Haus David und alle von Jerusalem erheben über den Tod dieses besonderen Mannes ein großes Wehklagen. Wer dieser Mann war, lässt sich aus dem anschließenden Vers (12,11) ableiten: „Die Klage Jerusalems um ihn wird so groß sein wie die Klage am Ort Hadad-Rimmon in der Ebene von Megiddo." Dieser Vergleich bezieht sich auf ein Ereignis der Vergangenheit, das die Menschen der damaligen Zeit (um 500 v. Chr.) kannten und das ihnen sehr nahe ging. Gemeint ist König Joschija, der einhundert Jahre zuvor in der Schlacht von Megiddo von den Ägyptern getötet worden war. Im Zweiten Buch der Chronik wird ausführlich darüber berichtet:

> In der Ebene von Megiddo kam es zum Kampf. Dabei wurde er [König Joschija] von ägyptischen Bogenschützen getroffen. [...] Man begrub ihn in den Königsgräbern an der Seite seiner Vorfahren, und ganz Juda und Jerusalem trauerte um ihn. Der Prophet Jeremia dichtete ein Klagelied auf Joschija, und alle Sänger und Sängerinnen besingen ihn in ihren Klageliedern bis zum heutigen Tag. Es wurde dies zu einem festen Brauch in Israel. Sie sind aufgezeichnet im Buch der Klagelieder. (2 Chron 35,22-25)

Aus diesem historischen Querverweis kann abgeleitet werden, dass in der – hypothetischen – endzeitlichen Schlacht ein königlicher Anführer getötet wird. Dieser Tod wird eine große nationale Trauer auslösen und zu einer tiefgehenden Bekehrung führen. Die symbolische Bedeutung all dieser Szenarien besagt: Das messianische Zeitalter kommt erst nach einer Zeit der intensiven Reue und Umkehr (Transformation).

Eine rabbinische Tradition nennt den Mann, der in der Schlacht tödlich verwundet wird, „Maschiach Ben Joseph" (Messias aus dem Haus Joseph), und unterscheidet ihn von „Maschiach Ben David", dem verheißenen Messias aus dem Haus David. Hier muss erneut betont werden, dass der hebräische Begriff *maschiach* vielseitige Bedeutungen hat und nicht mit der Christus-Gottessohn-Interpretation verwech-

1 Prophetische Botschaft, Wort des HERRN über Israel, Ausspruch des HERRN, der den Himmel ausgespannt und die Erde fest verankert hat, der den Lebensgeist im Innern der Menschen geformt hat:
2 „Sehet, die Völker ringsum, die gegen Jerusalem ziehen, werden scheitern. Ich mache Jerusalem für sie zu einer Schale voller Wein (zu einer ‚Taumelschale'); sie werden daraus trinken und zu taumeln beginnen. Auch Juda wird mit betroffen sein, wenn sie Jerusalem belagern. 3 In jener Zeit wird Jerusalem zu einem schweren Stein für alle Völker. Wenn sie ihn anzuheben versuchen, werden sie sich daran die Hände wund reißen. Alle Völker der Erde werden sich gegen Jerusalem zusammentun; 4 aber ich lasse ihre Pferde scheuen und lasse panische Angst über ihre Reiter kommen. Ja, ich werde die Pferde aller Völker blind machen, sodass sie den Weg nicht mehr finden. Ich wache darüber, so dass niemandem in Juda ein Leid geschieht. 5 Die führenden Männer von Juda werden nach Jerusalem blicken und sagen: ‚Die in Jerusalem sind stark, denn sie vertrauen fest auf ihren Gott, den Herrn der Heerscharen!' 6 An jenem Tag mache ich Judas Stammesführer zu Feuertöpfen unter trockenem Holz und zu Fackeln unter Stroh, so dass sie die feindlichen Heere ringsum vernichten werden. Jerusalem aber wird für immer bestehen bleiben, wo es ist."
7 Dann wird der HERR zuerst die Zelte Judas retten, damit der Stolz des Hauses David und der Stolz der Einwohner Jerusalems nicht zu groß wird und sie auf Juda herabsehen. 8 Danach wird der HERR auch Jerusalem seine Hilfe zuwenden und dessen Bewohner stärken. Der Schwächste von ihnen wird so stark sein wie David, und die Nachkommen Davids an ihrer Spitze werden dann so stark sein wie Engel, ja wie der Engel des HERRN.
9 „Zu jener Zeit – sagt der HERR – werde ich alle Völker vernichten, die gegen Jerusalem angerückt sind. 10 Doch über das Haus David und über die Einwohner Jerusalems werde ich einen Geist der Gnade und des Gebets ausgießen. Sie [die Menschen aus dem Haus David und die Einwohner Jerusalems] werden zu mir aufblicken wegen des Mannes, den sie [die Feinde, die Völker der Erde] durchbohrt haben. Sie werden um ihn trauern, so wie man um den einzigen Sohn trauert, sie werden weinen und klagen wie um einen [verstorbenen] Erstgeborenen. 11 Die Klage Jerusalems um ihn wird so groß sein wie einst die Klage am Ort Hadad-Rimmon in der Ebene von Megiddo. 12–14 Alle Sippen im Land werden an dieser Totenklage teilnehmen, jede für sich, Männer und Frauen getrennt: die Sippe David, die Sippe Natan, die Sippe Levi, die Sippe Schimi sowie alle übrigen Sippen im Land."

Sacharja, Kapitel 12: „Das Gottesvolk im Endzeitgeschehen, Jerusalems Rettung und die Klage um den Durchbohrten"[228]

selt werden darf. Christliche Interpreten zitieren oft den Bezug auf „Maschiach Ben Joseph", um zu argumentieren, dass mit dem „Durchbohrten" der Sohn von Maria und Josef gemeint sei. Das 12. Kapitel des Buches Sacharja zeigt jedoch, dass diese Interpretation falsch ist: Der „Durchbohrte" ist ein militärischer Führer, der in einer Schlacht ums Leben kommt (in einem Zukunftsszenario); er wird nicht von den Juden, sondern von den Angreifern „durchbohrt"; sein Tod wird große Trauer auslösen und eine spirituelle Transformation aller Betroffenen bewirken.

Umkehr durch Einsicht oder „Strafe durch Gott"? Bedeuten die prophetischen Szenarien eines endzeitlichen Krieges, dass das Erscheinen des Messias mit einem großen Krieg einhergehen wird oder einhergehen *muss,* weil es so prophezeit wurde? Nein, betonen die Tanach-Lehrer, weil HaSchem („Gott" in der jüdischen Umgangssprache[241]) dem Menschen immer den freien Willen lässt (5 Mose 30,15 - 19). Aus traditionalistisch-jüdischer Sicht ist es Gottes Wille, dass die Juden wieder alle Tanach-Vorschriften strikt befolgen. Rabbi Tovia Singer erklärt, dass Gott Umstände schaffen werde, damit die Juden ihre Abkehr vom Tanach bereuen und sich wieder bekehren werden; die Frage sei nur, ob sie dies freiwillig und aus Liebe zu HaSchem tun werden. Falls ja, würde sich der „prophezeite" endzeitliche Krieg erübrigen, und es würde sich Jesaja 59,20 - 21 erfüllen; in diesem Szenario würde der Messias erscheinen, wie in Daniel 7,13 - 14 beschrieben (als „Menschensohn" aus dem Himmel); als Mensch werde er jedoch ohne Prunk auftreten:

> „Freu dich, Tochter Zion! Juble laut, Tochter Jerusalem! Siehe, euer König kommt: Gerecht und siegreich ist er, aber er kommt demütig. Er reitet auf einem Esel, ein einfacher Esel ist sein Reittier.* Und ich [Gott] entferne die Pferde und Streitwagen aus Jerusalem und aus ganz Israel, auch die Kriegsbogen werden zerbrochen. Und er stiftet Frieden unter den Völkern. Von Meer zu Meer reicht seine Herrschaft, vom Strom [Euphrat] bis an die Enden der Erde." (Sacharja 9,9 - 10)

* Der Matthäus-Autor lässt Jesus diesen Vers zitieren (siehe Mt 21,5) und beschreibt Jesu Einzug in Jerusalem entsprechend. Aber auch diese Worte sind aus dem Zusammenhang gerissen, denn der folgende Vers (Sach 9,10) zeigt, dass die dazugehörige Prophezeiung nicht in Erfüllung ging.

Die andere Variante sei, dass es zuerst den endzeitlichen Krieg und einen großen Schock brauche, bis das Gottesvolk Reue zeige und umkehre, wie [symbolisch] in Sacharja 12 beschrieben; aber wie auch immer der Messias erscheine, er werde von *allen* erkannt und anerkannt werden, niemand werde gegen ihn rebellieren, denn er werde alle Kriege beenden und Frieden bringen, wie z. B. in Jesaja 2, Micha 4 und Sacharja 14 beschrieben.[242]

Beispiel 8: Der leidende Gottesdiener in Jesaja 53

Jesus erfüllte keine der endzeitlichen Messias-Prophezeiungen des Tanach, weshalb die Jesus-Anhänger die Theorie eines Messias, der zweimal erscheint, aufstellen mussten: ein erstes Erscheinen als leidender Messias, der für die Sünden der Welt gestorben sei; das zweite Erscheinen als siegreicher Messias, der – wie im Tanach prophezeit – das Weltgericht bringen und Weltfrieden herstellen werde. Die Prophezeiung eines leidenden Messias, so meinen sie, sei im Buch Jesaja, Kapitel 53, zu finden. Sie sagen, dieses Kapitel zeige, dass der Opfertod Jesu in den altjüdischen Schriften vorausgesagt worden sei. In den USA, aber auch anderswo, sind manchmal evangelikale Jesus-Anhänger zu sehen, die auf der Straße stehen und eine Tafel tragen, auf der geschrieben steht: READ ISAIAH 53! („Lies Jesaja 53!")

Die christliche Lehre von Jesu Opfertod steht und fällt mit diesem Kapitel des „Alten Testaments". Aber wird darin wirklich Jesu Tod am Kreuz prophezeit? Wenn man Jesaja 53 als Ganzes liest, wird sofort deutlich, dass dem nicht so ist.

Die Argumentation mit „Jesaja 53" begann bereits mit den Autoren des Neuen Testaments. Im ersten Petrusbrief (2,22), im Lukas-Evangelium (22,37) und im Johannes-Evangelium (12,38) werden Sätze dieses Jesaja-Kapitels auf Jesus bezogen, und in der Apostelgeschichte (8,28–34) ist zu lesen, dass der Apostel Philippus anhand von Jesaja 53 den Finanzverwalter der äthiopischen Königin bekehrte.

Aus christlich-messianischer Sicht stellen die Leiden Jesu eine einzigartige göttliche Erlösungstat dar, während die Leiden der Juden als Strafe Gottes für dieses Volk hingestellt werden. Deswegen wird Jesaja 53 uminterpretiert und auf das vorgefasste Jesusbild bezogen. Thema von Jesaja 53 ist jedoch das Leiden des Volkes Israel – und nicht ein leidender Messias. Die Theorie eines Messias, der leidet und getötet wird, wurde erst später, rund 800 Jahre nach Jesaja, von den ersten Generationen der Jesus-Anhänger aufgestellt und dann rückwirkend auf dieses eine Kapitel im Buch Jesaja projiziert.

Wie erwähnt (S. 276), besteht der Großteil des Buches Jesaja aus poetischen Versen, die manchmal mehrdeutige Formulierungen enthalten. Das gesamte Kapitel 53 und die dazugehörenden Kapitel (41 bis 52) sind in Versform geschrieben, und das zentrale poetische Element in diesen dreizehn Jesaja-Kapiteln ist der „Knecht; Diener (Gottesdiener)“ als Bezeichnung für das Volk Israel und dessen Personifikation Jakob, denn Jakob* bekam von einer Gotterscheinung den Namen „Israel“ (1 Mose 32,29). Dieser Name wurde dann auf das ganze Volk übertragen, weil dessen zwölf Stämme („die zwölf Stämme Israels“) auf die zwölf Söhne Jakobs zurückgeführt werden.

Weil Kapitel 53 nur im Zusammenhang mit Kapitel 52 verstanden werden kann, zitiere ich im Folgenden zur Illustration beide Kapitel vollständig. Kapitel 53 gehört zum vierten der vier *Lieder vom Gottesknecht,* und in allen vier bezieht sich das Wort „Diener; Knecht“ auf das Volk Israel:

Einleitung zu den vier Liedern: Jes 41
Der gerechte Knecht: Jes 42,1 - 4
Der auserwählte Knecht: Jes 49,1 - 6
Der weise Knecht: Jes 50,4 - 11
Der leidende Knecht: Jes 52,13 - 53,12

Die rabbinischen Lehren betonen, dass mit der Bezeichnung „Knecht“ (Knecht Gottes) im endzeitlichen Zusammenhang nicht das gesamte Volk gemeint ist, sondern nur „der gerechte Rest Israels“, der bis in die Endzeit gottestreu blieb.[243] Die „Übriggebliebenen“ als „Rest des Volkes“ werden z. B. auch im bereits zitierten Jesaja-Kapitel 11 erwähnt. Eine weitere wichtige Stelle findet sind in Jeremia 31,7 - 8:

> Denn so spricht der HERR: „Freut euch über Jakob und jubelt über die Krone der Völker! Verkündet, lobsingt und sagt: ‚Rette, HERR, dein Volk, den Rest Israels!‘ Siehe, ich bringe sie heim aus dem Nordland und sammle sie von den Enden der Erde, unter ihnen Blinde und Lahme,

---

* Der biblische Jakob ist der Sohn Isaaks und der Enkel Abrahams. Oft werden alle drei Namen zusammen genannt, insbesondere in der Formulierung „der Gott Israels“: „der Gott des Abraham, Isaak und Jakob“.

Schwangere und Mütter mit Neugeborenen; als große Gemeinde kehren sie hierher zurück."

In den Kapiteln 41 bis 53 erscheint das hebräische Wort *ebed* („Knecht; Diener") an vierzehn Stellen: 41,8 und 9; 42,1; 42,19; 43,10; 44,1 und 2; 44,21; 45,4; 48,20; 49,3 und 6; 52,13; 53,11. Aus dem Zusammenhang ist leicht zu erkennen, wer mit *ebed* gemeint ist. So steht in Jes 41,8 - 9: „Du aber, Israel, bist mein Knecht, Jakob, den ich erwählt habe, [...]: Mein Knecht bist du, ich habe dich erwählt und nicht verworfen." In Jes 43,10 wird der „Knecht" in der Mehrzahl angesprochen, was einmal mehr zeigt, dass mit „Knecht" keine Einzelperson gemeint ist: „So spricht der HERR, der dich geschaffen und geformt hat, du Nachkommenschaft Jakobs, Israel: [...] Ihr seid meine Zeugen, spricht der HERR, und mein Knecht, den ich erwählt habe, damit ihr erkennt und glaubt [...]." (Jes 43,1 und 10)

Kapitel 52 und 53 beschreiben das hypothetische Szenario eines endzeitlichen Krieges, der mit dem Sieg und der Rehabilitierung des „Gottesknechtes" endet. Die Nationen der Welt erkennen mit Entsetzen und Reue, dass sie das Volk Israel nur aufgrund falscher Anschuldigungen über viele Generationen hinweg unterdrückt und diskriminiert hatten. Die ersten Sätze in Kapitel 53 sind die Worte der Anführer dieser Nationen (Heidenvölker).[244]

Die historische Situation in Kapitel 52 und 53 ist die Zeit nach der Eroberung Israels und Jerusalems durch die Babylonier. Viele der dort Ansässigen waren ermordet oder umgesiedelt und verschleppt worden. Der Verfasser schrieb diese Strophen am Ende des Babylonischen Exils, er erwähnt konkret den bevorstehenden oder bereits laufenden Auszug aus Babylon (52,11 - 12). Thema von Kapitel 53 ist die Vision einer glorreichen Zukunft, nachdem die Nachkommen der Vertriebenen und Verschleppten wieder in das Land ihrer Väter zurückgekehrt sind; bald werde die endgültige Befreiung und Belohnung folgen, und immerwährender Friede werde einkehren.

Lesen wir nun das vollständige Jesaja-Kapitel 52 (Kastentext S. 307). In Vers 14 steht das Wort „Menschenkinder" (wörtlich: „Söhne des Adam") in der Mehrzahl, wodurch auch hier deutlich wird, dass „Knecht" ein Sammelbegriff für viele Menschen ist, so wie „Volk; Gruppe, Nation" usw. Wenn Jesaja in diesem Zukunftsbild vom Sieg und der wiedererlangten Ehre seines Volkes spricht, ist darin auch der siegreiche mes-

Jesaja, Kapitel 52

1 Wach auf, wach auf, Zion, bekleide dich mit deiner Stärke! Schmücke dich
mit herrlicher Pracht, Jerusalem, du heilige Stadt! Denn Unbeschnittene und
Unreine werden dich nicht mehr betreten [und verunstalten, zerstören].
2 Schüttle den Staub ab, erhebe dich und setze dich [auf deinen Thron], Jeru-
salem! Wirf ab die Fesseln von deinem Hals, du Gefangene, Tochter Zion!
3 Denn so spricht der HERR: „Ihr wurdet [als Sklaven] verkauft, ohne dass für
euch ein Preis bezahlt wurde, und so werdet ihr auch befreit (losgekauft) wer-
den ohne Geld."
4 So spricht Gott der HERR: „Am Anfang zog mein Volk hinab nach Ägypten,
um dort als Fremde zu wohnen, und nun hat Assyrien ihnen [den Menschen
meines Volkes] für nichts [ohne Grund, ohne Provokation] Gewalt zugefügt."
5 „Warum soll ich noch warten?" (wörtl. „Was gibt es hier für mich [zu tun, zu
warten, zu gewinnen durch Warten]?"), so lautet der Ausspruch des HERRN.
„Mein Volk wurde weggeführt für nichts. Das Stöhnen [der Unterdrückten]
wird vom Spott der Unterdrücker übertönt, und ständig, Tag für Tag, wird
mein Name geschmäht.
6 Dadurch [durch mein Eingreifen] wird mein Volk erkennen, wer ich bin; sie
werden an jenem Tag erkennen, dass ich es bin, der zu ihnen gesprochen hat."
7 Welch Freude ist es, wenn ein Bote durch das Bergland eilt und gute Nach-
richt bringt, die Botschaft von Frieden und Rettung, wenn er Zion zuruft: „Nun
herrscht dein Gott als König."
8 Horch, deine Wächter erheben die Stimme, sie alle jubeln zusammen. Denn
sie sehen mit eigenen Augen, wie der HERR nach Zion zurückkehrt.
9 Noch liegt Jerusalem in Trümmern. Doch ihr Ruinen, singt und jubelt vor
Freude! Denn der HERR hat sein Volk getröstet und Jerusalem befreit.
10 Der HERR hat seinen heiligen Arm [seine Macht] vor den Augen aller Völker
erhoben, und alle bis zu den Enden der Erde sehen, wie unser Gott uns rettet.
11 Fort, fort! Zieht aus von dort [aus Babylon] und fasst dabei nichts Unreines
an! Geht von dort und haltet euch rein, ihr, die ihr die Gefäße des HERRN tragt!
12 Denn es ist nicht nötig, dass ihr in Eile aufbrecht und in Hast entflieht. Denn
der HERR wird vor euch herziehen, und er, der Gott Israels, wird der Schutz
in eurem Rücken sein.

[„Viertes Lied über den Gottesknecht", Jes 52,13 – 53,12]
13 „Siehe, mein Knecht [Dienervolk] wird mit Einsicht (Erfolg) handeln. Er wird
erhoben und erhöht werden und in erhabener Stellung sein.
14 So wie einst viele entsetzt waren, als sie ihn sahen – entstellt in seiner Er-
scheinung wie sonst noch nie ein Mensch, und entstellt in seiner Gestalt, die
fast nicht mehr als die von Menschenkindern erkannt wurde –,
15 so wird er dann [nach Gottes Eingreifen] viele Völker in Staunen versetzen.
Wegen ihm werden Könige sprachlos sein, denn sie werden etwas sehen,
wovon ihnen nie jemand erzählte, und sie werden Zeuge von etwas, wovon
sie noch nie gehört haben."

sianische König mit inbegriffen, ohne dass er eigens erwähnt wird. Hier muss zwischen dem „Knecht“ und dem Messias unterschieden werden. Der Leidende ist der „Knecht“, das Volk Israel, dessen Geschichte viele Generationen umfasst. Der Messias, der in diesen Kapiteln nur indirekt erwähnt wird, ist ein siegreicher Messias, der vom zeitlichen Ablauf her erst am Schluss der Ereignisse erscheint, um das Leid des Dienervolkes zu beenden und ihm zum Sieg zu verhelfen. Deshalb heißt es am Schluss von Kapitel 52, dass die Nationen und Könige in der Endzeit voller Staunen und Reue erkennen werden, wie sehr sie sich getäuscht hatten.*

Kapitel 53 schließt inhaltlich direkt an den Schluss von Kapitel 52 an und beginnt mit den Worten der besiegten und bekehrten Könige (53,1-8). Einige christliche Interpreten vertreten jedoch die Ansicht, in diesen Versen spreche Jesaja – und das Schuldbekenntnis beziehe sich deshalb auf Jesajas Volk, die Juden, weil Jesus wegen ihrer Sünden gestorben sei: „Wegen der Sünden meines Volkes kamen all die Qualen über ihn“ (53,8); hier habe Jesaja dies bereits 700 Jahre vor Christus zugegeben! Aus ihrer Sicht besagt „Jesaja 53“ folgendes:

> In der Bibel, im Buch Jesaja, Kapitel 53, sagt der Prophet, dass der Messias von seinen eigenen Leuten abgelehnt wird und dass er einen schrecklichen Tod erleiden wird und dass Gott sein Leiden und Sterben als eine Sühne für die Sünden der Menschheit sehen werde. Jesaja lebte und wirkte rund 700 Jahre vor Christus.
>
> Gemäß seiner Prophezeiung in Kapitel 53 werden die Anführer Israels in der Endzeit erkennen, dass sie einen großen Fehler machten, als sie den Messias ablehnten. Jesaja schrieb die Prophezeiung in der Vergangenheitsform, und er verwendete die Mehrzahl („wir“), weil er sich selbst als Teil des Volkes Israel sah.[245]

Diese Umdeutung ist eine Verdrehung des Inhalts, ähnlich wie die falsche Wiedergabe der Aussage von Sacharja 12,10 (S. 299). Was Jesaja meinte, ist im Zusammenhang offensichtlich. Zudem bezog sich auch Prophet Micha auf das von Jesaja visualisierte Szenario: „Vollbringe Wunder wie damals, als du mit deinem Volk aus Ägypten zogst! Die Nationen sollen es sehen und beschämt werden trotz all ihrer Macht.

---

* In diesem Zusammenhang steht auch Jesaja 62,2: „Die Nationen (Heidenvölker) werden deine Gerechtigkeit sehen und alle Könige deine Herrlichkeit. Und du bekommst einen neuen Namen, den der HERR selbst für dich bestimmen wird.“

Sie werden die Hand auf ihren Mund legen, ihre Ohren werden nicht mehr hören [...]“ (Mi 7,15f.). Hier zitierte Micha fast wörtlich aus Jesaja (52,15), wo die Wirkung des plötzlich rehabilitierten Knechtes beschrieben wird: „Er wird viele Völker in Staunen versetzen. Wegen ihm werden Könige sprachlos sein“, wörtlich: „Über ihn werden Könige ihren Mund schließen.“

Die Jesaja-Kapitel 52 und 53 gehören zusammen. Das vierte Lied vom Gottesknecht beginnt bei 52,13 und geht bis zum Schluss von Kapitel 53. Von 52,13 bis 15 wird mit Gottesworten beschrieben, wie die Nationen und deren Könige in der Endzeit zur Einsicht kommen und Reue zeigen. Dann folgen von 53,1 bis 8 die Worte der Könige, durch die der Jesaja-Autor seinem Volk gegenüber zwei Punkte zum Ausdruck bringen wollte: dass es (das Volk, „der Knecht“) so viele Leiden zu ertragen hatte, weil dies eine besondere Prüfung durch Gott war, und dass diese Leiden und Prüfungen als Aufopferung einen höheren Sinn haben, nämlich den, dass dadurch die anderen Völker zu Einsicht und Reue geführt werden. Deshalb ist das Thema des vierten Liedes „der leidende Gottesknecht“.

Jesaja 53

1 „Wer hätte geglaubt, was wir nun hörten? Und wer hätte gedacht, für wen sich der Arm [die Macht] des HERRN nun offenbarte?
2 Er [sein Knecht] wuchs empor wie ein Baumspross, er wuchs wie ein Wurzeltrieb aus trockenem Boden. Er hatte weder Stärke noch Pracht, und als wir ihn [erstmals] sahen, gab es nichts in seiner Erscheinung, was uns beeindruckt hätte.
3 Er wurde verachtet und von den Menschen gemieden, denn er war von Schmerzen und Krankheit gezeichnet, und es war, als ob er sein Gesicht vor uns verbergen wollte. Er wurde verachtet, und wir verabscheuten ihn (wollten nichts mit ihm zu tun haben).
4 Dabei waren es unsere Krankheiten, die er ertrug, und unsere Leiden, die er auf sich nahm [die Krankheiten, die für uns bestimmt waren, und die Leiden, die wir verdient hatten]. Wir aber sagten, er werde [als Strafe] von Plagen getroffen, er werde von Gott (Elohim) geschlagen und in Leiden gestürzt.
5 Aber er wurde verwundet (blutig geschlagen) aufgrund unserer Missetaten, erdrückt durch unsere Ungerechtigkeiten. Er trug die Strafe [die Folgen unserer Ungerechtigkeit], während es uns gut ging, und durch seine Geißelstriemen wurden wir heil [gesund, reich].

6 Wir alle waren wie verirrte Schafe; jeder lief auf eigenen Wegen, und der HERR selbst verursachte, dass die Ungerechtigkeit (Schuld) von uns allen *ihn* traf.
7 Er wurde misshandelt, aber er trug das Leid, ohne ein Wort zu sagen. Wie ein Lamm, das zur Schlachtbank geführt wird, und wie ein Schaf, das stumm ist vor denen, die es scheren, so tat auch er seinen Mund nicht auf (duldete alles schweigend, ohne zu klagen).
8 Durch Gefangennahme und durch (ungerechtes) Gericht wurde er hinweggeführt [in Verbannung und Unterdrückung]. Wer aus dem damaligen Geschlecht [aus den Generationen des Exils] hätte sehen können, was kommen wird? Denn er wurde abgeschnitten vom Land des Lebens.* Wegen der Sünden meines Volkes [Babylon] kamen all die Qualen über sie [die als „Knecht" bezeichneten Menschen aus Israel]."
9 Und sein Friedhof war bei Gottlosen, bei Reichen waren seine Toten, und dies, obwohl er nie Gewalt angewandt hatte und nie täuschende (unwahre) Worte in seinem Mund waren.
10 Doch der HERR wollte ihn mit Leiden und Krankheiten erdrücken (prüfen), denn wenn er sich selbst als Schuldopfer hingibt [die Zeit des Leidens übersteht und dies als Prüfung sehen kann], wird er Kinder (eine große Nachkommenschaft über viele Generationen) haben, und seine Lebenszeit wird lang sein; und was Gott will, wird durch dessen Hand [durch den Knecht als Werkzeug Gottes] erfolgreich ausgeführt.
11 Dies wird geschehen, wenn er das tiefe Ringen durchgestanden hat, und er wird für seine Leiden belohnt werden (wörtlich: Durch die Mühsal seiner Seele wird er dies alles sehen und zufrieden sein). „Durch sein Wissen wird der Gerechte, mein Knecht, vielen zur Gerechtigkeit verhelfen, und was sie verschuldet haben, nimmt er auf sich [er setzt sich ein, um die Missstände, die andere verursacht haben, zu beheben und zum Guten zu wenden].
12 Deshalb gebe ich ihm Anteil bei den Großen, und mit den Mächtigen (Großmächten) wird er die Beute teilen, dafür, dass er den Tod auf sich nahm (wörtl.: dass er seine Seele bis in den Tod ausgeschüttet hat) und unter die Übeltäter gezählt wurde, während er die Sünden vieler Menschen trug und für die Schuldigen Fürbitte tat [während er bereinigte, was andere verschuldet hatten, und für die Übeltäter betete]."

In Vers 53,1 wird mit der Redewendung „Arm Gottes" auf 52,10 Bezug genommen, weil hinter der plötzlichen wundersamen Wende

---

* Die Formulierung „Land des Lebens", *Eretz HaChayim,* ist ähnlich wie *Etz Chayim,* „Baum des Lebens", und meint konkret das Land Israel.

der Machtverhältnisse das machtvolle Wirken Gottes gesehen wird. Kapitel 53 beschreibt, dass das Dienervolk Gottes aufgrund der Ungerechtigkeiten der herrschenden Mächte litt und dass diese Mächte von der Ausbeutung der Unterdrückten profitierten, dies aber durch Lüge und Propaganda vertuschten. Modern ausgedrückt: Die Sieger schrieben die Geschichte. Kapitel 53 gehört zu den messianischen Prophezeiungen, die der Hoffnung Ausdruck verleihen, dass irgendwann durch den Messias Frieden einkehren werde.

In Vers 3 wird auf 49,7 Bezug genommen: „So spricht der HERR, der Retter Israels und sein heiliger Gott, zu seinem Volk, dem von allen Verachteten, dem von den Völkern (Königen) Verabscheuten, dem Knecht der Herrscher." In Jes 53,3 verwenden die vormaligen Unterdrücker in ihrer Reue die gleichen Wörter: „Er wurde verachtet ... Wir verabscheuten ihn ..." Gemeint ist der, der von Gott „mein Knecht" genannt wird. Immer wieder zeigt sich, dass mit dieser poetischen Singularformulierung das Volk Israel gemeint ist – so auch in Vers 5, der in einigen christlichen Übersetzungen wie folgt wiedergegeben wird: „Er wurde für unsere Sünden durchbohrt und getötet für unsere Missetaten", wodurch der Eindruck erweckt werden soll, im Alten Testament sei die Theologie des Sühnetodes Jesu vorweggenommen worden. Tanach-Lehrer weisen darauf hin, dass dies ein klassisches Beispiel für eine falsche Übersetzung ist, denn im Hebräischen steht nicht „*für* unsere Sünden", sondern „*wegen* unserer Sünden"!*

In Vers 4 verraten die Könige, wie sie die Versklavung ihres Nachbarn rechtfertigten: „Wir aber sagten, er werde [als Strafe] von Plagen getroffen, er werde von Gott (Elohim) geschlagen und in Leiden gestürzt." Wenn wir dies in die heutige Zeit übersetzen, landen wir bei den üblichen Geheimlehren der diabolischen Eliten, die ihr Handeln mit einer einseitigen (halbwahren) Karma-Lehre vertreten, nämlich: „Wir können die von uns betroffenen Menschen nur deswegen schlagen und in Leid stürzen, weil es ihr Karma ist. Wäre es nicht ihr Karma, könnten

---

* Die Tanach-Lehrer betonen, dass die Übersetzung „starb *für* unsere Sünden" der zentralen jüdischen Lehre widerspricht, nämlich: Es ist Gott (HaSchem), der verzeiht! Niemand kann die Sünden eines anderen auf sich nehmen, und niemand muss für die Sünden eines anderen sterben. Gott vergibt die Sünden, wenn jemand aufrichtig Reue zeigt und um Vergebung bittet, siehe z. B. 2 Chr 7,14; Jesaja 55,6–7; Jeremiah 36,3; Ezechiel 18 und 33; Hosea 14,2–3; Jona 3,6–10 (das berühmte Beispiel von der Bekehrung Ninives).

wir es nicht tun. Die Tatsache aber, dass wir es tun können, zeigt, dass es ihr Karma ist, denn man erlebt nur das, was man selbst verursacht hat." Gemäß dieser falschen Logik bezeichnete man das (angebliche) schlechte Karma der Opfer früher als „Strafe Gottes", so wie es hier die Könige von Babylon & Co. taten.

In Vers 5 gestehen die Könige, dass das Volk Israel durch sie versklavt wurde und dass sie von diesen Sklaven profitierten, indem sie sich von ihnen bedienen ließen und durch ihre Gratisarbeit reich wurden, während die Sklaven unter Ausbeutung und körperlicher Misshandlung litten. Die Herren ließen ihre Sklaven mit Peitschen antreiben. Wenn die Erwähnung der Geißelstriemen isoliert zitiert wird, könnte man meinen, dies beziehe sich auf die Geißelung Jesu, doch auch hier ist aus dem Kontext klar, dass es sich nicht um eine einzelne Person handelt, sondern um versklavte Menschen, konkret: das Volk Israel während der Zeit unter dem Joch der Assyrer und Babylonier.

Bis zu welchem Vers handelt es sich um Worte der Könige? Die hebräische Bibel setzt keine Anführungs- und Schlusszeichen und lässt diese Frage offen. Die meisten Tanach-Ausgaben setzen das Schlusszeichen am Ende von Vers 8, wo ein König als Stellvertreter aller früheren Unterdrücker abschließend sagt: „Wegen der Sünden meines Volkes kamen all die Qualen über sie." (Ab Vers 9 spricht der Jesaja-Autor wieder selbst und bezeichnet die Babylonier als „die Gottlosen".)

Gerade der letzte Satz von Vers 8 löst große Kontroversen aus, weil viele christliche Interpreten sagen, dieser Satz laute: „Wegen der Sünden meines Volkes kamen all die Qualen über *ihn*", womit Jesus gemeint sei. Die Hebräischexperten erklären jedoch, dass das entscheidende Wort *(lamoh)* ein Pluralwort ist: „über sie". Es kann auch als Singular übersetzt werden: „kamen all die Qualen über ihn/es", aber die Singularübersetzung gilt nur bei Wörtern wie „Verein; Stamm; Volk".

Ein weiteres Beispiel für eine oftmals unterschlagene Pluralformulierung findet sich in 53,9: „Und sein Friedhof war bei Gottlosen, bei Reichen waren seine Toten." Im Original steht „seine Toten", was sowohl Natürlichverstorbene als auch Getötete beinhaltet. Einige christliche Übersetzer schreiben hier: „Und man gab ihm bei Gottlosen sein Grab und bei den Reichen seine Ruhestätte"; oder sogar: „Man begrub ihn bei Gottlosen, im Grab eines reichen Mannes", womit suggeriert wird, dies beziehe sich auf Jesus, der zwischen zwei Verbrechern gekreuzigt und dann im Grab eines reichen Mannes (Joseph von Arimathäa) beigesetzt wurde. Diese Zerteilung der Sätze verfälscht jedoch die Aussage, denn „sein Friedhof war bei Gottlosen, bei Reichen waren seine Toten" ist eine poetische Parallelformulierung, die mit Synonymen zweimal dasselbe sagt, um die Aussage zu betonen.* Mit den „Gottlosen" und „Reichen" waren dieselben gemeint, nämlich die Länder der Sieger, die durch Kriegsbeute reich geworden waren. In diesen Ländern musste der „Knecht", das Volk Israel, während der Verstreuung leben. Und dort – in der Fremde, bei den reichen Gottlosen – mussten sie auch ihre Toten begraben. Gleichzeitig besagt die vieldeutige Formulierung, dass sie in diesen Ländern selbst als Gottlose angesehen wurden und von der dortigen Gesellschaft ausgegrenzt waren.

Im folgenden Satz steht, dass der Knecht „nie Gewalt angewandt hatte" und dass „nie täuschende (unwahre) Worte in seinem Mund waren". Ist damit Jesus gemeint? Denn welcher Mensch, welches Volk ist frei von Sünde? Die Tanach-Lehrer erklären, dass Jesaja hier praktisch die gleichen Worte verwendet wie Zephanja (Zeph 3,13a) in seiner endzeitlichen Beschreibung der „Übriggebliebenen von Israel", und diese sind identisch mit dem „Rest von Israel" (Jes 11,11 und 16) und mit dem „Knecht" in den vier Gottesknechtliedern:

> An jenem Tag brauchst du dich nicht mehr zu schämen wegen all deiner Verfehlungen gegen mich, denn ich werde aus deiner Mitte die hochmütigen Prahler entfernen, und auf meinem heiligen Berg wird es niemanden mehr geben, der überheblich ist./ Und ich lasse in eurer Mitte bescheidene und demütige Menschen, die wahrhaft beim Namen des HERRN Zuflucht suchen./ Und diese Übriggebliebenen von Israel werden kein Unrecht tun und keine Lüge reden, und man wird in ihrem Mund keine täuschenden (unwahren) Worte finden. Sie werden ihre Herden weiden und lagern [in ihren Zelten ruhen], und es gibt niemanden mehr, der ihnen Furcht bereiten würde. (Zephanja 3,11–13)

Durch die Jahrhunderte hindurch wurden viele Juden immer wieder vor die Wahl gestellt, ihrem Glauben abzuschwören oder zu sterben, und viele wählten den Tod, statt ein falsches Gotteszeugnis abzulegen. „Im Mund täuschende (unwahre) Worte" beinhaltet auch das Sprechen eines falschen Zeugnisses, um der Bedrohung durch die Feinde

---

* Bekannt sind vor allem die positiven Parallelformulierungen, wie zum Beispiel: „Du aber, o Israel, bist mein Knecht, o Jakob, den ich erwählt habe" (Jes 41,8); „Freu dich, Tochter Zion! Juble laut, Tochter Jerusalem!" (Sach 9,9)

zu entgehen. Der „Knecht“, der gottestreue Rest Israels, spricht bis zum Schluss nie solch täuschende oder unwahre Worte, weder zum eigenen Vorteil noch zum Selbstschutz. Jesaja erklärt, warum sein Volk so viel Leid erfuhr, nämlich weil Gott es prüfen wollte, um zu sehen, ob es „sich selbst als Schuldopfer hingibt“, d. h. ob es nicht nur dann Gott dient, wenn es angenehm und gefahrlos ist. Nach dem Überstehen der Leiden, so sagte Jesaja, werde „der Knecht“ Kinder und eine lange Lebenszeit bekommen, das heißt, er werde eine große Nachkommenschaft über viele Generationen haben. Die christliche Interpretation sagt, dies beziehe sich auf die geistigen Nachkommen Jesu, aber das hebräische Wort, das hier verwendet wird *(zera)* bezieht sich immer auf physische Nachkommen, wie auch in Genesis 12,7; 15,3; 15,5; 15,13; 46,6 und in Exodus 28,43.

Wenn mit „Knecht“ das Erscheinen Jesu gemeint gewesen wäre, würde auch Vers 11 nicht passen: „Durch sein Wissen wird der Gerechte, mein Knecht, vielen zur Gerechtigkeit verhelfen ...“ Bezeichnenderweise steht hier „durch sein Wissen“ und nicht „durch seinen Opfertod; durch sein Blut“. Wenn es in poetischer Sprache heißt, dass „der Gerechte, mein Knecht“, die Sünden der vielen auf sich nahm, bedeutet dies, dass er unter den Missetaten der vielen litt und diese in Gottestreue ertrug, während er für die Schuldigen Fürbitte tat und am Schluss sogar mithelfen wird, die Misere, die diese verursacht haben, zu bereinigen. In dieser abschließenden Funktion beinhaltet „der Knecht“ auch den Messias, aber dieser erscheint erst am Schluss in der entscheidenden Generation. Er darf nicht mit dem Knecht, der über viele Generationen hindurch litt, gleichgesetzt werden.

Viele christliche Apologeten argumentieren, dass der angesehene jüdische Kommentator Rashi (1040 - 1105) der erste gewesen sei, der den leidenden Knecht in Jesaja 53 mit dem Volk Israel gleichsetzte, doch diese vielbemühte Behauptung ist fehlerhaft und irreführend. Wie es wirklich war, erfahren wir von Origenes, einem führenden und einflussreichen Kirchenvater. Dieser schrieb im Jahr 248 n. Chr. – acht Jahrhunderte vor Rashis Geburt –, der Konsens der Juden seiner Zeit sei, dass Jesaja 53 „sich auf das gesamte Volk beziehe, dargestellt als eine einzige Person und als Einheit in einem Zustand der Verstreuung und des Leidens, damit viele Proselyten [Bekehrte, neue Mitglieder] gewonnen werden können; das sei der Zweck, warum die Juden unter viele heidnische Völker verstreut worden seien“.[246]

Noch ein letztes Beispiel, passend zur Jesaja-53-Diskussion. Am Schluss des Lukas-Evangeliums legt der Autor oder ein späterer Editor dem auferstandenen Jesus folgende Worte in den Mund:

> Dann sagte er zu ihnen: „Das sind meine Worte, die ich zu euch gesprochen habe, als ich noch bei euch war, [nämlich] dass alles, was im Gesetz des Mose, in den Propheten und in den Psalmen über mich geschrieben steht, in Erfüllung gehen muss." Daraufhin öffnete er ihren Sinn für das Verständnis der Schriften und sprach zu ihnen: „So steht es geschrieben, dass der Christus [Messias] leiden und am dritten Tag von den Toten auferstehen wird; und dass in seinem Namen Buße und Vergebung der Sünden verkündigt werden soll unter allen Völkern, beginnend in Jerusalem." (Lk 24,44–47)

Eine solche Prophezeiung findet sich nirgendwo im ganzen Tanach. In dieser erfundenen Prophezeiung spiegelt sich bereits die neu entstandene Theologie der messianischen Jesus-Anhänger der zweiten und dritten Generation, und die Formulierung „öffnete ihren Sinn für das Verständnis der Schriften" enthält eine nicht sehr subtile Polemik gegen alle, die „im Gesetz des Mose, in den Propheten und in den Psalmen" keine Jesus-Bezüge herauslesen können.

Der historische Jesus und historische Parallelen

Das Gesamtbild der überlieferten Texte legt nahe, dass Jesus als historische Person existierte und aus Galiläa stammte. Ob tatsächlich das kleine Dorf Nazareth in Galiläa sein Heimatort war, ist eine andere Frage. Im Tanach wird Nazareth nirgendwo erwähnt und hatte keinerlei prophetische Bedeutung, weshalb bei einer erfundenen Messias-Geschichte wohl kaum dieser Ort als Herkunft gewählt worden wäre. Vielleicht ging es auch nicht um die geographische Information, sondern um den Anklang an die populäre Jesaja-Prophezeiung 11,1 (S. 293), weshalb gerade Nazareth als Herkunftsort genannt wurde.

Eine fiktive Person hätte nie die Wirkung gehabt, die Jesus hatte. Ihm wurde später vieles angedichtet, aber das geschah nur, weil er ein höchst beeindruckender und charismatischer Mensch gewesen war und Wunder vollbrachte, die seinen Ruhm begründeten. Seine Anhänger und die Gläubigen der folgenden Generationen wollten in ihm unbedingt den verheißenen Messias sehen und bezeichneten ihn darüber hinaus als den einzigen Erlöser und Gottessohn, woraus sehr schädliche Exklusivitäts- und Absolutheitsansprüche entstanden. Erstaunlicherweise enthalten die Evangelien Worte Jesu, die genau vor einer solchen Entwicklung warnen:

> „Nicht jeder, der zu mir sagt: ‚Herr! Herr!' wird in das Königreich der Himmel kommen, sondern nur diejenigen, die den Willen meines Vaters im Himmel tun. Viele werden an jenem Tag zu mir sagen: ‚Herr, Herr, sind wir nicht in deinem Namen als Propheten aufgetreten und haben wir nicht in deinem Namen Dämonen ausgetrieben und haben wir nicht in deinem Namen viele Wunder vollbracht?' Und dann werde ich ihnen entgegnen: ‚Ich kenne euch nicht, ihr Übeltäter, weichet von mir!'" (Mt 7,21-23)

Das heißt, es ist möglich, dass Gottgläubige sogar Wunder wie Geistheilungen vollbringen, aber sie bleiben „Übeltäter", wenn sie nicht „den Willen meines Vaters im Himmel tun" – und der Himmel ist größer als jede einzelne Religion und Dogmenstruktur.

Indem die Jesus-Anhänger sich auf die kulturell bedingte Idee des „Messias/Christus" fixierten, verfehlten sie die eigentliche Botschaft und Bedeutung Jesu. Was die ursprüngliche bzw. zeitlose Botschaft Jesu war, ist kein vergessenes oder verlorenes Mysterium, sondern lässt sich sehr wohl im Neuen Testament finden, wenn wir der Maxime „Prüft alles, und das Gute behaltet" folgen, die das Neue Testament selbst gibt:

> „Seid immer in der Freude! Betet immerzu! Sagt in Verbindung mit allem, was geschieht, Dank! [Was auch immer geschieht, fragt euch: Was gibt es in meinem Leben, wofür ich dankbar sein kann?] Denn dies ist der Wille Gottes in Christus Jesus für euch. Löscht nicht das Feuer des Geistes! Verachtet nicht weissagende Offenbarungen [Worte aus dem Geist Gottes]. Prüfet alles, und das Gute behaltet! Von jeder Art des Bösen haltet euch fern!" (1 Thess 5,16-22)

Obwohl es damals noch nicht so gemeint war, können wir diese Worte auch in ihrer universellen Bedeutung lesen: „Verachtet nicht weissagende Offenbarungen!" Begrenzt den Geist Gottes nicht auf eure eigene Religion oder euer eigenes Buch. „Prüfet alles, und das Gute behaltet!" Fragt auch bei eurer eigenen heiligen Schrift: Was sind absolute, zeitlose Wahrheiten? Was sind historisch bedingte, relative Aussagen, die nicht verallgemeinert und schon gar nicht verabsolutiert werden dürfen? Und: „Von jeder Art des Bösen haltet euch fern." Zu „jeder Art des Bösen" gehört auch der sektiererische Geist, der die Menschen im Namen von „Gott", „Jesus" usw. spaltet.

Wenn der historische Jeshua eine derart herausragende Persönlichkeit war, stellt sich die Frage, warum kein einziges zeitgenössisches Dokument ihn erwähnt. Das ist eine berechtigte Frage, und einige Kritiker ziehen daraus den Schluss, dass Jesus nie existiert hat. Es ist aber auch eine andere Erklärung möglich. Dazu möchte ich zwei Beispiele aus der Geschichte des 20. Jahrhunderts anführen, konkret: aus der Zeit direkt nach dem Zweiten Weltkrieg. Man würde meinen, dass die offizielle Geschichtsschreibung nichts übergeht oder unterschlägt, was wirklich wichtig war. Aber was wird als wichtig angesehen? Nur das, was *gemäß der Meinung der Herrschenden* wichtig ist. Alles andere wird ausgeblendet und bekämpft – und dann möglichst totgeschwiegen.

1947 erschien in der Schweiz ein Mann auf öffentlichen Bühnen, der sich mit Floretten und Schwertern durchstechen ließ. Es war kein Trick, wie Ärzte mit Röntgenbildern bestätigten. Die Stiche gingen frontal und quer durch den Oberkörper, aber es floss kein Blut, und die Stiche heilten „auf der Stelle". Der Mann – der Holländer Arnold Henskes (1912 - 1948) mit Künstlernamen Mirin Dajo – erklärte, hier handle es sich um geistig induzierte Phänomene von De- und Rematerialisation. Er wollte mit seinen Demonstrationen die Wissenschaft revolutionieren, um ein weltweites Umdenken auszulösen: weg vom materialistischen Denken und auch weg von allem religiösen Fundamentalismus, denn der damals eben beendete Zweite Weltkrieg hatte gezeigt, wohin die unmenschlichen Irrwege führen können.* Das Phänomen war echt und „unerklärlich", aber die Wissenschaft ignorierte Mirin Dajo. Sogar Albert Einstein lehnte es trotz ausführlicher Dokumentation ab, sich damit zu beschäftigen. Mirin Dajo wurde totgeschwiegen, sogar im wörtlichen Sinn. Er starb 1948 und wurde schnell vergessen und wäre vergessen geblieben, wenn nicht der Schweizer Journalist und Sachbuchautor Luc Bürgin in den 1990er Jahren begonnen hätte, die Biographie dieses Mannes wieder „auszugraben". Es gelang ihm quasi in letzter Minute, die noch verbliebenen Spuren und Dokumente zu sichern, darunter Filmaufnahmen von Mirin Dajos Auftritten im Jahr 1947.[247]

* Arnold Henskes' Cousine war die Widerstandskämpferin Hannie Schaft, die „holländische Sophie Scholl". Sie wurde 1945, 25-jährig, von den Nazis verhaftet, gefoltert und erschossen.

Noch tragischer und fortschrittsfeindlicher war das Verhalten der Schulwissenschaft und Schulmedizin beim Phänomen des deutschen Wunderheilers Bruno Gröning (1906–1959). Hier ging es um die menschliche Gesundheit und um direkte Hilfe für Zehntausende von Menschen, aber die Vertreter des herrschenden Systems unternahmen alles, um diesen Mann zu stoppen. Er hatte bereits seit seiner Kindheit den Menschen geholfen, so auch in Lazaretten des Ersten Weltkriegs. Im Zweiten Weltkrieg geriet er in russische Gefangenschaft. Im Lager half er „Freund und Feind" und wurde zusammen mit seinen Kameraden bereits Ende 1945 freigelassen. Als Heimatvertriebener (er stammte aus Danzig im heutigen Polen) kam er nach Westdeutschland und fing bei Null an. Er wirkte im Stillen, aber im Frühjahr 1949 geriet er wegen einer publik gemachten Wunderheilung in die Schlagzeilen. Dies bewirkte, dass plötzlich Tausende von Hilfesuchenden zu ihm strömten, in Rosenheim bei München bis zu dreißigtausend.* Über die Ereignisse bei Rosenheim kam Ende 1949 ein Dokumentarfilm in die Kinos, und sogar bei den Filmvorführungen geschahen Heilungen. (Der Film wurde im Frühling 1950 auf „Befehl von oben" in aller Stille konfisziert; seither ist er verschwunden und verschollen.)[249]

Die Journalisten der ersten Stunde sprachen von „biblischen Szenen", denn solche Wunder hatte man bisher nur aus dem Neuen Testament gekannt, aber dies waren Berichte ohne Beweise. Man konnte sie glauben oder nicht. Hier jedoch geschah mitten im 20. Jahrhundert plötzlich Gleiches in vielfacher Wiederholung! Und dennoch: Kein Buch über die Geschichte Deutschlands in der Nachkriegszeit erwähnt Bruno Gröning und das Massenphänomen von 1949. Die Ideologen der Schulmedizin, der Kirche usw. starteten sofort eine massive Verleumdungskampagne, und die offizielle Geschichtsschreibung ignorierte

* Hier nur einer von vielen Zeugenberichten, geschrieben von Dr. Kurt Trampler in seinem Buch *Die große Umkehr* (1950): „Grönings Zusammenkunft mit den ungezählten Tausenden von Hilfesuchenden vor dem Traberhof bei Rosenheim war ein Ereignis von dramatischer Wucht: Die Wende der Zeiten, an der wir heute stehen, offenbarte sich mit einer sinnbildlichen Klarheit./ Die Leidenden, Verlassenen, vom Schicksal Geschlagenen, die mit der letzten Hoffnung auf Trost und Heilung zusammengeströmt waren, sie alle waren Ankläger gegen das Zeitalter des Materialismus [...] [Es] wurden geradezu biblische Szenen Wirklichkeit. Kranke richteten sich von Tragbahren auf, Gelähmte warfen ihre Krücken von sich und konnten gehen, ein blindes Kind wurde sehend, Dankesrufe kündeten von immer neuen Heilungen [...]."[248]

ihn. Man wollte einem „zweifelhaften“ Wunderheiler und seiner „Sekte“ weder Aufmerksamkeit noch Plattform schenken. Es gibt keinen Grund anzunehmen, dass die Machthaber vor zweitausend Jahren anders dachten, abgesehen davon, dass damals nur wenig aufgeschrieben wurde und nur wenige Gelehrte schreiben und lesen konnten.

Aus den überlieferten Berichten lässt sich ableiten, dass Jeshua ein phänomenaler Wunderheiler und Gottgesandter war, ein Avatāra, eine Inkarnation – wörtl. „in das Fleisch gegangenes hohes Lichtwesen“ –, vielleicht sogar das inkarnierte höchste Lichtwesen:

> „Im Anfang war das Wort, und das Wort war bei Gott, und Gott war das Wort. [...] Und das Wort ward Fleisch und wohnte unter uns. Wir sahen seine Macht und Hoheit, die göttliche Herrlichkeit des einzig-direkten (‚einzigen‘) Sohnes des Vaters; er war voller Gnade, die wir nicht verdienten, und voll der Wahrheit.“ (Joh 1,1 und 14)

Wer auch immer der historische Jeshua war, seine Anhänger wollten in ihm den Messias sehen, und auch das genügte ihnen noch nicht. So wie unreife und fanatische Guru-Anhänger meinen, ihr Guru sei der einzig wahre und der beste, so trieben die Jesus-Anhänger diesen Fanatismus auf die Spitze: Sie machten aus Jesus den einen und einzigen Erlöser der ganzen Welt und schufen für sich ein Wahrheitsmonopol, indem sie sagten, Jesus sei als Gottessohn auch Gott! So konnten sie „Jesus“ für die eigenen Machtansprüche verwenden: „Es geht nur mit Jesus, und *ich* sage euch, dass ...“ Dadurch entstanden immer wieder Spaltungen und sektiererische Abspaltungen – bis in die heutige Zeit, auch in esoterischen und spirituellen Kreisen.

Fokussierung oder Verabsolutierung? Persönliche Beziehung oder Personenkult? Viele Jesus-Anhänger reagieren mit Empörung und Ablehnung, wenn Jesus als „Guru“ bezeichnet wird. Sie entgegnen, Jesus sei „viel mehr“ gewesen und dürfe mit niemandem verglichen oder gar gleichgesetzt werden. „Guru“ ist aber nicht etwas Geringes. Im Hinduismus ist „Guru“ sogar Teil einiger Bezeichnungen für Gott.

Das vielfältige Sanskritwort *guru* bedeutet „wichtig; bedeutungsschwer; verehrungswürdig“, und ist allgemein der Begriff für Lehrer (weibl. Form: *gurvī*). Die Dualform *gurau* bezieht sich auf „Vater und Mutter; Eltern“. Im spirituell-religiösen Zusammenhang ist Guru eine Bezeichnung für einen Lebens- und Weisheitslehrer, der durch eigene Meisterschaft ein Vorbild ist. (Wie im Berufsleben, so durchlaufen wir auch im spirituellen Leben „Meisterprüfungen".) Guru hat also ein breites Bedeutungsspektrum: vom fachspezifischen Lehrer über einen „spirituellen Meister" bis zu einer messias- oder avatāraähnlichen Persönlichkeit. In der heiligen wie heiklen Beziehung zwischen Guru-Vorbild und Schüler/Schülerin ist die Unterscheidung von *Fokussierung* und *Verabsolutierung* entscheidend. Wirkliche Schulung mitsamt persönlicher Erfahrung und höherer Offenbarung geschieht durch Verbindlichkeit und Fokussierung. Das ist das offene Geheimnis des Guru-Prinzips:

> „Spirituelles Wissen empfängst du durch Hingabe, richtiges Fragen und praktisches Dienen. Die Wissenden können dir echtes Wissen offenbaren, denn sie haben diese Wahrheiten selbst erschaut./ Wenn du auf diese Weise wirkliches [ganzheitliches] Wissen empfangen hast, wirst du nie wieder in Illusion fallen, denn durch dieses Wissen wirst du sehen, dass alle Lebewesen Ātmās (ewige spirituelle Seelen) sind und somit Teile von mir, dem Allumfassenden." (*Bhagavad-Gītā* 4.34–35)

Wenn Menschen zu ihrer spirituellen Verbindungsperson eine persönliche Beziehung und „Verehrung" (in einem gesunden Sinn) aufbauen, vielleicht sogar mit Bildern, gesegneten Gegenständen oder Fotos, dann ist dies ein Ausdruck von Fokussierung und kein Personenkult. Personenkult beginnt, wenn eine spirituelle Verbindungsperson – und sei es der inkarnierte „Gottessohn" – von den Anhänger(innen) verabsolutiert wird. Dann geht es den Gläubigen nicht mehr um Gott, sondern um den „Egott", weil das Ego Gott instrumentalisiert, um sich mit der eigenen Religion, Esoterikgruppe usw. über andere Menschen erheben zu können. Wenn das Ego sich als „Richter" über andere aufspielt, ist dies ein Zeichen dafür, dass ein inneres Vakuum oder eine innere Schwäche mit äußerem Rechthabenwollen kompensiert werden soll.

Die symbolisch-aktuelle Bedeutung der messianischen Zeit

Die Schriften des Neuen Testaments verursachten für die Juden durch viele Jahrhunderte hindurch Diskriminierung und Verfolgung. Dies wird heute auch von christlicher Seite thematisiert.[250] Rabbi Tovia Singer und viele andere bezeichnen das Neue Testament als schlimmste antijüdische Schrift, weil alle späteren antijüdischen Pamphlete auf diese Quelle zurückgehen. In den Kommentaren zu den Youtube-Beiträgen dieser Rabbis findet sich mehrfach die Äußerung, dass das Neue Testament verboten oder marginalisiert werden sollte. In diesem Zusammenhang bekommt die von „Malachias" prophezeite Verfolgung der Kirche bzw. des Christentums eine neue Relevanz und Brisanz (S. 164). Muss die Verhärtung der Fronten und Herzen derartige Extreme annehmen? Wird die Spaltung der Religionen zu einem „messianischen" Krieg führen?

Wie wir gesehen haben, können die Messias-Prophezeiungen nicht direkt auf unsere heutige Zeit angewandt werden. Diese Prophezeiungen entstanden in einer extremen Kriegs- und Notzeit vor rund 2700 bis 2500 Jahren und beinhalteten die Visualisierung einer Zukunft ohne Unterdrückung und kriegerische Bedrohungen. Dazu gehörte die Erwartung eines baldigen großen, letzten Krieges, nach dem ein bleibender Frieden einziehen werde, errungen und gesichert durch den gottgesandten Maschiach-König. Der in vielen Szenarien beschriebene Endzeitkrieg mit Pfeil und Bogen fand nicht statt. Wenn wir die „endzeitlichen" Messias-Prophezeiungen auf die heutige Zeit beziehen wollen, ist dies nur symbolisch möglich.

„Krieg" bedeutet im symbolischen Sinn, dass „der Messias" die geistige Zerstörung (= Überwindung) aller Kali-Yuga-Ideologien mit sich bringt – und damit die Erlösung der Menschheit vom Diktat durch zeitlich und kulturell bedingte Dogmen und Doktrinen. Dies ist vergleichbar mit dem arabischen Begriff „Dschihad", der in fundamentalistischen Kreisen als „heiliger Krieg" gegen die Andersgläubigen verstanden wird. Wörtlich bedeutet *dschihād* jedoch „Anstrengung, Kampf, Bemühung, Einsatz", nämlich die innere Anstrengung und ehrliche Bemühung auf dem persönlichen Lebensweg, im Gegensatz zu Gleichgültigkeit oder Scheinheiligkeit.

Der messianische „Krieg" soll zu Reue und Korrektur führen, angefangen damit, dass die Menschen die Problematik der fundamentalistischen und traditionalistischen wie auch der materialistischen und atheistischen Dogmen erkennen. Der Ausweg aus der Spaltung ist nicht Atheismus und Bekämpfung der Religionen, aber auch nicht eine theokratische Diktatur oder eine „Einheitsreligion" der Globalisten. Echte messianische Erkenntnis offenbart und entlarvt die Spaltung und führt zur Schaffung von Strukturen, die über beide Seiten der Kali-Yuga-Ideologien hinausgehen. Beide Seiten der Spaltung brauchen eine „radikale" (von lat. *radix,* „Wurzel"), also wurzeltiefe spirituelle Transformation, damit sie nicht mehr von einseitigen Denkmustern beherrscht werden.

Gemäß den alten Prophezeiungen hätte der Maschiach-König ein berittenes Pfeil- und Bogenheer anführen sollen – und dieses Szenario ist längst überholt. Wie soll es dann möglich sein, dass eine solch tiefgehende Transformation stattfindet? Hier sagen die Tanach-Schriften das gleiche wie alle spirituellen und religiösen Traditionen der Welt: durch göttliche Hilfe, durch ein Wunder. Einige Stimmen sprechen deshalb auch von einem kollektiven und nicht von einem individuellen Messias. Interessanterweise ist im Hebräischen das Wort *maschiach* mit derselben Wortwurzel verwandt wie das Wort *mischapacha,* „Familie; Stamm; [geistige] Gemeinschaft". „Messianisch" bedeutet dann also: derselben Ganzheit (Gott) verpflichtet und aus diesem ganzheitlichen Bewusstsein heraus handelnd. Wo sind Frauen und Männer mit dieser Einstellung und Ausrichtung? *Sie* sollten in der Regierung, in der Regional- und Lokalpolitik, im Schulwesen, in der Kultur, in der Wirtschaft usw. Verantwortung tragen und tonangebend sein. „Messias" als Prinzip in der individuellen wie kollektiven Verkörperung bedeutet Erlösung von allen Strukturen der Spaltung, Ausbeutung und Gewaltherrschaft. Es geht um Vorbild und Inspiration und echte göttliche Hilfe. „Was ich tue, das könnt ihr auch, und noch mehr ..."! (vgl. Joh 14,12)

Kapitel 10

Welche Veränderungen bringt die Wendezeit?

Die Menschheit lebt seit rund fünftausend Jahren in einem Zeitalter der Spaltung (Kali-Yuga). Durch Spaltung entstehen „halbe Wahrheiten", weil beide Seiten der Spaltung aus der Ganzheit (aus der ganzheitlichen Selbst- und Gotteserkenntnis) in die Einseitigkeiten des Zuviel und Zuwenig gefallen sind. Vereinfacht ausgedrückt: Die eine Seite der Spaltung hat „zu viel Gott", die andere „zu wenig Gott".

Natürlich kann der Mensch – in einem mystischen Sinn – nie „zu viel Gott" haben, denn Gott ist die Ganzheit, das „Ein und Alles". Wer Gott auf diese Weise versteht, lebt individuell aus einem göttlichen (= ganzheitlichen) Bewusstsein heraus und ist einfach *Vorbild.* In einseitigen Religionssystemen wird „Gott" jedoch als Machtmittel verwendet, was dazu führt, dass die Gläubigen meinen, über alle anderen urteilen zu dürfen: „Wir sind die Guten und die Richtiggläubigen, die anderen sind die Bösen und Falschgläubigen." Dieser falsch verstandene Dualismus (= Verabsolutierung der Dualität) drückt sich auch dadurch aus, dass man nur noch an „Himmel" und „Hölle" glaubt: Nach dem Tod komme der Mensch entweder für ewig in den Himmel oder für ewig in die Hölle, ein einziges Erdenleben entscheide über das ewige Schicksal der Seele! So wie die einseitigen Religionssysteme Gott auf eine einzige Glaubensform beschränken, beschränken sie die spirituelle Entwicklung des Menschen auf ein einziges Erdenleben.

Viele Menschen spüren, dass an diesen Glaubensformen etwas nicht stimmen kann, und springen auf die andere Seite der Spaltung. Sie verschreiben sich atheistischen und monistischen Ideologien und fallen dadurch in Denkweisen, die zu seelenlosen und gottlosen Systemen von „Wissenschaft" und „Gesellschaft" führen.

Die heute notwendige Transformation wird die weltweite Verbundenheit und essentielle Gleichwertigkeit aller religiösen und spirituellen Traditionen offenbaren. Die Lichtwesen wirken als Gottes Lichtstrahlen in der Finsternis und sehen immer das Beste in den

Menschen (S. 203f.), und dieses Beste wollen sie fördern und stärken, so verschüttet es auch sein mag. Weil Gott Ganzheit und nicht nur Einheit ist – allgegenwärtig, allumfassend und unbegrenzt –, offenbart „er“ sich *überall* und nicht nur in einer einzigen Religion. Das „messianische“ Zeitalter wird weltweit zu dieser erlösenden Erkenntnis führen und die Menschheit von allen Kali-Yuga-Systemen befreien, indem die vielen Formen von spaltender Bewusstseinsausrichtung als solche erkannt und überwunden werden.

Wissenschaftliche und interreligiöse Durchbrüche

Die indigenen Traditionen Amerikas bezeichnen die aufeinander folgenden großen Zeitalter als „Welten“, weil jede „Welt“ gänzliche neue soziale, mentale und auch physikalische Verhältnisse mit sich bringt. Vor langer Zeit lebten die Menschen in der ersten Welt, dann in der zweiten, dann in der dritten, und wir leben momentan im Übergang von der vierten in die fünfte Welt. Und weitere „Welten“ werden folgen. Die fünfte Welt wird ganz anders sein als die vierte, also ganz anders als die Welt, wie wir sie aus der Geschichte der letzten fünftausend Jahre kennen. Viele Menschen mit hellseherischer Begabung sahen die neue Welt voraus und beschrieben die Entdeckung neuer Technologien sowie die Überwindung der Feindschaften von Nationen, Religionen und Ideologien.

Als eindrückliches Beispiel möchte ich einen Seher zitieren, der im deutschsprachigen Raum praktisch unbekannt ist: *Miloš Tarabić* (1809 - 1854). Tarabić, ein Bauer aus Serbien, konnte weder lesen noch schreiben, weshalb er seine prophetischen Visionen dem Dorfpfarrer erzählte, der sie glücklicherweise ernst nahm und aufschrieb.[251]

Tarabić sah die beiden Weltkriege voraus und sagte, dass in seinem Land nach dem zweiten Weltkrieg ein Mann für ungewöhnlich lange Zeit an die Macht kommen werde; dieser werde bis zu seinem Tod im Amt bleiben, aber er werde nicht aufgrund seines Alters, sondern aufgrund eines erkrankten Beines sterben. All diese Angaben trafen auf Josip Tito zu, der 1945 Chef der Kommunistischen Partei Jugoslawiens wurde und für fünfunddreißig Jahre, bis zu seinem Tod im Jahr 1980, die maßgebliche Person in Jugoslawiens Politik war.

Zahlreiche Prophezeiungen sind mittlerweile eingetroffen (Weltkriege, Hakenkreuz, Attentate usw.). Andere Prophezeiungen sind noch nicht eingetroffen, sowohl unerfreuliche als auch hoffnungsvolle. Das folgende Zitat enthält seine wichtigsten positiven Aussagen. Tarabić erwähnt darin neue Energiequellen und sieht ebenfalls, dass wichtige Impulse aus dem Osten kommen werden:

> Die Menschen werden Brunnen in die Erde bohren und aus ihnen [schwarzes] Gold herausziehen, das ihnen alles bewegen wird, und dieses Gold wird ihnen auch Helligkeit, Geschwindigkeit und Kräfte geben. Dabei wird die Erde traurig weinen, denn auf ihrer Oberfläche wird sich viel mehr Gold und Helligkeit befinden als in ihrem Innern. Die Wunden dieser Löcher werden sie schmerzen. Anstelle dass sie mähen und Garben machen, werden die Menschen überall graben, wo nötig und nicht nötig. Während all dieser Zeit werden verschiedene Kräfte überall um sie herum sein, doch werden diese nicht imstande sein, sich mitzuteilen: „Nehmt mich, seht ihr denn nicht, dass ich um euch bin?" Erst nach vielen Jahren werden die Menschen diese wahren Kräfte entdecken, und sie werden sehen, welche Dummheit sie durch das Graben der Löcher begangen haben.
>
> Diese Kräfte werden auch in den Menschen selbst vorhanden sein, doch wird viel Zeit vergehen, bis die Menschen sie kennenlernen und nutzen: So wird der Mensch lange, sehr lange leben und nicht fähig sein, sich selbst zu kennen. Es wird viele Gelehrte geben, die denken, mit ihren Büchern alles zu wissen und alles zu können. Sie werden bei diesen Erkenntnissen ein großes Hindernis sein, doch wenn alles bekannt und erkannt wird, dann werden die Menschen sehen, in welcher großen Verblendung sie waren, als sie diesen Gelehrten zuhörten. Wenn dies geschehen wird, werden die Menschen bereuen, dass sie dies nicht früher erkannten, denn diese Erkenntnis ist ganz einfach.
>
> Die Menschen werden noch viele Dummheiten machen, und sie werden denken, dass sie alles wissen und alles können, doch ihr Wissen ist kein wirkliches Wissen. Es werden Weise aus dem Osten kommen, und ihre Weisheit wird über alle Meere und über alles Dazwischenliegende gehen, aber die Menschen werden auch dieser Weisheit lange nicht glauben, und sie werden auch diese wahre Wahrheit als Lüge anprangern.[252]

Die Prophetinnen und Propheten aller Zeiten und Völker verfügten über Kräfte, die in jedem Menschen vorhanden sind. Aber diese Potentiale werden in unserer Zivilisation nicht aktiviert, weil materialistische Wissenschaftler nicht an sie glauben und dogmatische Religionsanhänger sie verteufeln. Schon der einfache Bauer Miloš Tarabić sagte, was dem wahren Fortschritt am meisten entgegenstehen wird: intellektuelle und (pseudo)religiöse Arroganz. *„Diese Kräfte werden auch in den Menschen selbst vorhanden sein, doch wird viel Zeit vergehen, bis die Menschen sie kennenlernen und nutzen. [...] Es wird viele Gelehrte geben, die denken, mit ihren Büchern alles zu wissen und alles zu können. Sie werden bei diesen Erkenntnissen ein großes Hindernis sein ...“*

Derselbe Bauer aus Serbien, der in der ersten Hälfte des 19. Jahrhunderts phantastische neue Entdeckungen in der Wissenschaft voraussah, machte auch in interreligiöser Hinsicht Prophezeiungen, die jetzt – im Licht der Ausführungen im vorliegenden Buch (Gaura-Prophezeiung des Nostradamus, Pilgervision des Niklaus) – eine konkrete Bedeutung bekommen: *„Es werden Weise aus dem Osten kommen, und ihre Weisheit wird über alle Meere und über alles Dazwischenliegende gehen, aber die Menschen werden auch dieser Weisheit lange nicht glauben, und sie werden auch diese wahre Wahrheit als Lüge anprangern.“* Diese „wahre (= ganzheitliche) Wahrheit“ wird aber nicht für immer verkannt und unterdrückt werden. Plötzlich *(à un coup)* wird es große Klarheit geben, wie Nostradamus schon vor fünfhundert Jahren voraussah, und auf einmal geht alles sehr schnell ...

Die „neuen Technologien“ sind nicht neu

Miloš Tarabić beschrieb die mit Erdöl betriebenen Maschinen, lange bevor sie erfunden wurden, und betonte dabei, dass dies eine primitive und destruktive Technologie ist. *„Während all dieser Zeit werden verschiedene Kräfte überall um sie herum sein“*, doch die Menschen, gefangen in ihren eigenen Denkweisen, werden diese Energieformen nicht erkennen. *„Erst nach vielen Jahren werden die Menschen diese wahren Kräfte entdecken, und sie werden sehen, welche Dummheit sie durch das Graben der Löcher begangen haben.“*

Im Zeitalter der Spaltung sind die Dogmenvertreter beider Seiten Feinde des wahren Fortschritts. *„Sie werden bei diesen Erkenntnissen ein großes Hindernis sein, doch wenn alles bekannt und erkannt wird, dann werden die Menschen sehen, in welcher großen Verblendung sie waren, als sie diesen Gelehrten zuhörten. Wenn dies geschehen wird, werden die Menschen bereuen, dass sie dies nicht früher erkannten, denn diese Erkenntnis ist ganz einfach.“*

Die Erkenntnisse der ganzheitlichen Physik sind eigentlich „ganz einfach", aber sie bleiben verschlossen, solange die Menschen materialistischen und religiös-fundamentalistischen Theorien anhängen. Deshalb wurden die einzelnen Genies, die über die herrschende Spaltung hinausgingen, von beiden Seiten bekämpft.

Bereits in der zweiten Hälfte des 18. Jahrhunderts forschten einzelne Tüftler und Techniker außerhalb der Grenzen der materialistischen Wissenschaft, aber sie alle liefen ins Leere. Die Herren der Hochfinanz förderten „lieber" die destruktiven Technologien, um eine Abhängigkeitsstruktur aufzubauen. Die technokratischen Magnaten wollten eine Technologie, die sie monopolisieren und verkaufen konnten.

Aber Technik müsste nicht destruktiv und „diabolisch" sein. Der Mensch könnte auch schöpfungsharmonische Technologien entwickeln, und diese wurden schon längst erfunden bzw. entdeckt.

Jemand, der sich für die Erforschung und Förderung neuer Technologien einsetzte, war der Apollo-Astronaut Dr. Brian O'Leary (1940–2011). In den letzten zwanzig Jahren seines Lebens präsentierte er in seinen Vorträgen immer wieder vielversprechende Projekte sowie das Schicksal der Erfinder: die einen wurden eingeschüchtert oder in den Ruin getrieben, andere ermordet oder begingen „Selbstmord". Einen eindrücklichen und erschütternden Vortrag über dieses Thema hörte ich von ihm 2009 in Zürich.

Brian O'Leary war wahrscheinlich der prominenteste, aber bei weitem nicht der einzige, der die Realität und Wirksamkeit unkonventioneller physikalischer Technologien bezeugte. Gemäß konventioneller Physik erfordert ein bestimmtes Maß an Energie-Output den Input von gleich viel Energie, aber unkonventionelle Ansätze sagen, dass auch effizientere Technologien möglich sind, nämliche solche, die mehr Energie hervorbringen als sie verbrauchen. In letzter Konsequenz strebt die unkonventionelle Physik nach der Entdeckung der „freien Energie" oder Nullpunktenergie, auch Raumenergie oder Vakuumenergie genannt, also Gewinnung von Energie aus dem scheinbaren Nichts. Aber nur schon effizient energiesparende Technologien würden einen Durchbruch auf vielen Ebenen darstellen. Wie im letzten Kapitel erwähnt, bedeutet „messianische" Zeit auch die prophezeite Befreiung von ausbeuterischen und versklavenden Strukturen.

Ein aufsehenerregender Dokumentarfilm (2023) über bisherige und neue Energieprojekte trägt den Titel: *The Lost Century – and how to reclaim it* („Das verlorene Jahrhundert – und wie wir es wieder aufholen/wiedergewinnen").

Die Lösung für die Energieprobleme ist schon seit mehr als 100 Jahren bekannt!

- Ein Jahrhundert der Geheimhaltung hat einen unglaublichen technologischen, kulturellen und spirituellen Fortschritt verhindert. Der Dokumentarfilm enthüllt, was diese Info-Unterdrückung den Planeten und die Menschheit gekostet hat – und wie wir unser gemeinsames Schicksal wieder selbst bestimmen können.
- Die echten Lösungen sind vorhanden! Der Dokumentarfilm *The Lost Century* (eigentlich sind es schon mehr als 100 Jahre seit der Zeit von Nikola Tesla) zeigt, wie es geschehen konnte, dass diese Lösungen der Welt vorenthalten wurden.
- Notwendig ist eine weltweite Bewegung, die fordert, dass die Neue Energie sofort freigegeben wird – zur Heilung der Natur und zur Überwindung der globalen Armut. Durch eine solche gemeinsame Aktion können wir das verlorene Jahrhundert innerhalb der nächsten zwanzig Jahre aufholen ...

„Weder zusätzliche Ölbohrungen noch die aktuellen ‚grünen' Technologien sind in der Lage, die Umwelt- und die Energiekrise zu lösen. Aber die lange unterdrückten Technologien der neuen Nullpunktenergien können beides innerhalb einer einzigen Generation lösen."

— Dr. Steven Greer[253]

Der Autor und Produzent dieser Doku, Dr. med. Steven Greer (geb. 1955), ist einer der führenden Ufo-Forscher der heutigen Zeit. Wer beim Stichwort „Ufos" mit Ablehnung oder Spott reagiert, reagiert genau auf jene Art, die von den Hütern (und Profiteuren) des Status quo gewünscht wird und seit den 1950er Jahren durch Desinformation vorprogrammiert wurde. Was einzelne Aussteiger schon seit Jahrzehnten sagten – und dafür nicht selten mit dem Leben zahlten –, wurde von Steven Greer seit den 1990er Jahren durch eine koordinierte Bewegung ins öffentliche Bewusstsein gebracht, genannt „Disclosure Project" (engl. *disclosure:* „Enthüllung, Offenlegung"). Greer als Leiter des CSETI (Center for the Study of Extraterrestrial Intelligence) mobilisierte in den letzten dreißig Jahren Hunderte von namhaften Männern und Frauen aus hohen wissenschaftlichen, geheimdienstlichen, militärischen und rüstungsindustriellen US-Kreisen, die alle bezeugen, dass „Ufos" eine Realität sind und dass die Geheimregierung schon seit Jahrzehnten Raumenergie-Technologien besitzt. „*Stop the secrecy, share the technology*"* – so lautet der Slogan des Disclosure Project (siriusdisclosure.com).

Am 9. Mai 2001 organisierte Steven Greer in den Räumlichkeiten des renommierten National Press Club in Washington D. C. die erste Pressekonferenz des *Disclosure Project.* Einundzwanzig namhafte, meist pensionierte Persönlichkeiten aus den oben genannten Bereichen traten auf dieser großangekündigten Veranstaltung gemeinsam mit Steven Greer vor die Medienvertreter und vor ein weltweites Publikum (die Pressekonferenz wurde live via Internet übertragen, was damals eine neue Dimension der Kommunikation war).[254] Sie alle betonten: Ufos sind real. Sie sind das Produkt einer außerirdischen Intelligenz. Ufos sind abgestürzt, wurden von geheimen Abteilungen des Militärs geborgen und sogleich als „Top Secret" eingestuft, sogar gegenüber der eigenen Regierung. Seit den 1950er Jahren haben diese geheimen Abteilungen durch die Erforschung der Ufo-Technologie entscheidende Durchbrüche geschafft. Steven Greer verriet in seiner Einleitungsrede zur Pressekonferenz, dass „mindestens 40 bis 80 Milliarden Dollar pro Jahr aus sogenannten Black Budgets" in die Erforschung der abgestürzten Ufos und die darauf basierende Entwicklung fortgeschrittener Technologien fließen, und er fügte hinzu, dass diese Forschung „durch die zunehmende Macht der geheimen Kreise ins Gegenteil verdreht *(perverted)*" worden sei; weil sie nicht vom Kongress und von internationalen Stellen kontrolliert werden, seien diese Kreise „eine Bedrohung geworden".

In seinen folgenden Büchern und Dokumentarfilmen ließ Greer unter Berufung auf die vielen hochrangigen Zeugen verlauten:

> *Humans mastered gravity control in 1954, and free, clean energy systems could have replaced fossil fuels long ago.* („Wir haben die Beherrschung der Gravitation seit 1954 geschafft. Kostenlose saubere Energiesysteme hätten fossile Brennstoffe längst ersetzen können.")[255]

Ob die geheime Machtelite tatsächlich über solche Technologien verfügt, mag man glauben oder nicht. Auf jeden Fall wurden schon viele konkrete Erfindungen unterdrückt. Was Brian O'Leary und an-

* „Beendet die Geheimhaltung, teilt die Technologie!"

dere Pioniere des *disclosure* vortrugen, bestätigt und dokumentiert Steven Greer in seinen Filmen *Unacknowledged* (2017) und *The Lost Century* (2023). All die „zu frühen" Erfinder und Genies waren Einzelkämpfer und konnten leicht ausgeschaltet werden. Jetzt ist es höchste Zeit, dass die neue, nicht-materialistische Wissenschaft durch eine weltweite Bewegung geschützt und gefördert wird. Wenn die Durchbrüche geschehen, *„werden die Menschen bereuen, dass sie dies nicht früher erkannten, denn diese Erkenntnis ist [eigentlich] ganz einfach ..."*

Kontroversen an der Disclosure-Front

Am 12. Juni 2023 organisierte Steven Greer – wiederum im National Press Club von Washington D. C. – eine große „UFO/UAP Disclosure-Pressekonferenz", verbunden mit einem Appell an die US-Regierung, die geheimen Projekte zu konfrontieren und zu beenden.[256] UAP steht für *Unidentified/Unknown Aerial Phenomena,* „Unidentifizierte/Unbekannte Phänomene in der Luft", und soll als wissenschaftlich neutraler Begriff den kontroversen und mit Lächerlichkeit belasteten Begriff „Ufo" ablösen.

2021 begannen offizielle Stellen der US-Führung (Pentagon), bisher geheime Film- und Radar-Aufnahmen von UAP zu veröffentlichen.[257] Die Kommentare dazu besagen, dass niemand auf der Erde solche UAP-Technologien besitze. Greer widerspricht und warnt, dies sei die nächste Stufe der Desinformation; auf diesen Filmen seien Produkte der geheimen irdischen Technologieentwicklung zu sehen; die geheime Regierung wolle diese Technologie verwenden, um eine globale Bedrohung durch Aliens zu inszenieren, als Vorwand für die Einrichtung einer totalitären Weltregierung. Bereits in seiner Eröffnungsrede zur 2001-Pressekonferenz betonte Greer: „Es gibt keinerlei Hinweise, das möchte ich betonen, dass diese [außerirdischen] Lebensformen von anderswo uns feindlich gesinnt sind." Diese Meinung vertritt er mit großem Nachdruck: wer sagt, es gebe auch negative Außerirdische, sei „rassististisch" und „xenophob";[258] die negativen Aspekte des Ufo-Phänomens, wie die Entführungen durch „Graue" und die Tierverstümmelungen, seien Machenschaften der geheimen Regierung in ihrer psychologischen Kriegsführung gegen die Menschheit.

Greer grenzt sich vehement von Vertretern des New Age ab, die mit Channelings und dubiosen Zeugen extravagante Alien-Szenarien verbreiten, aber auch die Ansicht vertreten, man müsse zwischen „positiven“ und „negativen“ Außerirdischen unterscheiden. Führend an dieser „Front“ ist David Wilcock (geb. 1973), Autor mehrerer *New York Times*-Bestseller. Er verwendet ebenfalls den Begriff *disclosure* (thedisclosure.com). David Wilcock wurde bekannt, weil er – mit guten Indizien – verkündete, er sei die Reinkarnation von Edgar Cayce (1877–1945). Cayce (ausgesprochen: *kèyssi*) war eines der berühmtesten Medien des 20. Jahrhunderts; ich erwähne ihn ausführlich im Buch *Unsichtbare Welten – Der Kosmos ist multidimensional.* David Wilcock begann seine esoterisch-berufliche Laufbahn als medialer Berater, bevor er als Referent, Autor und Filmemacher an die Öffentlichkeit trat. Ende der 1990er Jahre veröffentlichte er viele seiner medialen Texte online. 2022 gab er bekannt, dass er diese Texte nach all den Jahren nun selbst wieder gelesen habe und verblüfft sei, dass sie Prophezeiungen enthalten, die sich direkt auf die heutige Zeit beziehen, weshalb er diese Texte nun neu in Buchform herausgebe: über 2500 Seiten in fünf Bänden. Als Quelle seiner medial empfangenen Botschaften und Prophezeiungen nennt er an erster Stelle Erzengel Michael.

In seinem Rundbrief vom 27. Juni 2023 schrieb David Wilcock:

> Wenn das, was Erzengel Michael in diesen Büchern sagt, wahr ist, dann sind wir weniger als zwei Jahre von schlichtweg welttransformierenden Ereignissen entfernt. Zudem können wir „ganz, ganz Großes“ noch vor dem Ende dieses Jahres erwarten.
>
> Das Böse wird entlarvt und besiegt mit der Hilfe von Erzengel Michael, seiner Engelschar und der „Ground Crew“ der irdischen Allianz. [...] Der Hauptfokus aller fünf Bücher ist, dass das Böse auf all seinen Geleisen gestoppt wird; es gibt wahrhaftig eine Höhere Macht, die uns profund liebt – und sicherstellt, dass wir in Sicherheit sind.
>
> Die Zukunft beinhaltet anscheinend auch die direkte Manifestation menschlicher Formen, die nicht von unserer Erde stammen. Sie werden nun offen ihre Erfahrungen, ihre Technologie und ihre Spiritualität mit uns auf planetarer Ebene teilen.
>
> Der Aufstieg *(ascension)* kommt auf einer schnell nahenden Zeitlinie. Michaels Worte helfen dir, dich auf diese alles entscheidende Entwicklung vorzubereiten – auf jeder Ebene: Körper, Geist und Seele.

Es ist verständlich, dass wissenschaftlich orientierte Forscher solche Disclosure-Aktivisten kritisieren und ablehnen. 2026 werden wir wissen, ob Wilcocks Prophezeiungen zutreffend waren oder nicht.

Wenn die „neue Welt“ – die „fünfte Welt“ der Prophezeiungen der amerikanischen Indigenen – tatsächlich 2037 oder schon 2033 beginnt (siehe S. 48, 88), dann müssen wir in den nächsten Jahren mit „welttransformierenden Ereignissen“ rechnen. Mit oder ohne Disclosure sind wir aufgefordert, uns „auf jeder Ebene: Körper, Geist und Seele“ auf die neue Zeit einzustimmen, und obige positive Prophezeiung, die neuesten Datums ist, beinhaltet ein durchaus wünschenswertes Szenario.

Die Esther-Prophezeiung

Die Entdeckung bzw. Freigabe neuer Technologien ist auch Teil der Esther-Prophezeiung von 2011. Königin Esther ist eine der zentralen Frauengestalten der Tanach-Schriften („Buch Esther“), und das alljährliche jüdische Purim-Fest feiert Esthers Heldentat. Eigentlich hieß sie Hadassa*, aber sie nahm den persischen Namen Esther (Ester) an, als sie aufgrund ihrer Schönheit und ihres Wesens vom persischen König als Gemahlin auserwählt wurde. Am Königshof wusste niemand, dass sie eine Jüdin war. Der Berater und Stellvertreter des Königs, der Wesir namens Haman, hasste die Juden, weshalb er im Namen des Königs die Ermordung aller Juden im Reich der Perser anordnen ließ. Mit Gottvertrauen und Mut gelang es Königin Esther, den König aufzuklären und den Wesir zu überführen. Der Wesir hatte versucht, diejenigen, die ihm nicht genehm waren, durch Lüge und Verleumdung auszuschalten (hier konkret: ermorden zu lassen), aber dies fiel dann auf ihn und seine eigene Familie zurück.

Die Königin und Heldin Esther war in den letzten zweitausend Jahren Hauptfigur vieler Nacherzählungen, Kunstwerke und Theaterdarstellungen, und ihr Thema (Rettung der Juden bzw. der Gottgläubigen; Strafe für diejenigen, die ihre Machtposition missbrauchen) wurde zu einem wiederkehrenden prophetischen Motiv. Die Esther-Prophezeiung, die ich hier zitieren möchte, stammt aus dem Kulturkreis des modernen evangelikalen Christentums der USA. US-evangelikale Gottesdienste beinhalten oft einen hohen Faktor an Show und Entertainment, und dazu gehört in einigen Gruppierungen auch, dass die Pastoren prophetisch sprechen. Ein prophetischer Prediger,

* Hadassa: hebr. „Myrte, Myrtenstrauch“; inhaltlich gleichbedeutend mit dem griechischen Frauennamen Myrta, auch: Myrtha.

der in den vergangenen Jahren sehr bekannt wurde, ist Kim Clement (1956–2016). Im Jahr 2007 begann er vorauszusagen, dass „Trump" Präsident der USA werden würde, was er in verschiedenen Versionen mehrfach wiederholte, und er sagte auch voraus, dass dessen Gegner zweimal versuchen würden, ihn des Amtes zu entheben, dass aber beide Versuche *(impeachments)* scheitern würden. Als Donald Trump 2015 ankündigte, er werde sich für die Kandidatur bewerben, lachten die meisten, aber Kim Clement hielt an seiner Prophezeiung fest – und sollte Recht behalten. Er starb im November 2016, zwei Wochen nach Trumps Wahl.

Vieles, was Kim Clement in seiner über zwanzig Jahre langen Tätigkeit als Prediger und Pastor voraussagte, traf nicht ein. Die Clement-Kritiker konzentrieren sich auf das, was nicht eintraf. Die Anhänger weisen auf das hin, was eintraf, insbesondere die Trump-Prophezeiung. Einiges, was er prophezeite, ist noch ausstehend, so auch das, was er in der Esther-Prophezeiung im Jahr 2011 sagte:

> Es wird ein Präsident kommen, und Gott sagt, dass er absolut keine Angst haben wird. Furchtlos wird er durchgreifen und Entscheidungen treffen. Und dann, in der Mitte der Wiederherstellung von Amerika, wird es schnell gehen – wegen einer Quelle von Energie, die plötzlich verfügbar wird, und wegen medizinischer Durchbrüche und wegen Übereinkünften zwischen Nationen, insbesondere China. Gott sagt: „Sie werden sagen: Wir hätten nie geträumt, dass dies geschehen würde! Sie sagten [auch], dass dies in Japan nie geschehen würde."
>
> Gott sagt: Hört mir zu! Wenn die Wiederherstellung beginnt, wird eine Frau hervortreten, eine Frau, die stark im Glauben sein wird, tugendhaft und von schöner Erscheinung, und ihre Augen werden sehr schön sein, ihre Augen werden rund und groß sein. Ich habe sie gekrönt, sagt der Herr *(says the Lord)*, so wie ich Esther gekrönt habe. Und die Menschen werden sie empfangen, denn sie wird das Öl des Frohsinns *(oil of gladness)* haben – für all das Leid und Trauern, das vorher war –, und sie wird das Öl über diese Nation ausgießen. Und Gott sagt, dass die Heilung beginnen wird, und dann wird es schnell gehen. Schulen werden frei sein von der potentiellen Gefahr von Gewalt, Schießereien und Morden und frei von Drogen. Kartelle werden sich fürchten – fürchten vor einer Frau, die von Gott gesalbt ist. Diese Frau ist berufen!
>
> Und Gott sagt: „Sie werden sagen: Wir hassten sie, aber nun lieben wir sie." Denn sie wird das Öl der Heilung *(oil of healing)* nehmen, und sie wird es ausgießen über die Narben jener auf der Linken und jener

> auf der Rechten und einer neuen Partei, die sich gebildet hat und hervorgetreten ist mit den Worten: Christus wird herrschen, und wir werden in keiner Weise zulassen, dass dieses Land sozialistisch wird. Sie sagten: „Wir werden Geschichte machen ohne Gott." Nein, das werdet ihr nicht. […] Deshalb wird die Heilung, die so notwendig ist für diese Nation, zu einer Zeit in der Mitte der Präsidentschaft kommen. Eine Frau wird hervortreten, und Öl wird über die Nation ausgegossen werden, sagt Gott, und sie werden plötzlich die Heilung fühlen und sagen: „Das ist gut für meine Seele. Das ist gut für unsere Seele." Denn die Seele Amerikas wurde verletzt, die Seele dieser Nation wurde verletzt durch Bitterkeit und Zorn. Und sie wird sagen: „Schluss mit Bitterkeit, Zorn und Spaltung!" Und sie wird das Öl ausgießen, das direkt vom Geist Gottes kommen wird."[259]

Gleich im Anschluss an diese prophetische Trance sagte Kim Clement: „Das ist nicht etwas Futuristisches, das so weit entfernt ist, dass wir es nicht sehen könnten." Demzufolge wird die nicht allzu ferne Zukunft zeigen, ob in den USA tatsächlich eine neue, dritte Regierungspartei entsteht und ob eine Frau mit dem Charisma einer Königin Esther auftreten wird – und ob tatsächlich bald neue Energieformen verfügbar werden. Gemäß dieser Prophezeiung werden diese Energieformen nicht einer sozialistischen Diktatur dienen, aber auch keiner kapitalistischen. Hier müsste eine neue, dem Allgemeinwohl dienende Staatsform entstehen, solange wir noch „Staaten" brauchen. Werden in dieser Übergangszeit alle Politiker, die mit Korruption, Betrug und kriminellen Machenschaften wirkten, zur Rechenschaft gezogen werden, so wie dies in der biblischen Esther-Geschichte geschah? Sollte die neu prophezeite Esther tatsächlich in Erscheinung treten, wird sie mit Vermittlung, Versöhnung und Heilkraft wirken.

Die Sonne, irdische Zyklen und das Erdmagnetfeld

Die Erde ist Teil eines lebendigen, multidimensionalen Kosmos und durchläuft zyklische Zeitalter. Die zentrale Kraft hinter den irdischen Zyklen ist die Sonne, und die Sonne ihrerseits durchläuft ebenfalls Zyklen, angefangen mit den Sonnenfleckenzyklen, die rund elf Jahre dauern, bis hin zu viel längeren, die der modernen Astronomie weitgehend unbekannt sind. Es ist zwar nicht bewiesen, aber es ist ziemlich offensichtlich, dass die großen Yuga-Zykluseinheiten von 432 000 Jahren, von denen die vedische Wissenschaft spricht (siehe

Anhang 2), irdische Fraktale von solaren und galaktischen Zyklen darstellen. So wie die irdische Entwicklung auf Zyklen beruht, beruht auch der „Lebenslauf" der Sonne auf Zyklen mit unterschiedlichen physikalischen Faktoren. Das heißt, wir können die aktuell bekannten Sonnenfaktoren nicht linear in die Vergangenheit projizieren. Bekannte und unbekannte Sonnenfaktoren verursachten auf der Erde die unterschiedlichen Yuga-Verhältnisse (mit wiederholtem „Rebooting") sowie große epochale Ereignisse wie Eiszeiten usw.

Wir dürfen annehmen, dass die aktuell laufende Wendezeit ebenfalls mit solaren und galaktischen Impulsen einhergeht. Fakt ist, dass das Erdmagnetfeld schon seit einiger Zeit immer schwächer wird. Das erdmagnetische Feld wirkt als Schutzschild gegen Sonnenstürme und Sonneneinstrahlung, und der Abbau dieses Schutzschildes kann unterschiedliche Folgen nach sich ziehen, unter anderem eine Verschiebung der Klimazonen und für eine gewisse Übergangszeit chaotische Wetterverhältnisse.

Das Erdmagnetfeld wird schwächer, und es wird zu einem magnetischen Polsprung kommen. Wann diese Umpolung stattfindet, ist nicht klar. Einige sagen, sie stehe nah bevor und könnte jederzeit stattfinden, andere sagen, es gehe noch Jahrtausende. Noch unklarer ist, was dies für die Menschen bedeuten würde. Solche Polsprünge fanden auch schon in der Vergangenheit statt. Man schätzt, dass sie durchschnittlich alle 300 000 Jahre geschehen. Geophysikalische Forschungen zeigen, dass einem Polsprung eine Abschwächung des Erdmagnetfeldes Richtung Null vorausgeht und dass die Umpolung dann, wenn sie einmal einsetzt, innerhalb von wenigen Monaten bis Jahren vor sich geht – und nicht über Tausende von Jahren hinweg, wie man zuerst dachte.

Die Stärke des Erdmagnetfeldes ist nicht überall auf der Erde gleich, aber gesamthaft ist eine deutliche Abnahme der Feldstärke sowie eine beschleunigte Wanderung der magnetischen Pole festzustellen. Gleichzeitig verändert sich auch die Aktivität und Strahlung der Sonne. Abschwächung des Erdmagnetfeldes und zugleich eine veränderte Strahlung der Sonne – was bedeutet dies für uns Menschen? Im deutschsprachigen Raum ist es insbesondere der Biophysiker Dieter Broers, dem die Öffentlichkeit vieles an Aufklärung über diese Fragen verdankt. Ausgehend von seinem Spezialgebiet (Erforschung elektromagnetischer Felder und ihrer Wirkungen auf den Menschen) erkannte er, dass 150-MHz-Radiowellen therapeutisch besonders wirksam sind, und er erfand entsprechende Medizingeräte (150mhz.com; fm-elektronik.de). Dieter Broers erklärt:

> In meinen langjährigen Forschungen lag und liegt mein besonderes Augenmerk hierbei auf der bekannten Therapiefrequenz von 150 MHz. Wie ich bereits hergeleitet habe, wird diese besondere Radiowelle nicht nur von unserer DNS, sondern auch von unserer Sonne ausgesendet. Noch erstaunter war ich, als ich erfuhr, dass das aus dem Zentrum unserer Galaxis kommende Radiostrahlungsspektrum auch Radiowellen mit einer Frequenz von exakt 150 MHz enthält. [...] Was haben 150-MHz-Radiowellen mit unserer DNS zu tun? Die Antwort auf diese Frage ist kurz: 150 MHz ist die elektromagnetische Resonanzfrequenz unserer DNS. [...] Wie ich später erfuhr, liegen die 150 MHz sogar zusätzlich als eine subharmonische Frequenz in der Nähe der Resonanz von organischem Kohlenstoff, dem Grundelement, auf dem alles Leben aufbaut.[260]

Das chemische Element Kohlenstoff ist der grundlegende Baustein der organischen Materie, so auch unseres Körpers, und die DNS ist das „Informationszentrum" unserer Körperzellen. Die natürliche Frequenz beider bewegt sich um 150 MHz. Und damit sind wir in Resonanz mit Strahlungsspektren, die von der Sonne und dem galaktischen Zentrum ausgehen! Einmal mehr zeigt sich: Alles ist verbunden gemäß dem Prinzip „wie oben, so unten". Jede Form beruht auf InFormation, und „Information" entsteht nicht aus sich selbst, sondern über Informationsfelder, die ihrerseits Ausdruck (und Wirkung) höherer Ursachen sind: feinstofflicher Kausalfelder und spiritueller Impulse. Weil das gesamte materielle Universum in einen spirituellen Urgrund „eingebettet" ist und von diesem durchdrungen und getragen (inFormiert) wird, wirken überall Informationsfelder und *Bewusstseinsfelder*, von der universellen und galaktischen Ebene bis hin zu unserer DNS. Wenn die Sonne ihre 150-MHz-Strahlung verstärkt, wird sie zu einem globalen „Therapiegerät", vor allem auch angesichts der Tatsache, dass ihre Frequenzen aufgrund des schwächer werdenden Erdmagnetfeldes immer direkter auf die Menschen einwirken. Unsere DNS ist in Resonanz mit „inFormierten" Wellen (Strahlen) aus dem Zentrum der Galaxis und aus unserer Sonne! Über diese Frequenz kann Information an die DNS übermittelt werden oder in der DNS aktiviert werden. Mit anderen Worten: Unsere Zellen werden auf der Quantenebene vom Herzen der Galaxis über die Sonne genetisch neu informiert und

„kalibriert". Das bahnt sich nicht nur in der jetzigen Zeit an, sondern geschah schon mehrfach vor Zehntausenden und Hunderttausenden von Jahren – weshalb es falsch und irreführend ist, wenn die moderne Geo- und Anthropologie heutige Verhältnisse linear in die Vergangenheit projiziert und meint, damit könne man die Erd- und Menschheitsgeschichte rekonstruieren.

Angesichts der zunehmenden Abschwächung des Erdmagnetfeldes stellt sich die Frage, was dies für die Menschen bedeutet. Was geschieht, wenn das Erdmagnetfeld für eine gewisse Zeit kollabiert und die Feldstärke auf Null absinkt? Als die Sowjetunion die ersten Kosmonauten ins Weltall sandte, befanden sich diese Menschen zeitweilig in einem künstlichen Lebensraum, dessen Magnetfeld extrem schwach war. Dabei stellte sich heraus, dass sich ihre Wahrnehmung veränderte, und auch der Körper reagierte. In der Folge wurden die Raumsonden so gebaut, dass sie ein eigenes Magnetfeld besitzen. Die neuartigen Erfahrungen erklären, warum gerade einige der ersten Astronauten (wie z. B. Gordon Cooper, Edgar Mitchell und Brian O'Leary) grenzwissenschaftlich aktiv wurden und dabei auch wagten, über paranormale Phänomene zu sprechen. Die Erde ist ein Raumschiff, und wir alle sind Planetonauten und Terranauten ... vor allem die Kinder, die mit einer höherschwingenden „Frequenz" zur Welt kommen. Hier öffnen sich für die gesamte Gesellschaft neue Perspektiven und Herausforderungen, zum Beispiel hinsichtlich des Umgangs mit den „neuen" Kindern und ihren wahren Bedürfnissen.

Aufgrund der Erfahrungen mit den ersten Kosmonauten begann die Sowjetunion schon früh, die Wirkung des Erdmagnetfeldes auf das menschliche Bewusstsein zu erforschen. Dies wissen wir dank Dieter Broers, der den Westen auf die dortigen Forschungen aufmerksam machte, insbesondere jener, die von Prof. Alexander Trofimov geleitet wurden. Dies alles stand unter militärischer Aufsicht, so auch die Raumfahrt, und war deshalb für lange Zeit geheim. (Prof. Trofimov war einer der Referenten an dem von Dieter Broers organisierten Kongress „Chaos & Ordnung" in Wien, September 2016.)

Über Jahrzehnte hinweg wurden in Sibirien Forschungseinrichtungen entwickelt, die einen Lebensraum mit Erdfeldstärke Null erzeugen, und es wurde beobachtet, was mit Menschen in solchen Räumen geschieht. Werden sie krank, stellen sich Mangelerscheinungen ein? Nein, im

Gegenteil: Es zeigte sich, dass bei den Probanden verborgene Potentiale aktiviert wurden.

> „Wenn wir nach einem längeren Aufenthalt im Inneren des Abschirmapparates – also in einem Raum praktisch ohne Magnetismus – dieselben Experimente wiederholen, sehen wir ein drastisch anderes Bild. Wir sehen, dass die zusätzlichen Reserven unseres Geistes und unserer Fähigkeiten aktiviert sind. [...] Probanden, die unter dem Einfluss des abgeschirmten Erdmagnetfeldes standen, wiesen folgende Eigenschaften auf: signifikante Steigerung der intellektuellen Fähigkeiten, höhere Inspirationen (kreative Fähigkeiten) sowie Steigerung der telepathischen Fähigkeiten."[261]

Die Zirbeldrüse und „das dritte Auge": Entfaltung von geistigen Potentialen

Die Erde und die Sonne sind lebende, beseelte Wesenheiten („Mutter Erde", „Vater Sonne"), und ihr gemeinsamer Tanz in der schöpferischen Schwingung des kosmischen Orchesters bringt auf der Erde das Wunder des organischen Lebens hervor, von den Mikroorganismen über die Pflanzen und Tiere bis zu den Menschen. Aber nicht nur die Sonne und die Erde strahlen Magnetfelder aus, auch wir Menschen sind lebende, beseelte Wesenheiten mit biophysikalischen Magnetfeldern, und diese stehen mit den planetaren und solaren Magnetfeldern in Wechselwirkung. Von allen Zellverbänden in unserem Körper strahlen unser Gehirn und unser Herz die stärksten Magnetfelder aus.

Das Gehirn enthält winzig kleine Magnetit-Kristalle, fünf Millionen pro Gramm, in der schützenden Gehirnmembran sogar 100 Millionen pro Gramm.[262] Als Antennen-Kristalle reagieren sie bereits auf sehr schwache Strahlungen und magnetische Signale. Das gilt insbesondere für die Zirbeldrüse (Epyphyse), nicht zu verwechseln mit der Hypophyse (Hirnanhangdrüse). Der Name Zirbeldrüse bezieht sich auf ihre Form, die an den Zapfen einer Zirbelkiefer (Arve) erinnert. Sie ist bei einem erwachsenen Menschen etwa 5–8 mm lang und 3–4 mm breit und wiegt 0,1 bis 0,5 Gramm. In der Zirbeldrüse wird das Hormon Melatonin produziert, das mit dem Schlaf-Wach-Rhythmus zu tun hat. Die Zirbeldrüse reagiert auf die Stärke bzw. Schwäche der Lichtimpulse, die sie über Neuronenimpulse empfängt. Interessanterweise enthält sie eine Art von Netzhautzellen und weist Ähnlichkeiten mit unseren nach außen gerichteten Augen auf, weshalb sie auch „drittes Auge“ genannt wird. Auf der vitalphysischen und feinstofflichen Ebene entspricht das dritte Auge dem sechsten Chakra.

Die Zirbeldrüse hat in der Produktion von bewusstseinsbeeinflussenden Neurotransmittern und Hormonen eine entscheidende Funktion. Viele Menschen erleben dies heutzutage vor allem in der negativen Ausprägung in Form von Schlafstörungen, Müdigkeitsgefühlen, Depressionen usw. Hier wollen wir jedoch nicht den materialistischen Argumentationslinien folgen, die sagen, Bewusstsein und Gedanken, Emotionen usw. seien Produkte des Gehirns. Wir sind als Menschen eine lebendige Einheit von Körper, Geist und Seele. Wenn wir sterben, verlassen wir den Körper und gehen als Einheit von „Geist und Seele“ unseren Weg weiter. In unserem irdischen Dasein wird unsere Wahrnehmung und Befindlichkeit durch unterschiedlichste Faktoren beeinflusst, sowohl durch geistige (psychische) als auch durch physische Faktoren, so auch durch chemische und biochemische, womit wir wieder bei der Zirbeldrüse sind. Bei Veränderungen im erdmagnetischen Feld und in der kosmischen Einstrahlung reagiert auch die Zirbeldrüse.

> „Meiner festen Überzeugung nach werden diese Wirkungen dazu führen, dass sich unser Bewusstsein nachhaltig erweitert. Allerdings möchte ich davor warnen, diese magnetisch hervorgerufenen Veränderungen einfach nur abzuwarten. Diese hilfreichen Feldänderungen bewirken eine Art persönliche Innenschau, in der wir unsere alten Strukturen erkennen. Wie bei einer Nahtoderfahrung werden wir erkennen, was uns bisher gebunden, [d. h.] uns blind gemacht hat für das Leben in seiner wahren Kraft und Schönheit.“[263]

Die heutige Wendezeit und die begleitenden planetaren und solaren Faktoren haben das Potential, den notwendigen Bewusstseinssprung der Menschen zu unterstützen: Aktivierungen von neuen genetischen Programmen und hochfrequente „Upgrades“, die zu einer erweiterten Wahrnehmung unseres Lebens und unserer Wirklichkeit führen. Die Frage ist nur, inwieweit die Menschen diese Schritte vollziehen. Leider ist der moderne Lebensstil (Stress, Ernährungsweise, chemische Verunreinigung usw.) diesbezüglich in vielen Punkten nicht förderlich, was sich auch auf die Funktion der Zirbeldrüse auswirkt. Manipulative Kräfte machen daraus ein großes Geschäft und haben kein Interesse, dass die Menschen von diesen altbekannten Zusammenhängen

Die Möglichkeit, dass durch die Veränderungen der Sonneneinstrahlung und des Erdmagnetfeldes in vielen Menschen geistige Potentiale aktiviert werden, erinnert an eine bekannte altbiblische Prophezeiung, die auch im Neuen Testament zitiert wird. Sie findet sich im Buch Joel und besagt, dass in der Endzeit der Geist Gottes über alles Fleisch ausgegossen werde, was bewirke, dass einfache Männer und Frauen, auch solche aus den untersten Gesellschaftsschichten, zu göttlichen Offenbarungen berufen werden.

Joel, ein biographisch unbekannter Prophet, lebte irgendwann vor 2800 oder 2500 Jahren. Er sprach nach einer großen Heuschreckenplage und Dürre und sagte, Gott werde alles wieder wachsen lassen und zugleich den „Feind aus dem Norden“ vernichten (Joel 2,20).

Wie in Kapitel 9 dargelegt, visualisierten die altbiblischen Prophezeiungen eine baldige Endzeit im damaligen historischen Kontext (Rückkehr der Verschleppten, Gottesgericht über die Feinde, Friede). Joel erwähnt in den folgenden Worten jedoch einen Punkt, der sich ansonsten nirgendwo in diesen prophetischen Schriften findet:

> „Und nach diesem wird es geschehen, dass ich meinen Geist ausgieße über alles Fleisch; und eure Söhne und Töchter werden weissagen, eure Greise werden in Träumen Offenbarungen bekommen, und eure jungen Männer werden Gesichte [göttliche Visionen] sehen. Auch über die Knechte und Mägde werde ich in jenen Tagen meinen Geist ausgießen. Und ich werde Wunderzeichen (Vorzeichen) geben am Himmel und auf der Erde, noch ehe der große und schreckliche Tag des Herrn kommt: Blut und Feuer und Rauchsäulen, und die Sonne wird sich verfinstern, der Mond wird blutrot. Ein jeder aber, der den Namen Gottes anruft, wird gerettet werden.“
> (Joel 2,28–32 bzw. 3,1–5 in einer anderen Zählung)

Diese Zeilen aus dem Buch Joel sind sehr bekannt, weil der Apostel Petrus sie beim Pfingstereignis zitierte (Apostelgeschichte 2,17–21). Joel spricht von Feuer und Rauchsäulen, die die Sonne verfinstern. Das ist im 20. Jahrhundert eine weltweite Realität geworden, nicht nur aufgrund der Weltkriege und der nachfolgenden Kriege, sondern auch durch die vielen Industrieanlagen, durch den Verkehr, durch die Brandrodungen des Regenwaldes, usw. Joel sah aber auch umwälzende positive Veränderungen, nämlich dass sich der Geist Gottes in der Wendezeit hauptsächlich mit geistig freien Menschen verbinden wird, weil diese offen für Neues sind und nicht alte Strukturen (und keine Machtpositionen) zu verteidigen brauchen.

Die Joel-Prophezeiung

(Chakras, drittes Auge, Selbstheilung, Entfaltung geistiger Potentiale) erfahren. Aber das Wissen ist vorhanden, und viele neue Erkenntnisse kommen hinzu.[264] Und wir bekommen auch Rückenwind: „Sonnenrückenwind“, Impulse aus dem multidimensionalen Kosmos auf physischer und geistiger Ebene, persönliche Entfaltung durch Information, Intuition, innere Initiationen und Wissen aus früheren Inkarnationen, inspirierende Begegnungen usw.

„Deutlich sind die Zeichen der Gegenwart“

Die Prophezeiungen, die heute Hochkonjunktur haben, sind negativ … und realistisch. Sie sind zudem sehr aktuell, aber sie beinhalten keine feststehenden Zukunftsbilder. Sie sind warnende Hinweise, die zeigen, was geschehen kann und geschehen wird, wenn wir keinen Kurswechsel vollziehen und nicht umdenken. Um zu erkennen, wie weitreichend das Umdenken sein muss, ist es erforderlich, auch über die drohenden Gefahren zu sprechen. Das Aufgreifen solcher Themen ist jedoch nicht unproblematisch: *Where attention goes, energy flows.* „Worauf wir unsere Aufmerksamkeit richten, dorthin fließt unsere Energie.“ Durch das Zur-Kenntnis-Nehmen des Negativen begeben wir uns in dessen Einflussbereich, was aber nicht bedeutet, dass wir davon beeinflusst werden müssen. Das wäre nur dann der Fall, wenn wir dem Negativen mit Angst, Ohnmacht, Hass oder Faszination (!) begegnen würden.

Wenn ich solche Themen erwähne, tue ich dies vor dem Hintergrund der positiven und spirituellen Zusammenhänge. Die Beschreibung des Spaltenden ist kein Kontaktieren der Dunkelheit, sondern ein *Beleuchten der Dunkelheit.* Sie zu ignorieren oder zu verdrängen wäre die denkbar schlechteste Reaktion, denn die Existenz der Dunkelheit ist ja gerade davon abhängig, dass das Licht fernbleibt. In diesem Sinn ist das Negative nichts anderes als ein Spiegel, der zeigt, was korrigiert werden muss: nicht etwa das Spiegelbild, sondern das, was sich spiegelt! Solange wir nur das Spiegelbild behandeln (durch oberflächliche Aktionen und Symptombekämpfung), verkennen wir die wahren Ursachen. Die wahren Ursachen entspringen der Spaltung und damit dem Verlust der ganzheitlichen Sicht.

Die ganzheitliche Sicht ist potentiell in allen Religionen und in allen spirituellen Traditionen zu finden, und wir erkennen die in ihr gründenden essenziellen Wahrheiten daran, dass sie das Spaltende benennen, heilen und überwinden. Ein markanter Begriff hierfür ist „der radikale Mittelweg", aber es sind auch viele andere Begriffe möglich, wie „Weg der göttlichen Liebe und Hingabe" (sanskr. *bhakti,* arab. *islam,* usw.), „Leben im Einklang mit der göttlichen Ordnung" (sanskr. *dharma,* altägypt. *ma'at,* hebr. *torah,* usw.), Christus-Bewusstsein oder einfach „ganzheitliche Sicht" in einem spirituellen, überkonfessionellen Sinn.

Diejenigen, die an ihrer Kali-Yuga-Religion oder -Ideologie festhalten, hassen das Ganzheitliche und Symbolische, und nicht selten ist zu sehen, dass sich atheistische und fundamentalistische Kräfte kurzfristig vereinen, um gegen diesen „gemeinsamen Feind" zu kämpfen, denn sie fühlen sich beide von diesem Licht bedroht. Die Wendezeit ist jedoch keine religiös-messianische oder naiv-esoterische Utopie, sondern eine globale Veränderung gemäß irdischen und solaren Zyklen, die von den Menschen der früheren „Welten" (Yuga-Zeitalter) hellsichtig wahrgenommen wurden.

In Buchsignierungen schreibe ich oftmals diese Zeilen:

Wir leben in der Zeit,
in der sich Mutter Erde befreit
und altes Wissen sich neu offenbart:
Deutlich sind die Zeichen der Gegenwart…

Anhang

Anhang 1

Beispiele für erfüllte Prophezeiungen des Nostradamus

Nostradamus schrieb, dass er für jeden seiner Verse die genaue Jahreszahl angeben könnte (S. 64), was im Rückschluss bedeutet, dass er einen Code hatte, der es ermöglicht, aus jedem Vers die Jahreszahl abzuleiten. Ohne diesen Code kann man bei der Zuordnung nur Vermutungen anstellen, denn viele der unklaren Verse bekommen erst durch die Jahreszahl ihre konkrete Bedeutung. Einige der Verse können jedoch allein schon von der inhaltlichen Aussage her – im Rückblick – verstanden werden, wie die folgenden Beispiele zeigen.

Nostradamus formulierte die wichtigsten Verse wohlweislich so, dass sie auch ohne Kenntnis des Codes verstanden werden können. Dies gilt insbesondere für die zwei wichtigsten positiven Verse (1.96 und 3.94), quasi die Bonus-Verse des Nostradamus, die er als Botschaft für die Wendezeit in die Zukunft sandte: in einfachem Französisch und praktisch unverschlüsselt, so dass man sie zur gegebenen Zeit auch ohne den allgemeinen Datierungscode verstehen kann.

Die Prophezeiungen, die entschlüsselt werden konnten, werden durch diese Bestätigung zu bahnbrechenden Rätseln („Wie ist es möglich, dass jemand Ereignisse der Zukunft Jahr für Jahr voraussehen konnte?") und zu Warnungen. Denn die einzelnen Kapitel der Weltgeschichte sind nicht getrennt und isoliert, sondern stehen immer im Zusammenhang mit der Gesamtheit der Entwicklung. Das ist auch der Grund, warum sich Nostradamus die Mühe machte, Ereignisse aus jedem der für ihn noch zukünftigen fünf Jahrhunderte prophetisch niederzuschreiben – als Botschaft und „Denkaufgabe" für die Menschen in diesen Jahrhunderten, denn sie alle wurden von jeweils aktuellen Hinweisen des Nostradamus angesprochen, so auch wir in der heutigen Zeit.

Rückblick und Ausblick: „Das Ornament seiner Zeit“

Wenn jemand weiß, was die nahe Zukunft bringt, würde uns die Meinung dieses Menschen bestimmt sehr interessieren. Und Nostradamus blickte über Jahrhunderte hinweg in die Zukunft! Wie wir im Folgenden sehen, scheute er sich nicht, zu gewissen Ereignissen und Personen der Zukunft seine Einschätzung zu äußern. Er war als politischer Beobachter und als Historiker zukünftiger Ereignisse weder gleichgültig noch fatalistisch, so wie er es auch philosophisch nicht war (siehe Anhang 5). Er, der Diktatoren und Kriegsherren der Zukunft voraussah und beschrieb, welch Unheil sie über die Menschheit bringen werden, sah auch das große Licht der damaligen Zeit, das weit in die Zukunft strahlte. Heute wissen wir, um wen es sich handelte: Es war der Yuga-Avatāra, der zu Nostradamus' Zeit in Indien lebte. Nostradamus nannte ihn „das Ornament seiner Zeit“ *(l'ornement de son temps).* Er wählte das Wort *ornement* zum einen wegen der direkten Bedeutung und zum anderen wegen der ersten Silbe, *or,* die im Französischen „Gold“ und im Hebräischen „Licht“ bedeutet. Er widmete diesem Phänomen und dessen Wirkung zwei Verse, die beide das Licht- und Goldwort *ornement* bzw. *ornée* enthalten, was in seinen Prophezeiungen einmalig ist.

Wie in Kapitel 4 dargelegt, beschrieb Nostradamus die Impulse, die zum plötzlichen Wandel führen werden, sehr präzise. Er machte aber nicht Propaganda für eine neue Religion oder Institution, sondern betonte die eine und entscheidende Essenz – „große Klarheit“ *(grande clarté)* –, die alle Bereiche der menschlichen Gesellschaft, auch die Religionen, in einem universellen Sinn transformieren wird. Wie wir im Folgenden sehen werden, schrieb dies nicht ein Phantast oder intellektueller Träumer, sondern ein Realist, der durch sein eigenes Leben und seine Zukunftsschau keine Illusionen über Führergestalten und deren Ideologien hatte. Er selbst musste ein gefährliches Doppelleben führen, indem er seine Hellsichtigkeit tarnte und sich nach außen hin als Astrologe präsentierte (S. 57).

Viele der Ereignisse, die Nostradamus in der Mitte des 16. Jahrhunderts prophezeite, sind in der Zwischenzeit eingetroffen, weshalb es möglich wurde, die entsprechenden Verse zu verstehen und zuzuordnen. Von den bereits bekannten Entschlüsselungen wähle ich hier einige prägnante Beispiele aus.

Gründung Israels, Gründung und Ende der UdSSR

Nostradamus formulierte seine Prophezeiungen absichtlich so, dass man sie erst nach dem Eintreffen des beschriebenen Ereignisses verstehen kann. Wenn er beispielsweise in Vers 3.97 schreibt: „Eine neue Gesetzgebung, um ein neues Land zu bewohnen/Bei Syrien, Judäa und Palästina“ *(Nouvelle loy terre neuve occuper,/Vers la Syrie, Iudee, & Palestine),* so ist heute offensichtlich, was damit gemeint ist: die Gründung des Staates Israel. Die „neue Gesetzgebung/Lehre“ *(nouvelle loy),* die zur Gründung Israels führte, wurde 1897 in Basel beim ersten Zionistenkongress verkündet („Basler Programm“). Und Nostradamus gab diesem Vers die Nummer 97!

Dies ist ein weiteres Beispiel dafür, dass Nostradamus manchmal auch die Verszahl in seine Prophezeiungen mit einbezog. Und bei der Zahl 97 sah er hellsichtig noch einen weiteren Bezug, denn 97 ist eine wichtige astronomische Zahl. 97 Sonnenjahre entsprechen fast auf den Tag genau 100 Mondjahren. Deswegen schrieb er in der zweiten Hälfte von Vers 3.97: „*Das große barbarische Reich wird untergehen,/ Bevor Phoibe ihr Jahrhundert beendet hat.*“ (Phoibe ist die Mondgöttin, ein Beiname der Artemis).

Nostradamus sah, dass kurz vor dem Ablauf eines Phoibe-Jahrhunderts nach 1897 etwas Wichtiges geschehen wird, also: 1897+97 = 1994. Damit sagte er: Wenige Jahre vor 1994 wird „das große barbarische Reich“ untergehen. Heute wissen wir, dass damit die kommunistische Diktatur in Russland gemeint war. Die UdSSR löste sich Ende Dezember 1991 auf.

Einen direkten Hinweis auf den Dezember 1991 verbarg Nostradamus im Vorwort zum zweiten Teil seiner Prophezeiungen. Dort schrieb er:

> *Avec pullulation de la neuve Babylon fille miserable augmentee par l'abomination du premier holocauste et ne tiendra seulement que 73 ans 7 mois.*
>
> **„Mit der gewaltigen Vermehrung des neuen Babylon ist die elende Tochter durch die Abscheulichkeit des ersten Holocaust vergrößert worden und wird sich nicht länger halten als 73 Jahre und 7 Monate.“**

Es ist erstaunlich: Nostradamus verwendete vor über 450 Jahren das Wort „Holocaust“. Er nannte den Ersten Weltkrieg „erster Holocaust“ *(premier holocauste),* was bedeutet, dass er auch einen zweiten sah ...

Die Russische Revolution ereignete sich während des Ersten Weltkriegs, und Nostradamus nennt jene, die diese *abomination* verursachten, „das neue Babylon". Es ist bekannt, dass die Russische Revolution durch Vertreter der westlichen Hochfinanz organisiert wurde. Ihr Sitz ist in London, genauer in der „City of London", die praktisch ein eigener Stadtstaat ist. Ist die *City of London* das „neue Babylon[don]"?

Nostradamus sah, dass aus der „Abscheulichkeit des ersten Holocaust" eine „elende Tochter" des „neuen Babylon" hervorgehen und groß werden wird, aber sie werde „nicht länger als 73 Jahre und 7 Monate" bestehen. Im Herbst 1917 kam es zur großen Oktoberrevolution. Dann zog im März 1918 die Sowjetregierung von Petrograd nach Moskau um, und im Mai 1918 brach der Russische Bürgerkrieg aus.

> Die zeitliche Eingrenzung des Bürgerkrieges [1917/18 - 1922] ist in der westlichen wie in der russischen Geschichtsschreibung umstritten. Eine Lehrmeinung sieht den Beginn des Bürgerkriegs in der Oktoberrevolution im November 1917, die andere setzt den Beginn im Mai 1918 an, als sich die Tschechoslowakische Legion gegen die Rote Armee erhob.[265]

Aus seiner prophetischen Warte heraus sagt Nostradamus, dass der Mai 1918 entscheidend war, und er sagt, dass die *fille miserable* von diesem Zeitpunkt an „nicht länger als 73 Jahre und 7 Monate" bestehen wird. Vom Mai 1918 kommen wir damit – auf den Monat genau! – zum Dezember 1991, als sich die UdSSR auflöste.

Wir können also festhalten: Nostradamus sah den Ersten Weltkrieg und die Russische Revolution voraus, mit präziser Zeitangabe für das Ende der UdSSR! Ebenso sah er die Gründung einer jüdischen Nation im Land der biblischen Väter voraus, was für die Juden damals und bis ins 19. Jahrhundert nicht vorstellbar war. Nostradamus verfasste einen weiteren Vers (8.96) über die Rückkehr der Juden nach Israel und die Gründung des Staates:

> *La synagogue sterile sans nul fruit*
> *Sera receue entre les infideles*
> *De Babylon, la fille du porsuit.*
> *Misere & triste luy trenchera les aisles.*

Nostradamus schrieb seine Verse wahrscheinlich ohne jegliche Satzzeichen (S. 63). Meistens ist jede Zeile für sich eine Einheit, aber im obigen Vers ist vom Satzfluss her deutlich, dass die zweite in die dritte Zeile übergeht *(les infideles de Babylon),* weshalb ich für die bessere Verständlichkeit entsprechende Satzzeichen eingefügt habe. Dennoch bleibt eine gewisse Unklarheit oder Doppeldeutigkeit, die ich auch in der Übersetzung beibehalte:

> **„Die Synagoge, unfruchtbar, ohne irgendeine Frucht,**
> **Wird aufgenommen zwischen den Ungläubigen**
> **Von Babylon, der Tochter des Verfolgten.**
> **Erbarmungswürdig und traurig wird sie [die Synagoge]**
> **ihm [Babylon] die Flügel stutzen."**

Der Verfolgte ist der Prophet Mohammed, der von Mekka nach Medina fliehen musste. Nostradamus bezeichnet den Islam als „Babylon, Tochter des Verfolgten", und die Anhänger dieser Religion als „die Ungläubigen von Babylon", was zeigt, dass er als Christ und Nachkomme von Juden dem Islam skeptisch und ablehnend gegenüberstand. Das zurückgekehrte Volk nennt er „die Synagoge", was sich auf den Bund Gottes mit Noah und Moses bezieht. Meinte Nostradamus mit „unfruchtbar, ohne irgendeine Frucht" die „Synagoge"? Aufgrund der stark verkürzten Formulierung kann sich „unfruchtbar, ohne irgendeine Frucht" aber auch auf das Land beziehen, wo sich die Neuankömmlinge ansiedeln. Sie wohnen *„zwischen"* den muslimischen Völkern, womit Nostradamus die spannungsgeladene Situation zwischen den alten und neuen Einheimischen anspricht, die zu kriegerischen Konflikten führt. Die jüdische Nation wird mehrfach von den umliegenden Mächten angegriffen, aber sie kann sich wehren und schlägt sie erfolgreich zurück.

Das französische Adjektiv *misere* bedeutet „erbarmungswürdig" und sollte nicht mit *misérable,* „ärmlich, armselig, elend, miserabel", verwechselt werden. Es hat dieselbe Wurzel wie das bekannte „Miserere" im liturgischen Text, der auf Psalm 51 beruht: *Miserere mei, Deus, secundum magnam misericordiam tuam.* „Erbarme dich meiner, Gott, gemäß deiner großen Barmherzigkeit." Die junge Nation ist „erbarmungswürdig und traurig", weil viele Angehörige ihres Glaubens kurz zuvor verfolgt, enteignet und in hoher Zahl ermordet worden waren. Wir erinnern uns, dass Nostradamus den Ersten Weltkrieg den „ersten Holocaust" nannte, und hier ist eine der Stellen, wo er den zweiten beschreibt bzw. andeutet.

Beginn des Zweiten Weltkriegs

Eine weitere genaue Zeitangabe finden wir in Vers 3.57, wo Nostradamus den Beginn des Zweiten Weltkriegs auf das Jahr genau voraussagt:

Sept fois changer verrez gent Britannique,
Taintz en sang en deux cens nonante ans:
France non point par appuy Germanique,
Aries doubte son pole Bastarnan.

„Siebenmal verändern wird sich Britannien, wie man sehen wird,
Innerhalb von 290 Jahren, nachdem es sich mit Blut befleckt hat:
Frankreich in keiner Weise [weniger verändert/betroffen] durch den Druck Deutschlands.
Der Widder hat Zweifel an seinem bastarnischen (Gegen-)Pol.“

England hat sich „mit Blut befleckt“, als das Parlament sich durch den militärischen Anführer Oliver Cromwell zwingen ließ, König Charles I. hinzurichten. Die Hinrichtung des Königs war im Jahr 1649. Nostradamus beklagte und verurteilte diesen politischen Mord, der 94 Jahre in der Zukunft lag, und thematisierte ihn in mehreren Prophezeiungsversen. Hier, in Vers 3.57, sagt er, dass Britannien *(gent Britannique)* ab 1649 sieben große Veränderungen oder Umwälzungen sehen wird, die siebte 290 Jahre später, d.h. im Jahr 1939! Damit beschrieb er sowohl die Jahreszahl als auch die politischen und militärischen Geschehnisse richtig. Der massive Einschnitt im Jahr 1939 betraf nicht nur England, sondern auch Frankreich,* und wurde „durch den Druck Deutschlands“ *(par appuy Germanique)* ausgelöst. Das Wort *appuy* kann auch eine kriegerische Bedeutung haben: *appuyer sur la détente*

* In einigen frühen Ausgaben steht nicht *France,* sondern *franche: Franche non point par appuy Germanique.* Die meisten Übersetzer sehen dies als Druckfehler. In der Ausgabe von 1557 steht dann auch *France* statt *Franche.* Das Adjektiv *franche* bedeutet „frei, offenherzig, freimütig, geradeheraus“ und würde sich hier auf Britannien beziehen, das nicht mehr *franche* ist aufgrund des *appuy Germanique:* „Wegen des germanischen Druckes [wird das britannische Volk] überhaupt nicht mehr frei von Sorgen sein“ (Pfändler, S. 237). Im Original steht aber nicht „wegen“ oder „aufgrund“. Die Konstruktion mit *par,* „durch“, ist eine Passivkonstruktion, die in Zeile 3 lückenhaft verkürzt ist. Die Bedeutung ist im Anschluss an die vorigen zwei Zeilen jedoch leicht zu erraten. Deswegen können wir davon ausgehen, dass Nostradamus *France* und nicht *franche* schrieb.

bedeutet „den Abzug [einer Feuerwaffe] betätigen". *Appuyer* verwendet man heute auch im Sinn von „(eine Taste) drücken". „Auf den roten Knopf drücken" heißt *appuyer sur le bouton rouge.*

Aries ist das Sternzeichen Widder und steht hier ebenfalls für Deutschland. Die Bastarner waren zur Zeit des römischen Reiches ein ostgermanischer Stamm. Der deutsche Autor Carl Loog schrieb 1921 in seinem Buch *Die Weissagungen des Nostradamus:*

> Da nun 1649 und 290 = 1939 sind, so müßte zu diesem Zeitpunkt die letzte bemerkenswerte Änderung in England eintreten. [...] Zu Zeiten des Tacitus (Germania) saß der deutsche Stamm der Bastarner jenseits der Weichsel, also in „Polen". [...] Nostradamus will uns also offenbar sagen, dass 1939 mit der letzten und größten englischen Krise auch eine Krise für das wiedererstandene Polen Hand in Hand geht.[266]

1921, das war drei Jahre nach dem Ende des großen Krieges, der damals schon „Weltkrieg" genannt wurde (Loog verwendet dieses Wort sehr oft). Wer konnte damals ahnen, dass bald schon ein zweiter Weltkrieg folgen wird? Carl Loog las aus diesem Nostradamus-Vers richtig, dass 1939 ein Krisenjahr sein wird, in dem auch Polen eine Rolle spielt, aber er konnte den Zusammenhang mit der Krise in Polen noch nicht richtig zuordnen. Zudem unterschätzte er die Bedeutung der Hinweise *appuy Germanique* und *Aries.* (Seine Interpretationen beinhalteten zwar ebenfalls einen zweiten Weltkrieg, aber erst im Jahr 2100.)

Heute erkennen wir die offensichtlichen Anspielungen: Auf das Wort *Germanique* folgt *Aries,* was vom Anklang her auch als „Arier" bzw. „germanische Arier" gelesen werden kann. Und mit der Formulierung *pole Bastarnan* weist Nostradamus vom Anklang wie vom historischen Bezug her auf Polen hin – und damit auf das Ereignis, das den Zweiten Weltkrieg auslöste.

Die Bastarner waren ein ostgermanisches Volk, das jedoch nicht mit Polen gleichgesetzt werden kann. Gemäß heutiger Landkarte lebten sie im Südosten Polens und hauptsächlich in Rumänien, Moldawien und dem dortigen Bereich der Ukraine am Schwarzen Meer. Nostradamus spricht vom „bastarnischen (Gegen-)Pol", was geographisch auf einen entgegengesetzten Bereich und politisch auf einen Bündnispartner hinweist. Gemeint ist offensichtlich die Sowjetunion. 1939 war dann auch das Jahr, in dem der Hitler-Stalin-Pakt entstand, aber „Aries hat Zweifel" an diesem Pakt und steht Stalin argwöhnisch gegenüber.

Damit deutet Nostradamus das spätere Zerwürfnis an, das dazu führte, dass der eine Pol den anderen angriff (Russlandfeldzug).

290 Jahre vor 1939

Kehren wir zum Schlüsseljahr zurück, über das Nostradamus in Vers 3.57 den Beginn des Zweiten Weltkriegs auf das Jahr genau angab: 1649+290 = 1939.

Am 30. Januar 1649 wurde der von den englischen Monarchiegegnern gefangen gehaltene König Charles I. in London hingerichtet. Nostradamus beschreibt dieses Ereignis, das in seinen Augen ein Frevel war, in einem eigenen Vers (8.37) und erwähnt es noch in anderen Versen. Um diese Verse zu verstehen, ist es erforderlich, den geschichtlichen Zusammenhang und einige Details zu kennen.

Charles I. (1600-1649) war der Sohn des Königs von Schottland, James VI., der 1603 König über ganz Britannien wurde und nach London zog. Charles wurde 1625 als Nachfolger seines Vaters König von England, Schottland und Irland. Im selben Jahr heiratete er die Tochter des Königs von Frankreich, eine Katholikin, und tat in den folgenden Jahren vieles – sowohl außen- als auch innenpolitisch –, was ihn in Konflikt mit papstfeindlichen Gruppen wie den Anglikanern und Puritanern brachte. Zudem geriet er durch seine absolutistischen Entscheidungen in Konflikt mit dem Parlament, was zum Bürgerkrieg zwischen der Königspartei (Royalisten) und der Armee der Parlamentarier führte.

Die Armee der Parlamentarier stand unter dem Oberbefehl von Oliver Cromwell, der aufgrund der kriegerischen Situation einen schnellen Aufstieg schaffte: vom einfachen Parlamentsmitglied zum General und zum Anführer der Opposition. Er konnte den Royalisten entscheidende militärische Niederlagen zufügen, und der König geriet Anfang 1647 in die Hände seiner Gegner. Verhandlungen scheiterten, ebenso ein Fluchtversuch des Königs. Danach befahl bzw. bewilligte er eine militärische Intervention durch die schottische Armee. Im August 1648 besiegte Cromwell die schottische Armee in der berühmten Schlacht von Preston. Das Parlament stimmte für weitere Verhandlungen mit dem König, aber Cromwell wollte die Situation endgültig für sich entscheiden, und so übernahm er die militärische Kontrolle von London. Am 6. Dezember 1648 verwehrten seine Soldaten jenen Parlamentsmitgliedern, die eine Gegenmeinung vertraten, den Zutritt ins britische Unterhaus. 45 wurden verhaftet. Dieser erste und einzige Militärputsch in der Geschichte Englands ging unter dem Namen *Pride's Purge* in die Geschichte ein („Säuberungsaktion unter der Leitung von Oberst Thomas Pride").

Das „gesäuberte" Parlament konnte nun mit den verbliebenen Abgeordneten Entscheidungen im Sinne Cromwells durchsetzen, weil die Opposition nicht mehr anwesend oder eingeschüchtert war. Dadurch gelang es Cromwell, einen Hochverratsprozess gegen den König zu erzwingen. Das britische Oberhaus lehnte einen solchen Prozess ab, worauf Cromwells Parlament mit einem Ermächtigungsgesetz antwortete und einen eigenen Gerichtshof einberief. Am 20. Januar 1649 begann der Schauprozess. Von den 135 einberufenen Mitgliedern dieses Tribunals nahmen nur 68 am Prozess teil. Am 26. Januar 1649 wurde der König zum Tode verurteilt, 59 Geschworene unterzeichneten das Urteil. Am 30. Januar wurde das Urteil vollzogen.

Die Hinrichtung des Königs (1649) und die Folgen

Nostradamus beschrieb die Gefangenschaft und die Hinrichtung von König Charles I. in Vers 8.37:

La forteresse aupres de la Tamise
Cherra par lors le Roy dedans serré,
Aupres du pont sera veu en chemise
Un devant mort, puis dans le fort barré.

„Die Festung nahe der Themse
Mit hohem Preis, dass der König darin eingesperrt ist.
Bei der Brücke wird er im Hemd gesehen,
Ein vor dem Tod Stehender, danach im sicheren Ort beerdigt."

Der König war nach dem Militärputsch vom 6. Dezember 1648 als Gefangener ins Schloss Windsor (Windsor Castle) überführt worden. Die Stadt Windsor liegt an der Themse und grenzt an den Südwesten Londons. „Die Festung nahe der Themse" bezieht sich auf Windsor Castle. Dieses Schloss ist zusammen mit dem Buckingham Palace und dem Holyrood Palace in Edinburgh eine der drei offiziellen Hauptresidenzen des britischen Monarchen. Und gerade dort wurde der König von seinen Gegnern gefangen gehalten, während der Prozess organisiert und durchgeführt wurde.

Einige Übersetzer schreiben hier: „Die Festung nahe der Themse wird fallen", aber *cherra* ist ein vielschichtiges Wort, das Nostradamus ziemlich oft verwendet. Das alte Verb *cherrer* bedeutet „den Preis erhöhen" (von *cher*, „teuer"), „überteuern", dann auch „übertreiben; [mit Worten oder Handlungen] zu weit gehen", „prahlen, verspotten; jmdn. verletzen, mit Worten treffen", „dreinschlagen, niederschlagen". Die Bedeutung in Zeile 2 ist naheliegend: Die königliche Festung zahlte einen hohen Preis, denn nach der Inhaftierung und Hinrichtung des Königs wurde die Monarchie abgeschafft, und Cromwell wurde zu einem militärischen Diktator.

Die Hinrichtung fand in London auf dem Platz vor dem Banqueting House statt, das damals Teil des Whitehall-Palasts war. Die Palastanlage fiel 1698 einem Brand zum Opfer. Das Banqueting House ist heute der einzige noch existierende Teil dieses Palastes und ist das älteste klassizistische Gebäude von London. Die Hausfront, die nach außen auf die öffentliche Seite gerichtet ist, besteht aus zwei Reihen von großen Fenstern und hat keine Tür. Für die Hinrichtung wurde vor dieser Hausfront eine Bühne errichtet, und von einem Fenster führte ein Holzsteg zur Bühne. Über diese „Brücke" wurde der König zum Schafott geführt. Nach seinen letzten Worten legte er den Umhang ab und stand mit dem Unterkleid („Hemd") vor der großen Menschenmenge. Genau dies beschreibt Nostradamus in der dritten Zeile.

Die vierte Zeile besagt nicht etwa, dass der Todgeweihte begnadigt und wieder in ein Gefängnis geführt wird, wie auch schon übersetzt wurde: „Einer, der vor dem Tod steht, wird dann in der Festung eingeschlossen." Das Verb *barrer* bedeutet nicht „jemanden einsperren", sondern „(ein Gelände, einen Ort) absperren, blockieren, verschließen"; *barré* bezieht sich auf *le fort:* „die abgeriegelte, gut beschützte Festung". Das Wort *barré* hat einen direkten Anklang an das englische Wort *buried* („beerdigt; beigesetzt"). Nostradamus hat in diesem Vers zwei Wörter verwendet, die im Französischen und Englischen gleich sind: *forteresse/fortress* und *fort.*

Nostradamus schreibt *devant mort,* „vor dem Tod", und dann *puis,* „darauf, danach", was logischerweise „nach dem Tod" bedeutet. Deshalb dürfte die Übersetzung „danach im sicheren Ort beigesetzt" dem entsprechen, was Nostradamus sah.

Der Hinweis auf den sicheren Ort der Grabes ist sehr wichtig und relevant, wenn man in Betracht zieht, was zwölf Jahre später mit dem Leichnam von Oliver Cromwell geschah. Cromwell erlaubte nicht, dass der König in der Westminster Abbey beigesetzt wurde. Er wurde deshalb in der St.-Georgs-Kapelle von Schloss Windsor beerdigt. Auffällig ist, dass Nostradamus in der ersten Zeile den Begriff *la forteresse* („die Feste, Festung, Burganlage") verwendet und in der vierten Zeile den kürzeren Begriff *le fort* („Festung; befestigter Ort; sicherer Ort"). Mit *le fort* ist ein Teil der *forteresse* gemeint, nämlich die Burgkapelle innerhalb der großen Burganlage von Windsor Castle. Damit kehrt der König am Ende von Zeile 4 dorthin zurück, wo er am Anfang von Zeile 1 in Gefangenschaft war. Das Grab von König Charles I. befindet sich heute noch dort und wurde nie geschändet.

Für die einen war die Hinrichtung des Königs ein Frevel und Justizmord, für die anderen eine grausame Notwendigkeit, um den Bürgerkrieg zu beenden. Zuvor war propagandistisch behauptet worden, danach werde Friede einkehren. Aber das Gegenteil war der Fall. Der vormalige Oppositionsführer Oliver Cromwell (1599 - 1658) beseitigte die Monarchie und gründete den „Commonwealth", die erste Republik der Welt, die jedoch bald zu einer Militärdiktatur der Puritaner wurde. In den damit verbundenen Kriegen unterwarf Cromwell Schottland und Irland durch schreckliche Massakerzüge, getrieben von einem fanatischen Hass auf die Monarchie und die Katholiken.

Cromwell starb 1658 eines natürlichen Todes und wurde mit königlichen Ehren in der Westminster Abbey beigesetzt. Als der Sohn des hingerichteten Königs 1660 aus dem Exil nach England zurückkehrte und den Thron bestieg, ließ er im darauffolgenden Jahr Cromwells Leichnam ausgraben und an einen Galgen hängen, zusammen mit dem Leichnam von Cromwells Schwiegersohn, der ein General in der Parlamentarierarmee gewesen war, und dem Leichnam des Vorsitzenden des Schauprozesses von 1649. Danach wurde jeder Kopf auf einen Eisenpfahl gesteckt und auf einer Frontwand des Westminster-Palasts zur Schau gestellt.*

---

* Weil Cromwells Leichnam einbalsamiert worden war, war sein Gesicht noch mumienartig zu erkennen. Sein Kopf blieb bis 1684 auf dem Westminster-Palast, danach geriet er über Umwege in Privatbesitz. Im Jahr 1962 wurde bekanntgegeben, dass der Kopf am 25. März 1960 in der Nähe der Kapelle des Sidney Sussex College beerdigt wurde. (Cromwell hatte in seiner Jugend dort studiert.)

Nostradamus sah diese Gewalteskalation in England voraus und beschrieb Oliver Cromwell mit folgenden Worten (in Vers 8.76):

Plus Macelin que roy en Angleterre
Lieu obscure nay par force aura l'empire:
Lasche sans foy sans loy saignera terre,
Son temps s'approche si pres que je souspire.

„Er ist mehr Schlächter als König in England.
An einem unbedeutenden Ort geboren, wird er das Reich mit Gewalt an sich reißen.
Niederträchtig, treulos, gesetzlos tränkt er die Erde mit Blut.
Seine Zeit nähert sich so bald, dass ich seufze."

Oliver Cromwell stammte aus der kleinen Stadt Huntingdon. Seine Eltern gehörten dem Landadel an. Seine Herkunft ist *obscure*, „bescheiden; unbedeutend", aber Nostradamus wählte dieses zweideutige Wort bestimmt nicht zufällig, denn *obscure* bedeutet auch „dunkel; unbekannt; verdächtig". Damit meint Nostradamus nicht die Stadt Huntingdon, sondern er deutet damit an, dass die Geburt dieses künftigen Schlächters ein dunkler Moment war. Er nennt ihn „treulos, gesetzlos", aber nicht gottlos, denn Cromwell meinte, er sei von Gott berufen.

Nostradamus schrieb diese Prophezeiung kurz nach 1555. Cromwell wurde 1599 geboren und kam 1645 an die Macht, was für Nostradamus, der sich persönlich betroffen fühlte, spürbar nahe war.

In Vers 2.51 bezeichnet er die Hinrichtung des Königs als *faute* („Fehler, Vergehen, Schuld,* Verschulden, Verfehlung") und als Ursache von Strafen durch höhere Gewalt:

Le sang de iuste à Londres fera faute
Bruslés par fouldres de vingt trois les six.
La dame antique cherra de place haute,
De mesme secte plusieurs seront occis.

„Das Blut des Gerechten wird in London als Verfehlung dastehen,
[London] verbrannt durch Blitze, von zwanzig drei die Sechsen.
Die antike Dame wird aus hoher Stellung einen hohen Preis zahlen:
Von der gleichen Gruppierung (Partei) werden mehrere getötet."

---

* *La faute* bedeutet im Französischen auch Schuld als moralische Verantwortung desjenigen, der sich eine Verfehlung zuschulden kommen ließ, siehe: *faute collective*, „Kollektivschuld".

1666 wurde London von einer Brandkatastrophe fast gänzlich zerstört. Nostradamus sagt, dass Blitze die Ursache sind, womit er andeutet, dass er dies als Strafe Gottes für London sieht, weil der König 17 Jahre zuvor hingerichtet wurde. In der zweiten Zeile konstruiert Nostradamus eine unförmige, aber prophetisch geniale Doppelaussage. Die eine Lesart ist: *Bruslés par fouldres de vingt, trois les six.* „Verbrannt durch Blitze von zwanzig [an der Zahl], wenn die Sechsen drei [an der Zahl] sind“: die Stadt werde von „zwanzig“ Blitzen getroffen, wenn drei mal die Sechs vorhanden ist. Das ist ein Hinweis auf die Jahreszahl 1666 und auch ein Hinweis auf die biblische Offenbarung mit der Zahl 666. Die andere Lesart ist: *Bruslés par fouldres, de vingt trois les six.* „Verbrannt durch Blitze, wenn von 23 [Jahren] die sechs [Jahre] [abgezogen werden]“, das heißt: Die Stadt wird 17 Jahre später niederbrennen, was eine direkte Verbindung zum Jahr 1649 herstellt. Nostradamus schrieb nicht einfach „nach siebzehn Jahren“, weil er eine Formulierung konstruieren wollte, die auch die markante Jahreszahl 1666 enthält.

„Die antike Dame“ ist die Republik, die Cromwell 1649 nach antikem Vorbild einführte. Zehn Jahre später existierte sie schon nicht mehr. 1660 wurde ein neuer König gekrönt – Charles II., der Sohn des hingerichteten Königs –, und dieser ließ die Unterstützer der republikanischen Staatsform grausam verfolgen, weil sie Antiroyalisten waren und weil sie den Sturz und den Tod seines Vaters angezettelt oder zumindest hingenommen hatten. Aber bald wurde dies alles durch höhere Macht gestoppt: 1665 durch eine Pestwelle und 1666 durch den Großbrand. Nachdem Nostradamus in Vers 2.51 den Großbrand thematisiert hatte, prophezeite er im übernächsten Vers (2.53) die große Pest:

La grande peste de cité maritime
Ne cessera que mort ne soit vengée
De iuste sang, par pris damne sans crime
De la grand dame par feincte n'outraigée.

„Die große Pest von der Seestadt
Wird nicht weichen, bis der Tod gerächt ist:
Des gerechten Blutes, durch Verhaftung verurteilt, ohne Verbrechen (ohne dass er sich ein Verbrechen zuschulden kommen ließ),
Der großen Dame, die von dieser Täuschung nicht beleidigt (empört) war. [Er wurde verhaftet und verurteilt durch die Ungerechtigkeit der großen Dame/Partei, die ihren Machtmissbrauch nicht als solchen sah, sondern schönredete.]“

1665 brach in London eine große Pest aus, die etwa 100 000 Menschen dahinraffte, das war rund ein Viertel der damaligen Einwohner. Ein Jahr später folgte der große Stadtbrand. Nostradamus sah dies als göttliche Strafen für die Korruptheit, die zur Ermordung des Königs geführt hatte. Charles wurde verhaftet und wurde allein durch die Anklage schon für schuldig befunden („durch Verhaftung verurteilt"). Die treibenden Kräfte hinter diesem Schauprozess waren die Königsgegner (Antiroyalisten).

Wie in 2.51 wird auch in 2.53 die „Dame" erwähnt. Hier in 2.53 macht Nostradamus sogar das Wortspiel *damne... De la grand dame* („verurteilt ... Von der großen Dame"). Gemeint ist die Republik bzw. die antiroyale Partei, die über die von ihr inszenierte Täuschung (Missbrauch der Justiz, Täuschung der Öffentlichkeit) „nicht beleidigt war". Das heißt, sie handelte mit Selbstgerechtigkeit und Arroganz und fühlte weder Schuld noch schlechtes Gewissen. *Feinte* (altfrz. *feincte*) bedeutet auch „Heuchelei, Scheinheiligkeit", modern: „Doppelmoral". Während sie selbst wegen der anderen Partei ständig *outragée*, „beleidigt, empört" (engl. *outraged*), war, tat sie selbst das gleiche und noch Schlimmeres, indem sie bewusst mit *feinte* arbeitete. Die federführenden Funktionäre fühlten sich in Sicherheit, weil sie in der Mehrheit waren und meinten, sie würden nun immer an der Macht bleiben. Ihr Anführer, der charismatische Demagoge Oliver Cromwell, versprach eine bessere Welt („Commonwealth") und bekämpfte alle Gegner und Andersdenkenden mit brutaler Gewalt. Aber in 2.51 wurde bereits gesagt, dass die „antike Dame" aufgrund ihrer Übertreibungen und Anmaßungen bald aus ihrer hohen Stellung fällt.

Nostradamus maß dieser geschichtlichen Epoche eine solch große Bedeutung zu, dass er dem Tod des Königs und den dadurch ausgelösten Folgen einen weiteren Vers widmete, 9.11:

Le iuste à tort à mort lon viendra mettre
Publiquement, & du millieu estaint:
Si grande peste en ce lieu viendra naistre,
Que le iugeans fouyr feront contraint.

„Den Gerechten wird man widerrechtlich hinrichten,
Öffentlich, und mitten unter den Menschen, ausgelöscht:
Eine so große Pest wird an diesem Ort ausbrechen,
Dass die Richter das Fliehen einschränken werden."

Das Leben des Königs wurde „ausgelöscht". Nostradamus verwendet dieses Wort auch in 10.6 (*feu estaint,* „das Feuer gelöscht") und in 10.12 (*crainte estainte,* „die Furcht erloschen"). Weil er ihn „den Gerechten" nennt, deutet er durch das Wort „ausgelöscht" an, dass mit dem Tod des Gerechten auch die Gerechtigkeit ausgelöscht wurde und dass, wie in 2.53 erwähnt, diejenigen Überhand gewannen, die *par feincte* regierten. (Die umständliche Formulierung *à mort lon viendra mettre* weist mit *lon,* eigentlich *l'on,* wiederum auf „London" hin.)

Unklar ist, was Nostradamus mit *du millieu estaint* meint: „von der Mitte ausgelöscht". „Öffentlich" *(publiquement)* besagt bereits, dass Menschen zuschauten. Vielleicht wollte er mit diesem zweiten Ausdruck andeuten, dass das Unrecht *(tort)* in der Mitte der Gesellschaft angekommen war. Wieder wird die Pest mit diesem Unrecht in Verbindung gebracht, mit der Andeutung, dass das Unrecht selbst wie eine Pest war. Die Pest war 1665 in London so intensiv, dass niemand die Stadt ohne Gesundheitsbestätigung verlassen durfte. Die Einschränkung ging in beide Richtungen. Viele Handelsschiffe von anderen Ländern durften nicht nach London einreisen und wurden auf vorgelagerten Häfen zurückgehalten.

Der Zweite Weltkrieg

Wir haben gesehen, dass Nostradamus in Vers 3.57 den Beginn des Zweiten Weltkriegs auf das Jahr genau voraussagte (1649+290), mitsamt allen wichtigen Faktoren: Aries (→Arier) und *appuy Germanique* sowie *pole Bastarnan.* In zusätzlichen Versen ging er auf viele weitere Aspekte des Zweiten Weltkriegs ein, benannte aber nicht in jedem dieser Verse den konkreten Bezug. Nostradamus vertraute: Wer den großen Zusammenhang erkennt, erkennt auch, welche Verse zusammengehören, und dann ist das Unklare nicht mehr unklar, höchstens mehrdeutig, was aber beabsichtigt war. Jede der verschiedenen Bedeutungen ist richtig und relevant. Es ist immer wieder verblüffend zu sehen, wie viele Informationen Nostradamus in nur wenige Worte packte.

Weil der Zweite Weltkrieg ein weltpolitischer Einschnitt von enormer Auswirkung war, ließ Nostradamus auf Vers 3.57, der den Zeitpunkt und wichtige Stichwörter nannte, gleich einen weiteren Vers zu diesem Thema folgen, Vers 3.58, in dem die zentrale Person dieser verhängnisvollen Zeit vorgestellt wird:

Aupres du Rhin des montaignes Noriques
Naistra un grand de gens trop tard venu,
Qui defendra Saurome & Pannoniques,
Qu'on ne saura qu'il sera deuvenu.

„In der Nähe des Rheins der norischen Berge
Wird einer, der sehr mächtig werden wird, geboren unter dem Volk, das zu spät gekommen ist,
Der Sarmatien und Pannonien verteidigen wird,
So dass man nicht erkennt, was er noch werden wird."

Die meisten Interpreten sind sich einig, dass Nostradamus hier Adolf Hitler (seine Herkunft und anfänglich nicht abschätzbare politische Laufbahn) beschrieb. Die norischen Berge sind die Alpen im Bereich der ehemaligen römischen Provinz Noricum: „Noricum war ein keltisches Königreich unter der Führung des Stammes der Noriker auf einem Großteil des Gebietes des heutigen Österreich sowie angrenzender Gebiete Bayerns (östlich des Inn) und Sloweniens, das später unter der Bezeichnung *Provincia Noricum* als Provinz im Verbund des Römischen Reiches aufging. [...] Somit ist das *Regnum Noricum* das erste bekannte politische Gebilde auf dem Gebiet des heutigen Österreich."[267] Auch heute noch ist der Begriff „Norische Alpen" in Gebrauch, und ein Bereich von Kärnten/Steiermark nennt sich „Norische Region".

Der „Rhein [Hauptfluss] der norischen Berge" ist die Donau. *Auprès* heißt „am; beim; in der Nähe von". In der Nähe der Donau wird die besagte Person geboren. Heute wissen wir, dass es sich um Braunau am Inn handelt. Braunau ist 50 km von Passau entfernt, wo der Inn in die Donau mündet, und drei Jahre nach der Geburt dieses zukünftig Mächtigen zog die Familie nach Passau, wo er dann direkt am „Rhein der norischen Berge" wohnte.

Die erste schriftliche Erwähnung des Inn stammt vom römischen Geschichtsschreiber Tacitus (ca. 100 v. Chr.), und darin wird in Verbindung mit dem Inn namentlich das norische Gebiet erwähnt: „[...] Ufer des Flusses Inn, der zwischen den Rätern und den Norikern fließt (*ripam Aeni fluminis, quod Raetos Noricosque interfluit*)." Wahrscheinlich übernahm Nostradamus seine geographische Bezeichnung von Tacitus, und vielleicht hinterließ er absichtlich diesen Anklang: Braunau, Passau, Donau ... *Aupres.* Jedenfalls ist diese Silbenübereinstimmung in der Ortsangabe ein passender Zufall.

Das Volk, das zu spät gekommen ist, ist Österreich, das zur damaligen Zeit (zweite Hälfte des 18. Jahrhunderts) wie ein jüngeres Kind im Schatten der älteren Geschwister stand, die alle zu Kolonialimperien geworden waren. Mit wenigen Worten – ein Großer aus dem Volk, das zu spät gekommen ist – weist Nostradamus auf die problematische psychische Konstitution dieses Mannes hin: Minderwertigkeitskomplex und Größenwahn. Am Anfang seiner Herrschaft wird er als Verteidiger von Sarmatien* und Pannonien** auftreten – „Verteidigung" der deutschen Interessen und Verteidigung gegenüber Stalin-Russland. Historisch grenzte die Provinz Noricum im Süden an Italien und im Osten an Pannonien. Der Mann aus den norischen Bergen will seinen Einfluss also weiter nach Osten (Österreich, Ungarn) und nach Nordosten (Polen) ausweiten. Wir sind hier in Vers 3.58, und in der letzten Zeile von 3.57 wurde bereits der *pole Bastarnan* erwähnt, was sowohl auf Polen als auch auf die Sowjetunion hinweist. Das Schlagwort damals lautete „Lebensraum", was anfänglich vielsprechend klang. Aber Nostradamus erkennt die Problematik und sagt, dass die Anhänger dieses „Großen" nicht erkannten, was aus dem anfänglichen Aufschwung werden wird und welche Gesichter dieser Mann sonst noch hat.

Nostradamus hingegen sah die weitere Entwicklung dieses Mannes und schrieb in Vers 6.67:

Au grand Empire parviendra tout un autre
Bonté distant plus de felicité:
Regi par un issu non loing du peaultre,
Corruer regnes grande infelicité.

„Im großen Reich wird ein ganz anderer emporkommen,
Von der Güte noch weiter entfernt als vom Glück:
Regiert von einem, der entstammt nicht weit entfernt vom Strohbett
[seine Familie lebte fast im Stroh, und die Abstammung war unrein].
Er wird Reiche in großes Unglück stürzen."

---

* Sarmatien: das Gebiet östlich der Weichsel. In der ersten Ausgabe (1555) war dieser Name in Großbuchstaben geschrieben: *Qui defendra SAUROME & Pannoniques.* Wir wissen nicht, ob dies im Manuskript ebenfalls großgeschrieben war. In der Großschreibung sticht der Name ROME hervor, die französische Schreibweise für Rom, ital. Roma. Der Hinweis auf die Verbindung mit Rom (politisch und „vatikanisch") wäre durchaus zutreffend und prophetisch gewesen.

** Pannonien: das Gebiet Wien, das Burgenland, die westliche Hälfte des heutigen Ungarn plus einige Nachbargebiete.

Der „*grand*" von Vers 3.58 ist im „*grand Empire*" angekommen und gelangt als Außenseiter an die Macht (*parviendra,* von *parvenir,* ist direkt verwandt mit *parvenu,* „Emporkömmling").

Die Konstruktion von Zeile 2 erinnert an Zeile 1 von 8.76, wo über Cromwell gesagt wird: *Plus Macelin que roy en Angleterre.* Hier heißt es: Er wird von der Güte, vom Guten, noch weiter entfernt sein als vom Glück. Er wird seinem Land kein Glück und noch weniger Gutes bringen, sondern sein Land und andere „Reiche in großes Unglück stürzen".

Zeile 3 ist voller Andeutungen. Dieser neue Regent entstammt einem armen und unreinen Elternhaus. Das Wort *peaultre* (oder *peautre*) bedeutet „Strohbett; schlechtes Bett", „schnell errichtete Liegestatt; Ort der Unzucht". Nostradamus verwendet dieses Wort auch in Vers 9.76, dort in bildlicher Parallele zum römischen Kaiser Nero: *Yssu du peaultre de l'inhumain Neron,* „hervorgegangen aus dem unreinen Bett/aus der Hurerei des unmenschlichen Nero". Nostradamus ist sehr präzise und sagt in Vers 6.67, dass es mit der Herkunft des dort beschriebenen Regenten nicht ganz so schlimm war wie beim *peaultre* des Nero. Der Vater, von dem er abstammt, war *non loing du peaultre,* „nicht weit entfernt" von dieser Art von Bett. Hitlers Vater war ein uneheliches Kind und wurde von seinem Vater nie als Sohn anerkannt. Er war Spross der dritten Ehe dieses Mannes, der in dieser dritten Ehe seine Halbnichte ersten oder zweiten Grades heiratete (die Verhältnisse sind unklar), was bedeutet, dass Adolf einer Art von Inzucht entsprang. Nostradamus beschrieb dies diskret und mit einer Parallele zu Vers 9.76, der ebenfalls auf Hitler bezogen werden kann. Nostradamus nannte ihn in 3.58 *un grand,* aber letztlich bewirkte dieser durch sein *grand Empire* nichts anderes als *grande infelicité,* „großes Unglück".

Die Aussage von Vers 6.67 wird durch Vers 9.90 weitergeführt:

Un capitaine de la grand Germanie
Se viendra rendre par simulé secours
Vu Roy des roys ayde de Pannonie,
Que sa revolte fera de sang grand cours.

„Ein Kapitän aus dem großen Deutschland
Wird kommen, um sich durch vorgetäuschte Hilfe voranzubringen.
Gesehen als König der Könige, bekommt er Hilfe aus Pannonien,
So dass seine Revolte ein großes Blutvergießen verursacht."

Nostradamus wählte die Formulierung *la grand Germanie* nach der Vorlage des römischen Begriffs *Germania magna,* mit dem die Römer das nicht eroberte Germanien bezeichneten, im Gegensatz zu ihren Provinzen, die ebenfalls *Germania* hießen: *Germania Superior* (westlich des Rheins) und *Germania Inferior* (südlich der Donau). *Germania magna* entsprach weitgehend dem Gebiet des heutigen Deutschlands, plus die Gebiete von Holland, Belgien und Nordostfrankreich und weitere Gebiete im Osten. Genau diese Gebiete von *la grand Germanie* wollte Hitler wieder erobern (und noch viel mehr).

Interessanterweise schreibt Nostradamus nicht *la grande Germanie,* sondern *la grand Germanie,* was wie „Großdeutschland" klingt. Der Kapitän oder Führer von Großdeutschland bietet vorgetäuschte Hilfe an und wird als „König der Könige" gesehen, weil er kurzfristig große Eroberungen schaffte. Er bekommt Hilfe von Pannonien (Österreich, Ungarn), womit u. a. die von NS-Deutschland diktierten „Wiener Schiedssprüche" von 1938 und 1940 gemeint sind. Aber es entsteht kein Friede, sondern eine Kette von eskalierenden Kriegen, eine *revolte* im wörtlichen Sinn, denn das französische Verb *révolter* geht auf das lateinische *revolvitare* zurück („umdrehen; umwälzen; umstürzen"), von dem auch das Wort „Revolution" abgeleitet ist. *Revolvitare* ist im Latein eine Intensivbildung zu *revolvere,* „zurückrollen; zurückdrehen; repetiert drehen" (davon abgeleitet auch „Revolver"). *Sa revolte* begann mit einer Revolte (er versuchte 1923, mit einem Putsch die Weimarer Republik zu stürzen) und führte zu „revolvierenden" Gewaltakten und Kriegen.

Nachdem Nostradamus in Vers 3.57 die Jahreszahl für den Beginn des Zweiten Weltkriegs genannt hatte, wies er in Vers 8.15 über eine astronomische Angabe nochmals auf das Jahr 1939 hin:

Vers Aquilon grands efforts par hommasse
Presque l'Europe & l'univers vexer,
Les deux eclypses mettra en telle chasse,
Et aux Pannons vie & mort renforcer.

„Gegen Adlerland große Bemühungen durch Menschenmassen,
Sie werden fast ganz Europa und die Welt in Mitleidenschaft ziehen.
Die zwei Finsternisse lösen die Jagd aus,
Und für die Pannonier geht es verschärft um Leben und Tod."

„Adlerland“ ist Deutschland, das Land mit dem Reichsadler im Wappen. Im April und Oktober 1939 kam es über Mitteleuropa zu Sonnenfinsternissen, die zu unguten Omen wurden. Nostradamus sah, dass in der Zeit dieser zwei Finsternisse ein Krieg beginnt, der fast ganz Europa und die Welt in Mitleidenschaft ziehen wird. Und wieder erwähnte er namentlich Pannonien bzw. die Pannonier. Für sie ging es tatsächlich verschärft um Leben und Tod.

Das Wort *hommasse* kann als Wortkombination von *hommes* und *masse* („Menschen“ und „Masse“) gedeutet werden. Tatsächlich mobilisierte sich schon bald eine Übermacht von Gegnern gegen Deutschland. Als eigenständiges Wort bedeutet *hommasse* „Mannsweib“. Meinte Nostradamus damit vielleicht die allegorische Britannia? Ich vermute, dass er einfach sagen wollte, dass die „Masse der Menschen“ das Vorgehen gegen Deutschland guthieß und unterstützte, obwohl dadurch fast ganz Europa und die Welt in Mitleidenschaft gezogen wurden.* In der Formulierung *l'Europe & l'univers* verwendet Nostradamus den Begriff *l'univers* im gleichen Sinn wie in *paix universelle* (S. 71), aber mit umgekehrten Vorzeichen. Während der „universelle Friede“ noch eine unerfüllte Prophezeiung ist, begann damals ein „universeller Krieg“ (Weltkrieg).

Hier ließen sich noch weitere Nostradamus-Verse über den Zweiten Weltkrieg anführen, aber ich möchte nur noch einen herausgreifen. Dieser Vers enthält den Namen Hister, der dort ein codierter Name für Hitler ist, konstruiert als Wortkombination von „Hitler“ und „Ister“, dem alten Namen der Donau: lat. *Hister,* grch. *Istros.* Obwohl er am Inn geboren wurde, besteht ein direkter Bezug zur Donau, wie in Vers 3.58 ersichtlich wurde. Zudem ist Österreich aus westlicher Sicht „das Land der Donau“.[268]

Der Name *Hister* erscheint in mehreren Versen des Nostradamus, und meistens ist damit tatsächlich „nur“ der Fluss Donau gemeint. Der

---

* Nostradamus verwendet hier das Wort *vexer,* das bei ihm relativ häufig vorkommt. Das lateinische Wort *vexare* bedeutet „plagen, quälen“. Im heutigen Französischen bedeutet *vexer* „beleidigen; kränken, vor den Kopf stoßen“. Bei Nostradamus beschreibt dieses Wort ein breites Spektrum von aggressiven Handlungen mit Worten oder Taten und hat manchmal eine der oben aufgeführten Bedeutungen, manchmal aber auch – wie hier in 8.15 – eine allgemeinere Bedeutung im Sinn von: „(negativ/ungünstig) betreffen; heimsuchen; in Mitleidenschaft ziehen“ oder konkret „angreifen, (in ein Land) einfallen“.

folgende Vers (5.29) lässt sich jedoch leicht auf den Zweiten Weltkrieg beziehen, vor allem weil Nostradamus beim Namen Hister auch noch einen Hinweis auf den Begriff „Faschismus" einfügte.

La liberté ne sera recouvree,
L'occupera noir fier vilain inique.
Quand la matiere du pont sera ouvree,
D'Hister, Venise faschee la republique.

„Die Freiheit wird nicht zurückgewonnen,
Der Schwarze, Hochmütige, Boshafte, Ungerechte reißt sie an sich.
Wenn das Abkommen der Brücke beschlossen wird,
Wird die Republik durch Hister, Venedig erzürnt (faschee)."

Hier wurde das Bündnis zwischen Hitler und Mussolini vorausgesagt. Mussolini war der Anführer der Faschisten, die schwarze Hemden trugen. So wie die deutschen Nazis „braun" waren, waren die italienischen Faschisten „schwarz". Nostradamus wählt im Französischen das Wort *faschee* (heute: *fâchée*). Aus diesem phonetischen Anklang können wir schließen, dass Nostradamus den Faschismus sogar mit diesem Namen vorausgesehen hat. Natürlich besteht zwischen den Wörtern *faschee (fâchée)* und Faschismus kein etymologischer Zusammenhang, aber Nostradamus machte oft phonetische Andeutungen durch Gleichklang (wie *or-* in *ornement* oder *qu'aura* und Gaura; S. 80, 84).

Das „Abkommen der Brücke" ist in dieser Interpretation die Achse Berlin-Rom. Die Annäherung von Mussolini und Hitler begann 1933 mit einem persönlichen Treffen in Venedig – genau die Stadt, die Nostradamus hier nennt! Hitler wünschte ein diskretes Treffen, aber Mussolini mobilisierte die Presse und inszenierte zur Propaganda einen pompösen Empfang.

Die Republik, die durch diese faschistische Verbindung „erzürnt" und dann gestürzt wurde, ist Frankreich. Die Dritte Französische Republik existierte zwischen 1870 und 1940. Der offizielle Staatsname war *République française.* Die Dritte Republik endete nach dem temporären Sieg Deutschlands über Frankreich und der Gründung der Vichy-Regierung im Juli 1940. Frankreich unter deutscher Besatzung war keine Republik mehr, sondern hieß nur noch *État français,* „Französischer Staat". 1946 begann in Frankreich die Vierte Französische Republik. (Aktuell gilt in Frankreich die Verfassung der Fünften Französischen Republik von 1958.)

Auch Venedig war für eine lange Zeit eine Republik. Für rund eintausend Jahre (vom 8. Jahrhundert bis 1797) nannte sich Venedig offiziell „Republik Venedig“ und war eine einflussreiche See- und Wirtschaftsmacht.[269] Venedigs Wappen- und Flaggentier ist der Löwe als Zeichen des Evangelisten Markus, weshalb Venedig auch Markus- oder Löwenrepublik genannt wurde. Noch zu Beginn des 20. Jahrhunderts bestanden in Venedig Gruppen, die das alte Vorbild der Republik wieder aufleben lassen wollten. Mit dem Erstarken des Faschismus wurden diese utopischen Träume endgültig zerschlagen.

Wenn sich „der Schwarze“ nicht auf Mussolini und „Hister“ nicht auf Hitler bezieht, würde dieser Vers keinen Sinn ergeben. Die dritte und vierte Zeile würden dann lauten: „Wenn die Sache der Brücke behandelt sein wird, wird vom Unterlauf der Donau und von Venedig her die Republik in Wut versetzt.“[270]

So wie Nostradamus über die Weltkriege und über die Ereignisse um und nach der Hinrichtung des Königs von England schrieb, schrieb er auch über viele andere Ereignisse der letzten fünfhundert Jahre. In jedem Jahrhundert konnten interessierte Forscher in den Versen des Nostradamus Aussagen über ihre eigene Epoche finden. Rund zwanzig Verse handeln von der französischen Revolution und/oder von Napoleon, den Nostradamus mit vielen Details beschreibt und sehr kritisch beurteilt. In Vers 1.60 schreibt er: „Ein Kaiser wird nahe von Italien [auf Korsika] geboren,/Der dem Reich sehr teuer zu stehen kommt.“ Und dann eine Formulierung, die wiederum an die über Cromwell erinnert (S. 356, 362): *Qu'on trouvera moins prince que boucher.* „Dass man ihn weniger für einen Prinzen als für einen Schlächter halten wird.“

Fazit und Rückblick auf das „Jahr 3797“

Immer wieder müssen wir uns vergegenwärtigen: Dies alles schrieb ein Mann in der Mitte des 16. Jahrhunderts! Er sah viele Ereignisse mit genauen Details voraus, einige sogar mit den Jahreszahlen, wie z. B. 1649 und 1939 sowie 1666. Nostradamus betont, dass er alles klar und konkret wahrnahm, dass er das Gesehene aber „nur in rätselhafter Sprache“ offenbaren konnte:

> „Aber die Schande der Zeit, gnädigster König, erfordert, dass solche verborgenen Ereignisse nur in rätselhafter Sprache geoffenbart werden, die

nicht bloß einen einzigen Sinn und eine einzige Erklärung zulässt, was aber nicht bedeutet, dass sie auf einer zweideutigen oder doppelsinnigen Berechnung beruhen." (aus dem zweiten Vorwort)

Nostradamus sah „die Schande der Zeiten" in jedem der kommenden (fünf!) Jahrhunderte, musste aber alles, was er hellsichtig erschaute, indirekt und verschleiert zum Ausdruck bringen. Die entlarvenden Wahrheiten und historischen Parallelen, die er quer durch die Jahrhunderte wahrnahm und schon im Voraus durchschaute, waren sehr brisant, und das bis in die heutige Zeit ...

Die Prophezeiungen des Nostradamus beziehen sich auf einen Zeitraum von rund fünfhundert Jahren und beinhalten auch das gesamte 20. Jahrhundert. Es ist deshalb nicht überraschend, dass er den Zweiten Weltkrieg und die Protagonisten dieser Zeit beschrieb. Der Zweite Weltkrieg war das blutigste und entscheidende Ereignis des 20. Jahrhunderts, und mit diesem Einschnitt begann die Schlussphase der von Nostradamus prophezeiten Weltentwicklung, kulminierend in der heutigen Wendezeit. Bestand in den Jahrhunderten zuvor noch keine große Hoffnung, dass die Menschen aus dem negativen Karma-Kurs ausbrechen können, leben wir jetzt in der Zeit, in der sich eine neue „Zeitlinie" anbahnt bzw. anbietet – und Nostradamus sah dies voraus. Deshalb wollte er uns mit seinen Prophezeiungen „zu denken geben", denn erst heute sind wir in der Lage, seine Schlüsselbotschaften zu finden und in ihrem großen Zusammenhang zu verstehen.

Den Rahmen und die Dauer seiner Prophezeiungen kennen wir heute aus seinen aktuellen positiven Prophezeiungen und aus der Bedeutung der Zahl 3797 (siehe Kapitel 3): Die 1242-Zeit geht zu Ende, bildhaft verglichen mit der Zeit Noahs. Nach der 1242-Zeit und den abschließenden Sintfluten (angefangen mit den zwei Weltkriegen) kommt die 1000-Zeit. „Und danach [... nach letzten Wirren und Kriegen] beginnt zwischen Gott und den Menschen ein universeller Friede *(une paix universelle)*." Wie lange das „danach" dauert und welche karmischen Detonationen noch geschehen oder nicht mehr geschehen müssen, ist davon abhängig, wann die Menschen die prophezeite „große Klarheit" erkennen und annehmen.

Weil bisher praktisch alle Nostradamus-Autoren die Aussage mit dem „Jahr 3797" falsch verstanden, waren sie der Meinung, die Prophezeiungen würden bis in die Zukunft um das Jahr 3800 reichen; sie bezögen sich also auf einen Zeitraum von mehr als zweitausend Jahren! Dadurch missverstanden sie die Bedeutung all jener Verse, die sie irrtümlicherweise auf die ferne Zukunft – die Jahre 2100, 2500, 3000, 3500 bis 3797 – bezogen. Und sie verpassten den eigentlichen Fokus von Nostradamus' Prophezeiungen, nämlich die Wendezeit in jenem Zeitfenster, das er in Vers 3.94 nannte: „in fünfhundert Jahren", konkret im Zeitraum 1986 bis 2033. Angesichts all der schrecklichen Ereignisse, die Nostradamus aufgrund des Verlaufs der dunklen Weltgeschichte sah und prophetisch niederschrieb, zeigt sich umso deutlicher, welch entscheidende Bedeutung den beiden positiven Versen 1.96 und 3.94 zukommt.

Anhang 2

Wie lange dauert das Kali-Yuga? Das gegenwärtige Zeitalter im Licht der vier Yugas

Die Zyklen der Erde sind abhängig von lunaren, solaren und galaktischen Zyklen, wobei die großen Zyklen der Galaxis Milliarden von Jahren dauern. Auf der Erde „spiegeln" sich diese Zyklen als „Fraktale", d. h. als verkleinerte Wiedergaben der kosmischen zeitlichen Bezugssysteme. Die Grundeinheit der irdischen Fraktale sind die Yugas, die Hunderttausende von Jahren dauern, aber viele kleinere, verschachtelte Unterzyklen beinhalten.

Gemäß der vedischen Kosmologie werden vier große Yugas unterschieden, die sich zyklisch wiederholen. Gegenwärtig leben wir im vierten Yuga, das 432 000 Jahre dauert. Es begann vor rund 5000 Jahren. Bedeutet dies, dass das dunkle Zeitalter noch 427 000 Jahre dauert? Nein. Denn das dunkle Zeitalter ist ein Unterzyklus des vierten Yugas und sollte nicht mit dem gesamten vierten Yuga gleichgesetzt werden.

Uraltes Kosmologie-Wissen

Die vedische Hochkultur ist bekannt für ihre hochkomplexe Sprache, die wir Sanskrit nennen, und für ihr vielschichtiges Mysterienwissen (siehe: *Gott und die Götter – Die prophezeite Wiederkehr des vedischen Wissens*). Neben dem spirituellen Wissen (Yoga, Veda, Dharma, Karma, Ātmā, Brahman usw.) und dem Heilkundewissen (Āyurveda) ist im Westen auch das kosmologische Wissen der Veden bekannt geworden, auch in Kreisen der wissenschaftlichen Astronomie.

Zu den Grundlagen der vedischen Wissenschaft gehört die Erkenntnis, dass der Kosmos multidimensional ist, eine Erkenntnis, die von der Physik erst seit dem 20. Jahrhundert in Betracht gezogen wird. In ihrem Buch *Endless Universe – Beyond the Big Bang* (2007), schreiben die Autoren, Paul J. Steinhardt von der Universität Princeton und Neil Turok von der Universität Cambridge:

> Die alte Hindu-Kosmologie enthält eine bemerkenswert detaillierte und quantifizierte Sicht einer zyklischen Evolution. Sie beschreibt gesamthaft Zyklen innerhalb von Zyklen innerhalb von Zyklen, wobei die Zyklen auf jeder Ebene eine unterschiedliche Dauer haben. Diese Ebenen entsprechen verschiedenen Zeitabschnitten in der Lebensspanne des Brahma, des Schöpfergottes. So entspricht eine Art von Zyklus einem Tag und einer Nacht in Brahmas Leben, eine andere einem Jahr, wieder eine andere einhundert Jahren [...]. Wenn wir diese Zyklen auf Erdenjahre umrechnen, sind einige von ihnen überraschend ähnlich wie jene Zeitangaben, die in der zeitgenössischen Astronomie von Interesse sind. Ein Tag und eine Nacht im Leben Brahmas dauern [je] ein *kalpa,* [zusammen] eine Zeitperiode von 8,64 Milliarden Jahren, was ungefähr der Dauer entspricht, die von der modernen Kosmologie für die von Materie dominierte Epoche angesetzt wird, in der sich die Galaxien formten. (p. 169f.; Übersetzung von A. R)

Die Yugas sind nicht nur irdische Zyklen, sie stehen in Synchronizität mit galaktischen Abläufen (sanskr. Manvantaras) und den höherdimensionalen Zeitschemen unseres Universums, den „Brahmā-Tagen“. Die Yugas sind der wichtigste Zeitrahmen der Erdgeschichte. Innerhalb der Yugas laufen viele irdische Unterzyklen ab.

Die Yuga-Zyklen

Betrachten wir nun die vier Yuga-Zyklen:

Satya-Yuga	4 × 432 000 = 1 728 000
Tretā-Yuga	3 × 432 000 = 1 296 000
Dvāpara-Yuga	2 × 432 000 = 864 000
Viertes Yuga	1 × 432 000 Erdenjahre (inkl. „Kali-Yuga“ als erster Unterzyklus)
Total:	10 × 432 000 = 4,32 Millionen Erdenjahre

Die Details dieser Zyklen, insbesondere auch die Zeit der Yuga-Übergänge, habe ich im Buch *Gott und die Götter* dargelegt. Nur ein Detail sei hier herausgegriffen: Die Übergangszeit des Satya-Yugas dauert am Anfang 144 000 Jahre, am Schluss ebenfalls 144 000 Jahre, und das eigentliche Satya-Yuga dauert 1 440 000 Jahre (144 000 + 1 440 000 + 144 000 = 1 728 000). 144 ist im vedischen Kalender also die Symbolzahl des ersten Yugas, des Goldenen Zeitalters! Dieselbe Zahl erscheint im Tzolkin („Maya-Kalender“) als Grundzahl der Berechnung der fünftausend Jahre langen Zeitspanne, die 2012 zu Ende ging: 13 Baktun-Zeitalter zu je 144 000 Tagen. Wie oben so unten. Wie in den großen Zyklen, so in den Unterzyklen. Bezeichnenderweise enthält ein 24-Stunden-Tag 1440 Minuten (= 2 × 43 200 Sekunden)!

Was „Kali“ bedeutet, wurde bereits erwähnt (S. 24). „Dvāpara-Yuga“ bedeutet einfach „Zweites Yuga“, „Tretā-Yuga“ bedeutet „Drittes Yuga“. „Satya-Yuga“ bedeutet „Zeitalter der Wahrheit“. Diejenigen, die die Bezeichnungen „zweites“ und „drittes“ Zeitalter wählten, taten dies aus der Sichtweise des jetzigen, vierten Zeitalters, das vor fünftausend Jahren begann, und aus dieser Sichtweise wurde auch der Begriff „Kali-Yuga“ gewählt. Hier muss betont werden, dass „Yuga“ verschiedene Bedeutungen hat, ähnlich wie das deutsche Wort „Zeitraum“. Mit dem Beginn des vierten Yugas vor fünftausend Jahren begann auch der erste Unterzyklus, das Kali-Yuga, und dieser Name wurde dann für das gesamte vierte Yuga verwendet, was aus heutiger Sicht etwas verwirrend sein kann. Um die Begriffe auseinanderzuhalten, bezeichne ich mit „Kali-Yuga“ den ersten Unterzyklus, und wenn das große Yuga, das 432 000 Jahre dauert, gemeint ist, spreche ich einfach vom „vierten Yuga“.

Mit anderen Worten, die Angabe, dass das vierte Zeitalter 432 000 Jahre dauert, bedeutet nicht, dass das gegenwärtige dunkle Zeitalter so lange dauern wird. Dies betont auch Paramahansa Yogananda in seinem Standardwerk *Autobiographie eines Yogi* (1946) und korrigierte damit seinen Lehrer Sri Yukteswar, der in seinem Buch *Die heilige Wissenschaft* (1894) geschrieben hatte, die Angaben mit den großen Yuga-Zahlen seien falsch und entsprängen einer Fälschung; richtig sei das von ihm präsentierte System mit einem Großzyklus von 24 000 Jahren, der sich in eine Hälfte mit vier absteigenden Yugas und in eine Hälfte mit vier aufsteigenden Yugas unterteile. Gemäß seinen Angaben ging das 1200 Jahre dauernde Kali-Yuga im Jahr 1699 n. Chr. zu Ende, und nach einer Übergangszeit von 200 Jahren, also 1899, begann endgültig das neue Zeitalter, das Dvāpara-Yuga, das insgesamt 2400 Jahre dauert; dann komme das nächsthöhere Yuga und dann das Satya-Yuga, und dann werde wieder eine Abwärtsentwicklung der nächsten 12 000 Jahre beginnen. Yukteswar schrieb:

> Im Jahre 1899, wenn die 200-Jahres-Periode des Dwapara-Sandhi oder der Übergangszeit vollendet ist, wird das eigentliche 2000 Jahre währende Dwapara-Yuga beginnen [plus die abschließende Übergangszeit von ebenfalls 200 Jahren].[271]

Wenn im Jahr 1699 das Kali-Yuga zu Ende ging und 200 Jahre lang noch ausklang, dann hätte ab 1899 die Vorherrschaft von Spaltung und Lüge vorbei sein müssen, was offensichtlich nicht zutrifft. Yukteswar meinte – wahrscheinlich unter theosophischem Einfluss –, dass mit dem Übergang vom 19. zum 20. Jahrhundert der erhoffte Zeitenwandel einsetze. (Die Theosophen erwarteten damals das Erscheinen des großen Weltenlehrers.)

Fünfzig Jahre später, und nach zwei Weltkriegen, war klar, dass Yukteswars optimistische Angabe falsch war. Wir befinden uns immer noch im Kali-Yuga, allerdings in seiner Endphase. Yogananda schrieb in Kapitel 16 seines Buches *Autobiographie eines Yogi* eine Fußnote, in der er darlegt, was die „Hinduschriften" wirklich sagen, und auch er unterschied „das gegenwärtige Zeitalter" vom vierten Yuga, das er jedoch, wie in Indien üblich, gesamthaft „Kali-Yuga" nannte. Dieses vierte Yuga ist Teil „eines viel länger währenden Weltall-Zyklus", der als „ein Tag der Schöpfung", ein Brahmā-Tag, bezeichnet wird. Dieser Weltall-Zyklus entspricht der „Zeitdauer unseres in seiner gegenwärtigen Form bestehenden Planetensystems". Hier Yoganandas Wortlaut im Kontext:

> Die Hinduschriften stellen das gegenwärtige Zeitalter in das Kali-Yuga eines viel länger währenden Weltall-Zyklus hinein, der nicht dem einfachen 24 000 Jahre währenden Zyklus entspricht, mit dem Sri Yukteswar sich befasste. Der Zyklus eines Weltalls beträgt, den heiligen Schriften zufolge, 4 300 560 000 Jahre [= 4,32 Milliarden Jahre minus Übergangszeiten] und stellt einen Tag der Schöpfung, d. h. die Zeitdauer unseres in seiner gegenwärtigen Form bestehenden Planetensystems, dar.[272]

„Zeit" verläuft in einem Ablauf von verschachtelten Zyklen und Unterzyklen. Die langen Weltzyklen mit 432 000 Erdenjahren (usw.) sind Widerspiegelungen von galaktischen Zyklen auf der Erde. Diese großen Zyklen beinhalten viele Unterzyklen, ähnlich wie ein Jahr aus vielen Unterzyklen besteht: vier Jahreszeiten, parallel dazu Monate mit Tagen, Tage mit Stunden, Stunden mit Minuten, Minuten mit Sekunden. All diese Zyklen laufen „gleichzeitig".

Das Kali-Yuga als Unterzyklus

Das Kali-Yuga begann gemäß altindischer Angabe praktisch zum selben Zeitpunkt wie der große Zyklus gemäß der Maya-Zeitrechnung, nämlich um 3100 v. Chr. An der Wintersonnenwende 2012 endete gemäß Maya-Kalender der Unterzyklus von rund fünftausend Jahren, der im Indischen „Kali-Yuga" genannt wird. Das vierte Yuga, der große Zyklus von 432 000 Jahren, endet noch lange nicht. Würde ein großer Zyklus im Rahmen der 432 000 Jahre zu Ende gehen, wäre die Hollywood-Darstellung im Film *2012* relevant ... und nicht ausreichend. Aber wie alle Vertreter der Maya-Kultur betonen, bedeutet das Zyklus-Ende von 2012 nicht einen Weltuntergang und auch nicht ein Katastrophen-Szenario, sondern die Chance eines Neuanfangs durch einen Bewusstseinswandel.

Im Gegensatz zum Maya-Kalender enthalten die vedischen Angaben keine konkreten Aussagen über die Dauer des Kali-Yugas im engen Sinn dieses Wortes. Nur das *Brahmavaivarta Purāṇa* macht einen versteckten Hinweis auf eine Dauer von 5000 Jahren, gerechnet vom Beginn des vierten Yugas an. Erst mit der Neuoffenbarung durch den Yuga-Avatāra vor fünfhundert Jahren wurde das Ende des dunklen Zeitalters und das Kommen eines „Goldenen Zeitalters" in Indien ein konkretes Thema.

Warum beschreibt der Maya-Kalender den fünftausend Jahre dauernden Unterzyklus mit klaren zeitlichen Angaben, während die altindischen Schriften dazu praktisch keine Angabe enthalten? Hier können wir nur spekulieren. Meine Vermutung ist, dass die indischen Texte öffentliches Wissen darstellten, weshalb nicht gesagt werden konnte, dass das dunkle Zeitalter, in dem Lüge und Gewalt vorherrschen werden, noch die nächsten vier-, drei-, zwei- und eintausend Jahre dauern wird. Eine derartige Mitteilung wäre für die meisten Menschen deprimierend und demoralisierend gewesen. Deshalb waren diese Texte nur allgemein gefasst, mit einem starken spirituellen und moralischen Bezug auf das persönliche Leben in der Gegenwart. Demgegenüber gehörte der große Zyklus von 13 × 144 000 bei den Mayas zum Geheimwissen, das damals nicht für die breite Masse bestimmt war. Die Eingeweihten sahen voraus, dass dieses Wissen erst kurz vor dem Ende des Zyklus' an die Öffentlichkeit gegeben wird. Heute ist das Wissen, dass das dunkle Zeitalter über fünftausend Jahre dauert, nicht mehr deprimierend oder demotivierend, sondern ermutigend, denn es sagt uns: *Es ist bald vorbei. Ende in Sicht! Durchhalten und nicht auf den Zielgeraden schwach werden!*

Der erste Unterzyklus des vierten großen Yugas – das Kali-Yuga im wörtlichen Sinn – ist also bald vorbei. Wir befinden uns heute in der Übergangsphase zu einem „Quantensprung" in eine neue Zeit, die kein „Kali-Yuga" mehr sein wird. Die Prophezeiung bzw. Vision der Yuga-Avatāra-Offenbarung spricht von einem neuen Zeitalter mit satya-yuga-ähnlichen Zuständen. Satya-Yuga war das erste Zeitalter, das vor rund vier Millionen Jahren begann und fast zwei Millionen Jahre dauerte. Es gab weder Gewalt noch Lüge, weshalb dieses Zeitalter im Sanskrit *Satya-Yuga,* „Zeitalter der Wahrhaftigkeit", und *Kṛta-Yuga,* „Zeitalter der Vollkommenheit", genannt wird. Das nächste Zeitalter wird kein Satya-Yuga sein, aber es wird *satya-yuga-ähnlich* sein.

Anhang 3

Was bedeutet „große Klarheit"?

Neu und bahnbrechend für die Nostradamus-Forschung ist die Erkenntnis, dass die Quatrains 1.96 und 3.94 zusammengehören (siehe Kap. 4, insbesondere S. 74, 84 und 85f.). Die beiden Verse enthalten die wichtigste positive Prophezeiung des Nostradamus und beschreiben dasselbe Ereignis bzw. Phänomen in zwei Schritten, die eine Zeitspanne von fünfhundert Jahren überbrücken, wie in 3.94 explizit gesagt wird: „In fünfhundert Jahren"; wörtlich: „Von fünfhundert Jahren an" *(De cinq cens ans).*

Wir wollen nun die zentrale Aussage von 3.94 betrachten:

„Von fünfhundert Jahren an wird man mehr Beachtung schenken
Ihm, der die Zierde seiner Zeit war:
Dann auf einmal wird er große Klarheit geben (schenken),
Was sie [die Menschen] durch dieses Zeitalter sehr glücklich machen wird."

Mit seiner Hellsichtigkeit sah Nostradamus, dass das „Ornament seiner Zeit" in fünfhundert Jahren weltbekannt wird – und dass diese „Beachtung" eine revolutionäre spirituelle Wirkung haben werde. Dabei erkannte er ein ganz besonderes Merkmal dieser Wendezeit: „große Klarheit" *(grande clarté).* Und diese große Klarheit werde plötzlich kommen: *à un coup,* „auf einmal; mit einem Schlag"!

Zweitausend Jahre europäisch zentrierter Geschichtsschreibung führten vielerorts zur Weltsicht, dass die heilsgeschichtlich relevanten Geschehnisse nur im kulturellen Bereich der „westlichen" Religionen stattfanden. Aufgrund dieser Einseitigkeit bauten die „westlichen" Religionen die „östlichen" Religionen sogar als Feindbild auf: diese seien heidnisch, götzendienerisch usw. Der geistige Horizont des Nostradamus war Gott sei Dank nicht derart einseitig. Er sah den Bewusstseinswandel in fünfhundert Jahren als ein weltweites Ereignis (S. 69f.), das die Menschen „universell, auf der ganzen Erde“, hören und dann auch verstehen werden:

> [...] aber unter dem gesamten Gewölbe des Mondes wird es stattfinden und verstanden werden; und indem dies universell, auf der ganzen Erde, gehört wird *(ce entendant universellement par toute la terre),* werden auch die Ursachen verstanden werden.

Warum schrieb Nostradamus so kryptisch und kompliziert über das, was „unter dem gesamten Gewölbe des Mondes“ stattfinden wird und erst später, in einem weiteren Schritt, „die Ursachen“ zu erkennen gibt? Weil die Ursachen „universell“ sind, und das war für das christliche Abendland der vergangenen Jahrhunderte unvorstellbar und nicht akzeptabel. Einige vertreten heute noch solche Ansichten, aber auch sie werden hören und verstehen, dass „zwischen Gott und den Menschen ein universeller Friede“ entstehen soll.

Kali-Yuga und der Yuga-Avatāra

Die historische Persönlichkeit, die in 3.94 genannt wird, „das Ornament seiner Zeit“, ist der Yuga-Avatāra, die göttliche Inkarnation im jetzt zu Ende gehenden dunklen Zeitalter (Kali-Yuga). So wie Dunkelheit nicht sich selbst auflösen kann, so kann auch das dunkle Zeitalter erst dann aufgelöst und erlöst werden, wenn „Licht in die Dunkelheit“ kommt. Dieses Licht hat viele Strahlen und strahlt nicht nur vom „Westen“ aus, sondern auch vom „Osten“ (und vom „Norden“ und vom „Süden“). Wir sprechen hier von *Himmelsrichtungen* – und der Himmel ist nicht beschränkt. Ganzheitlich-spirituelle Offenbarungen betonen als erstes und höchstes Gebot diese universelle Wirklichkeit und Wahrheit, damit „zwischen Gott und den Menschen ein universeller Friede“ möglich wird.

Das Licht ist nicht beschränkt und strahlt aus allen Himmelsrichtungen in die Dunkelheit: Das war die Lehre und Frohbotschaft des Yuga-Avatāras oder Goldenen Avatāras (mit Mönchsnamen Śrī Kṛṣṇa Caitanya, genannt Mahāprabhu). Gerade vor fünfhundert Jahren, als „das Ornament seiner Zeit“ in Indien keimhaft die Impulse zur *grande clarté* in die Welt brachte, wurde Amerika entdeckt, und in Europa begann die Reformation, die extreme Fronten aufbaute. „Nur die Kirche“, so lautete der Schlachtruf auf der einen Seite, „nur die Bibel“, so der Schlachtruf auf der anderen. Religionskriege, Hexenjagd, blutige Missionszüge usw. waren die Folgen.

Kali-Yuga ist das Zeitalter der Spaltung, und der Yuga-Avatāra als Kali-Yuga-Erlöser hat die Aufgabe und das Anliegen, diese Spaltung aufzuheben und zu heilen, damit die Menschen sich wieder ihrer ganzheitlichen Verbundenheit bewusst werden. Ich werde im Folgenden die wichtigen Inhalte der Lehre und Frohbotschaft des Goldenen Avatārs schrittweise aufrollen und zusammenfassen, und zwar auf eine möglichst universelle Weise, denn er selbst formulierte diese Inhalte aufgrund seines religiös-kulturellen Umfeldes in Begriffen der hinduistischen Philosophie und Mystik. Indien war damals aber nicht nur hinduistisch. Der gesamte Norden war von islamischen Heeren erobert worden und stand weitgehend unter der Herrschaft von Sultanen und Kalifen. Caitanya hatte intensive und versöhnliche Auseinandersetzungen mit der islamischen Besatzungsmacht in seiner Heimat Bengalen und setzte dadurch zukunftsweisende Impulse der interreligiösen Verständigung.

Die Spaltung durchschauen und überwinden

Wenn wir erkennen, wie das Zeitalter der Spaltung „funktioniert“, wird auch deutlich, was mit der großen Klarheit gemeint ist: das Durchschauen der zwei Arten von „halben“ Wahrheiten im Licht einer ganzheitlichen Sicht, denn beide Einseitigkeiten entstehen durch die Spaltung des Ganzheitlichen und sind nichts anderes als die zwei Seiten derselben Spaltung.

Auf der einen Seite der Spaltung stehen Personen, Gruppen und Institutionen, die im Namen von Gott Absolutheits- oder Elitäransprüche erheben. Das sind die „Tempel und Religionen, die verändert [verfälscht] wurden durch Fantasie [Dogmen, Willkür]“, die Nostradamus in 1.96 erwähnt. Auf der anderen Seite stehen Personen, Gruppen und Institutionen, die im Namen von Wissenschaft und Rationalismus Materialismus und Atheismus fördern und ebenfalls Absolutheits- oder Elitäransprüche erheben. Sie vertreten eine atheistische, viele zudem eine religionshassende Form des „Rationalismus“, der seit der Französischen Revolution (1789) zu einem politischen Programm wurde. Die Geschichte des 20. Jahrhunderts zeigte die Extreme dieser

Ideologien: Diktaturen, Verfolgung, Unterdrückung mit weltweit über 100 Millionen Todesopfern. Nostradamus nannte diese Ideologien „das neue Babylon“ (S. 347).

Das Sanskritwort *kali* kann in der Bedeutung von „spaltend“ auch als „diabolisch“ übersetzt werden (S. 24). In diesem Sinn sind beide Seiten der Spaltung *dia-bolisch,* und die Spaltung wird nicht überwunden, wenn wir von der einen Seite auf die andere springen. Wenn wir erkennen, was spaltend („diabolisch“) ist und beide Seiten der Spaltung mit den jeweiligen Halbwahrheiten überwinden, erlangen wir ein ganzheitliches Selbst- und Gottesbewusstsein und damit auch „große Klarheit“.

Halbe Wahrheiten und ganze Wahrheiten

Hier stellt sich die entscheidende Frage: Welche Erkenntnis geht über beide Arten von Einseitigkeiten hinaus? Was sind die „ganzen“ Wahrheiten jenseits der Halbwahrheiten? Was sind Wahrheiten, die universell und nicht-diabolisch sind? Letztlich geht es um die Frage: Was ist das Absolute jenseits alles Relativen?

Heute sind die meisten Menschen allergisch auf den Begriff „absolute Wahrheiten“, und sie entgegnen: „Es gibt keine absoluten Wahrheiten! Alles ist relativ.“ Diese Aussage postuliert jedoch eine absolute Wahrheit und ist damit in sich selbst widersprüchlich. Die Frage lautet nicht: „Gibt es absolute Wahrheiten?“, sondern: *Was* sind absolute Wahrheiten? Was ist die Wirklichkeit jenseits alles Relativen?

„Absolut“ heißt nicht absolutistisch, diktatorisch, besserwisserisch oder alleinseligmachend, sondern ist ein rein philosophischer Begriff und bedeutet „allumfassend; alles Relative beinhaltend [ohne selbst relativ zu sein]“, wörtlich: „bedingungslos; unbedingt; unabhängig“.*

Bewusst oder unbewusst glauben wir alle an absolute Wahrheiten, und sei es einfach die, dass es keine gebe. Die eine Seite der Spaltung sagt, es gebe nur Materie oder Energie oder „Einheit“. Die andere Seite sagt, das Absolute (oder: *der* Absolute) sei Gott, wie er sich durch ihre jeweilige Schrift und Religion offenbare; alles andere stamme nicht vom wahren Gott.

---

* Absolut: „nicht von Bedingungen (= nicht vom Relativen) abhängig; uneingeschränkt; gegensatzlos; allumfassend“, abgeleitet von lat. *absolvere,* „loslösen, freimachen“, auch „abschließen, absolvieren“, und „vollständig machen, vollenden“, und *absolutum,* „losgelöst; ungebunden; vollendet“.

Ein ganzheitliches Gottes- und Weltbild zeigt, dass die allumfassende Wirklichkeit mehr ist als nur „Einheit“, sie ist die GANZHEIT. Einheit und Ganzheit sind nicht dasselbe. Die Ganzheit beinhaltet die Einheit (Gesamtheit aller Energie), ist in sich selbst aber mehr als nur Energie. Das Schlüsselwort im Sanskrit lautet hier *brahman* (das grundlegend Ganze, Allumfassende). „Alles ist Brahman.“ Dieser Satz kann leicht falsch verstanden werden. Im Buch *Gott und die Götter* (2020), Kap. 6: „Buddha, Śaṅkara, Caitanya“, lege ich dar, wie in der indischen Religionsgeschichte „Brahman“ unterschiedlich erklärt wurde und warum die Erklärung Caitanyas, des Goldenen Avatārs, eine entscheidende Offenbarung darstellte – weil sie den Unterschied von Einheit und Ganzheit nicht nur theoretisch (statisch), sondern auch praktisch (ekstatisch) nachvollziehbar und erlebbar machte.

Die Wirklichkeit, die allumfassende Realität (jenseits der unendlich vielen relativen Realitäten), die Ganzheit, kann auch Gott genannt werden. Gott in diesem ganzheitlichen Sinn ist sowohl Energie als auch Bewusstsein, ist sowohl Einheit als auch Vielheit, ist sowohl Nondualität als auch Individualität. „Individualität“ ist die Eigenschaft des Individuum-Seins, Individuum im wörtlichen Sinn: ungeteiltes und unteilbares Sein, eine lebendige Einheit, eine Monade. Das lateinische Wort *individuum* ist die wörtliche Übersetzung des griechischen Wortes *àtomos!* Die „Atome“ der Nuklearphysiker sind offensichtlich nicht *àtomos.* Das Unteilbare/Ungeteilte ist das, was die Materie im Innersten zusammenhält und beseelt. Die Seele *(individuum; àtomos),* im Sanskrit *ātmā* (auch: *ātman*) ist nicht materiell, sie ist spirituell (ewig, ohne Anfang und ohne Ende, jenseits von Zeit und Raum).

Diejenigen, die sagen, dass Energie/Einheit/Nondualität die absolute Realität sei, verabsolutieren die eine Hälfte der Ganzheit und fallen dadurch in die Halbwahrheiten des materialistischen Monismus und des atheistischen Monismus. Monismus bedeutet Verabsolutierung der Einheit. Philosophisch gesehen, ist der Materialismus eine Form des Monismus („es gibt nur Materie“). Im konsequenten Materialismus sind die Menschen nur Nummern in einer kollektiven Maschine. Die atheistische Form des Monismus geht über den materialistischen Monismus hinaus und läuft auf eine pseudoesoterische Form von Erleuchtung hinaus: „es gibt nur Energie“; das Absolute („Gott“) ist Energie, eine abstrakte Einheit. Atman und Brahman werden undifferenziert gleichgesetzt, was zum Glauben führt, das Ganze („Gott“) habe kein Bewusstsein und keinen Willen; nur die Nondualität *(advaita)* sei Realität; alles außer der monistisch verstandenen Einheit sei Illusion, insbesondere die Individualität (*ātmā*-Wesenheit) des Ganzen; die Individualität Gottes und aller Seelen (Teile Gottes) seien Illusionen, d.h. nur Vorstellungen der Menschen ...

Caitanya bezeichnete den atheistischen Monismus kritisch als *māyāvāda*, „Illusionslehre", die Lehre *(vāda)*, alles sei Illusion *(māyā)*. Der atheistische bzw. pseudoesoterische Monismus bringt einen fatalen Dualismus in die Welt: Einheit = Wirklichkeit, alles andere = Illusion (Scheinrealität). Wie oben dargelegt, beinhaltet „alles andere" gemäß *māyāvāda* auch die Individualität der Seelen und unsere menschliche Individualität, weshalb dieser Dualismus im Namen von Einheit viel Unmenschliches verursacht. Davor warnte schon Kṛṣṇa in der *Bhagavad-Gītā*, die auch für Caitanya eine der wichtigsten heiligen Schriften war.

> „Unwirklich *(asatyam)* und ohne spirituelle Grundlage *(apratiṣṭham)* sei die Welt, sagen sie, und es gebe keinen Gott und keinen göttlichen Willen *(anīśvaram)*. Sie sei ohne Sinn und Ziel entstanden *(aparaspara-sambhūtam)*, und es gebe keine andere Ursache als materielle Anziehung *(kāma-haitukam)* [Glaube an die Selbstorganisation der Materie].
>
> Diejenigen, die einer solchen Weltsicht folgen, haben die spirituelle Selbstwahrnehmung verloren *(naṣṭa-ātmānaḥ)* und haben eine beschränkte Unterscheidungskraft/Intelligenz *(alpa-buddhayaḥ)*. Sie führen unheilvolle Tätigkeiten aus *(ugra-karmāṇaḥ)*, die weltweit Zerstörung *(kṣayāya jagato)* und viel Unmenschliches *(ahitāḥ)* verursachen." (*Bhagavad-Gītā* 16.8-9)

Auf den hohen Ebenen der irdischen Machtpyramiden sind die „Geheimlehren" des atheistischen Monismus weit verbreitet. So wie auf der einen (pseudoreligiösen) Seite der Spaltung *Scheinheiligkeit* weit verbreitet ist, ist auf der anderen Seite *Scheinerleuchtung* weit verbreitet. Die Spaltung wird also von Scheinheiligen und Scheinerleuchteten geschaffen, vorangetrieben und bewacht.

Die Halbwahrheiten des pseudoesoterischen Monismus besagen: „Die Einheit von Energie ist die höchste und einzig wirkliche Realität, und Energie/Einheit beinhaltet die inhärenten Gesetze von Geist und Materie. Nichts geschieht außerhalb dieser Gesetze. Das bedeutet: Auch Kriege und Ausbeutung geschehen nur dann, wenn sie diesen Gesetzen entsprechen, denn wenn sie nicht den Gesetzen entsprächen, könnten diese Dinge nicht geschehen. Und letztlich ist dies alles ohnehin nur Illusion. Mit anderen Worten, es ist energetisch legal und legitim, dass wir reich sind und Kriege durchführen können, usw. Es ist unser Karma. Und wenn gewisse Menschen Opfer von Kriegen, Ausbeutung und Armut werden, ist das *deren* Karma, denn wir alle bekommen nur, was wir selbst verursacht haben. Das gilt für die Reichen wie für die Armen, für die Mächtigen wie für die Machtlosen.“

Diejenigen, die ihre religiösen Doktrinen als einzige Wahrheit hinstellen, verabsolutieren die andere Hälfte der Ganzheit und fallen in die Halbwahrheiten religiöser Absolutheitsansprüche. Ich nenne dies manchmal provokativ Monotheismus* als Gegensatz zum individuellen Theismus. „Monotheismus“ beinhaltet das Präfix *mono,* das wir auch im Begriff „Monopol“ finden. Monotheismus in dieser Definition bezieht sich auf alle Personen und Gruppen, die ein Monopol auf Gott&Wahrheit erheben. Als weitere Unterscheidung schreibe ich im Buch *Der radikale Mittelweg:* Monotheismus ist der Glaube an einen einzigen („unseren“) Gott, Theismus ist der Glaube an einen absoluten Gott – und dieser Gott ist die Ganzheit als allumfassende, lebendige Wesenheit. (Nur weil die Ganzheit lebt, finden wir auch in den Teilaspekten der Ganzheit Leben.)

Der radikale Mittelweg

Atheismus und Mono-Theismus sind die beiden Seiten der gleichen Spaltung. Sie sind einseitig und vertreten eine „halbierte“ Wahrheit, halten ihre Halbwahrheiten aber für Wahrheit und bekämpfen deren Gegenteil. Ein echter Bewusstseinswandel muss deshalb ein Mittelweg sein, der über die Halbwahrheiten und Einseitigkeiten beider Seiten hinausführt. Der Mittelweg ist ein schmaler Pfad. In dieser Symbolik ist unser Leben wie eine Gratwanderung, bei der man auf beiden Seiten einen Abhang hinunterrutschen und in Abgründe fallen kann.

---

* Insbesondere im Untertitel des Buches *Der radikale Mittelweg: Überwindung von Atheismus und Monotheismus.* Die Einseitigkeiten des A-Theismus und Mono-Theismus stellen die beiden Seiten derselben Spaltung dar. Der radikale Mittelweg überwindet das A- und das Mono- und postuliert einen ganzheitlichen Theismus (ohne A- und Mono-). Deswegen nenne ich dieses Buch auch „das Theistische Manifest“ (Titel von Kap. 1).

Oder wie ein Balanceakt auf einem Hochseil, wo die „Einseitigkeit" bereits ein Fußbreit neben dem Seil beginnt ...

„Mittelweg" bedeutet nicht Mittelmäßigkeit, Halbherzigkeit oder fauler Friede, auch nicht bloß eine Synthese der Gegensätze, sondern eine Überwindung der Gegensätze. Der Mittelweg erlaubt gerade deshalb eine konsequente Durchleuchtung der Kräfte, die die Spaltung verursachen. Der Mittelweg ist der Ausweg: der Weg aus der Spaltung, der Weg zu Wahrheit und Ehrlichkeit sowohl in den Religionen als auch in den Wissenschaften, die sich leider in vieler Hinsicht instrumentalisieren lassen.

Angesichts der globalen Krisen wird der Ruf nach einem grundlegenden Bewusstseinswandel immer lauter. In den Wissenschaften und auch in den Religionen ist ein radikaler Paradigmenwechsel erforderlich – „radikal" im wörtlichen Sinn: „wurzeltief" (von lat. *radix*, „Wurzel"). Nur so kann die Menschheit in der heutigen Zeit der Extreme wieder ihr Gleichgewicht und ihre Mitte finden.

Ein häufig verwendeter Begriff ist „der goldene Mittelweg". Damit wird angedeutet, dass der Mittelweg ein gesundes Gleichgewicht darstellt und nicht in irgendein Extrem führt oder vom einen Extrem zum anderen springt. Denn das Gegenteil des einen Extrems ist das andere Extrem. In einer Zeit, in der die Einseitigkeiten vorherrschend sind, ist der goldene Mittelweg der radikale Mittelweg.

„Radikaler Mittelweg" ist eine markante Formulierung als freie Übersetzung der Bezeichnungen der Caitanya-Lehren: *bhakti-yoga, bhakti-mārga, kṛṣṇa-prema, rādhā-kṛṣṇa-bhakti* usw. Der radikale Mittelweg bedeutet auch: Religion der Liebe, Weg der ganzheitlichen Spiritualität, universelle Selbst- und Gotteserkenntnis, usw. Nostradamus bezeichnete dies in universeller Formulierung als „große Klarheit, die die Menschen sehr glücklich" machen wird.

Gottes Ganzheit und Gottes Wille

Gemäß dem Materialismus und atheistischen Monismus ist das Absolute (Gott) nichts anderes als „Energie", und Energie hat weder Bewusstsein noch Willen. Demgegenüber ist der „Gott" der monopolistischen Glaubensformen eine Projektion des (Unter)Bewusstseins und der Wünsche der jeweiligen Gläubigen. Wir können jedoch – Gott sei Dank – beide Arten von Einseitigkeiten überwinden.

Die wirkliche Einheit (Ganzheit) beinhaltet nicht nur Nondualität, sondern auch Individualität: Bewusstsein, Wille und Liebe. Ganzheit ist sowohl Nondualität als auch Individualität. Deshalb sollten wir „Einheit" bzw. „Gott" nicht auf das eine oder das andere reduzieren und diese „halbe" Wahrheit dann verabsolutieren.

All diese Punkte sind zentrale Inhalte der Lehre und Frohbotschaft des Yuga-Avatāra, des Goldenen Avatārs. Seine ganzheitliche Erklärung von Einheit/Ganzheit/Gott offenbart beide Aspekte des Absoluten: Nondualität und Individualität. Dadurch wird ersichtlich, dass Ganzheit *Einheit in Vielheit* und *Vielheit in Einheit* ist – und nicht nur Einheit. In weiteren Schritten dieser Offenbarung erkennen wir Gott als lebendige Ganzheit in den Aspekten Allpräsenz, Immanenz und Transzendenz, im Sanskrit: Brahman, Paramātmā and Bhagavān.

Brahman ist die Nondualität (Allpräsenz/Einheit Gottes als Energie). Paramātmā, „universelle Seele", ist die immanente Individualität Gottes. Bhagavān, „Inbegriff *(vān)* aller Vollkommenheit *(bhaga)*", ist die transzendente Individualität Gottes. Alles ist Aspekt des Ganzen und sollte nicht getrennt gesehen werden, so wie auch wir nicht ge-

Die drei Aspekte der Ganzheit

- Gott als allpräsente, alldurchdringende Energie: die neutrale Einheit allen Seins (sanskr. Brahman);
- Gott als immanente kosmische Intelligenz: die universelle Seele oder Überseele (Paramātmā), Gott *in der Materie;*
- Gott als absolutes Bewusstsein (Bhagavān): Gott *jenseits der Materie;* der transzendente, allumfassende Urgrund, der Brahman und Paramātmā beinhaltet und zugleich „Individuum" ist (wörtl. „unteilbares Sein"), mit Bewusst-Sein und Willen. Erst mit dieser Ganzheit kommt der Aspekt von „Gott ist Liebe" und Gottes Willen hinzu: „Dein Wille geschehe!"

Natürlich sind diese drei Aspekte in Gott, der Ganzheit, nie getrennt. Die Aufteilung in drei Aspekte ist jedoch für das verstandesmäßige Denken erforderlich und auch hilfreich, damit wir die Ganzheit nicht nur einseitig definieren.

**Allpräsenz, Immanenz und Transzendenz
(Brahman, Paramātmā and Bhagavān)**

trennt vom Ganzen sind. Wir sind sowohl Gott (göttlich) als auch Teil Gottes. Gott/göttlich sind wir als Brahman – im Aspekt der Nondualität –, denn alles ist Brahman (göttliche Energie). Teil Gottes sind wir im Aspekt der Individualität, denn wir sind immer mit Paramātmā und Bhagavān verbunden. Diese Verbindung und Verbundenheit wird im Sanskrit *yoga* genannt, konkreter *bhakti-yoga:* „Verbindung (des Teils mit dem Ganzen) durch Liebe und Hingabe, Glauben und Vertrauen" und gleichzeitig auch die gegenseitige Verbundenheit von Teil und Ganzem, ich und Gott.

Im Materialismus und Monismus wird das Absolute auf Brahman (allpräsente Energie) reduziert, im Pantheismus und Deismus auf Brahman und Paramātmā (allpräsente Energie und immanente, „kosmische" Gesetze). All diese Doktrinen definieren das Absolute als eine Art von Einheit ohne eigenes, absolutes Bewusstsein (ohne Willen und Liebe). Diese Eigenschaften kommen erst mit dem transzendenten Aspekt hinzu, denn „Einheit/Energie" für sich hat weder Bewusstsein noch Willen noch Liebe. Ohne diese vollständige Sicht und ganzheitliche Erkenntnis fallen die Menschen in unterschiedlichste Formen von Einseitigkeiten und Halbwahrheiten, wie oben beschrieben.

Der Goldene Avatāra im historischen Kontext

Ich möchte hier kurz Kapitel 6 („Buddha, Śaṅkara, Caitanya") des Buches *Gott und die Götter* zusammenfassen. Denn die Schritt-für-Schritt-Offenbarung der drei Aspekte des Absoluten (Brahman, Paramātmā, Bhagavān) kann auch in der Geschichte der indischen Philosophie und Religion festgestellt werden.

In Indien war der Buddhismus für mehr als eintausend Jahre die vorherrschende Religion. Die ältere Religion des Brahmanismus existierte parallel dazu in verschiedenen kleineren Strömungen. Im 8. Jahrhundert trat der große Lehrer Śaṅkara auf, der eine brahmanische Reformation startete. Was heute als Hinduismus bezeichnet wird, begann mit Śaṅkara als Toröffner, indem er die Inhalte des Veda auf eine Weise präsentierte, die für die buddhistisch geprägte Bevölkerung Indiens „kompatibel" war. Sein System wird als „undifferenzierter Monismus" (Advaita-Vedānta) bezeichnet: „Alles ist Brahman; alles ist eins."

Śaṅkara wurde schon als Knabe predigender Wandermönch und hinterließ überall einen bleibenden Eindruck. Indien wurde „hinduistisch“. Śaṅkara lehrte, dass in Wirklichkeit alles eins sei: die Einheit („Brahman“) sei das einzig Wahre; Wahrheit sei *advaita*, „nicht-zwei; nicht-getrennt“ (Advaita = Nondualität); alles, was nicht „Einheit“ sei, sei Illusion *(māyā)*. Śaṅkara verwendete zur Illustration die berühmt gewordene Analogie mit dem Wasser und den Wellen: die Vielheit der Formen und alle Konzepte von Individualität *(ātman)* seien irreal wie Wellen auf dem Meer der Einheit. Gemäß dem Bild der Gleichsetzung Wellen = Wasser prägte er seine zentrale Formel „Ātman = Brahman“. Wie bereits erwähnt, wird Śaṅkaras Monismus von theistischen Kritikern *māyāvāda*, „die Illusionslehre“, genannt, weil sie sagt, die Welt, wir und unsere Individualität (inkl. freier Wille) und die Gottesliebe seien allesamt nichts anderes als *māyā*.

Aus den brahmanischen bzw. vedischen Parallelströmungen traten bald schon Lehrer auf, die weiterführende Fragen stellten: Wenn alles eins ist, warum erleben wir dann Vielheit und Individualität? Wie kann aus der absoluten Einheit Illusion entstehen? Bedeutet die Existenz von Illusion nicht eine Zweiheit von Einheit *und Illusion?* Ist „Einheit“ dann wirklich das Höchste und einzig Wirkliche?

Im Buddhismus waren solche Fragen kein Thema, denn buddhistische Lehrer sagten, solche Fragen würden nur von Menschen gestellt, die im Verstandesdenken gefangen seien. Śaṅkara brachte die Philosophie zurück in die Religion und Mystik, und hier stiegen die Veda-Lehrer ein, die das Thema „Einheit“ differenzierten: Brahman bedeute nicht einfach undifferenzierte Einheit, sondern *lebendige* Einheit, denn Brahman sei der Urgrund allen Lebens und sei deshalb selbst „Leben“ in einem höchsten, allumfassend-spirituellen Sinn; in Wirklichkeit sei alles Einheit *in Vielheit* und Vielheit *in Einheit.*

Einige Lehrer, insbesondere Rāmānuja (12. Jh.), betonten die Einheit (Nondualität in einer nicht-monistischen Bedeutung). Andere Lehrer, insbesondere Madhva (14. Jh.), betonten die Vielheit (Individualität im spirituellen Sinn dieses Begriffs). Sie alle kritisierten die undifferenzierte Gleichsetzung von Ātman und Brahman. Gerade das Bild mit den Wellen und dem Wasser zeigt, dass „Nondualität“ nicht das einzig Wahre sein kann, denn das Wasser selbst bringt keine Wellen hervor! Wasser nimmt nur deshalb „Form“ an, weil eine zusätzliche Kraft auf das Wasser einwirkt. Ebenso nimmt Brahman „Form“ an, weil in Brahman eine inhärente Dynamik wirkt – denn Brahman ist ein Aspekt der höheren, lebendigen Einheit (Ganzheit). Ebenso ist unsere Individualität nicht einfach Illusion, sondern Aspekt und Ausdruck einer lebendigen, dynamischen Einheit. Der *ātmā* (Ātman) ist Brahman in dem Sinn, dass die Seele göttliche Energie ist. Der Kernsatz „alles ist Brahman" ist nicht undifferenziert gleichbedeutend mit „alles ist eins". Insbesondere bedeutet er nicht, Ātman (Seele, Individualität, *individuum*-Sein) sei Illusion.

Die vielen theistischen Differenzierungen und Diskussionen kulminierten in der Offenbarung und Persönlichkeit des Yuga-Avatāras, Śrī Caitanya Mahāprabhu (1486 - 1533). Während seiner Zeit blühte in Europa die Renaissance, und ab ca. 1520 begann die Reformation mit der nachfolgenden Kirchenspaltung (S. 46). In dieser Zeit lebte auch Nostradamus (1503 - 1566) und nannte seinen fernen Zeitgenossen, den und dessen Wirken er hellsichtig wahrnahm, „das Ornament seiner Zeit".

Mahāprabhu erklärte die mystische Wirklichkeit von Nondualität und Individualität in Bezug auf Gott und auf die Teile Gottes. In moderner Prägnanz können wir sagen, dass er begann, Einheit und GANZHEIT zu unterscheiden* – und in einem weiteren Sinn auch Polarität und Dualität. Den Monismus überwinden wir nicht durch einen Dualismus, sondern durch einen spirituellen Holismus (grch. *holos,* „ganz, ganzheitlich, vollständig"), indem wir die Einheit als Teil einer allumfassenden, lebendigen Ganzheit sehen.

Gott als Ganzheit vereint alles Relative in sich, ohne selbst relativ zu sein. Das Relative und das Absolute sind die beiden grundlegenden Aspekte der Ganzheit. Die Schöpfung und alle materiellen Schöpfungen (die Universen, unser Körper usw.) sind nicht Illusionen, sondern *relative Realitäten* und Teil des Ganzen.

Das Sanskritwort für Einheit ist Brahman, für Ganzheit Parabrahman. Parabrahman ist einer der philosophischen Sanskritbegriffe für Gott und weist darauf hin, dass Gott nicht nur Einheit, sondern *Ganzheit* ist und deshalb differenziert gesehen werden muss: als Brahman, Paramātmā, Bhagavān (S. 383). Gott ist sowohl Schöpfer-

---

* Die Sanskritbezeichnung für Mahāprabhus Philosophie lautet *acintya bheda-abheda tattva:* „ganzheitliche Erkenntnis/Wahrheit *(tattva)* der verstandesmäßig nicht erfassbaren *(acintya)* Verschiedenheit und Nichtverschiedenheit *(bheda-abheda)*" von Gott und Gottes Energien. Das Adjektiv *acintya* weist darauf hin, dass diese Erkenntnis nicht nur philosophisch-theoretisch ist, sondern letztlich nur durch mystische Erfahrung und Offenbarung verstanden werden kann.

energie als auch Schöpfer, „Mutter“ und „Vater“, aber „Mutter“ und „Vater“ ist Gott nur aus der Perspektive der „Kinder“, d.h. aus der Perspektive der Schöpfung und der Lebewesen. In der eigenen urewigen Einheit (Ganzheit) ist Gott *Liebe,* also nicht nur „Mutter“ und „Vater“, sondern auch „Geliebte-Liebender“/„Liebende-Geliebter“, im Sanskrit Rādhā-Kṛṣṇa.* Was äußerlich betrachtet wie eine theoretische Formulierung klingt, offenbart sich im inneren Erleben als Wahrheit, die nicht nur statisch, sondern „ekstatisch“ ist.

Liebe ist die größte Kraft, wird oft gesagt, und das stimmt, wenn mit Liebe die Kraft der Verbindung mit der Quelle gemeint ist. Über die gemeinsame Quelle sind wir alle verbunden, und nur mit diesem Bewusstsein wird es uns gelingen, die Konflikte des Kali-Yugas zu überwinden. Diskussionen und Diplomatie, selbst wenn sie ehrlich gemeint sind, sind immer nur verstandesmäßig und deshalb ungenügend, um Frieden und Verständigung zwischen den Parteien, Nationen und Religionen zu bewirken. Die wirkliche Lösung ist *acintya,* „nicht (allein) verstandesmäßig“. Sie benötigt auch die Aspekte des Wunders und der Offenbarung, des Bewusstseinssprungs. Durch göttliche Liebe und Hilfe („Gnade“) werden die Herzen der Menschen berührt und gewandelt werden, wie dies vom Yuga-Avatāra vorgelebt wurde, angefangen mit seiner visionären Erscheinung beim größten europäischen Mystiker der damaligen Zeit, Niklaus von Flüe (siehe Kapitel 5).

Kṛṣṇa und Viṣṇu

Im Hinduismus gehört die Caitanya-Linie zur Strömung der Vaiṣṇavas, „Wischnuiten“. Der Gottesname Viṣṇu wird oft im Zusammenhang mit der Schöpfungstrinität Brahmā-Viṣṇu-Śiva genannt. Es gibt nur EINEN Gott, nur eine Ganzheit. Es war vor allem Caitanya, der den wichtigen Erkenntnis- und Offenbarungsschritt vollzog, dass Gott nicht „nur“ Einheit (Brahman), sondern Ganzheit (Parabrahman) ist und dass dieser eine Gott viele Aspekte hat, grundlegend zwei: Gott ist sowohl immanent (in der Materie) als auch transzendent (jenseits der Materie) präsent.

Der immanente Aspekt wird im Sanskrit Viṣṇu genannt (*viṣṇu* bedeutet „alldurchdringend“). Das ist Gott als Schöpfer und als kosmische

* Weitere Ausführungen über Zweiheit/Einheit (Ganzheit) finden sich im Buch *Gott und die Götter* (Stichwortverzeichnis „Kṛṣṇa“ und „Rādhā-Kṛṣṇa“).

Intelligenz. Der transzendente Aspekt wird „Krischna" genannt (*kṛṣṇa:* „allanziehend", in einer anderen Wortherleitung auch „schwarz; unergründlich"; das Licht jenseits des materiellen Lichts). Erst mit diesem Aspekt kommen der Wille Gottes und die Liebe Gottes hinzu. Deswegen ist es so wichtig, Gott nicht nur auf den immanenten Aspekt zu begrenzen. Salopp ausgedrückt, kann man sagen, dass Viṣṇu „Gott bei der Arbeit" ist, und Kṛṣṇa (Rādhā-Kṛṣṇa) ist „Gott privat".

Die materielle Schöpfung, bestehend aus unendlich vielen Universen, ist Ausdruck der inhärenten dynamischen Polarität der Ganzheit. Zur Polarität der Schöpfung gehört die Auflösung, und dieser Aspekt wird im Sanskrit Śiva genannt (*śiva:* „glückspendend; Neues bringend"). Gemäß dem Ursprung Rādhā-Kṛṣṇa ist Śiva in ganzheitlicher Betrachtung Śakti-Śiva (*śakti:* „Schöpfungskraft, Energie"). Ein Aspekt von Śakti, der femininen Śiva-Seite, ist Kālī, die Wesenheit/Bewusstheit von Kāla, „Zeit". In diesem Aspekt sind Śiva und Śakti die „Eltern" von Raum und Zeit. (Kālī sollte nicht mit Kali in Kali-Yuga verwechselt werden, S. 24).

Von Viṣṇu gehen unendlich viele Raum-Zeit-Einheiten, „Universen", aus, und in jedem Universum entsteht durch Viṣṇu der inneruniverselle Urschöpfer Brahmā, der „Entfalter, Erschaffer" (ebenfalls mit einer feminin-maskulinen Yin-Yang-Dynamik). Brahmā ist das ersterschaffene und höchste Lichtwesen des Universums, das einzige, das direkt von Gott selbst erschaffen wurde; alles andere, was erschaffen wird, entsteht durch Brahmā. Interessanterweise beschrieb Paulus nach seiner Jesus-Vision das Lichtwesen, das sich als Jesus inkarniert hatte, wie folgt:

> „Er ist das Ebenbild des unsichtbaren Gottes; er ist der Anfang aller Schöpfung (das erstgeborene aller erschaffenen Wesen). Durch ihn ist alles geschaffen worden, was in den Himmeln und auf der Erde ist, die sichtbaren Dinge und die unsichtbaren Dinge [die sechs Himmel] mit all ihren Schöpfermächten und Schöpferwesen und den [untergeordneten] Herrschenden und Mächtigen. Alles hat Gott durch ihn und auf ihn hin geschaffen (findet in ihm sein letztes Ziel). Er war vor allem anderen da, und durch ihn besteht alles Geschaffene." (Kolosserbrief 1,15 - 17)

Dazu passen auch die auf S. 319 zitierten Anfangsworte aus dem Johannes-Evangelium sowie dieses Jesus-Wort aus dem Thomas-Evangelium (77a): „Ich bin das Licht, das über allem ist. Ich bin das All. Das

All ist aus mir hervorgegangen, und das All ist zu mir gelangt." Aufgrund dieser Beschreibungen dürfen wir annehmen, dass der historische Jesus eine Inkarnation des Brahmā war. Dies wiederum zeigt, dass Christus („Messias") universell verstanden werden muss und auch in einer direkten Beziehung zu jener Gotteswesenheit steht, die sich als Śrī Kṛṣṇa Caitanya in Indien inkarnierte.

Viele meinen, der Hinduismus vertrete einen Polytheismus („Vielgötterglauben"), aber wie obige Ausführungen zeigen, ist dies ein Missverständnis. Die „östlichen" Religionen sind farbenfroh und bilderreich, die „westlichen" Religionen, insbesondere das Judentum, der Islam und das protestantische (lutheranische) Christentum, sind bilderlos und in der fundamentalistischen Ausprägung auch bilderfeindlich. Gott wird auf die Bilderlosigkeit beschränkt. Die Zehn Gebote werden im „Alten Testament" an zwei Stellen (unterschiedlich) formuliert, in 2 Mose 20,1 - 17 und in 5 Mose 5,6 - 21. Im zweiten Gebot steht, dass man sich kein Bildnis von Gott machen solle, und Gott bezeichnet sich dort als „eifersüchtig", weshalb er einen Verstoß gegen dieses Gebot bis in die Generationen der Enkel und Urenkel bestrafen werde. Neben der historisch-kulturellen Bedeutung (Abgrenzung von den schwarzmagischen Statuenkulten) besagt dieses Gebot in einer zeitlos-theistischen Interpretation: „Schafft euch kein Abbild von Gott und beschränkt Gott nicht auf eine irdische Vorstellung, denn durch solche beschränkten Vorstellungen weist ihr mich, den Einen Gott, zurück, und es kommt zu Spaltung, Hass und Kriegen. Diese Schuld und Sünde stürzt nicht nur die gegenwärtige, sondern auch die nachfolgenden Generationen in Leid."*

Was die „östlichen" Religionen durch eine bilderreiche Kultur zum Ausdruck bringen, kann auch bilderlos und abstrahiert erklärt werden, im Judentum z. B. durch Zahlensymbolik, die viele theologische Fragen auf eine sehr anschauliche und logische Weise erklärt. Wie die folgenden Ausführungen zeigen, ist in der Ganzheit auch das Abstrahierte nie abstrakt.

---

* Diese Ausformulierung des zweiten Gebotes stammt aus meinem Buch *Der radikale Mittelweg*, siehe Text 165 in Kap. 16, „Konsequenzen des Monotheismus", und Text 336 in Kap. 28, „Die Moses-Gebote".

Dieselbe Quelle, dasselbe Ziel

Dieselbe Wahrheit kann in allen Religionen und spirituellen Traditionen gefunden werden. Ein eindrückliches Beispiel ist der hebräische Gottesname JHWH. Diese vier Buchstaben werden im Judentum nicht ausgesprochen. Ein Grund ist die Gottesfurcht, denn würde man den Namen Gottes „in den Mund nehmen", bestünde immer die Gefahr, dass man ihn nicht im erforderlich reinen Bewusstsein ausspricht. Deshalb sagen die Juden oft einfach „der Name" (HaSchem), wenn sie Gott meinen. So nennen sie den Namen, ohne den Namen selbst auszusprechen. Als weitere Erklärung können wir sagen, dass JHWH nicht so sehr ein Name, sondern ein Symbolon ist! Im Hebräischen haben alle Buchstaben auch einen Zahlenwert. Die Addition von J+H+W+H ergibt als Quersumme die jüdische Gotteszahl: 26

Der Schlüssel zum Mysterium der 26 ist die darin enthaltene Verbindung 13 + 13, denn Gott als Ganzheit (JHWH) ist nicht nur 1, sondern auch 2. Dies wird gleich am Anfang der jüdischen Thora und damit auch am Anfang der christlichen Bibel, am Anfang des Alten Testaments, mit dem ersten Buchstaben des ersten Satzes (Genesis 1,1) zum Ausdruck gebracht: „Im Anfang schuf Gott die Himmel und die Erde." Der erste Buchstabe im hebräischen Original dieses Satzes ist ein B (Zahlenwert 2) und nicht, wie man erwarten würde, ein A (Zahlenwert 1): *bereschit* („beim Beginn") *bara* („schuf") …

Wäre der erste Buchstabe ein A, würde dies bedeuten, dass der Urgrund (Gott) nur 1 wäre, nur Einheit. Dadurch, dass Buchstabe 1 eine 2 ist, wird zum Ausdruck gebracht, dass Gott nicht auf die Einheit beschränkt werden darf. Genau dies ist auch die Botschaft von JHWH mit der Zahl 26. Diese Zahl steht nicht nur für sich, sondern offenbart über das Prinzip der 2 das Mysterium von 13 + 13. Diese zwei Zahlen beziehen sich auf zwei hebräische Schlüsselwörter mit der Quersumme 13: *ehad*, „Einheit", und *ahava*, „Liebe". JHWH ist ein Name oder Symbolon für Gott (Ganzheit), der sowohl Einheit (Nondualität) als auch Liebe (Individualität) ist. Gott ist nicht „nur" Liebe und nicht „nur" Einheit, sondern *Einheit in Liebe* und *Liebe in Einheit.* Einheit ohne Liebe führt zu monistischen Halbwahrheiten, „Liebe" ohne Einheit zu ideologischen Absolutheitsansprüchen (Fanatismus).

Auch die offizielle Erklärung, warum B der erste Buchstabe der Thora ist, ist sehr aufschlussreich. B heißt im hebräischen Alphabet *bet* und ist zugleich ein einsilbiges Wort mit der Bedeutung „Haus".

B als erster Buchstabe weist darauf hin, dass „die Himmel und die Erde", die von Gott erschaffen werden, Gottes Haus sind. Gott wohnt in diesem Haus, ist aber nicht identisch mit dem Haus und sollte nicht auf „die Himmel und die Erde" beschränkt werden. Der Gott, der in der Schöpfung wohnt, ist der immanente Aspekt. Gott, der mehr ist als „nur" die Schöpfung, ist der transzendente Aspekt.

Mit dem Schlüssel der „großen Klarheit" können wir die Wahrheit derselben essentiellen Offenbarungen in allen Religionen und spirituellen Traditionen entdecken.

Der Unterschied von Polarität und Dualität

Der Einheit stehen die „Zweiheiten" unserer Welt gegenüber, und diese sind nicht einfach „eins". Die Zweiheit muss differenziert betrachtet werden, denn es gibt zwei Arten von Zweiheit: Polarität und Dualität. Diese Begriffe sollten nicht gleichgesetzt werden, denn sie sind nicht Synonyme. Viele esoterische und okkulte Lehren jedoch setzen Polarität und Dualität gleich und sagen, Gut und Böse seien Teil derselben Einheit wie Yin und Yang; man könne das eine nicht ohne das andere haben; das Böse sei notwendig, um zu erkennen, was gut sei.

Stimmt das: Sind Gut und Böse letztlich eins? Oder ist beides eine Illusion? Oder eine notwendige Erfahrung? Die Antwort auf all diese Fragen lautet nein. Das Kennen des Unterschieds von Polarität und Dualität ermöglicht es uns, Missverständnisse und Halbwahrheiten zu vermeiden und eine klare Ausrichtung des Bewusstseins zu finden: Verbindung mit dem Guten, kontinuierliche Befreiung vom Unguten, das über negative Informationen, Emotionen, Gedanken usw. immer wieder von neuem auf uns „einprasselt".

Der Yuga-Avatāra betonte die Wichtigkeit von *bheda-abheda* (siehe S. 386), was bedeutet, dass Gott sowohl verschieden *(bheda)* als auch nicht-verschieden *(abheda)* von all „seinen" Teilen, Energien und Schöpfungen ist. Dieses „sowohl als auch" bezieht sich auf die Polarität und beinhaltet implizit auch die Unterscheidung von Polarität und Dualität.

Polarität ist die Zweiheit von gleichwertigen Polen oder Gegenteilen, die sich gegenseitig ergänzen. Polarität ist das Grundprinzip von Schöpfungsgleichgewicht und natürlicher Ordnung und ist Ausdruck der göttlichen Schöpfungsdynamik. Aus einer analytischen Perspektive können wir sagen, dass Polarität (lebendige, dynamische Einheit) nicht nur ein Prinzip des Relativen ist, sondern auch des Absoluten, ja mehr noch: Nur weil das Absolute, der spirituelle Urgrund, ganzheitlich-polar ist, entsteht Schöpfung und materielle Vielfalt. Wenn das Absolute nichts anderes als Einheit wäre, gäbe es weder Vielheit noch Schöpfung, weshalb der atheistische Monismus sagen muss, jegliche Vielheit sei nur Illusion und existiere „in Wirklichkeit“ nicht.

Einheit und Vielheit, Nondualität und Individualität, Energie und Bewusstsein, Ewigkeit und Unendlichkeit: das sind absolute Polaritäten in Gott, der Ganzheit. Ewigkeit ist die Eigenschaft des spirituellen Urgrundes bzw. der spirituellen Welt (raumlos, zeitlos), Unendlichkeit ist die Eigenschaft der materiellen Welt (unendliche Vielfalt der materiellen Formen). Die Dynamik der Ganzheit beinhaltet das Prinzip Ursache und Wirkung und lässt im Relativen unendlich viele weitere Polaritäten entstehen: das Feinstoffliche und das Grobstoffliche, Raum und Zeit, Aktion und Reaktion, Himmel und Erde, maskulin und feminin, positiv und negativ (in einem neutralen Sinn, wie z. B. bei den beiden Polen der Elektrizität), Subjekt und Objekt, Individuum und Kollektiv, Sonne und Mond, Tag und Nacht, Geburt und Tod, Ein- und Ausatmen usw. Alle Aspekte des Schöpfungsgleichgewichts sind gut und notwendig, obwohl relativ. Deswegen wiederholt das Buch Genesis im Sieben-Tage-Schöpfungsbericht zehnmal die Aussage: „Und Gott sah, dass es gut war.“ Die Frage des Bösen stellt sich in der Pola-

Yin-Yang ist ein Symbol der Polarität (und nicht der Dualität)! Yin-Yang symbolisiert die Ganzheit von Einheit und Vielheit: Nondualität und Individualität, Energie und Bewusstsein, Ewigkeit und Unendlichkeit, Raum und Zeit, maskulin und feminin, usw. Es wäre eine gefährliche Fehldarstellung zu sagen, Yin-Yang beinhalte auch die (vermeintliche) Einheit von Gut und Böse, Frieden und Krieg, Wahrheit und Lüge, usw. Diese Fehldarstellung entsteht, wenn Polarität und Dualität gleichgesetzt werden.

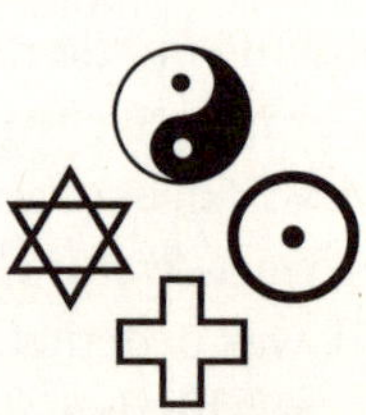

13 + 13 = 26

Nondualität + Individualität
(Energie, Einheit) (Bewusstsein, Liebe)
=
Ganzheit

Die ganzheitliche Erkenntnis von Einheit/Ganzheit (Gott) kann durch viele weitere Symbole dargestellt werden: durch die Zahlen in JHWH, durch die zwei entgegengesetzten Dreiecke eines Hexagramms, durch ein gleichschenkliges Kreuz oder allg. durch ein Kreuz (Verbindung des Horizontalen mit dem Vertikalen), durch das Sonnensymbol (Zentralpunkt und Kreis), durch Śakti-Śiva usw.

rität nicht, weil beide Seiten der Polarität gleichwertig, gleich wichtig und gleich gut sind.

Dualität ist die Zweiheit von nicht gleichwertigen, sich gegenseitig ausschließenden Gegensätzen: Gut und Böse, Liebe und Hass, Friede und Krieg, Wahrheit und Lüge, Treue und Verrat, Licht und Finsternis (in einem symbolischen Sinn), ganzheitliches Handeln und Sünde („Sünde": alles, was Spaltung und Einseitigkeit verursacht), Licht- und Dunkelmächte (sanskr. Sura-Asura), usw.

Dualität entsteht, wenn jemand das in der Schöpfung angelegte Gleichgewicht bricht (aufgrund von Einseitigkeit im Denken, Fühlen und Handeln). Das, was das Schöpfungsgleichgewicht bricht oder die göttliche Ordnung bekämpft, kann als böse (diabolisch) bezeichnet werden und hat zwei Gesichter, weil das Brechen eines Gleichgewichts immer zwei Faktoren beinhaltet: das Zuviel und das Zuwenig. Das Zuviel hat immer auch eine Seite des Zuwenig, und umgekehrt.

Gut und Böse, Krieg und Frieden, Licht und Finsternis, Sura-Asura usw. werden oft im gleichen Atemzug genannt, was den falschen Eindruck erweckt, die zwei Seiten dieser Dualitäten seien gleichwertig und zusammenhängend – was viele ja auch glauben. Es ist entscheidend zu verstehen, dass die zwei Seiten der vielen Dualitäten *nicht gleichwertig* sind. Sie bedingen sich zwar, aber nur von der einen Seite her, von der Seite des Negativen.

In der Dualität ist das Negative (das Böse) die Negation des Positiven und nicht selten auch die Bekämpfung des Positiven. Die Seite des Positiven (das Gute) ist aber nicht einfach die Negation des Negativen. Das Gute ist gut, weil es in Resonanz mit der göttlichen Ordnung ist und dem Schöpfungsgleichgewicht dient. Die Seite des Bösen handelt gegen die göttliche Ordnung. Deswegen betont diese Definition, dass es sich hier um zwei *nicht gleichwertige* Gegensätze handelt, das heißt, Gut und Böse usw. sind nicht einfach zwei Gegenteile, die zusammen ein Gleichgewicht schaffen oder zwei gleichwertige Pole darstellen. Gut und Böse gehören nicht zwingend zusammen, denn das Gute kann aus sich selbst heraus existieren, das Böse nicht. Was in der Dualität zwingend zusammenhängt, sind die zwei Einseitigkeiten von Zuviel und Zuwenig.

Es lohnt sich, dies nochmals in leichter Variation zu wiederholen: Das Gute ist nicht einfach deswegen gut, weil es das Gegenteil des

Bösen ist. Das Gute ist gut, weil es in Resonanz mit dem Gleichgewicht der göttlichen Ordnung ist. Das Böse hingegen definiert sich durch die Negation des Guten, weshalb die negierende („negative") Seite der Dualität den Menschen immer in zwei Einseitigkeiten zerrt, einerseits in ein Zuviel, andererseits in ein Zuwenig. Wenn die Menschen gegen die Schöpfungsordnung verstoßen und das Gleichgewicht der Polarität verlieren, fallen sie in die Einseitigkeiten des Zuviel und Zuwenig. Zuviel und Zuwenig gehören untrennbar zusammen, aber nicht Böse und Gut, Krieg und Frieden, usw.

Dunkelheit: Trennung vom Licht

Innerhalb der Dualität steht die Seite des Zuviel und Zuwenig (das Böse) immer dem Gleichgewicht, dem Guten, gegenüber, zu dessen Gegenteil sie sich gemacht hat. Das typische Symbol hierfür ist die Dunkelheit, die nur deshalb entsteht und existiert, weil sich etwas vom Licht getrennt hat. Nicht das Licht erzeugt die Ausgrenzung der Dunkelheit, sondern die spaltende Kraft, die sich aus eigener Initiative vom Licht trennt – und dann pseudoreligiöse oder atheistische Ideologien formuliert, um ihr Verhalten zu rechtfertigen. Dunkelheit ist das Gegenteil von Licht, aber Licht ist nicht einfach das Gegenteil von Dunkelheit, denn die Trennung und Abspaltung wird nur von der Seite der Dunkelheit geschaffen – und aufrechterhalten.

Trennung vom Licht bedeutet, dass man sich von der göttlichen Quelle getrennt hat und deshalb Energie woanders (bei anderen Lebewesen) holen muss. Diese Abspaltung mit der daraus resultierenden „Notwendigkeit", Energie von anderen zu rauben, ist der archetypische Grund für alle bösen Handlungen: Ausbeutung, Raubbau, Kriege, Gewalt, Lügen, Verleumdungen usw.

Eine Trennung vom Unendlichen ist durchaus möglich. Paradox ausgedrückt: Wir können uns von Gott trennen, aber Gott trennt sich nie von uns. Bildlich gesprochen: Wir können uns vom Licht trennen und Dunkelheit erzeugen, aber das Licht wird dadurch nicht verringert. Wir können innerhalb der Unendlichkeit der Schöpfung Bunkerbauten errichten und dadurch unsere eigenen kleinen Bereiche (B-Reiche, sekundäre Schöpfungen) von Dunkelheit schaffen, aber Dunkelheit ist immer begrenzt, im Gegensatz zum Licht. Das Licht wird durch die Subtraktion von Dunkelheit in keiner Weise weniger und ist potentiell auch in der Dunkelheit präsent, denn sobald wir das Trennende überwinden und heilen, wird die Dunkelheit wieder Licht, wie wenn sie nie Dunkelheit gewesen wäre. Das gilt auch für das Kali-Yuga und ist Ziel und Wirkung des Yuga-Avatāras.

„Sowohl als auch" und „entweder oder"

In der modernen Esoterik sagen viele, dass sie nun „spirituell" und „in der Einheit" seien und deshalb nur noch nach dem Sowohl-als-auch und nicht mehr nach einem Entweder-oder leben würden; „entweder-oder" bedeute Spaltung und Werten, und gerade die Spaltung sei das Problem. Aber diese Ansicht ist widersprüchlich und einseitig, weil sie das Entweder-oder ausschließt. Zudem beruht sie selbst auf einer Wertung, nämlich: Sowohl-als-auch ist gut, Entweder-oder ist schlecht. Und sie ist widersinnig, denn in der Konsequenz würde diese pseudospirituelle Lebenseinstellung bedeuten: sowohl nicht lügen als auch lügen, sowohl nicht morden als auch morden, denn man soll ja nicht „einseitig" sein ...

Mit der Unterscheidung von Polarität und Dualität lässt sich auch hier Klarheit finden: Sowohl-als-auch gilt in der Polarität. Hier wäre es falsch und fatal, mit Entweder-oder zu argumentieren. Entweder-oder gilt in der Dualität, und es wäre fatal, die Dualität als ein Sowohl-als-auch zu definieren. Entweder man lügt, oder man sagt die Wahrheit. Entweder man handelt aus Liebe (Liebe in der weiten, göttlichen Bedeutung dieses Wortes) oder man handelt aus einem anderen Motiv. Entweder man hat verziehen oder nicht. Entweder man ist im Frieden (mit sich selbst und den Menschen und denen, die sich feindlich verhielten) oder nicht, usw. Oder im Bild mit dem Hochseil: Entweder man ist im Gleichgewicht, oder man ist gekippt und abgestürzt.

Aber ist „nur gut" nicht ebenfalls einseitig?

Braucht der Mensch das Böse nicht, um zu wissen, was „gut" ist und um sich entwickeln zu können? Nein! Das Böse (Krieg, Gewalt, Verbrechen usw.) ist nicht notwendig. Das ist eine der frohen Botschaften der ganzheitlichen (theistischen) Spiritualität.

Die Polarität ist nie statisch. Gleichgewicht und Harmonie erfordern von Natur aus Dynamik und Entwicklung. Die Polarität ist vollkommen ausreichend für persönliche Entwicklung (Selbst- und Gotteserkenntnis). Polarität bedeutet nicht etwa „immer nur glücklich sein", „keine Herausforderungen und Prüfungen", „nur Schönes und Einfaches", nur „Schlaraffenland". Wie das Leben zeigt, stellen die Ziele des Guten (im Gleichgewicht, im inneren Frieden sein) die größten Prüfungen und Herausforderungen dar! Denn Polarität umfasst auch „jung und alt", „Geburt und Tod", „Glück und Leid", „Gut und Schlecht". Zum Pol des Schlechten gehören Unfälle, Unglücksfälle, Naturkatastrophen usw. Tod, Leid, Katastrophen usw. sind Prüfungen, haben aber nichts mit „Böse" zu tun. Neben diesen dramatischen bis tragischen Seiten der Polarität gehören zum Leben auch die Pole „geben und empfangen", „aktiv und passiv" (Aktivität und Entspannung, Erholung), „Wandel und Konstanz". Dies alles muss im Gleichgewicht sein, und der moderne gestresste Mensch erlebt, wie schwierig und anspruchsvoll dies sein kann.

Weitere prüfungsreiche Aspekte der natürlichen Polarität sind Spannung und Entspannung, Konflikt und Konfliktlösung/Versöhnung, Lachen und Weinen, Freude und Trauer, Ruhe und Zorn („heiliger Zorn"). Wenn Spannungen und Konflikte nicht durch Entspannung und Versöhnung gelöst bzw. neutralisiert werden, eskalieren sie und kippen in die Dualität. Dies ist jedoch nicht notwendig und nicht zwingend. Die „negativen" Seiten der Polarität und die damit verbundenen Prüfungen sind absolut genügend für die persönliche Entwicklung. In diesem Licht wird nochmals deutlich, wie diabolisch es ist zu behaupten, das Böse (Krieg, Gewalt, Versklavung, Diktatur usw.) sei notwendig für die menschliche und gesellschaftliche Entwicklung.

Gut und Schlecht, Gut und Böse: „Gut und Schlecht" gehören zur Polarität, „Gut und Böse" zur Dualität. In unserem Leben ist nicht alles eine karmische Reaktion, das gilt sowohl im Positiven als auch im Negativen. Wenn den Menschen Böses und Schlechtes widerfährt (Gewalt usw. im Bereich des Bösen, Naturkatastrophen usw. im Bereich des Schlechten), kann und darf nicht alles mit Karma begründet werden (mehr dazu in Anhang 5). Im Guten nennt man das, was karmisch „unverdient" ist, Gottes Gnade oder göttliche Hilfe. Das können Geistheilungen oder wundersame Hilfen sein oder auch Inspirationen, gute Fügungen und innere Lichtblicke (Ego-Überwindungen), die „Sündenvergebung" ermöglichen, konkret: Einsicht, Reue, Verzeihen und Wiedergutmachen. Es stimmt: Es gibt keine Zufälle. Alles, was geschieht, hat eine Ursache. Auch Gottes Gnade ist eine Ursache, aber nicht eine Reaktion auf eine Aktion, denn wir können gute Fügungen weder erzwingen noch „bewirken". Wir können uns innerlich jedoch neu ausrichten (loslassen, beten, Lektionen lernen usw.), was bedeutet, dass wir auf der Kausalitätsebene eine neue Ursache setzen. Religiös gesprochen: „Dein Glaube hat dich geheilt." Dies gilt im persönlichen Bereich, aber auch auf gesellschaftlicher und globaler Ebene.

Das Gute braucht das Böse nicht

Die bisherigen Ausführungen haben gezeigt, dass die Wahrheit „alles ist eins" nicht einseitig verstanden werden darf. Das ganzheitliche Verständnis sieht das Absolute als den lebendigen Gott, die GANZHEIT, mit Bewusstsein und Willen, weshalb wir hier – und nur hier – einen absoluten Maßstab für das Unterscheiden von Gut und Böse haben, nämlich Gottes Willen: Liebe, Verbundensein mit der Quelle, Einssein mit Gott und allen Teilen Gottes, Leben im Einklang mit dem Schöpfungsgleichgewicht. Das Gute, auch das relative Gute, steht in Resonanz mit Gottes Willen, wohingegen das Böse sich selbst abtrennt und abspaltet so wie die symbolische Dunkelheit vom Licht.

Das Böse ist das Gegenteil des Guten, aber das Gute ist nicht einfach das Gegenteil des Bösen. Das Gute definiert sich nicht durch sein Gegenteil, sondern durch seine Entsprechung mit der göttlichen Ordnung und dem göttlichen Willen. Das Gute kann aus sich selbst heraus existieren und braucht das Böse nicht, um gut zu sein, das Böse hingegen ist nichts anderes als eine Verneinung (Ignorierung, Verletzung, Bekämpfung) des Guten. Lüge ist eine verdrehte Wahrheit, aber Wahrheit ist nicht einfach eine verdrehte Lüge. Krieg ist Abwesenheit von Frieden, aber Friede ist nicht bloß Abwesenheit von Krieg.

Mit anderen Worten, das Gute existiert aus sich selbst heraus. Das ist der Grund, warum ganzheitliche Religionen und spirituelle Traditionen betonen, dass Gott gegensatzlos ist und kein Gegenteil braucht. Die Ganzheit braucht kein Gegenteil, um „ganz" zu sein, sonst wäre sie nicht die Ganzheit. Im Kali-Yuga existieren jedoch unterschiedliche Formen von Halbwahrheiten („luziferische" Doktrinen, usw.), die sagen, „Gut" und „Böse", „Licht" und „Dunkelheit", würden zusammengehören wie Yin und Yang; das Licht brauche die Dunkelheit, um als

Licht existieren zu können; das Böse sei die Kraft, die Gutes schafft. Der grundlegende Fehler in dieser Linie des Denkens ist die Gleichsetzung von Polarität und Dualität. Dies wiederum beruht auf einem fatalen Fehler am Anfang der Rechnung: Verabsolutierung der Einheit. Das Negative ist negativ, weil es die göttliche Ordnung verneint; es sagt, es gebe keine göttliche Ordnung und keinen göttlichen Willen und deshalb auch keine absoluten Richtlinien, um Gut und Böse zu unterscheiden, denn „alles ist eins", auch Gut und Böse.

Ist das Böse außerhalb von Gott?

Wenn Gott die Ganzheit ist, umfasst er alles, also auch das Böse, denn es gibt nichts außerhalb des Allumfassenden. Wenn diese heikle Wahrheit monistisch interpretiert wird, führt dies zu einer indirekten oder verborgenen Rechtfertigung des Bösen, ausgehend vom Trugschluss, dass Gut und Böse gleichwertige Aspekte seien und sich gegenseitig bedingen.

Das Böse ist „außerhalb" von Gott, so wie Dunkelheit außerhalb des Lichts ist. Wenn jedoch die Mauern der Trennung fallen, ist dort, wo Dunkelheit war, ebenfalls Licht. Um es paradox zu formulieren: Gott ist alles, aber nicht alles ist Gott. Oder bildlich ausgedrückt: Licht ist überall, aber nicht überall ist Licht, nämlich dort nicht, wo es dunkel ist. Aber „Licht ist überall", deshalb kann es dort, wo es dunkel ist, wieder licht werden. Licht schafft keine Dunkelheit, lässt die Dunkelheit aber zu, wenn sich jemand von „ihm" abtrennen will.

Im Licht haben wir immer einen aktiven freien Willen: *Niemand muss im Licht bleiben, und niemand muss in die Dunkelheit gehen.* Es ist nicht notwendig, in die Trennung und Dunkelheit zu gehen, um das Licht zu finden. Licht wird im Licht gefunden, nicht in der Dunkelheit. Die Trennung vom Licht ist eine *freiwillige,* keine notwendige Erfahrung.* Wäre das Böse notwendig, hätte es den gleichen

* In modernen esoterischen Strömungen wird der Plan Gottes für die Schöpfung (die „Heilsgeschichte") oftmals mit der Trinität Christus-Ahriman-Luzifer erklärt, um das Versöhnliche zu betonen. Man sagt, das Böse mit seinen zwei Gesichtern sei nicht wirklich böse, denn es diene Gott und sei notwendig, ja zwei Geistwesen hätten sich geopfert, um die Rolle des Ahriman und Luzifer zu spielen, damit die Menschen sich entwickeln können. Aber: Wenn der Gang durch das Böse notwendig wäre, wären Ahriman und Luzifer höher und ganzheitlicher als Christus

Stellenwert wie das Gute, was aber nicht der Fall ist, da Polarität und Dualität nicht dasselbe sind.

Mit den hier beschriebenen Differenzierungen wird es möglich, das Böse als solches zu erkennen, ohne es zu verurteilen, d. h. ohne es zu verteufeln und zu hassen, aber auch, ohne es schönzureden oder zu ignorieren. Ziel ist die Überwindung der Spaltung: Heilung, Friede und das Erreichen einer zukunftsfähigen menschlichen (nicht „unmenschlichen“) Gesellschaftsform, die alle Aspekte der Polarität auf eine harmonische Weise integriert, insbesondere die Einheit und die Verschiedenheit, das Nationale und das Globale, das Progressive und das Konservative, das Natürliche und die Technik, Natur und Kultur, usw.

„Dann auf einmal große Klarheit“

Die Erklärungen mit Ganzheit und Einheit sowie das Unterscheiden von Polarität und Dualität, halben und ganzen Wahrheiten usw. sind Ausformulierungen der Lehre und Frohbotschaft des Yuga-Avatāras. Die Klarheit, die wir durch diese Offenbarung empfangen, wurde von Nostradamus wahrgenommen, und mit diesem Schlüssel können wir die gleiche Klarheit im Kern aller religiösen und esoterischen Traditionen finden.

Wie alle großen Weisen und spirituellen Lehrer und Lehrerinnen war auch Mahāprabhu („der große Lehrmeister“) kein projizierender Aktivist, der die äußere Welt mit Gewalt oder Ungeduld verändern wollte. Er wusste, dass es noch Jahrhunderte dauert, bis die Menschen mit ihren Religionen und Ideologien bereit sind, die Spaltung loszulassen und sich auf der Ebene von allumfassender, universeller Liebe zu verständigen und verbinden: Einheit in der Vielheit, Vielheit in der Einheit. Wenn wir diese wahre Einheit wahrhaftig wollen, dann müssen wir die große Klarheit zuerst für uns selbst finden. Dieses indivi-

---

und Erzengel Michael, denn was jene bereits durchlaufen haben, hätten diese noch vor sich! Christus und Michael wären dann „einseitig gut“, während die anderen bereits auch das Böse „integriert“ haben. Die Ansicht „Satan dient Gott“ ist nicht falsch, muss aber differenziert verstanden werden. Notwendig und innerhalb der Schöpfung unabdingbar ist *māyā* (die materielle Vielfalt inkl. Illusion und Verführung), aber nicht das Asura-Wirken (das Diabolische und Spaltende). Werden diese beiden unterschiedlichen Faktoren gleichgesetzt oder vermischt, entstehen problematische monistische und dualistische Konzepte, sei es im Namen von Esoterik, „Geisteswissenschaft“ oder Religion.

duelle Erwachen ist der beste Beitrag für das kollektive Erwachen. Je reiner und klarer unsere Gedanken und Gebete sind, desto stärker ist deren Wirkung auf das morphogenetische Feld der Menschheit. An einem Punkt wird die „kritische Masse" erreicht, und echter Wandel kann geschehen. Die Wendezeit kulminiert in der Wende, im Ende von Spaltung, Ausbeutung, Kriegen usw. *„Dann auf einmal große Klarheit wird es geben,/ Was die Menschen durch dieses Zeitalter [durch diese Wendezeit] sehr glücklich machen wird."*

Der Goldene Avatāra nach seiner Weihe zum Mönch *(sannyāsī),* bei der er den Namen Śrī Kṛṣṇa Caitanya bekam (siehe S. 404).

Im Hintergrund der große Tempel von Jagannātha Purī, Hauptstadt von Orissa.

Anhang 4

Wer war der Goldene Avatāra?

Bei Biographien großer Heiliger, Propheten und „paranormaler" Persönlichkeiten früherer Zeiten müssen wir immer damit rechnen, dass historische Fakten und glorifizierende Legenden miteinander vermischt wurden. Selbst wenn Texte auf Augenzeugenberichte zurückgehen, sind die ältesten vorhandenen Manuskripte meistens keine Originale, sondern Kopien von Kopien. Zudem vertreten Autoren immer auch eigene Glaubensvorstellungen und schreiben aus dieser Perspektive. Bei den Schriften über den Goldenen Avatāra war es nicht anders, aber nur schon die biographischen Eckpunkte, die historisch als gesichert gelten, zeigen, welch große Wirkung er hatte und wie charismatisch er gewesen sein muss. Nun erfahren wir, dass ihn sogar zwei Menschen in Europa wahrnahmen, und zwar der größte Hellseher und der größte Mystiker der damaligen Zeit. Nostradamus nannte ihn „das Ornament seiner Zeit", und Niklaus von Flüe sagte, dass er nach dieser Offenbarung höchster göttlicher Liebe nichts anderes mehr im Himmel und auf Erden begehrte.

Die Beschreibung des Yuga-Avatāras soll jedoch keine falsche Glorifizierung sein. Gerade angesichts des Potentials dieser Biographie, ideologisch vereinnahmt zu werden, ist eine historisch differenzierte Darstellung sehr wichtig. Das bedeutet jedoch nicht, das Heilige und Glorreiche zu verneinen. Im Gegenteil: Ohne persönliche Verbindung und Erkenntnis (inkl. „Faszination" und „Begeisterung") bleiben wir in einer nur-theoretischen Betrachtungsweise stecken. Ich gehe deshalb auch bei der Biographie des Yuga-Avatāras den radikalen Mittelweg: kein fundamentalistisches Verabsolutieren und keine sektiererische Apologie, aber auch kein atheistisches oder pseudokritisches Banalisieren und Endlos-Analysieren. Mir geht es um die zeitlosen und universellen („überkonfessionellen") Essenzen seiner Biographie, Lehre und Offenbarung, aufbauend auf den Themen in Anhang 3: Einheit und Ganzheit, Nondualität und Individualität, Polarität und Dualität.

Biographische Unklarheiten sind dann keine Streitpunkte mehr, sondern Illustrationen und Inspirationen bzw. Instruktionen, selbst wenn nicht immer klar ist, ob sich das Beschriebene historisch genauso ereignet hat.

Kurze Biographie des Goldenen Avatāras

Nostradamus beschrieb im Prophezeiungsvers 3.94 den mysteriösen Lehrer und Gold-Licht-Menschen *(or-nement),* der „plötzlich große Klarheit" bringen wird, mit einem einzigartigen Charakteristikum: Er war „das Ornament seiner Zeit", aber die Welt erfährt erst fünfhundert Jahre später von ihm. Welcher Heilige, welches Genie, welcher Heros war das „Ornament seiner Zeit", wurde aber erst fünfhundert Jahre später weltbekannt – und dies auch noch mit dem Potential, die Menschen und die ganze Welt „sehr glücklich" zu machen? Zudem wissen wir durch den zeitgenössischen Bezug auf Nostradamus, dass diese historische Person im Zeitraum Anfang/Mitte 16. Jahrhundert lebte.

Der Yuga-Avatāra oder Goldene Avatāra wurde am Vollmondabend des 18. Februar 1486 in Bengalen (Nordostindien) in der Ortschaft Navadvīpa am Ufer des Ganges geboren. Mit bürgerlichem Namen hieß er Viśvambhara Miśra. Sein Vater, Jagannātha Miśra, gehörte zur Kaste der Lehrer und Gelehrten (Brāhmaṇas) und führte ein Leben in bescheidenen Verhältnissen. Viśvambhara hatte einen älteren Bruder namens Viśvarūpa, der später ebenfalls Wandermönch wurde. Die Mutter prägte für ihren jüngeren Sohn den Rufnamen Nimāi, weil er unter einem Nīm-Baum geboren worden war. Als Jugendlicher wurde er Nimāi Paṇḍita* („Professor Nimāi") genannt, weil er hochbegabt war und das Grundstudium des Sanskrit innerhalb von zwei Jahren gemeistert hatte. Er konnte Texte, die er nur einmal las oder hörte, im Gedächtnis behalten und auswendig wiederholen. Mit vierzehn Jahren gehörte er zu den größten Sanskritgelehrten seiner Zeit. In Indien war es üblich, dass Gelehrte in öffentlichen Debatten gegeneinander antraten, um sich in Philosophie und Schriftenkenntnis zu messen.

---

* ausgesprochen Nimaj-Pandit; das Sanskritwort *paṇḍita,* „Gelehrter; hochgebildeter Mann; Experte", ist abgeleitet vom Verb *paṇḍ,* „(Wissen) ansammeln, zusammentragen"; es wurde später mit gleicher Bedeutung auch ins Englische übernommen, siehe: engl. *pundit.*

Einmal kam der Champion der damaligen Zeit, Keśava aus Kaschmir, siegessicher nach Navadvīpa – und traf auf den jungen Nimāi. Bereits in der „Vorrunde" erlebte Keśava eine solch erleuchtende Niederlage, dass er das wettkampfmäßige Debattieren aufgab.

Als Nimāi fünfzehn bis sechzehn Jahre alt war, eröffnete er in Navadvīpa eine eigene Schule und wurde durch elterliche Vermittlung verheiratet, was damals (wie in vielen Kulturen) üblich war. Ein Jahr später, als sein Vater starb, unternahm er zusammen mit einigen seiner Studenten eine Pilgerwanderung nach Gayā und traf dort einen großen Asketen und Kṛṣṇa-Geweihten, den er als Guru annahm. Diese Begegnung und Einweihung bewirkte in seinem Leben eine tiefe Veränderung. Der geniale junge Gelehrte und Rhetoriker, der gern die Erwachsenen in Verlegenheit gebracht hatte, um ihnen die Begrenztheit ihres Wissens aufzuzeigen, wurde zu einem Mystiker und Ekstatiker und zu einem Philosophen, dem es nur noch um die höchsten Fragen des Lebens ging. Sein Vater war gestorben, kurz danach starb seine junge Ehefrau an einem Schlangenbiss (er heiratete einige Zeit später ein zweites Mal, weil seine verwitwete Mutter ihn darum bat). Für Nimāi waren Gottverbundenheit und Gottesliebe (*bhakti,* Kṛṣṇa, Kṛṣṇa-Themen) schon als Kind das Wichtigste gewesen, und die schicksalhaften Zeichen (Tod des Vaters, Tod der jungen Angetrauten, Begegnung mit dem Guru) bewirkten, dass der Siebzehnjährige sich zunehmend seiner wahren Berufung und Aufgabe widmete. In seiner Schule wurden die akademischen Fächer (Philosophie, Sanskrit usw.) zur Nebensache. Er gründete, ausgehend von seiner Schule, eine wachsende Kongregation, in der die Menschen gemeinsam in spirituelle Erfahrungen und in das Singen der Namen Gottes eintauchten. Viele namhafte Persönlichkeiten schlossen sich ihm an, insbesondere sein „Co-Avatāra" Nityānanda (siehe S. 99).

Wie ganz Nordindien, so stand auch Bengalen damals unter moslemischer Herrschaft. Bengalen wurde von einem Sultan regiert, der regional von Magistratsbeamten (Kazis) vertreten wurde. Fundamentalistische Kastenbrahmanen wandten sich an den für Navadvīpa zuständigen Kazi, um sich über die wachsende „Sekte" des Nimāi und Nityānanda zu beklagen. Der Kazi griff ein und wollte gewaltsam verbieten, dass die Hindus sich zum gemeinsamen Singen versammelten. In der Folge organisierte der rund zwanzigjährige Nimāi eine große Protestkundgebung, und es kam zu einer Aussprache mit dem Kazi.

Diese Begegnung verwandelte den Gegner in einen Sympathisanten, der sich sogar für die Rechte der Hindus einsetzte. Dasselbe tat der Sultan von Bengalen.* Historischer Fakt ist, dass dieser Sultan den Hindus gegenüber außergewöhnlich tolerant war und den jungen Caitanya vor Anfeindungen und Angriffen beschützte.

In einem 2006 veröffentlichten Geschichtsbuch aus Indien ist über die damalige Zeit Folgendes zu lesen:

> Die lange Regierungszeit von Hussain Schah – mehr als ein Vierteljahrhundert – war eine Zeit des Friedens und des Wohlstands, was einen auffälligen Kontrast zur vorangegangenen Zeit darstellte. Hussain Schahs aufgeschlossene Haltung gegenüber den Hindus in seinem Reich war ein wichtiger Aspekt seines Wirkens. […] Der bekannte mittelalterliche Heilige Caitanya Mahāprabhu und seine Anhänger verbreiteten während dessen Regierungszeit im gesamten Land Bengalen die Bhakti-Botschaft […] Als Hussain Schah sah, welch große Anhängerschaft Caitanya Mahāprabhu unter den Bürgern des Reiches hatte, befahl er seinen Kazis [Magistraten], ihm in keiner Weise etwas anzutun und ihm zu erlauben, überall hinzugehen, wo er wollte.[273]

Nimāi wurde aufgrund seiner Körperfarbe und Ausstrahlung auch Gaura („der Goldene") genannt. Er war großgewachsen, athletisch und von überwältigender Schönheit, wie seine Biographen überliefern. Seine Stimme war laut und stark und weithin hörbar, wenn er große Prozessionen im Singen der Namen Gottes anführte.

Anfang 1511, kurz vor seinem 25. Geburtstag, entschied Nimāi Paṇḍita, sich von allen weltlichen Beziehungen zu lösen. Er trat in den Lebensstand der Entsagung ein und wurde Mönch (Sannyāsī). Bis zu dieser Einweihungszeremonie hatte er lange schwarze Haare, nun ließ er sich die Haare abschneiden. Er bekam den Mönchsnamen Śrī Kṛṣṇa Caitanya und wurde bald auch als Mahāprabhu („großer Meister") bekannt. Er verließ Bengalen und begab sich ins südlich angrenzende hinduistische Königreich Orissa. Als er in die große Tempelstadt Jagannāth Purī, die Hauptstadt von Orissa, kam, wohnte er

---

* Das Land Bengalen war im 13. Jahrhundert von islamischen Heeren erobert worden. (1352 wurde das Sultanat von Bengalen gegründet, das bis 1576 bestand.) Als Nimāi um 1500 sein öffentliches Wirken begann, herrschte in Bengalen Ala-ud-din Hussain Schah. Er war 1494 Sultan von Bengalen geworden, als Nimāi acht Jahre alt war. Hussain Schah regierte bis an sein Lebensende (1519).

zuerst im Haus des berühmten Gelehrten Sārvabhauma Bhaṭṭācārya, der ihn persönlich eingeladen hatte. Sārvabhauma war ein Māyāvāda-Monist in der Linie des Śaṅkara und hatte viele Schüler. Aber es dauerte nicht lange, bis er die große Klarheit des *bheda-abheda* (S. 386, 391) erkannte, und er wurde zu einem der führenden Exponenten der Caitanya-Bewegung. Er bekundete öffentlich, dass er noch nie eine so natürliche und überzeugende Erklärung der Veda-Philosophie (Vedānta) gehört habe wie nun von diesem jungen Avatāra.

Der erste Besuch Śrī Caitanyas in Purī dauerte nur etwa zwei Monate. Danach wanderte er für zwei Jahre durch Südindien und kam dabei auch an das Kap Komorin, die südlichste Spitze des indischen Subkontinents. Wiederholt traf er politisch und religiös einflussreiche Personen, und viele wurden zu Vertretern der Caitanya-Reformation. Immer wieder folgten ihm Menschenmassen, und er musste heimlich aufbrechen, um ungestört weiterziehen zu können. Als er, 27-jährig, nach Purī zurückkehrte, schloss sich der König von Orissa öffentlich Śrī Caitanya an. Bei diesem König (Rāja) handelte es sich um Pratāparudra Deva (1497 - 1540).

Im darauffolgenden Jahr ging er kurz nach Bengalen, weil ihm zwei führende Mitglieder der Hussain-Schah-Regierung geschrieben hatten und ihn um spirituelle Hilfe baten. Diese zwei Brüder stammten aus einer Brāhmaṇa-Familie und waren auch in der persischen und arabischen Sprache und im Sanskrit bewandert, weshalb Hussain Schah ihnen hohe Stellungen in der Regierung angeboten hatte – was praktisch einem Befehl gleichgekommen war. Der eine war Finanzminister, der andere der Privatsekretär des Sultans.

Nach dem Treffen mit Śrī Caitanya löste der jüngere der beiden Brüder sogleich seine Privatexistenz auf und wurde Wandermönch. Der Sultan wollte zumindest seinen Finanzminister nicht verlieren und verbot ihm die Amtsniederlegung. Doch dieser ließ sich nicht umstimmen und wurde aufgrund von Befehlsverweigerung inhaftiert. Dank seiner guten Beziehungen war er bald wieder frei. Er wurde ebenfalls Wandermönch und verließ Bengalen. Er und sein Bruder wurden unter den Namen Sanātana Gosvāmī und Rūpa Gosvāmī führende Schüler und Nachfolger Śrī Caitanyas. Sie und auch ihr Neffe Jīva Gosvāmī verfassten viele Bücher und weiterführende Kommentare, in denen sie systematisch die Mystik des Bhakti-Yoga bis hin zu den höchsten Aspekten (Rādhā-Kṛṣṇa) beschrieben.

Von Bengalen kehrte Śrī Caitanya nach Purī zurück. Seine nächste Wanderung führte ihn nach Vṛndāvana, wo Kṛṣṇa fast fünf Jahrtausende zuvor gelebt hatte. Dort lokalisierte er hellsichtig viele Stätten von Kṛṣṇas Wirken und beauftragte Rūpa und Sanātana Gosvāmī, diesen Ort neu aufleben zu lassen. Dass Vṛndāvana heute der zentrale und wichtigste Kṛṣṇa-Pilgerort Indiens ist, geht auf die Initiative zurück, die Śrī Caitanya mit seinem Besuch im Jahr 1515 begründete.

Seine nächste Station war Prayāg (Allahabad), wo sich ihm viele Moslems anschlossen. Diese wurden unter dem Namen Pāṭhāna Vaiṣṇavas („Vaiṣṇavas [S. 387] der Pāṭhāna-Gemeinde") bekannt. Sein nächstes großes Ziel war Vārāṇasī (Benares), die Hochburg des Śaṅkara-Monismus, die er schon auf dem Hinweg besucht hatte. Seine Prozessionen, bei denen er zusammen mit großen Menschenmengen ekstatisch die Namen Gottes sang, wurden von den monistischen Priestern und Mönchen in Vārāṇasī scharf kritisiert. In ihrer Tradition mussten Mönche in strikter Zurückhaltung die Vedānta-Schriften studieren und meditieren. Das ekstatische Singen und das Gerede von „göttlicher Liebe" bezeichneten sie als lächerlich, unspirituell und sentimental. Als Caitanya Mahāprabhu auf dem Rückweg wieder nach Vārāṇasī kam, organisierte einer seiner Freunde ein Treffen mit dem damaligen „Papst" der Śaṅkara-Linie und dessen großen Schüler- und Lehrerschar. Durch diese Begegnung wurde es ihnen möglich zu erkennen, dass ihre Einheitslehre einseitig und unvollständig war, denn Gott, die Ganzheit, ist nicht nur „Einheit", Energie und Nondualität, sondern auch Individualität, Bewusstsein und Liebe. Caitanya vermittelte ihnen dies nicht über eine intellektuelle Argumentation, sondern durch eine mystische Offenbarung, so dass die asketisch-philosophischen Mönche innerlich erfahren konnten, was mit göttlicher Liebe *(bhakti)* gemeint ist. Wie bereits erwähnt (S. 386f.), ist die lebendige Einheit und Vielheit im Licht der göttlichen Ganzheit *acintya,* d. h. keine bloße Verstandesangelegenheit. Vielmehr ist diese Erkenntnis ein Funke, der springt, wenn sich Kopf und Herz in einer spirituellen Dimension vereinen.

Ab 1516, seinem 31. Lebensjahr, blieb Caitanya Mahāprabhu in Purī. Zahlreiche Pilger strömten in die Hauptstadt von Orissa, insbesondere zum alljährlichen Ratha-Yātrā (Wagenfest), wo Hunderttausende von Menschen zusammenkamen, um den Goldenen Avatāra singen und tanzen zu sehen und seine Präsenz zu erleben. Oft blieb er zurückge-

Nityānanda und Nimāi (im Zentrum, l. und r.) leiten in Navadvīpa in den frühen Morgenstunden eine ekstatische Prozession des gemeinsamen Singens von Gottes Namen. (Gemälde aus Indien, ca. 1850)

zogen in seiner Mönchszelle. Allein, im engsten Kreis und auch öffentlich erlebte er ekstatische Zustände, die für die Menschen wie Fenster in die Welt jenseits der Materie waren. Von dort war dieser Avatāra gekommen, und dorthin kehrte er wieder zurück. Im Jahr 1533 verließ er die sterbliche Welt.

Aus der Sicht der Ewigkeit ist der Tod eine Illusion, so wie das scheinbare Verschwinden eines Menschen, wenn er zur Tür hinausgeht. Dies zeigte sich auch bei Śrī Caitanya, dessen Verscheiden auf unterschiedliche Weise wahrgenommen bzw. beschrieben wurde. Avatāre und Gurus werden in Indien nicht kremiert, sondern begraben und mit einem Grabmonument als Pilgerstätte geehrt. Von Śrī Caitanya existiert weder ein Grab noch ein Grabmonument, was ungewöhnlich und rätselhaft ist. Einige sagen, er habe einen Kṛṣṇa-Tempel besucht und sei nicht mehr herausgekommen; er habe sich dematerialisiert. Andere sagen, er habe sich während einer ekstatischen Prozession am Fuß verletzt und sei an den Folgen einer Blutvergiftung gestorben, danach sei er heimlich begraben worden (deshalb kein bekanntes Grab). Jemand behauptete sogar, er sei ermordet worden.

Die Herausforderung für uns Menschen der heutigen Zeit besteht darin, dass wir die Inspiration und Begeisterung hinsichtlich der Lehren und der Person auf eine reife Weise verinnerlichen. Kritische Punkte haben den Vorteil, dass sie uns helfen, Verabsolutierungen auf eine konstruktive Weise zu relativieren und zu erkennen, was die wirklich essentiellen und zeitlosen Offenbarungen sind.

Kritisches Differenzieren

Śrī Caitanya Mahāprabhu stammte aus einer Brāhmaṇa-Familie, d. h. aus der höchsten Kaste, doch er war frei von Kastenarroganz und nahm Menschen aus allen Gesellschaftsschichten in seine Bewegung auf. Aufgrund seiner interreligiösen Offenheit schlossen sich ihm auch Moslems an, was sowohl für die Hindu- als auch für die Moslem-Gesellschaft revolutionär (und skandalös) war. Aber Śrī Caitanya lebte selbst ebenfalls innerhalb des dogmatisch-puritanischen Kastensystems, das damals in Indien das gesamte soziale und religiöse Leben bestimmte, und musste sich an alle Regeln halten. Die brahmanischen Kastenregeln beinhalteten für ihn strikte Vorschriften für die rituelle Reinheit, für die Zubereitung und die Art der Speisen, für die religiöse Praxis und insbesondere auch für den Umgang mit Frauen. Wird nun die Biographie verabsolutiert, werden auch die kulturell und traditionell bedingten Dogmen verabsolutiert.

Als die Caitanya-Biographien geschrieben wurden, flossen Tendenzen ein, die aus heutiger Sicht fundamentalistisch und puritanisch, für die damalige Zeit aber normal und sogar vorbildlich waren, nicht zuletzt auch im Hinblick auf die hinduistische „Konkurrenz“ mit dem Islam. Deswegen ist nicht klar, ob alles, was Jahre und Jahrzehnte nach Caitanyas Verscheiden aufgeschrieben wurde, tatsächlich so geschah. Die irritierendste Episode ist folgende, hier in der Wiedergabe durch Bhaktivedanta Swami Prabhupāda, Gründer der Hare-Krishna-Bewegung, in der Einleitung zu seiner kommentierten Ausgabe des vedisch-theistischen Monumentalwerks *Śrīmad-Bhāgavatam:*

> Der Herr [*the Lord,* „Lord Caitanya“] war ein vorbildlicher *sannyāsī.* Keine Frau durfte sich Ihm nähern, nicht einmal, um Ihm Ehrerbietungen zu erweisen. Die Sitzplätze der Frauen wurden mit großem Abstand vom Herrn aufgestellt. […] In Seiner Eigenschaft als *ācārya* [hoher Lehrer]

> war Er härter als ein Blitzstrahl und sanfter als eine Rose. Einer seiner Gefährten, Haridāsa der Jüngere, beging einen großen Fehler, indem er lüstern nach einer jungen Frau blickte. Der Herr als Überseele konnte diese Lust im Geiste Haridāsas des Jüngeren entdecken und verbannte ihn sofort aus Seiner Gemeinschaft. Er nahm ihn niemals wieder auf, nicht einmal, als man Ihn anflehte, Haridāsa den Fehler zu verzeihen. Haridāsa beging später, aus Schmerz über die Trennung von der Gemeinschaft des Herrn, Selbstmord, und die Nachricht vom Selbstmord wurde dem Herrn umgehend überbracht. Selbst zu dieser Zeit war der Herr nicht bereit, das Vergehen zu vergessen, und Er sagte, Haridāsa habe seine angemessene Strafe erhalten.[274]

Noch irritierender ist die Version, die in einer der Hauptbiographien zu finden ist, niedergeschrieben etwa dreißig Jahre nach Caitanyas Verscheiden. Dort steht, dass es sich nicht um eine junge Frau handelte, sondern um „eine ältere Dame, die sich stets Bußen auferlegte. Sie war im hingebungsvollen Dienst weit fortgeschritten."[275] Haridāsa ging nur deshalb zu dieser älteren frommen Frau, weil ein angesehener Caitanya-Freund ihn beauftragt hatte, bei ihr Reis zu holen, und zwar für ein Festmahl zu Ehren Śrī Caitanyas. Beim Essen fragte Caitanya, woher der Reis komme und wer ihn geholt habe, und dann beschreibt der Biograph, dass Caitanya auf eine extrem strenge Weise reagierte, mit der bereits erwähnten Folge.

Hinzu kommt, dass die Dame, die den Reis gab, in Caitanyas Augen zu den frömmsten Frauen überhaupt gehörte. Gleich im Anschluss an den oben zitierten Vers 104 (Anm. 275) wird gesagt:

> Auf der ganzen Welt gab es dreieinhalb Personen, die Seine vertraulichen Gefährten waren. Die drei Personen waren Svarūpa Dāmodara Gosvāmī, Rāmānanda Rāya und Śikhi Māhiti, und die halbe Person war Śikhi Māhitis Schwester [besagte ältere Dame].[276]

Neben den drei Männern wurde die eine Frau als „halbe Person" gezählt. Offensichtlich enthalten die Caitanya-Biographien – wie auch das Alte Testament, die Jesus-Evangelien usw. – Elemente, die ganz der jeweiligen Zeit geschuldet sind und aus diesem Geist heraus geschrieben wurden.

Es wäre aufschlussreich, wenn auch die Caitanya-Biographien, wie die Bibelschriften, historisch-kritisch untersucht würden, um herauszufinden, welche Angaben auf welche Quelle bzw. Überlieferung zurückgehen und wann welche Angabe erstmals auftauchte. Allein schon obiges Beispiel mit den zwei unterschiedlichen Wiedergaben eines „Details“ der Haridāsa-Geschichte zeigt, wie schnell es geschehen kann, dass kulturelle oder persönliche Wertesysteme die Schilderung beeinflussen.

Nachteile und Vorteile von Institutionen

Spaltungen und Konflikte entstanden auch in der Caitanya-Tradition, vor allem seit dem Ende des 19. Jahrhunderts, als verschiedene Zweige begannen, die Caitanya-Religion zu institutionalisieren. Im Buch *Gott und die Götter,* am Schluss von Kap. 6: „Buddha, Śaṅkara, Caitanya“, beschreibe ich die Geschichte der missionarischen Bemühungen, die dazu führten, dass der Yuga-Avatāra weltbekannt wurde – und die Nostradamus-Prophezeiungen 1.96 und 3.94 sich erfüllten.

Bhaktivedanta Swami Prabhupāda (1896–1977) reiste im Spätsommer 1965 als Mönch im Alter von 69 Jahren auf einem Frachtschiff allein und mittellos in die USA, um die Botschaft von Kṛṣṇa und Caitanya in die Welt zu bringen. Anfänglich erschien alles aussichtslos. Kein Geld, kein fester Wohnsitz, ein ablaufendes Visum, ein harter Winter. Als Außenseiter bewegte sich Prabhupāda wie ein „Großvater“ in einem Umfeld von Aussteigern, Hippies und Studenten, aber gerade in diesen Kreisen fanden sich erste Interessierte, die ernsthaft mitarbeiten wollten. Mit einer kleinen Gruppe von jungen Unterstützern gründete er im Juli 1966 in New York die „Internationale Gesellschaft für Krishna-Bewusstsein“ (ISKCON, International Society for Krishna Consciousness). Er vermittelte diesen jungen Männern und Frauen eine grundlegende vedische Ausbildung und sandte einzelne Delegationen in andere Städte und Länder. Wichtige Erfolge ergaben sich 1969 in London (Produktion einer LP mit George Harrison im Beatles-Studio, das Hare-Krishna-Mantralied kam in die Hitparaden) und 1970 in Indien, wo Zehntausende von Menschen zu den öffentlichen Veranstaltungen mit Prabhupāda kamen. Viele Zentren entstanden, große Tempel, Bauernhofgemeinschaften, Schulen usw. Die „Hare Krishnas“ wurden zu einem weltweiten Phänomen. Bis zu seinem Verscheiden im November 1977 reiste Prabhupāda vierzehnmal um die Welt, um seine Schüler zu besuchen, veröffentlichte rund fünfzig Bücher (mit Übersetzungen und Vorträgen), gründete über einhundert Krishna-Gemeinschaften, schrieb achttausend Briefe und hielt dreitausend Vorträge (in Nord- und Südamerika, Europa, Russland, Asien, Afrika und Australien).

Die Leistungen dieses Pioniers dürfen durchaus gewürdigt werden. Er schaffte es, innerhalb weniger Jahre eine weltweite Bewegung zu gründen. Entscheidend sind die Inhalte, aber jeder Inhalt benötigt eine Form, ein Gefäß. „Form und Inhalt" sind nicht zu trennen, und das Gefäß, das die Caitanya-Inhalte vermittelte, war von der religiös-kulturellen Prägung her hinduistisch. Kritiker sprachen und sprechen von einer „Sekte", was den Kern des Phänomens verkennt und verfehlt. Wenn ein Haus errichtet wird, braucht es ein Gerüst, aber wenn das Haus fertig ist, kann – und muss – das Gerüst entfernt werden. Missionarischer Eifer, messianisches Weltrettungsdenken und die Motivation des Anders- und Besserseins sind als Gerüst bei einer jungen Institution („Jugendreligion") verständlich und nicht überraschend. Aber leider hängen auch die großen, alten Religionen in vielen Punkten noch in ihren Gerüsten aus der Anfangszeit.

Als konstruktive Kritik muss erwähnt werden, dass Argumente in der Linie der oben zitierten Haridāsa-Geschichte innerhalb der jungen Institution direkt oder indirekt Druck und Angst verursachten. Zudem wurde Prabhupāda in vieler Hinsicht verabsolutiert, was zu einem Elitärdenken führte, mit Ablehnung oder gar Verachtung anderer Gurus und anderer Traditionen. Zur missionarischen Glorifizierung gehörte beispielsweise auch, dass Prabhupāda als Sanskritgenie dargestellt wurde. Tatsächlich veröffentlichte er mit Hilfe seiner Institution innerhalb von elf Jahren rund vierzig Bände mit englischen Übersetzungen alter Sanskrit- und Bengali-Schriften, und dies neben allen anderen Leistungen, die oben kurz zusammengefasst wurden. Was er vollbrachte, war Ausdruck einer großen Disziplin, Inspiration und Hingabe. Er war jedoch kein akademischer Sanskritgelehrter. Bevor er Mönch wurde, war er Apotheker. Für seine umfangreichen Übersetzungen ins Englische verwendete er bereits vorhandene Vorlagen in seiner Muttersprache (modernes Bengali). Nur deshalb konnte er die vielen Übersetzungen in Rekordtempo erstellen. In internen Kreisen war bekannt, dass seine Sanskritkenntnisse mittelmäßig waren und dass er weitgehend „nur" die Bengali-Übersetzungen ins Englische übersetzte. Dies wurde aber möglichst geheim gehalten.

Man fragt sich, warum Menschen immer wieder mit Elitär- und Absolutheitsansprüchen arbeiten „müssen", was dem wahren Anliegen nur schadet und zu Spaltungen führt – und vollkommen unnötig ist. Prabhupāda war ein globaler Lehrer und Gaura-Botschafter, der bewirkte, dass die Offenbarung des Yuga-Avatāras weltweit bekannt und zugänglich wurde. Das sind die wahren Verdienste, die so großartig und hervorragend sind, dass Nostradamus sie als Prophezeiung niederschrieb. Er sah jedoch keine neue Religion oder Institution, sondern eine plötzliche „große Klarheit", die sich rückwirkend für alle Religionen und Institutionen heilsam erweisen wird. Diese wurden durch menschengemachte Dogmen und Doktrinen verfälscht (*changés par fantasie;* S. 85), und alle Kali-Yuga-Ideologien und -Religionen brauchen eine tiefgehende Transformation.

Institutionen sind nichts Schlechtes. Im Gegenteil, sie sind notwendig, um eine Zusammenarbeit zu organisieren und mit System und Struktur wachsen zu lassen. Die vielen Krishna-Zentren entstanden nur dank Prabhupāda und seiner Institution, und bei einem von ihnen fand ich als 18-jähriger Aussteiger Anschluss und spirituelle Bildung und Führung, wofür ich sehr dankbar bin. Aber es ist nicht erforderlich, dass nun alle Menschen der hinduistischen Form der Caitanya-Religion folgen. Die Essenz dieser Offenbarung ist universell, und das Entscheidende ist die vermittelte „große Klarheit", die weder religiös noch institutionell gebunden ist.

Damit sind wir wieder bei den Themen von Anhang 3, und diese sollen in Anhang 5 nochmals – und abschließend – vertieft werden: Was ist der Unterschied zwischen „Ursache und Wirkung" (Kausalität) und „Aktion und Reaktion" (Karma)? Können Dinge, die prophetisch bzw. hellsichtig vorausgesehen wurden, verändert werden? Wie kann der karmisch-lineare Kurs der Menschheit – Inhalt der vielen negativen Prophezeiungen – geändert werden?

Anhang 5

Die Prinzipien der ersten Ursache

Das theistisch-ganzheitliche Verständnis von Karma

Bei Nostradamus finden wir nicht nur Prophetie, sondern auch Philosophie. Er erklärt, dass das Zukünftige nicht festgeschrieben ist und dass nicht alles, was den Menschen angetan wird, von ihnen selbst verursacht wurde. Denn was immer sich auf Erden (weltpolitisch, im Handeln der Menschen, in unserem Leben) ereignet, hat eine karmisch-erste Ursache, und diese Ursache muss differenziert betrachtet werden.

In Kapitel 3 (S. 54 und 66f.) wurde kurz erwähnt, dass Nostradamus neben dem Selbstschutz noch zwei andere Gründe hatte, warum er seine Prophezeiungen nur verschlüsselt oder scheinbar unklar formulierte: Er wollte niemanden beeinflussen, und er wusste, dass prophetisch gesehene Ereignisse nicht zwingend eintreffen müssen.

Wären die Prophezeiungen im Voraus verständlich gewesen, hätte die Gefahr bestanden, dass sie zu selbsterfüllenden Prophezeiungen werden. Eine andere Gefahr wäre gewesen, dass die Prophezeiungen die potentiellen Ereignisse – durch die Beeinflussung des kollektiven Bewusstseins – determinierend festgeschrieben hätten. Denn es besteht immer die Möglichkeit, dass noch ausstehende Ereignisse nicht eintreffen, nämlich dann, wenn die Menschen beginnen, andere Ursachen zu setzen, und dadurch einen Kurswechsel vollziehen. Nostradamus sah auch, wann dies der Fall sein wird: „In fünfhundert Jahren", in der heutigen Zeit …

„Die tiefsten Tiefen der höchsten Lehre"

Mit seinen Prophezeiungen wollte Nostradamus den (zukünftigen) Menschen zeigen, dass das Gesetz von Ursache und Wirkung auch auf der geistigen Ebene existiert und die individuellen wie auch kollektiven Abläufe von Aktion und Reaktion steuert. Dadurch wollte er langfristig mithelfen, die Menschen zu einem Gesinnungswandel zu bewegen.

Wer erkennt, wie das Prinzip von Ursache und Wirkung funktioniert, wird beginnen, andere Ursachen zu setzen, was wiederum andere Wirkungen nach sich zieht.

In seinen zwei Vorwörtern (siehe S. 62) fügte er neben den Kommentaren zu seinen Prophezeiungen auch philosophische Erklärungen ein. In seinem ersten Vorwort schrieb er:

> Die natürliche Klarheit und das natürliche Licht geben den Philosophen die Gewissheit, dass sie durch das Erkennen der Prinzipien der ersten Ursache die tiefsten Tiefen der höchsten Lehre erreicht haben *(que moyennant les principes de la première cause ont attainct à plus profondes abysmes de plus haute doctrine).* Doch genug davon, mein Sohn, ich will mich nicht zu tiefsinnig auslassen.

„Die tiefsten Tiefen der höchsten Lehre" erkennen wir durch philosophische Erkenntnis („die natürliche Klarheit") und durch Intuition bzw. innere Offenbarung („das natürliche Licht"). Diese Erkenntnis kann nicht intellektuell erzwungen werden, sondern setzt eine bestimmte Ausrichtung und Mentalität voraus. Sonst neigt man dazu, das Karma-Gesetz einseitig auszulegen, was zu esoterischen Halbwahrheiten führt, die heute weit verbreitet sind, insbesondere der Glaube, alles, was den Menschen zustoße, sei von diesen selbst in ihr Leben gerufen worden, auch Kriege, Unterdrückung, Terror usw. „Wäre es nicht ihr Karma, würde es ihnen nicht zustoßen. Die Tatsache aber, dass es ihnen zustößt, zeigt, dass es ihr Karma ist, d.h. von ihnen selbst verursacht wurde. Denn alle schaffen ihre eigene Realität."

Intuitiv spüren wir, dass bei solchen Ansichten etwas nicht stimmen kann, doch in der heutigen Zeit, in der die Intuition vielfach verdrängt oder mental übertönt wird, kann es schnell geschehen, dass die Klarheit des Gewissens und des Unterscheidungsvermögens verwischt wird, nicht zuletzt auch in den hohen Rängen der Machtpyramiden.

Menschliches und Unmenschliches

In der ersten Hälfte des ersten Vorworts erklärt Nostradamus das, was er dann im weiteren Verlauf „die Prinzipien der ersten Ursache" und „die tiefsten Tiefen der höchsten Lehre" nennt. Auffällig ist, dass er von „Prinzipien" und nicht nur von einem einzigen Prinzip spricht. Anhand seiner Profession, der Prophetie, erklärt er, dass Inspirationen grundlegend aus drei Quellen kommen können, und dies gilt für die Impulse hinter all unseren Handlungen, Gedanken und Emotionen.

> So wie eine Flamme vom Feuer kommt, so wird man inspiriert, damit man lernt, göttliche und menschliche Inspirationen zu unterscheiden. Denn die göttlichen Werke, die vollkommen absolut sind, werden von Gott selbst vollendet. [Was von Gott kommt, ist vollkommen und absolut.] Als mittlerer [zweiter] Faktor, in der Mitte [zwischen Gott und der Welt] stehend, wirken die Engel. Als dritte wirken die bösen Wesen.

Damit sagt er: Es gibt eine göttliche Ordnung, die absolut ist (Faktor 1), und der Mensch hat die Freiheit, entsprechend dieser Ordnung zu handeln oder nicht. Beides hat Konsequenzen, die in der Folge von höheren Instanzen gelenkt werden (Faktor 2). Diejenigen, die gegen die göttliche Ordnung handeln, schaffen negative Karma-Ketten (Faktor 3) und bewirken als „böse Wesen" viel Unmenschliches.

Angesichts der göttlichen Ordnung und der Impulse durch „die Engel" (gute Inspirationen, Stimme des Gewissens, Synchronizitäten usw.) haben die Menschen die Verantwortung, mit ihrem freien Willen zu entscheiden, was sie tun und welchen Inspirationen sie folgen wollen. Nostradamus: *„Was man erkennt und bewirkt, hat seinen naheliegendsten Ursprung im freien Willen."*

Alles, was geschieht, geht auf einen „Ursprung" zurück, und der erste, „naheliegendste" Ursprung ist der freie Wille der verantwortlichen Person oder Gruppe. Denn ob ein Mensch oder eine Gruppe von Menschen der göttlichen Ordnung folgt oder sie verletzt (gegen sie verstößt), ist eine Frage des freien Willens und steht damit im Wirkungsbereich der persönlichen Verantwortung.

Kein Fatalismus

Nach den obigen Erklärungen nun die Worte des Nostradamus im Kontext:

> Dabei berücksichtige ich auch, dass die Ereignisse, die auf den einzelnen Menschen zukommen [die Einzelschicksale], letztlich ungewiss sind und dass alles gelenkt und verwaltet wird von der unbegreiflichen Macht Gottes. [...] Die Propheten haben den Geist der Weissagung durch Mittlerschaft des unsterblichen Gottes und der guten Engel bekommen, und

> durch diesen [Geist] sehen sie die weit entfernten Ursachen *(les causes loingtaines)* und ist es ihnen möglich, künftige Ereignisse vorauszusehen. [...] Was uns Menschen betrifft, so können wir weder aus eigener natürlicher Einsicht noch durch geistige Fähigkeiten etwas von den verborgenen Geheimnissen Gottes, des Schöpfers, erkennen. Denn es heißt: Ihr werdet weder den Tag noch die Stunde kennen, etc. [Das ist eine Anspielung auf Mt 24,36.]
>
> [...] So wie eine Flamme vom Feuer kommt, so wird man inspiriert, damit man lernt, göttliche und menschliche Inspirationen zu unterscheiden. Denn die göttlichen Werke, die vollkommen absolut sind, werden von Gott selbst vollendet. Als mittlerer [zweiter] Faktor, in der Mitte [zwischen Gott und der Welt] stehend, wirken die Engel. Als dritte wirken die bösen Wesen. [...] Denn die Geheimnisse Gottes sind unbegreiflich, und die bewirkende Kraft [des Menschen] ist, was die Erkenntnis der wahren Natur der Dinge betrifft, weitgehend fehlbar. Dies [was man erkennt und bewirkt] hat seinen naheliegendsten Ursprung im freien Willen *(prenent son plus prochain origine du liberal arbitre).*

Nostradamus war kein fatalistischer Pessimist, der meinte, das Schicksal sei unabwendbar. Er wies darauf hin, dass für jeden einzelnen Menschen und die Menschheit immer die Möglichkeit besteht, den Kurs zu ändern, was wiederum bedeutet, dass nicht alles, was er prophezeite, eintreffen muss. Im selben Vorwort schrieb er:

> Man muss auch in Betracht ziehen, dass die Ereignisse letztlich ungewiss sind [...] Weil aber die Ursachen unterschiedlich sind und unterschiedliche Ergebnisse hervorbringen, ist es auch möglich, dass sich die Vorhersage nur zum Teil so verwirklicht, wie sie angekündigt worden ist.

Übergriffe: die negative Anwendung der Schöpferkraft

Wir leben in einer Welt des freien Willens, wo jeder Mensch die Möglichkeit hat, der göttlichen Ordnung entsprechend zu handeln oder nicht. Letzteres bedeutet, dass man indirekte oder direkte Gewalt ausführt und eine neue negative Karma-Kette beginnt. Ist dies der Fall, liegt ein „Übergriff" vor: eine Nichtrespektierung des freien Willens und der Würde des anderen Menschen. Übergriffe sind physische und/oder psychische Gewaltakte, bei denen die betroffenen Personen nicht die Möglichkeit haben, sich zu verteidigen oder zu entscheiden, ob sie Teil dieser Situation sein wollen. „Übergriff" bedeutet auch, dass das

Opfer oder die Opfergruppe dem Täter bzw. der Tätergruppe gegenüber keine karmische Schuld mitbringt. Denn karmische Schuld hat immer irgendwo ihren Anfang, und nicht alle Menschen sind über eine negative Karma-Kette verbunden.

Negative Karma-Ketten haben eine Ursache und einen konkreten Anfang. Irgendwann wurde jemand durch einen Übergriff zum Täter. Übergriffe werden immer, direkt oder indirekt, von denen gestartet, die Nostradamus „die bösen Wesen" nannte. Ob daraus eine negative Karma-Kette entsteht, ist auch von den Opfern abhängig. Denn Opfer, die in ein Opferbewusstsein fallen und nicht verzeihen können, werden selbst zu Tätern ...

Was den Anfang von negativen Karma-Ketten betrifft, so haben die anfänglichen Opfer nicht einfach ein „schlechtes Karma". Sie haben das, was ihnen widerfährt, nicht selbst verursacht und sind nicht „selbst schuld", wie Karma-Zyniker sagen. Bei Übergriffen durch Kriegshandlungen, Terroranschläge, diktatorische Gewalt, Versklavungen usw. wirkt in einem bestimmten Sinn der „Zufall", engl. *coincidence:* das Zusammenkommen der Lebenswege verschiedener Personen, die vorher noch nie etwas miteinander zu tun hatten. Ihre einzige Gemeinsamkeit ist, dass sie zur gleichen Zeit auf demselben Planeten leben, und die Erde ist ein ganz besonderer Planet! Wer immer auf die Erde kommt, kommt in eine gefährliche Zone, gefährlich deshalb, weil es hier jederzeit möglich ist, dass Personen oder Personengruppen ihren freien Willen missbrauchen und einen Übergriff ausführen. Deshalb sagte Jesus:

> „Diese Welt ist eine gefährliche Welt, denn in ihr kann der Mensch verführt werden oder andere verführen. Es ist unvermeidlich, dass das Böse kommt, aber wehe denen, durch die es kommt!" (Mt 18,7; leicht paraphrasiert)

Karma: das Zusammenwirken von Prädestination und freiem Willen

Karma ist ein Sanskrit-Wort und bedeutet „Handlung; das, was eine Reaktion bewirkt". Gemäß dem universalen Kausalprinzip von Ursache und Wirkung ruft jede Aktion eine Reaktion hervor. Angewandt auf den weiten Bereich des menschlichen Handelns, bedeutet dies, dass jede Handlung einer geistigen Gesetzmäßigkeit untersteht, dem Karma-Gesetz (Gesetz von Aktion und Reaktion).

In der Welt der Polarität muss jede Situation immer von zwei Seiten betrachtet werden: von der Seite der Aktion und von der Seite der Reaktion. Ansonsten sieht man nur die eine Hälfte der Wahrheit, und man meint, Karma sei gleich Prädestination („alles, was dir widerfährt, hast du selbst verursacht") oder Karma sei gleich Selbsterlösung (der Mensch könne allein mit seinem eigenen Willen Karma-Bindungen überwinden). Das Gesetz des Karma bedeutet weder das eine noch das andere, sondern setzt beides in seinen relativen Bezug, indem es zeigt, in welchem Bereich die Prädestination wirkt und in welchem der freie Wille.

Im Bereich der „Reaktion" wirkt die Prädestination. Jede Situation ist die Reaktion auf eine Ursache, die jemand gesetzt hat, entweder wir selbst oder jemand, der mit uns karmisch in Verbindung tritt.

Im Bereich der „Aktion" wirkt der freie Wille und die damit verbundene Verantwortung: Wie handle ich in einer bestimmten Situation? Wie immer ich handle, ich löse damit für mich selbst und für mein Umfeld entsprechende Reaktionen aus.

Übergriffe und Heilung

Das menschliche Leben zeichnet sich dadurch aus, dass es die Freiheit des bewussten Entscheidens mit sich bringt. Wer diese Freiheit missbraucht, löst neue Karma-Ketten aus und kann andere Menschen mit hineinzerren. Denn die Erde ist ein Ort des freien Willens. Wer hier inkarniert, nimmt das „Risiko" auf sich, Ziel von Gewalt und Übergriffen zu werden. Negative Karma-Ketten haben einen Anfang und ein Ende, und der Anfang geht immer auf einen Übergriff, auf einen Missbrauch des freien Willens, zurück.

Freier Wille bedeutet, dass wir entscheiden können, ob wir mit der göttlichen Quelle verbunden sind oder nicht. Beide Wege beruhen auf unserer Freiheit und Verantwortung. Jene Kräfte, die sich von der Quelle trennen, holen ihre „Energie" und „Lebenskraft" von anderen Lebewesen. Diese Mentalität ist die Ursache von Gewalt, Krieg, Ausbeutung usw. Karma-Reaktionen sind materielle Ereignisketten, hatten also irgendwann einen Anfang und können auch beendet werden. Im Bereich der „Aktion" sind wir Schöpfer unseres Schicksals, das heißt, wir können neue Karma-Kettenreaktionen auslösen oder laufende Karma-Kettenreaktionen auflösen.

Befreiung von Karma-Bindungen

Das Karma-Gesetz ist nicht gleich Ursache und Wirkung, sondern gleich Aktion und Reaktion. Die Polarität von Ursache und Wirkung ist ein absolutes Prinzip (Kausalitätsprinzip), aber „Karma" ist nicht absolut, denn Reaktionen können verändert werden, wenn wir auf der Kausalitätsebene neue Ursachen setzen. Das Karmische wird von der Ebene des Kausalen gesteuert. Geist steuert die Materie. Wir sind Schöpferwesen.

Niemand kann das Karma-Gesetz umgehen, aber es ist möglich, von den Karma-Reaktionen nicht gebunden zu werden. Das ist die wichtigste Erkenntnis der Karma-Lehre. Wir können handeln, ohne von Karma-Reaktionen gebunden zu werden, aber wir können uns auch in Karma-Ketten und Karma-Netze verstricken. Wir selbst entscheiden, inwieweit wir unter dem Diktat des Karma-Gesetzes stehen, was zeigt, dass „Karma" nicht das höchste Gesetz ist. Der höchste Faktor ist immer der freie Wille als Ausdruck unserer spirituellen Individualität *(ātmā)*, denn die Impulse, die wir aus dieser Quellkraft heraus setzen, bestimmen, wie wir die Welt wahrnehmen und was wir verursachen oder eben: nicht verursachen.

Solange negative Reaktionen nicht aufgelöst sind (durch Bereuen, Sich-selbst-Verzeihen, Sühne und Wiedergutmachen), verfolgen sie den Täter unerbittlich – wie Rachegöttinnen. Die Griechen nannten sie Erinnyen und die Römer Furien. Die monotheistischen Religionen sprechen hier etwas missverständlich vom „Zorn Gottes".

Behält man Hass oder andere negative Gefühle, wird man durch ebendiese „Frequenz" wieder ähnliche Situationen hervorrufen. Wer zurückschlägt, bleibt im Karma-Teufelskreis von Schlagen und Zurückschlagen. Wenn A den B ermordet, beginnt er damit eine neue Karma-Kettenreaktion, auch dann, wenn dieser Gewaltakt eine karmische Vorgeschichte hat. Aufgrund dieser Karma-Schuld wird B in einem nächsten Leben die Möglichkeit bekommen, dem vormaligen Mörder Ähnliches anzutun, also Gleiches mit Gleichem zu vergelten. Diese Situation entspricht der prädestinierten Reaktion. Aber: B ist nicht gezwungen, A etwas anzutun, denn in jeder prädestinierten Situation hat der Mensch immer auch die Möglichkeit des Wählens. Der Umstand, dass A in eine problematische Situation mit B gerät, entspringt der Prädestination. Aber die Entscheidung – „Schlage ich zu? Nutze ich die Situation aus? Oder nicht?" – entspringt dem freien Willen, und die Verantwortung geht auf das Konto des Täters.

Das Karma prädestiniert nur gewisse Situationen, aber nie Handlungen! Entschließt sich B, A etwas anzutun, dann ist B nicht etwa unschuldig, die beiden sind nicht einmal „quitt". Durch das Zurückschlagen wird Schuld nicht aufgelöst, sondern neue Schuld geschaffen, und die Karma-Verstrickung wird intensiviert.

Gewalt und Unrecht sind nie gerechtfertigt, selbst dann nicht, wenn es „das Karma" der Person wäre, derartiges zu erfahren! Tatsächlich kann es bei einer ungesühnten Tat geschehen, dass die Personen A und B sich wieder begegnen und dass B dabei die Gelegenheit bekommt, Vergeltung auszuüben. B hat dann die Gelegenheit, aber nicht das Recht dazu. Vielmehr ist B herausgefordert, den niederen Impulsen zu widerstehen und dem Gewissen und höheren Wissen zu folgen. Tut B dies, befreit sich B von der Karma-Verstrickung mit A. Die ehemalige Tat von A wird dadurch weder gutgeheißen noch annulliert. A wird dann (durch das Wirken der kosmischen Intelligenz, Paramātmā) in neue Situationen kommen, die ihn mit seinen noch zu lernenden Lektionen konfrontieren.

Die Schöpfungsgesetze sind wie Leitplanken auf dem Lebensweg: Weicht man von der richtigen Bahn ab, streift man die Leitplanken oder erleidet einen frontalen Unfall, je nach dem Grad der Abweichung. Gutes Karma hingegen soll den Menschen ermutigen, auf dem Weg der eigenen Berufung weiter voranzuschreiten – und nicht, sich zurückzulehnen und selbstzufrieden die „verdiente" Belohnung zu genießen, obwohl man das darf, wenn man will.

Der Seelenplan und die ursprüngliche Freiwilligkeit

Lebenswege und Lebensereignisse werden von unterschiedlichsten Faktoren geprägt, nicht nur von Prädestination. Aus unserer irdischen Sicht können wir nie alle Faktoren erkennen, weshalb es falsch wäre, alles mit „Karma" begründen zu wollen, wobei in dieser einseitigen Sicht „Karma" nur als Prädestination verstanden wird („es war das Karma dieser Menschen, dass ...").

Es ist also nicht immer nur karmische Prädestination, die entscheidet, an welchem Ort, bei welchen Menschen oder unter welchen Umständen jemand geboren wird. Hier können sehr wohl karmische Verbindungen ausschlaggebend sein, wie Schuld und Wiedergutmachung oder Rachewünsche oder starke Identifikationen oder sonstige laufende „Karma-Geschichten", aber auch Seelenverbindungen, freiwilliges Inkarnieren und heilendes Wirken, das nicht durch Karma bedingt ist. Die Lichtwesen, die im Satya-Yuga durch Materialisation die ersten Menschen wurden,* sind (wahrscheinlich) alle immer noch in der irdischen „Entwicklungshilfe" tätig.

Eine Kategorie von Ursachen hat also mit karmischen Verbindungen zu tun, eine andere mit dem Seelenplan einzelner Menschen, deren Wunsch es ist, auf der Erde der Heilung und Schwingungserhöhung zu dienen. Die Lichtwesen, die zu Menschen wurden und dann auch im dunklen Zeitalter geboren werden, nehmen das Risiko des Leidens freiwillig (aus bedingungsloser Liebe) auf sich. Sie wollen Licht in die Finsternis bringen, obwohl die Finsternis das Licht hasst:

> „Das Licht strahlt in der Finsternis, und die Finsternis hat es nicht angenommen. [...] Das Licht kam in die Welt, aber die Menschen liebten die Finsternis mehr als das Licht, denn ihre Taten waren böse. Jeder, der Böses tut, hasst das Licht [...]." (Joh 1,14/3,19f.)

Die Finsternis bekämpft das Licht mit allen Mitteln. Dieser Kampf ist ein zentraler Faktor im dunklen Zeitalter (Kali-Yuga). Vieles, was Menschen erleiden (Hunger, Elend, Armut, Ausbeutung, Ungerechtigkeit, Zerstörung ihrer Umwelt usw.), wird durch die Betreiber dieses Krieges gegen die Menschheit bewirkt – und nicht durch das „schlechte Karma" der Betroffenen.

Die Dunkelheit kann sich nicht selbst erhellen, sondern benötigt Licht, d. h. Menschen, die die Spaltung durchschauen und gerade deshalb mit der Kraft der Liebe und des Verzeihens „Licht in die Dunkelheit" bringen. Wir können für alles, was gewisse Mitmenschen den Tieren, den Pflanzen, der Erde und anderen Menschen antun, Verantwortung übernehmen und stellvertretend für die Ent-Schuldigung und Heilung beten. Das Kali-Yuga ist eine Zeit, in der das Getrennte und Gespaltene wieder mit dem Licht in Kontakt kommen kann. Dies ist die epochale Chance, die das Leben auf der Erde jedem Menschen und heute auch der Menschheit als Ganzes bietet.

---

* Mit dieser Erklärung lassen wir das materialistische Weltbild weit hinter uns, vor allem die damit verbundenen Hypothesen über die zufällige Entstehung von Kosmos, Leben und Mensch. Siehe: *„Ihr seid Lichtwesen – Ursprung und Geschichte des Menschen"*, Kap. 1, „Der Mensch entstand durch eine Materialisation von Lichtwesen".

Veränderung des kollektiven Karmas

„Menschen, die wahrhaft Gott dienen, sind von Frieden erfüllt und sehen alle Menschen mit Liebe. Sie wirken heilend/versöhnend und sind in jeder Hinsicht vorbildlich. Wo immer sie leben oder hingehen, läutern sie den gesamten Ort [verbessern das kollektive Karma], selbst wenn die dortige Gesellschaft verkommen ist." (*Śrīmad-Bhāgavatam* 7.10.19)

Das Karma-Gesetz wirkt sowohl individuell als auch kollektiv. Alles, was wir tun, beeinflusst nicht nur uns, sondern auch viele andere Menschen. Dies gilt insbesondere für die Verantwortlichen der Gesellschaft. Wie tragisch, wenn sie, die über das Schicksal vieler Menschen bestimmen, die geistigen Gesetze nicht kennen oder sie ignorieren!

Je nachdem, wie die Menschen handeln, kann das individuelle Karma und damit auch das kollektive Karma verändert werden. Der Mensch ist also bei jeder Handlung nicht nur sich selbst, sondern auch seinen Mitmenschen und der Mitwelt gegenüber verantwortlich, denn die Teile und das Ganze bilden immer eine untrennbare Einheit.

Wenn wir als Einzelpersonen „umdenken", scheint dies weltweit nicht viel zu ändern. Dieser Schritt ändert jedoch unser individuelles Karma – und damit auch das kollektive Karma. Jeder zusätzliche Mensch, der im eigenen Leben positive Schritte einleitet, verbessert dadurch die kollektive Karma-Situation. Noch nachhaltiger sind die Folgen, wenn wir beginnen, konsequent spirituell zu handeln, frei von institutioneller und ideologischer Motivation. Dann werden Gebete und Meditationen zu kraftvollen Lichtstrahlen in der Dunkelheit, und wir finden inneren Frieden, was auch immer in der äußeren Welt geschehen mag. Der äußere Friede hingegen wird erst möglich, wenn die Menschen diesen inneren Frieden finden, und hier bekommen wir Hilfe und Inspiration: „*... große Klarheit, was die Menschen durch dieses Zeitalter [die jetzige Wendezeit] sehr glücklich machen wird.*"

Anmerkungen

1. Stephan Berndt: *Prophezeiungen zur Zukunft Europas – Eine Analyse von über 250 Quellen* (1999) • Stephan Berndt: *Countdown Weltkrieg 3.0: Das Erscheinen der letzten Vorzeichen – Die Prophezeiungen und Visionen der Hellseher erfüllen sich* (2015) • Stephan Berndt: *3 Tage im Spätherbst – Wie Hellseher weltweit seit Jahrhunderten eine 3-tägige Finsternis für unsere Zeit vorhersehen,* Kopp Verlag 2017, Sonderausgabe 2019 • Stephan Berndt: *Neustart – Visionen und Prophezeiungen über Europa und Deutschland nach Crash, Krieg und Finsternis,* Reichel-Verlag 2018 • Erhard Gaiduk: *Der Dritte Weltkrieg – Aktuelle Prophetie bis zum Jahr 2030,* Books on Demand 2016 • Peter Orzechowski: *Wenn der Papst flieht – Das letzte Zeichen vor dem großen Umbruch,* Kopp-Verlag 2018 • Manfred Böckl: *Die berühmtesten Propheten Europas und ihre Weissagungen für das dritte Jahrtausend* [Hildegard von Bingen, der blinde Hirte von Prag, der Bauer aus dem Waldviertel, Alois Irlmaier, Johannes von Jerusalem, Malachias, Merlin, der Mönch von Wismar, der Eismeerfischer Johansson, Sibylle von Prag], Kopp-Verlag 2007, 3. Auflage als Sonderausgabe März 2023, 711 Seiten
2. Der Fehler am Anfang der Rechnung: Man glaubt an eine „lineare" Entstehung der Vielfalt der Lebewesen. Eine solche Art von Evolution mit all ihren hypothetischen Übergangsstufen ist jedoch nicht einmal theoretisch nachzuvollziehen. Die Evolutionstheorie ist, bei kritischer Betrachtung, weder überzeugend noch bewiesen. Schon viele Wissenschaftler haben auf die Problematik der materialistischen Interpretation von geologischen, biologischen und paläontologischen Fakten hingewiesen, denn nicht alle Wissenschaftler denken mit materialistischen Paradigmen. Ich habe die wichtigsten diesbezüglichen Argumente mehrfach zusammengefasst, insbesondere in den Büchern *Unsichtbare Welten – Der Kosmos ist multidimensional* und *„Ihr seid Lichtwesen" – Ursprung und Geschichte des Menschen* sowie im eigens dazu verfassten Taschenbuch *Evolution – Stammt der Mensch von den Tieren ab?*
3. Siehe z. B. „The USA Pluto Return Is Here: What It Means for You" auf: astrostyle.com/united-states-pluto-return • „The American Revolution 2.0 Is In Our Stars And It's Already Begun" auf: astrostyle.com/american-revolution-astrology
4. advanced-astrology.com/pluto-in-second-house-natal

5. Karoline von Günderrode: *Mahomed, der Prophet von Mekka,* „Erster Zeitraum“ [= Erster Akt], aus einem der Gesänge des Zweiten Chors; „Vierter Zeitraum“, aus einem der Gesänge des Ersten Chors.
6. *Adonis Totenfeier,* aus dem Gedichtband *Melete.* Dies war der dritte Gedichtband, den Karoline von Günderrode vollendete. Als sie dann, 26-jährig, auf dramatische Weise in den Tod ging, entschieden die Männer ihres Umfeldes (ihr Gönner und Ex-Geliebter, seine Freunde, ihr eigener Bruder), diesen Gedichtband restlos zu vernichten. Die Manuskripte wurden verbrannt, der Druck wurde gestoppt, und alles, was schon gedruckt war, wurde eingestampft. Mehrere Jahrzehnte später wurde jedoch eine Sammlung der Druckbögen in privatem Besitz entdeckt. Die Druckbögen enthalten nicht den gesamten, aber den größten Teil des Buches. 1896 wurden zum ersten Mal Auszüge aus *Melete* veröffentlicht. Die Werkausgabe zum 100. Todestag (1906) enthielt den gesamten Bestand der verbliebenen *Melete*-Texte.

   Karoline von Günderrode: *Sämtliche Werke und ausgewählte Studien* [in drei Bänden], hrsg. von Walter Morgenthaler, Stroemfeld Verlag, Frankfurt am Main und Basel 1990/91, Neuauflage 2006 [zum 200. Todestag]; Band 1, „Texte“, S. 315 - 366: *Melete,* und Band 3, „Kommentar“, S. 163 - 208: *Melete.*

   Dagmar von Gersdorff: *Die Erde ist mir Heimat nicht geworden – Das Leben der Karoline von Günderrode,* Insel Verlag 2006, S. 254f.
7. Eine nur annähernd vollständige Liste der Bücher auf Deutsch und Englisch (und Spanisch) würde viele Seiten füllen, ganz zu schweigen von den Publikationen im Internet. Ich möchte hier nur einige wenige nennen, die für die genannten Kategorien repräsentativ sind. Einige weitere Publikationen werden an späterer Stelle erwähnt.

   Eine sachliche Kritik der verschiedenen 2012-Theorien: Anthony Aveni: *The End of Time – The Maya Mystery of 2012,* University Press of Colorado, 2009

   Geschichte der 2012-Theorien mit kritischer Abwägung: John Major Jenkins: *The 2012 Story – The Myths, Fallacies, and Truth Behind the Most Intriguing Date in History,* Tarcher/Penguin, published by the Penguin Group 2009

   Wissenschaftliche Herleitung und Weiterführung: Matthias Alexander Pauqué: *Fraktale Zeit – Faszinierende Einblicke in ein allgegenwärtiges Phänomen,* Julia White Publishing 2022 (überarbeitete Neuausgabe), Erstausgabe 2017 im novum Verlag; universelle-ordnung.net

   Einführung in die praktische Anwendung des auf dem Tzolkin basierenden 13-Monde-Kalenders: Canamay-Te: *Wenn die Sonne mit dem Mond tanzt – Ein Selbsteinweihungsweg mit den 20 Schöpfungsglyphen der Maya,* 1. Auflage 2011, Neuauflage 2023 (mit einem Vorwort von Armin Risi), siehe auch: akademaya.de • Weitere Webseiten zu diesem Thema: pan-germany.de • maya.at • 13moon.com

8. Siehe z. B. Rafael Girard: *Die ewigen Mayas – Zivilisation und Geschichte,* spanisches Original 1969, dt. im Emil Vollmer Verlag, Wiesbaden, S. 363 („Um solche Genauigkeit zu erreichen, führten die Mayas eine Reihe parallel laufender Rechnungen durch, die die Epigraphiker als Initialserie, Sekundärserie, Supplementärserie, Verzeichnis der Eklipsen, der Venus-Revolutionen usw. unterschieden.")
9. S. G. Morley: *La civilización Maya,* Mexiko 1947, S. 321, zitiert in Girard, S. 359
10. *Caminos – Eine Reise durch die Geschichte Lateinamerikas,* „Demografische Katastrophe", Lateinamerika-Institut der Freien Universität Berlin: lai.fu-berlin.de/e-learning/projekte/caminos/lexikon/demografische_katastrophe.html
11. Hunbatz Men (1941 - 2016), einer der führenden Maya-Ältesten in der Zeit vor 2012, zitiert nach 13moon.com im Buch *The Mayan Prophecies for 2012 von* Gerald Benedict (Watkins Publishing, London 2008/2011), p. 43; dt. *Die Maya Prophezeiungen für 2012,* Trinity Verlag, Berlin/München 2009
12. Gerald Benedict, *The Mayan Prophecies for 2012* (2008/2011), p. 44
13. de.wikipedia.org/wiki/Guatemaltekischer_Bürgerkrieg
"The Yearbook of the United Nations 1996: UN and Guatemala peace process": un.org/en/yearbook/un-and-guatemala-peace-process
"20 Years of 'Peace' in Guatemala" (4. Januar 2017)
nacla.org/news/2017/01/04/20-years-"peace"-guatemala
(„From 1960 to 1996, Guatemala was entrenched in a conflict that utterly divided the country between right and left, Evangelical Christian and Catholic, and Spanish-descendent Ladinos and indigenous Maya. The war left 200,000 dead, 40,000 disappeared, and over a million displaced both within and outside of the country's borders.")
14. zitiert aus: Wiek Lenssen, *Der Ruf der Mayas* (siehe Anm. 18), S. 250
15. aus: José Argüelles, „Ergänzung 1996" zu seinem Buch *The Mayan Factor – Path Beyond Technology,* das erstmals 1987 erschien; deutsche Übersetzung 2001 im Eigenverlag Monika Bender (pan-germany.de): *Der Maya-Faktor – Ein Pfad über die Technologie hinaus* (das Zitat findet sich auf S. 8). Der erwähnte Artikel war dieser: Don Oldenburg, "The Harmonic Convergence, Revisited", *The Washington Post,* May 4, 1990; siehe auch: Don Oldenburg, "Maybe the World WAS Listening", *Los Angeles Times,* May 8, 1990
latimes.com/archives/la-xpm-1990-05-08-vw-336-story.html
16. Lesley Stahl: "We have heard that a half million children have died. I mean, that's more children than died in Hiroshima! And – and you know, is the price worth it?"
Madeleine Albright: "I think this is a very hard choice, but the price – we think the price is worth it."

Source: US-Television interview, *60 Minutes,* 12th May 1996 („Punishing Saddam")

„In ihrer Autobiografie bezeichnete sie diese Antwort später als ‚politischen Fehler'." (de.wikipedia.org/wiki/Madeleine_Albright) Damit meinte sie, sie hätte eine diplomatischere Antwort geben sollen. Die geopferten Kinder waren für sie auch in ihrer Autobiografie keine Reue und kein schlechtes Gewissen wert.

17. Siehe z. B.: en.wikipedia.org/wiki/Mayanism • en.wikipedia.org/wiki/2012_phenomenon
18. Wiek Lenssen: *Der Ruf der Mayas – Von der Magie uralter Prophezeiungen. Eine Schamanenreise,* Kösel-Verlag, München 2006, 2008 als Taschenbuch im Goldmann-Arkana Verlag mit dem verkürzten Titel: *Der Ruf der Mayas – Eine Schamanenreise.* Information zum Film *The Year Zero* auf wieklenssenfilm.nl
19. Lenssen, S. 125, 143, 153
20. ebd., S. 152
21. ebd., S. 233, 239
22. ebd., S. 161 - 165
23. ebd., S. 15 und nochmals auf S. 135
24. ebd., S. 196
25. ebd., S. 233f.
26. ebd., S. 300
27. ebd., S. 370
28. ebd., S. 29
29. Pauqué (siehe Anm. 7), S. 144
30. ebd., S. 164, 169f., 186, 201, 205
31. ebd., S. 213 - 220
32. ebd., S. 205f., 209f., 211 (Pauqué hat im Zuge der Weiterentwicklung seines Fachgebietes den Begriff „Global Scaling" zunächst durch „Universal Scaling" und später durch „Universelle Gleichmäßigkeit" ersetzt.)
33. Andreas Fuls: *Die astronomische Datierung der klassischen Mayakultur (500 - 1100 n. Chr.): Implikationen einer um 208 Jahre verschobenen Mayachronologie,* BoD – Books on Demand, 1. Auflage 2007

    Plus viele Zeitungsartikel zu diesem Thema.
34. en.wikipedia.org/wiki/Mesoamerican_Long_Count_calendar (aufgerufen Ende Juni 2022/Juli 2023)
35. *Science,* Vol. 376 Issue 6597 (3. Juni 2022): „Sky Watchers – Maya Astronomy, then and now/The Stargazers. The historic Maya oriented their lives by the heavens", p. 1036, 1038

    Online-Artikel „The Stargazers" von Joshua Sokol, 2. Juni 2022: science.org/content/article/what-did-ancient-maya-see-in-stars-their-descendants-team-with-scientists-find-out

36. Michael Hesemann: „Die sechste Sonne – Die Götter des alten Mexiko kehren zurück", in: *Magazin 2000,* Nr. 103 (Februar/März 1995)
37. Lt. Col. Wendelle Stevens (ehemals US-Luftwaffe): „Größte UFO-Welle der Geschichte – Hunderttausende sahen UFOs über Mexiko", in: *Magazin 2000,* Nr. 103 (Februar/März 1995). Dieser Artikel beginnt mit folgendem Rück- und Ausblick: „Die bisher größte UFO-Aktivität in der Geschichte des Phänomens fand 1953/54 über der iberischen Halbinsel statt und setzte sich über Frankreich und Italien fort. Weitere Sichtungswellen ereigneten sich 1952 und 1965 über den USA, 1967 und 1989 in Russland, 1978 in Italien, 1989/90 über Belgien, Russland und Puerto Rico, andere in Südamerika, Rotchina und anderswo. Doch so massiv das Auftreten der Unbekannten Flugobjekte in diesen Jahren auch war, es lässt sich nicht mit dem vergleichen, was seit drei Jahren über Mexiko vorgeht. Nur wenige sind sich in den westlichen Ländern der Tatsache bewusst, dass sich derzeit eine massive Demonstration der UFOs über Mexiko ereignet, beginnend mit der letzten großen Sonnenfinsternis am 11. Juli 1991 über Mittelamerika."

    Siehe auch: „UFO-Sichtungswelle in Puerto Rico", in: *Magazin 2000,* Nr. 106 (August/September 1995) • „UFOs auf Radar: Neues von der Sichtungswelle in Mexiko", in: *Magazin 2000,* Nr. 111 (Juni/Juli 1996) • „Mexikanisches UFO-Video erregt weltweit Aufsehen", in: *UFO-Kurier* Nr. 39 (Kopp-Verlag, Januar 1998), usw.
38. Hall, S. 117

    In meinen Ausführungen und Originalzitaten stütze ich mich auf folgende Publikationen:

    Allgeier, Kurt: *Die Prophezeiungen des Nostradamus – Erstmals vollständig übersetzt, kommentiert und neu gedeutet* (mit vollständigem frz. Originaltext), Heyne-Verlag, München 241988

    Centurio, N. Alexander: *Die großen Weissagungen des Nostradamus – Prophetische Weltgeschichte bis zum Jahr 2050,* orig. Turm-Verlag, Bietigheim 1977; Goldmann-Taschenbuch 1991 (16. Auflage)

    di Benuci, P.: *Nostradamus – Ein Visionär von Gott inspiriert. Prophezeiungen von M. M. Nostradamus erstmals chronologisch berechnet und vollständig interpretiert* [acht Bände, alle 2020 veröffentlicht bei BoD]. Band 1: Leben und Zeit; Band 2: Die Schriften; Band 3: Der Schlüssel; Band 4: Religionskriege – Die Zeit der letzten Valois; Band 5: Bourbonenglorie – Die Zeit der frühen Bourbonen; Band 6: Sturz der Sänfte – Die Zeit bis zur Französischen Revolution; Band 7: Adlerschwingen – Die Zeit der Kaiserreiche; Band 8: Europa in Flammen – Die Zeit der Weltkriege. Website: nostradamus.benuci.at

    Eilenberger, Wolfram, und Viktor Schubert: *Nostradamus – Zukunftsbilder einer anderen Wirklichkeit,* Ariston Verlag, Genf/München 1992

Ernst, Ernst R.: *Nostradamus – Astrologe, Magier, Wunderheiler,* Böhlau Verlag, Wien, Köln, Weimar 1986; Heyne-Verlag 1994
Guinard, Patrice: *Nostradamus occultiste: Codes et Procédés de chiffrement dans l'œuvre de Nostradamus (avec l'édition de son Testament ainsi que deux autres actes notariés inédits),* Books on Demand 2015
Hall, Allan: *Nostradamus – Die geheimen Offenbarungen,* Tosa Verlag, Wien 1996 (orig. *Nostradamus – The Secret Revelations,* 1996)
Hogue, John: *Nostradamus. Jahrtausendwende – Was bringt die Zukunft?,* Weltrundschau Verlag, Baar 1988, 51993. (engl. Original 1987)
Loog, Carl: *Die Weissagungen des Nostradamus: Erstmalige Auffindung des Chiffreschlüssels und Enthüllung der Prophezeiungen über Europas Zukunft und Frankreichs Glück und Niedergang 1555–2200,* Johann Baum Verlag, Pfullingen i. Württ. 1921,
Pfändler, Jean-Claude: *Nostradamus – Seine Prophezeiungen. Die Urtexte, neu übersetzt und kommentiert,* Laredo Verlag, Chieming 1997, ^{2}2001
Scheck, Frank Rainer: *Nostradamus,* in der Reihe „dtv-Porträt", Deutscher Taschenbuch Verlag (dtv), München 1999

Internet:
cura.free.fr/mndamus.html (Patrice Guinard: Études nostradamiennes: Édition compréhensive de l'opera nostradamica), auf cura.free.fr (CURA: Centre Universitaire de Recherche en Astrologie, Dr. Patrice Guinard)
nostradamus-bibliothek.de (enthält alle Originalveröffentlichungen)
nostradamus-prophezeiungen.de/centurien/centurien-frame.html (Website von Ray Nolan)
de.wikipedia.org/wiki/Nostradamus (und Quellenverweise)
fr.wikipedia.org/wiki/Nostradamus (und Quellenverweise)
en.wikipedia.org/wiki/Nostradamus (und Quellenverweise)

39. Die Nostradamus-Übersetzungen habe ich weitgehend selbst übersetzt. Als Referenz verwendete ich dabei englische und deutsche Übersetzungen im Internet, u. a. von Ray Nolan, und die Übersetzungen von Kurt Allgeier und Jean-Claude Pfändler.
40. zitiert nach: fr.wikipedia.org/wiki/Nostradamus, Abschnitt „Années d'études"
41. „The Diary of Samuel Pepys: Sunday 3 February 1666/67", pepysdiary.com/diary/1667/02/03/
42. de.wikipedia.org/wiki/Nostradamus (aufgerufen Anfang Juli 2022)
43. P. di Benuci: *Nostradamus.* Band 1: Leben und Zeit (2020), S. 12. Als Quellenangabe für diesen Text schreibt der Autor: „Textquelle aus Band 3, ‚Nostradamus – Der Schlüssel', Der dritte lateinische Text."
44. P. di Benuci: *Nostradamus.* Band 3: Der Schlüssel (2020), S. 9 u. 11
45. Die Stelle mit dem universellen Frieden befindet sich fast am Schluss des langen zweiten Vorwortes, gleich nachdem Nostradamus die Gewaltherr-

schaft des Antichrist „unter dem Einfluss Satans, des Höllenfürsten“ *(par le moyen des Satan, prince infernal),* beschrieb. In dieser Zeit erfolgen auch die Warnungen durch „ungewöhnliche Vögel“ (siehe Anm. 49).

46. Ernst R. Ernst: *Nostradamus – Astrologe, Magier, Wunderheiler,* Heyne-Verlag 1994, S. 281. Eine andere Interpretation findet sich im vielfach aufgelegten Buch von Max de Fontbrune: *Was Nostradamus wirklich sagte* (1938). In Kap. 40, „Ein großer Herrscher bringt Frieden“, bezieht er 3.94 auf den in Vers 3.100 erwähnten „letzten König, den die Gallier anerkennen“, also auf einen endzeitlichen König. Den Vers 3.94 erklärt er wie folgt: „Wie fünfhundert Jahre (früher), wird niemand an seine Königsmacht glauben. Plötzlich wird er jedoch weithin leuchten (über das Jahrhundert, in dem er leben wird) – und seine Untertanen werden sehr zufrieden sein.“ Offensichtlich wird auch diese Interpretation dem Inhalt von Vers 3.94 nicht gerecht.
47. Hogue, S. 170
48. ebd., S. 174
49. John Hogue bezieht sich bei seinem achten Hauptschlüssel auf die rätselhafte Vogelprophezeiung im zweiten Vorwort des Nostradamus. Auch Allan Hall zitiert diese Stelle: „So viel Böses wird Satans Fürst begehen, dass fast die ganze Welt vernichtet und verwüstet wird. Vor diesen Ereignissen werden seltene Vögel in der Luft ‚Jetzt!, Jetzt!‘ rufen und wenig später verschwinden.“ Der zweite Satz lautet auf Französisch: *„Avant ceux advenemens aucuns oyseaux insolites [ungewöhnliche/ausgefallene Vögel] crieront par l'air: Huy, huy, et seront apres quelques temps esvanouys.“* Den Laut *„huy“* finden wir im französischen Wort *aujourd'hui,* das einfach „heute“ bedeutet und bereits seit dem 12. Jahrhundert bezeugt ist, entstanden aus *au jour d'hui,* wörtlich „am Tag von heute“. Gleich nach der Erwähnung dieser Vögel schreibt Nostradamus, dass „ein goldenes Zeitalter“ und „ein universeller Friede“ beginnen wird.

    Kommentar von Allan Hall: „Forscher glauben, die ‚Vögel‘ seien ein Hinweis auf unser Überleben. Sie könnten für einen Mann des Friedens stehen, der die schrecklichen Ereignisse abwehren helfen wird, die über uns lauern. [...] Jüngste Überlegungen sehen in den ‚seltenen Vögeln‘ nicht einen Mann [eine einzelne Person], sondern eine neue Denkweise, ein Umdenken, das dem Menschen hilft, endlich mit Krieg und Blutvergießen aufzuhören. [...] Diese ‚seltenen Vögel‘ werden die Vorboten einer neuen Zeit der Ruhe und Harmonie sein, in der die Menschheit lernen wird, mit dem Planeten in Einklang zu leben.“ (Hall, S. 120f., 122)
50. Die Formulierung *estoit l'ornement* enthält phonetisch auch die Wörter *estoil' or.* Die Aussprache ist identisch. *Estoile* ist die alte französische Schreibweise des Wortes *étoile,* „Stern“, siehe z. B. Nostradamus 2.41: *La grand estoile par sept jours bruslera.* Nostradamus schrieb gemäß der

damaligen Schreibweise *estoile* statt *étoile, brusler* statt *brûler, prestre* statt *prêtre, estant* statt *étant, Chrestien* statt *Chrétien, estrange* statt *étrange, destruire* statt *détruire,* usw.

51. Im Kapitel „Buddha, Śaṅkara, Caitanya" nenne ich viele weiterführende Texte und Links zu Śrī Caitanya. Die von Bhaktivedanta Swami Prabhupāda übersetzte Caitanya-Biographie aus dem 16. Jahrhundert, *Śrī Caitanya-Caritāmṛta,* ist online verfügbar auf: https://vedabase.io Siehe z. B. auch: en.wikipedia.org/wiki/Chaitanya_Mahaprabhu • learnreligions.com/sri-chaitanya-mahaprabhu-bio-1770329 • caitanya.eu • krishna.org/category/krishna/caitanya • purebhakti.com
52. Die Post prägte bereits 1862 die Ortsbezeichnung „Flüeli-Ranft". Später schrieb man „Flüehli bei Sachseln". Als in der Schweiz ab 1964 landesweit das System mit den Postleitzahlen eingeführt wurde, wurde im Mai 1966 Flüeli-Ranft zum offiziellen Namen dieses Ortes, um Verwechslungen mit anderen Flüeli-/Flüelen-/Flühli-Ortsnamen zu vermeiden. (Information aus: *400 Jahre Flüeli-Kapelle 1618–2018,* Katholische Kirchgemeinde Sachseln, 2018)
53. zitiert nach Durrer, S. 115 (zu Durrers Buch siehe S. 123 mit Anm. 72) • Huber: *Bruder Klaus* (1996), S. 77 • „Das Stanser Verkommnis – Quelle Nr. 024": nvf.ch/que_m.asp?num=bkq024
54. Lothar Emanuel Kaiser: *Niklaus von Flüe – Bruder Klaus: Der Friedensheilige für die ganze Welt,* Éditions du Signe, Strasbourg 2002 (veröffentlicht auf Französisch, Deutsch, Italienisch und Englisch)
55. Johannes Schleicher, Tanja Hoeg (Hrsg.): *Niklaus von Flüe – Engel des Friedens auf Erden.* Mit Beiträgen von David Steindl-Rast, Pierre Stutz, Marion Küstenmacher, Wunibald Müller, Ulrich Schaffer und anderen. Vier-Türme-Verlag, Münsterschwarzach 2016
56. Zwölf Visionen: Zählung gemäß der Zusammenstellung im Buch von Roland Gröbli: *Die Sehnsucht nach dem „einig Wesen"*, Anhang I: Die Visionstexte (rex verlag, Luzern 2006). Die erste vollständige Sammlung der schriftlich festgehaltenen Visionen erschien 1933: Pater Alban Stöckli, *Die Visionen des seligen Bruder Klaus,* Benziger-Verlag, Einsiedeln 1933 (62 Seiten).
57. Roland Gröbli: *Die Sehnsucht nach dem „einig Wesen"* (2006), S. 98
58. Die Caitanya-Tradition sieht Caitanya und Nityānanda (Gaura-Nitāi) als Inkarnationen von Kṛṣṇa und Balarāma, die in der vedischen Offenbarung als brüderliche Einheit zwei der höchsten Gottesaspekte darstellen. Die charakteristische Farbe ihrer Gewänder ist ebenfalls gelb bzw. blau. Kṛṣṇa ist die zentrale Person im indischen Nationalepos *Mahābhārata.* Er erschien vor 5200 Jahren, d. h. im Jahrhundert vor dem Beginn des Kali-Yugas, und auf ihn gehen die Lehren der *Bhagavad-Gītā* zurück.
59. Niklaus von Flüe galt als „Bruder Klaus" schon zu Lebzeiten als Heiliger, und so ist es erstaunlich, dass seine familiäre Biographie nicht gründlicher

dokumentiert wurde. Nicht einmal die Namen all seiner Kinder sind bekannt, und wir kennen weder das Todesjahr noch das Grab seiner Frau Dorothea. Ebenso erscheint seine Tochter Verena von Flüe in keinem direkten Dokument (Heiratsurkunde, Taufeinträge der Kinder usw.). Das wenige, was wir von dieser ländlichen Bäuerin wissen, stammt aus vier kurzen kirchlichen Einträgen: einer in einer Spendenliste und drei in Jahrzeiteinträgen, d. h. Listen für Messen, die für Verstorbene gestiftet wurden (siehe Durrer, S. 28 und 411). Aus einem Eintrag geht hervor, dass Verena zweimal heiratete. In einem anderen Eintrag ist zu lesen, dass ihr erster Mann Uli Uchsberg hieß. Der dritte Eintrag ist jener aus dem Jahrzeitbuch von Engelberg, der bekannt wurde, weil darin das erste Mal Niklaus' Ehefrau Dorothee namentlich erwähnt wurde. In diesem Eintrag wird der Name des zweiten Ehemanns der Verena erwähnt:

„Ebenso [gedenket] des Bruder Clausen von Flüe und seiner Ehefrau Dorothee, Vater und Mutter der Ehefrau des Henslin Onofrius [am Büel], ihres zweiten Ehemannes, mit ihren drei Kindern, und aller ihrer Vorfahren und Wohltäter."

Onofrius war kein Familienname, sondern Name eines Zweiges innerhalb der großen Ambühl-Familie. Der Name „Hensli" oder „Henslin" ist eine mundartliche Form für „Hans". Es gab offensichtlich mehrere Sippenmitglieder mit dem Namen „Hans Ambühl", weshalb jene in der Linie des Stammvaters Onofrius Ambühl nach ihm benannt wurden: „Hensli [Ambühl, in der Linie des] Onofrius". Gleich vor dem oben zitierten Eintrag werden die Eltern und Großeltern von Verenas zweitem Ehemann aufgelistet:

„[Gedenket] Jost Onofrius und Elli [Elisabeth], seiner Ehefrau, welche Vater und Mutter des Hensli Onofrius waren, ferner ihrer beiden Väter und Mütter sowie deren Kinder und Vorfahren. [Gedenket] Trinis [Katharina] von Wallenrüti, sie war die Ehefrau des Hensli Onofrius [Senior], und ihres Sohnes Hensli [Junior] sowie aller Vorfahren und Wohltäter."

Der Vater des zweiten Ehemanns der Verena hieß gemäß diesem Eintrag ebenfalls Hans Ambühl (Hensli [Senior] in der Linie des Onofrius Ambühl), sein Großvater Jost Onofrius. (Durrer, S. 28)

Die erwähnten drei Kinder stammen aus Verenas erster Ehe: „Ihre im Jahrzeit ihres zweiten Mannes zu Engelberg erwähnten drei Kinder erster Ehe werden in einem von Landamman Melchior Leuw abgeschriebenen Auszug aus dem alten Jahrzeitbuch Stans, Fol. 62, genannt: ‚*Uli Uchsberg, dessen Gattin Verena von Flüe, Hans, Margret und Barbli Uchsberg ihre Kinder*'." (Information aus Durrer, S. 1034)

Es ist nicht bekannt, ob Verena auch in der zweiten Ehe Kinder hatte, und wenn ja, wie viele. Im Gegensatz zu Robert Durrer bezieht Werner T. Huber die Erwähnung der drei Kinder im oben zitierten Eintrag auf die zweite Ehe. Originalwortlaut des Engelberger Jahrzeiteintrags (mit der ersten schriftlichen Erwähnung von Dorothee, irgendwann zwischen 1495 bis 1501): *Item brueder Clausen von Flüe und Dorotheen siner ewirtin warend yetz Henslins Onofrius elicher husfrowen vatter und muoter zweyer ir elicher mannen, dryer irer kinden et omnium antecessorum et benefactorum eorum.*

Das aus dem Lateinischen übernommene Wort *item,* „ebenso, auf gleiche Weise", erscheint in Jahrzeiteinträgen, wenn bei einem Jahrestag mehr als ein Name aufgelistet ist. Gemeint ist: „Ebenso gedenket an diesem Tag [xy]", wobei manchmal noch Gemahl/Gemahlin, Kinder oder Verwandte genannt werden, so wie auch hier beim Ehepaar von Flüe. Hubers Übersetzung: „Item, Brůder Claus von Flů und Dorothee seine Ehewirtin [Ehefrau] waren jetzt Vater und Mutter der Hausfrau [Ehefrau, Verena von Flüe] des Hensli Onofrius [am Büel], des zweiten Ehemannes und Vaters dreier Kinder [...]." („Verbindungen zu Altsellen – Quelle Nr. 080": nvf.ch/que_m.asp?num=bkq080)

In diesem Artikel kommentiert Huber: „Altsellen [heute: Altzellen] bei Wolfenschiessen im Engelbergertal war die Heimat der Mutter von Bruder Klaus und dann auch seiner beiden Töchter Dorothea und Verena, die in dortige Familien einheirateten. [...] Verena von Flüe heiratete nach ihrer Verwitwung ein zweites Mal, einen Hensli Onofrius (eigentlich ein Vorname) in Altsellen; der Name der Sippe war *am Büel* (spätere neudeutsche Form *Ambühl*). Als Autor bzw. Überlieferer des Berichts von drei Visionen des Einsiedlers Klaus von Flüe gilt Caspar am Büel (Ambühl, vgl. Quelle 068 und Quelle 050). Es kann angenommen werden, dass dieser ein Sohn oder Stiefsohn der Verena von Flüe ist, also möglicherweise ein Enkel von Bruder Klaus."

Siehe auch: „Jahrzeitstiftungen – Quelle Nr. 050": nvf.ch/que_m.asp?num=bkq050 • „Drei Visionen nach Caspar am Büel (Ambühl) – Quelle Nr. 068: nvf.ch/que_m.asp?num=bkq068

60. nvf.ch/pilger_baer.asp („Der singende Wanderer ... und der Bär: Synoptischer Vergleich und Kommentar")
61. Übersetzung aus dem Lateinischen nach Durrer, S. 537, und Scheuber (siehe Anm. 106) und Huber, „Die Biographie von Heinrich Wölflin – Quelle Nr. 072": nvf.ch/que_m.asp?num=bkq072

    Wölflin schreibt in seinem humanistischen Latein: *daboque tibi ursinam ungulam et validi exercitus vexillum in vita aeterna.* Wörtlich: „und ich werde dir die Bärentatze und das Feldzeichen des starken/siegreichen Heeres geben." Gemeint ist einfach, wie Scheuber übersetzt: „die Siegesfahne mit der Bärentatze".
62. Übersetzung aus dem Lateinischen nach Durrer, S. 550, und Scheuber (siehe Anm. 106) und Huber, „Die Biographie von Heinrich Wölflin – Quelle Nr. 072": nvf.ch/que_m.asp?num=bkq072

63. übersetzt von A. R. nach dem Originaltext in Durrer, S. 928
64. Der Text des altschweizerdeutschen Originals von ca. 1500 ist in folgenden Publikationen wiedergegeben:
    - [Erstveröffentlichung] Adalbert Wagner: „Ein Beitrag zur Bruder Klausen-Forschung" in: *Aus Geschichte und Kunst – Zweiundreissig Aufsätze, Robert Durrer zur Vollendung seines sechzigsten Lebensjahres,* Hans von Matt Verlagsbuchhandlung, Stans 1928, S. 326 - 338
    - Rupert Amschwand: „I. Neue Originalquellen", Kap. 8: „Ende des 15. Jahrhunderts – Visionsbericht des Caspar am Büel" in: *Bruder Klaus – Ergänzungsband zum Quellenwerk von Robert Durrer,* herausgegeben von der Regierung des Kantons Unterwalden ob dem Wald zum 500. Todestag von Bruder Klaus 1987, Sarnen 1987, S. 28 - 31
    - Im Internet: „Visionsbericht des Caspar am Büel (Vor 1500)". Transkribierter Originaltext mit einleitendem Kommentar von Werner T. Huber, 2007, auf nvf.ch

    Zum Vergleich der verschiedenen Übersetzungen und Interpretationen der Pilgervision verwendete ich folgende Bücher:

    - Gröbli, Roland: *Die Sehnsucht nach dem „einig Wesen" – Leben und Lehre des Bruder Klaus von Flüe,* rex verlag, Luzern 2006, S. 148f. („Die Pilgervision")
    - Huber, Werner T.: *Bruder Klaus – Niklaus von Flüe in den Zeugnissen seiner Zeitgenossen,* Benziger Verlag, Zürich und Düsseldorf 1996 („Caspar Ambüels Bericht von den drei Träumen", [Niederschrift] vor 1500", S. 198ff. und S. 205ff.); dazu auch die Website von Werner T. Huber: nvf.ch, dort besonders: „Der singende Wanderer – ... und der Bär. Synoptischer Vergleich und Kommentar": nvf.ch/pilger_baer.asp
    - Meier, Pirmin: *Ich Bruder Klaus von Flüe – Eine Geschichte aus der inneren Schweiz,* Ammann Verlag, Zürich 1997 (S. 117f.)
    - Nigg, Walter, und Wilhelm Schamoni, Hrsg.: *Niklaus von Flüe,* in der Reihe: Heilige der ungeteilten Christenheit – Dargestellt von den Zeugen ihres Lebens. Patmos-Verlag, Düsseldorf 1962, 2. Auflage 1968 („Die Visionen nach der Beschreibung des Kaspar am Büel", S. 162 - 164)
    - Schubiger, Abbé Bernard: *Les visions de Nicolas de Flue – Un chemin spirituel de discernement personnel,* Éditions du Parvis, Hauteville 2019 (S. 125 - 173: „7. La vision du pèlerin: la triple transformation")
    - Spichtig, Alois und Margrit: *Bruder Claus von Flüe – Erleuchtete Nacht.* Holzschnitte zu seinen Visionen von Alois Spichtig, mit Texten von Margrit Spichtig. Erstausgabe im Herder-Verlag, Freiburg i. Br. 1981; Kanisius Verlag, Freiburg (Schweiz) 2001 („Die Vision vom Pilger in der Bärenhaut", S. 89 - 91)
    - Stöckli, Alban: *Die Visionen des seligen Bruder Klaus,* Benzinger-Verlag, Einsiedeln 1933

- Stokar, Willy: *Niklaus von Flüe – Eine Biographie.* Erstausgabe im Novalis Verlag, Schaffhausen 1993; 2. Auflage in der Verlagsbuchhandlung Beer, Zürich 2017, S. 58-60
- Vokinger, Konstantin: *Bruder Klaus – Sein Leben,* 1936/1947, 3., durchgesehene und korrigierte Auflage 1974 im NZN Buchverlag Zürich, Bruderklausenbund, Sachseln 1974, S. 141f. im Unterkapitel „Die grossen Visionen"
- von Franz, Marie-Louise: *Die Visionen des Niklaus von Flüe,* Daimon Verlag, Einsiedeln 1980, 5. Auflage 1998 („Die Vision vom singenden Berserker", S. 70-90)

65. Roland Gröbli: „Wertung der Visionstexte", bruderklaus.com/downloads, Sparte „Sehnsucht nach dem einig Wesen" (Ergänzungen zum Buch „Die Sehnsucht nach dem einig Wesen", Autor Dr. Roland Gröbli, Rex Verlag Luzern, 2006), dort die Datei „Kapitel 2" (die hier zitierte Stelle findet sich auf S. 90).
66. Worte von Bruder Klaus gegenüber einem Mönch, der ihn im Ranft besuchte; zitiert nach: „Ein unbekannter Dominikaner – Quelle Nr. 005": nvf.ch/qnr005.asp
67. „Der singende Wanderer ... und der Bär – Synoptischer Vergleich und Kommentar": nvf.ch/pilger_baer.asp
68. Auf dem bekannten Meditationsbild des Bruder Klaus, das 1+6 Bilder in runden Feldern enthält, ist auf dem einen Bild Erzengel Gabriel und auf einem anderen eine Gruppe von drei Engeln zu sehen, alle ohne Bart. Auch der Mönch im Bild der Eucharistie ist bartlos. In der weltlichen Gesellschaft waren fast nur Adelige bartlos. Auf einer zeitgenössischen Zeichnung der Stanser Tagsatzung sind die dargestellten Vertreter der Stadt- und Landkantone ohne Bart; siehe Durrer, Band 1, Tafel II („Vor dem Rathaus in Stans während der Tagsatzung, nach der Chronik des Luzerner Schilling"); siehe auch Tafel III („Die Vermittlung des Bruder Klaus, nach der Chronik des Luzerner Schilling"): Der Pfarrer und sein Begleiter sind bartlos, ebenso wie die meisten Männer an der Tagsatzung.
69. Wollust kommt von „Wohllust; Wohlgefühl; Wohlgefallen". In einem Kirchenlied des 17. Jahrhunderts heißt es: „Ach, wenn's nur bald sollt' geschehn,/ solche Wollust [im Himmel] anzusehn." Die Formulierung „Wollust oder Pein" war gleichbedeutend mit „Himmel oder Hölle". Man unterschied zwischen himmlischer und irdischer Wollust, wobei das Wort im Lauf der Zeit zunehmend nur noch für Letzteres verwendet wurde. Siehe: *Deutsches Wörterbuch von Jacob Grimm und Wilhelm Grimm* (ab 1838), Stichwort „Wollust"; online unter: woerterbuchnetz.de/?sigle=DWB#0
70. Werner T. Huber, in: „Drei Visionen nach Caspar am Büel (Ambühl) – Quelle Nr. 068": nvf.ch/qnr068.asp

71. Marie-Louise von Franz: *Die Visionen des Niklaus von Flüe,* S. 83, 88, 89f.
72. Dr. Robert Durrer: *Bruder Klaus – Die ältesten Quellen über den seligen Niklaus von Flüe, sein Leben und seinen Einfluss* (1917/1921), unveränderter Neudruck 1981 in eintausend numerierten Exemplaren. Der erste Band umfasst die Seiten 1 bis 608 (plus Bildtafeln I–XVIII), der zweite Band die Seiten 609 bis 1300 (plus Bildtafeln XIX–XXXIX). Zur Zeit der Herausgabe dieses Standardwerkes waren einige Quellen, insbesondere der Ambühl-Text und der Rhaetus-Text, noch unbekannt, und die Forschung konnte in den nachfolgenden Jahrzehnten einige Befunde korrigieren bzw. ergänzen. 1987 veröffentlichte Pater Dr. Rupert Amschwand deshalb das Buch: *Bruder Klaus, Ergänzungsband zum Quellenwerk von Robert Durrer.*
73. Roland Gröbli: *Dorothee Wyss von Flüe – Leben und Bedeutung einer aussergewöhnlichen Frau.* Ein Leseheft des Fördervereins Niklaus von Flüe und Dorothee Wyss, Sachseln 2021, S. 54 u. 73
74. Ida Lüthold-Minder (1902–1986): *Unser Bruder Klaus – Sein Leben der Jugend erzählt,* Canisius Verlag, Freiburg 1961; hier zitiert nach der Neuauflage im Christiana-Verlag, Stein am Rhein 1981 (zweite Auflage), S. 90
75. Durrer, S. 346 – 349 („Die Aebte von S. Stephan zu Würzburg und Konrad von Wiblingen besuchen auf einer Visitationsreise Bruder Klaus und erfahren seine Schlagfertigkeit") • „Der geizige Abt aus Würzburg – Quelle Nr. 037": nvf.ch/qnr037.asp
76. Übersetzt nach dem lateinischen Original bei Durrer, S. 547f., von A. R. unter Verwendung der dortigen Übersetzung von Durrer sowie der Übersetzungen von Scheuber (Anm. 106) und Huber, „Die Biographie von Heinrich Wölflin – Quelle Nr. 072": nvf.ch/que_m.asp?num=bkq072
77. „Fregoso, Ex-Doge von Venedig – Quelle Nr. 070": nvf.ch/qnr070.asp
78. Bezeugt von Niklaus Rengker, Antons Sohn, 1591 im Rahmen des ersten Kanonisationsprozesses, d. h. der Voruntersuchung zur Einleitung der Heiligsprechung Niklaus von Flües. Siehe: Durrer S. 921 • „Sarner Prozess 1591 (Protokoll) – Quelle Nr. 301": nvf.ch/que_m.asp?num=bkq301 • Ida Lüthold-Minder (Anm. 74), S. 91–95. [Die Seligsprechung erfolgte dann 1649.]
79. Adalbert Wagner, der Entdecker der Abschrift, erklärt: „Dass unser Fragment eine Kopie darstellt, ersehen wir aus den gelegentlichen Wiederholungen und Verschreibungen des Schreibers. […] Der Eintrag [die Abschrift] dürfte, aus der Schrift zu schließen, schon zu Ende des 15. Jahrhunderts geschehen sein. Dieser Zeit gehört auch das Papier an […]." Das Alter des Papiers ist über das Wasserzeichen des Herstellers eruierbar. (Wagner, S. 337/329)
80. Siehe „Verbindungen zu Altsellen – Quelle Nr. 080":
nvf.ch/que_m.asp?num=bkq080 („Geburts- und Sterbejahr von Dorothea sind nicht überliefert. Oft wird für das Todesjahr 1501 angenommen.

[... irgendwann] zwischen 1494 und 1501") • Roland Gröbli: *Dorothee Wyss von Flüe (1430/2–1465/6) – Leben und Bedeutung einer aussergewöhnlichen Frau,* Förderverein Niklaus von Flüe und Dorothee Wyss, Sachseln 2021

81. Übersetzung aus dem Lateinischen von R. Durrer, in: Durrer, S. 525
82. Übersetzung aus dem Lateinischen von R. Durrer, in: Durrer, S. 527
83. Durrer, S. 523
84. Werner T. Huber: „Die Brunnenvision – Kern der Spiritualität. Synoptischer Vergleich", nvf.ch/brunnenvis_syn.asp
85. Von den heute bekannten zwölf Visionen stehen sieben im Sachsler Kirchenbuch: die vorgeburtlichen und die frühkindlichen Visionen, die Turmvision, die Vision mit der Stimme aus der Wolke, die Vision bei Liestal, die vier Lichter über dem Ranft, der Teufel als Edelmann. Fünf dieser sieben finden sich auch bei Wölflin (die Turmvision und die Vision bei Liestal lässt er weg, oder er hat sie einfach vergessen oder in seinen Notizen übersehen), und er erwähnt vier weitere: die drei Edelleute, die Lilienerscheinung, die Sängervision (kurze, unvollständige Version der Pilgervision) und die Brunnenvision. Die Pilgervision und die Dankesvision kennen wir nur dank der Überlieferung durch Kaspar Ambühl.
86. „Die Biographie von Heinrich Wölflin – Quelle Nr. 072": nvf.ch/qnr072.asp
87. ebd.
88. Irgendwann in der zweiten Hälfte seiner Einsiedlerzeit bekam Bruder Klaus ein Meditationsbild als Geschenk, und er hing es dann in seiner Klause auf. Dieses christliche Mandala zeigt in der Mitte ein Menschengesicht, das über sechs pfeilförmige Strahlen mit sechs runden Bildern verbunden ist (die sechs Bilder stellen biblische bzw. kirchliche Motive dar). Das falsche Gerücht besagte, das Meditationsbild gehe auf eine Vision zurück, in der Bruder Klaus das in der Mitte abgebildete Gesicht gesehen habe, und dieses Gesicht habe ihn in Schrecken versetzt. Daraus entstanden weitere Gedankengespinste bis hin zur Meinung, Bruder Klaus habe den „Antichrist" gesehen, siehe: „Briefwechsel zwischen Bovillus und Horius – Quelle Nr. 201": nvf.ch/qnr201.asp
89. „Hans von Waldheim aus Halle – Quelle Nr. 009": nvf.ch/qnr009.asp
90. „Die Weltchronik von Johannes Nauclerus – Quelle Nr. 071": nvf.ch/qnr071.asp
91. Josef Rosenast, zitiert aus: „Niklaus von Flüe – Bruder Klaus – Mystiker und Beter" (9.5.2019), auf dem YouTube-Kanal „Bruder Klaus": youtube.com/watch?v=qHu0I6XKzdU
92. „Sebastian Rhaetus (Ranftkaplan): Reimsprüche und Biographie – Quelle Nr. 221", Übersetzung von Werner T. Huber: nvf.ch/qnr221.asp
93. de.wikipedia.org/wiki/Heinrich_Wölfli („Heinrich Wölfli; auch Heinrich Wölflin [...] Von 1528 bis 1529 amtierte er als erster Chorgerichtsschreiber, und von 1529 bis 1532 als geschworener Schreiber.")

94. „Quelle Nr. 233: Hans Salat (2) – die Legende (1536)" (Übersetzung von Werner T. Huber), nvf.ch/que_m.asp?num=bkq233
95. Übersetzt nach dem Originaltext bei Durrer, S. 771, von A. R. unter Verwendung von: „Ulrich Witwyler – Quelle Nr. 262" (Übersetzung von Werner T. Huber): nvf.ch/que_m.asp?num=bkq262
96. Roland Gröbli erstellte in seiner Dissertation über Niklaus von Flüe einen detaillierten Vergleich der verschiedenen Varianten der Brunnenvision (Kapitel 2: „Wertung der Visionstexte", darin „Varianten der Brunnenvision", S. 63 – 75); siehe bruderklaus.com/downloads, Sparte *„Sehnsucht nach dem einig Wesen" (Ergänzungen zum Buch „Die Sehnsucht nach dem einig Wesen", Autor Dr. Roland Gröbli, Rex Verlag Luzern, 2006),* dort die Datei „Kapitel 2".

Dass Witwyler nicht nur den Rhaetus-Text, sondern auch den Ambühl-Text vor sich hatte, zeigt sich an folgenden zwei Stellen.

Stelle 1: Im Ambühl-Text steht: *Und do er zuo dem kasten gieng, do wollt er sin versuncken, als einer, der durch ein mos gat, und zoch sine fues roesch an sich und kam zuo dem kasten.* („Und als er zum Kasten [Brunnentrog] ging, da wollt' er fast versinken, wie einer, der durch ein Moos [einen Sumpf] geht, und zog seine Füße schnell an sich und kam zum Kasten.")

Rhaetus schreibt ab, aber lässt zwei Details weg, den Einschub mit dem „Moos" und das Wort „schnell": *Und do er zuo dem kasten gieng, do wollt er sin versuncken, zoch sin fuess an sich und kam zuo dem kasten.*

Fünfzig Jahre nach Rhaetus übernahm Witwyler von Ambühl auch die zwei von Rhaetus weggelassenen Details: *Unnd da er zuo solchem kasten gieng, maint er, er wurde versincken, als einer der uber ein moss geht und zoch seine fuess schnell zuo sich und kam zuo dem kasten.*

Stelle 2: Im Ambühl-Text steht: *Und wie mechtiklich darus flos, so was doch der kast braewen vol, das es uberfloss. Und er bekant in sinem geist, wievil daruss flos, das alwegen gerne me darin wer gesin und er sach es zuo allen klecken daruss zwiczeren.* („Und wie mächtig [es] daraus auch floss, so war doch der Kasten wimpernvoll, so dass er überfloss. Und er erkannte in seinem Geist: wieviel auch daraus floss, es war dennoch immer mehr darin, und er sah es aus allen Ritzen hervorzischen.")

Rhaetus fasste diese Stelle nur kurz zusammen: *und was alweg vol wie viel daruss floss.* („Und war stets voll, wieviel auch daraus floss.") Dafür schrieb er den Kommentar mit den drei Brunnenströmen, den dann auch Witwyler übernahm (siehe S. 137). Beim Visionstext griff Witwyler jedoch wieder auf das Ambühl-Manuskript zurück und übernahm den entsprechenden Abschnitt fast wörtlich: *Und wievil immer darauss floss, so war unnd blieb doch der kast so voll, dass er uberfloss. Da erkannt er widerumb im geist, wievil darauss geflossen, so were doch gern mehr darauss gewesen und sahe es zu allen klecken und spalten daraus tringen.* („Und wieviel immer daraus floss, so war und blieb der Kasten doch so voll, dass er überfloss. Da erkannte er wiederum im Geist: wieviel auch daraus floss, so wäre doch gern mehr daraus geflossen. Und er sah es aus allen Ritzen und Spalten heraus dringen.")

Diese zwei Stellen beweisen, dass Witwyler nicht nur von Rhaetus abschrieb, sondern auch den Ambühl-Text besaß. Eine dritte Stelle würde dies weiter illustrieren, aber diese braucht hier nicht noch extra angeführt werden, weil der Beweis bereits mit Stelle 1 und 2 erbracht wurde.

97. Durrer, S. 780f. • „Ulrich Witwyler – Quelle Nr. 262", Übersetzung von Werner T. Huber: nvf.ch/qnr262.asp

98. „Etliche beschreiben diß Gesicht unnd offenbarung weitleuffiger, auff folgende weiß, darauß vileicht die sach moechte besser verstanden werden." (Witwyler, zitiert nach: Durrer S. 780)

Adalbert Wagner stellte 1928 bei der Erstveröffentlichung fest (S. 335): „Ein Vergleich nun zwischen Witwylers zweiter Vision, der Brunnen-Vision, und der Darstellung des zweiten Gesichts in unserem Fragment [Ambühl] zeigt eine fast durchgehend wörtliche Übereinstimmung."

1970 wurde auch das Rhaetus-Manuskript entdeckt. Rupert Amschwand schreibt 1987 im Durrer-Ergänzungsband (S. 32): „Wenn Witwyler die Luzerner Handschrift benutzt hätte, müsste man mit Recht fragen, warum er nicht den ganzen Visionsbericht übernommen hat. Wahrscheinlich hat Witwyler den am Bülschen Text gar nicht gekannt."

Es ist sehr einfach, obige Frage zu beantworten. Schon Wagner schrieb 1928: „Auch ließ Witwyler die erste und die dritte Vision [des Ambühl-Manuskripts] offenbar deshalb weg, weil er sie nicht wie die zweite in den gedruckten Quellen vorfand." (S. 337)

Rupert Amschwand (S. 32, 171f.) ist der Ansicht, dass Ambühl, Rhaetus und Witwyler alle von einem gemeinsamen, noch älteren und gänzlich unbekannten Manuskript abschrieben, weil alle drei bei der Brunnenvision wörtliche Übereinstimmungen und zugleich Abweichungen aufweisen. Aber Ambühl konnte weder lesen noch schreiben, er hätte also kaum aus einem bereits vorhandenen Text geschöpft. Die im vorliegenden Buch herausgearbeitete Erklärung ist viel einfacher und plausibler: Rhaetus (1521) und Witwyler (1571) schöpften beide aus Ambühl (ca. 1500), wobei Witwyler zusätzlich auch Stellen von Rhaetus übernahm. Zudem schöpfte Rhaetus auch aus Wölflins Text, ebenso wie Witwyler – er aber nicht direkt aus Wölflin, sondern via Rhaetus und via Johannes Salat.

Diese Erklärung löst auch die diesbezüglich letzte Frage der Bruder-Klaus-Forschung, nämlich die Frage, welche Quelle Ulrich Witwyler in dieser Aussage von 1591 meinte: *„[Wir haben] ein altes geschriebenes Original oder Hauptbüchlein, das uns aus Unterwalden zugekommen war, mit den gedruckten Exemplaren und den Zeugnissen glaubwürdiger Leute auf das allerfleißigste kollationiert und verglichen, da wir spürten, dass* *sie ordentlich miteinander übereinstimmten.*" (zitiert nach Durrer, S. 768; Wagner, S. 326)

Ulrich Witwyler schrieb dies im Rahmen des ersten Prozesses zur Vorbereitung der Selig- und Heiligsprechung des Niklaus von Flüe. Witwyler, mittlerweile Abt des Klosters Einsiedeln, war als Autor der damals aktuellen Bruder-Klaus-Biographie ein wichtiger Experte. Obiges Zitat stammt aus seinem Schreiben vom 17. Februar 1591, mit dem er die Seriosität seines Buches darlegte. Er erwähnte dabei einen Text aus Unterwalden, der ihm als Referenz gedient habe. Was war das für ein „altes geschriebenes Original oder Hauptbüchlein" aus Unterwalden, das mit den „gedruckten Exemplaren" (mit Johannes Salats Buch) so gut übereinstimmte? Natürlich die Materialsammlung von Rhaetus von 1521. Anhand von Rhaetus' Übersetzung des lateinischen Wölflin-Textes konnte Witwyler überprüfen, wie gut die Wölflin-Übersetzung in Johannes Salats Buch war. Wie wir wissen, waren beide Übersetzungen gut und ziemlich übereinstimmend, was auch Witwyler unschwer erkannte. Das Ambühl-Manuskript, von dem er – wie auch Rhaetus – bei der Brunnenvision abschrieb, hatte er als Quelle jedoch verworfen, weil es nicht „mit den gedruckten Exemplaren und den Zeugnissen glaubwürdiger Leute" übereinstimmte. Die Schriften und Zeugnisse, die ihm zur Verfügung standen, waren von der Anzahl her jedoch sehr beschränkt, und weil Witwyler das Ambühl-Manuskript nicht als neues, ergänzendes Zeugnis anerkennen konnte, verkannte er – wie zuvor auch Rhaetus – die Bedeutung von dem, was Kaspar Ambühl zu Protokoll gegeben hatte.

99. Wenn hier der Fanatismus und die Gewaltbereitschaft der Verfechter des katholischen Glaubens thematisiert wird, sollte nicht vergessen werden, dass die Verfechter der Reformation genauso fanatisch und gewaltbereit waren. In lutheranischen Gebieten war die Zahl der Hexenverbrennungen oftmals sogar noch höher als in katholischen. Siehe z. B. Karl-Heinz Deschner: *Abermals krähte der Hahn* (1962; Rowohlt 1972), S. 489

100. Übersetzt nach dem Originaltext bei Durrer, S. 772, von A. R., unter Verwendung von: „Ulrich Witwyler – Quelle Nr. 262" (Übersetzung von Werner T. Huber): nvf.ch/que_m.asp?num=bkq262

101. ebd., S. 773f.

102. „Drei Visionen nach Caspar am Büel (Ambühl) – Quelle Nr. 068": nvf.ch/qnr068.asp (Übersetzung *pro prescriptere*, „für den Vorgenannten", von Werner T. Huber). Die Wiedergabe der Originalschrift stammt aus Amschwand: *Ergänzungsband zum Quellenwerk von Robert Durrer,* S. 31 („Faksimile des Schlusses des Visionsberichtes").

103. Detailangaben zur aufgefundenen Ambühl-Abschrift:
„Herkunft: Luzern, Bibliothek des Kapuzinerklosters Wesemlin: *Leben der heiligen Altväter,* deutsche Inkunabel Kod. 32b (um 1480 o. Ort), hand-

geschriebener Anhang, zweispaltiger Text auf drei Blättern, (vermutlich in Engelberg kurz vor 1500 handschriftlich festgehalten).

Gegen Ende des 15. Jahrhunderts wurden drei Visionsberichte, überliefert durch Caspar am Büel (neudeutsch: Ambühl), schriftlich festgehalten. Das Buch, in dem die Handschrift als Anhang enthalten ist, trägt vorne den ursprünglichen Eigentumsvermerk aus dem 18. Jahrhundert: ‚Das Buch gehört den Klosterfrauen zu Stans bey S. Klara'. [...]

Wer hatte nun den Visionsbericht auf drei leeren Seiten der Inkunabel ‚Vom Leben der Altväter' handschriftlich hinzugefügt? Oder wurden diese Blätter als Fragment zusammen mit dem Frühdruck später neu eingebunden? Letzteres ist eher wahrscheinlich. Jedenfalls fehlt ein vorausgehender Textteil, wie gross auch immer. [...]

Es handelt sich bei dem Dokument aus drei handgeschriebenen Blättern um ein Fragment, wovon der Anfang fehlt. Da war vermutlich der Name ‚Caspar am Bühl' bereits genannt, also vorher geschrieben worden. Der lateinische Schluss ist eher keine Unterschrift, sondern ein Memorial, ein Totengedenken."

Aus: „Drei Visionen nach Caspar am Büel (Ambühl) – Quelle Nr. 068", Kommentar von Werner T. Huber, nvf.ch/qnr068.asp

104. Der gesamte Text dieser drei Seiten im Originalwortlaut der Niederschrift ist im Internet zu finden auf: nvf.ch/pdf/ambuehl.pdf („Visionsbericht des Caspar am Büel. Vor 1500. Transkribierter Originaltext mit einleitendem Kommentar von Werner T. Huber, 2007").

105. Werner T. Huber: „Der singende Wanderer ... und der Bär – Synoptischer Vergleich und Kommentar", nvf.ch/pilger_baer.asp • „Die Biographie von Heinrich Wölflin – Quelle Nr. 072": nvf.ch/que_m.asp?num=bkq072

106. zitiert nach: *Niklaus von Flüe – Bruder Klaus. Heinrich Wölflins Lebensbeschreibung des Eremiten Bruder Klaus von 1501 in der Übersetzung von J.K. Scheuber und weitere Dokumente und Texte zu Bruder Klaus,* herausgegeben von Dr. Angelo Garovi, a. Staatsarchivar des Kantons Obwalden, Bern 2017, S. 18 • *Die älteste Biographie über Bruder Klaus – Niklaus von Flüe, Heinrich Wölflin 1501,* mit Schrift und Bildern von Klaus-Peter Schäffel, herausgegeben von Lothar Emanuel Kaiser, Malters 2005, S. 17f.

107. „Die Biographie von Heinrich Wölflin – Quelle Nr. 072", Übersetzung und Kommentar (inkl. *senex*) von Werner T. Huber: nvf.ch/que_m.asp?num=bkq072 • Zu *senex* siehe auch „Der singende Wanderer ... und der Bär – Synoptischer Vergleich und Kommentar": nvf.ch/pilger_baer.asp

108. Übersetzt nach dem Originaltext in Durrer, S. 675, von A. R. unter Verwendung der Übersetzung von Werner T. Huber: „Hans Salat (2) – die Legende; Quelle Nr. 233": nvf.ch/que_m.asp?num=bkq233

109. Übersetzung von Werner T. Huber in: „Sebastian Rhaetus (Ranftkaplan): Reimsprüche und Biographie – Quelle Nr. 221": nvf.ch/que_m.asp?num=bkq221

110. „Johannes Paul II.: ‚Ein emeritierter Papst ist unmöglich!'" (21. Juni 2016), katholisches.info/2016/06/johannes-paul-ii-ein-emeritierter-papst-ist-unmoeglich
111. „Als der Blitz einschlug: Georg Gänswein über den ‚Jahrtausendschritt' von Papst Benedikt" (20. Mai 2016), de.catholicnewsagency.com/story/der-jahrtausendschritt-von-papst-benedikt-0802 • Siehe auch: „Blitz schlägt im Petersdom ein – Zufall oder Zeichen?" (12.02.2013): welt.de/vermischtes/weltgeschehen/article113 588 634/Blitz-schlaegt-im-Petersdom-ein-Zufall-oder-Zeichen.html
112. „Benedikt XVI. der letzte Papst? ‚Alles ist möglich', meint Benedikt selbst" (12. September 2016), katholisches.info/2016/09/benedikt-xvider-letzte-papst-alles-ist-moeglich-meint-benedikt-selbst
113. erwähnt in: en.wikipedia.org/wiki/Prophecy_of_the_Popes
114. Girolamo Muzio (1496 – 1576): *Il Choro Pontificale,* 1570; siehe Anm. 132.
115. Liste mit allen 112 Einträgen: Böckl (siehe Anm. 1), S. 381 – 421 • en.wikipedia.org/wiki/Prophecy_of_the_Popes
116. Siehe: en.wikipedia.org/wiki/Alphonsus_Ciacconius • de.wikipedia.org/wiki/Alfonso_Chacón
117. Claudio Foti: „La Profezia di Malachia: Le Verità Sconosciute (Dossier Malachia)", auf dem „Portale del Mistero": pdmdesk.blogspot.com/2015/03/la-profezia-di-malachia-le-verita_10.html
118. en.wikipedia.org/wiki/Pope_Pius_XII_and_the_Holocaust
119. „Olivenbaum für den Papst" (27.10.2011), israelnetz.com/politik-wirtschaft/politik/2011/10/27/olivenbaum-fuer-den-papst
120. Zum Beispiel „Saint Malachy of Armagh. Prophecy of the Popes": 1260.org/Mary/Vatican/Vatican_Malachy_Prophecy_of_the_Popes_en.htm
121. de.wikipedia.org/wiki/Christenverfolgung

    Siehe auch: christenverfolgung.org • christenverfolgung24.de • open-doors.de/christenverfolgung • „Christenverfolgung heute und damals: Verfolgt wie Jesus" (08.04.2015): die-tagespost.de/politik/christenverfolgung-heute-und-damals-verfolgt-wie-jesus-art-159798

    Thomas von Schirrmacher: *Christenverfolgung heute – Die vergessenen Märtyrer,* Verlag SCM Hänssler, Holzgerlingen 2008
122. „St. Malachy Last Pope Prophecy: What Theologians Think About 12th-Century Prediction." *Huffington Post,* Feb 14, 2013: huffpost.com/entry/st-malachy-last-pope-prophecy-theologians-prediction_n_2679662
123. René Thibaut: *La Mystérieuse Prophétie des Papes.* „Bibliothèque de la Faculté de philosophie et lettres de Namur", Fascicule 10). Édition J. Vrin, Paris 1951 (de.scribd.com/doc/36 516 232/La-Mysterieuse-Prophetie-des-Papes)
124. Ausführlich dargelegt (auf Thibaut aufbauend) in: Alfredo Maria Barbagallo, „La Profezia di Malachia di Armagh sui Papi" (2018). Dieser Inter-

net-Artikel ist Teil einer größeren Abhandlung (Alfredo Barbagallo: *I tesori di San Lorenzo – Ipotesi storica e realtà reliquiaria,* Edizioni Segno, Tavagnacco 2017). Siehe auch: Antonio Socci: „Una sorprendente scoperta sull' antica ‚Profezia die Malachia' relativa ai papi: parla dei nostri anni" (5. April 2018), antoniosocci.com/una-sorprendente-scoperta-sullantica-profezia-di-malachia-relativa-ai-papi-parla-dei-nostri-anni-facendo-i-nomi

125. René Thibaut: *La Mystérieuse Prophétie des Papes,* p. 55 (Übersetzung von A. R.)
126. ebd., p. 56f. (Übersetzung von A. R.)
127. ebd., p. 98 - 101, im Schlusskapitel „Conclusion" (Übersetzung von A. R.)
128. Tarcisio Bertone: *I miei Papi,* Elledici, Torino 2018, p. 127 (Übersetzung von A. R.). Siehe auch: Barbagallo (Anm. 124).
129. „Saint Malachy of Armagh. Prophecy of the Popes": 1260.org/Mary/Vatican/Vatican_Malachy_Prophecy_of_the_Popes_en.htm
130. „Last Pontificate. Year 2032": 1260.org/Mary/Vatican/Vatican_Last_Pontificate_2032_en.htm • „Penultimate Pope will sit": 1260.org/Mary/Apostasy/Apostasy_Penultimate_Pope_en.htm
131. Ein heutiger Forscher, der die Meinung vertritt, die Prophezeiungen seien in ihrer Gesamtheit von Malachias verfasst worden, veröffentlichte 2001 unter dem Pseudonym „Olaf shom Kirtimukh" das Buch: *La Vigilia dell'Eternità* (Fazi Editori, Roma 2001). Es handelt sich um einen US-italienischen Autor mit indischen Wurzeln. Die 2. Auflage veröffentlichte er 2005 unter seinem echten Namen S. M. Olaf und mit neuem Titel: *La profezia dell'ultimo papa.* E-Book 2013 mit dem Titel: *La Vigilia della Fine: Storia del Petrus Romanus, l'ultimo Papa della Profezia di Malachia.*

    Eine ausführliche Abhandlung mit zusätzlichen Kommentaren von Olaf enthält der in Anm. 117 erwähnte Artikel von Claudio Foti. Siehe dazu auch Barbagallo und Socci (Quellenangabe in Anm. 124)

    Ein neuer Ansatz in der Argumentation, dass die gesamte Liste eine echte Prophezeiung sein könnte, stammt von Prof. Hermann Hiery: „Papst-Weissagung des Malachias: Und wenn sie doch echt wäre?" (04.07.2021),
    die-tagespost.de/kirche/weltkirche/malachiasweissagung-und-wenn-sie-doch-echt-waere-art-219252.
132. Angaben gemäß S. M. Olaf, zitiert von Claudio Foti im bereits erwähnten Artikel (Anm. 117 und 131). Das Buch von 1570 wurde von Girolamo Muzio (1496 - 1576) verfasst und hat den Titel *Il Choro Pontificale.* Es beinhaltet die Biographie eines Papstes, des Hl. Gregor I. (590 bis 604), sowie einiger Heiliger aus dieser Zeit. Dann macht der Autor einen Sprung von über 500 Jahren und fügt als 13. und letzte Biographie die des Malachias ein! Und dort finden sich einige kurze Formulierungen, die in lateinischer Rückübersetzung den Malachiassprüchen entsprechen.

S. M. Olaf sagte gegenüber Claudio Foti, er habe mögliche Bezüge auf Malachiassprüche sogar in einem Buch von 1527 entdeckt, und zwar Bezüge auf die letzten Einträge. Das Buch stammt von einem anonymen *Monaco di Padova* („Mönch aus Padua") und hat den Titel *De Magnis Tribolationibus et Statu Ecclesiae* („Von den großen Trübsalzeiten und dem Zustand der Kirche"). Olaf vermutet, einige der Aussagen in diesem Buch könnten auf „eine flüchtige, daher ungenaue Kenntnis der letzten Prophezeiungen des Malachias" zurückgehen. Hier müsste der Originaltext im Zusammenhang überprüft werden, denn die *tribulatio*-Aussagen im letzten Kommentar zur Malachias-Prophezeiung sind allgemein biblisch, und ähnliche Formulierungen müssen nicht auf diesem einen Kommentar beruhen.

133. Siehe z. B. de.wikipedia.org/wiki/Philipp_Neri • heiligenlexikon.de/BiographienF/Filippo_Philipp_Neri.html • ewtn.com/catholicism/saints/philip-neri-737 • ewtn.com/catholicism/library/saint-philip-neri-5694

Paolo Aringhi (†1676): *Das Leben des heiligen Philipp Neri – Eine frühe Biographie des Heiligen neu entdeckt,* herausgegeben von Markus Dusek und Paul Wodrazka, Patrimonium Verlag, Aachen 2020. (Die ersten Biographien, verfasst von Antonio Gallonio und Pietro Giacomo Bacci, erwähne ich in Anm. 137 und 138.)

Florian Piller, Franz Vogl: *Philippo Neri – Der Clown Gottes. Das Leben und die Spiritualität des hl. Philippo Neri. Dem Normalen ins Gesicht gelacht.* Verlag Pippo Buono, Rheinfelden 2016

Paul Türks: *Philipp Neri – Der Prophet der Freude* (1986), überarbeitete Neuausgabe im Verlag Neue Stadt, München 2022

134. „Im Alter von 18 Jahren wurde Philipp zu seinem Onkel Romolo gesandt, einem reichen Kaufmann in San Germano (heute Cassino), [...] Er gewann Romolos Vertrauen und Zuneigung, aber kurz nach seiner Ankunft in San Germano erlebte er eine religiöse Bekehrung. Von da an hatte er kein Interesse mehr an weltlichen Dingen und entschied 1533, in Rom zu leben." Aus: en.wikipedia.org/wiki/Philip_Neri (mit entsprechenden Quellenangaben)

135. Siehe z. B.: qpsychics.com/levitation • catholicexchange.com/the-saints-who-levitated-extraordinary-and-concrete-miracles
psi-encyclopedia.spr.ac.uk/articles/religious-levitation

136. aus: de.wikipedia.org/wiki/Philipp_Neri

137. Antonio Gallonio (1556 - 1605): *Vita beati P. Philippi Nerii Florentini Congregationis Oratorii fundatoris in annos digesta* (1600); dt.: *Leben des hl. Philipp Neri – Die älteste Biographie über Philipp Neri,* herausgegeben, eingeleitet und kommentiert von Markus Dusek und Paul Bernhard Wodrazka, EOS-Verlag, Sankt Ottilien 2017

Das hier wiedergegebene Zitat ist übernommen aus: de.wikipedia.org/wiki/Philipp_Neri und de.wikipedia.org/wiki/Malachiasweissagung

138. Pietro Giacomo Bacci: *Vita del b. Filippo Neri Fiorentino, Fondatore della Congregatione dell'Oratorio* (1622); dt. *Leben des Hl. Philipp Neri,* herausgegeben von Markus Dusek und Paul Bernhard Wodrazka, EOS-Verlag, Sankt Ottilien 2019, S. 414, 417, 419
139. zitiert nach: de.wikipedia.org/wiki/Philipp_Neri und de.wikipedia.org/wiki/Malachiasweissagung; siehe auch Hildebrand Troll: *Die Papstweissagung des heiligen Malachias – Ein Beitrag zur Lösung ihres Geheimnisses,* EOS-Verlag, Sankt Ottilien 2002.
Der Einfluss Philipp Neris, der in Rom im 16. Jahrhundert sechzig Jahre lang helfend und seelsorgerisch tätig war, wirkte durch die Jahrhunderte weiter. Als Goethe durch Italien reiste (vom September 1786 bis Mai 1788), hörte er oft von diesem Heiligen, weshalb er sich eingehend mit dessen Biographie beschäftigte. In seinem Bericht *Italienische Reise* widmete er ihm ein ganzes Kapitel: „Philipp Neri, der humoristische Heilige". Darin schrieb er: „Ferner habe er die große Gabe zu eigen gehabt, Geister zu unterscheiden [...]; zugleich habe er mit größtem Scharfsinn die weltlichen Dinge durchdrungen, [und zwar] auf einen Grad, dass man ihm habe den Geist der Wahrsagung zuschreiben müssen."
140. Hildebrand Troll (siehe Anm. 139) vertritt ebenfalls diese Ansicht, ebenso Matthias Bachmaier: „Die ersten 71 Sinnsprüche dieser Papstprophezeiung, welche ausschließlich formalen Charakter haben (Bezug auf Wappen, Herkunft, Titelkirche des Papstes u. ä.), sind eine Fälschung. [...] Die letzten 41 prophetischen Sinnsprüche dieser Papstprophezeiung stammen von Philipp Neri, während die ersten 71 nachträglich hinzuerfundene Fälschungen sind, um die Prophetie durch bereits Eingetroffenes glaubwürdiger zu machen." (deutschland.world/home/benedikt-bergoglio/malachias-prophezeiung-und-petrus-romanus-narretei)
141. Benedikt XVI.: *Letzte Gespräche – Mit Peter Seewald,* Droemer Verlag, München 2016, S. 263
    Peter Seewald fragte mit Bezug auf die Prophezeiung des Malachias: „Ist das ein Thema für Sie, ob es nicht tatsächlich sein kann, dass Sie zumindest der letzte einer Reihe von Päpsten sind, wie man sie bisher gekannt hat?"
    Der emeritierte Papst antwortete: „Alles kann sein. Wahrscheinlich ist diese Prophezeiung in den Kreisen um Philipp Neri entstanden. Und der wollte einfach gegenüber den Protestanten, die damals davon sprachen, dass das Papsttum nun am Ende ist, mit einer endlos langen Reihe noch kommender Päpste zeigen: Nein, es ist nicht am Ende. Aber daraus muss man nicht schließen, dass es dann [nach dem letzten Papst auf dieser Liste] wirklich aufhört. Seine Reihe war immer noch nicht lang genug."
142. „Rom direkt: Exklusives Interview mit Erzbischof Georg Gänswein (27. Juni 2016)", EWTN – Katholisches TV: youtube.com/watch?v=

3jyZ8CRllR0 (ab 20:22) [Das Interview wurde am 27. Mai 2016 aufgezeichnet und am 27. Juni 2016 veröffentlicht.]

143. Pesquera, Book 3, p. 137 (fn. 24). Die Quellengaben zur Garabandal-Literatur folgen im übernächsten Kapitel; siehe Anm. 156. Das dreibändige Werk von Pfarrer Pesquera ist die wichtigste und vollständigste Quellensammlung bzgl. der Chronologie der Erscheinungen und Ereignisse von Garabandal.
144. ebd., p. 138
145. Laffineur/Pelletier: *Star on the mountain* (1968), p. 94f.: archive.org/details/staronmountain00laff
146. Pesquera, Book 3, p. 138 (fn. 27), dort auch die Erwähnung, dass Pater Lucio Rodrigo am 30. März 1973 starb und auf seinem Totenbett erklärte, er habe „ein eindeutiges Zeichen vom Himmel für die Echtheit von Garabandal" erhalten.
147. Albrecht Weber: *Garabandal – Der Zeigefinger Gottes* (2000), S. 149
148. de.wikipedia.org/wiki/Silvester_I.
149. D. Kimpel/R. Suckale: *Die gotische Architektur in Frankreich 1130-1270,* Hirmer Verlag, München 1985, überarbeitete Neuauflage 1995
150. zitiert in: Manfred Adler, *Die antichristliche Revolution der Freimaurerei,* Miriam Verlag, Jestetten 1975, S. 73
151. Angabe gemäß Erich Brüning, Harry Graf: *Die unterschätzte Subkultur: Freimaurerei – Wolf im Schafspelz,* Schwengeler Verlag, Berneck 2001, S. 399
152. Mary Bell Martinez, eine langjährige Korrespondentin des Vatikans, in ihrem Buch *Die Unterminierung der Katholischen Kirche,* dt. 1992, S. 119, zitiert aus Brüning/Graf (siehe Anm. 151), S. 400, dort mit weiteren Zitaten und Quellenangaben.
153. Aus einem Artikel des Hochgradfreimaurers Carlos Vázquez in der mexikanischen Wochenzeitschrift *Proceso,* 12. Oktober 1992, zitiert aus Brüning/Graf (siehe Anm. 151), S. 401, dort mit weiteren Zitaten und Quellenangaben.
154. Zwei Wochen, nachdem Kardinal Luciani Papst geworden war, erschien im italienischen Politmagazin *O. P. (Osservatore Politico)* eine Liste mit den Namen von 121 Vatikanmitgliedern, die mit den Freimaurern verbunden oder selbst Freimaurer waren. Die Ausgabe mit dieser Liste erschien am 12. September 1978 und wurde sogleich zu Papst Johannes Paul I. gebracht. Der Redakteur des *O. P.,* Mino Pecorelli, ein ausgestiegener Freimaurer, wollte mit dieser Enthüllung den neuen Papst dazu bewegen, etwas gegen die heimlichen Freimaurer im Vatikan zu unternehmen. Wir wissen nicht, in welcher Form Johannes Paul I. zu reagieren gedachte, denn am 28. September 1978 war er bereits tot, genau 33 Tage nach seiner Wahl. Viele Indizien weisen auf einen Giftmord hin. Wenn es tat-

sächlich ein Mord war, dann hat die Länge seines Pontifikats eine verräterische Bedeutung. Die Zahl 33 bezeichnet den höchsten Grad der Freimaurerhierarchie. Es gibt 33-Grad-Freimaurer, und nun gibt es auch einen „33-Tage-Papst". Einige Monate später, im März 1979, war auch Mino Pecorelli tot. In seinem Fall war es ein offener Mord. (All diese Informationen stammen aus dem 1984 erschienenen Buch von David Yallop: *Im Namen Gottes? – Der mysteriöse Tod des 33-Tage-Papstes Johannes Paul I., Tatsachen und Hintergründe.*)

155. Die Informationen, die von den Millenari beigesteuert werden, ergänzen sich in vieler Hinsicht mit den Enthüllungen in David Yallops Buch *Im Namen Gottes?* (1984). In einem ausführlichen Zusatz zur Ausgabe von 1988 geht Yallop auch auf Sindonas Tod im Jahr 1986 ein.

156. Meine Ausführungen über „Garabandal" stützen sich auf folgende Bücher und Webseiten:

Eusebio García de Pesquera: *She Went in Haste to the Mountain – The Events of Garabandal* (3 Volumes: Book One / Book Two / Book Three), translated from Spanish by Gerard Suel and Otto Miller, St. Joseph Publications, Cleveland, Ohio, 1981; 2nd English Edition 2003; als PDF-Download auf:
stjosephpublications.com/books_page.htm
ourlady.ca/wp-content/uploads/2018/10/Garabandal_Book1.pdf
ourlady.ca/2020/02/garabandal_book2/
ourlady.ca/wp-content/uploads/2018/10/Garabandal_Book3.pdf

Joseph A. Pelletier: *Our Lady Comes to Garabandal. Including Conchita's Diary,* 1971; als PDF-Download auf:
ourlady.ca/2020/03/our-lady-comes-to-garabandal-fr-joseph-pelletier • maryrefugeofholylove.files.wordpress.com/2016/04/our-lady-comes-to-garabandal.pdf
Siehe auch: stjosephpublications.com/download/PDF/Conchitas_Diary_English.pdf • docslib.org/doc/4899194/conchitas-diary

Facebook-Gruppe „The Message of Garabandal"
garabandal.org • garabandal.it • garabandalarchives.com • garabandalestavivo.com • centrogarabandal.org/en • ourlady.ca • garabandal.ie • apostoladodegarabandal.com/en • garabandalthemovie.com

Informationen auf Deutsch:
garabandalderfilm.com/de • garabandal-zentrum.de • kath-zdw.ch/maria/garabandal.html • kathpedia.com/index.php?title=Garabandal • Michael Hesemann: „Garabandal und das Verbot öffentlicher Gottesdienste" in seinem Online-Artikel „Marienerscheinungen und die Corona-Krise" (31. März 2020) auf kath.net/news/71173

Die zwei wichtigsten Bücher in Deutsch zu diesem Thema:
Hesemann, Michael: *Garabandal – Warnung und Wunder,* Media Maria Verlag, Illertissen 2022
Weber, Albrecht: *Garabandal – Der Zeigefinger Gottes. Die Erscheinungen der Jungfrau Maria in Spanien in dem kleinen kantabrischen Gebirgsdorf* SAN SEBASTIÁN DE GARABANDAL *in den Jahren 1961 bis 1965, während der Zeit des II. Vatikanischen Konzils. Das Geschehen und die Prophetie, bezogen auf die jetzige und die vor uns liegende Zeit.* Erste Auflage 1993; zweite erweiterte Auflage, WETO-Verlag, Meersburg 2000.

157. „Another Prophecy Fulfilled?", in: *Garabandal Journal,* July-August 2008 ourlady.ca/2020/04/another-prophecy-fulfilled-barry-hanratty
Siehe auch: garabandalderfilm.com/de/garabandal/die-studien
158. garabandalthemovie.com/news (15 March 2018 – GARABANDAL Movie: Five weeks in Spain's theaters)
159. Pesquera, Book 1, p. 25 (fn. 19)
160. Pelletier, p. 38. In ihren direkten Schilderungen sagten die Mädchen, dass die Krone aus einem Lichtkranz von 12 Sternen bestand.
161. Pesquera, Book 3, p. 14
162. „Powder Case Kissed by Virgin" (Rafael Fontaneda), from *Garabandal Journal,* September-October 2007:
ourlady.ca/2020/05/powder-case-kissed-by-virgin-rafael-fontaneda
163. Pesquera, Book 2, p. 23f. (17. Oktober 1961)
164. Pesquera, Book 3, p. 61
165. ebd., Book 3, p. 16 (Samstag, 30. Juni 1962)
166. ebd. (fn. 15)
167. Pesquera, Book 2, p. 150-152
168. Jacintas Vater, Bericht an den Kinderarzt Dr. Ortiz, zitiert in Pesquera, Book 2, p. 152f.
169. Pesquera, Book 2, p. 155
170. Nebenbemerkung für „spirituelle Insider": Diese Form des gemeinsamen Singens auf den Straßen war typisch für den Yuga-Avatāra, der vor fünfhundert Jahren auf Erden war. Er, Śrī Caitanya Mahāprabhu, war ein Zeitgenosse des Nostradamus (siehe S. 67, 81). Dieser hellsichtige Prophet nannte ihn „das Ornament seiner Zeit" und sah voraus, dass der Goldene Avatāra in fünfhundert Jahren plötzlich eine weltweite Wirkung entfalten werde. Genau in der Zeit, als in Garabandal die Erscheinungen aufhörten, bestieg in Indien Swami Prabhupāda (1896-1977) einen Frachtdampfer und reiste allein und mittellos in den Westen, um in der Linie Caitanyas das vedische Wissen und das gemeinsame Singen der Namen Gottes in die Welt hinauszutragen. (Die Reise begann am 13. August 1965 in Kalkutta und führte um Indien herum in das Rote Meer, durch den Suezkanal in das Mittelmeer und dann über den Atlantik, mit Ankunft in Boston am 17. September 1965.)

171. Die berühmten Marienerscheinungen von Fátima (Portugal) fanden im Jahr 1917 statt, die erste am 13. Mai und die letzte (die sechste) am 13. Oktober, kulminierend im großen Sonnenwunder mit 7000 Augenzeugen. Die Erscheinungen begannen im Jahr 1916, als die Seherkinder – die Geschwister Francisco (8) und Jacinta (6) und ihre Cousine Lúcia (9) – dreimal einen Engel sahen. Francisco starb 1919, Jacinta 1920 während der Zeit der Spanischen Grippe. Lúcia ging ins Kloster und starb 2005 kurz vor ihrem 98. Geburtstag.

    Bei der dritten Marienerscheinung (13. Juli 1917) bekamen die Kinder eine Botschaft, zu der auch „drei Geheimnisse" gehörten, die sie damals aber noch nicht bekanntgeben durften. Lúcia schrieb die ersten zwei Geheimnisse 1941 nieder, sie wurden vom Bischof 1942 veröffentlicht. Das dritte Geheimnis schrieb sie 1944 nieder und vermerkte auf dem versiegelten Umschlag, dass er nicht vor 1960 geöffnet werden dürfe. Veröffentlicht wurde der Inhalt dann erst am 26. Juni 2000, und auch hier bestehen Zweifel, ob dies tatsächlich der echte Text ist.
172. Dies ist neben den zwei Hauptbotschaften die wohl bekannteste Aussage der Maria von Garabandal und wird vielfach – in leicht unterschiedlichen Versionen – zitiert, z. B. Weber, S. 114f. und 202; Hesemann, S. 357.
173. Aus: Pelletier, p. 100
174. ebd., p. 102
175. ebd., p. 103
176. Pesquera, Book 3, p. 26
177. ebd., p. 36
178. ebd., p. 38
179. ebd., p. 39ff.
180. ebd., p. 33 (fn. 45)
181. ebd., p. 33 (fn. 45)
182. ebd., p. 43
183. ebd., p. 103
184. ebd., p. 103; Hesemann, S. 7, 217f., 364
185. Hesemann, S. 217, 364
186. zitiert nach Pelletier, p. 115f.
187. ebd., p. 118f.
188. Pesquera, Book 3, p. 158: Dokument für Pilger (22. März 1965)
189. ebd., p. 184, 187, 197 • Hesemann, S. 294, 340-345, 349f. • garabandalthemovie.com
190. Zitiert nach Pesquera, Book 3, p. 203f.; ebenfalls zitiert in: „A Decisive Hour for Conchita", by Father Alfred Combe, in: *Garabandal – The Message of Our Lady of Mount Carmel*, April - Juni 1989; siehe auch: Hesemann, S. 295 - 303
191. „Vor seinem Tod am 23. September 1968 sagte Pater Pio, dass der Schleier, der während der öffentlichen Aufbahrung über sein Gesicht gelegt wird,

danach an Conchita übergeben werden soll. Dieses Zeichen der besonderen Verbundenheit und der Ermutigung besitzt Conchita bis zum heutigen Tag. Conchita reiste im Oktober 1968 für eine Woche nach Lourdes, um dort, am 17. Oktober, Pater Bernardino Cennamo, einen engen Freund des Heiligen, zu treffen. Dieser teilte ihr mit, dass Pater Pio in den Tagen vor seinem Verscheiden eine Vision des großen Wunders bekommen hatte. Pater Pio hatte mit ihm darüber gesprochen [wissend, dass dieser Freund dann Conchita treffen und ihr die gesegneten Gegenstände überbringen wird]." Aus: garabandal.us/the-story-of-garabandal-page-4

Ausführlich dokumentiert in: *Garabandal– Padre Pio Special Edition,* darin vor allem „Padre Pio and Garabandal: The association between the famed stigmatist and the events of Garabandal is real".

Siehe auch: Pesquera, Book 3, p. 144 (fn. 36) • „Padre Pio and Garabandal": garabandal.ie/padre-pio-and-garabandal • ourlady.ca/2020/03/padre-pio-yes-its-true-joachim-bouflet • ourlady.ca/2020/05/padre-pio-and-garabandal-new • Hesemann, Kap. 26: „Pater Pio, die Heiligen und Garabandal"

192. Hesemann, S. 340-345
193. „Er lud auch noch zu einer Pressekonferenz ein, auf der er vor den Kameras des spanischen Fernsehens über die ‚mehr als tausend Erscheinungen eines Engels mit einem Kichererbsengesicht' spöttelte und die Ekstasen der Kinder zur unwürdigen Komödie erklärte." Hesemann, S. 345
194. Hesemann, S. 349f.
195. Interview with Mari-Cruz – April, 2006 garabandal.org/News/Mari_Cruz_interview.shtml
196. Aus dem zweiten Geheimnis von Fátima, empfangen 1917, Niederschrift von 1941: „Wenn man auf meine [Marias] Wünsche hört, wird Russland sich bekehren, und es wird Friede sein; wenn nicht, dann wird es seine Irrlehren über die Welt verbreiten, wird Kriege und Verfolgungen der Kirche heraufbeschwören, die Guten werden gemartert werden und der Heilige Vater wird viel zu leiden haben. Verschiedene Nationen werden vernichtet werden." Siehe: „Die Botschaft von Fatima", vatican.va/roman_curia/congregations/cfaith/documents/rc_con_cfaith_doc_20000626_message-fatima_ge.html
197. Pesquera, Book 2, p. 46
198. Pesquera, Book 2, p. 36, und Weber, S. 82f. mit Wiedergabe des spanischen Textes und der Originalhandschrift, und S. 170 (in leicht unterschiedlicher Formulierung)
199. Pesquera, Book 3, p. 153f. • Hesemann, S. 252f.
200. Pesquera, Book 3, p. 214 („The 5000 spectators present for the last message at Garabandal ...")
201. ebd., p. 162 (fn. 12)
202. ebd., p. 164 (siehe auch Hesemann, S. 270)

203. ebd., p. 169
204. Pesquera, Book 3, p. 176, und Weber, S. 108ff. mit Wiedergabe des spanischen Textes und der Originalhandschrift
205. „The warning is described as a momentary stopping of time around the world, with all people then seeing the spiritual condition of their souls, and how they should amend their ways."
aus: en.wikipedia.org/wiki/Garabandal_apparitions
206. zitiert nach: Hesemann, S. 263 (dort noch mit weiteren Beispielen)
207. Pesquera, Book 3, p. 154 und 191f.
Alle folgenden Zitate stammen aus dem Magazin GARABANDAL – *The Message of Our Lady of Mount Carmel* – Special Edition: „The Warning and Miracle", zu finden z. B. auf irp-cdn.multiscreensite.com/7827db40/files/uploaded/Garabandal%2Bmagazine.pdf
Siehe auch: garabandal-zentrum.de/die_warnung.html • garabandal-zentrum.de/das_wunder.html • apostoladodegarabandal.com/en/the-warning • garabandal.org/News/Garabandal_Chastisement.shtml • Hesemann, Kap. 26: „Die Warnung" (S. 251 – 262)
208. de.wikipedia.org/wiki/Momo_(Roman)
209. zitiert nach Hesemann, S. 175
210. Weber, S. 130
211. Aus: „An Interview with Mari Loli" (September 29, 1978), garabandal.org/News/Loli_Interview_1978.shtml
212. Weber, S. 131
213. Gepostet von Glenn Hudson auf Facebook, „The Message of Garabandal", 29.3.2021 • Siehe auch: 1260.org/Mary/Apparitions_Garabandal/Garabandal_Interview_Mari-Loli_1982-10-19_en.htm • garabandal.org/News/Communism_Before_Warning.shtml
214. Hesemann, S 265, 370
215. de.wikipedia.org/wiki/Weltsynode
Siehe auch: de.wikipedia.org/wiki/Bischofssynode
216. zitiert nach Hesemann, S. 216, 249, 370
217. Weber, S. 149; Hesemann, S. 217, 369
218. Hesemann, S. 210, 213f., 216f.
219. Siehe z. B. garabandal-zentrum.de/pater.pio_und_garabandal.html • ourlady.ca/2020/02/joseph-lomangino-1930-2014 • apostoladodegarabandal.com/en/joey-lomangino/
220. June 18, 2014 – Joey Lomangino has passed away.
Discussion in ‚Announcements' started by Glenn, Jun 19, 2014 (Glenn, Aug 2, 2014, text #174), motheofgod.com/threads/june-18-2014-joey-lomangino-has-passed-away.6191/page-9
221. Hesemann, Kap. 26: „Pater Pio, die Heiligen und Garabandal", insbesondere S. 314 – 317

222. Dan Brown, *Das verlorene Symbol,* Gustav Lübbe Verlag 2009, S. 616f.
223. ebd., S. 369
224. ebd., S. 614 in Kap. 111, Ergänzung der Übersetzung durch A. R. gemäß Details im englischen Original: „where it waits patiently for a pivotal moment in history ... a moment when mankind can no longer survive without the truth, knowledge, and wisdom of the ages."
225. ebd., S. 733 in Kap. 130, Hervorhebung durch Dan Brown: "For America's Masonic forefathers, the Word had been the Bible. *And yet few people in history have understood its true message.*" • Siehe auch: Armin Risi: *Einheit im Licht der Ganzheit,* Kapitel 10: „‚Das verlorene Symbol' – Dan Browns Botschaft an die Freimaurer"
226. Deschner, Karlheinz: *Kriminalgeschichte des Christentums,* Rowohlt, Reinbek bei Hamburg 1986–2013 (10 Bände)
227. „With or without religion, you would have good people doing good things and evil people doing evil things. But for good people to do evil things, that takes religion"; zitiert in *The New York Times,* 20. April 1999. Steven Weinberg bekam 1979 den Nobelpreis für Physik.
228. Die Bibelstellen, die ich zitiere, beruhen auf mehreren Übersetzungen. Ich formulierte die Zitate unter Verwendung mehrerer Bibelausgaben in Deutsch (ausgehend von bibelserver.de, bibel-online.net und bibelkommentare.de) und Englisch (biblegateway.com, biblehub.com) und englischer Tanach-Übersetzungen (sefaria.org/texts, mechon-mamre.org, chabad.org/library/bible_cdo/aid/63255/jewish/The-Bible-with-Rashi.htm) sowie der hebräisch-englischen Torah-Ausgabe *Etz Hayim – Torah and Commentary* (David L. Lieber, senior editor; The Jewish Publication Society 1999, The Rabbinical Assembly 2001).
229. en.wikipedia.org/wiki/Book_of_Isaiah: „The Book of Isaiah [...] is identified by a superscription as the words of the 8th-century BCE prophet Isaiah ben Amoz, but there is extensive evidence that much of it was composed during the Babylonian captivity and later."
230. „Isaiah predicts Christendom's utter destruction and Israel's forgiveness explains Rabbi Tovia Singer" auf Youtube-Kanal „Tovia Singer" (22.09.2020); „Christianity, Edom must be utterly destroyed" auf dem Youtube-Kanal „AdamToMashiach" (7.11.2022)
231. Siehe: en.wikipedia.org/wiki/Messiah • de.wikipedia.org/wiki/Messias • de.wikipedia.org/wiki/Daddschāl (Das arabische Wort Daddschāl bedeutet „Täuscher, Betrüger, Lügner".)
232. „Liste der Papyri des Neuen Testaments":
de.wikipedia.org/wiki/Liste_der_Papyri_des_Neuen_Testaments
„Liste der Unzialhandschriften des Neuen Testaments":
de.wikipedia.org/wiki/Liste_der_Unzialhandschriften_des_Neuen_Testaments

„Liste der Minuskelhandschriften des Neuen Testaments“: de.wikipedia.org/wiki/Liste_der_Minuskelhandschriften_des_Neuen_Testaments
„Außerchristliche antike Quellen zu Jesus von Nazaret“: de.wikipedia.org/wiki/Außerchristliche_antike_Quellen_zu_Jesus_von_Nazaret

233. Die hier aufgeführten Angaben und die folgende Auflistung von Beispielen aus dem Neuen Testament entnahm ich diesem Artikel: „400,000 Variants in the NT Greek Manuscript“ by Tovia Singer: outreachjudaism.org/400000-variants-in-the-nt-greek-manuscript

    Die rund 5800 altgriechischen Handschriften enthalten etwa 400 000 Unterschiede. Die meisten sind nur orthographischer und grammatikalischer Natur, aber etwa 5 % sind inhaltlich relevant, also immerhin 20 000. Aufgeteilt auf die 5800 Fragmente bedeutet dies, dass jeder Text durchschnittlich drei bis vier inhaltliche Abweichungen aufweist.

234. Siehe z. B. radikalkritik.de • mythicistpapers.com • Interviews mit den führenden kritischen Bibelwissenschaftlern der Gegenwart (engl.): mythvisionpodcast.com

    Auch der Islam wird historisch-kritisch betrachtet. Das kann aus atheistischer oder radikalkritischer Sicht geschehen, oder aus christlicher Sicht, so. z. B. auf den Youtube-Kanälen „Hatun Tash DCCI Ministries“ (Defend Christ Critique Islam), „PfanderFilms“ (Dr. Jay Smith) und „CIRA International“ (Al Fadi).

235. Hier einige Beispiele aus der akademischen Welt:
    [Prof. Hubertus Halbfas:] *Die Bibel, erschlossen und kommentiert von Hubertus Halbfas,* Patmos Verlag, Düsseldorf 2001 („Die Bibel“ wird hier unterteilt in „Die jüdische Bibel“ und „Die christliche Bibel“ statt in „Altes Testament“ und „Neues Testament“.)
    Prof. Gerhard Lohfink: *Jesus von Nazaret – Was er wollte, wer er war,* Herder Verlag, Freiburg im Breisgau, 2011
    Prof. Daniel Marguerat: *Jesus aus Nazaret – Heimatloser, Heiler, Poet des Gottesreiches,* TVZ Theologischer Verlag Zürich, 2022
    Dr. Rudolf Reiser: *Götter und Kaiser – Antike Vorbilder Jesu,* Kösel-Verlag, München 1995
    Prof. Angelika Strotmann: *Der historische Jesus: eine Einführung,* Ferdinand Schönigh Verlag, Paderborn 2012, im Verbund utb (Uni-Taschenbücher), 3., aktualisierte Auflage 2019
    Prof. Werner Zager: *Jesusforschung in vier Jahrhunderten: Texte von den Anfängen historischer Kritik bis zur „dritten Frage“ nach dem historischen Jesus,* Verlag Walter de Gruyter, Berlin/Boston 2014

236. Hier nur wenige Beispiele: Youtube-Kanal „Sid Roth's It's Supernatural!“, z. B. „Rabbi Felix Halpern died and Jesus sent him back with an urgent message“ (23.04.2023) • „Kareem was raised for Jihad, until he saw

the risen King!" auf dem Youtube-Kanal „One for Israel Ministry" (20.04.2023) • Youtube-Kanal „Jerome Chong" mit vielen zeugnishaften Biographien aus der katholischen Tradition; usw.

237. de.wikipedia.org/wiki/Nazareth • en.wikipedia.org/wiki/Nazarene_(sect) • en.wikipedia.org/wiki/Nazarene_(title)

    Zur radikalkritischen Betrachtung der archäologischen Interpretationen siehe René Salm: *The Myth of Nazareth: The Invented Town of Jesus* (2008); *NazarethGate: Quack Archeology, Holy Hoaxes, and the Invented Town of Jesus* (2015) • nazarethmyth.info • „Nazareth update 05/15/2022": mythicistpapers.com/2022/05/15/a-nazareth-update

238. „Isaiah 7:14 – A Virgin Birth?", jewsforjudaism.org/knowledge/articles/isaiah-714-a-virgin-birth

239. „Is the Septuagint A Theological Crime Scene?", outreachjudaism.org/is-the-septuagint-a-theological-crime-scene

    In den Jesaja-Schriften wird das Wort *bethūla,* „Jungfrau", fünfmal verwendet (Jes 23,4; 23,12; 37,22; 47,1; 62,5), und in den Bibelübersetzungen steht dann auch „Jungfrau". Die Behauptung, dass auch bei Jes 7,14 eine „Jungfrau" – plus eine wundersame Empfängnis – gemeint sei, ist vom Hebräischen her nicht haltbar, denn wie die angegebenen fünf Stellen zeigen, wird in den Jesaja-Schriften sehr wohl das entsprechende Wort verwendet, wenn die Bedeutung „Jungfrau" gemeint ist.

240. Siehe zum Beispiel: „The Crucifixion Fiction: Zech 12:10 – A Messianic Illusion Pierced – Rabbi Michael Skobac" auf dem Youtube-Kanal „Jews for Judaism" (20.08.2013)

    „Zechariah 12:10 Misunderstood! with Rabbi Tovia Singer" auf dem Youtube-Kanal „TeNaK Talk (TaNaCh)" (13.12.2015)

    „Who is the One Pierced in Zechariah 12:10? Rabbi Tovia Singer Responds to Christian in Singapore" auf dem Youtube-Kanal „Tovia Singer" (16.04.2017)

    „Examining Zechariah 12:10 and ‚Whom They Pierced'" auf dem Youtube-Kanal „Beit Tefillah Productions" (11.04.2019)

241. de.wikipedia.org/wiki/HaSchem

242. „Rabbi Tovia Singer responds to Messianic: ‚Talmud says suffering Messiah son of Joseph will return!'" auf dem Youtube-Kanal „Tovia Singer" (18.02.2021). Siehe auch: „Is Messiah Ben Joseph a biblical concept? Messiah Son of Joseph" auf dem Youtube-Kanal „Jews for Judaism" (24.11.2019)

243. „Die rabbinischen Lehren sagen, dass der Prophet Jesaja, wenn er vom ‚Knecht' spricht, damit nicht die Gesamtheit aller Juden meint. Vielmehr bezieht sich ‚Knecht' in diesen ermutigenden prophetischen Hymnen auf den gerechten Rest Israels *(the righteous remnant of Israel)* – die Frömmsten der Nation. Die gläubigen Mitglieder Israels, die freiwillig für das Ziel des Himmels leiden, werden im Tanach als Gottes Knecht bezeichnet.

Das sind die Strenggläubigen, die den Namen des Herrn anrufen (43,7), die seine Einzigkeit bezeugen (43,11) und deshalb die Aufgabe haben, die Übrigen des Jakob wieder zu Gott zu bringen (49,5)." Aus: „Who is God's Suffering Servant? The Rabbinic Interpretation of Isaiah 53" by Tovia Singer: outreachjudaism.org/gods-suffering-servant-isaiah-53

244. „Isaiah 53 and the ‚Suffering Servant'": jewsforjudaism.org/knowledge/articles/isaiah-53-and-the-suffering-servant • „Who is God's Suffering Servant? The Rabbinic Interpretation of Isaiah 53" by Tovia Singer: outreachjudaism.org/gods-suffering-servant-isaiah-53 • Marshall Roth: „Isaiah 53: The Suffering Servant – Cutting through the distortions and mistranslations of this enigmatic text", aish.com/isaiah_53_the_suffering_servant • Youtube: „Rabbi Tovia Singer Exposes Isaiah 53!" auf dem Kanal „Tovia Singer" (23.01.2023) und „Unlocking Isaiah 53: The Most Debated Chapter", ebd. (09.05.2023).

245. „Isaiah 53 – The Forbidden Chapter", oneforisrael.org/bible-based-teaching-from-israel/inescapable-truth-isaiah-53

246. Tovia Singer: „Who is God's Suffering Servant? The Rabbinic Interpretation of Isaiah 53", outreachjudaism.org/gods-suffering-servant-isaiah-53; das Zitat von Origines stammt aus: Origen: *Contra Celsum,* Henry Chadwick, Cambridge Press, book 1, chapter 55, p. 50.

247. Luc Bürgin: *Das Wunder Mirin Dajo – Der unverletzbare Prophet und seine paranormalen Kräfte* (Kopp Verlag, Rottenburg 2004); überarbeitete und erweiterte Neuauflage 2022: *Das letzte Geheimnis von Mirin Dajo – Der unverletzbare Prophet, seine Wunder und seine Friedensbotschaft.* [»Mirin Dajo wusste, dass seine Botschaft eines Tages die Menschheit erreichen wird. Nun erscheint Luc Bürgins neues Buch: ein Meisterwerk der Recherche. Wir dürfen sogar sagen: die Erfüllung von Dajos Prophezeiung.« (Armin Risi)]

Siehe auch: lucbuergin.com • mirin-dajo.com (mit einer Wiedergabe des gesamten Filmmaterials von 1947)

Im Buch „*Ihr seid Lichtwesen*" erwähne ich Mirin Dajo ebenfalls (Kap. 3: „Der Mensch, ein multidimensionales Wesen", Unterkapitel: „Mirin Dajo – Widerlegung des materialistischen Weltbildes").

248. Kurt Trampler: *Die große Umkehr – Fragen um Bruno Gröning* (1950), S. 89, 92.

249. Filmdokumentationen über Bruno Gröning und die weiterhin geschehenden Heilungen in seinem heute weltweit wachsenden „Freundeskreis" finden sich auf bruno-groenig-film.org und bruno-groening.org

Im Buch „*Ihr seid Lichtwesen*" erwähne ich Bruno Gröning ebenfalls (Kap. 3: „Der Mensch, ein multidimensionales Wesen", Unterkapitel: „Bruno Gröning: Geistheilung als Schlüssel zur globalen Heilung"), zu finden auch auf meiner Website: armin-risi.ch/Artikel/Theologie/Bruno-Groening-Geistheilung-als-Schluessel-zur-globalen-Heilung.php

250. Hier zwei Beispiele, das erste von evangelischer Seite, das zweite von katholischer:

Prof. Andreas Pangritz: *Die Schattenseite des Christentums – Theologie und Antisemitismus,* Verlag W. Kohlhammer, Stuttgart 2023 (Antijudaismus oder Antisemitismus? Zur Terminologie; Die theologischen Wurzeln des Antisemitismus: Zur „Lehre der Verachtung" bei den Kirchenvätern; usw.)

Prof. Andreas Benk: *Christentum, Antisemitismus und Schoah – Warum der christliche Glaube sich ändern muss,* Matthias Grünewald Verlag in der Verlagsgruppe Patmos, Ostfildern 2022 (Traditionelles Narrativ vom Beginn des Christentums; Die christliche Gründungserzählung: ein antijüdischer Mythos; usw.)

Ein weiteres Beispiel (aus den USA): Prof. John D. Crossan: *Wer tötete Jesus? – Die Ursprünge des Antisemitismus in den Evangelien,* Verlag C. H Beck, München 1999 (*Who Killed Jesus? Exposing the Roots of Anti-Semitism in the Gospel Story of the Death of Jesus,* 1995)

251. Veröffentlicht in: D. Golubović u. D Malenković (Hrsg.): *Kremansko Proročanstvo – šta je bilo, šta će biti* („Kremner Prophezeiungen – Was war und was kommen wird"), AMG commerce, Belgrad 101993

252. Aus obengenanntem Buch, S. 178f. Vielen Dank an Mantrarūpa Ćućuz, der mich auf Miloš Tarabić aufmerksam gemacht hat und diese Textstelle übersetzte.

253. Zitate aus Rundbriefen von Steven Greer (info@siriusdisclosure.com) im Jahr 2022 zum Crowdfunding des Dokumentarfilmes *The Lost Century.* Das Zitat am Schluss „Weder zusätzliche Ölbohrungen ..." stammt aus dem Rundbrief vom 11. Oktober 2022.

254. „Disclosure Project: National Press Club news conference," May 9, 2001: worldcat.org/de/title/52 741 633

255. Aus dem Rückentext des Buches von Steven M. Greer: *Unacknowledged: An Exposé of the World's Greatest Secret* (2019), dt. *Offiziell geleugnet – Das größte Geheimnis der Regierungen enthüllt: Wir sind nicht allein!* (Amra-Verlag 2020).

256. „UFO/UAP Disclosure Press Conference", June 12, 2023: press.org/events/ufouap-disclosure-press-conference

257. Siehe z. B.: „UAPs: US-Pentagon bestätigt neuste geleakte UFO-Fotos und -Videos" (Andreas Müller, 10. April 2021): grenzwissenschaft-aktuell.de/uaps-us-pentagon-bestaetigt-neuste-geleakte-ufo-fotos-und-videos20210410

„Erste UFO-Leaks: New York Times berichtet über Inhalte des bevorstehenden UAP/UFO-Berichts des Pentagons" (4. Juni 2021): grenzwissenschaft-aktuell.de/erste-ufo-leaks-new-york-times-berichtet-ueber-inhalte-des-bevorstehenden-uap-ufo-berichts-des-pentagons20210604

258. Steven Greer: „Exopolitics or Xenopolitics", 2. Mai 2006, veröffentlicht auf der Website des Disclosure Project: siriusdisclosure.com/cseti-papers/exopolitics-or-xenopolitics
259. Zu finden z. B. hier: „Kim Clement Prophecy of America and a woman named Esther (2011)" auf dem YouTube-Kanal „the Warrior Queen"; „Kim Clement – Prophecy of America | A Woman Named Esther" auf dem YouTube-Kanal „Joe Joe Dawson"; „The ESTHER Prophecy! | Kim Clement Prophecy" auf dem YouTube-Kanal „Kim Clement" (die Prophezeiung beginnt bei 1:38:38). Für Clements Trump-Prophezeiungen siehe z. B: „Kim Clement Trump Prophecies in 2007 | Prophetic Rewind | House Of Destiny Network" auf dem Kanal „Kim Clement".

Hier der Originalwortlaut:
Kim Clement – Esther Prophecy, March 25, 2011: "There is a president who will come and God says he will have absolutely no fear, absolutely no fear; will be decisive, make decisions. And then in the middle of the restoration of America, rapidly because of a source of energy that shall come quickly, and because of medical breakthroughs, and because of agreements between nations, specifically China. God said: 'They shall say, we never dreamed this would happen, they said that this in Japan would never happen.'

And God says listen to me. As the beginning of the restoration, as it begins, there shall be a woman that shall rise up, a woman that shall be strong in faith, virtuous, beautiful in eyes, and her eyes shall be so beautiful. Her eyes shall be round and big. I have crowned her, says the Lord, as I crowned Esther. And the people shall receive her, for she shall have the oil of gladness for the pain and the mourning that has taken place, and she shall pour out the oil on this nation. And God says healing shall begin and then it shall flow rapidly. Schools will be free from potential damage and danger, shootings and murder, drug addictions. Cartels shall be afraid of a woman – a woman anointed by God! A woman set aside!

And God says, 'They will say we hated her, but now we love her.' For she shall take the oil of healing and she shall pour it upon the scars of those left and those right and of a new party that has come forth and emerged where they shall say, 'Christ will reign and we shall not implement at all socialism.' Where they have said, 'We will make history without God.' No you will not. No you will not, says the Lord. For I chose this nation before it was founded, before anybody came here, I chose this entire nation, all fifty states, every one of them, to send my gospel to the entire earth. Do you think I have changed my mind? Therefore, the healing that is necessary for this nation shall come at a time in the middle of the presidency. There shall be a woman that shall come and God said there shall be oil that shall be poured upon the nation and they shall suddenly feel the healing and they shall say, 'It is well with my soul, it is well with our soul.' For the soul of America has been corrupted, the soul of this nation has been corrupted with bitterness and anger. And God said she shall say, 'No more bitterness, no more anger, no more division.' And she'll pour the oil that shall come from the Spirit of the Lord himself." "This is not something futuristic, so far away that we can not see it."

260. Dieter Broers: *Metamorphose der Menschheit,* Kap. 8: „Quellcode aus dem Zentrum unserer Galaxis", S. 213, 217, 218
261. Prof. Alexander Trofimov, zitiert nach Dieter Broers: *Das Ego im Dienste des Herzens – Ein neues Eden,* Teil 2: Die Erde hilft, Kap. 7: „Wie geomagnetische Felder das Bewusstsein verändern", S. 148, 159
262. ebd., S. 165
263. ebd., S. 166 • Siehe auch: Dieter Broers: *Verschlusssache Zirbeldrüse – Wie wir uns das Tor zur Quelle trotzdem erfolgreich erschließen können,* Dieter Broers Verlag 2023 (dieterbroers.com/verschlusssache-zirbeldruese)
264. Eine Internetsuche zu den Stichwörtern „Zirbeldrüse", „drittes Auge", „Serotonin", „Melatonin" usw. führt zu vielen Artikeln aus Wissenschaft und Esoterik und zu Hinweisen auf weitere Buchpublikationen, z. B.:

    Anna Mai: *Drittes Auge öffnen: Wirkungsvolle Techniken zum Öffnen des Dritten Auges, Reinigung der Zirbeldrüse und Erweiterung des Bewusstseins,* Eigenverlag 2018

    Stefan Limmer, Birgitt Täuber-Rusch: *Wunderwerk Zirbeldrüse – Das Bewusstseinstor zu einer erweiterten Wahrnehmung,* Momanda-Verlag, Rosenheim 2018
265. de.wikipedia.org/wiki/Russischer_Bürgerkrieg („Zeitliche Eingrenzung")
266. Carl Loog: *Die Weissagungen des Nostradamus,* 1921, S. 74
267. de.wikipedia.org/wiki/Noricum
    Siehe auch: de.wikipedia.org/wiki/Norische_Alpen
268. In der antiken geographischen Unterscheidung bezog sich der Name *Hister/Istros* auf den östlichen Teil der Donau und *Danuvius* auf den westlichen. Diese Unterscheidung machten die Römer, als sie den westlichen und den östlichen Teil der Donau noch nicht als zusammenhängenden Fluss erkannt hatten. Nachdem das Römische Reich die ganze Länge der Donau bis zum Schwarzen Meer umfasste (ab dem 1. Jh. n. Chr.), wurde kartographisch klar, dass Danuvius und Hister derselbe Fluss sind. Zu diesem Zeitpunkt war das griechische Reich schon längst untergegangen, und der römische Name, der vormals nur den westlichen Teil beschrieb, wurde zum Namen für den gesamten Fluss: Donau. In der poetischen Sprache wurde dann auch der andere Name für den gesamten Fluss verwendet. Ein Beispiel für eine Donau-Dichtung mit dem alten griechischen Namen ist das 1804 entstandene hymnische Gedicht von Friedrich Hölderlin mit dem Titel *Der Ister.*

269. de.wikipedia.org/wiki/Republik_Venedig
270. Pfändler, S. 369. Dieser Interpret schreibt im Fazit zu 5.29: „In diesem Vers stellen sich noch zu viele Fragen, so dass man ihn einstweilen so stehen lassen muss."
271. Jnanavatar Swami Sri Yukteswar Giri: *Kaivalya Darschanam – Die heilige Wissenschaft,* Otto Wilhelm Barth Verlag, erstmalige Veröffentlichung auf Deutsch 1949; siebte, bearbeitete und ergänzte Auflage 1984, S. 17
  Im Buch *Gott und die Götter* (2020) gehe ich in Anm. 29, S. 363–365, auf die historischen Hintergründe der klassischen Yuga-Zahlen, inkl. Kali-Yuga-Anfang 3102 v. Chr., ein und erwähne dabei auch den Saptarishi-Kalenderzyklus von 24 000 Jahren, der jedoch ganz anders ist als das von Yukteswar aufgestellte System.
272. Paramahansa Yogananda: *Autobiographie eines Yogi*, Fußnote im 16. Kapitel. Das englische Original erschien 1946; dt. im Otto Wilhelm Barth Verlag 1950, mit vielen Auflagen; neu z. B. im Hans Nietsch Verlag, 2007
273. Majumdar, R. C (ed.): *The Delhi Sultanate,* Mumbai 2006, pp. 215–20/ pp. 513–4 / p. 634, zitiert in: en.wikipedia.org/wiki/Alauddin_Husain_Shah ("Husain Shah's long reign of more than a quarter of a century was a period of peace and prosperity, which was strikingly contrast to the period that preceded it. The liberal attitude of Husain Shah towards his Hindu subjects is also an important feature of his reign. [...] The celebrated medieval saint, Chaitanya Mahaprabhu and his followers preached Bhakti (Nath-Gopi) throughout Bengal during his reign. [...] When Husain Shah came to know about Chaitanya Mahaprabhu's huge following amongst his subjects, he ordered his qazis not to injure him in any way and allow him to go wherever he liked.")
274. A. C Bhaktivedanta Swami Prabhupada: *Śrīmad-Bhāgavatam* – Erster Canto, Einleitung: „Ein kurzer Abriss des Lebens und der Lehren Śrī Caitanyas, des Predigers des Śrīmad-Bhāgavatam", S. 24f. (A Short Sketch of the Life and Teachings of Lord Caitanya, the Preacher of Śrīmad-Bhāgavatam)
275. *Śrī Caitanya-Caritāmrta, Antya-līlā* Band 1, Kap. 2: „Die Bestrafung des jüngeren Haridāsa", Vers 104
276. ebd., Verse 105 und 106
277. hand-waldenburg.ch („Das Wunder von Waldenburg, Montag, 13. Mai 1940") • Pater Matthias Graf: *Bruder Klaus – Der heilige Vater des Friedens – Wie Bruder Klaus unsere Heimat rettete [...]* (1994); bearbeitete Neuausgabe unter dem Titel „Was rettet heute unsere Heimat?", 5. Auflage 2019, Pfarramt CH-Bennau • Zum 80. Jahrestag der Erscheinung siehe z. B „Niklaus von Flüe und das ‚Wunder von Waldenburg': die schützende Hand am Himmel anno 1940" (15.05.2020): luzernerzeitung.ch/leben/niklaus-von-fluee-und-das-wunder-von-waldenburg-die-schuetzende-hand-am-himmel-anno-1940-ld.1220581

Bildnachweis

Coverbild:
stock.adobe.com/601372529
„Old Quill Pen with Inkwell – Generative AI Illustration“ (von Ecleposs), bearbeitet und verändert von Melanie Risi-Meier

S. 67: Portrait von Nostradamus, gemalt von seinem Sohn César, um 1560; Source: commons.wikimedia.org/wiki/File:Nostradamus_by_Cesar.jpg File: Nostradamus by Cesar.jpg

S. 75: commons.wikimedia.org/wiki/File:Nostradamus_Centuries_1555.jpg File: Nostradamus Centuries 1555.jpg

S. 83: Indische Post, Sonderbriefmarke 1986 („Chaitanya Mahaprabhu“), Scan ab privater Vorlage

S. 85: nostradamus-bibliothek.de (2020)
Vorlage für die Ausgabe von 1555:
nostradamus-bibliothek.de/ausgaben/1555-albi
Vorlage für die Ausgabe 1568:
nostradamus-bibliothek.de/ausgaben/1568-lyon

S. 96: Bleistiftzeichnung: Melanie Risi-Meier, 2023

S. 104: Fotos: Melanie Risi-Meier, 2023

S. 115: Foto: Melanie Risi-Meier, 2023

S. 132 oben links: Holzfigur Bruder Klaus im Museum Bruder Klaus in Sachseln – Foto: Melanie Risi-Meier, 2022

S. 132 oben rechts: commons.wikimedia.org/wiki/File:Bruder_Klaus.jpg Siehe auch: P. Rupert Amschwand: *Bruder Klaus – Ergänzungsband zum Quellenwerk von Robert Durrer,* 1987, Tafel 2 („Temperamalerei Anfang 16. Jahrhundert. Obwaldner Staatsarchiv Sachseln“)

S. 132 unten links: erste Bruder-Klaus-Darstellung (stilisiert), aus dem gedruckten Pilgertraktat von 1488, wiedergegeben in Durrer, Band 1, S. 361 (Quellenangabe zum Buch, siehe Anm. 72, S. 435)

S. 132 unten rechts: Das älteste Bild von Bruder Klaus, Gemälde von 1492 auf einem Altarflügel der alten Pfarrkirche Sachseln, heute im Museum Bruder Klaus in Sachseln. Foto: Melanie Risi-Meier, 2022 Schwarzweißvorlage: Leonard von Matt: *Der heilige Bruder Klaus – Offizielles Gedenkbuch der Heiligsprechung,* NZN-Verlag, Zürich 1947 (Tafel 1); siehe auch: P. Rupert Amschwand: *Bruder Klaus – Ergänzungsband zum Quellenwerk von Robert Durrer,* 1987, Tafel 1

S. 141: Wiedergabe aus P. Rupert Amschwand: *Bruder Klaus – Ergänzungsband zum Quellenwerk von Robert Durrer,* 1987, S. 31 („Faksimile des Schlusses des Visionsberichtes“)

S. 156: Wiedergabe von Teilen der Seiten mit der dem Hl. Malachias zugeschriebenen Päpsteliste, veröffentlicht im Buch *Lignum Vitae, ornamentum & decus Ecclesiae* von Arnold Wion (1595),
„Pars Prima“, „Liber Secundus“, S. 307, 310f.
commons.wikimedia.org/wiki/File:Arnold_Wion_-_Lignum_Vitae_-_1595_-_p307.jpg
commons.wikimedia.org/wiki/File:Arnold_Wion_-_Lignum_Vitae_-_1595_-_p310.jpg
commons.wikimedia.org/wiki/File:Arnold_Wion_-_Lignum_Vitae_-_1595_-_p311.jpg
archive.org/details/bub_gb_a4o8AAAAcAAJ

S. 170: commons.wikimedia.org/wiki/File:C_o_a_Sisto_V.svg
Source: Own work auf Grundlage von araldicavaticana.com/psisto05.htm
Author: Odejea (10 August 2008)

S. 212, 215, 216: aus Internet und Youtube (Garabandal-Webseiten, Artikel über Garabandal, Garabandal-Berichte und -Dokus), vielfache Verwendung, immer ohne Quellenangabe; das Foto auf S. 212 findet sich z. B. in Weber, S. 38 und 42, und Hesemann, S. 57; das Foto auf S. 215 z.B. in Pesquera, Book 2, p. 179, und Hesemann, S. 47; das Foto auf S. 216 z. B. auf garabandalderfilm.com/de/garabandal/die-geschichte
(Quellenangabe: siehe Anm. 156 auf S. 446f.)

S. 269 links: commons.wikimedia.org/w/index.php?title=File:12_Tribes_of_Israel_Map.svg&lang=en
(bearbeitet von Mantrarūpa Ćućuz für das vorliegende Buch)
S. 269 rechts: commons.wikimedia.org/wiki/File:Kingdoms_of_Israel_and_Judah_map_830.svg#/media/File:Kingdoms_around_Israel_830_map-de.png
(bearbeitet von Mantrarūpa Ćućuz für das vorliegende Buch)

S. 400: commons.wikimedia.org/wiki/File:Gauranga.jpg
blog.dnevnik.hr/mojakurukshetra/slike/originals/chaitanya.jpg

S. 407: commons.wikimedia.org/wiki/File:Chaitanya_sankirtan.jpg
Date: 19th century
Source: British Library (www.bl.uk/onlinegallery/onlineex/expfaith/hindumanu/srichait/033zzz014133gg7u00001000.html)
Author: Calcutta Art Studio

S. 468: Foto: Melanie Risi-Meier, 13. Oktober 2020

Stichwortverzeichnis

Bei Stichwörtern mit Unterpunkten sind diese inhaltlich und nicht alphabetisch geordnet. Der Zusatz (Fn) bei einer Seitenzahl bedeutet, dass das Stichwort in der Fußnote steht.

Der Autor

Armin Risi: (geb. 1962); Dichter, Philosoph und Sachbuchautor; besuchte das lateinische Gymnasium in Luzern; gehörte im Alter von 18 Jahren zu den führenden Schach-Junioren der Schweiz; 1978–1980: erste Gedichtsammlung und ein Drama in 5 Akten; 1980/81: Reisen und Naturaufenthalte, Austritt aus dem Gymnasium vor der Matura; lebte danach für achtzehn Jahre als Mönch in vedischen Klöstern in Europa und Indien; während dieser Zeit hauptsächlich als Übersetzer tätig; Mitarbeit bei der Übersetzung von 22 Werken der Sanskritliteratur (aus dem Englischen ins Deutsche); Studium der indischen und westlichen Philosophien; seit Ende 1998 freischaffender Schriftsteller und Referent; lebt mit seiner Frau Melanie in Zürich.

Webseiten: armin-risi.ch • theistic-network.org • science-of-involution.org

Veröffentlichungen:

1988: *Vegetarisch leben – Die Notwendigkeit einer fleischlosen Ernährung* (11., erweiterte und aktualisierte Auflage 2015); ist mit einer Gesamtauflage von fast einer halben Million Exemplaren heute im deutschen Sprachraum die am weitesten verbreitete Schrift über Vegetarismus; vegetarisch-leben.ch.

1992: *Völkerwanderung – Epische Galerie* und *Der Kampf mit dem Wertlosen – Lyrische Meditationen* (700 Gedichte und Epigramme)

1995: *Da ich ein Dichter war – Reinkarnation: Gedanken, Gedichte und eine Begegnung mit Hölderlin*

1995: „Der multidimensionale Kosmos", Band 1: *Gott und die Götter – Das vedische Weltbild revolutioniert die moderne Wissenschaft, Esoterik und Theologie* (mehrere überarbeitete Auflagen; definitive Version ab 10. Auflage, 2020).

ab 1995: zahlreiche Artikel in grenzwissenschaftlichen und esoterischen Zeitschriften

1998, 2000, 2002, 2007: Armin Risis Gedichte *Die Karawane, Sehnsuche, Morgengrauen* und *„Friede ist langweilig"* werden in die Anthologien *Ausgewählte Werke,* Band 1, 3, 4 und 10, der Bibliothek deutschsprachiger Gedichte (München) aufgenommen.

1998: „Der multidimensionale Kosmos", Band 2: *Unsichtbare Welten* (mehrere überarbeitete Auflagen; definitive Version ab 9. Auflage, 2021)

1999: „Der multidimensionale Kosmos", Band 3: *Machtwechsel auf der Erde – Die Pläne der Mächtigen, globale Entscheidungen und die Wendezeit*

2001: *Das kosmische Erbe – Einweihung in die Geheimnisse unserer Her- und Zukunft* (mediale Texte von Tom H. Smith, übersetzt und erläutert von Armin Risi)

Januar 2004: *TranscEnding the Global Power Game: Hidden Agendas, Divine Intervention and the New Earth* (gekürzte und inhaltlich bearbeitete Übersetzung des Buches *Machtwechsel auf der Erde*)

September 2004: *Licht wirft keinen Schatten – Ein spirituell-philosophisches Handbuch*

2006: *Machtwechsel auf der Erde*, 5., vollständig überarbeitete Auflage (Govinda-Verlag); Taschenbuchausgabe im Heyne-Verlag 2007

Juni 2008: „Unterirdische Rätsel in Ägypten – Alles ein Werk der Pharaonen?" und „Monolithe und Göttermythen – Forschungsreise nach Borneo" im Anthologieband *Brisante Archäologie – Geschichte ohne Dogma* (Kopp-Verlag)

September 2009: *Der radikale Mittelweg – Überwindung von Atheismus und Monotheismus* (Das Buch zum aktuellen Paradigmenwechsel)

Januar 2011: *Ganzheitliche Spiritualität – Der Schlüssel zur neuen Zeit* und *Einheit im Licht der Ganzheit – Orientierung im Labyrinth von Religion, Erleuchtung und New Age*

November 2013: *„Ihr seid Lichtwesen" – Ursprung und Geschichte des Menschen*

Mai 2014: *Evolution – Stammt der Mensch von den Tieren ab?*

2016: *„Ihr seid Lichtwesen" – Ursprung und Geschichte des Menschen* in polnischer Übersetzung

Januar 2017 (zusammen mit Sophia Pade): *Make That Change – Michael Jackson: Botschaft und Schicksal eines spirituellen Revolutionärs.* 2., aktualisierte Auflage 2019; 3. aktualisierte Auflage 2021

November 2020: Die erste Hälfte von *„Ihr seid Lichtwesen"* (Teil 1: Ursprung des Menschen – Erkenntnis unserer geistigen Herkunft) in französischer Übersetzung: *Involution – L'Homme multidimensionnel, Tome 1*

Dezember 2020: *Gott und die Götter – Die prophezeite Wiederkehr des vedischen Wissens* (vollständig überarbeitete Neuauflage von „Gott und die Götter", 1995/2007)

April 2022: *Unsichtbare Welten – Der Kosmos ist multidimensional* (vollständig überarbeitete Neuauflage von „Unsichtbare Welten", 1998/2007)

September 2023: *Und plötzlich große Klarheit – Positive Prophezeiungen für die heutige Wendezeit*

Dank

Meine Beschäftigung mit positiven Prophezeiungen begann im letzten Drittel meiner Mönchszeit, als mir 1993 ein Kṛṣṇa-Freund, Fritz Keller (Śaṅkarāraṇya Dāsa), sagte, er habe die Verse des Nostradamus gelesen und an einer Stelle (3.94) den Eindruck bekommen, da könnte der Yuga-Avatāra (Śrī Caitanya) gemeint sein. Ich spürte eine besondere Resonanz und wollte herausfinden, ob dies stimmt. So wurde neben meinen vedischen Studien das Nostradamus-Thema ein weiteres meiner Interessensgebiete. Ich danke Fritz Keller für diese Initialzündung!

Ebenso danke ich dem Kunstmaler und Christus-Krischna-Brückenbauer Arnold Imhof (Bāla-Kṛṣṇa Dāsa), der mich 1994 darauf hinwies, dass der Hl. Niklaus von Flüe (Bruder Klaus) aus „unserer" Innerschweiz in einer Vision Śrī Caitanya gesehen habe. Er schenkte mir das Buch *Die Visionen des Niklaus von Flüe* von Marie-Louise von Franz, und so begann ich eine vertiefte Beschäftigung mit dem phänomenalen Bruder Klaus, der mir schon seit meiner Kindheit bekannt war. (Meine Eltern hatten mir von ihm erzählt, vor allem wie er im Zweiten Weltkrieg die Schweiz beschützt habe: Über dem nordwestlichen Grenzgebiet war 1940 eines Abends eine leuchtende Hand am Himmel erschienen, „die Hand des Bruder Klaus".[277])

1993 hatte ich begonnen, mein erstes Sachbuch, *Gott und die Götter,* zu verfassen, und jene beiden Hinweise bewirkten, dass das Kapitel „Vedische und abendländische Prophezeiungen" entstand. Das Buch erschien Ende 1995. Ich bin froh, dass ich meiner Mutter, die Ende 1996 starb, dieses Buch noch überreichen konnte. Ich erwähnte natürlich, dass ich darin auch über Bruder Klaus geschrieben habe. Mein Vater freute sich ebenfalls, konnte das Buch aber nicht lesen, weil er praktisch Analphabet war. Er starb 2010. Gerne möchte ich hier auch meinen Eltern danken. Sie waren sehr einfache Menschen: Mein Vater war Fabrikarbeiter, meine Mutter Bauerntochter aus der Bergregion Entlebuch. Sie unterstützten mich immer und vertrauten mir, obwohl sie mich nicht immer verstehen konnten. Als Vielleser und stiller Wahrheitssucher ging ich schon früh eigene Wege und verließ Anfang 1981 die Kantonsschule (Gymnasium) kurz vor den Abschlussprüfungen, was für meine Eltern nicht einfach war, vor allem hinsichtlich der Reaktionen der Menschen im Dorf und im familiären Umkreis.

Als ich *Gott und die Götter* schrieb, erzählte mir mein Kṛṣṇa-Freund, Lektor und Layouter Miroslav Ćućuz (Mantrarūpa Dāsa) vom serbischen Hellseher Miloš Tarabić, und er übersetzte für mich die wichtigsten Teile der Tarabić-Prophezeiungen, so dass ich damals auch diese Exklusivität in *Gott und die Götter* aufnehmen konnte – und nun auch in das vorliegende Buch (siehe Anm. 252 auf S. 455).

In all meinen Büchern seit 1995 danke ich Mantrarūpa Ćućuz, der meine Texte bis ins letzte Detail Buchform annehmen lässt. Und ich danke Ronald Zürrer vom Govinda-Verlag! Er begann wie ich 1981 das Noviziat, wo wir uns kennenlernten. Seither sind wir Freunde und Wegbegleiter. Seit 1992 ist er mein Verleger – und nun auch mein Trauzeuge.

„Gott und die Götter" beziehungsweise „Gott und die Göttin" fügten es, dass Melanie und ich uns in diesem Leben wiederbegegneten. Melanie ist ebenfalls Schriftstellerin, sie schreibt „Para-Romane" (melanie-meier.de). Da wir die Leidenschaft für das geschriebene (und poetische) Wort teilen, lektorieren wir gegenseitig unsere Texte. Melanie ist immer meine erste Leserin – und liest alles abschließend, bevor die Druckdateien abgeliefert werden. Und umgekehrt genauso. Ich danke meiner Frau für ihre Liebe und Unterstützung, hier bei diesem Buch auch ganz konkret für das mehrfache Lektorat und die wundervolle Zeichnung der Pilgervision (S. 96).

Für das vorliegende Buch beschäftigte ich mich intensiv mit den Hintergründen der „Pilgervision" des Niklaus von Flüe (Quellenlage, Überlieferungsgeschichte, biographischer Bezug, bisherige Interpretationen) und kontaktierte wegen einiger Fragen die profilierten Bruder-Klaus-Autoren Werner T. Huber und Roland Gröbli. Beide antworteten mir freundlich und hilfsbereit, wofür ich ihnen sehr danke. Die von Werner T. Huber erstellte Website nvf.ch (auch: bruderklaus.eu; brunnenvision.ch) mit vollständigem Quellenmaterial war für mich sehr hilfreich. Roland Gröbli, Autor von *Die Sehnsucht nach dem „einig Wesen" – Leben und Lehre des Bruder Klaus von Flüe,* durfte ich persönlich kennenlernen, und er schenkte mir sogar zwei vergriffene Bücher, insbesondere *Bruder Klaus – Ergänzungsband zum Quellenwerk von Robert Durrer* von Pater Rupert Amschwand (1987) mit aufschlussreichen Ausführungen zu den im 20. Jahrhundert neu entdeckten Bruder-Klaus-Dokumenten.

Ich möchte hier aber nicht den Eindruck erwecken, dass diese Experten meine Ansichten und Interpretationen teilen. Echte wissenschaftliche Forschung bedeutet, dass man fundierte Hypothesen und Theorien nebeneinander stehenlassen kann und dass man sich auch bei unterschiedlichen Sichtweisen unterstützt und respektiert. Und unser Austausch ließ mich dies auf vorbildliche und zukunftsweisende Art „im Kleinen" erleben.

Des Weiteren danke ich dem Nostradamus-Experten P. di Benuci, der in seinen Büchern und auf seiner Website (nostradamus.benuci.at) aufschlussreiche neue Ansätze für das Auffinden des Nostradamus-Codes präsentiert und mir – auf meine Kontaktnahme hin – seine Vorgehensweise auch in persönlichen Mails erläuterte.

Als „Bibliothekarius" danke ich auch all den vielen anderen Autoren und Autorinnen, deren Bücher und Forschungen (und Dichtungen) mich begleiten und inspirieren bzw. in meinen Forschungen und Studien unterstützen und motivieren. Geistig sind wir alle – über dieselbe Quelle und über Raum und Zeit hinweg – verbunden und streben auf die eine oder andere Weise nach denselben Idealen und Zielen, sei es über die Wege von Wissenschaft, Kunst, Poesie oder Musik… und/oder Religion.

Armin Risi
5. August 2023

Urwissen und neues Bewusstsein

Armin Risi

GOTT UND DIE GÖTTER

Die prophezeite Wiederkehr
des vedischen Wissens

ISBN 978-3-905831-81-8
12. Auflage, 410 Seiten, gebunden
€ 24,00 / Fr. 36.00

Die Menschen der früheren Zeitalter waren nicht primitiv, sondern schöpften aus geistigen Urquellen und verfügten über ein ganzheitliches Wissen, im Sanskrit „Veda" genannt.

Eines der erstaunlichsten Zeugnisse hierfür sind die Schriften der altindischen (vedischen) Hochkultur. Armin Risi entschlüsselt diese heiligen Texte im Licht der ursprünglichen Offenbarung und formuliert auf einzigartige Weise, was bisher nur Veda-Eingeweihten bekannt war. Diese sahen vor Jahrtausenden das gegenwärtige dunkle Zeitalter voraus, ebenso wie dessen Ende in der heutigen Zeit. Dann, so sagten sie, werde auch das vedische Wissen wieder weltweit zugänglich.

Aus dem Inhalt: • Ursprung und Aufbau des Universums • Höherdimensionale Welten • Die geistige Herkunft des Menschen • Die Hochkulturen im Zyklus der Zeiten • Die Lichtwesen und die Dunkelmächte • Prophezeiungen für die heutige Zeit • Prädestination und freier Wille • Ganzheit, Polarität, Dualität.

Gott und die Götter: ein Grundlagenwerk der prophezeiten Wiederkehr des vedischen Wissens. In der heutigen Wendezeit sind die ältesten Erkenntnisse der Menschheit auch die neusten: zeitlos, revolutionär, zukunftweisend.

Armin Risi

EVOLUTION

Stammt der Mensch von den Tieren ab?

ISBN 978-3-905831-28-3
3. Auflage, 168 Seiten, Taschenbuch
€ 9,50 / Fr. 14.00

Wie entstand das Leben auf der Erde? Wie entstand der Mensch? Heute werden diese Fragen in allen Schulbüchern mit der Evolutionstheorie beantwortet, und es wird behauptet, diese Theorie sei bewiesen. In Wirklichkeit sind diese angeblichen Beweise jedoch Interpretationen, und zwar auf der Grundlage eines «naturalistischen» Weltbildes.

Dieses faktenreiche Taschenbuch aus der Reihe «Grundlagenwissen im Govinda-Verlag» ist eine logische und leicht verständliche Darlegung der Mängel der Evolutionstheorie. Es zeigt, dass heute ein Denken in neuen Dimensionen erforderlich ist, insbesondere was das Phänomen «Leben» und die Herkunft des Menschen betrifft.

Ein Roman voller verborgener Wahrheiten

Tijn Touber

TIME BENDER

Der Mann der kam, um die Erde zu retten
(Roman)

ISBN 978-3-905831-85-6
3. Auflage, 273 Seiten, Klappenbroschur
€ 21,00 / Fr. 24.90

Ein faszinierender Roman über einen geheimnisvollen Zeitreisenden, der auf die Erde gekommen ist, um die Menschheit in ihrem anstehenden Transformationsprozess liebevoll zu unterstützen.

Gerade als die Situation auf dem Planeten Erde sich immer mehr zuspitzt und die Selbstvernichtung der Menschheit droht, taucht im Leben eines Amsterdamer Popmusikers ein mysteriöser Zeitreisender namens Time Bender auf. Er erteilt ihm wunderliche Aufgaben und bietet seine Unterstützung an, um die Erde aus den Klauen der Zerstörung zu retten. Ohne zu ahnen, was ihm bevorsteht, wird der Musiker in ein Abenteuer galaktischen Ausmaßes hineingeworfen. Time Bender erzählt ihm, dass die Erde das wertvollste Juwel des Universums sei, weil sie die DNA-Codes nahezu aller kosmischen Lebensformen in sich berge. Deshalb nannten die Vorfahren sie auch «die lebendige Bibliothek», und viele erbitterte Schlachten wurden um die Vorherrschaft auf der Erde geschlagen. Die heutige Menschheit trägt nun eine große Verantwortung, denn sie befindet sich in einer Schlüsselposition, um die uralten Konflikte zwischen dem Licht und dem Unlicht ein für alle Mal zu lösen.

Da die Zeit knapp wird und viel auf dem Spiel steht, wird ein interdimensionaler Pakt von Freunden geschlossen, während das ganze Universum gespannt zuschaut: Wird die Menschheit rechtzeitig aufwachen und ihre wahre Bedeutung erkennen?

«Time Bender» ist ein rasant geschriebenes, Augen öffnendes Buch, das uns unsere verborgene Vergangenheit und unsere mögliche Zukunft offenbart – voll von Weisheit und verblüffenden Einsichten.

«Ich mag dieses Buch sehr. Es enthält vieles, das aus meiner Sicht so oder ähnlich sein könnte. Es erweitert den Horizont des Lesers – und spannend ist es auch.» (Christina von Dreien)